A HISTÓRIA DAS ESPIÃS DA CIA

SECRETAS E FATAIS

LIZA MUNDY

Autora best-seller do
New York Times com *Code Girls*

A HISTÓRIA DAS ESPIÃS DA
CIA

SECRETAS
E FATAIS

EM BREVE
UMA SÉRIE DO
MESMO PRODUTOR DE
STATION ELEVEN

Amarilys

Copyright © Editora Manole Ltda., 2025, por meio de contrato com Aevitas Creative Management negociado com intermediação da Agência Literária Riff Ltda.

Copyright © 2023 Liza Mundy
Título original: *The Sisterhood: The Secret History of Women at the CIA*

Editora: Lívia Oliveira
Projeto gráfico: Departamento Editorial da Editora Manole
Tradução: Departamento editorial da Manole com auxílio de ferramenta de inteligência artificial.
Diagramação: Amarelinha Design Gráfico
Capa: Departamento de Arte da Editora Manole
Foto da capa: Freepik

CIP-BRASIL. CATALOGAÇÃO NA PUBLICAÇÃO
SINDICATO NACIONAL DOS EDITORES DE LIVROS, RJ

M928h
    Mundy, Liza
        A história das espiãs na CIA: secretas e fatais / Liza Mundy; [tradução Departamento Editorial da Editora Manole]. – 1. ed. – Barueri [SP]: Amarilys, 2025.
        544 p. ; 23 cm.

    Tradução de: The sisterhood: the secret history of women at the CIA
    Inclui bibliografia
    ISBN 9788520458327

        1. Estados Unidos. Central Intelligence Agency. 2. Mulheres – Espionagem americana - História. 3. Mulheres – Serviço de inteligência – Estados Unidos – História. I. Manole. Departamento Editorial. II. Título.

24-95008   CDD: 327.1273
                                  CDU: 327.84-055.2(73)

Gabriela Faray Ferreira Lopes – Bibliotecária – CRB-7/6643
10/10/2024 14/10/2024

Todos os direitos reservados.
Nenhuma parte deste livro poderá ser reproduzida,
por qualquer processo, sem a permissão expressa dos editores.
É proibida a reprodução por fotocópia.

A Editora Manole é filiada à ABDR – Associação Brasileira de Direitos Reprográficos

Edição – 2025

Editora Manole Ltda.
Alameda Rio Negro, 967 – cj 717
Alphaville – Barueri – SP
CEP 06454-000
Fone: (11) 4196-6000
www.manole.com.br | https://atendimento.manole.com.br/

Impresso no Brasil
Printed in Brazil

Para Anna e Robin,
que fazem meu mundo,
e o mundo, um lugar melhor

Durante o processo de edição desta obra, foram tomados todos os cuidados para assegurar a publicação de informações técnicas, precisas e atualizadas conforme lei, normas e regras de órgãos de classe aplicáveis à matéria, incluindo códigos de ética, bem como sobre práticas geralmente aceitas pela comunidade acadêmica e/ou técnica, segundo a experiência do autor da obra, pesquisa científica e dados existentes até a data da publicação. As linhas de pesquisa ou de argumentação do autor, assim como suas opiniões, não são necessariamente as da Editora, de modo que esta não pode ser responsabilizada por quaisquer erros ou omissões desta obra que sirvam de apoio à prática profissional do leitor.

Do mesmo modo, foram empregados todos os esforços para garantir a proteção dos direitos de autor envolvidos na obra, inclusive quanto às obras de terceiros e imagens e ilustrações aqui reproduzidas. Caso algum autor se sinta prejudicado, favor entrar em contato com a Editora.

Finalmente, cabe orientar o leitor que a citação de passagens da obra com o objetivo de debate ou exemplificação ou ainda a reprodução de pequenos trechos da obra para uso privado, sem intuito comercial e desde que não prejudique a normal exploração da obra, são, por um lado, permitidas pela Lei de Direitos Autorais, art. 46, incisos II e III. Por outro, a mesma Lei de Direitos Autorais, no art. 29, incisos I, VI e VII, proíbe a reprodução parcial ou integral desta obra, sem prévia autorização, para uso coletivo, bem como o compartilhamento indiscriminado de cópias não autorizadas, inclusive em grupos de grande audiência em redes sociais e aplicativos de mensagens instantâneas. Essa prática prejudica a normal exploração da obra pelo seu autor, ameaçando a edição técnica e universitária de livros científicos e didáticos e a produção de novas obras de qualquer autor.

Sumário

Nota da Autora ix

Prólogo: A promessa xix

Primeira parte: A avaliação dos homens

Capítulo 1: Estação W 3

Capítulo 2: Traga a comida, Mary .15

Capítulo 3: O funcionário. 38

Capítulo 4: A filha do diplomata. .62

Capítulo 5: Abas e selos. 73

Capítulo 6: Você tinha que usar saia 85

Capítulo 7: Disfarce de dona de casa. 101

Capítulo 8: O roubo 120

Capítulo 9: Gestão de incidentes. 133

Capítulo 10: A revolta das mulheres do cofre 156

Capítulo 11: A Miss Marple da Casa da Rússia 172

Capítulo 12: O que você vai fazer com o barco? 179

Segunda parte: Senhoras fazendo análise

Capítulo 13: Coisas disputadas a tapa 203

Capítulo 14: Encontrando o X. 214

Capítulo 15: Você não pertence a este lugar 231

Capítulo 16: Uma ruiva exuberante e atraente............249

Capítulo 17: Estresse e um quarto cinza................273

Capítulo 18: O lóbulo da orelha cortado................293

Capítulo 19: Tenho um alvo em minhas costas...........312

Capítulo 20: 11 de setembro de 2001...................337

Terceira parte: Conquistando seus "caras"

Capítulo 21: A matriz de ameaças......................353

Capítulo 22: As novas meninas.........................370

Capítulo 23: Colocando ogivas na testa................379

Capítulo 24: Espionagem é espionagem..................390

Capítulo 25: Eu fazia pessoas ruins terem dias ruins..396

Capítulo 26: Qualquer coisa para se encaixar..........406

Capítulo 27: Roupa no varal...........................425

Epílogo...447

Agradecimentos......................................*457*

Notas da autora.....................................*461*

Bibliografia..*499*

Índice Remissivo....................................*515*

Nota da Autora

O leitor casual, ou até mesmo um estudante atento da história dos Estados Unidos, seria perdoado por pensar que, durante a maior parte de sua existência, somente homens trabalharam na CIA [Agência Central de Inteligência, em inglês Central Intelligence Agency], também conhecida como a agência de espionagem americana. E não só isso: homens heterossexuais muito viris. Existem inúmeras obras sobre a principal agência de espionagem dos Estados Unidos – seu legado, suas ações, seus erros, suas conquistas –, e é impressionante a quantidade de livros que incluem as palavras "homem" ou "homens" no título. Em 1971, quando o diretor da CIA, Richard Helms, estava tentando persuadir os editores de jornais de que havia virtude na espionagem americana, ele afirmou que "a nação deve, até certo ponto, acreditar que nós também somos homens honrados dedicados a seu serviço". Um diretor posterior, William Colby, intitulou sua autobiografia *Honorable Men* [Homens honrados, em tradução livre]. A biografia do próprio Helms se chamou *The Man Who Kept the Secrets* [O homem que guardava os segredos]. Ray Cline, que fundou o setor de análise de inteligência dos Estados Unidos durante a Segunda Guerra Mundial, fala em suas memórias sobre "os homens que fizeram a CIA". William Stephenson, o emissário britânico que persuadiu os americanos a criar um serviço de espionagem antes de tudo, escreveu *A Man Called Intrepid*

[Um homem chamado de intrépido]. Um advogado de longa data da agência chamado John Rizzo deu a seu livro o título *Company Man* [Homem de negócios]. O jornalista Evan Thomas intitulou seu livro sobre os primeiros arquitetos *The Very Best Men* [Os melhores homens de todos]. "Melhores" estava carregado de ironia. "Homens" não estava.

No entanto, se avançarmos para os dias de hoje, você será perdoado por pensar que as mulheres agora praticamente comandam esse lugar. E uma delas fez isso: Gina Haspel, que foi a primeira mulher diretora da CIA, de 2018 a 2021. Essa mudança de percepção é em parte um progresso real e em parte ficção hollywoodiana. Nas décadas de 2010 e 2020, os filmes e programas de televisão americanos passaram a ser povoados por mulheres espiãs, geralmente loiras, geralmente magras, sempre brilhantes e invariavelmente problemáticas. A mais conhecida é Maya, protagonista do filme de Kathryn Bigelow de 2012 *A hora mais escura*, um personagem baseado em um grupo de mulheres reais que caçaram Osama bin Laden. Há Carrie Mathison, a analista bipolar cuja própria guerra contra o terrorismo dá vida a oito temporadas do drama de espionagem *Homeland*. Há Annie Walker em *Covert Affairs: assuntos confidenciais*, Sydney Bristow em *Alias*, Queen Latifah em *The Equalizer: a protetora*. Sem falar em Elizabeth Jennings, a agente soviética adormecida de *The Americans*, cujas perucas, como observou um crítico, são praticamente personagens em si mesmas. De quase nenhuma menção no registro histórico para, aparentemente, a onipresença: muita coisa mudou, na superfície.

Mas qual é a semelhança entre a realidade e as muitas espiãs ferozes de Hollywood? Será que essas mulheres, que às vezes parecem ter entrado em cena em massa após os ataques terroristas de 11 de Setembro, tiveram antecessoras? Em caso afirmativo, quem eram *essas* mulheres, de onde vieram e qual foi a contribuição delas para a segurança nacional americana? As mulheres estiveram envolvidas em espionagem na CIA – ou até mesmo desempenharam papéis importantes – durante os longos anos em que o rosto da agência, na medida em que tinha um rosto público, era tão implacavelmente masculino? Este livro se propõe a responder a essas perguntas, mas a resposta rápida é: elas já estiveram.

NOTA DA AUTORA

E essa resposta só levanta mais questões. Que talentos e habilidades as mulheres agentes de inteligência colocavam em prática, e que eram diferentes dos homens? Como elas atuavam em um ambiente profissional clandestino dominado não apenas por homens, mas, por muitas décadas, por um certo tipo de homem que ocupava os corredores da sede e das estações da CIA em todo o mundo – poderoso, sem controle, heterossexual, branco, muitas vezes maior do que a vida, nem sempre exigente quanto aos princípios, manipulador e competitivo? Como as mulheres lutaram para conseguir um lugar reconhecido em um ambiente profissional que, por natureza, deve ser secreto? Quais foram as concessões que elas se viram obrigadas a fazer ao longo do caminho? Haveria outra história, uma história importante a ser escrita sobre a CIA que colocasse as mulheres em um papel de destaque?

Um fato a respeito da CIA, conforme se desenvolvia, é que ela funcionava por meio de redes de agentes do sexo masculino – chefes de estação,[1] vice-diretores e chefes de divisão – que se reuniam em sessões de fumantes de charuto para participar do que eles chamavam de "planejamento de carreira", decidindo quem seria o próximo diretor do quê. Também é verdade que os homens minavam uns aos outros, e os mais experientes se cercavam de parceiros leais.

No entanto, como descobri, havia outra rede em ação nessas décadas, uma rede construída por mulheres – uma irmandade, como eu viria a pensar, uma palavra que as próprias mulheres usavam com frequência. Uma imagem ficou mais nítida, mostrando as contribuições de três gerações de mulheres – a soma de suas experiências e interconexões equivale a uma história alternativa e retificadora da espionagem americana. De fato, havia uma história oculta a ser contada: as mulheres estavam lá o tempo todo, embora a agência tenha buscado maneiras de suprimir suas vozes e colocá-las umas contra as outras, mesmo quando os líderes do sexo masculino confiavam em sua lealdade, em suas habilidades de exorcizar, em sua

---

[1] Um chefe de estação (*chief of station*) é o principal agente da CIA lotado em um país estrangeiro (N. E.).

atenção aos detalhes e em suas percepções. Foram necessárias décadas para que as espiãs conquistassem os cargos e exercessem a influência que mereciam. Essas mulheres, assim como os homens, eram manipuladoras e operativas, por instinto e por treinamento. Durante a Guerra Fria e na era moderna, as mulheres trabalharam sozinhas e em conjunto, atuando em segredo, executando operações contra o adversário e também – com uma frequência impressionante – contra a organização para a qual trabalhavam.

Este livro conta a história de uma das maiores transformações na cultura da CIA, de instituição dominada por homens, na qual as mulheres eram vistas como datilógrafas e brinquedos sexuais, para outra em que as mulheres impulsionaram alguns dos mais importantes sucessos da agência.

***

Quando embarquei nessa pesquisa, eu sabia por experiência própria que as pessoas cujas contribuições para a história se enquadram na área da inteligência são especialmente fáceis de serem ignoradas. Fiquei intrigado com a história da CIA no pós-guerra enquanto escrevia meu último livro, *Code Girls* [Garotas dos códigos, em tradução livre], sobre mulheres decifradoras de códigos durante a Segunda Guerra Mundial. Eram mais de 10 mil jovens americanas, professoras e recém-formadas, recrutadas para fazer um trabalho ultrassecreto de decifração das comunicações inimigas. Essas mulheres fizeram grandes descobertas lendo os sistemas de códigos japoneses e alemães, sem mencionar os russos e os de muitos outros países. No entanto, após o término da guerra, as contribuições dessas mulheres foram perdidas para a história; autores e estudiosos optaram por ignorar as evidências que vieram à tona quando muitos registros foram tornados públicos na década de 1990. Quando *Code Girls* foi publicado, ouvi centenas de descendentes dessas mulheres, que ficaram surpresos ao saber o que suas mães e avós estavam fazendo durante a guerra. Elas sabiam guardar segredo.

Eu também sabia que, além das decifradoras de códigos, milhares de outras mulheres se juntaram ao OSS [Escritório de Serviços Estratégicos, em inglês Office of Strategic Services], o primeiro serviço de espionagem dos Estados Unidos e precursor da CIA. (Talvez a mais famosa delas tenha sido Julia Child.) A história desse grupo me pareceu o início claro deste livro. Isso o torna, de certa forma, uma continuação natural de *Code Girls*, que termina em 1945, com o fim da guerra, quando todas as decifradoras de códigos, com exceção de um punhado delas, voltaram para suas vidas privadas a pedido do Tio Sam.

Para os aliados, a Segunda Guerra Mundial foi um momento, ainda que breve, ainda que imperfeito, do que hoje chamamos de inclusão, e essa disposição para ser inclusiva foi um dos motivos da vitória dos aliados. Os alemães consideraram a possibilidade de trazer as mulheres para a máquina de guerra nazista e decidiram não o fazer. Eles achavam que lugar de mulher era em casa. O mesmo aconteceu com o gabinete de guerra japonês.

Mas o progresso nos Estados Unidos, como sempre acontece, não se deu em linha reta. Um lembrete pungente do que aconteceu depois da guerra veio na forma de um bilhete que descobri em 1952, quando Ruth Weston Cable, uma matemática decifradora de códigos da NSA [Agência de Segurança Nacional, em inglês National Security Agency], pegou uma caneta e um pequeno pedaço de papel branco sem pauta e – em uma escrita cursiva clara e caprichada – escreveu uma mensagem relutante. Faltando sete meses para o parto de seu primeiro filho, Cable se sentiu obrigada a desistir. "A quem interessar possa", dizia o bilhete, "desejo renunciar a meu cargo de matemática, GS-9, a partir de 31 de dezembro de 1952." Ela acrescentou uma frase como justificativa: "Meu tempo é necessário em casa para cuidar do meu bebê".

Penso muito nesse bilhete. Ruth Cable queria ser mãe, mas também queria continuar fazendo o trabalho de serviço público em que era tão boa. A nação, na época, disse não. Quando uma nação se priva de metade de um conjunto de talentos disponíveis, como os Estados Unidos fizeram durante grande parte dos anos 1950, 1960 e depois, as consequências falam por si. Esse conhecimento especializado precisou ser reconstruído, e foi, lenta e seguramente, começando nos anos Eisenhower, por um grupo de mulheres que operavam nas sombras do setor de espionagem de nosso país.

***

É claro que as mulheres sempre estiveram presentes na CIA. Mesmo nos primeiros anos, havia mulheres, não apenas agentes mas também secretárias e esposas, que desempenhavam papéis fundamentais: criando arquivos, descobrindo segredos sobre países e líderes estrangeiros, estabelecendo relacionamentos, praticando técnicas de negociação, lidando com ativos e criando as redes internas que conduziam de lá para cá.

Entre elas, Jeanne Vertefeuille – você poderia chamá-la de Miss Marple da Casa da Rússia – e sua equipe de detetives femininas que desmascararam Aldrich Ames, um dos "caras" e um traidor de longa data que encobriu e causou a morte de agentes soviéticos que trabalhavam para os Estados Unidos. Entre elas está Shirley Sulick, a patriótica esposa negra de um agente branco que se divertia em passar a KGB para trás em Moscou; está Lisa Harper, uma agente pioneira da Guerra Fria que descobriu que as qualidades femininas tinham suas vantagens; Gina Bennett, que em 1993 publicou o primeiro aviso profético sobre Osama bin Laden; e Molly Chambers, uma agente de operações que ajudou a encontrar as alunas nigerianas sequestradas pelo Boko Haram. Essas mulheres fizeram contribuições não apesar de seu gênero, mas por causa dele, usando seu sexo para se movimentar pelo mundo sem serem notadas.

O trabalho de espionagem pode ser divertido. Esse é um dos principais motivos pelos quais as pessoas o fazem. Isso foi verdade para Mary Bancroft, braço direito e arma secreta de Allen Dulles durante a guerra; Eloise Page, a primeira mulher chefe de estação da CIA, que dirigiu uma operação bem-sucedida contra homens que tentaram destituí-la, mesmo quando ela aspirou, sem sucesso, a ser realmente um dos "caras"; Sue McCloud, que se encaixava no perfil clássico de espiã como aquela que corre em direção ao perigo, e não para longe dele; Heidi August, que na década de 1980 aproveitou uma onda de feminismo e descontentamento global para persuadir mulheres estrangeiras a entregar segredos; e Holly Bond, que entrou para a CIA na era pós-11 de Setembro, quando a agência finalmente admitiu oficiais gays e lésbicas. Ela descobriu que o gênero ajudava bastante enquanto clandestinamente arrombava uma fechadura para ter acesso a um quarto de hotel.

Na década de 1980, uma geração de mulheres chegou à CIA com a qual me identifico particularmente, porque eu estava entrando no mercado de trabalho – no jornalismo – na mesma época. Essas mulheres tinham nascido duas décadas antes mais ou menos, após o fim da Segunda Guerra Mundial. Assim como eu, elas se lembram (vagamente) dos abrigos antiaéreos e do pouso na Lua em 1969; elas vivenciaram a onda de mulheres líderes da década de 1970, pessoas como Billie Jean King e Shirley Chisholm, que fizeram coisas ousadas parecerem possíveis para meninas como eu. Elas devoraram livros como *Harriet*, de Louise Fitzhugh, publicado em 1964, que afirmava a ideia de que não há problema em uma garota ter um lado sorrateiro; e, é claro, a série multilicenciada Nancy Drew, que apresentava a intrépida detetive que dirigia um conversível, com seu namorado apaixonado, Ned Nickerson. Esse grupo frequentou a faculdade no momento crucial em que as americanas se equipararam aos homens em termos de número e se formaram em uma força de trabalho pensando que o campo de jogo estava nivelado. Mas não estava.

Em alguns casos, as mulheres agentes de inteligência se mostraram eficazes porque eram (e são) pessoas extraordinárias; porque têm pontos fortes inatos que podem ou não estar relacionados ao gênero; porque injetaram um novo modo de pensar; e/ou porque gravitaram ou foram direcionadas para funções em que seus talentos se tornaram essenciais. No entanto, as mulheres que chegaram à CIA na década de 1980 também tiveram de suportar o que hoje chamamos de microagressões e preconceitos inconscientes, além da misoginia absoluta. Isso tornou difícil para as mulheres serem ouvidas, mesmo quando o que elas sabiam ou haviam notado era urgente. A discriminação já é ruim o suficiente em uma empresa de publicidade ou de seguros; em uma agência de segurança nacional cujo trabalho é prever e alertar, os desdobramentos podem ser perigosos e literalmente fatais.

O governo federal, durante a Guerra Fria, estava mais disposto a contratar mulheres do que o setor privado, mas, quando as mulheres chegavam à CIA, geralmente ficavam relegadas a áreas consideradas auxiliares.

Esses mesmos campos – análise e seleção de alvos – se tornariam essenciais após o 11 de setembro de 2001, quando o mundo se transformou em um dia, assim como havia acontecido após Pearl Harbor, por terroristas que acreditavam que as mulheres não tinham nenhum papel a desempenhar em sua organização, nem na vida pública. Em parte devido à maneira como foram usadas e discriminadas, as mulheres da CIA estavam em lugares-chave antes e depois de uma das maiores catástrofes do século XXI.

Foi um pequeno grupo de mulheres da CIA que notou pela primeira vez a reunião incomum de combatentes estrangeiros apátridas que emergiu do Afeganistão soviético, muitos dos quais se tornariam os soldados da infantaria da Al-Qaeda. Será que um dos motivos pelos quais os ataques de 11 de Setembro pareceram pegar os líderes dos Estados Unidos tão desprevenidos foram o sexismo e a dificuldade das mulheres em conseguir a adesão institucional ao que estavam vendo? Essa é uma das perguntas importantes a que procurei responder nas páginas a seguir.

Ser subestimado por causa do gênero (ou por qualquer outro motivo) é uma vantagem quando você é um espião na rua tentando se movimentar sem ser observado. Ser subestimado é um problema para todos quando você é uma mulher (ou qualquer pessoa) em uma comunidade de segurança nacional tentando se fazer ouvir sobre algo importante que descobriu.

***

O que sempre diferenciou a CIA de muitas outras instituições foi uma atmosfera de sigilo, uma licença para violar leis estrangeiras e a imprudência gerada por isso; a estranha intimidade do trabalho de espionagem; a criação de um mundo em que as regras usuais não se aplicam; e, às vezes, a percepção de que há carta branca para violar os direitos e o bem-estar de pessoas vulneráveis, inclusive as mulheres que trabalhavam lá. A CIA é uma agência controversa, e sempre será. Sua atribuição é coletar informações que os governos estrangeiros estão tentando esconder, analisar essa informação e emitir avisos, previsões e executar a política presidencial com ações secretas em outras nações. Ela opera no reino sombrio da guerra clandestina para evitar a guerra real.

O que estamos vendo nas espiãs de hoje é o efeito a conta-gotas de uma luta de décadas para conquistar seu lugar nesse ambiente. Este livro não argumenta que as mulheres são melhores, mais virtuosas ou íntegras. Ele mostra que as mulheres estiveram por trás de diversas "vitórias" da inteligência que nunca viram a luz do dia e que elas fizeram observações, documentos e previsões aos quais deveria ter sido dada mais atenção. Elas também participaram de alguns dos capítulos mais obscuros e controversos da agência. Ao longo do caminho, as mulheres criaram seu próprio legado. Elas fizeram descobertas, projetaram sistemas. Muitas vezes as mulheres estavam preparadas para ver coisas que os outros não viam. Mas "cada passo ao longo do caminho", disse uma delas, Jonna Mendez, "foi forçado".

Aqui está a história de como elas prevaleceram, como espionaram, como se uniram e avançaram. Até mesmo as mulheres que trabalham nos atuais departamentos de inteligência geralmente não conhecem essa história, porque boa parte dela foi encoberta pelo sigilo.

***

Este livro é baseado em mais de cem entrevistas, a maioria delas gravada, com mulheres e homens que serviram na CIA ou em funções relacionadas. Alguns entrevistados preferiram falar em *off* e forneceram um contexto valioso. Também me baseei em histórias publicadas, artigos acadêmicos, documentos tornados públicos e escritos pessoais. O trabalho de espionagem é tão fascinante, muitas vezes tão surreal, que não são poucos os agentes aposentados que têm uma gaveta na escrivaninha com um roteiro ou um livro de memórias. Agradeço aos agentes que compartilharam esses textos, bem como discursos e documentos.

Em qualquer trabalho sobre espionagem, uma advertência importante é a de que ainda há muito que não sabemos. Às vezes a pessoa que contava a história era a única presente no momento. Sempre que possível, busquei corroboração. Histórias futuras e mais documentos tornados públicos poderão esclarecer questões e eventos. Todos os nomes são reais, exceto em alguns casos em que a pessoa ainda está sob disfarce. Essas situações são esclarecidas. Todas as pessoas são reais. A maioria dos personagens cujas histórias são descritas neste livro é formada, acredito, por mulheres honradas e dedicadas ao serviço da nação. O trabalho que fazem é árduo, e, quando conseguem, o público quase nunca fica sabendo.

PRÓLOGO
A promessa

MALTA
Novembro de 1985

O corpo na maca poderia muito bem ter sido o dela. Heidi August estava no necrotério de um hospital em uma manhã fria do Mediterrâneo – novembro era um mês frio na ilha de Malta – contemplando o corpo de uma mulher coberto por um lençol branco. O lençol estava dobrado para trás a fim de revelar o rosto da mulher, emoldurado por um rico emaranhado de cabelo ruivo comprido. Ela usava um colar com um crucifixo – a mesma cruz que ela exibia na foto de seu passaporte americano, que Heidi segurava em sua mão. Heidi ficou parada, olhando da foto para o corpo e de volta para a foto. Ao ver a cruz que ela usava no dia em que a foto foi tirada, agora amassada em seu pescoço sem vida, Heidi sentiu-se quase insuportavelmente comovida.

Dois dias antes, Heidi sabia, essa mulher estava arrumando a mala em Atenas e ansiosa por uma viagem de fim de semana ao Cairo. Agora ela estava morta. O colar confirmava a identificação do corpo. Era por isso que Heidi tinha ido ao necrotério – para fazer a identificação formal. Não havia mais ninguém para fazer isso. A mulher não tinha amigos ou familiares em Malta. Ela estava viajando sozinha.

Heidi tinha acabado de chegar da UTI do hospital, que estava lotada de pessoas queimadas e feridas. Ela estava sob o efeito de adrenalina e cafeína, abalada pelos acontecimentos das últimas 48 horas e por uma sensação estranha. Ela não esperava se sentir assim em relação à mulher morta. Talvez fosse exaustão. Mas ela achava que não.

Com sua tarefa concluída, Heidi descobriu que não podia ir embora, não ainda. Ela permanecia no mesmo lugar, no subsolo do St. Luke's, o único hospital da ilha, um conjunto de blocos do pós-guerra que parecia particularmente fora de lugar aqui, em um dos bairros antigos mais esplêndidos da região do Mediterrâneo. O hospital ficava na cidade velha, uma área fortificada preservada da Idade Média, repleta de bastiões, torres e muros defensivos do século XVI, belos edifícios de pedra que remontam à era da Ordem de Malta, também conhecido como os Cavaleiros Hospitalários.

Os últimos dois dias tinham sido intermináveis e estranhos. Primeiro foi o telefonema que interrompeu o jantar de Heidi em um restaurante à beira-mar com amigos malteses. Segundo, a corrida até seu carro e o deslocamento rápido até o aeroporto de Luqa. Depois, quase dois dias em um centro de comando improvisado, onde Heidi e dois homens árabes sentavam-se ridiculamente juntos a uma pequena mesa, os três trocando um telefone de disco de um lado para o outro, revezando-se para falar com seus governos a respeito do avião sequestrado na pista. Um de seus companheiros de assento era um diplomata líbio, o outro era um representante da OLP (Organização para a Libertação da Palestina). Os dois homens não sabiam que Heidi era uma espiã americana. Eles pensavam que ela era uma americana capaz, mas um tanto ríspida (ela ficava irritada nas crises; ela sabia disso), que trabalhava na embaixada dos Estados Unidos processando vistos. Na verdade, Heidi era chefe de estação da CIA – até onde ela sabia, a única chefe de estação do sexo feminino no mundo. Quando era sua vez de atender o telefone, Heidi falava em linguagem cifrada com sua secretária, Jackie. A espionagem exigia talentos inesperados. Nunca se sabia quais qualidades, quais truques aprendidos na infância, seriam necessários.

Certamente, uma espiã era a última coisa que Heidi August aparentava ser. Pequena, com olhos castanhos e um halo encaracolado de cabelo castanho curto, ela tinha 38 anos, mas parecia dez anos mais jovem. No momento ela estava usando jeans, tênis e um moletom da Universidade do Colorado em Boulder, onde se formou. O representante da OLP, em determinado momento, durante a refeição, em um daqueles momentos estranhos de união que podem ocorrer em crises, perguntou sobre a família dela. Ele claramente esperava que ela falasse sobre um marido e filhos. Ela lhe disse que não era casada, mas que às vezes se sentia casada com o presidente dos Estados Unidos, ou pelo menos com o governo dele. O representante da OLP riu.

O que a paralisou – o motivo pelo qual Heidi não conseguia sair do necrotério – foram os paralelos entre ela e essa funcionária pública. A mulher morta era americana, como Heidi. Ela era solteira, como Heidi. As duas tinham a mesma idade. Os pais dela moravam na Califórnia, assim como os de Heidi. Ela era uma GS-13, assim como Heidi, uma civil que trabalhava no exterior, se sustentava sozinha, protegendo os cidadãos americanos e a segurança nacional de seu país. Ela era bem-sucedida o suficiente para ter conquistado um cargo de certa especialização e ter experiência em viagens ao Oriente Médio. E quantas excursões de fim de semana Heidi já havia feito durante seus dezessete anos na CIA? Em quantas situações perigosas ela se vira envolvida? Quantas multidões, quantos tiros?

O que mais chamou a atenção de Heidi foi a postura da mulher: a maneira lúcida como ela havia tirado a identificação militar da carteira e a escondera no bolso do assento à sua frente quando os sequestradores começaram a recolher os passaportes. Isso não a salvou, mas tinha sido inteligente. Não havia nenhuma evidência de que ela tivesse entrado em pânico, apesar do caos e do terror dentro do avião. Os sequestradores tinham ameaçado atirar em um passageiro a cada quinze minutos. Heidi conhecia a si mesma o suficiente para saber que tinha a mesma capacidade de manter a cabeça fria. Durante sua carreira de espiã, ela havia sobrevivido a golpes e revoltas, fugido de disparos de foguetes. Mas a diferença era que a mulher na maca estava morta e Heidi estava viva. Ela estava viva e tinha responsabilidade para com a mulher morta.

Aquele ano, 1985, havia sido aterrorizante. Na Europa e no Oriente Médio, a violência contra os americanos estava aumentando, tornando-se mais aleatória, mais imprevisível, e não poupava civis ou crianças. Em junho, apenas alguns meses antes, o voo 847 da TWA havia sido sequestrado em Atenas, a caminho de San Diego, um evento que durou dezessete dias, enquanto o avião cruzava o Oriente Médio. Em outubro, terroristas sequestraram o transatlântico italiano *Achille Lauro,* e o pobre homem na cadeira de rodas, Leon Klinghoffer, tinha sido morto e jogado ao mar. E agora isto: o incidente terrorista mais sangrento da história, 58 corpos alinhados na pista da bela Malta.

Heidi sentiu, em si mesma, uma mudança profunda. Os últimos dois dias haviam lhe dado um objetivo concreto. Até então, a missão de Heidi, como a de quase todo mundo na Agência Central de Inteligência, era manter o comunismo sob controle e evitar a guerra nuclear. Ela havia combatido o comunismo na Europa, o comunismo na África, o comunismo no Sudeste Asiático. Aqui em Malta, o hospital contava com uma equipe de médicos do Leste Europeu, um sinal revelador da influência do adversário. Mas agora algo novo estava ocorrendo. Surgia um novo tipo de ameaça. Sequestros, explosões. Em todo o mundo, redes estavam se formando. Redes de homens impiedosos cuja violência era indiscriminada.

Heidi tinha visto o assassino da mulher. Ele estava deitado na UTI se recuperando depois de ter sido atingido pelo piloto – que, fugindo da cabine de comando, correra para ele empunhando um machado de incêndio. Mas havia pessoas que financiaram e treinaram o assassino. Ela os encontraria. Ela vingaria a morte dessa mulher e dedicaria sua vida profissional a ajudar a garantir que algo assim não acontecesse novamente.

Em um impulso, Heidi August falou com o corpo na maca. O nome da mulher era Scarlett Marie Rogenkamp. Heidi queria fazer uma promessa. *Farei tudo o que puder para levar esse assassino à justiça,* disse ela ao corpo de Scarlett Rogenkamp. Se pessoas os tivessem ajudado, ela os localizaria. Suas palavras, ditas em voz alta, cortaram o silêncio frio do necrotério.

Ela nunca esqueceria o vínculo que sentia com essa outra mulher. A promessa a impulsionaria pelos vinte anos seguintes. Seus destinos estavam ligados, e Heidi agora sabia disso. Ela era uma caçadora. E não estava mais sozinha. Em Langley havia mulheres vindo atrás dela. Agora havia outras caçadoras também, e elas a ajudariam.

Primeira Parte

A avaliação dos homens

> A representação do mundo, como o mundo em si, é obra dos homens; eles o descrevem de seu próprio ponto de vista, que confundem com a verdade absoluta.
>
> Simone de Beauvoir
> *O segundo sexo*

Capítulo 1
ESTAÇÃO W

WASHINGTON
Inverno de 1944

No inverno instável do final de 1944, com o fim da guerra próximo, mas frustrantemente distante, um fluxo de homens e mulheres bem-vestidos entrava pela porta da frente de um "prédio monótono de pedra marrom" no centro de Washington. Eles chegavam entre oito e quinze e oito e meia todas as manhãs, exceto aos domingos. Antes da guerra, o prédio de pedra marrom era uma casa comum, mas agora não era mais. A população da capital do país havia explodido nos dois anos anteriores, com a chegada de cidadãos americanos, autoridades estrangeiras e soldados para servir ao esforço de guerra. Todos os imóveis disponíveis tinham sido ocupados. Edifícios temporários, semelhantes a tendas, pontilhavam os espaços verdes da capital: havia cabanas Quonset perto do espelho d'água do Lincoln Memorial e até mesmo um escritório do governo em uma antiga pista de patinação. Perto do parque National Mall, os membros do corpo diplomático e militar dos Estados Unidos trabalhavam em escritórios imensos e cheios de correntes de ar, por onde os mensageiros andavam de bicicleta. Na E Street, no bairro de Foggy Bottom, em um terreno elevado próximo à cervejaria Christian Heurich Brewing Company, outro conjunto irregular de prédios estava se moldando como o coração da autoridade em espionagem do país.

O prédio marrom não tinha identificação – era anônimo no design. Agasalhada contra o clima de inverno, cada pessoa que entrava no prédio trazia um cartão de papel exclusivo. No pequeno cartão estava inscrito um nome falso, a letra W e um número. O grupo de cada dia consistia em cerca de dezoito candidatos, com horários de chegada escalonados para que pudessem ser processados um a um. A maioria não tinha ideia do que os aguardava, mas sabia por que tinha vindo. Eles procuravam emprego em uma nova agência em tempo de guerra: o Escritório de Serviços Estratégicos. Eles estavam se candidatando ao cargo de espião.

Dependendo de quem – se é que alguém – os havia informado, os candidatos podem ter sido instruídos a esperar por uma série de testes, durante um dia que seria "interessante e proveitoso, além de extenuante". Ao chegar, eles eram orientados a apresentar seus cartões ao "funcionário de plantão". No entanto, essa simples instrução já era um teste em si. Sentados diante de mesas dentro do saguão havia dois funcionários, nenhum dos quais se esforçava para cumprimentar calorosamente os recém-chegados. Eles ficavam em silêncio, esperando que o solicitante desse o primeiro passo. "Era uma situação difícil", segundo observou um relatório mais tarde. Alguns candidatos ficavam desanimados; alguns ficavam confusos; alguns se tornavam "agressivos e sarcásticos". Todas as reações eram registradas. Se uma pessoa fizesse uma pergunta razoável, por exemplo, "Este é o lugar certo?", a pergunta era "devolvida imediatamente" para pegar o candidato desprevenido.

Depois que o candidato conseguia apresentar o cartão, os funcionários da recepção se apresentavam. Um era o psiquiatra, o outro era o assistente. Eles seriam os examinadores do dia.

Os candidatos do sexo masculino eram encaminhados para o subsolo, para vestir uniformes do Exército. O objetivo era fazer cada um dos homens parecer igual a seus colegas, de modo que nada se soubesse a respeito de seu trabalho, sua classe social, seu posto militar, seu papel no que poderia ser chamado de vida real. Ele se apresentava ao grupo nu, por assim dizer, sem insígnias ou "apoio ao ego". Ele precisaria tentar provar sua habilidade de trabalhar com outras pessoas e sua capacidade de liderança, se tivesse alguma.

As mulheres eram levadas a outra sala para tirar casacos e chapéus. Como as mulheres eram, bem, mulheres, não se pensou que fosse necessária nenhuma outra equalização.

Os candidatos recebiam uma folha de instruções com letras roxas, exalando a fragrância do mimeógrafo, e ficavam sabendo que seriam avaliados quanto à compreensão. As instruções eram intencionalmente vagas: os psiquiatras queriam ver como os recrutas reagiam à confusão. Alguns liam rapidamente; outros liam, hesitavam e reliam.

As instruções diziam aos candidatos que eles haviam sido chamados para ter suas qualificações avaliadas para trabalhos confidenciais de espionagem. Eles eram orientados a desenvolver uma história de fachada – uma identidade falsa que pudessem sustentar. Não deveriam revelar nada sobre suas vidas reais, a não ser o que escrevessem em um formulário de histórico pessoal que seria visto apenas pelos examinadores.

Os candidatos iam para a sala 41, que havia sido transformada em sala de aula. Lá, eles encontravam carteiras, lápis e cópias de um questionário. Tinham uma hora para preenchê-lo. As perguntas incluíam o nome e o local de nascimento dos pais, o posicionamento político e a religião da família, se tinham irmãos e a idade deles. Em seguida, as perguntas se tornavam mais incisivas. De qual dos pais você se sentiu mais próximo em várias idades? Qual dos pais exerce a disciplina em casa? Você pensa com frequência em seu pai? Em caso afirmativo, é com afeto ou com ressentimento? Os candidatos respondiam a perguntas sobre casamentos anteriores, doenças e viagens ao exterior. Eles ingeriam bebidas alcoólicas? Já haviam sido processados? As perguntas convidavam à autorreflexão ou chegavam a estimular possíveis conflitos emocionais.

Se ganhasse uma grande fortuna, o que você faria com o dinheiro?
O que o deixa constrangido?
O que mais lhe faltou quando era criança?

Depois de uma hora, um membro da equipe os mandava parar, explicando que "o restante da manhã seria apertado e o ritmo, acelerado". Eles passavam para um formulário de saúde – sofriam de tontura? pesadelos? dores de cabeça? – e depois para uma pesquisa sobre "condições de trabalho", na qual era perguntado como se sentiam em relação a um trabalho que envolvesse perigo; muitas festas; clima quente e úmido; responsabilidade; iniciativa; monotonia; "trabalhar em relações próximas com negros"; "trabalhar em relações próximas com orientais"; trabalhar "exclusivamente com mulheres"; ou "ver apenas homens por longos períodos de tempo". Eles se importavam com a sujeira? E se fossem enviados para uma região com muita malária, sífilis e alcoolismo? Os candidatos estavam sendo considerados para trabalhar no teatro de guerra global, uma série de localidades no exterior nas quais um fato era certo: algo, provavelmente muita coisa, daria errado.

Depois de 45 minutos, um membro da equipe cumprimentava os participantes do teste. Essa era a conversa de segurança. Em nenhum momento eles deveriam revelar seu nome verdadeiro. Se reconhecessem outra pessoa presente, não deveriam deixar transparecer.

À tarde, eles se reuniam para uma discussão em grupo. A primeira tarefa era selecionar um problema que os Estados Unidos provavelmente enfrentariam após a guerra e, em seguida, chegar a uma solução e a um plano de ação. O objetivo era separar os líderes dos seguidores, os ouvintes dos faladores. Cada parte do dia era um teste, incluindo os intervalos.

"O almoço será servido na sala 21 por volta de 12h45", o funcionário os informava. "Provavelmente será anunciado pela cozinheira gritando: 'Vamos voltar!'". O funcionário explicou: "Tentamos fazê-la dizer algo mais inteligível, mas será mais fácil simplesmente explicar a cada turma de alunos o que essa frase estranha significa e deixar para lá". Eles eram observados, para ver como reagiam ao comportamento estranho.

"Vocês ficarão bastante ocupados hoje, mas terão breves intervalos ocasionais", continuava o funcionário. "Durante esses períodos, pedimos que se dirijam à sala 31, onde encontrarão uma mesa de pingue-pongue, algumas cartas, um tabuleiro de xadrez e alguns outros pequenos equipamentos recreativos. Essa é a sala de vocês, e recomendamos que seja usada para fazer uma pausa, descansar e relaxar."

No almoço, a equipe observava como as pessoas interagiam. "Alguns não foram comunicativos e não se sentiram à vontade", observou o relatório. "Outros acharam difícil falar de qualquer coisa que não fossem suas experiências da manhã. Alguns competiram constantemente pela atenção dos membros da equipe, desprezando ou interrompendo seus companheiros."

Durante os intervalos – enquanto jogavam pingue-pongue ou dardos –, eles eram observados ainda mais de perto. Eles eram competitivos? Amistosos? Tímidos? Agressivos? Como funcionavam em um grupo? Eles estavam, conforme a orientação, observando uns aos outros mesmo quando observados?

***

A necessidade de um serviço formal de inteligência dos Estados Unidos ficou evidente antes mesmo de o país entrar na Segunda Guerra Mundial. Em maio de 1940, a Alemanha invadiu a Bélgica e marchou para a França, onde mais de 300 mil tropas britânicas e francesas ficaram presas no porto de Dunkirk. A Inglaterra enviou barcos de pesca, balsas e todos os outros tipos de embarcações para resgatá-los, evacuando cerca de 340 mil soldados – mais de um terço deles franceses –, mas somente depois de sofrer baixas desastrosas. O equipamento pesado, agora sob o controle de Hitler, fora deixado para trás. Em meio aos meses seguintes de *blitzkrieg*[1] e ocupação, a Inglaterra permaneceu vulnerável e sozinha. O Presidente Franklin Roosevelt precisava saber duas coisas acima de tudo: o Reino Unido conseguiria se manter? E, se os Estados Unidos entrassem na guerra, teriam o que era preciso para vencer? Quanto à primeira pergunta, o embaixador norte-americano Joseph Kennedy, informando de Londres, previu que a Inglaterra seria derrotada pelos alemães.

Roosevelt queria uma segunda opinião. Ele enviou William Donovan, um advogado de Nova York e herói de guerra, em visita à Inglaterra. Donovan relatou que o moral estava elevado, sob a liderança do Primeiro-Ministro Winston Churchill. Mas os Estados Unidos, advertiu ele, ainda não dispunham do necessário para ter sucesso. Depois de passar

---

1 *Blitzgrieg*, que significa "guerra-relâmpago", era uma estratégia empregada pelos alemães na Segunda Guerra Mundial que consistia em fazer ataques rápidos, surpreendentes e incisivos contra os inimigos (N. E.).

um tempo junto à comunidade de inteligência britânica, ele ressaltou que os Estados Unidos não tinham quase nada em termos de seu próprio aparato de espionagem, mesmo enfrentando "perigo iminente". Até então, a inteligência norte-americana, se é que existia, estava confinada aos tempos de guerra – George Washington tinha o Culper Spy Ring;[2] durante a Guerra Civil, tanto o Norte quanto o Sul usaram agentes secretos – o que foi praticamente desmantelada em tempos de paz. Após a Primeira Guerra Mundial, a pequena operação de decifração de códigos do Departamento de Estado foi encerrada por um secretário de Estado horrorizado, Henry Stimson, que ficou famoso por dizer: "Cavalheiros não leem a correspondência uns dos outros". A Marinha e o Exército dos Estados Unidos destacaram oficiais militares que se escondiam em outros países e informavam sobre suas capacidades de armas e tropas, mas, fora isso, a coleta de informações americanas era escassa.

Donovan pediu a Roosevelt que criasse uma "operação central de inteligência".

Os britânicos não poderiam ter concordado mais. Depois de enfrentar uma guerra mundial anterior, sem mencionar séculos de conflito com nações europeias, o Reino Unido praticamente inventou a coleta de informações do século XX, construindo uma agência de espionagem sofisticada e eficaz. A Inglaterra desejava desesperadamente compartilhar inteligência com os aliados dos Estados Unidos, mas precisava de um parceiro que soubesse o que estava fazendo. O Reino Unido "deflagrou uma operação" contra seus primos americanos, enviando consultores para persuadir Roosevelt a criar uma agência de espionagem nos moldes do MI6. O modelo britânico foi construído com base na noção de que um serviço de espionagem centralizado deveria ser civil – e não militar – e contar com uma ampla gama de habilidades e pessoas. Ele adotou a tática de recrutar amadores que haviam sido treinados como advogados, empresários e profissionais liberais, homens de negócios, escritores,

---

2 O Culper Spy Ring foi uma rede de espionagem criada em 1778 em Nova York durante a invasão britânica (N. E.).

arqueólogos e historiadores; que tivessem inclinação por ações secretas; e que pudessem ser treinados em espionagem.

Roosevelt compreendeu. Em 1941, ele nomeou William Donovan "Coordenador de Informações", chefe de uma ação para obter informações de inteligência dos serviços de espionagem aliados, bem como de fontes abertas, como jornais estrangeiros, relatórios de rádio e relatórios de empresários que retornavam do exterior. Porém, após o surpreendente ataque japonês a Pearl Harbor, em 7 de dezembro de 1941, ficou claro que era necessário um esforço muito maior. As deficiências dos Estados Unidos estavam agora tragicamente aparentes. Em junho de 1942, foi criado o OSS [Escritório de Serviços Estratégicos, em inglês Office of Strategic Services], e Donovan foi escolhido para dirigi-lo.

Donovan personificava o tipo de homem que por muito tempo dominaria a cultura da OSS e de sua sucessora, a CIA. Um oficial condecorado da Primeira Guerra Mundial que, após o armistício, tinha insistido em marchar com seus homens, o Fighting 69th, em um desfile da vitória na cidade de Nova York – em vez de cavalgar –, era um homem de brio, carisma, atividade e gestos grandiosos. Também era arrogante e um mulherengo sociopata. "Assim como a natureza, ele era pródigo, incontrolável, previdente, e cada projeto concluído gerava uma série de novos projetos", observou um relatório posterior sobre o esforço de recrutamento da OSS. Ele era o tipo de homem que sonhava grande e deixava que os outros se preocupassem com os detalhes. Deixava o barco correr, sentia-se confortável com o caos, adorava ações paramilitares, era fascinado por venenos exóticos e passou a maior parte da guerra longe de sua mesa, preferindo "teatros de guerra distantes", como declarou Ray Cline, um historiador que se tornou chefe da diretoria analítica da OSS.

A OSS tinha um objetivo central: garantir que os Estados Unidos nunca mais fossem pegos de surpresa, como aconteceu em Pearl Harbor. Para isso, era necessário criar uma rede de agentes para coletar informações estratégicas. Ela queria saber sobre geografia, movimentos de tropas e intenções inimigas. Precisava de agentes secretos que pudessem seduzir, provocar, subornar, ameaçar, persuadir e convencer cidadãos de outras nações a compartilhar planos, mapas e plantas. Precisava de pessoas engenhosas que pudessem tirar fotos de aviões, infiltrar-se em confidências, escrever telegramas, gerenciar redes, falsificar documentos e manter os agentes em segurança. Precisava de pessoas que não tivessem vergonha de como isso era feito. E Donovan queria pessoas dispostas a fazer o trabalho literalmente explosivo da guerra. Trabalhando com a nova unidade paramilitar clandestina da Inglaterra, a SOE [Executiva de Operações Especiais, em inglês Special Operations Executive], a OSS precisava de pessoas que pudessem sabotar linhas ferroviárias, explodir garagens de trens e evacuar pilotos aliados abatidos.

Mas a OSS também precisava de trabalhadores que tivessem um conjunto de habilidades menos glamouroso. O serviço de espionagem necessitava de cérebros. Precisava de pesquisadores e analistas treinados, pensadores de raciocínio afiado que pudessem estudar a inteligência para avaliar sua confiabilidade, manter arquivos, desenhar mapas, fornecer gráficos vitais para desembarques militares, tirar conclusões e fornecer avisos.

Precisava de pessoas de ação – e de pessoas de raciocínio.

Como Ray Cline observou, a OSS foi a primeira "rede de espionagem profissional em larga escala dos Estados Unidos a operar no exterior", mesmo que seus espiões nem sempre fossem muito bons no que faziam. No fim de 1943, a OSS estava "recrutando pessoal de maneira frenética e um tanto aleatória, sem o benefício de qualquer processo de triagem profissional ou padronizado", segundo o relatório. O novo serviço estava recrutando muitas pessoas bem-educadas ou bem-criadas, mas que "não sabiam nada sobre como trabalhar com homens ou como cuidar do bem-estar e do moral dos homens sob seu comando".

Em outubro de 1943, a ideia de criar uma escola de avaliação foi apresentada a Donovan em uma reunião de equipe. Donovan, que gostava de esquemas e grandes projetos novos, aceitou. Mas recrutar a equipe de avaliação foi um desafio. Em uma época em que o governo norte-americano e o setor privado competiam por cérebros – todas as agências em tempo de guerra precisavam de pessoas que pudessem ler plantas, calcular trajetórias de foguetes, usar os primeiros computadores –, a equipe de avaliação foi formada por uma série de especialistas que incluíam psicólogos clínicos e psicólogos de animais; freudianos e antifreudianos; psicólogos sociais, sociólogos e antropólogos culturais – quase todos com experiência em estudar o que fazia as pessoas funcionarem.

O grupo teve de chegar a um acordo sobre uma maneira de identificar talentos. Eles procuraram identificar as pessoas que seriam ousadas e engenhosas e eliminar aquelas que seriam "estúpidas, apáticas, mal-humoradas, ressentidas, arrogantes ou insultantes". Eles precisavam descobrir quem poderia trabalhar com falsificadores, enviar um subordinado em uma missão suicida, assassinar o prefeito colaboracionista de um vilarejo francês, lidar com uma situação em que um agente descuidado deixasse para trás documentos vitais que precisassem ser recuperados. Eles buscavam pessoas dotadas de "inteligência eficaz", pessoas que pudessem fazer as coisas acontecerem. Eles queriam agentes que fossem capazes de lidar com a situação. As condições de trabalho seriam diferentes daquelas que a maioria dos americanos já havia conhecido. Os selecionados precisavam se dar bem com "membros de outras unidades da OSS, com britânicos, franceses e chineses e, não raro, com algum grupo de resistência em território ocupado".

Os avaliadores passaram meses tentando entender os trabalhos envolvidos. O serviço de espionagem incipiente precisava de escriturários, secretários, médicos, historiadores. Para as operações de propaganda destinadas a desmoralizar as nações do Eixo – cartazes, folhetos, transmissões de rádio –, eles necessitavam de roteiristas, cantores, dubladores, tipógrafos. Eles precisavam de paraquedistas, sabotadores, treinadores de pombos, pilotos, fabricantes de bombas. Precisavam de pessoas que pudessem administrar cadeias de suprimentos, morar na China, enviar mensagens codificadas, comer comida estrangeira. Pessoas que pudessem operar em Argel, no Cairo, em Kunming. Eles necessitavam de estudiosos. Pessoas que soubessem ler mapas. Pessoas que falassem romeno, albanês, grego, dinamarquês, malaio, polonês, coreano. Pessoas dispostas a pular de um avião ou suportar o isolamento em uma casa de fazenda solitária enquanto eram rastreadas pela Gestapo. Eles precisavam de pessoas que conseguissem segurar um copo de bebida enquanto outros ficavam bêbados.

Eles queriam pessoas que pudessem levar uma vida secreta, que não fossem desagradáveis, em quem os outros confiassem, que fossem intrépidas mas não imprudentes. Não havia como antecipar todos os desafios que o serviço de espionagem americano enfrentaria, alguns autoinfligidos por uma máquina de guerra dos Estados Unidos em expansão caótica. Eles precisavam de pessoas com "um grau bastante alto de tolerância a situações complicadas".

Para encontrar pessoas assim, eles pegaram emprestada uma ideia que o exército britânico havia desenvolvido. Os candidatos eram reunidos em "situações de grupo sem líderes" e, em seguida, testados em um ambiente de fantasia, interpretação de papéis e manipulação. Alguns vieram das forças armadas, onde os oficiais ficavam atentos aos talentos. Outros eram orientados pela agência de pessoal civil. A OSS empregava "as técnicas usuais e reconhecidas" de recrutamento, ou seja, "anúncios vagos em jornais e revistas". Mas o boca a boca também era uma importante fonte de candidatos: advogados entediados de Wall Street; amigos de Donovan e de seu meio social; executivos velhos demais para lutar – eles chegavam por causa da filiação a clubes, de sugestões sussurradas, de vínculos com a faculdade. "A conexão com Harvard foi a porta de entrada", lembrou Ray Cline, um egresso de Harvard que, junto a sua esposa, foi integrado à equipe para o serviço de decifração de códigos da Marinha. Ele rapidamente foi selecionado pela OSS.

Em seguida, a OSS criou escolas secretas. A primeira, Estação S, foi estabelecida em uma fazenda da Virgínia, no sopé das Montanhas Blue Ridge. O pasto de cavalos oferecia a privacidade necessária para transformar uma paisagem de campo aberto – riachos, pastos, cercas vivas – em um cenário de guerra imaginário. Durante três dias, os recrutas encenavam crises e dramas. Em uma delas – a Situação do Córrego –, eles ficavam na margem de um córrego e eram instruídos a imaginá-lo como um rio torrencial com barrancos íngremes. Sua turma era um grupo de sabotagem que precisava atravessar as águas furiosas. Perto dali havia uma pilha de tábuas. Os avaliadores observavam enquanto o grupo debatia um curso de ação. Eles tinham as habilidades necessárias para dar nós e criar roldanas? Na direção de quem o grupo gravitava como líder? Em outra situação, cada recruta era instruído a construir uma estrutura usando pinos, postes, blocos e soquetes. Os assistentes eram designados para "ajudar". Secretamente, os assistentes eram instruídos a frustrar o projeto reclamando, discutindo e se esquivando. Os avaliadores queriam medir a capacidade de uma pessoa de persistir mesmo diante de contratempos irritantes. Os avaliados eram testados quanto a habilidades práticas, como a capacidade de sintetizar fragmentos de inteligência e de escrever um breve resumo em código. Eles tinham que suportar críticas e controlar suas emoções. À noite, os candidatos eram julgados não pelo quanto bebiam, mas pela maneira como o álcool os afetava. Nem sempre era fácil adivinhar como a personalidade humana se desenvolveria no calor do momento.

***

O volume de americanos ansiosos para ingressar no incipiente serviço de espionagem dos Estados Unidos mostrou-se avassalador. À medida que os recrutas chegavam, os assessores precisavam descobrir maneiras de avaliar as pessoas mais rapidamente. Foi aí que a Estação W, a casa alugada, entrou em cena. Foi lá que muitos acadêmicos foram avaliados antes de seguir para a sede de Pesquisa e Análise da OSS, na 2430 E Street NW, um conjunto de prédios no bairro de Foggy Bottom, a poucas quadras do rio Potomac. Ali, os cérebros dos trabalhadores vasculhavam registros geográficos para produzir mapas para os militares. Eles avaliavam a informação, escreviam artigos e compunham biografias de líderes estrangeiros. Os acadêmicos eram recrutados em uma rede liderada pelo historiador de Harvard William Langer; o grupo incluía intelectuais, como Arthur Schlesinger Jr., que viriam a ter carreiras públicas de destaque.

"Para a Estação W foram enviados os mais altos escalões de executivos cujas habilidades eram mais conhecidas pela administração ou que eram ocupados demais ou dignos demais para passar três dias resolvendo problemas de campo, debatendo e compondo propaganda na Estação S", observou o relatório posterior. Mas isso não os tornou mais fáceis de avaliar. O fato de serem homens de negócios patriotas, pensadores fumantes de cachimbo, futuros redatores de discursos da Casa Branca ou membros da sociedade Skull and Bones[3] não garantia proezas em campo.

E... a Estação W avaliou a maioria das mulheres.

---

3 A Skull & Bones (Crânio e Ossos) é uma sociedade secreta estudantil norte-americana fundada no século XIX (N. E.).

Capítulo 2
Traga a comida, Mary

WASHINGTON
1943

As mulheres chegavam aos milhares. Em seu auge, o Escritório de Serviços Estratégicos empregava 13 mil americanos, dos quais mais de um terço, ou seja, 4.500, eram mulheres, com quase mil delas servindo no exterior.

Mais uma vez, os americanos pegaram emprestada uma página dos britânicos. No início da Primeira Guerra Mundial, os britânicos já haviam percebido as vantagens de contratar mulheres para a equipe de um serviço de espionagem, tirando mulheres bem-nascidas das poucas universidades que as admitiam e colocando-as em cargos de escritório na operação de espionagem do país, que era formalmente conhecida como SIS [Serviço Secreto de Inteligência, em inglês Secret Intelligence Service], mas que, durante a guerra, passou a ser chamada de MI6. Essas mulheres, de aparência ágil e polida, cuidavam da papelada de que os homens precisavam para ter sucesso. Elas montavam arquivos, produziam documentação falsa e conheciam os padrões dos agentes estrangeiros. Elas também faziam muito mais. Algumas se tornaram gestoras de alto nível, incluindo Vera Atkins, a especialista em apoio logístico na qual se diz que a personagem Miss Moneypenny, de Ian Fleming, foi baseada. Atkins começou como secretária, é verdade, mas fazia muito mais do que flertar ou receber memorandos. Responsável pelo recrutamento, treinamento e bem-estar dos agentes britânicos na França ocupada, ela se tornou uma formidável agente de inteligência, gerenciando a rede de espionagem no exterior. (Connie, caçadora de russos de John le Carré – impassível, onisciente –, foi outra personagem que incorpora muitos traços do que as mulheres fizeram pelo serviço de espionagem da Inglaterra durante a guerra e depois ela). Atkins se sentia responsável pelas agentes femininas do SOE, acompanhando-as em campos de aviação secretos para missões, oferecendo-lhes pílulas de suicídio e chamando-as de "minhas garotas".

Outras mulheres britânicas lidavam com agentes, administravam casas seguras e se disfarçavam para se infiltrar em grupos de simpatizantes nazistas. Para esse trabalho de espionagem em campo, as autoridades procuravam mulheres que não fossem apenas charmosas e engenhosas, mas que pudessem canalizar seu charme para as pessoas certas da maneira certa. Um agente da época da guerra, Maxwell Knight, do MI5, a organização de inteligência da Inglaterra, dirigiu várias mulheres em operações de infiltração contra organizações e simpatizantes pró-nazistas, entendendo que as mulheres, colocadas em uma organização-alvo disfarçadas de secretárias ou funcionárias, tinham amplo acesso a informações. Em um memorando, Knight refletiu que uma agente feminina não deveria ser muito sexy ou bonita, para não seduzir o pobre superior masculino que a estivesse controlando. Tampouco deveria ser fria e pouco sexualizada. "O que é necessário", concluiu ele, "é uma mulher inteligente que possa usar seus atributos pessoais com sabedoria." Knight considerava as mulheres – embora vaidosas, ele acreditava – mais discretas e eficientes em guardar segredos, enquanto os homens eram mais propensos à "conversa-fiada".

"O homem", declarou ele, "é uma criatura vaidosa" cujo desejo de impressionar "muitas vezes o leva à indiscrição."

A operação paramilitar do SOE também treinava mulheres que falavam francês nativo e as lançava de paraquedas na França ocupada. As agentes do SOE atuavam frequentemente como operadoras de rádio, um dos trabalhos de inteligência mais perigosos da guerra. Escondidas em sótãos e casas seguras, perseguidas por vans alemãs com equipamentos de localização de direção, elas enviavam comunicações codificadas vitais para Londres. Essas mulheres eram excepcionalmente vulneráveis: ao contrário dos agentes do sexo masculino, elas não tinham patente militar e, quando capturadas, não tinham direito à consideração merecida pelos prisioneiros militares. Pelo menos doze agentes femininas do SOE morreram em campos de concentração.

Sem dúvida, sempre existiram agentes mulheres, mas antes da Segunda Guerra Mundial elas tendiam a existir *ad hoc* – para uma missão específica – e de maneira autônoma. Embora as espiãs sejam quase sempre estereotipadas como "iscas" ou Mata Haris – obtendo informações por meio do sexo e de conversas de travesseiro –, a verdade é que elas demonstravam alcance e coragem, muitas vezes se ocultando em vez de se exibir. A primeira espiã conhecida da Inglaterra foi a dramaturga e romancista Aphra Behn, que em 1666 foi enviada à Antuérpia por Carlos II para convencer um espião holandês a se tornar um agente duplo da monarquia britânica. Behn, que observou que sua missão era "incomum para o meu sexo ou para minha idade", relatou que, "embora tímido a princípio", seu alvo "tornou-se, com a ajuda dos argumentos, extremamente disposto a realizar o serviço". Behn, cujos nomes de código eram ASTREA e Agente 160, tornou-se a primeira ex-espiã enterrada na Abadia de Westminster.

Nos Estados Unidos, Harriet Tubman – espiã autodidata e gênio do apoio logístico – dirigiu uma extraordinária rede de exfiltração, evacuando escravos do Sul e encaminhando-os para a liberdade debaixo do nariz de uma das redes de detecção mais implacáveis do mundo: brancos donos de escravos cujo sustento e modo de vida estavam em jogo. Tubman demonstrou uma verdade duradoura da espionagem: as qualidades que parecem funcionar contra um espião podem ser revertidas a seu favor. Ninguém esperava que uma mulher negra fosse capaz e estivesse no comando. Seguindo mais ou menos o mesmo princípio, a primeira organização de detetives particulares dos Estados Unidos, a Pinkerton Agency, criou um Departamento de Detetives Femininos completo; a chefe, Kate Warne, apareceu um dia para oferecer seus serviços a Allan Pinkerton, ressaltando que ela poderia facilmente se passar por infiltrada, já que as mulheres praticamente viviam infiltradas de qualquer forma; ninguém esperava que esposas ou lavadeiras estivessem fazendo algo importante.

"As mulheres", ela argumentou ainda, "têm olho bom para os detalhes e são excelentes observadoras." Em março de 1861, Warne, fazendo-se passar por uma beldade sulista do Alabama – seus pseudônimos incluíam Mrs. Barley e Mrs. Cherry –, participou de festas secessionistas e ficou sabendo de um plano para assassinar Abraham Lincoln antes de sua primeira posse. A agência Pinkerton o contrabandeou em um trem para Baltimore, disfarçando-o de inválido, com Warne o acompanhando no papel de irmã cuidadora.

Não era seu apelo sexual que tornava as mulheres boas espiãs. Ao contrário, era sua imperceptibilidade, bem como seu papel social. As mulheres ouviam coisas; elas criavam espaços e ocasiões em que podiam ter conversas tranquilas. Durante a Guerra Civil, as mulheres da sociedade da área de Washington espionavam para o Norte e para o Sul, organizando salões e enviando relatórios para os gerentes. Em Richmond, uma herdeira sulista chamada Elizabeth van Lew, opositora da escravidão, espionava para a União; ela conseguiu penetrar na Libby Prison – a prisão confederada para soldados da União capturados – oferecendo ao comandante pão de gengibre e leitelho e fazendo-se passar por enfermeira. Enquanto projetava o ar de uma excêntrica inofensiva, "Crazy Bet", Van Lew construiu uma rede de espionagem em Richmond, enviando sua equipe de domésticas para trabalhar como serviçais de confederados de alto escalão. Depois que Robert E. Lee se rendeu em Appomattox, o chefe do serviço secreto de Grant relatou que "a maior parte de nossa inteligência em 1864-1865 tanto na coleta como, em grande medida, na transmissão, devemos à inteligência e à devoção da Srta. Elizabeth van Lew".

***

Wild Bill Donovan, que precisava de gente o tempo todo, percebeu facilmente os méritos do modelo britânico. Após uma de suas reuniões em Londres, o novo chefe de espionagem americano escreveu a palavra "mulheres" em suas anotações sobre o SOE e a circulou. A notícia se espalhou. Os registros sugerem que as mulheres que faziam fila para se inscrever na

OSS eram excepcionalmente bem-sucedidas. Muitas haviam alcançado sucesso na carreira em uma época em que a maioria das escolas de pós-graduação, faculdades e profissões com altos salários – direito, medicina, negócios – estava praticamente fechada para elas; e quando as mulheres ganhavam, em média, um quarto do que os homens ganhavam. "As rendas mais altas antes de 1940 das mulheres observadas na S e W eram bem superiores aos salários das mulheres em geral e aproximadamente equivalentes à distribuição de renda masculina nos Estados Unidos", apontou o relatório. Um extraordinário percentual de 48% das mulheres contratadas pela OSS tinha quatro anos de faculdade, em comparação com apenas 4,6% nos Estados Unidos em geral. Vinte e um por cento tinham feito pós-graduação; 8% tinham doutorado. Algumas vinham de famílias ricas ou bem relacionadas – filhas ou esposas dos contatos de Donovan.

As mulheres da OSS também eram cosmopolitas. Uma em cada quatro falava fluentemente um idioma estrangeiro e metade havia viajado para fora dos Estados Unidos. As mulheres eram movidas por todo tipo de motivação. A primeira era o patriotismo. Elas queriam mostrar o que eram capazes de fazer e queriam ajudar a acabar com a guerra. Elas queriam viajar. Queriam testar a si mesmas.

A maioria foi avaliada por intermédio da Estação W, a pedra marrom não identificada de Washington. Aqui, as candidatas participaram de um teste de gênero misto, um jogo chamado Bola e Espiral. Para participar, os candidatos se reuniam em torno de um tabuleiro com uma rampa em espiral, seis alças e uma bola. O desafio era levar a bola até o topo. Era um exercício bobo, mas nem de longe tão fácil quanto parecia. A maioria dos grupos fracassava, e quase ninguém conseguia fazer o exercício dentro da meta de quinze minutos. Os avaliadores estavam mais interessados no comportamento do que no sucesso. Uma pessoa assumiu a liderança? Duas pessoas competiram? O grupo se manteve obstinado em um único procedimento apesar dos repetidos fracassos? As pessoas culpavam umas às outras? Sabotavam umas às outras? Havia um "espírito agregador"?

Em seguida, os candidatos eram divididos por gênero. Os homens eram conduzidos a uma sala com duas plataformas elevadas, cordas, polias e um par de tábuas. Os homens eram instruídos a se imaginarem como um grupo de batedores perseguidos por uma força inimiga, parados em uma ponte destruída. Abaixo, havia um abismo de mil pés. Um balde de água era uma "metralhadora resfriada a água", e um pacote de toalhas de papel representava um "equipamento de radar altamente secreto e valioso" que o grupo precisava transportar pelo abismo. Era um cenário empolgante, que permitia que advogados e corretores da bolsa de valores se imaginassem comandantes e heróis de guerra. Os avaliadores viam o exercício de construção da ponte como um desafio de construção "masculino" que "não era particularmente adequado aos interesses ou habilidades especiais femininas". O relatório admitiu que o exercício tinha um sabor levemente "escoteiro".

Então eles elaboraram um teste "expressamente para mulheres". A tarefa era arquivar papéis. Em vez de explosivos imaginários, as mulheres recebiam fichas pautadas, uma caixa do tipo arquivo, uma máquina de escrever, dez memorandos, uma pasta e lápis. Trabalhando em grupo, elas eram instruídas a criar um sistema de referência cruzada no qual os memorandos pudessem ser arquivados e depois buscados, de acordo com o nome do remetente ou do destinatário. Elas tinham trinta minutos. A banca ficava observando. Os avaliadores do OSS queriam ver quem conseguiria projetar um sistema que permitisse fácil acesso aos principais registros; quem teria a melhor visão de como vincular as pessoas; e quem conseguiria trabalhar bem com as outras.

Eles também queriam ver como as mulheres reagiam ao executar trabalhos braçais que estavam abaixo de seus talentos e habilidades. Eles queriam ver como as mulheres lidavam com o fato de serem subvalorizadas. Essa era uma situação que as mulheres certamente encontrariam no serviço de espionagem. Na época em que a Estação W foi inaugurada, os avaliadores da OSS notaram que "havia uma tendência clara na organização a recrutar mulheres capazes e inteligentes para funções relativamente simples muito abaixo de sua capacidade". Foi um *insight* ácido, obtido porque pelo menos uma autora do relatório (além de vários membros da equipe) era mulher. Era Ruth S. Tolman, uma psicóloga que ajudou a escrever o relatório final de 541 páginas, intitulado *Assessment of Men* [Avaliação de homens].

No início, segundo o relatório, as candidatas do OSS eram avisadas de que a maioria, se contratada, acabaria realizando tarefas de baixo nível. A situação de encenação proporcionou uma chance de estudar como elas lidavam com essa indignidade. E os testadores queriam observar como as mulheres se comportavam quando eram colocadas umas contra as outras em uma disputa de soma zero pelos cargos mais altos. Na década de 1940, assim como agora, o governo federal mantinha um sistema de "classificação" no qual os funcionários eram escalonados segundo graus de remuneração, por exemplo, CAF-4 ou CAF-6. No exercício de dramatização, as mulheres, depois de concluírem o teste de preenchimento, eram instruídas a atribuir às outras uma classificação no serviço público. Apenas algumas notas altas estavam disponíveis.

Seguiam-se discussões e argumentos. "Relativamente poucas reconheceram o fato de que se tratava apenas de uma situação imaginária", disse o relatório. "Eles reagiram como se estivessem de fato designadas para esses trabalhos hipotéticos." Em outras palavras: enquanto os avaliadores tentavam prever como todos os candidatos da OSS reagiriam a contratempos e falhas, as aspirantes a espiãs eram testadas em relação a uma frustração única: a de serem reprimidas e subutilizadas. Elas também eram colocadas umas contra as outras, incentivadas a competir – e a conspirar.

Em um grau surpreendente, o relatório *Assessment of Men* previu o que as mulheres do setor de espionagem dos Estados Unidos enfrentariam nas oito décadas seguintes – e os métodos de enfrentamento que elas desenvolveriam. Na Estação W, jovens mulheres brilhantes competiam por "cargos de secretariado e estenografia" de nível iniciante. Com o avanço da guerra, o trabalho se expandiu e passou a incluir a edição de telegramas, o desenvolvimento de mapas, o roubo de livros de códigos, a invasão de embaixadas, a criação de propaganda e a redação de relatórios que possibilitaram grandes operações militares, como o desembarque do Dia D. Elas se tornaram guardiãs de informações, organizadoras e criadoras de arquivos, especialistas em hábitos e antecedentes de líderes estrangeiros, bem como de agentes e cenários inimigos. Esse exército de mulheres foi pioneiro em sistemas de organização e recuperação de dados que se mostraram essenciais quando a agência passou da Guerra

Fria para a prática do século XXI de rastrear redes de narcóticos, traidores e terroristas. Uma linha direta pode ser traçada a partir das mulheres que criaram arquivos e chegaram a conhecer os segredos, as mentiras, a formação acadêmica, o movimento e os relacionamentos dos espiões e líderes adversários, até os selecionadores de alvos de hoje, que aprimoraram a capacidade da agência de pilotar drones e rastrear terroristas e comandantes inimigos.

As mulheres também constituíram uma irmandade frágil que levaria décadas para se unir. Elas amavam seu trabalho, mesmo que ele as consumisse.

***

Em 2015, participei de uma cerimônia em memória de Betty McIntosh, que serviu na OSS no Japão e na China. Naquele dia, estava presente uma amiga dela, a nonagenária Doris Bohrer, outra agente da OSS. As duas se conheceram muito depois da guerra, em uma comunidade de aposentados no subúrbio da Virgínia. Quando jovem, Bohrer desejava pilotar aviões e achou graça quando lhe perguntei se o trabalho na OSS tinha sido empolgante. A maioria das mulheres, disse ela, mexia com a papelada. Quando a guerra estourou, ela fez o exame para o serviço civil, esperando defender seu país. A OSS a contratou como datilógrafa e depois a promoveu a um trabalho de escritório, embora importante, atuando na unidade de mapas e estudando imagens aéreas antes da campanha italiana. Enviada com uma divisão da Força Aérea para a costa do Adriático, ela examinou fotografias aéreas da Alemanha, observando o movimento dos trens e a construção de fábricas e procurando lugares para lançar suprimentos por via aérea para os agentes da OSS atrás das linhas inimigas. Após a guerra, ela ingressou na CIA e encerrou sua carreira como chefe-adjunta de contrainteligência. McIntosh, filha de um jornalista esportivo, havia se formado como jornalista antes da guerra. Mais tarde, ela escreveu dois livros sobre o serviço secreto que prestou no Japão e na China, trabalhando para um grupo um tanto duvidoso chamado Morale Operations, escrevendo "propaganda negra" para desmoralizar os japoneses por meio de panfletos e folhetos inventados e incentivando o inimigo a desistir, entre outras coisas, ao convencer os soldados de que suas namoradas os estavam traindo.

Em seu segundo livro, *Sisterhood of Spies* [Irmandade das espiãs, em tradução livre], McIntosh citou Donovan como tendo dito que as mulheres eram o "avental invisível" da OSS. Foi um elogio frouxo, um tapinha nas costas, no máximo. Ela observou que as mulheres eram invariavelmente chamadas de "meninas", que a discriminação contra elas era "óbvia" e que, embora a maioria fosse tão instruída quanto os homens, elas eram empregadas como "secretárias, arquivistas, tradutoras".

Durante a Segunda Guerra Mundial, as espiãs faziam parte de um momento nacional em que o talento feminino era intensamente disputado. Um grupo de mulheres altamente instruídas formou o primeiro batalhão predominantemente negro do Corpo de Exército Feminino [em inglês, Women's Army Corps] – o primeiro batalhão feminino completo enviado ao exterior, que incluía pelo menos uma porto-riquenha e uma mexicana – e embarcou para a Europa a fim de lidar com os armazéns de correspondência que haviam se acumulado após a invasão da Normandia. Enquanto o povo francês olhava para elas com curiosidade, as mulheres do 6888º Batalhão do Diretório Postal Central [em inglês, 6888th Central Postal Directory Battalion] desempenharam seu trabalho com rapidez e antes do prazo. Em Washington, um grupo de "donzelas do mapeamento militar" criava mapas topográficos; seu trabalho de mapeamento e geolocalização é a base do que hoje é a Agência Nacional de Inteligência Geoespacial, sem falar no GPS moderno. Em Aberdeen Proving Ground, em Maryland, centenas de mulheres matemáticas trabalharam como "computadores" fazendo cálculos de balística e trajetória de armas. Na Universidade da Pensilvânia, uma equipe de seis mulheres programou o primeiro computador do Exército, o Eniac, mas não foi incluída na apresentação formal. Grace Hopper, ex-professora da Vassar, programou o computador Mark I. Um grupo de mulheres negras matemáticas trabalhou na seção segregada do que viria a ser a NASA [Administração Nacional da Aeronáutica e Espaço, em inglês National Aeronautics and Space Administration].

Na espionagem em tempos de guerra, as mulheres confirmaram o valor secreto de serem subestimadas. A artista americana Josephine Baker contrabandeou partituras de Paris para Lisboa, usando tinta invisível para levar mensagens aos combatentes aliados que planejavam a campanha no Norte da África. Em Paris, uma jovem francesa chamada Jeannie Rousseau de Clarens trabalhava como tradutora para uma editora que foi adquirida pelos nazistas. Confraternizando com seus novos chefes alemães, ela ouvia enquanto eles explicavam planos de sistemas de armamento sem suspeitar de que sua pequena e alegre ajudante era uma espiã dos Aliados e sem saber que entre seus dons estava a memória fotográfica. Quando ela fingiu descrença, exclamando que a máquina de guerra alemã não poderia ter produzido as poderosas armas das quais os homens estavam se gabando, eles lhe mostraram as plantas. Os planos eram do foguete V-2. Ela passou esses planos para os britânicos, que bombardearam a fábrica de foguetes alemã em Peenemünde. Durante uma viagem pelo canal da Mancha para encontrar seus admiradores do MI6, ela foi capturada pela Gestapo – um traidor a havia exposto – e enviada a uma série de campos de concentração, onde sobreviveu por pouco. Outra francesa, Marie-Madeleine Fourcade, dirigia uma rede de espionagem que informava sobre os acontecimentos nos estaleiros onde os alemães abrigavam seus submarinos. Ela também foi capturada – várias vezes – e escapou, em uma ocasião, contorcendo-se nua através das grades da janela da prisão.

Nos Estados Unidos, as mulheres contribuíam para todos os aspectos da espionagem, tanto no escritório quanto em campo. A essência da HUMINT [Inteligência Humana, em inglês Human Intelligence] é cuidar das pessoas: garantir que os ativos sejam treinados e mantidos vivos. Cuidar das pessoas é uma atividade humana fundamental para a qual as mulheres têm dezenas de milhares de anos de treinamento especializado. Poucas eram melhores nisso do que Virginia Hall, uma moradora de Baltimore que, em 1940, foi vista em uma estação de trem por um agente da inteligência britânica; ela dirigia ambulâncias na França e, quando a *blitzkrieg* varreu a Europa, estava a caminho da Inglaterra. Os Estados Unidos ainda estavam neutros, e o agente percebeu que uma americana poderia viajar livremente, fazendo-se passar por jornalista, pela

França ocupada. Hall tornou-se um dos mais tenazes mestres de espionagem do SOE, criando uma rede de agentes em Lyon, na França. Perseguida pela Gestapo, ela caminhou pelos Pirineus, apesar do impedimento de uma perna de pau que chamava de Cuthbert. Quando ela comunicou por rádio à sede do SOE em Londres que Cuthbert estava lhe causando problemas, o destinatário, sem saber que ela havia perdido o pé em um acidente de caça antes da guerra e que usava uma prótese, pensou que Cuthbert fosse um companheiro." Mande eliminá-lo", foi a resposta que chegou pelo rádio.

***

Os Estados Unidos ainda eram novatos na coleta de informações: em 1943 e 1944, os relatórios da OSS se baseavam principalmente na rede britânica, mais eficiente. No entanto, lenta e seguramente, a própria rede de coleta da OSS começou a produzir. "A estrela do show foi, sem dúvida, o refinado Allen Dulles", observou Ray Cline, o principal acadêmico-analista do serviço. (Cline dirigia o escritório de análise junto com vários homens, que ele cita pelo nome em suas memórias, e "com a ajuda de várias moças de Radcliffe que escreviam bem e ajudavam a organizar as reuniões matinais para a cúpula da OSS", mas que ele não considerava dignas de serem mencionadas.)

Dulles, irmão do secretário de Estado John Foster Dulles, formado em Princeton, serviu como chefe da estação da OSS em Berna, na Suíça. O status neutro desse país o tornou um refúgio para exilados de toda a Europa. Dulles era republicano, filho de um pastor presbiteriano e, assim como Donovan, advogado em Wall Street; antes da guerra, ele havia sido sócio da firma nova-iorquina Sullivan and Cromwell. Na Suíça, seu melhor trunfo era Hans Bernd Gisevius, um agente da inteligência alemã que fazia parte de uma rede que planejava secretamente assassinar Adolf Hitler. Dulles enviou um fluxo de informações para Washington com base nos "magníficos" relatórios de Gisevius.

Na verdade, Gisevius era influenciado por uma americana, Mary Bancroft, que falava alemão perfeitamente e tinha o charme, o intelecto e a capacidade de ouvir para obter informações vitais de um homem solitário que vivia uma vida secreta no exterior. Na verdade, dois homens solitários. Dulles e Gisevius contavam com o conselho de Bancroft. "Esses dois homens discutiam comigo como deveriam se comportar em uma situação de modo a alcançar alguma ambição específica que tivessem", escreveu Bancroft em um livro de memórias. "O comportamento exigido era bastante claro para mim, e eu lhes dizia o que achava que deveriam fazer. Eles faziam o que eu dizia, dava certo... e quando ficavam perdidos de novo eles voltavam."

Sofisticada e culta, Bancroft desejava, quando criança, fazer coisas interessantes e ficou desapontada ao saber que as meninas não podiam se tornar policiais. Ela foi criada em uma família proeminente de Boston, enteada do coronel Clarence Barron, editor do *The Wall Street Journal* e fundador do império de jornalismo financeiro Dow Jones, que a ensinou a pensar com clareza, a fazer perguntas e a formar suas próprias opiniões. Depois de frequentar a Smith College por um ano, ela abandonou o curso para se casar com um graduado de Harvard, Sherwin Badger, com quem mantinha um lar não convencional. O casal morava no Upper East Side de Manhattan e frequentava as festas do West Side, onde bebiam coquetéis de gim Bathtube, discutiam a "verdade" e desapareciam nos quartos. "Havia muita experimentação com diferentes parceiros e um sentimento geral de que a supressão dos desejos poderia muito bem ser responsável pelo aumento alarmante do câncer", escreveu ela. Alguns anos depois, eles se divorciaram e ela se casou com um contador suíço, Jean Rufenacht, que era abusivo e rico; sempre que bebia, ele a esbofeteava. Quando Dulles conheceu Bancroft, ela estava morando em Zurique com sua filha e Rufenacht, que viajava a negócios por longos períodos.

Allen Dulles, um adúltero em série, era, assim como seu chefe William Donovan, sexualmente infiel em um grau quase patológico. Sua irmã, Eleanor, calculou que ele teve "pelo menos cem" casos. Ele conheceu Bancroft em um bar em Zurique. Ela já era uma agente de inteligência sem saber. Fluente em vários idiomas, Bancroft havia sido recrutada por um conhecido americano para analisar os discursos de Hitler, Goering e Goebbels, bem como artigos da imprensa estrangeira. Sem que ela soubesse, esses relatórios iam diretamente para o Coordenador de Informações, o antecessor da OSS. Em seu primeiro encontro, planejado por um contato dos dois, Dulles naturalmente tentou seduzi-la; depois que ela o rejeitou, eles conversaram sobre mobiliar o apartamento dele e ela se ofereceu para alugar roupas de cama. Ele foi buscá-las e deu em cima dela novamente; mais uma vez, ela o rejeitou. Ela adivinhou de brincadeira a combinação da pasta dele, que era o número da casa e da rua, um lapso surpreendente para um mestre da espionagem.

Dulles lhe ofereceu um emprego e presumiu que ela sucumbiria às suas investidas. "Podemos deixar o trabalho cobrir o romance e o romance cobrir o trabalho!", ele propôs, segundo seu livro de memórias. Ele acrescentou palavras com as quais muitas mulheres estão familiarizadas: "Como você é você, vou lhe pagar apenas o mínimo". Dulles sabia que haveria uma contabilidade no pós-guerra e não queria ser descoberto pagando a mais a uma mulher com quem estava tendo um caso.

Analista nata, Mary Bancroft inicialmente se baseou em artigos de jornais, discursos e transmissões de rádio – informação de fonte aberta – para fornecer a Dulles relatórios que ele incluía em seus telegramas noturnos para Washington. Em uma das primeiras tarefas, ela conversou com amigos íntimos que haviam estado em Berlim, Hamburgo e outras cidades alemãs e escreveu um "artigo de humor" que encantou Dulles; ele confirmava as baixas de um ataque da RAF, a Força Aérea Real britânica, ao quartel-general da Gestapo em Bruxelas. Ele aguardava ansiosamente suas análises de fontes estrangeiras; ela as considerava insípidas, mas os Estados Unidos estavam tão ávidos por informações que Washington as tratava como "notícias quentes". Ele também esperava que Bancroft fosse uma garçonete nas reuniões: em um encontro com ela e Gisevius, ele gritou: "Traga a comida, Mary!".

Dulles ligava para ela às 9h20 todas as manhãs; eles tinham um código particular que consistia em gírias e nomes inventados estranhos. Ela também se reunia com os contatos dele. Ela chamava isso de "afagar as pessoas que eu encontrava para Allen". Na espionagem, isso é chamado de manipulação. Em 1943, Bancroft estava trabalhando em tempo integral para Dulles. Ela frequentemente se encontrava socialmente com pessoas de toda a Europa e do mundo. Ela ouvia as fofocas. Dulles, como todos na OSS, era novo no ramo da espionagem, e Bancroft parece ter intuído alguns princípios fundamentais antes dele. Quando ele reclamou que Hitler estava errando em muitos fatos em seus discursos, Bancroft, que havia lido *Mein Kampf* no original em alemão, explicou a "teoria nazista da propaganda", destacando que essa estratégia "não tinha nada a ver com a apresentação precisa dos fatos", mas era "um apelo às emoções do povo alemão": uma Grande Mentira.

Ela também explicou aspectos da sexualidade humana ao seu chefe, que, para um homem do mundo, parecia surpreendentemente ingênuo. Certa vez, eles começaram a discutir o código penal nazista, que criminalizava a homossexualidade. "O que essas pessoas fazem, afinal?". Dulles perguntou a ela. "'Você não sabe?', perguntei, com espanto. Allen balançou a cabeça. 'Quer que eu lhe conte?', perguntei. 'Já que você sabe', disse Allen, parecendo cético. Então, reuni coragem."

Quando ela terminou de explicar a ele como era o sexo entre homens, assegurando-lhe que casais do mesmo sexo "fazem coisas diferentes, como todo mundo", ele ficou "com o rosto vermelho" e disse que ela deveria se envergonhar, mas concluiu: "Fico feliz em saber". Em outra ocasião, ela lhe contou que os húngaros achavam que Dulles era gay e tinha um caso com seu secretário. Ela também relatou que Gisevius havia comentado que "o verdadeiro vínculo entre Himmler e Heydrich[4] era o fato de que eles já haviam se 'envolvido' um com o outro". Esses fatos da vida foram uma novidade para Dulles. "Ele é um cavalheiro", disse seu mordomo a Bancroft. "Ele não sabe de nada!"

Sua governanta, Maria, uma alemã nativa, mostrou a Bancroft cartas de seu cunhado, que relatava que "não há mais colheres de alumínio na Alemanha". Dulles chamava a governanta dela de "a Wehrmacht"[5] e

---

4 Heinrich Himmler foi um dos principais líderes do Partido Nazista na Alemanha dos anos 1920 e posteriormente chefe da SS, a força de segurança de Hitler. Reinhard Heydrich foi um general da SS e um dos idealizadores do Holocausto (N. E.).
5 Wehrmacht era o nome das forças armadas da Alemanha nazista entre os anos de 1935 e 1945 (N. E.).

sempre queria saber o que ela pensava. O marido de Bancroft lhe dava dicas e a colocava em contato com iugoslavos. Ele não se importava com o fato de sua esposa estar dormindo com o chefe espião; na verdade, sentia-se lisonjeado. Como Dulles esperava, Bancroft já havia concordado. Em suas visitas semanais a Berna, eles tomavam drinques e jantavam, discutiam notícias e "se envolviam em um pouco de galanteio" antes de ela seguir pela escuridão até o hotel. Como muitos líderes do sexo masculino, antes e depois, Dulles entendeu que ter uma mulher de ponta como seu braço direito trabalhando em seu nome – brilhante, despreocupada com seu próprio progresso, sexualmente disponível quando ele precisava de um encontro – era, para ele, uma situação em que todos ganham.

O pouco que foi escrito sobre Bancroft a retrata como um chamariz com lábios vermelhos. Na verdade, Dulles foi o atacante. Em seu livro de memórias, ela descreve uma manhã em que ele entrou correndo em seu apartamento em Zurique, sabendo que o marido dela estava fora e a filha, na escola. "Por acaso, a empregada tinha ido ao mercado. Com o chapéu na cabeça e os bolsos cheios de jornais, ele disse: 'rápido!'. Sem mais preliminares, ele acrescentou: 'Tenho uma reunião muito complicada daqui a pouco. Quero espairecer'. Sentindo que era muito arriscado ir para o meu quarto, nos acomodamos no sofá da sala de estar. Em pouco mais tempo do que o necessário para contar a história, ele estava indo embora, parando na porta apenas o tempo suficiente para dizer: 'Obrigado! Era exatamente o que eu precisava!'. A empregada voltou em poucos instantes e Bancroft, atordoada, jurou não cooperar novamente com aquele tipo de distração improvisada."

Bancroft sabia que sua capacidade de ouvir servia a um propósito vital para um homem pressionado sobre o qual repousava o destino do mundo livre. Em um detalhe que é quase bom demais para ser verdade – mas é verdade –, ela fazia análise com Carl Jung. O psicanalista sabia de seu trabalho de espiã e afirmou que era seu papel, como mulher, dar aos homens poderosos alguém com quem conversar. "Homens como Allen, muito ambiciosos e que ocupavam posições de poder, precisavam ouvir o que as mulheres diziam e não se descontrolar", foi o resumo do que Jung lhe disse. Por sua vez, Jung e Dulles tinham um fascínio quase cômico um pelo outro. Bancroft ajudou Jung a escrever uma carta para

Dulles e depois ajudou Dulles a escrever sua resposta. Ela se referiu a isso como "toda essa correspondência comigo mesma".

Dulles fazia confidências a Mary Bancroft de uma forma que não fazia com sua esposa, Clover, com quem se estabelecera em um casamento de conveniência a distância. Dulles chamava Clover de anjo e não lhe contava nada sobre o que fazia. Ele parece ter considerado a esposa principalmente como um veículo para o progresso do homem; Bancroft notou que, certa vez, quando um conhecido em comum ficou noivo, Dulles se perguntou por que um homem se casaria com uma mulher que não parecesse "útil". O fato de ter sido excluída magoava Clover, que Bancroft descreveu como vaga e de outro mundo. No entanto, Clover era mundana o suficiente para gostar de ser a esposa de um marido importante. Ela confidenciou a Bancroft que eles tinham brigas terríveis. Quando Clover Dulles veio à Suíça em uma visita, ela avaliou o relacionamento deles imediatamente. "Eu queria que você soubesse que percebo que você e Allen gostam um do outro", disse ela a Bancroft, "e eu aprovo!" As duas mulheres conspiravam para cuidar de Dulles. Bancroft se via como "muito menos idealista" do que Clover. "Eu conhecia o lado sombrio dele... e isso não me incomodava nem um pouco."

Bancroft desempenhava um papel semelhante, embora não sexual, com seu ativo alemão, passando longas horas com Gisevius sob o pretexto de traduzir seu livro de memórias. Ele não percebia que ela estava relatando seus encontros a Dulles. Ela se aproveitava de sua autoimportância; ele era tão arrogante que parecia razoável que uma mulher quisesse mergulhar na história de sua vida. Seu papel como agente duplo – empregado pela Abwehr,[6] mas conspirando secretamente para assassinar Hitler – era tão perigoso que ele julgava que não seria ético ter uma esposa ou namorada. Ele disse a ela que "seria muito importante para ele poder discutir suas ideias com uma mulher". Suas confidências eram tão volúveis que Bancroft contratou uma ajudante: Elizabeth Scott-Montagu, uma amiga britânica que havia dirigido ambulâncias na

---

6 Abwehr era o serviço de contraespionagem alemão (N. E.).

França até ser obrigada a fugir da Gestapo. As duas mulheres o atraíram. Elas "concentravam toda a nossa atenção no autor, e ele ia embora. Em suas histórias fascinantes, que foram tão úteis para fornecer informações proveitosas sobre as personalidades e intrigas dos nazistas".

A inteligência, reunida em grande parte graças aos esforços de Bancroft, ajudou a consolidar a reputação de Allen Dulles. Ele viria a se tornar o diretor fundador da CIA.

***

Enquanto os agentes na Europa e na Ásia desenvolviam suas técnicas, outras mulheres americanas foram pioneiras nos métodos analíticos que se revelaram uma das conquistas reais e duradouras da inteligência durante a guerra. Entre elas estava Cora Du Bois, que em 1942 entrou para a seção de Pesquisa e Análise. Uma renomada antropóloga e lésbica assumida que havia passado algum tempo na Indonésia e no Sri Lanka – na época, o suficiente para torná-la uma relativa especialista no Pacífico Sul –, Du Bois trabalhou primeiro em Washington, extraindo todas as "informações que pudéssemos obter" sobre a população, a geografia e as fortificações ao longo das principais costas da região do Pacífico. Confrontada com a escassez de arquivos no infeliz Escritório de Inteligência Naval da Marinha, ela procurou missionários, viajantes, colegas holandeses e britânicos e qualquer outra pessoa que conhecesse o litoral, produzindo relatórios que ajudaram enormemente os americanos a realizar perigosos desembarques anfíbios em um esforço bem-sucedido para retomar massas de terra no Pacífico e na Ásia.

Em 1944, Du Bois viajou de São Francisco a Bombaim no navio SS *Mariposa* com centenas de soldados e um punhado de mulheres civis. Nove das mulheres eram da equipe da OSS, entre elas Julia McWilliams, uma comunicativa estudante graduada da Smith College contratada como uma das funcionárias de Donovan. "Julia Alta" – como Du Bois carinhosamente chamava sua companheira de navio – era uma colega alegre, amante de festas que "mantinha o senso de humor" e se mostrava uma "adorável mulher louca, sabe, quando está competindo". Em Kandy, Julia McWilliams conheceria seu marido, Paul Child, um cartógrafo do Departamento de Estado. Após a guerra, ela o acompanhou a Marselha, onde Julia Child encontrou sua vocação como a *chef* que levou a culinária francesa para a cozinha americana.

Por sua vez, Cora Du Bois se apaixonou pela assistente de Paul Child, Jeanne Taylor. O quarteto permaneceria amigo; os Child se estabeleceram em Cambridge, Massachusetts, onde Du Bois, em 1954, tornou-se a primeira professora titular da Faculdade de Artes e Ciências de Harvard. Durante a guerra, Du Bois chegou a ser chefe da SEAC, a divisão de pesquisa e análise do Sudeste Asiático, a única mulher a chefiar uma divisão da OSS. Trabalhando com fontes locais, ela criou um "serviço de mapas insuperável" para planejar invasões e desembarques dos Aliados. Conhecida pelos telegramas claros e mordazes, ela gostava daquele trabalho "mais do que qualquer outro que eu já tenha feito". Sua sucessora escreveu: "Não tenho ilusões de que serei capaz de fazer o trabalho de maneira tão magnífica quanto Cora fez".

No fim da guerra, Du Bois recebeu o Prêmio Civil Excepcional e ingressou no Departamento de Estado, que herdou o setor de pesquisa da OSS. Lá, os analistas de seu escritório perceberam a importância das regiões coloniais inexploradas e previram o perigo do envolvimento dos Estados Unidos no Vietnã.

Du Bois também personifica a fuga de cérebros do pós-guerra. Após a rendição japonesa, a exclusão – e não a inclusão – tornou-se a ordem do dia. Durante a luta pelo poder entre J. Edgar Hoover, do FBI, e os arquitetos da CIA e do Departamento de Estado, Du Bois e Jeanne Taylor foram perseguidas como bruxas e expulsas do serviço público. Em 1947, Taylor foi obrigada a se demitir porque quando era uma jovem artista havia votado em um comunista. Em 1948, o FBI iniciou uma "investigação de campo completa" sobre Du Bois, em uma época em que mais de quatrocentos homossexuais do Departamento de Estado foram "demitidos ou forçados a pedir demissão". O arquivo do FBI de Du Bois, que nunca escondeu seu relacionamento com Taylor, registrava que ela era "solteira" e vivia com uma mulher.

***

Após a guerra, as mulheres enfrentaram muita pressão para retomar seus papéis de mães, ajudantes e donas de casa. Os anúncios da época da guerra exortavam as mulheres a servir ao esforço de guerra – "Quanto mais MULHERES trabalharem, mais cedo venceremos!", dizia um dos muitos pôsteres –, e depois da guerra a mesma propaganda as incentivava a deixar o local de trabalho "conforme prometeram", nas palavras de um cinejornal, a fim de liberar empregos para os homens que retornavam.

O aparato de espionagem dos Estados Unidos concordou, até certo ponto. O OSS foi dissolvido (tecnicamente, absorvido pelo Departamento de Estado) com o pensamento de que os tempos de paz exigiam menos esforços de inteligência. No entanto, em pouco tempo a Guerra Fria exigiu mais – muito mais. Em 1947, após um ano provisório como Grupo Central de Inteligência [Central Intelligence Group], a CIA foi criada por uma lei do Congresso. Alguns diretores iniciais ineptos saíram do Exército norte-americano e desapareceram rapidamente: o Contra-Almirante Sidney W. Souers ficou lá de janeiro a junho de 1946, o Tenente-General Hoyt S. Vandenberg um pouco mais, substituído pelo Almirante Walter Bedell "Beedle" Smith, que de certa forma endireitou um navio vacilante. A agência cresceu rapidamente. Na década de 1950, sob o comando do ambicioso e bem relacionado Allen Dulles, a força de trabalho chegou a cerca de 10 mil pessoas, metade do tamanho atual, de aproximadamente 20 mil. Durante uma década a agência continuou a funcionar em uma mistura de prédios e antigos quartéis em Foggy Bottom e no National Mall, com ônibus, os "besouros verdes", fazendo o transporte entre eles. Entre eles estavam os edifícios I, J, K e L – prédios temporários da época da guerra, agrupados perto do espelho d'água do Lincoln Memorial e que continham grandes estoques de registros físicos, invisíveis por trás de janelas gradeadas pelas quais as mulheres que os guardavam olhavam para fora. Antes de suas viagens ao exterior, os policiais visitavam a Central de Processamento, onde passaportes falsos e documentos de viagem eram entregues por "velhas", como um agente de casos durão as chamou com desdém. "Parecia não haver nenhuma maneira de fazer as solteironas tomarem qualquer tipo de atitude prioritária", reclamou esse agente de casos, dizendo que, sempre que ia ao Escritório de Integração de Registros, tinha que "esperar horas por garotas" para fazer rastreamentos biográficos de possíveis ativos.

Após sua criação, a CIA tornou-se instantaneamente um dos serviços de espionagem mais importantes do mundo. Os diretores reclamavam de como era difícil encontrar bons homens – ignorando a verdade óbvia de que, para o corpo de agentes, a agência limitava a busca a homens brancos, (principalmente) ricos e heterossexuais. Na Washington de Hoover, os gays e as lésbicas eram excluídos do serviço federal. O exame minucioso era impiedoso no trabalho de inteligência, refletindo a crença de que os homens que faziam sexo com homens eram vulneráveis à chantagem. As pessoas de cor geralmente eram direcionadas para cargos administrativos. Os recrutadores evitavam os "centros urbanos" e os agentes de segurança torpedeavam os candidatos com antecedentes "fora do padrão".

Mas as mulheres permaneceram, ou muitas delas – onipresentes e, em alguns casos, poderosas. Assim como em Wall Street, Detroit e Madison Avenue, a agência precisava de mulheres para datilografar cartas, manter arquivos, receber ditados, criar arquivos, editar relatórios e fazer a comunicação entre a sede e o campo. As mulheres dirigiam os escritórios de finanças e de pessoal e elaboravam orçamentos. Os recrutadores para os cargos de escriturárias e datilógrafas procuravam mulheres brancas jovens de lugares como Pensilvânia e Virgínia Ocidental; acreditava-se que as mulheres solteiras dos estados vizinhos estariam dispostas a deixar suas famílias para morar em lugares como o Meridian Hill Hotel (edifícios construídos pelo governo para serem residência de mulheres durante a Segunda Guerra Mundial. Os homens eram permitidos apenas na sala de espera e proibidos de entrar em outros andares. Em 1948, foi vendido, mas continuou como um hotel administrado exclusivamente para mulheres). Quando se casavam, presumia-se que elas pediriam demissão. As mulheres acumularam rapidamente uma grande quantidade de conhecimento, e não apenas sobre espionagem. Elas aprendiam muito sobre os homens – não apenas datilografando sua correspondência, mas muitas vezes compondo-a – e colocavam esse conhecimento em prática. Como a Connie caçadora de russos de Le Carré, as mulheres eram cuidadosas. Desconfiadas. Perspicazes.

Irritadas. As mulheres trabalhavam no escritório de assuntos públicos, recebendo ligações da população, ouvindo com simpatia os candidatos a emprego, bem como os excêntricos e paranoicos que achavam que a CIA os estava espionando por meio de obturações dentárias. Independentemente de seu nome verdadeiro, as mulheres de assuntos públicos assinavam toda a correspondência como "Grace Sullivan".

Muitos homens construíram suas carreiras com base no trabalho das mulheres na retaguarda. E os trabalhos aos quais as mulheres foram relegadas eram, muitas vezes, mais importantes do que reconhecidos. Pode ou não ser verdade que as mulheres são mais pacientes do que os homens. O que é verdade é que se acreditava que as mulheres eram mais pacientes e, portanto, eram direcionadas para trabalhos que exigiam atenção aos detalhes. "Paciência, meticulosidade, ceticismo e revisão incansável dos dados são as marcas de um bom agente de contrainteligência", observou Ray Cline. A contrainteligência consiste em identificar tentativas de serviços de espionagem estrangeiros de penetrar na agência. Ela "depende de registros: entender quem está em contato com quem", observou Cline. As mulheres construíram um enorme cérebro, com registros de quem conhecia quem e quem tinha sido visto onde.

***

Nos primórdios da CIA, a espionagem feminina raramente era reconhecida e, muitas vezes, não era oficial. No entanto, com o passar dos anos e o fato de a agência ter-se tornado um dos principais instrumentos de política externa dos Estados Unidos, as mulheres lutaram para entrar no corpo de espiões. Elas fizeram grandes contribuições em uma época em que a luta contra o comunismo era fundamental e a sobrevivência dos Estados Unidos era existencial. As mulheres acreditavam na missão. Elas trouxeram dons únicos e fizeram sacrifícios também únicos. As mulheres espiãs durante a Guerra Fria quase nunca se casavam. Menos ainda tinham filhos. Não porque elas não quisessem. As mulheres que almejavam servir no exterior eram instruídas a renunciar à família, enquanto os homens eram incentivados a ter esposa e filhos. As esposas participavam da missão, ajudando os maridos a evitar a vigilância e a cultivar a história de um diplomata americano normal levando uma vida americana normal.

Era extremamente difícil para as aspirantes a espiãs ascenderem dentro dessas estruturas, em uma época em que o que hoje chamamos de sexismo institucional era praticado em toda parte. Na academia de treinamento da CIA – a Fazenda [a *Farm*] –, as mulheres das décadas de 1950, 1960 e 1970 não recebiam treinamento e certificação para trabalhos que envolviam a coleta real de informações. "Os homens eram os encarregados dos casos e as mulheres eram as encarregadas dos relatórios", contou-me um agente da CIA, descrevendo uma rígida divisão de trabalho em que os homens dirigiam redes de espionagem, recrutavam mão de obra e lidavam com ela, enquanto as mulheres ficavam sentadas em mesas, editando e, muitas vezes, reescrevendo os relatórios que apresentavam e controlando os homens – ou tentando fazê-lo. Mesmo quando faziam o mesmo trabalho que os homens, esperava-se que as mulheres o fizessem de forma mais econômica. Um amigo meu, ex-agente de casos, descreveu a tática da agência de contratar mulheres de faculdades de elite e torná-las secretárias, que durou até a década de 1980. "Você tem que entender", disse ele, "as mulheres não importavam."

As mulheres também tiveram que enfrentar uma atmosfera de infidelidade sexual imprudente, para a qual Donovan e Dulles estabeleceram o padrão. As funcionárias eram enviadas de mesa em mesa para fazer as pessoas assinarem os telegramas; nos dias em que eram vistas como especialmente atraentes, eram despachadas para que os colegas as contemplassem. Um dos primeiros arquitetos do serviço clandestino da CIA, Tracy Barnes disse à sua secretária que os homens se juntavam à CIA porque "ansiavam pelo perigo constante e pelo sexo". De acordo com William Colby, o "ativismo romântico" do colega Desmond FitzGerald "gerava ótimas conversas durante o jantar". Na Washington do pós-guerra, era necessária muita atividade sexual por parte de um homem para que ela fosse considerada digna de nota. FitzGerald estava por trás dos muitos esforços, quase sempre bizarros, para assassinar Fidel Castro e personificava o que Colby chamou de "a atmosfera machista das operações secretas". O próprio Colby, apesar de sua reputação de "coroinha", estava sempre avaliando a aparência das mulheres. Em seu livro de memórias, a diplomata americana Clare Booth Luce era "extremamente atraente" e o Vietnã estava cheio de "mulheres maravilhosamente bonitas".

As mulheres, por mais brilhantes, experientes, capazes ou ambiciosas que fossem, geralmente começavam datilografando e arquivando. No início os registros da CIA eram mantidos em cartões 3 x 5 (polegadas, que equivaliam a 7 x 12 centímetros aproximadamente), e eram as mulheres que os datilografavam ou escreviam à mão. Os rastros de nomes – uma pesquisa de registros para ver quem faz o quê e quem conhece quem – são essenciais para o recrutamento de espiões; as mulheres mantinham esses registros e conheciam suas profundezas e segredos. Elas criaram o banco de dados confidencial que se tornou a base das modernas tecnologias de rastreamento de alta tecnologia da agência. "Quer o arquivo de contraespionagem fosse um simples fichário de cartões, como era no início, ou um vasto banco de pesquisas computadorizado, como se tornou na CIA, era impossível realizar qualquer coleta de inteligência estrangeira ou analisar intenções hostis em relação aos Estados Unidos sem criar esse conjunto de registros", observou Ray Cline.

E, por entenderem a importância dos relacionamentos, as mulheres – finalmente – começaram a desenvolver relacionamentos umas com as outras. Isso demorou um pouco e muitas vezes foi desencorajado. Com o tempo, porém, elas buscaram solidariedade e, às vezes, consolo, e aprenderam a unir forças. Elas lutaram, prosperaram e combateram uma instituição que estava mais do que disposta a revidar. Elas formariam uma irmandade – e conquistariam seu espaço.

Capítulo 3
O funcionário

TRÍPOLI, LÍBIA
Setembro de 1969

O apartamento havia sido mobiliado pela Diretoria de Planos – luxuosamente, considerando que seu único ocupante era uma escriturária de 22 anos. Arejado, com piso de ladrilhos e pé-direito alto, ocupava todo o segundo andar de um prédio de dois andares pintado de verde-claro contra o calor do Norte da África, com treliças alaranjadas nas sacadas e escadas. No interior, a pesada mobília ocidental destoava um pouco do aspecto litorâneo, mas era a primeira casa própria de Heidi August, e o simples fato de existir a surpreendia.

Apenas alguns meses antes, Heidi estava morando em um apartamento alugado perto de Columbia Pike, um corredor sujo de Arlington, Virgínia, em um prédio de tijolos de três andares que havia sido construído às pressas, 25 anos antes, para abrigar mulheres trabalhadoras durante a Segunda Guerra Mundial. Suas três colegas com quem dividia o aluguel não tinham ideia do que ela fazia para viver. Todos os dias, ela viajava 16 quilômetros para a sede da Agência Central de Inteligência, agora localizada em uma área rural de mil metros quadrados em McLean, na Virgínia, outrora uma sonolenta fazenda perto do Rio Potomac, onde o espaçoso campus – também conhecido como Langley, em homenagem ao bairro que dominava – ficava perto de Washington, mas longe o suficiente para parecer discreto e seguro contra a aniquilação nuclear.

Agora, aqui estava ela na Líbia, com um apartamento gigante só para ela e um escritório secreto a poucos passos do mar Mediterrâneo. A mudança drástica de circunstâncias fora cortesia de Tom Twetten, um agente clandestino de comportamento discreto que havia sido seu chefe por pouco tempo no quartel-general. Foi Twetten quem contou a Heidi sobre uma vaga de escriturária na Estação de Trípoli – uma espécie de Mulher-Faz-Tudo, empregada para ajudar os homens da estação em tarefas como fazer café e arquivar telegramas. Depois que ela se candidatou e conseguiu o emprego, Twetten a colocou em seu Mercedes e a levou pela George Washington Parkway até uma discreta loja de móveis em Georgetown, onde a agência tinha algum tipo de conta.

Ela iria gostar da Líbia, garantira Tom, que se mostrou surpreendentemente hábil na seleção de amostras de tecido, enquanto Heidi escolhia o que lhe pareceu uma grande quantidade de itens. Mesa de centro, conjunto de sala de jantar, poltronas laterais, camas, tapetes, cortinas, espelhos – tudo era pago pelo governo. A Líbia era pacífica e barata, ele lhe disse. A CIA encontraria um lugar para ela morar e lhe pagaria um auxílio-moradia, de modo que ela viveria sem pagar aluguel. Ela poderia fazer compras na economia local e adquirir itens com desconto no entreposto militar americano. A Líbia era um bom lugar para uma garota que queria viajar – fazia fronteira com a Tunísia e ficava a uma curta distância de avião da Europa. O rei líbio, Idris, era um parceiro obediente, instalado pelos Aliados após a guerra. A CIA manteria a propriedade de seus móveis e os guardaria para qualquer funcionário que a sucedesse.

Com certeza, as coisas de Heidi haviam chegado à Líbia na mesma época que ela. A agência enviara até mesmo seu Fusca azul-marinho com câmbio manual. A mobília incluía uma suíte completa para o quarto de hóspedes – de onde a amiga de Heidi, Joanie, estava saindo agora. As duas haviam se conhecido durante o treinamento de escritório em Washington. Joanie trabalhava como balconista na Estação de Tunes – um voo rápido de uma hora de Trípoli – e, assim como Heidi, estava fazendo sua primeira viagem ao exterior. Heidi a havia visitado no início do verão, e Joanie tinha voado para uma visita de retorno no fim de semana de três dias.

Hoje era segunda-feira, 1º de setembro de 1969 – Dia do Trabalho nos Estados Unidos. O clima estava insuportavelmente quente. Agora, com o zumbido dos aparelhos de ar-condicionado, Joanie levantou a voz para ser ouvida. Ela parecia animada.

"Estou ouvindo tiros", disse ela, como Heidi se lembrou mais tarde.

***

A sala de estar de Heidi dava para uma varanda, então as mulheres saíram para ver o que estava acontecendo na rua abaixo delas. Do outro lado do beco ficava o prédio que abrigava as estações de rádio e televisão estatais da Líbia. As mulheres viram homens armados e funcionários do escritório sendo arrastados para a rua. "Puxa vida", pensou Heidi. Ela nunca tinha visto um golpe, mas era exatamente assim que ela esperava que fosse. No caso de uma tomada de poder, os rebeldes precisariam de um meio de se comunicar com os cidadãos e proclamar seu poder. Se esse fosse o caso – se a monarquia da Líbia estivesse sendo derrubada –, isso representaria uma falha de inteligência da CIA de primeira ordem.

Heidi pensou rapidamente. O chefe de estação da CIA, Art Close, dirigia um escritório clandestino no prédio da embaixada dos Estados Unidos no centro de Trípoli, onde os funcionários da agência trabalhavam disfarçados. A agência também mantinha um segundo escritório pequeno, a cerca de 12 quilômetros da cidade, na Base Aérea de Wheelus, onde Heidi trabalhava. Às margens do mar, com palmeiras e o horizonte de Trípoli a distância, Wheelus era a maior base militar americana fora dos Estados Unidos. Construída pelos italianos em 1923, ela havia sido usada pela Luftwaffe alemã para realizar voos de bombardeio durante os primeiros anos da Segunda Guerra Mundial. Em 1943, os aliados libertaram o Norte da África e tomaram posse. Com o aquecimento da Guerra Fria, a Força Aérea norte-americana começou a estacionar caças-bombardeiros McDonnell-Douglas RF-4C Phantom II na base, para o caso de estourar uma guerra com a União Soviética.

A base aérea era uma cidade por si só, com um clube de praia, estação de rádio e TV, pista de boliche, cinemas e uma escola de ensino médio para onde os militares e executivos americanos do setor de petróleo mandavam seus filhos. A CIA tinha sua própria base em um complexo próximo à orla. Mais bem defendido do que a estação da embaixada, o escritório da base guardava os documentos mais confidenciais. À noite, a tarefa de Heidi era trancá-los em um dos doze cofres da estação: cópias impressas de telegramas e memorandos confidenciais, bem como papel-carbono e fita de máquina de escrever. Ela esvaziava as latas de lixo e colocava o conteúdo em sacos para queimar; ela queimava os sacos. Ela arquivava, datilografava, triturava e fazia tudo o que fosse necessário para ajudar os homens em sua missão de combater a influência soviética na África, manter o acesso ocidental aos poços de petróleo rasos da Líbia e vigiar o rei cooperativo. Sua esposa, a rainha, gostava de fazer compras no entreposto militar americano, que fechava para todos os outros durante suas visitas.

Como a maioria das estações da CIA na África, a Estação de Trípoli era pequena e tinha pouco pessoal, e suas funções já estavam se expandindo. O agente administrativo havia saído em licença domiciliar por dois meses. Antes de partir, ele havia ensinado Heidi a operar a câmara escura e revelar os filmes tirados pelos agentes ou entregues a eles pelos ativos. Ele também a ensinou a usar a máquina de codificação da estação.

A base estava tão ocupada que Heidi não tinha certeza do que acontecia no escritório principal no centro da cidade. As duas equipes não deveriam ter contato. Ela havia visto Art Close apenas uma vez, quando ele entrou no escritório da base em uma visita. Seu chefe imediato era o chefe da base, Ray Monahan, um antigo funcionário da África que também era um alcoólatra em recuperação. Heidi sentiu que ele poderia ter trocado um vício por outro. Havia uma máquina caça-níqueis no clube dos suboficiais da base, onde Monahan podia ser encontrado com frequência, com um cigarro Gauloise pendurado na boca. De manhã, ele pedia a Heidi que passasse os novos telegramas pela base e os lia em voz alta enquanto jogava nos caça-níqueis. Heidi sabia que essa era uma maneira insegura de tratar a inteligência ultrassecreta, mas não parecia que ela pudesse se opor.

Heidi, juntamente com uma secretária – a única outra mulher –, era o membro mais baixo da hierarquia da estação. Agora, enquanto ela e Joanie estavam em sua varanda, Heidi pensou que elas poderiam ser as únicas pessoas no governo dos Estados Unidos que sabiam que um golpe estava em andamento na Líbia. Os homens moravam em um bairro residencial com casas grandes o suficiente para abrigar famílias e empregados. Heidi morava mais perto da cidade. Não adiantava ligar para a embaixada norte-americana; ninguém atenderia em um feriado federal.

Ela havia recebido o número da casa de Art Close para caso de emergência. Pareceu-lhe que um golpe se qualificava como tal. Ela discou o número, apresentou-se e disse: "Trabalho para o Sr. Monahan. Acho que está havendo um golpe de Estado".

"Você está em casa?", perguntou o chefe de estação. Art Close era um veterano da Segunda Guerra Mundial que vinha de uma longa linhagem de homens de Princeton. Para Heidi, ele era quase um deus. Quando ela lhe disse que sim, ele respondeu: "Você pode ir até o carro?".

"Eu o destruí ontem", admitiu Heidi. Isso era verdade. No dia anterior, ela e Joanie pegaram emprestado o Volkswagen da estação e dirigiram para o sul, para uma região ocupada pelos tuaregues, uma tribo nômade berbere. Quando estavam voltando de um dia de passeios turísticos, um caminhão entrou em uma curva e Heidi desviou para evitar uma colisão frontal. O carro havia despencado por uma encosta, com o teto chegando mais perto de suas cabeças a cada rolagem. Quando pararam, houve silêncio. Um conhecido recente, um professor americano chamado David, estava sentado no banco de trás. "Todos estão bem?", perguntou Heidi. Eles subiram a colina, recolhendo passaportes e cerâmica do campo de destroços. Um homem apareceu e os levou de volta a Trípoli em uma minivan, recusando-se a aceitar dinheiro. Depois de serem examinadas no hospital da base, Heidi e Joanie fizeram espaguete e beberam vinho tinto. Heidi ainda não havia decidido se teria de pagar pelo carro.

Close, no entanto, não pareceu surpreso com a revelação de que o veículo compartilhado da estação havia sido destruído; acidentes de carro aconteciam na África o tempo todo. "Você tem seu próprio carro?", perguntou ele. Heidi respondeu que sim. Ele lhe disse que, se ela conseguisse sair da garagem, precisaria ir até a base e começar a queimar papéis.

Heidi pegou uma escova de dentes e as chaves do carro. Joanie disse que iria com ela, e as duas mulheres entraram no carro e abriram caminho em meio ao tumulto na rua. Foi assustador – a primeira vez que ela ouviu tiros disparados com raiva – e estimulante.

No caminho, Heidi pensou em passar na casa do coronel da Força Aérea responsável pela base. Como não houve resposta na porta da frente, ela seguiu o cheiro de bacon até os fundos e bateu em uma porta de tela que dava para a cozinha. O coronel apareceu. Heidi se apresentou e disse a ele que parecia estar havendo um golpe de Estado e que talvez eles quisessem fechar a base. Heidi lhe disse que tinha que ir e, segundo ela, "eu o deixei e ele ficou meio sem palavras".

***

Um emprego de escriturária não era o que Heidi August esperava quando se candidatou para trabalhar na CIA. É verdade que, na primeira vez em que escreveu para perguntar sobre um emprego, ela tinha 11 anos e o ano era 1958. Quando menina, crescendo no Arizona, onde seu pai dirigia a empresa de calçados da família e sua mãe cuidava da casa, ela desenvolveu um grande interesse pelo mundo além de Tucson. Seus pais assinavam a *Newsweek* e outros periódicos da época, e ela ficava intrigada com os artigos sobre a Agência Central de Inteligência. Essa era uma época em que a agência tinha rédea solta para combater o comunismo, com uma missão que era basicamente tripla: coletar informações sobre os planos e as capacidades de países estrangeiros; analisar a inteligência e informar o presidente e a comunidade de segurança nacional sobre o que estava acontecendo ou o que poderia acontecer; e participar de ações secretas para executar a política do presidente de maneiras que não poderiam ser feitas abertamente. O público americano apoiava amplamente esse trabalho secreto, embora não soubesse exatamente o que ele implicava.

"A necessidade de ações secretas clandestinas para combater a Guerra Fria foi aceita como um artigo de fé", disse William Colby mais tarde em seu livro de memórias, e "a CIA tinha carta branca para libertar a Europa do jugo comunista." Além de recrutar e lidar com agentes estrangeiros, a CIA exercia influência secreta comprando e administrando corporações e fundações, publicando jornais falsos, comprando partidos políticos e recebendo, como Colby disse, "apoio irrestrito" do público americano, o que possibilitou anos de "crescimento explosivo". O presidente dos Estados Unidos tinha uma palavra a dizer sobre as operações, e o que ele disse foi sim. De modo geral, a imprensa adotou uma abordagem benevolente; uma reportagem de capa da revista *Time* de 1953 sobre Allen Dulles observou que ele era um "advogado erudito, saudável e fumante de cachimbo" com "o jeito alegre e viril de um diretor de escola preparatória da Nova Inglaterra" que "dirige a agência sem problemas e com energia aparentemente inesgotável" e "passa o máximo de tempo possível com sua esposa" em sua "bela casa à beira-mar em Long Island".

O que Heidi lia nas revistas de notícias parecia atraente. Ela formou a ideia de que gostaria, quando adulta, de morar em Paris, e a CIA poderia ser uma maneira de chegar lá. Ela não conhecia ninguém que trabalhasse para o governo federal, além de um tio que era economista no Departamento de Estado, um trabalho que parecia entediante. Heidi gostava de se imaginar em locais exóticos onde aconteciam eventos dramáticos. Outro tio às vezes visitava Cuba para jogar; ele e a esposa estavam em Havana em 1.º de janeiro de 1959, o dia em que Fidel Castro fechou os cassinos da ilha administrados pela máfia. Segundo o relato de seu tio, as luzes começaram a piscar, os soldados entraram e todos receberam ordem para sair. Ele estava com muitas fichas e perdeu muito dinheiro. Heidi pensou que seria emocionante encontrar-se em um lugar no exato momento em que a história estava sendo feita. Ela escreveu uma carta para a CIA e recebeu um folheto explicando como se tornar uma escriturária datilógrafa.

Dez anos depois, durante seu último ano na Universidade do Colorado em Boulder, Heidi participou de uma feira de empregos. Aquele ano, 1968, foi um ano de angústia e turbulência, um dos mais estranhos e inquietantes da segunda metade do século XX. O envolvimento cada vez maior dos Estados Unidos na Indochina, o assassinato de Martin Luther

King Jr., os tumultos que se seguiram, as imagens na TV de Washington em chamas, as nuvens de fumaça vindas de trás do Capitólio dos Estados Unidos, tudo isso foi chocante e aterrorizante, e só pioraria com o passar do ano, com o assassinato de Robert Kennedy em junho. A essa altura, a popularidade da Agência Central de Inteligência já havia diminuído. Em 1961, a infame missão da Baía dos Porcos terminou com exilados cubanos presos em uma praia sendo massacrados, abandonados pelo governo dos Estados Unidos, que os havia enviado para derrubar Castro. A operação fracassada fez a CIA parecer "desastrada", como Colby disse, expondo até que ponto, em sua liberdade irrestrita e arrogância autoritária, os homens da agência de espionagem a levaram a ações secretas estrangeiras equivocadas, incluindo assassinatos e a derrubada de líderes democraticamente eleitos. Uma exposição na revista *Ramparts* revelou que, como parte de sua guerra por procuração com a União Soviética, a CIA estava financiando e tentando controlar organizações estudantis dedicadas ao entendimento mútuo e à paz mundial. Na Costa Leste, os recrutadores da CIA agora poderiam ser expulsos fisicamente dos câmpus. As coisas ainda não haviam chegado a esse ponto em Boulder, que, embora estivesse passando por protestos e agitação, continuava sendo uma escola festiva com ótimas pistas de esqui nas proximidades. De qualquer forma, ninguém impediu a CIA de montar uma cabine de recrutamento; ou talvez a maioria das pessoas não tenha notado.

***

Heidi notou. Aluna do último ano e graduada em ciências políticas, ela continuou interessada em morar na Europa. A questão permanecia: como chegar lá. Em 1968, a maioria das colegas de classe de Heidi estava planejando se casar, trabalhar como professora ou ambos. Os anúncios classificados nos jornais ainda eram divididos em empregos para homens e empregos para mulheres. O trabalho das mulheres consistia em lecionar, cuidar de crianças, atuar como secretárias ou escrever artigos para um jornal. O feminismo estava surgindo – em 1963, o livro *A mística feminina*, de Betty Friedan, desencadeou fortes reações nas cozinhas e nos quartos americanos, introduzindo a noção de que a vida doméstica não era o essencial e o fim da existência de uma mulher –, mas a cultura ainda não havia se atualizado. As faculdades de direito e de medicina concediam poucas vagas a candidatas mulheres, e as oportunidades de emprego nessas áreas eram escassas.

Para uma mulher jovem, havia três maneiras de encontrar trabalho no exterior. A mais óbvia era como aeromoça, um trabalho glamouroso que oferecia muitas viagens, mas que também tinha requisitos de altura, peso e idade, sem falar nos requisitos matrimoniais – as aeromoças tinham de ser solteiras –, o que o tornava uma busca temporária, não uma carreira. Outro meio era como secretária de uma empresa com escritórios no exterior. O terceiro era o serviço governamental. Para Heidi, essa parecia ser a melhor opção. Na feira de empregos no campus de Boulder, ela se aproximou do estande e fez perguntas. O recrutador lhe entregou um folheto. Heidi olhou para baixo e viu que era o mesmo panfleto de escriturária que ela havia recebido pelo correio dez anos antes. Em seguida, o recrutador se voltou para seus colegas de classe.

Mesmo assim, Heidi se candidatou. Como não recebeu nenhuma resposta, após a formatura ela foi para São Francisco, onde seus pais moravam agora, e trabalhou na recepção do Hilton Hotel. Depois de aproximadamente um ano, ela recebeu uma ligação de Washington: A agência havia concluído uma verificação de antecedentes e se oferecido para contratá-la como secretária no nível GS-4. Ela teria que pagar sua passagem para a Costa Leste. Ela voou para Washington, comprou o Fusca, encontrou um quarto em uma pensão perto de Dupont Circle e depois se mudou para o apartamento perto de Columbia Pike, em Arlington.

Em sua primeira semana na CIA, Heidi foi encaminhada para um prédio de escritórios em Rosslyn, na Virgínia, um subúrbio às margens do rio Potomac, em frente a Georgetown. Rosslyn era um aglomerado urbano projetado para ser uma cidade do futuro, por planejadores que pensavam que, no futuro, os seres humanos iriam querer atravessar estradas de superfície e rodovias por meio de passarelas elevadas que se erguiam a mais de 9 metros no ar, acessadas por escadas que eram escuras, remotas e perigosas para uma mulher que caminhava sozinha.

A CIA mantinha escritórios em vários prédios anônimos nesse posto avançado de concreto. Em um deles, Heidi se viu sentada em uma sala sem janelas, onde ela e dezenas de outras jovens aprendiam a dobrar mapas. Os mapas, não classificados, retratavam cidades e regiões em todo o mundo e eram usados por agentes de operações em estações estrangeiras que precisavam de conhecimento detalhado de características geográficas, possíveis pontos de encontro e traçados de ruas. Os mapas saíam das impressoras em folhas grandes. O trabalho das mulheres era dobrá-los à mão de acordo com um padrão que Heidi, como se viu, nunca esqueceria. Depois de meio dia, Heidi procurou a supervisora para reclamar. Ela disse que havia entendido que trabalharia na sede da CIA. A supervisora, uma mulher, disse a ela que se sentasse e continuasse a dobrar.

Ela acabou percebendo que a sala de dobragem de mapas era uma prisão onde as mulheres eram colocadas para trabalhar enquanto suas autorizações de segurança eram concluídas. Depois que a dela foi finalizada, Heidi recebeu um cargo inferior ao que esperava. Como ela não sabia taquigrafia, foi contratada como escriturária no nível GS-3, em vez de secretária no GS-4. Mas pelo menos ela estaria trabalhando na sede.

A entrada da sede da CIA, na Rota 123, era fácil de passar despercebida, apenas uma entrada pequena e discreta, ladeada por arbustos e árvores, com uma placa do lado de fora que dizia "escritório de vias públicas". Heidi dirigiu até o portão de guarda e deu seu nome, depois estacionou e seguiu pelo campus frondoso e tranquilo, atravessando a entrada com um sentimento de admiração. Ela se viu no grande saguão da espaçosa sede idealizada por Allen Dulles, que desejava um aspecto descontraído, cerebral e semelhante ao de um campus, embora nunca tenha podido desfrutar disso pessoalmente. Após o desastre da Baía dos Porcos, achou-se melhor substituir o herói de guerra por um novo diretor, John McCone, que se afastou das operações secretas e se concentrou na construção da capacidade técnica da agência, à medida que os Estados Unidos entravam na era da corrida espacial e do avião espião U-2.

Do lado de fora do prédio havia uma estátua de Nathan Hale, o espião da Guerra Revolucionária. No interior, havia uma estátua de William Donovan. Em uma parede, havia a passagem bíblica de João:

"E conhecereis a verdade e a verdade vos libertará". Incrustado no chão e impossível de não notar, estava o grande selo de granito da CIA: uma águia, um escudo e uma estrela de dezesseis pontas. Alguém havia dito a Heidi que a pessoa teria problemas se passasse por cima do selo, então ela andou pela borda por vários dias, até perceber que havia sido enganada.

Heidi seguiu até o departamento pessoal, onde foi informada de que tinha uma designação temporária para a área da Divisão da África no Norte da África, que incluía Tunísia, Marrocos, Argélia, Egito e Líbia.

"Deve haver algum engano", disse ela. Não havia.

***

Agora, o objetivo de Heidi era chegar a Wheelus antes que quem quer que tivesse tomado o poder o fizesse. Na entrada, ela disse ao guarda que provavelmente havia um golpe em andamento e em seguida atravessou a base em alta velocidade até o complexo. Como parte de seu treinamento administrativo, Heidi havia assistido a um vídeo em preto e branco sobre "destruição emergencial". A ideia de que poderia ser ela a responsável por queimar uma estação em sua primeira tarefa não parecia plausível, e ela se viu desejando ter prestado mais atenção. Ela perguntou a Joanie o que ela lembrava do vídeo; a resposta foi: não muito. Joanie, formada em matemática na faculdade, havia ajudado Heidi a passar pela parte de contabilidade do treinamento.

Heidi havia trancado o material confidencial antes do início do fim de semana de três dias, e agora uma dúzia de cofres tinha de ser destrancada. Heidi e Joanie começaram a pegar papéis e levá-los para um incinerador que ficava do lado de fora, em uma pequena passagem entre o escritório e um depósito próximo. As mulheres começaram a enfiar os papéis. Em pouco tempo, o incinerador quebrou. Ele estava em seus últimos momentos e a situação do golpe acabou com ele.

Heidi lembrou-se de que deveria haver um tambor para queimar documentos confidenciais. Elas procuraram por ali até encontrar a chave do depósito. Lá dentro, abriram caminho em meio a um emaranhado de equipamentos até encontrarem o tambor, com certeza, elevado em um palete nos fundos. Era um barril de aço pesado com uma grade na parte superior, revestida por um fusível grosso enrolado em seu interior como uma cobra preta e gorda.

Heidi também lembrou que o fusível não deveria ser aceso em um espaço fechado, então as mulheres encontraram uma empilhadeira. Foi preciso procurar mais um pouco para encontrar as chaves e, então, uma delas subiu na empilhadeira, tirou o tambor do palete e dirigiu a empilhadeira até o pátio ao ar livre. Eles largaram o tambor e voltaram a buscar os papéis, pegando arquivos inteiros e colocando-os no chão. Acenderam o fusível, colocaram a grade no topo e esperaram.

Não aconteceu nada. Ao enfiar os papéis com firmeza, elas criaram uma massa sólida e incombustível. As duas mulheres descarregaram os arquivos e começaram a enrolar pedaços de papel e jogá-los. O vento aumentou e os documentos ultrassecretos começaram a voar e a ficar presos nos arbustos.

Foi nesse momento que elas perceberam o barulho de rotores de helicópteros. A força aérea da Líbia havia tomado os céus. Os pilotos estavam participando do golpe ou se defendendo dele? Era impossível dizer. De qualquer forma, as chamas seriam visíveis por quilômetros. As duas mulheres podiam ser vistas do ar – e alvejadas. Elas pegaram os arquivos e se trancaram no cofre fortificado da estação.

Logo os homens apareceram, junto com suas esposas e filhos. Os agentes tinham ouvido falar do golpe pelas ondas curtas. Agora havia um ar de pânico. Os homens conseguiram arrastar o tambor para mais perto da porta, e Heidi mostrou às crianças como enrolar os papéis. "Não leiam", disse ela. "Apenas amassem." Eles dormiram na estação por várias noites. Joanie permaneceu ali até os rebeldes reabrirem o aeroporto. Depois, ela voou de volta para Tunes.

O golpe havia sido liderado por um oficial da Força Aérea chamado Muammar Qaddafi. Filho de um beduíno criador de cabras e camelos cujos pais analfabetos trabalharam arduamente para que ele tivesse acesso à educação. Qaddafi, quando jovem, passou a se ressentir profundamente da presença britânica na Líbia e do governo pós-guerra de um rei corrupto e preguiçoso, que obedecia aos poderosos interesses petrolíferos ocidentais. Adepto do nacionalismo árabe, ele aspirava ao socialismo e organizou uma cabala de agentes com ideias semelhantes que se aproveitaram das férias da família do rei no exterior. O golpe começou em Benghazi, a capital real, ao amanhecer. O que Heidi testemunhou foi o levante que se espalhou por Trípoli. Apesar do tumulto que ela testemunhou, a tomada do poder acabou não sendo sangrenta.

O golpe foi um choque para o governo Nixon, que não tinha a menor ideia de que o rei pró-americano e flexível estava prestes a ser derrubado por um filho do deserto beduíno. Por mais de quarenta anos, Qaddafi seria um dos principais patrocinadores de ataques terroristas contra nações ocidentais. Se a estação da CIA estivesse fazendo seu trabalho, Heidi refletiu mais tarde, os agentes para os quais ela trabalhava teriam cultivado fontes na força aérea da Líbia. Afinal de contas, os líbios estavam compartilhando a base. O próprio Qaddafi havia feito um curso de inglês lá. "Estávamos voando às cegas", lembrou Heidi. Ela ficava perguntando aos homens: *Por que não sabíamos?* Eles davam de ombros e não conseguiam lhe dar uma resposta clara.

Durante oito meses, a Estação de Trípoli ficou em um limbo. Art Close, o chefe da estação, teve um tipo de colapso nervoso e precisou ser levado para casa por um médico. Mesmo antes do golpe, o Pentágono havia concordado em se retirar de Wheelus. Levou quase um ano para elaborar um plano de retirada. O escritório da base da CIA continuou funcionando. Havia mais, e não menos, o que fazer. Com a saída de Close, a estação ficou com um punhado de homens – e Heidi. Com 1,85 metro de altura, um jeito calmo, mas direto, e um dom para a logística, ela era inteligente e atenta. Sendo uma jovem branca, ela poderia ser confundida com uma turista, professora ou estudante.

Um dia, um dos agentes de casos se aproximou de Heidi e disse que precisava de ajuda em um trabalho para o qual ele achava que ela seria boa. Ele a levou de carro pela capital administrativa, mostrando a Heidi os bancos de praça e outros locais onde ele deixaria mensagens de amor. Um "dead drop" é um meio de comunicação entre um agente de casos e um ativo, ou entre agentes de serviços de inteligência cooperantes. Ele mostrou a ela como enrolar uma mensagem codificada, inseri-la em uma lata de *ginger ale* vazia e colocá-la embaixo de um banco. O ginger ale era de uma marca estrangeira. Ela notou a mesma marca na geladeira do apartamento de seu namorado britânico de cabelo escuro, Michael, que morava do outro lado da rua. Heidi percebeu que Michael provavelmente era um agente secreto da inteligência. Ele poderia estar em contato com alguém da estação onde trabalhava. Mas sabia que não deveria perguntar.

Durante o dia, Heidi desempenhava suas funções de escriturária e praticava a arte da negociação. À noite, os agentes da estação se divertiam e jantavam. Ela não bebia, mas a maioria dos homens sim. No exterior, a agência se certificava de que a bebida fosse barata e estivesse sempre em estoque no entreposto militar americano. Qaddafi, no entanto, declarou que nenhuma bebida alcoólica poderia sair da base, e os soldados líbios começaram a verificar os carros. Para frustrar o regime, os colegas de Heidi realizaram uma operação clandestina para que parte de seu estoque de bebidas passasse pelos inspetores. Ainda na base, havia um enorme jipe que sobrara das campanhas no deserto da Segunda Guerra Mundial. O jipe tinha dois tanques de combustível auxiliares que, quando vazios, eram perfeitos para guardar garrafas. Cabiam duas garrafas em cada tanque, de modo que eles podiam retirar quatro garrafas em cada viagem. Para Heidi, "era uma grande diversão".

***

Depois de oito meses, os Estados Unidos deixaram a Líbia, assim como Heidi. Em pouco tempo ela recebeu um telegrama dizendo que estava sendo enviada para a Alemanha. Finalmente, a Europa! Em março de 1970, Heidi foi selecionada para trabalhar como secretária na Estação de Bonn. Ela foi designada para a seção de "ligação", que cooperava com as agências de inteligência europeias. Era difícil imaginar um posto mais importante do que Bonn, onde estava localizada a principal estação da CIA na Alemanha Ocidental (mais tarde, ela se mudaria para Berlim). Bonn servia de base para missões de espionagem contra a Alemanha Oriental e a Europa controlada pelos comunistas e tinha a tarefa de evitar uma temida incursão soviética através do Fulda Gap.[7] Para Heidi, uma missão na Alemanha parecia algo saído de um romance de John le Carré. E, de fato, era exatamente isso: foi em Bonn que le Carré ambientou seu romance *Uma pequena cidade da Alemanha*, publicado no ano anterior à sua chegada.

Ela chegou durante uma tempestade de neve em maio. Ao buscar seu amado Volkswagen no porto de Bremerhaven, descobriu que o motor do carro havia sido retirado em algum lugar entre a África e a Europa. Depois de algumas semanas, Heidi se sentiu muito entediada. Bonn era uma estação enorme. Trabalhar lá era como trabalhar na sede, e não no bom sentido. Só a área dela contava com quatro ou cinco secretárias. As secretárias se vestiam bem para o trabalho todos os dias. Na Líbia, ela usava jeans. Heidi se sentou entre as outras jovens, uma ninguém entre ninguém. Ela morava em um complexo da embaixada ao longo do rio Reno e namorava um guarda da Marinha. Passava os dias datilografando relatórios, arquivando, fazendo café e atendendo o telefone para o chefe do setor, um homem esbaforido que usava um terno de três peças. As secretárias o chamavam de Mr. Peepers.[8]

Heidi ficou entusiasmada quando um pequeno escritório foi aberto em Düsseldorf, com uma vaga de "assistente de suporte operacional" para lidar com finanças e comunicações. Ela se candidatou e foi aceita. A essa altura, já tinha um novo Volkswagen, comprado com o dinheiro do seguro de seu antigo carro. Düsseldorf, um centro de finanças internacionais, era próspera e maior do que a sonolenta Bonn. Seu novo chefe era Hans Jensen, um aviador da Segunda Guerra Mundial que havia sido medalhista de ouro no remo nas Olimpíadas de 1948. Ele era um homem encantador, com uma esposa adorável e uma casa acolhedora. "Ele não era muito inteligente, mas era um cavalheiro", lembra-se Heidi.

---

[7] Fulda Gap era a rota mais curta que se percorria saindo da fronteira entre Alemanha Oriental e Ocidental e seguindo na direção do rio Reno (N. E.).

[8] *Mr. Peepers* foi uma sitcom exibida nos Estados Unidos nos anos 1950 cujo personagem-título era um professor tímido e atrapalhado (N. E.).

Quando Heidi chegou, Jensen disse que não sabia nada sobre finanças ou comunicações. "Vou deixar tudo isso em suas mãos", disse ele a ela.

Em Düsseldorf, a CIA tinha um "escritório interno" no consulado dos Estados Unidos, composto por Hans Jensen e Heidi. Havia um "escritório externo" composto por vários suboficiais – espiões que trabalhavam sob disfarce não oficial, o que significava que estavam inseridos no setor privado e não tinham proteção diplomática. Heidi cuidava dos suboficiais. Ela aprendeu a "sumir" com as contas de despesas, disfarçando o que era gasto e quem gastava, uma tarefa contábil da CIA chamada de "gestão financeira". Ela lidava com comunicações codificadas, um trabalho demorado que exigia o domínio das idiossincrasias de uma enorme máquina de criptografia. Para criptografar os telegramas de modo que os adversários (ou governos anfitriões) não os pudessem ler, a estação usava algo chamado fita de uso único. As mensagens eram perfuradas em uma tira de papel, com orifícios que funcionavam como uma espécie de código Morse binário, e depois criptografadas por meio de uma "fita-chave" que criava um terceiro fluxo diferente de orifícios. O envio de um telegrama levava horas de datilografia lenta, mas Heidi gostava do desafio. Ela criptografava um telegrama e o passava para a embaixada, onde a mensagem era despachada para ser decifrada do outro lado.

Ela trabalhou em Düsseldorf por dois anos. A saúde de seu chefe não era boa, e ele se ausentava com frequência. Mesmo quando Jensen estava presente, ela "literalmente administrava o escritório".

Jensen mencionava com frequência como a vida era boa na Escandinávia, portanto, depois de sua turnê, Heidi foi para Helsinque, trabalhar para um chefe de estação chamado David Whipple. O cargo era de secretária e agente administrativa do chefe, o que significa: "Você tem que mimar o chefe da estação".

Muitos chefes precisavam ser mimados – no sentido de precisarem de mulheres inteligentes como braço direito para cuidar dos detalhes. Essa foi a era dos chefes de estação da CIA que se destacavam, viajando pelo mundo com dinheiro no bolso, com a missão de combater a influência comunista e com a atribuição de violar as leis de outros países. Eram homens com grandes personalidades, carismáticos, excêntricos;

tendiam a ser engraçados, ultrajantes e, muitas vezes, bêbados. Entre os chefes de estação mais conhecidos da Guerra Fria estava Alan Wolfe, um homem esnobe e incisivamente espirituoso que trocou de cônjuge quando era chefe de estação em Cabul, no Afeganistão, onde Wolfe e sua primeira esposa, Nancy, socializavam com o arqueólogo Louis Dupree e sua esposa, Annie, em uma atmosfera de intriga de expatriados. Em meados da década de 1960, os casais decidiram que preferiam se casar com os parceiros um do outro e por isso trocaram. Wolfe, de acordo com uma secretária, tinha pouco interesse em mulheres, a menos que fossem "excepcionalmente inteligentes ou excepcionalmente sensuais". Havia Burton Gerber, chefe da Estação de Moscou e eminência parda – trata-se de um poderoso assessor ou conselheiro que atua "nos bastidores" ou na qualidade não pública ou não oficial de algo – conhecido por atirar grampeadores e qualquer outra coisa que estivesse à mão; as secretárias reviravam os olhos, em uma cultura de ambiente profissional em que atirar coisas – máquinas de escrever, xícaras de café – não era, de forma alguma, algo fora do comum. Havia Duane "Dewey" Clarridge, um ex-aluno da Brown University que falava russo e gostava de ternos brancos e gravatas de bolinhas.

O novo chefe de Heidi, Whipple, era um veterano da Segunda Guerra Mundial que havia jogado futebol americano em Dartmouth. Ao descobrir que havia conseguido o emprego na estação dele, ela vendeu o Volkswagen, comprou um Fiat e o enviou para Helsinque. Quando estava de licença em Washington, soube que Whipple queria conhecê-la, então ela foi até a área escandinava da Divisão Europeia. As secretárias e os funcionários geralmente trocavam informações sobre os chefes, então Heidi perguntou. "Bem, ele tem uma espécie de gosto peculiar", disseram a ela. Ainda assim, nada do que ela havia ouvido a preparara. "Fui até lá e havia um cara muito estranho com a cabeça raspada e vestindo um terno de três peças. Ele ficava andando de um lado para o outro e, enquanto falava comigo, ficava esfregando a cabeça e fumando seu cachimbo." Whipple lhe disse que ele e sua família estariam de licença nos Estados Unidos por dois meses; ela seria bem-vinda para ficar na casa deles ao chegar em Helsinque. Heidi deveria ter em mente que a empregada só comia sopa de tomate e que sempre deveria ter alguma à mão. "Então, ele vai para Cape Cod para terminar sua licença e eu penso: *'Esse* é o cara mais *estranho'*."

Whipple polvilhava a própria comida com uma grande quantidade de pimenta; ele adorava comida apimentada e tinha um senso de humor extremamente afiado. "Sempre achei que David era um pouco louco", disse Heidi. "Ele bebia uma quantidade inacreditável de vinho e, à medida que envelhecia, perdia a capacidade de se controlar." Ele servira em Hanói, Rangum, Bangkok e Katanga – o antigo Congo Belga –, entre outros. Heidi achava desconcertante o fato de ele ter se deslocado pelo mundo com tanta facilidade, considerando a dificuldade que tinha para se locomover em sua própria vizinhança. Seu novo chefe era o tipo de pessoa que conhecia apenas uma rota de carro para o trabalho. "David era meio desamparado. Ele não conseguia fazer nada sozinho", lembrou Heidi. Sua esposa, Carolyn, cuidava de sua vida pessoal; Heidi cuidava de sua vida profissional. Ele era mais velho e rabugento e podia ser "um pouco desagradável" com os agentes subalternos, mas isso não incomodava Heidi. "Nós nos dávamos muito bem. Eu não aceitava muitas de suas besteiras. Acabamos nos tornando realmente bons amigos."

Whipple ensinou Heidi a escrever um telegrama de inteligência. Ela levava até ele um rascunho datilografado, voltava para sua mesa e recebia uma ligação dizendo que o chefe queria vê-la. "Eu dizia que tudo bem, entrava no escritório e recebia um enorme maço de papel." Whipple pegava o rascunho, amassava-o e o jogava contra ela. "Ele dizia que estava uma merda, que eu deveria começar de novo, três ou quatro vezes até acertar."

Seus telegramas melhoraram. Heidi se tornou um membro honorário da família Whipple. No jantar, ele criticava seu desempenho no trabalho e ela seguia os conselhos dele. A Estação de Helsinque era importante; a Finlândia era um corredor para desertores e ativos exfiltrados dos países ocupados pelos soviéticos, e Heidi controlava as casas seguras nas quais eles poderiam ser interrogados. Um dia, Whipple a instruiu a entrar em um determinado apartamento, esperar até ouvir uma batida, abrir a porta, pegar um envelope e voltar. Heidi saiu. Estava nevando muito. Ela chegou ao destino, um antigo prédio de apartamentos europeu. Pegou um elevador precário, encontrou o apartamento, colocou na fechadura a chave que ele havia lhe dado – e nada aconteceu. A chave não funcionava. Ela voltou para a caixa do elevador, onde pôde ouvi-lo subindo; o agente saiu. "Eu estava meio que parada ali, ele não me conhecia de um buraco na parede", disse Heidi, que perguntou, cuidadosamente: "Você está procurando Dave?". O agente disse que sim, e ela anotou a mensagem. Whipple havia cometido um erro por desleixo. De volta ao escritório, ela pegou as chaves e as jogou na mesa dele, para compensar os telegramas que haviam sido jogados nela. Whipple olhou para cima, assustado. "Ei, Buster, você me deu as chaves erradas", disse ela.

Ela gostava do trabalho: " Foi um trabalho de bastante responsabilidade, mas também pesado em termos financeiros" – e ela gostava de seus aposentos em uma casa de hóspedes na propriedade de uma família finlandesa que administrava uma empresa de cerveja. "Sempre que eu voltava para casa de licença ou algo assim para ver meus pais, eu ia ver meus amigos, o que quer que fosse... eu simplesmente não conseguia descrever minha vida para eles. E eu não conseguia me identificar com nada do que eles faziam."

***

Em um sábado, Heidi recebeu uma ligação de Whipple, pedindo que ela fosse ao escritório. Ele havia recebido um telegrama sigiloso da sede. Estávamos em 1974. Os Estados Unidos estavam no auge do envolvimento na Indochina, o outro grande campo de batalha entre a América e as potências comunistas. As coisas não estavam indo bem, para dizer o mínimo, e a presença da agência no Camboja estava por um fio. Whipple, que falava francês e havia servido em Hanói, estava sendo convocado para servir como chefe da Estação de Phnom Penh.

Heidi disse que lamentaria vê-lo partir. Não, disse ele, ela não tinha entendido – era uma turnê desacompanhada, o que significa que as famílias não poderiam ir. Ele tinha direito a um assistente. Whipple queria que Heidi fosse com ele para o Camboja.

Até então, a progressão da carreira de Heidi podia ser rastreada pelos carros que ela comprava. Na Alemanha, ela vendeu o Volkswagen e comprou o Fiat. Em um showroom em Bonn, ela viu uma perua esportiva incomum da Volvo, colocou seu nome em uma lista e recebeu um telefonema dizendo que um carro seria dela se ela conseguisse juntar 4.800 dólares. Ela vendeu o Fiat, fez um empréstimo, comprou o Volvo e voou para Gotemburgo, na Suécia, para tomar posse do carro. O carro era dourado e a embreagem era dura. Empoleirada em um travesseiro, ela dirigiu durante uma tempestade de volta para sua casa. Ela adorava o carro e não queria deixá-lo. Ela não podia ir para o Camboja. "Onde está sua lealdade?", exigiu Whipple. Ela lhe disse que sua mãe havia sido diagnosticada com câncer de mama. Whipple disse que faria uma parada em São Francisco para tranquilizar os pais dela. Ele cumpriu sua palavra. "Ele é o cara mais estranho que já conheci", disse seu pai a ela. "Mas ele é muito inteligente e nos garantiu que, se decidirem fazer uma evacuação, você estará no primeiro avião." A mãe de Heidi, que estava fazendo um transplante de medula óssea, a incentivou a ir.

Heidi foi para o Camboja como o alter ego logístico de Whipple. "Meu único objetivo ao estar lá era cuidar e alimentar esse homem." Ela dava ordens aos empregados dele, falava com o cozinheiro se ele fosse receber pessoas para o jantar. Eles trabalhavam doze horas por dia, sete dias por semana, tentando manter o Camboja nas mãos de um governo eleito, mas caótico e cada vez mais corrupto, do qual os Estados Unidos eram aliados. "A corrupção era simplesmente inacreditável, e os comunistas estavam se rebelando a partir do Norte. Tínhamos gente em todo o país, tínhamos essas pequenas bases de dois homens." A cada semana, uma nova aldeia caía. Heidi acompanhou o colapso no mapa à medida que o Khmer Vermelho[9] se aproximava.

Em 31 de dezembro de 1974, véspera de Ano-Novo, Heidi estava voltando para casa de uma festa quando o céu se iluminou. Era o início de um cerco de quatro meses a Phnom Penh. Colocaram cercas em volta das janelas da embaixada dos Estados Unidos. O escritório da CIA foi forrado com sacos de areia. Do lado de fora, as passarelas foram

---

9 Khmer Vermelho era o nome do Partido Comunista, o partido dominante do Camboja nos anos 1970 (N. E.).

cobertas com telhas onduladas. Durante os bombardeios intensos, os funcionários da embaixada se abrigavam. Heidi lembrou-se do embaixador dos Estados Unidos, John Gunther Dean, empurrando as pessoas para fora do caminho em sua pressa de chegar ao subsolo. Whipple ficava em seu escritório, fumando um cachimbo e escrevendo. "Não vou a lugar nenhum", disse a ela. Heidi estava na porta. "Eu disse tudo bem, vou explicar para a Carolyn."

Na primavera, o Congresso deu um jeito de contornar a administração para reduzir a presença americana. O número de funcionários da embaixada foi reduzido para duzentos e depois para cinquenta. Heidi, David Whipple e um agente de comunicações foram as únicas pessoas que restaram na estação da CIA. Heidi e a secretária do embaixador, Beverly, foram instruídas a se mudar para o clube da embaixada, uma espécie de clube de campo que a embaixada norte-americana mantinha em uma antiga mansão. Cinco oficiais militares se mudaram para lá porque "achamos que vocês não devem ficar sozinhas". Os oficiais eram bonitos, e essa parte era divertida. "Minha mãe vai matar você", disse ela a Whipple. Na verdade, ela queria ficar, para ver como o cerco terminaria.

Havia muitos itens nos *freezers* comunitários, inclusive perus, e o embaixador decidiu que havia chegado a hora de descongelá-los. Heidi e Beverly organizaram o jantar, preparando um Dia de Ação de Graças completo em abril: 25 pessoas de um lado da mesa, 25 do outro. Elas acenderam velas e abriram batatas-doces enlatadas. O embaixador fez um brinde.

Chegou a hora da evacuação final. Três helicópteros estavam prontos. A estação da CIA tinha a obrigação de evacuar os ativos locais. Quando o principal ativo cambojano da agência, um agente mais velho do governo, apareceu com a esposa e os filhos, Whipple se voltou para Heidi. Ele havia prometido tirar a família de lá. "Como vamos fazer isso?", ele perguntou a ela. Os cidadãos cambojanos que trabalhavam para a embaixada tinham permissão para embarcar em voos de refugiados para a Tailândia, então Heidi falsificou os nomes da esposa e dos filhos nos registros. O ativo partiria de helicóptero mais tarde. Ela foi com a família até o aeroporto; tiros foram disparados contra o SUV enquanto corriam pela pista de decolagem. "Fiquem calmos, fiquem calmos", ela se lembra de ter gritado enquanto eles se agachavam no banco de trás. As crianças choravam histericamente. "Eu ficava dizendo: 'Vai ficar tudo bem, vai ficar tudo bem'."

Heidi e seu chefe foram os últimos a sair. Whipple insistiu em terminar seu cachimbo. Eles entraram na traseira de uma caminhonete e foram andando na escuridão até um campo de futebol. Ela partiu do Camboja sob fogo real. Quando o helicóptero dos fuzileiros navais desceu em direção a um navio de guerra da Marinha, Heidi se viu agarrada a um poste, observando através de uma abertura de carga enquanto o oceano se aproximava.

Por seus esforços durante a evacuação da embaixada, Heidi recebeu a medalha de bravura da agência e foi enviada de volta a Helsinque. (Whipple foi enviado para Portugal para, como ela disse rindo, "proteger Portugal dos comunistas"). Em Helsinque, o novo chefe de estação, Bill Simonsen, revelou-se um homem simpático que deixou toda a redação dos telegramas para Heidi. A Estação de Helsinque tinha muitos ativos, mas poucos agentes de casos, então Simonsen também designou Heidi para lidar com um ativo com "acesso inacreditável aos norte-coreanos". Trabalhando com um agente em Copenhague, eles realizaram uma operação contra diplomatas norte-coreanos – que estavam vendendo itens isentos de impostos no mercado negro para financiar o regime – e conseguiram expulsá-los. Heidi foi promovida a GS-7. Reunida com seu Volvo, ela recebeu uma oferta, concordou em vendê-lo e comprou um Mercedes. Seu chefe, Simonsen, chamou-a para conversar. "Você realmente é muito mais capaz do que esse trabalho normalmente exige", disse ele, e sugeriu que ela considerasse a possibilidade de se tornar uma agente de casos.

O que ele estava propondo era praticamente inédito. Em meados da década de 1970, havia apenas um punhado de mulheres entre os agentes de casos da CIA. Os agentes de casos eram a elite da elite, como os astronautas ou os pilotos de caça. Acreditava-se que as mulheres não podiam fazer o que os homens faziam: não podiam persuadir um ativo estrangeiro a entregar segredos, não podiam trabalhar em culturas dominadas por homens, não podiam se manter seguras nas ruas. Em cada turma da Fazenda, um grupo de trinta ou quarenta estagiários do serviço clandestino poderia incluir uma ou duas aspirantes do sexo feminino. Essas mulheres geralmente eram recrutadas em carater especial.

Heidi, por outro lado, estava na "trilha não profissional", um canal restrito, pode-se dizer, sem saída. Os não profissionais eram escriturários e funcionários de secretaria. As pessoas contratadas para esse tipo de trabalho não costumavam passar para o trabalho profissional. Mas aqui estava Simonsen, propondo que Heidi se juntasse aos homens para quem ela trabalhava. A sugestão despertou um objetivo adormecido que Heidi – em sua ingenuidade – havia estabelecido quando entrou em serviço. Em seu primeiro dia de trabalho, ela recebeu um gráfico da escala de pagamento do serviço público, impresso em um pequeno cartão. A escala começava com GS-1, o nível mais baixo em que os funcionários eram contratados, depois passava para GS-2, GS-3 e assim por diante, mostrando os salários de cada nível, bem como os aumentos salariais associados aos "degraus" intermediários de 1 a 9. A frente do cartão terminava no GS-8, assim como a trilha não profissional. Quando o virou, Heidi viu que a escala ia de 9 a 15. "E então entendi que havia mais depois do 15. Essas eram as supergraduações." Por outro lado, os salários chegavam a 30 mil. A meta de Heidi era chegar ao verso do cartão.

Por insistência de Simonsen, a divisão europeia concordou em patrociná-la para uma vaga na Fazenda. Em julho de 1977, Heidi foi transferida para a sede a fim de se preparar para a conversão ao status de agente profissional. Enquanto esperava, ela trabalhou como rastreadora de nomes no setor turco. Como uma ex-funcionária que estava tentando mudar de carreira, ela era o que se chamava de "recauchutada". Esse era um termo desdenhoso para alguém que não havia sido recrutado para o quadro de elite de *trainees*, mas que estava tentando subir de posição. A implicação era que um pneu velho nunca seria nada além de um pneu velho; a certificação da Fazenda era apenas uma fina camada de borracha. Era uma calúnia contra as mulheres que mudavam de trilha ou aspiravam a isso. Heidi entraria na Fazenda ao lado de mais de uma dúzia de colegas de classe. Muitas tinham mestrado ou diploma de direito ou trabalhavam no setor privado. Somente um além dela era do sexo feminino. Heidi tinha apenas um bacharelado.

Antes de Heidi deixar o setor da Turquia para ir para a Fazenda, o chefe da divisão a chamou para dizer mais uma coisa. No caso de Heidi, não seria suficiente passar no treinamento. Para se tornar uma agente de casos, ela tinha que terminar em primeiro lugar em sua turma. Se fosse reprovada, permaneceria na trilha não profissional e passaria sua carreira fazendo trabalhos de apoio. A sede estabeleceu esse padrão porque ela começou como escriturária. E porque ela era mulher. "Eles não acreditavam que eu pudesse fazer o trabalho."

Então, ela telefonou para a única pessoa que conhecia e que poderia – e iria – ajudá-la.

Capítulo 4
A filha do diplomata

```
PROVIDENCE, RHODE ISLAND
```
1966

Correndo para a sala de aula, em um dia na primavera de 1966, Lisa Manfull parou em frente a grande caixa de correspondência da faculdade, ansiosa para conferir o que havia chegado para ela. Lisa estava no último ano da Brown University, onde as alunas de graduação historicamente faziam parte do Pembroke College, uma espécie de anexo feminino cuja peça central era um prédio sombrio de tijolos vermelhos do final do século XIX. Embora moças e rapazes tivessem aulas juntos, as alunas eram obrigadas a morar em um dormitório separado, onde as inspetoras ficavam de olho em sua conduta. Com apenas alguns telefones no dormitório, enviar e receber cartas era o principal meio de comunicação das mulheres com o mundo exterior. Todos os dias chegavam envelopes, panfletos, bilhetes, bilhetes de professores, admiradores ou pais e, para as veteranas como Lisa Manfull, cartas de escolas de pós-graduação e possíveis empregadores, separadas em caixas numeradas, cada uma com uma tampa transparente e um pequeno puxador, que se parecia com uma maçaneta.

Ao abrir a caixa, os olhos de Lisa se arregalaram ao ver uma carta – uma carta que ela queria manter escondida de seus colegas de classe. Ela havia pedido ao remetente para omitir o endereço de retorno, mas, como de costume, o remetente tinha suas próprias ideias sobre como queria proceder. A Brown era um ambiente autoconscientemente progressista e bastante agitado da Ivy League,[10] onde os colegas de classe debatiam Sartre e Camus, liam filósofos alemães, usavam palavras como "egocêntrico", adormeciam nos corredores da biblioteca lendo Henry James ou *The Animal Mind* [A mente animal, em tradução livre], estudavam e fumavam cigarros ao mesmo tempo, refletiam sobre "o frágil relacionamento entre o aluno e a universidade" e, nas palavras dos editores do anuário, consideravam-se "nervosos" enquanto, em "uma atmosfera de intensa competição", resolviam equações diferenciais e construíam torres com cartões perfurados de computador. Eles também se inclinavam ao julgamento. Quando os *sock hops*[11] estavam dando lugar aos *sit-ins*[12] e a uma era de ativismo estudantil, surgiram alguns cartazes no campus protestando contra o envolvimento dos Estados Unidos no Sudeste Asiático. As carreiras no governo, com seu traço de estabilidade, estavam caindo em desuso.

Lisa colocou a carta em sua mochila e foi para a aula. Ela tinha uma decisão a tomar e preferia fazê-la sem ser vista. A carta havia sido enviada pela CIA.

***

Exceto seu gênero, Lisa Manfull, em 1966, era uma candidata certa para entrar no programa de treinamento de espiões de elite da CIA. É difícil pensar em uma jovem de 21 anos que fosse mais qualificada. A Brown, onde três quartos dos alunos de graduação eram homens, havia sido uma fonte fértil de agentes da OSS durante a Segunda Guerra Mundial, um legado que continuou discretamente nas décadas seguintes. Quando Dewey Clarridge, um ex-aluno, chegou à sede da CIA em 1955, percebeu que

---

10 Ivy League é o grupo das oito universidades privadas mais prestigiadas dos Estados Unidos: Bown, Columbia, Cornell, Dartmouth, Harvard, Pensilvânia, Princeton e Yale (N. E.).

11 *Sock hops* eram bailes organizados por estudantes nos anos 1940 com o objetivo de arrecadar fundos ao longo da Segunda Guerra Mundial. Depois do fim da guerra, o costume de se reunir em bailes se manteve (N. E.).

12 *Sit in* significa "protesto sentado" e se refere a manifestações pacíficas, inspiradas nas práticas de Mahatma Gandhi (N. E.).

"todo o lugar era composto por pessoas da Brown". Mesmo agora, à medida que a era dos protestos se materializava, os professores do campus de Providence – como os de Cambridge, New Haven e Princeton – mantinham os olhos abertos para os candidatos, que eram chamados para uma conversa ou contatados depois que seus nomes eram passados para o departamento pessoal em Langley. Quase sempre os candidatos eram homens. Mas Lisa Manfull se destacava – tanto que, à medida que se aproximava de sua formatura, ela começou a ser recrutada secretamente. Seus dons eram impossíveis de serem ignorados.

Em parte, sua distinção derivava de um ar incomum, quase precoce, de sofisticação mundana; apesar de ser americana, Lisa, aos 21 anos, falava inglês com um sotaque vagamente francês. O cabelo cortado – um estilo mais curto e elegante do que o habitual *bouffant* ou bob da graduação – emoldurava um rosto magro com um aspecto intenso e alerta, o que os franceses chamariam de *gamine*. A maioria dos Pembrokers usava cardigãs, meias até o joelho e mocassins; Lisa preferia a alta-costura francesa, costurada por sua mãe com inspiração em modelos de grifes. Um ar de leve exotismo não era uma afetação, mas sim o resultado natural de ter passado a infância como filha de diplomata em Paris, abrindo caminho por ruas estrangeiras e atingindo a maioridade como uma espécie de estranha em uma terra estranha. Em 1952, quando ela tinha 6 anos, seu pai, Melvin Manfull, foi convocado para ajudar a reconstruir a Europa, implementando o Plano Marshall em um escritório no Hotel Talleyrand. Lisa e seu irmão mais novo foram acomodados em um avião Clipper Constellation da Pan American e, ao aterrissarem em Paris, entraram em um carro alugado que os levou até o elegante apartamento na Avenue Victor Hugo, onde viveriam por seis anos. Literalmente uma criança da Guerra Fria, Lisa passou seus anos de formação absorvendo o senso de dever público que acompanhava a carreira de seu pai no serviço internacional.

Melvin Manfull, um protegido do diplomata Averell Harriman, seguiu carreira no Departamento de Estado norte-americano em uma época em que o país era celebrado como o motor da democracia e o libertador da Europa. Sua esposa, Suzanne, servia como um acessório vital, embora não remunerado, um papel que era esperado das esposas. Naquela época, os funcionários do Departamento de Estado recebiam uma avaliação anual na qual uma das categorias em que eram classificados era se suas esposas serviam como ativos satisfatórios. Esperava-se que as esposas se vestissem adequadamente, socializassem incansavelmente, se voluntariassem abnegadamente e representassem os Estados Unidos ao máximo. Se uma esposa vacilasse, a carreira de seu marido também vacilaria.

Suzanne Manfull era uma ex-bailarina, uma beldade sulista e uma parceira consciente de seu marido. Diante dos olhos de Lisa, sua mãe começou a se transformar. Na França, Suzanne Manfull se desfez de seu pitoresco guarda-roupa tipo Mamie Eisenhower[13] e adquiriu um armário cheio de ternos e vestidos parisienses. Para Lisa, ela parecia uma nova pessoa, quase uma estranha – quando estava em casa, o que não acontecia com frequência. A reconstrução da Europa era um trabalho de tempo integral. Os pais de Lisa frequentemente ficavam fora por doze ou dezesseis horas seguidas. Foi nessa época que Lisa começou a desenvolver sua capacidade de autossuficiência.

Os pais de Lisa contrataram uma ex-atriz, a Sra. Fournez-Garufor, para lhe dar aulas particulares de vocabulário e pronúncia em francês. Eles matricularam Lisa no L'Institut des Filles de Marie Auxiliatrice, uma escola de convento onde ela ficava sentada no fundo, compreendendo pouco. Aos poucos, ela começou a entender o que as garotas francesas diziam, e o que elas diziam era que ela era uma americana de nariz empinado. Em poucos anos, o francês se tornou o primeiro idioma de Lisa.

Sua infância, no entanto, foi muitas vezes solitária. Não havia grandes quintais americanos para se divertir, nem jogos noturnos espontâneos de pega-bandeira. Em vez disso, Lisa saía de casa e brincava em seu pula-pula, sozinha. Sua festa de 7 anos não foi comemorada com amigos barulhentos jogando Coloque o Rabo no Burro, mas com um bolo em forma de chapéu e uma pequena garrafa de champanhe.

Foi também uma infância autoconscientemente pública: a mãe de Lisa deixava claro que a reputação dos Estados Unidos dependia da conduta

---

[13] Marnie, famosa pelo estilo luxuoso, era a esposa do presidente norte-americano Dwight Eisenhower, cujo mandato durou de 1953 a 1961 (N. E.).

perfeita de Lisa e de seu irmão mais novo. Nas festas, os irmãos eram chamados para falar francês com suas vozes infantis agudas. Uma criança obediente, Lisa também era atenciosa. Em seu prédio, o porteiro era um homem muçulmano, marroquino, que os inquilinos tratavam com desdém. Todos exceto seus pais. Um dia, ele lhes perguntou se poderia mostrar a Grande Mesquita de Paris a Lisa. Eles disseram que sim, e ele mostrou. Os pais queriam expô-la a outras crenças e formas de pensar. Uma amiga judia convidou Lisa para ir a um centro de convívio – "Ela tinha medo de me convidar porque na França havia muito preconceito contra os judeus" – e ela foi. Quando adolescente, ela leu o Alcorão.

Nas férias, a família alugava uma pequena casa na Catalunha. Durante uma visita, Lisa notou o mesmo homem espreitando onde quer que fossem. O governo espanhol suspeitava de que seu pai estivesse espionando e designou um agente de vigilância para espioná-lo. Lisa escreveu um relatório sobre os padrões do homem. A casa tinha uma varanda e um dia ela deixou cair o relatório, escrito em seu melhor espanhol, na cabeça dele. "Eu fiz isso", ela se lembra, "porque não gostava do homem que ficava vigiando."

Depois de seis anos na França, a família voltou para os Estados Unidos e sua mãe deu à luz a um menino. Enquanto os pais arranjavam uma casa, Lisa, de 12 anos, foi para Gonzales, no Texas, onde seu avô trabalhava como médico. Lisa chegou vestindo um terninho cinza e um chapéu, aconselhando ferozmente seu irmão a colocar as luvas. Sua avó sulista não tinha ideia do que pensar das crianças rígidas que falavam francês e que chegavam à sua porta. Sua avó ficou mortificada quando o distrito escolar do Texas a colocou em um curso de inglês de reforço, mas Lisa ficou encantada; seus colegas eram meninas mexicanas cujo catolicismo caloroso a fazia lembrar da escola conventual da qual ela agora sentia saudade. Seu inglês melhorou, assim como seu espanhol. Quando se reuniu com os pais, em Washington, ela foi testada e colocada na nona série da Wilson High School, pulando a segunda parte do ensino fundamental. Isso a tornou dois anos mais nova do que a maioria de seus colegas de classe. A Wilson era uma excelente escola pública com alunos de vários países, e ela acrescentou o russo ao seu repertório. Ela andava com os comedores dos livros, os nerds.

Nunca conseguiu entender por que não fazia parte do grupo popular de Chevy Chase; por que os rapazes não a convidavam para sair.

Foi quando Lisa percebeu que algumas coisas comuns não seriam fáceis, por exemplo, se adaptar. Privada de uma infância tipicamente americana, ela havia recebido outra coisa: a capacidade de funcionar, independentemente do lugar do mundo em que fosse deixada. Após a formatura, ela recebeu prêmios de russo e espanhol. Ofereceram-lhe uma bolsa de estudos para o Serviço de Relações Exteriores em Barnard, mas ela escolheu Brown, onde se formou em linguística e estudou mandarim.

A Brown era uma escola rigorosa, intelectual sem ser realmente abrangente. O corpo discente tendia a ser fechado em panelinhas. A maioria das outras moças não era amigável. Os feriados representavam um dilema. Seu pai geralmente estava no exterior, e Lisa geralmente não tinha para onde ir no Dia de Ação de Graças e no Natal. Pembroke fechava durante as férias, então ela também não podia ficar na escola. As poucas meninas negras do campus eram as mais simpáticas e às vezes a convidavam para ir a suas casas. Ela fez amigos fora da escola. Namorou homens mais velhos. "Eu simplesmente fiz minha vida fora da faculdade. Eu queria ser só mais uma das garotas, mas não deu certo."

***

Em 1963, o pai de Lisa foi enviado ao Vietnã do Sul[14] como conselheiro político na embaixada norte-americana em Saigon. Era um cargo de alto nível em um momento sombrio, pouco antes de os Estados Unidos embarcarem em uma trágica incursão que mancharia sua posição global e custaria dezenas de milhares de vidas. Alguns meses após a chegada de seu pai, o Presidente Ngo Dinh Diem, o líder ditatorial que os Estados Unidos haviam apoiado e depois descartado, foi assassinado. Seu assassinato foi seguido por uma série de governos de curta duração e golpes

---

14 Vietnã do Sul foi um país do Sudeste Asiático que existiu de 1955 a 1975, período em que a parte sul do Vietnã era membro do Bloco Ocidental durante parte da Guerra Fria após a divisão do Vietnã em 1954 (N. E.).

militares. No início, o pai de Lisa havia apoiado a política de contenção do comunismo na Ásia, mas em 1965 ele mudou de rumo e se opôs ao fortalecimento militar dos Estados Unidos. "A carreira dele foi por água abaixo", foi o que Lisa disse. "Ele quase perdeu o emprego."

Para Lisa, no entanto, a tragédia da guerra que se aproximava no Sudeste Asiático resultou em "dois verões realmente incríveis no Vietnã". As visitas aos pais estavam entre os pontos altos de sua vida. Seus pais moravam em um complexo construído na França, com muros altos, pisos de azulejo e uma piscina. Eles davam festas que atraíam soldados da fortuna, arquitetos da política norte-americana, diplomatas e autoridades sul-vietnamitas. Jornalistas como Neil Sheehan e David Halberstam estavam fazendo seus nomes e ligavam para o pai dela a qualquer hora. Membros da equipe de especialistas de Georgetown do Presidente Johnson iam e vinham. Lisa visitou Huê, a antiga capital, a convite de uma garota vietnamita que havia frequentado uma filial da escola conventual que Lisa frequentou na França. O tio de sua amiga era o "rei" do cultivo da canela vietnamita, também conhecida como canela de Saigon, que enviou seu exército particular para escoltar as duas jovens até um resort de praia, Cap San Jacques, onde ele possuía duas vilas, lado a lado, que ele ocupava dependendo de como o vento soprava. Imensamente rico, ele lhe deu uma palestra sobre as desvantagens do livre comércio e as virtudes do monopólio.

Na Brown, Lisa havia escrito um trabalho sobre os Cao Dai, uma seita política religiosa vietnamita. Ao conhecer um general do exército particular da seita, ela conseguiu convencê-lo de que era uma especialista mundial em Cao Dai. Ele a convidou para dar uma palestra aos fiéis na província de Tay Ninh, e ela aceitou, ansiosa para ver o templo, com estátuas em tamanho real de "santos", incluindo Joana D'Arc e, de forma improvável, Victor Hugo. Um dos agentes de seu pai a levou até o aeroporto, ou melhor, tentou levá-la. Um bloqueio na estrada acabou sendo outro golpe em andamento, então o agente voltou atrás, para fúria dela.

Lisa era – ela descobriu – o tipo de pessoa que corria em direção ao conflito, não para longe dele. Ela trabalhou com um grupo de assistência social tentando fazer budistas e católicos cooperarem em projetos como orfanatos, e a dificuldade a ensinou sobre a profundidade amarga do conflito religioso. Lisa passou uma noite em um bordel abandonado perto do rio Perfume, em Hue. Foi, segundo ela, um "verão muito estimulante".

Tão estimulante que tirou um ano de licença da Brown para descobrir onde se encaixava no mundo. Seu pai havia sido transferido para a Europa, hospedado em um hotel sem espaço para os membros da família, então ela bolou um plano para estudar espanhol em Guadalajara. Sua mãe se juntou a ela, assim como seus irmãos. Eles desfrutaram de seis meses vivendo no exterior sem obrigações com a embaixada. Viviam como americanos comuns e era divertido. Quando seu pai assumiu um cargo no Imperial Defense College, em Londres, a família se mudou para ficar com ele, e Lisa sentiu que conheceu sua mãe e seu pai. Eles lhe pareceram pessoas extraordinárias, e ela começou a perceber o que sua educação havia lhe transmitido. Sua mãe sempre lhe dizia para ser uma boa americana e, por causa de seu pai, ela fora "programada com essa ideia de dever".

Em seu último ano, Lisa sabia que queria seguir carreira no serviço público. Um de seus professores teve outra ideia, garantindo financiamento para que ela fizesse doutorado em literatura comparada em Yale. No entanto, por mais que ela gostasse de idiomas, uma vida acadêmica não a atraía muito. Outra opção era trabalhar como tradutora para o Departamento de Estado, onde seu pai havia conseguido um estágio no verão em que ela tinha 17 anos. Se Lisa fizesse um teste de fluência em francês, espanhol e russo, o Departamento de Estado a contrataria como GS-13. Mas, para ela, trabalhar como tradutora era algo mecânico e sem imaginação.

Lisa nunca soube como chegou ao conhecimento da CIA. Ela imaginava que um professor havia visto os artigos que escrevera para o *The Brown Daily Herald*. Assim como seu pai, ela inicialmente achava que os Estados Unidos tinham um papel a desempenhar para afastar a influência comunista na Ásia; assim como ele, suas opiniões foram evoluindo. No entanto, quando ela escreveu alguns artigos de opinião, seus colegas de classe decidiram que Lisa, uma democrata liberal, era uma "louca de direita". Em retrospecto, ela acha que as qualidades que a diferenciavam foram o que despertou o interesse da CIA. "Acho que parte do que eles viram foi alguém que viveu no exterior, que falava todos esses idiomas e que era ativa na defesa da política." Daí as cartas em sua caixa de correio.

Lisa era tão atraente como candidata que a CIA enviou dois recrutadores, um da Diretoria de Inteligência, que era responsável por gerar relatórios para os formuladores de políticas[15] em Washington. O outro emissário veio da Diretoria de Planos – o serviço clandestino. Lisa sabia alguma coisa sobre espionagem e ações secretas. No Vietnã, alguns dos funcionários políticos do pai dela eram agentes disfarçados da CIA. "Eu certamente conheci os espiões", relembra Lisa, observando que o cabelo comprido e o comportamento extravagante às vezes os denunciavam.

A imagem por excelência do agente da CIA no Vietnã foi o fictício Alden Pyle, o implementador equivocado do excepcionalismo dos Estados Unidos em *O americano tranquilo*, de Graham Greene. E, na vida real, o legado operacional da CIA não era motivo de orgulho. O braço secreto da agência permitiu que ela se tornasse uma ferramenta do governo Nixon e do Secretário de Estado Henry Kissinger, que estava interessado em ação e não em "relatórios incompreensíveis". Os espiões americanos se movimentaram por todo o Sudeste Asiático, fazendo pagamentos, executando incursões de comando, organizando eleições e implementando o infame programa Phoenix – uma campanha paramilitar para eliminar os agentes vietcongues que se transformou em um massacre de milhares de pessoas, inclusive civis. Os analistas da CIA, entretanto, tinham um histórico respeitável; em 1975, o diretor da CIA, Colby, estava alertando o governo de que os Estados Unidos perderiam. As estimativas da agência sobre a impossibilidade de vencer eram mais precisas do que as do Departamento de Defesa e da Casa Branca, mesmo que suas terríveis projeções fossem recebidas com frieza por um governo que, como Colby disse em suas memórias, tinha "uma intensa e quase *machista* determinação americana de não perder a disputa com os comunistas".

***

---

15 Formuladores de políticas são os responsáveis no governo por identificar problemas sociais ou econômicos, criar soluções políticas, negociar sua implementação no país e avaliar os resultados, ajudando a definir as direções em que o governo deve seguir e sempre considerando o impacto dessas decisões na sociedade (N. E.).

Os dois recrutadores da CIA que vieram à Brown não impressionaram Lisa. Eles competiam entre si, mas eram cautelosos com relação aos empregos oferecidos. Sugeriram que ela começasse como secretária, o que a deixou chocada. Ela fez uma bateria de testes em um conjunto de trailers perto do Departamento de Estado em Foggy Bottom. Propositalmente, foi reprovada no exame de datilografia, embora fosse boa nisso e tivesse "minha própria taquigrafia", um código particular composto de caracteres chineses, estenografia e símbolos de sua própria autoria. Em seguida, a Diretoria de Inteligência lhe ofereceu um emprego para "contar tropas", trabalhando como analista de baixo nível, estudando imagens de instalações militares na China. Mas a análise, assim como a secretaria, não era atraente. Os analistas tinham que informar os formuladores de políticas, e apresentações não eram o seu forte.

Lisa nasceu, segundo ela, para o trabalho clandestino de espionagem. Ela sabia como se misturar em uma multidão. Não se intimidava nem se deixava intimidar facilmente; ela sabia utilizar idiomas estrangeiros como uma falante nativa; e, de seus pais, havia absorvido duas características fundamentais. A mãe lhe ensinou a criar uma nova personalidade e a habitá-la. O pai exibia uma ética de trabalho feroz que Lisa herdou. Ela precisaria de ambos. Se fosse contratada pelo serviço clandestino, teria um trabalho de fachada no Departamento de Estado ou em alguma outra agência plausível. Seu verdadeiro trabalho seria realizado após o expediente.

O emprego que Lisa queria era o de agente de casos, também conhecido como agente de operações – o termo da agência para espião. Ser um agente de casos era, de longe, o cargo mais procurado na CIA. O trabalho envolvia identificar estrangeiros com acesso a segredos e persuadi-los a entregar esses segredos. Isso implicava negociar e persuadir. Significava cuidar da vida e da segurança das fontes, conhecidas como ativos ou agentes. Significava criar uma identidade falsa e viver uma vida secreta. Significava distribuir grandes somas de dinheiro, pilhas de dinheiro, em troca de informações e cooperação. As noites eram passadas em reuniões com os ativos em carros e quartos de hotel, seguidas de horas rabiscando bilhetes e escrevendo telegramas. Os agentes de casos eram como os *"rainmakers"* de corretoras ou escritórios de advocacia; esperava-se que eles conseguissem os melhores clientes, que eles "fizessem chover grandes oportunidades". A maioria era obrigada a fazer um recrutamento importante pelo menos uma vez por ano. Ser um agente de casos da CIA era a passagem para o avanço em uma das principais agências de inteligência do mundo, em uma época em que a ameaça de guerra nuclear com a União Soviética definia a vida americana.

O trabalho também proporcionava liberdade e independência. Os agentes de casos eram empregados para convencer as pessoas a cometerem traição. Eles tinham grande liberdade para decidir como fazer isso. Era sua missão fazer amizade com estranhos, identificar suas vulnerabilidades e suas tendências à corrupção; oferecer educação, tratamento médico ou dinheiro, oferecer ajuda aos filhos, pais ou cônjuges para persuadi-los a espionar. Não era um trabalho fácil, mas Lisa sabia que tinha sido feita para isso. No entanto, ao aspirar a se tornar uma agente de casos, ela estava assumindo um desafio ainda mais difícil do que imaginava. Na CIA havia empregos para homens e empregos para mulheres. Lisa queria o emprego dos homens. O custo desse empreendimento era algo que ela teria de descobrir por si mesma.

Após sua formatura em 1966, ela foi visitar os pais enquanto era feita uma verificação de antecedentes. Seu pai era agora chefe-adjunto de missão na embaixada norte-americana em Bruxelas. Lá, a formidável esposa do embaixador dos Estados Unidos precisava de um americano para representar a embaixada no Le Bal des Débutantes, um baile internacional de debutantes, então ela recrutou Lisa, que relutantemente usou um vestido branco. Para ocupar seu tempo, Lisa teve aulas de chinês e se interessou pelo japonês.

Enquanto estava na Europa, Lisa recebeu uma ligação dizendo que havia sido aceita no programa de treinamento profissional da CIA em fevereiro de 1968. Ela faria parte de um seleto grupo de espiões em treinamento. Ela se mudou para Washington e se apresentou em Langley. Foi contratada como GS-7. Uma de suas primeiras descobertas foi que os homens eram contratados como GS-8.

Capítulo 5
Abas e selos

RURAL YORK COUNTY, VIRGÍNIA
1968

O treinamento de espionagem evoluiu nas décadas que se seguiram à Segunda Guerra Mundial e à pedra marrom em Washington, mas manteve muito do espírito de encenação e fantasia aperfeiçoado nas "estações" de guerra criadas pela OSS. As primeiras semanas de Lisa Manfull na agência foram passadas na sede em Langley. Ela e seus colegas recrutas assinaram juramentos de lealdade e sigilo, preencheram a papelada e tiveram aulas sobre segurança nacional. Em seguida, viajaram para o sul, para "a Fazenda", também conhecida como Camp Peary, uma instalação residencial em uma base militar no leste da Virgínia. Sob a tutela de ex-agentes de casos, os recrutas deram os primeiros passos vacilantes na técnica. Eles praticaram o ciclo clássico de "detectar, avaliar e recrutar": aprenderam a reconhecer um possível cliente em potencial; a desenvolver um relacionamento, a marcar um encontro, a convencer o cliente em potencial a trair seu próprio país. Aprenderam a passar uma mensagem, a planejar uma rota de detecção de vigilância [SDR, em inglês surveillance detection route], um caminho indireto para se aproximar e sair de um encontro, garantindo que não estivessem sendo seguidos.

De acordo com muitos relatos sobre a Fazenda escritos ao longo dos anos, em um curso chamado "abas e selos", os recrutas abriam envelopes usando vapor, cortavam bolsas e dominavam maneiras de ler a correspondência de outras pessoas. Eles aprenderam a arrombar fechaduras, a grampear quartos de hotel e a se aproximar de um esconderijo. Construíam rádios e usavam disfarces. Ouviram desertores russos falarem sobre a vida no Bloco soviético. Praticavam o *"bumping"* – iniciar uma conversa em um bar ou supermercado para fazer um contato. Em bares nas proximidades de Williamsburg, Virgínia, eles recrutaram instrutores que haviam sido posicionados como agentes disfarçados.

No fim do treinamento, os principais agentes da CIA os cortejavam. A Diretoria de Planos era dividida em divisões geográficas: África, América Latina, Europa, Oriente Próximo, Extremo Oriente e assim por diante, cada uma com sua própria personalidade e reputação. A divisão mais procurada era a do Bloco soviético – mais tarde denominada Europa Soviética e Oriental –, cujos funcionários atuavam em Moscou e nas áreas controladas pelos comunistas. Esses países eram conhecidos como "alvos difíceis" porque tinham seus próprios serviços de espionagem de alto nível. Uma vez recrutado para uma divisão, você provavelmente passaria sua carreira nela. A formatura na Fazenda foi um momento crucial e de mudança de vida.

E foi um momento em que as conexões entre os "caras" se tornaram a ordem do dia. Após vinte anos de existência, a agência tinha panelinhas distintas – os gregos americanos, os Ivy Leaguers, além das próprias divisões geográficas –, e os homens de cada uma delas cuidavam uns dos outros. Os chefes das divisões estavam entre as pessoas mais poderosas da agência; eram conhecidos como barões. Durante o treinamento, as notícias chegavam a Langley a respeito dos recrutas que estavam se saindo bem na Fazenda, e os barões os visitavam para cumprimentá-los e conquistar os melhores. "Os chefes de divisão eram os senhores feudais", lembra Lisa. "Eles vinham para sessões de observação e avaliação e tentavam recrutar as pessoas que queriam. Bem, ninguém estava recrutando as mulheres." Quando Lisa começou, em 1968, o corpo de estagiários de agentes de casos era quase totalmente masculino e branco. Os recrutas já haviam sido selecionados, começando com um esforço secreto de recrutamento direcionado a determinadas pessoas com determinados antecedentes. Testes extensivos – testes psicológicos, teste de polígrafo ou detector de mentiras, checagem de antecedentes – forneciam outro meio pelo qual os recrutas podiam ser eliminados sem recurso. Durante as sessões de polígrafo, os candidatos eram questionados de maneira agressiva sobre seu comportamento, desejos e orientação sexual, para enervá-los e eliminar qualquer pessoa que fosse homossexual. Essas perguntas eram conhecidas como "estilo de vida" e eram implacáveis. Ser gay ou lésbica era motivo de desqualificação. Ninguém discutia. O escritório de segurança, que realizava as verificações de antecedentes e ficava de olho nas infrações depois que o funcionário era contratado, tendia a ser composto por homens brancos com tendência socialmente conservadora. Lisa conheceu um homem, um agente clandestino, que era gay, mas não agia de acordo com seus desejos. Ele nunca se casou ou se associou. Ele simplesmente não fazia sexo. Mesmo assim, os homens no comando olhavam para ele com desconfiança. Ele nunca foi nomeado chefe de uma estação. Ele poderia ter comandado uma, de cabeça erguida. Mas, para os "caras", ele não se apresentava como "suficientemente masculino". A única coisa pior do que ser um homem gay era ser uma mulher.

E na todo-poderosa Diretoria de Planos – que logo seria rebatizada de Diretoria de Operações – o preconceito contra as mulheres era expresso abertamente. Ninguém escondia isso. A opinião era a de que as mulheres eram boas em algumas habilidades, como a de escriturária, datilógrafa, arquivamento e manutenção de registros, e em outras não. O senso comum afirmava que as mulheres não tinham a força necessária para recrutar ativos e tinham dificuldades especiais em culturas patriarcais. "Não são muitas as mulheres que se adaptam ao estilo de vida de um agente de casos de campo", foi o que disse um agente de casos em um panfleto de 1973, já que o trabalho implicava encontrar-se com "agentes assustadores em quartos de hotel na rua de trás".

O sentimento era generalizado e ninguém tinha vergonha de dizer isso, lembrou Jonna Mendez, que trabalhava no escritório técnico desenvolvendo dispositivos de espionagem, como câmeras minúsculas e microfones ocultos – a versão real do Q dos romances de James Bond. Os agentes de casos visitavam seu escritório para aprender a usar os aparelhos, e Mendez era quem os ensinava. "Eles simplesmente achavam que uma mulher não podia comandar uma operação", disse Mendez. "Eles achavam que uma mulher não podia *iniciar* uma operação." Os agentes de casos chegaram a duvidar da capacidade de Mendez de treinar ativos estrangeiros para usar a tecnologia da CIA, dizendo a ela que os ativos provavelmente não dariam ouvidos a uma instrutora.

À medida que seu próprio treinamento na Fazenda prosseguia, Lisa começou a perceber que os recrutadores a haviam enganado. Depois de atraí-la, a Diretoria de Planos estava direcionando-a para um canal feminino. Em sua turma, apenas cinco recrutas eram mulheres. A maioria estava lá para ser treinada como analista em estações no exterior, onde avaliariam informações e escreveriam documentos para a Diretoria de Inteligência. Outras estavam sendo treinadas como agentes de relatórios, que, embora trabalhassem para a Diretoria de Operações, não eram espiãs. Essa divisão sagrada de trabalho no serviço clandestino – homens como agentes de casos e mulheres como agentes de relatórios – refletia a cultura das estações no exterior, onde, como disse uma agente de relatórios, "os homens trabalhavam ao ar livre e as mulheres trabalhavam dentro de casa".

Isso não quer dizer que os trabalhos internos não eram importantes; eles eram. O objetivo da coleta de informações era escrevê-las e transmiti-las às pessoas que precisam vê-las e estavam autorizadas a fazê-lo. Após cada reunião com um ativo, um agente de casos era obrigado a apresentar dois relatórios: um resumindo a inteligência transmitida e outro descrevendo o ativo que a fornecera. Esses relatórios eram enviados a uma agente de relatórios, que editava a linguagem, retirava detalhes que pudessem revelar a identidade de uma fonte, colocava-os no formato padrão, talvez até os reescrevesse e, se necessário, instruía o agente de casos sobre o que constituía inteligência e o que não constituía. As agentes de relatórios consideravam a inteligência de campo juntamente com a inteligência de "todas as fontes", que consistia em relatórios da sede, parceiros estrangeiros, militares, agências dos Estados Unidos e outras estações da CIA, sem mencionar a imprensa local. A agente de relatórios podia avaliar a provável precisão das novas informações, muitas vezes acrescentando um "comentário da estação", um glossário ou uma anotação. A informação era boa? Ruim?

O ativo provavelmente estava mentindo? A agente de relatórios transmitia o relatório para a sede, onde outra agente de relatórios decidia quem deveria vê-lo. As partes relevantes eram distribuídas a analistas, formuladores de políticas, ao Departamento de Justiça, ao Pentágono, ao Conselho de Segurança Nacional e ao que é conhecido como o "Primeiro Cliente": o presidente dos Estados Unidos.

Além das agentes de relatórios, havia muitas e muitas mulheres em outras funções de apoio. Essas funções incluíam escriturárias, funcionárias de secretaria e mulheres com cargos ainda mais especializados; as *"rovers"* (andarilhas) que eram solucionadoras de crises que chegavam, como Mary Poppins, para resolver "magicamente" os problemas em estações no exterior. Como disse um agente de operações, as *rovers* eram tipos hipercompetentes que podiam "ser tudo o que a estação precisasse", passando cinco ou seis meses arquivando telegramas, corrigindo erros de pessoal ou colocando em ordem as contas de despesas. As *rovers* eram mulheres estoicas que podiam aterrissar em qualquer lugar – Cidade do Cabo, Cairo – e realizar qualquer trabalho. Elas carregavam enormes bolsas de grife, porque em que mais iriam gastar seu dinheiro? Quase sempre eram solteiras, pois que marido seguiria uma esposa de um lugar para outro? As mulheres que apoiavam os serviços clandestinos eram "noivas da agência", como se dizia.

Entre os cargos femininos, os de agentes de relatórios estavam entre os de mais alto nível. Os agentes de relatórios – inevitavelmente mulheres – funcionavam como editores. Era seu trabalho manter a objetividade e a frieza; procurar lacunas e contradições; empacotar o produto e examiná-lo; receber instruções da sede sobre o que mais era necessário e dizer ao agente de casos quais perguntas fazer à sua fonte na próxima reunião.

O papel delas era como de "mães protetoras" em um ambiente de trabalho onde se aceitava que os "meninos agiriam como meninos". No ramo da espionagem, os problemas estavam fadados a surgir. As oportunidades para informações ruins eram inúmeras. Devido às metas e as avaliações de desempenho, os agentes de casos tinham um forte incentivo para exagerar os méritos de uma fonte e, às vezes, até inventar relatórios inteiros. Os ativos tinham um forte incentivo – dinheiro – para continuar passando informações mesmo quando não havia mais nada para informar. Em Washington, os formuladores de políticas tinham um forte incentivo para selecionar a inteligência que lhes permitia fazer o que queriam. Será que um agente de casos havia se apegado demais à sua fonte e começado a insistir que tudo o que a fonte afirmava era a verdade do evangelho, uma doença conhecida como "apaixonar-se por seu ativo"? As agentes de relatórios eram a principal linha de defesa, resistindo a todas essas pressões e tentações.

O trabalho das mulheres era garantir que "alguém não estivesse nos alimentando com uma linha de besteiras", como disse uma agente de relatórios, Amy Tozzi. Tozzi havia sido contratada para o serviço clandestino alguns anos antes de Lisa Manfull. Durante uma carreira que a levou pela América Latina no auge do notório envolvimento da CIA em golpes e assassinatos, Tozzi tinha uma visão privilegiada do que os homens estavam tramando. Fluente em espanhol, ela foi recrutada como secretária, apesar de ser, como ela diz, "supertreinada". Ela serviu na Argentina, onde "os golpes eram tão frequentes que os generais ligavam uns para os outros e diziam: de que lado você está?".

Em outra postagem, coube a Tozzi informar a um agente de casos que um ativo seu, um coronel, havia se aposentado e estava usando artigos de jornal para dar corpo a seus relatórios. Tozzi sabia disso porque falava espanhol e lia os jornais locais. Um chefe de estação lhe disse para ser mais branda com os agentes de casos e parar de pressioná-los para que fossem tão precisos, ao que ela respondeu: "Você quer os fatos? Ou só quer pagar pela porcaria?".

***

Esses – agente de relatórios, analista, escriturário – eram cargos da CIA para os quais as mulheres eram aceitas. As promoções viriam com mais facilidade se Lisa Manfull se deixasse levar pelo caminho já bem traçado para as mulheres. O problema é que Lisa não queria seguir pelo caminho reservado às mulheres. Ela queria usar seus dons de nascença. Ela também entendia que a divisão sagrada do trabalho era decorrente não apenas de preconceitos, mas de interesses próprios. Na estrutura da CIA no pós-guerra, a pirâmide de cargos era larga na base e fina no topo. Os agentes de casos pertenciam a uma pequena fraternidade. Apenas alguns poucos se tornariam chefes de estação. Um número ainda menor se tornaria "barão" ou ocuparia os cargos mais altos no sétimo andar da sede. Lá, em amplos escritórios com vista para o rio Potomac, os homens conspiravam e se prejudicavam mutuamente, competindo pelos melhores empregos. Eles tinham as melhores vagas de estacionamento e os carpetes mais luxuosos. Nas reuniões, eles não precisavam segurar nem mesmo um lápis; outros faziam anotações. Eles não estavam dispostos a permitir que as mulheres tornassem a competição mais acirrada. Mais do que qualquer outra diretoria, a de operações – o serviço clandestino – era um reduto de masculinidade.

"Ninguém queria uma mulher. Disseram-me que as mulheres não podiam fazer operações, que as mulheres não podiam recrutar", lembrou Janine Brookner, outra mulher da turma de Lisa que almejava o status de agente de casos. Brookner chegou à Fazenda com um mestrado em ciências políticas pela Universidade de Nova York e uma situação de vida incomum (na época): ela era mãe solteira, divorciada e tinha um filho pequeno. E, assim como Lisa, ela estava determinada a ir para o exterior como espiã. Mas não eram apenas os homens que consideravam as mulheres inadequadas para o trabalho operacional; o departamento pessoal, composto por mulheres, concordava com isso. "Fui até o escritório de gestão de carreiras e disse a eles o que eu queria fazer", contou Brookner, que conversou com uma conselheira. "Ela disse: 'Você não vai ser uma agente de casos'. Era *outra mulher*."

Lisa Manfull, assim como Janine Brookner, decidiu provar que eles estavam errados. Ela se saiu bem durante o treinamento na Fazenda – melhor, segundo ela, do que o esperado. Seu supervisor parecia perplexo. Sem explicação, ela foi enviada para uma avaliação psicológica adicional. Ao avaliar os recrutas, os psicólogos procuravam traços como carisma, sociabilidade, tolerância à ambiguidade e disposição para assumir riscos. Lisa não conhecia nenhum outro estagiário que tivesse que se sentar com um psiquiatra por mais três dias. O veredito foi: qualificada.

Assim, a agência jogou um trunfo. Autoridades invisíveis interromperam o treinamento de Lisa. Depois de concluir o "curso curto" – um curso de um mês conhecido como familiarização de operações, destinado a funcionários de nível inferior –, Lisa foi instruída a retornar à sede. "Não me permitiram terminar o curso... E você não pode receber uma designação como agente de casos a menos que tenha sido certificada."

Sua colega de classe Janine Brookner teve problemas semelhantes. Brookner concluiu o curso completo e foi aprovada, mas descobriu que nenhum chefe de divisão a contrataria. Barão após barão disse não. Extremo Oriente. África. Europa. "Ninguém me queria." Assim, Brookner se viu em um escritório sujo no subsolo do quartel-general, trabalhando sob protesto para uma operação que espionava ilegalmente dissidentes americanos, inclusive estudantes e ativistas de direitos civis, violando o estatuto da CIA de não espionar cidadãos americanos nem se envolver em operações domésticas.

As promessas encantadoras dos recrutadores não deram em nada. Lisa entrou em um limbo, presa ao manuseio de telegramas e relatórios. "Eu era realmente como um leproso." Ela se saiu bem, mas não encontrou ninguém para ajudá-la. Ela via jovens da sua idade sendo orientados e levados para almoçar por homens mais experientes. Ela não tinha nenhum grupo, nenhuma rede, nenhuma mão amiga estendida.

***

Quando Lisa estava tentando abrir caminho no serviço clandestino, no início da década de 1970, ainda não havia uma irmandade para se envolver. Heidi August se deparou com a mesma situação. Não havia barões do sexo feminino, chefes de estação do sexo feminino, e havia poucas agentes de casos do sexo feminino. Nas sedes – como nas estações no exterior – havia uma multidão de mulheres, mas poucas em posições de verdadeira autoridade. As mulheres trabalhavam nas catracas para garantir que os funcionários tivessem o crachá necessário para entrar em uma área confidencial. As mulheres conseguiam passaportes; as mulheres cuidavam dos relatórios de despesas.

E as mulheres guardavam os cofres com arquivos ultrassecretos. Na sede, naquela época, a maioria dos espaços de trabalho não era segura. Os agentes tinham de guardar seus próprios documentos em cofres individuais; os agentes de segurança patrulhavam à noite e verificavam. Os únicos espaços realmente seguros eram as salas conhecidas como cofres, onde se mantinham os registros em papel confidenciais sobre pessoas e operações. Esses arquivos eram salas sem janelas que, assim como um cofre de banco, eram cofres. Salas sempre minúsculas e miseráveis para se trabalhar, espaços obscuros iluminados apenas por luzes elétricas. E, no entanto, eram literalmente o cérebro e a memória da Agência Central de Inteligência. As mulheres que trabalhavam neles – pessoas aparentemente insignificantes que raramente saíam para visitar a cafeteria – sabiam tudo sobre as operações mais secretas. Elas eram chamadas por uma confusão de títulos, incluindo analistas de inteligência, analistas de pesquisa de operações de inteligência [IORA – intelligence operations research analysts], e, mais tarde, agentes de operações de equipe [SOO – staff operations officers].

Os nomes e acrônimos mudaram, em parte porque nenhum termo encapsulava facilmente o papel crucial que as chamadas mulheres do cofre desempenhavam. Elas analisavam as operações: uma fonte é boa, está sendo tratada adequadamente, que informações sobre uma operação os agentes que trabalham em outra operação precisam saber? Elas mantinham registros que remontavam à época da OSS, com dados biográficos de difícil acesso sobre cientistas, políticos, comandantes militares e agentes estrangeiros. As mulheres que mantinham os registros usavam tênis, já que ficavam em pé o dia todo; daí seu outro apelido depreciativo: "*sneaker ladies*". Seus calçados eram uma espécie de marcador, diferenciando-as do restante da força de trabalho feminina, que se sentia obrigada a usar salto alto. Mas os tênis também eram, de certa forma, um disfarce, mascarando sua importância e até mesmo seu poder.

As mulheres do cofre não eram amigáveis. Algumas eram esposas de agentes. Muitas eram temíveis. Na divisão soviética, bem como no leste da Ásia e na China, as informações mais altamente confidenciais eram conhecidas como "manuseio restrito" [RH, em inglês restricted handling].

Elas eram mantidas em gavetas de madeira. Uma funcionária de secretaria, enviada por um chefe para obter informações, aproximava-se e tocava a campainha. Uma mulher do cofre aparecia. Uma funcionária apresentava um formulário assinado. "Elas meio que arrancavam o formulário de você", lembrou uma agente de operações, Mia McCall, que, como a maioria dos recrutas do serviço clandestino, trabalhou na recepção antes de fazer seu próprio treinamento na Fazenda na década de 1980. A funcionária esperava, olhando para o espaço, que "não tinha nada eletrônico além das luzes". Nem mesmo máquinas de escrever. Tudo era escrito à mão em cartões de índice e papel ofício. As mulheres eram como cogumelos; pareciam se desenvolver com pouca luz. A mulher do cofre fazia uma ligação, verificava a permissão para acessar os documentos, depois os pegava, colocava em um envelope e os entregava de má vontade. "Essas mulheres do cofre eram lendas", disse McCall. "Guardiãs do *sanctum sanctorum*."

É verdade que seu poder era local. "Elas eram meio que – não é a palavra certa – evitadas, mas desprezadas", acrescentou McCall. "Éramos respeitosos com elas, mas não pelas costas."

Na verdade, as mulheres do cofre eram fundamentais. Seu trabalho era intensivo em mão de obra e de baixa tecnologia. Consistia principalmente no processamento de papéis. Elas criaram um nicho que nenhum homem queria, mesmo assim era um nicho muito necessário. Elas também podiam ser encontradas nas "salas dos fundos", que eram partes secretas de uma divisão sobre as quais ninguém falava. Ocasionalmente, os agentes de casos podiam ouvir a liderança sênior dizer: "Isso tem que ir para a sala dos fundos", e descobriam que um caso que estavam tratando havia sido retirado. Geralmente isso acontecia porque algo na operação era controverso do ponto de vista da contrainteligência – um traidor ou um infiltrado – ou simplesmente porque era uma operação muito delicada. As mulheres do cofre sabiam, mas não contavam.

As mulheres do cofre também forneciam informações fundamentais sobre o adversário. Seus arquivos biográficos ajudavam os agentes de casos a descobrir conexões, determinar quem estudou na mesma universidade, quem pertencia aos mesmos clubes, aqueles cujos filhos frequentavam a mesma escola, quem era um suposto agente da KGB. "Digamos que eu tenha conhecido um cara na Polônia cujo nome era Pawel de Tal", lembrou Mike Sulick, um agente de operações que passou grande parte de sua carreira trabalhando com alvos difíceis, antes de chegar à chefia do serviço clandestino. Ao considerar um ativo em potencial, ele contava com as mulheres do cofre para lhe dizer o que precisava saber. Havia uma excelente chamada Ruth. "Elas tinham os cartões 3 x 5 e diziam: sim, o pai dele era da inteligência polonesa e batia em prisioneiros ou algo assim." As mulheres do cofre tinham "uma memória do tipo biblioteca antes de existirem computadores".

Na verdade, as mulheres do cofre *eram* os computadores.

***

No entanto, muito mais numeroso que as mulheres do cofre era o mar de secretárias. "Você podia chegar com um mestrado em francês e eles a colocavam no grupo de datilografia", disse Jonna Mendez. "O primeiro trabalho era sair do grupo de datilografia."

As mulheres da agência pareciam tão intercambiáveis para os homens que as contratavam que erros eram cometidos. Em 1954, Lee Coyle se formou na Rosemont College, uma faculdade católica feminina nos arredores da Filadélfia. Seu pai – sabendo que um diploma universitário, para uma mulher, não era garantia de emprego – mandou-a para a escola de secretariado. Coyle e a irmã se candidataram à CIA. A irmã de Coyle não sabia datilografar. Elas foram para o escritório de inscrição em Manhattan. Depois de passar em seu próprio teste, Coyle voltou e se fez passar por sua irmã. Ambas foram contratadas. Coyle passou a trabalhar na gestão de informações, transformando os cartões 3 x 5 em arquivos de computador.

A agência tinha inúmeras maneiras de garantir que a maioria das mulheres que saíssem do grupo de datilografia não chegasse longe. Parecia a Lisa que as coisas iam bem para as mulheres que permaneciam em suas faixas; ter algumas em cargos administrativos de alto nível parecia ser uma forma de satisfazer os reguladores de Washington de que as mulheres estavam sendo promovidas. Mas, para qualquer pessoa que olhasse de perto, estava claro que elas não estavam sendo promovidas igualmente. As mulheres que existiam em altos níveis eram duras e distantes, e muito menos encorajadoras do que os mentores homens – e eles existiam – como os que valorizavam e encorajavam Heidi August. Quando Lisa Manfull estava trilhando seu caminho, alguns homens sugeriram que ela procurasse uma mentora. Mas ela descobriu que a maioria das agentes clandestinas seniores era desencorajadora e até mesmo condescendente. Alguns sugeriram que ela seguisse um caminho menos arriscado, como o de agente de relatórios. Outros "estavam genuinamente preocupados com o fato de que tornar-se uma agente de casos arruinaria minha vida. Eles estavam realmente tentando me proteger".

Se os homens no serviço clandestino se beneficiavam de "uma rede de informações do tipo 'tem um trabalho aqui; há uma oportunidade ali', as mulheres "achavam que estavam lhes fazendo um favor ao lhes dizer para não fazer isso", descobriu Lisa. "Elas adoravam o trabalho, mas pensavam isso é tão difícil, eu consigo fazer, mas outros não". Um de seus contemporâneos, o agente de casos Mike Kalogeropoulos, notou que a maioria de suas colegas "nunca recebia apoio de nenhuma mulher". Em vez disso, elas "simplesmente seguiam sozinhas, se virando como podiam".

Capítulo 6

Você tinha que usar saia

Nas décadas de 1960 e 1970, quando Heidi August e Lisa Manfull estavam começando, a agente feminina mais importante do serviço clandestino da CIA – uma mulher pequena e efêmera chamada Eloise Page – era, de longe, a mais inútil para suas colegas mais jovens. Isso pode ser devido ao fato de Page, após muitos anos de serviço árduo, sentir-se frustrada por ter suas próprias habilidades e coleta de informações de inteligência descartadas; ou porque ela absorveu a verdade de que os homens eram a fonte de poder institucional que importava. Pode ser porque ela temia ser vista como feminista. Ou pode ter sido simplesmente porque ela era arrogante.

Quaisquer que fossem suas motivações, o fato é que Eloise Randolph Page, nascida em Richmond e, por muitos anos, a única mulher GS-18 na área de operações, era vista como uma pessoa que não estendia um dedo mindinho de luva branca para ajudar as mulheres que vinham atrás dela. Tendo começado na Segunda Guerra Mundial, Page foi uma das muitas secretárias da OSS – no caso dela, designada para o próprio Wild Bill Donovan, que gostava de recrutar em famílias de alta estirpe e deve ter ficado encantado com o fato de que "Eloise", como todos a chamavam, vinha não apenas de uma dessas famílias, mas de duas. Naquela época poucos tipos de elitismo eram mais marcantes do que o das FFVs, ou "primeiras famílias da Virgínia" (*first families of Virginia*). Os Randolph e os Page – seus antepassados – eram duas das famílias brancas mais antigas, com raízes que remontavam às origens da comunidade e à escravidão. "Ela era uma mulher de classe", como disse uma agente, "que vinha de alguma família de fazendeiros."

Nascida em 1920, Page ostentava o pedigree perfeito das classes altas sulistas, tendo passado um ano na Hollins College, uma conceituada faculdade para mulheres nas Blue Ridge Mountains, na Virgínia, seguido de passagens pela Universidade da Carolina do Sul, onde estudou francês, e pelo Peabody Conservatory, em Baltimore, onde estudou música. Com essas duas disciplinas essencialmente femininas em seu currículo, ela completou a trifeta frequentando a Rice Business College, uma das inúmeras entidades que treinavam mulheres como datilógrafas e secretárias executivas. Após a entrada dos Estados Unidos na Segunda Guerra Mundial, Page passou alguns anos mantendo Donovan, um péssimo administrador que dizia sim a tudo e a todos, organizado e no caminho certo.

Em 1945, suas responsabilidades foram ampliadas e sua vocação foi descoberta: ela viajou para a Bélgica a fim de se juntar à X-2, a única unidade da OSS que tinha acesso aos despachos secretíssimos "Ultra" de quebra de código das comunicações alemãs da Inglaterra. Lá, Page ajudou a identificar agentes adversários e a mantê-los sob controle, trabalhando na criação de uma lista inestimável de nomes de cerca de 3 mil espiões conhecidos ou suspeitos – "todos os indivíduos que foram relatados por alguém como envolvidos em espionagem", como disse o analista Ray Cline – para os países do Eixo e outros.

Assim, Page ajudou a lançar as bases de um valiosíssimo acervo de registros que detalhava as identidades, os pseudônimos e os antecedentes de espiões que trabalhavam para nações hostis. Nesse processo, ela aprimorou as habilidades ainda incipientes dos Estados Unidos em "contraespionagem" ou "contrainteligência", navegando no complexo mundo de agentes duplos e negociações de espiões contra espiões. Ela também trabalhou com colegas suecos, franceses e belgas para rastrear os nazistas e garantir que eles não escapassem. Isso exigia o estabelecimento de vínculos com aliados estrangeiros – outro elemento pouco conhecido do trabalho de espionagem. Tanto a atuação na ligação quanto a contrainteligência eram trabalhos para os quais as mulheres tendiam a ser direcionadas. Era um serviço fundamental para a necessidade da agência de saber com quem estava lidando, mas não tão prestigiado quanto o recrutamento nas ruas.

Após a guerra – quando muitas mulheres foram orientadas a deixar o país para dar lugar aos veteranos que retornavam –, Eloise Page permaneceu no cargo, empregando seus amplos conhecimentos científicos e acadêmicos para acompanhar os avanços técnicos e ajudar a travar uma disputa central da Guerra Fria: a competição científica com a União Soviética. Em 4 de outubro de 1957, Page estava servindo como chefe da Equipe de Operações Científicas e Técnicas quando os soviéticos lançaram o Sputnik, o primeiro satélite artificial, uma peça tecnológica que mudou o mundo, um pouco maior que uma bola de basquete, que chocou o público americano e exacerbou a ansiedade sobre as capacidades nucleares soviéticas e a tão temida "lacuna de mísseis". A mídia noticiosa retratou o lançamento do Sputnik como uma falha de inteligência, enquanto os membros do Congresso acusaram a CIA de estar "dormindo no ponto". Na verdade, a história real era mais complicada: o fracasso real foi o de uma burocracia dominada por homens que não deu ouvidos ao que uma mulher estava tentando lhes dizer.

De acordo com um estudo interno da CIA aprovado para divulgação em 2013, o escritório de Page compilou "dezenas" de relatórios sobre os planos soviéticos de colocar um satélite no espaço, provenientes de seus "contatos de alto nível" na comunidade científica. Em maio de 1957, a agência sabia muito bem que um lançamento ocorreria, e aproximadamente quando. "Seria entre 20 de setembro e 4 de outubro", declarou Page em uma entrevista. "Tínhamos tudo o que havia para saber sobre isso. Tínhamos o ângulo de lançamento, tínhamos a data." Mas, apesar dos esforços vigorosos, ela não conseguiu fazer um guardião – Jack White, chefe de um importante comitê do Escritório de Inteligência Científica – aceitar o que ela estava ouvindo. Ele descartou a informação como desinformação soviética. Page o visitou para tentar fazê-lo mudar de ideia, alertando-o de que "vamos ter um fracasso de inteligência". Ela apostou com White uma caixa de champanhe que o lançamento ocorreria e, depois que ele aconteceu, ela disse: "Você deveria ter visto meu escritório". Cheio de champanhe. Seu escritório escreveu um excelente relatório pós-ação e ela recebeu uma carta do OSI dizendo que as informações contidas nele eram "essenciais e indispensáveis".

Depois de passar por frustrações como essas, Page compartilhou a irritação de outras colegas que estavam lutando para conquistar seu espaço. Foi nesses primeiros anos da era pós-guerra, com o trabalho de espionagem institucionalizado e tão poucos cargos de chefia disponíveis, que a ideia conveniente se consolidou: a de que as mulheres não eram capazes de trabalhar nem de recrutar. Em uma reunião na prefeitura em 1953, Allen Dulles, desconcertado, viu-se bombardeado por perguntas de mulheres que queriam saber por que tão poucas delas haviam subido acima do nível GS-15. Para aplacá-las, Dulles – talvez também estimulado por sua irmã Eleanor, que estava trabalhando no Departamento de Estado – convocou um grupo só de mulheres para estudar o problema da discriminação. A iniciativa ficou conhecida, com toda a seriedade, como "o painel da anágua". Com apenas alguns meses para concluir um estudo, o painel descobriu que os homens entrevistados estavam totalmente dispostos a compartilhar opiniões de que "as mulheres não viajam", são "mais emotivas e menos objetivas", não são "suficientemente agressivas" e "não conseguem trabalhar sob a pressão da urgência". Os líderes e supervisores opinaram prontamente que as mulheres quase sempre pedem demissão por causa do casamento ou da família, e que os homens "não gostam de trabalhar sob a supervisão de mulheres". Um dos mais desdenhosos foi Richard Helms, futuro diretor da CIA, que na época era chefe de operações do serviço clandestino e lamentava o "fator de inconveniência constante" das funcionárias que iam e vinham. O inspetor-geral, Lyman Kirkpatrick, considerava as reclamações das mulheres "lamúrias". Quando o painel solicitou estatísticas de emprego, a instituição alegou que os números concretos eram "confidenciais" e seriam fornecidos, mas somente se "mantidos em sigilo". Foi uma jogada brilhante para torpedear o relatório: "Mantidos em sigilo" significava que poucas pessoas viam os resultados. O fato de o painel ter sido convocado foi "rapidamente esquecido".

***

Em um ambiente como esse, foi notável o fato de Eloise Page ter chegado tão alto. O sucesso não se deveu apenas à sua persistência, mas também ao fato de ter passado tempo suficiente nas salas dos fundos para conhecer bem os cantos e segredos mais obscuros de Langley. Na CIA existe um conceito fundamental a ser levado em conta: o "arquivo de corredor", um consenso coletivo que não é visto, não é reconhecido e é fundamental para a carreira de qualquer funcionário. Em termos simples, um arquivo de corredor consiste nas observações que as pessoas fazem umas sobre as outras durante conversas casuais nos corredores. O arquivo de corredor, e não o arquivo pessoal, determina, em muitos aspectos, a carreira de um funcionário da CIA, devido às mentiras que acontecem naturalmente. Na agência de espionagem, é sabido que os supervisores distorcem a verdade nos relatórios pessoais, assegurando ao chefe de outra seção que esta ou aquela pessoa se saiu bem como forma de se livrar de um funcionário problemático. Se você realmente quisesse saber se alguém era um bom policial, teria que conhecer seu arquivo de corredor. Era preciso perguntar por aí. Ainda é preciso.

Eloise Page conseguiu aprender o arquivo de corredor de todos, uma habilidade que ela cultivou desde o início de sua permanência na OSS. Afinal de contas, as secretárias faziam muito mais do que datilografar. Elas redigiam correspondência e recebiam telefonemas de colegas, esposas, filhos, amantes, inimigos e amigos dos chefes. Elas sabiam quem estava com raiva de quem, quem estava prejudicando quem e quem estava fazendo sexo na hora do almoço com uma mulher que não era sua esposa. Uma ex-secretária lembrou que pagava todas as contas do chefe, "escrevia uma carta para a mãe dele toda semana" e sabia quanto ele gastava em sessões de terapia.

Eloise Page também sabia tudo sobre Wild Bill Donovan. E havia muito o que saber. Como disse um agente da OSS, Rolfe Kingsley, "você sabia que deveria ter mulheres nas recepções às quais Donovan comparecia. Ele cuidaria do resto".

"Eu tinha a informação sobre ele e fiz isso valer a pena", disse Page às agentes em uma rara reunião em que ela parece ter soltado o cabelo, em tom de conversa, se não literalmente. Mais tarde, algumas das mulheres presentes se lembraram de Page durante uma animada sessão de perguntas e respostas em 1992, cuja transcrição (com os sobrenomes suprimidos) foi tornada pública em 2013. "Ela tinha as fotos de alguém", disse um agente de casos, impressionado. Significado: fotos incriminadoras.

Essas confidências eram raras; em geral, Eloise era conhecida por seu elevado isolamento. "Ela não saía e lutava por nós", disse Lee Coyle, que achava que Page era isolada por seu próprio senso de autoestima. Sua família consistia na mãe, de quem ela cuidava, e dois cachorros, sempre um par. Às vezes Coyle encontrava Page fazendo compras com a mãe na Garfinckel's, uma loja de departamentos de luxo de Washington. "Ela estava sempre muito bem-vestida", lembra Coyle, mas de uma forma antiquada, com luvas brancas, que usava no escritório. Ela fazia questão de ser chamada de Miss Page e insistia que seu nome do meio fosse pronunciado como RanDOLPH. Ela empregava um motorista negro que chamava de "querido Walter".

Além de conhecer segredos, a chave para seu progresso era tornar-se desagradável. "Algumas mulheres eram tão duronas que as pessoas tinham medo delas", observou Jeanne Newell, uma agente de operações da equipe que cruzou o caminho de Page. "Elas eram promovidas para se livrarem delas. Em vez de demiti-las, promoviam-nas para que se tornassem problema de outra pessoa." As pessoas conheciam o som dos saltos de seus sapatos no corredor e o temiam.

Apesar de todo o seu aparente poder, Page continuava em desvantagem. Ela exercia influência a partir de uma posição burocrática, e não de um posto operacional. Em um mundo que funcionava com base em arquivos de corredor, isso também transmitia um estigma: todos sabiam que os cargos da equipe valiam "um balde de cuspe quente", para usar a descrição vívida de John Nance Garner sobre a função de vice-presidente. À medida que subia na hierarquia administrativa, Page passou a ter ampla influência sobre os orçamentos operacionais. Seu cargo era muito importante, pois ela quem dava as cartas do jogo: qualquer "barão" que quisesse financiamento para uma operação secreta tinha de obter o aval de Eloise. "Ela assustava alguns desses homens até a morte", lembrou Lee Coyle. "Eles tinham medo de entrar em seu escritório."

"Ela estava em uma posição semelhante à de J. Edgar Hoover para fazer ou desfazer uma pessoa", disse um agente de operações, Mike

Kalogeropoulos. "Ela sabia onde os corpos estavam enterrados. Sabia a história real de tudo. Ninguém tocava nela."

Do ponto de vista de Lisa Manfull, Eloise Page era tudo o que ela não queria se tornar. "Eloise Page era uma figura de gestão olímpica em vez de uma agente de operações de boa-fé. Se ela estava nas linhas operacionais, ninguém sabia. Se ela ajudava outras mulheres agentes, isso não ficou evidente."

***

Um ano depois de ser cortejada pelos ávidos recrutadores, Lisa se viu esperando para ver se algum dia seria designada para o exterior. Trabalhando nos escritórios de Langley, ela teve que navegar em um ambiente no qual os homens – ou alguns homens – viam suas colegas e subordinadas como contratadas para seu próprio prazer e entretenimento. A sede estava repleta de insinuações e importunações sexuais, sem mencionar a parafernália sexual. A pornografia, no mundo da espionagem, era um meio comum do que é conhecido como "aliciamento", especialmente em lugares e culturas onde o material sexualmente explícito não era facilmente obtido. "Quando você está tentando recrutar alguém na África Subsaariana", observou Dewey Clarridge, ex-aluno de Lisa na Brown, "pode contar com as atrações que são difíceis de encontrar lá – especialmente comida gourmet, bebidas finas e os vídeos mais recentes (especialmente vídeos pornográficos)." Ele continuou: "Se você estiver tentando levar um diplomata ou cidadão local para sua casa como parte de um esforço de recrutamento, convidá-lo para tomar um bom uísque, que não está disponível localmente, e assistir a uma exibição particular da comédia pornográfica 'Debbie Does Dallas' é uma boa técnica".

E a pornografia tornou-se um meio de assediar as mulheres que chegavam, uma tática que perdurou por décadas. Nos anos 1980, quando uma jovem californiana, Pamela McMaster, começou a trabalhar no centro de operações, seus colegas de trabalho colocaram um cartaz, enfeitado com as fotos da *Playboy*, dizendo: "Bem-vinda, Pam, ao seu primeiro turno noturno". McMaster, cujo pai era militar, não se ofendeu facilmente e simplesmente disse a eles que retirassem o cartaz. Mas no dia seguinte ela foi chamada ao escritório de seu supervisor e lhe disseram: "Isso não pode acontecer", como se ela fosse a culpada pela saudação desagradável.

Entre as muitas histórias publicadas sobre o início da CIA, há uma anedota que é repetida com frequência. Com variações, a história é a seguinte: após a Segunda Guerra Mundial, quando a CIA estava operando no conjunto de prédios próximos ao Lincoln Memorial, um agente tinha uma janela com vista para a de um colega no prédio ao lado. Ele olhou para fora quando o colega estava – dependendo da versão – tirando a roupa de sua secretária ou fazendo sexo com ela em sua mesa. O observador discou um número interno e viu o casal se separar. "Esta é a voz de Deus", disse ele. "E eu estou vendo o que vocês estão fazendo." Se a história é verdadeira ou não, não importa; o fato de ela ser repetida com frequência mostra que se presumia que o sexo no escritório ocorria naturalmente. E as pessoas achavam isso divertido.

E assim, as mulheres – secretárias, escriturárias, agentes de casos – tinham que navegar em um local de trabalho no qual se presumia que elas eram, em algum nível, brinquedos. Quando uma agente de casos, na Fazenda, foi informada de que os funcionários da secretaria haviam lhe dado o pseudônimo "Fallex", ela decidiu não se opor e aceitou ser a Senhorita Fallex enquanto fosse necessário. Quando escreveu seu primeiro telegrama como agente de casos, descrevendo uma reunião com um coronel egípcio, ela observou que a reunião foi bem-sucedida e viu oportunidades para contatos futuros. Seu supervisor advertiu que os funcionários de secretaria ririam do que consideravam uma linguagem carregada e que ela deveria evitar expressões como "contatos futuros".

As mulheres podiam recusar os avanços – na maioria das vezes –, mas certas expectativas estavam fora de seu controle. "Havia um vice-diretor de operações em particular que queria ver nossas pernas", lembra Lisa Manfull. "Quando você ia informá-lo, tinha de usar saia." A equipe da CIA precisava andar muito. Os telegramas eram classificados como confidenciais, secretos ou ultrassecretos e, com uma folha de rosto grampeada na parte superior, tinham de ser distribuídos para que as pessoas assinassem. Quanto mais problemática fosse a mensagem, mais provável seria que uma mulher bonita fosse designada para levá-la. Certa vez, Lisa Manfull estava vestindo um conjunto justo de tricô. Seu chefe disse: "Olha, vamos ter problemas para coordenar esse telegrama. Vá balançar a bunda para fulano". Lisa não gostou de ter que circular pela agência como uma caixa de bombons, mas "não tive coragem de dizer nada".

A expectativa de que as mulheres serviriam como namoradas e esposas de escritório era comum em Washington, onde o poder transmitia um senso de *droit du seigneur*[16]. No Congresso, senadores como Lyndon Johnson, John F. Kennedy e Gary Hart, e deputados como Wilbur Mills, do Arkansas – presidente do Comitê de Meios e Recursos da Câmara, cuja namorada, uma stripper argentina chamada Fanne Foxe, saltou de seu carro durante uma parada de trânsito e acabou dentro da enseada Tidal Basin –, foram alguns dos mais notórios namoradores da segunda metade do século XX.

Mas eles não eram, de modo alguma, os únicos. Na sede da CIA, uma jovem agente chamada Bonnie Hershberg foi entrevistada em meados da década de 1970 para um emprego no escritório de planejamento e orçamento da Diretoria de Inteligência, onde se viu trabalhando para um analista "famoso por seus casos com várias secretárias, todas com quem ele acabou se casando". Ela sentiu uma "enorme tensão sexual" em um ambiente em que as subordinadas eram dispostas como competidoras. Outro chefe disse a ela "logo de cara que gostava de estar perto de mulheres bonitas, especialmente mulheres bonitas e inteligentes, e que se eu estivesse disposta a trabalhar com ele por um ano ou mais, a fazer o orçamento funcionar e a ajudar com todos esses trabalhos de equipe, ele garantiria que eu tivesse uma chance na gerência". Ele era um assediador sexual, e os outros homens do escritório zombavam dele por isso. Hershberg achava que não tinha escolha a não ser tolerar seus comentários; ela era mãe solteira e essa era sua carreira. Ela

---

16 *Droit du seigneur*, também conhecido como "direito do senhor", é uma expressão que remete a uma prática histórica (ou mito) associada ao feudalismo europeu. Segundo essa ideia, um senhor feudal teria o direito de passar a "primeira noite" com a esposa de seus servos ou vassalos no momento do casamento.
Embora amplamente citado na literatura e na cultura popular, não há evidências históricas sólidas que comprovem que tal prática foi comum ou amplamente aceita.

aguentou quando ele colocou o braço sobre ela e perguntou com quem ela estava saindo. Ele optou por orientá-la, o que significou que, quando a escolheu para chefiar uma força-tarefa, os homens da força-tarefa não respeitaram sua autoridade. Em um ambiente de "Senhor das Moscas",[17] ela convocava uma reunião e ninguém aparecia. Mais tarde, ela foi contratada para um cargo de chefe de setor por um homem que disse tê-la escolhido em vez de outros "porque eu quero você". Somente anos depois ela percebeu que ele estava falando sério.

Havia homens que eram aliados e outros que eram predadores – "criaturas", como um agente de casos os chamou –, e os primeiros não controlavam os segundos, em parte porque não percebiam até onde as coisas iam. Em meados dos anos 1980, Dick Stolz, chefe do serviço clandestino, reuniu-se com um grupo de mulheres que lhe haviam feito perguntas. No final, ele fez sua própria pergunta: alguma delas havia sofrido assédio sexual, e, em caso afirmativo, poderia levantar a mão? Todas as mãos se levantaram. Stolz ficou chocado e constrangido. "Era possível ver o rubor ir do colarinho dele até a linha do cabelo", lembrou um participante.

"O assédio sexual acontecia o tempo todo. Você sabia quem eles eram", disse Lisa. Na CIA, cada homem tinha seu próprio arquivo de corredor especial, para o qual apenas as mulheres contribuíam e mantinham o controle.

Mas era impossível combater o padrão duplo. A CIA era diferente de praticamente todas as outras forças de trabalho federais, pois o sexo fazia parte do discurso oficial, um aspecto da vida particular das pessoas que a agência considerava assunto seu e no qual se envolvia. Começando com o polígrafo, a CIA se dava o direito de perguntar sobre a vida sexual – "eles faziam todo tipo de pergunta para me perturbar", lembra Lisa –, e continuava a fazê-lo durante a carreira de um agente. O escritório de segurança monitorava a conduta. Por exemplo, qualquer agente que tivesse relações sexuais com um estrangeiro (ou seja, alguém que não fosse cidadão americano) precisava obter a aprovação da sede. Não havia

---

17 *Senhor das Moscas* é um livro de William Golding publicado em 1954 que fala sobre a barbárie da civilização humana em meio à corrupção e ao medo (N. E.).

problemas com encontros de uma noite, mas qualquer coisa que envolvesse contato "próximo e contínuo" tinha de ser relatada. Era óbvio que os homens recebiam um tratamento mais brando. "Se você fosse lá e revelasse... dissesse: 'Conheci o Maurice, acho que vamos dormir juntos, quero informar' –, bem, você seria simplesmente massacrada pela segurança", disse Lisa Manfull. "Mas o cara que chega e diz: 'Conheci a Fulana e vamos ter um caso', talvez seja apenas uma vez, duas vezes..., os homens que tinham casos dentro da estação, casados ou não, nunca foram chamados à responsabilidade."

Essa dinâmica foi confirmada por uma funcionária de longa data, Patsy McCollough, que foi contratada em 1977 como agente de segurança armada e passou a trabalhar na operação de pessoal, onde testemunhou e se opôs verbalmente a um padrão duplo que perdurou até a década de 1990. "Se um homem fosse para o exterior e dissesse que queria se casar com uma estrangeira, parte do processo consistia em escrever uma carta de demissão enquanto a pessoa passava por uma verificação de antecedentes de segurança", disse McCollough. Em geral, os agentes de casos do sexo masculino recebiam o sinal verde e as mulheres, não. Para os homens, todo tipo de aliança heterossexual eram permitido, inclusive sexo a três. "Lembro-me de um cara que tinha a empregada e a esposa morando com ele quando voltou. Em uma situação romântica."

O perigo da "isca" é a suposta razão pela qual a agência exerce influência sobre a vida sexual. No cenário da "isca", um agente que está namorando se expõe à chantagem ou a outros tipos de perseguição por parte de um serviço de inteligência estrangeiro. Um novo caso, por exemplo, pode pedir casualmente a lista de números de telefone em uma estação da CIA. McCollough observou que as pessoas no escritório de segurança "sentiam que as mulheres eram mais fracas" e "automaticamente presumiam que elas não eram tão fortes de espírito e se deixavam usar".

Por outro lado – ecoando a prescrição de Maxwell Knight para a autoapresentação, nem muito quente nem muito fria –, as mulheres que não se adequavam às noções predominantes de feminilidade tornavam-se suspeitas por um motivo diferente. "Quando as mulheres começaram a usar calças", observou McCollough, "todo mundo as acusava de serem lésbicas".

Algumas mulheres dançavam conforme a música, ou tentavam dançar. Uma estagiária que Lisa conhecia teve um caso às claras com um supervisor de alto escalão da Fazenda; a dupla ficou sem trabalhar por dias. A mesma agente teve um caso com um chefe de estação que gostava de ter encontros ao meio-dia em seu escritório. As pessoas podiam ouvir os gemidos. A agente, embora fosse boa, tornou-se uma excluída. Para um homem, a promiscuidade era aceitável e havia muitas oportunidades em um estilo de vida clandestino no qual os encontros secretos eram normalizados.

Por outro lado, namorar homens do setor privado apresentava seus próprios desafios peculiares. Os homens das décadas de 1960 e 1970 geralmente não estavam acostumados com namoradas que trabalhavam, muito menos com namoradas que não podiam revelar o que seu trabalho implicava. Tampouco era provável que um marido seguisse a esposa para um posto no exterior. Para uma agente da CIA que quisesse namorar ou se casar, a opção óbvia – muitas vezes, a única opção real – era se casar com um colega. Naquela época, assim como agora, a CIA se tornou a prova A do que os sociólogos chamam de "endogamia", o termo formal para o casamento dentro de um clã, uma tribo ou outra comunidade pequena e fechada. O que era menos óbvio eram os custos de carreira para a mulher que se expunha a uma identidade de arquivo de corredor como o cônjuge que ficava atrás e, portanto, era menos importante.

***

Lisa Manfull certamente ainda não estava ciente desse ônus e da extensão do impacto que ele teria sobre ela. Enquanto aguardava uma colocação no exterior, seu trabalho de secretária a levou a cruzar com um agente de casos, David Harper, que era bonito, inteligente, cativante e alguns anos mais velho do que ela. Em um ano eles estavam noivos. Lisa imaginou que os dois construiriam uma carreira conjunta e uma vida de serviço compartilhado. No entanto, quando ela comunicou o noivado, conforme exigido, recebeu um telefonema do chefe do programa de treinamento de carreira da Fazenda. Longe de parabenizá-la, ele estava furioso.

"Ouvi gritos ao telefone dizendo que eu havia traído o curso", conta Lisa, que ficou chocada quando lhe disseram que deveria devolver os 30 mil dólares que os contribuintes americanos haviam investido em seu treinamento. O agente presumiu que, depois de casada, ela desistiria. Ignorando o fato de que a agência havia interrompido o curso completo que ela esperava que fosse oferecido, ele "expressou um tremendo sentimento de traição".

Muitas outras mulheres estavam se deparando com as mesmas suposições. Por volta dessa mesma época, outra estagiária promissora, Jeanne Newell, foi recrutada na Universidade de Wisconsin. Designada para a seção de registros, Newell recebeu a garantia de que poderia se candidatar para ser treinada como analista plena após dois anos, com a promessa de uma vaga na Fazenda e um posto no exterior. Ela fez seu estágio e foi aceita na Fazenda. Entretanto, quando informou que estava noiva, sua vaga foi revogada. Newell foi informada de que a agência "não queria desperdiçar o dinheiro do treinamento com alguém que iria desistir quando se casasse ou tivesse filhos". Quatro anos depois, a proibição do casamento foi suspensa e ela se candidatou novamente. Mas a essa altura Newell estava grávida e um homem do painel de carreiras – pai de vários filhos – ficou visivelmente irritado com o fato de ela ter tido a audácia de se apresentar para consideração. Mais uma vez, ela perdeu sua vaga. Newell fez carreira trabalhando meio período como agente de operações da equipe.

Em julho de 1974, uma economista chamada R. Jennine Anderson escreveu para a revista *Ms.* para relatar sua própria experiência. Anderson havia obtido um doutorado em economia pela Universidade da Virgínia e, quando entrou no mercado de trabalho, "as únicas práticas de recrutamento flagrantemente sexistas que encontrei" foram na CIA. Seu entrevistador expressou preocupação ao saber que ela era casada; "eles presumiram que minha carreira era secundária em relação à do meu marido e não quiseram gastar dinheiro processando minha candidatura". Quando disse que ela e o marido haviam concordado que sua carreira viria em primeiro lugar, o entrevistador zombou: "Famosas últimas palavras". Ela descreveu um sistema de testes de aptidão que levava em conta o gênero, no qual o teste das mulheres tinha uma capa rosa e o dos homens, uma azul. Por trás da capa rosa, ela se deparou com perguntas como "Você prefere revistas sobre cuidados com a casa ou revistas de moda?" e "Você prefere ser a esposa de um cientista pesquisador ou a esposa de um fazendeiro?". Sem falar em "Você prefere passar muito tempo se maquiando ou sair sem maquiagem?" ou "Você prefere cozinhar ou costurar um vestido?".

***

Quaisquer que fossem as suposições das pessoas que controlavam sua carreira, o fato é que Lisa Manfull não tinha intenção de desistir. Ela não estava pronta para formar uma família e não via a hora de começar a carreira de espiã que almejava. Presumiu então que ela e o marido aceitariam empregos na mesma estação no exterior, viajando juntos. Seu indício seguinte de que a agência não compartilhava dessa suposição ocorreu um ano após a contratação, quando, qualificada para uma promoção de rotina e o aumento de salário que a acompanhava, recebeu uma negativa. "Eles acharam que eu não tinha uma carreira pela frente", disse Lisa, que encontrou sua colega de classe, Janine Brookner, que ficou furiosa com Lisa, mas não surpresa. "Houve uma discriminação flagrante", lembrou Brookner mais tarde. "Eu disse: 'Lisa, eles não podem fazer isso... diga a eles que não, que foi um compromisso que eles assumiram. Você se saiu muito bem e mereceu essa promoção'."

***

Em vez de se preocupar com a equipe, Lisa iniciou conversas discretas com um chefe de estação europeu disposto a empregar tanto ela quanto seu marido. Ela e David Harper se casaram em setembro de 1969. Seu pai, que estava na Bélgica, insistiu que fosse um "grande casamento na embaixada". A cerimônia se transformou em uma questão de Estado com centenas de convidados. Um homem de calça curta carregando uma clava de prata conduziu-os pelo corredor do Hôtel de Ville, para uma cerimônia civil com uma mulher de chapéu rococó. Sua mãe fez um escândalo porque o noivo havia trazido um terno de cor clara e, sendo teimoso, recusou-se a trocar de roupa. Em seguida, veio uma crise maior: Quando se soube que o pai dela poderia ser nomeado embaixador no país onde eles esperavam trabalhar, eles se depararam com um problema de nepotismo. Um ou ambos provavelmente trabalhariam disfarçados na embaixada. Assim, a agência cancelou essa tarefa.

Em vez disso, David Harper foi enviado para Copenhague, uma estação que não tinha um cargo de agente de casos para Lisa. As vagas operacionais da CIA eram preciosas e escassas, e era universalmente aceito que a carreira do marido tinha prioridade sobre a da esposa. Lisa recebeu a notícia de que teria de se demitir e abrir mão de sua autorização de segurança. Essa era uma prática comum: conforme apontado em um relatório de 2003, na década de 1950 e nos anos seguintes, "presumia-se automaticamente que a mulher não era mais do que uma coadjuvante do marido" e "esperava-se que as mulheres tirassem licença sem remuneração ou pedissem demissão quando seus cônjuges fossem transferidos para o exterior". O coração de Lisa ficou apertado. A agência havia criado a mesma situação que a acusava de planejar. Ela não queria se demitir. Foi obrigada a fazê-lo. Sua única opção era ir para o exterior como "dependente". Isso foi, segundo ela, "muito difícil para mim".

Os invernos na Dinamarca eram escuros e sombrios. Para manter uma identidade profissional, ela inicialmente aceitou um emprego como intérprete de conferências. Mas ela era oficialmente a esposa de um diplomata, e as esposas de diplomatas não deveriam competir com a força de trabalho local. O único emprego que lhe foi permitido manter foi o de secretária social da esposa do embaixador dos Estados Unidos. Ela se viu resenhando cardápios, cuidando da correspondência e verificando duas vezes títulos como "Sua Serena Princesa" e certificando-se de que sua chefe não usasse a mesma roupa duas vezes.

Lisa esperava que surgisse uma vaga na Estação de Copenhague, o que lhe permitiria retomar sua carreira de espiã. Em vez disso, a estação optou por se valer de seu trabalho gratuito como esposa. A Estação de Copenhague começou a enviar Lisa sob o "disfarce de dona de casa", termo usado para designar uma mulher cuja imperceptibilidade a tornava útil.

As tarefas de espionagem pro bono de Lisa começaram em uma noite chuvosa, quando a estação precisou passar uma mensagem urgente para um ativo. Como seu marido estava ocupado, a estação insistiu que Lisa fosse em seu lugar. "Era uma noite miserável e o ativo em questão era um cara miserável", lembra Lisa. "Ninguém queria encontrá-lo." Ela foi, aplicando a técnica adquirida em seu único mês de treinamento na Fazenda. Sua execução foi impecável, apesar das tentativas do homem de seduzi-la. "Saí na chuva e no escuro e passei três horas tentando descobrir se alguém estava me vigiando. Normalmente, se você é uma dona de casa, ninguém está de olho em você." Ela concluiu a tarefa e acabou conseguindo mais, pois, em sua ânsia de dar início à carreira, mostrou-se disposta a aceitar os trabalhos que ninguém mais queria.

A estação não a pagava e não a contratava, mesmo quando surgiam vagas. Não havia nenhuma outra mulher com as qualificações de Lisa, então era difícil ver quem poderia se opor. Mas "as pessoas iam e vinham e não havia emprego para mim". Em vez disso, a gerência esperava que ela contribuísse como cônjuge – sem recompensa, sem reconhecimento, sem anotação em seu registro pessoal, porque, no que dizia respeito à agência, ela não tinha mais um registro pessoal. Pelo menos, não um que importasse.

Capítulo 7
Disfarce de dona de casa

O que Lisa Manfull Harper encontrou em Copenhague foi a outra categoria secreta de mulheres que mantinham a CIA: as esposas. Nesse aspecto, mais uma vez, a CIA era muito parecida com outras agências governamentais, para não mencionar o mundo em geral. Nos anos 1970, e até mesmo nos anos 1980, as esposas continuaram a ser vistas como extensões do trabalho de seus maridos. A própria mãe de Lisa passou por isso no corpo diplomático. Na grande Washington, as esposas de políticos – Pamela Harriman, Lady Bird Johnson – eram uma força poderosa, formando comitês, organizando almoços, servindo bebidas, participando de clubes, construindo alianças e lubrificando os canais sociais que ajudavam os maridos (e as esposas) a progredir. Nas forças armadas, as esposas tinham muitos deveres e observavam uma hierarquia rígida, dependendo da patente dos homens com quem se casavam.

Mas isso era ainda mais verdadeiro na CIA. As esposas incorriam em despesas para o contribuinte; viajavam para o exterior, tinham que ser alojadas e alimentadas. Se a agência pudesse recuperar parte desse gasto ao usar o tempo e os talentos de uma esposa, tanto melhor. E a verdade é que ser esposa era um ótimo disfarce. Havia muito que elas podiam fazer para ajudar. Em coquetéis, a esposa de um agente de casos podia ser enviada para se aproximar da esposa de um ativo em potencial, conversar com ela, conseguir um convite para jantar, abrir a porta para um recrutamento. Esperava-se que elas organizassem jantares elaborados de "desenvolvimento", muitas vezes em cima da hora. No ramo da espionagem, o entretenimento é fundamental. Geralmente é em casa que o agente do caso tem as reuniões iniciais com o ativo. "É tranquilo", diz Lisa. "Você controla a área e pode conhecê-lo melhor."

Outras situações eram ainda mais delicadas e urgentes. A qualquer hora do dia ou da noite, uma esposa poderia se encontrar frente a frente com um "visitante" – um "voluntário" com informações vitais para transmitir, que queria se oferecer como um ativo. Seu marido, agente de casos, poderia estar ausente em uma missão. "Você atende a porta e é um russo querendo desertar", Lisa deu um exemplo. "O que você faz nesse momento crítico realmente afeta a possibilidade de esse homem ser capturado por um grupo de bandidos. O marido inteligente preparava sua esposa para essa eventualidade. Para quem você liga na embaixada? Qual é a senha que você diz? O que você faz com esse cara? Como você reage se vir alguém do lado de fora?"

Era segredo e ao mesmo tempo não era que muitos agentes seniores da CIA haviam construído suas carreiras com a ajuda de esposas eficientes. Ray Close, chefe de estação na Arábia Saudita e no Oriente Médio, recebeu apoio vitalício de sua esposa e namorada de colégio, Marty. O livro de memórias de 1978 do diretor William Colby é repleto de elogios agradecidos à esposa, Barbara. Em uma das primeiras missões na Suécia, ele trabalhou sob a cobertura do Departamento de Estado e Barbara "assumiu o cargo de esposa de um diplomata júnior com seu entusiasmo e charme típicos". Ela fez um amplo círculo de amigos, apresentou-se de forma convincente como ajudante de um diplomata e "contribuiu muito para reforçar meu semidisfarce". No Vietnã, sua "personalidade calorosa e extrovertida" os conduziu por jantares e recepções. Ela o impedia de cair no "culto à inteligência" e estava "determinada a manter uma vida normal para nós e para as crianças". Ela o ajudou a manter a sanidade.

As esposas poderiam ser particularmente úteis nas sociedades dominadas por homens, onde se dizia que as mulheres estavam em desvantagem. A beleza da cobertura das donas de casa era que ela se baseava no status inferior das mulheres. O que quer que uma dona de casa estivesse fazendo – fazendo compras, passeando com o bebê, tomando banho de sol à beira da piscina em um complexo de embaixada – certamente não era importante. Se ela se abaixasse para pegar uma *dead drop*, quem notaria?

Quanto mais patriarcal fosse a cultura, mais a esposa poderia se safar. E as esposas que não se interessavam pelo trabalho de espionagem nem sempre duravam: um barão descartou sua primeira esposa em favor de uma agente de relatórios que estava muito mais envolvida com o trabalho. "Isso acontece", disse-me a segunda esposa.

As esposas eram grandes parceiras nos postos mais difíceis: alvos difíceis como a União Soviética e outras áreas controladas pelos comunistas. Nessas "áreas negadas", o ditado dizia que um agente de casos precisava de uma esposa QP e um cão QP. QP significa *quasi-personnel* (quase pessoal), ou seja, algo como um carro que o governo possui, mas que permite que o agente de casos use. Nesses locais, a vigilância incessante fazia parte do ritual kabuki da espionagem da Guerra Fria. A KGB e outros serviços de espionagem adversários tinham seus próprios cofres profundos e realizavam pesquisas assíduas para saber quais diplomatas americanos eram de fato espiões. Um agente da CIA conhecido ou suspeito era vigiado a qualquer hora. Três ou quatro agentes da KGB poderiam convergir para um único agente americano no momento em que ele saísse de uma garagem ou estacionamento. O objetivo era impedir que o funcionário da CIA fizesse a única coisa que ele estava lá para fazer: comunicar-se com os ativos soviéticos. Novamente, uma esposa era fundamental. Uma companheira não apenas tornava o homem menos visível como, se atenta, podia ajudar a identificar "uma cauda escondida" e se livrar dela. Como diz o ditado, dois pares de olhos eram melhores do que um.

Nos postos de áreas negadas, a maior parte do trabalho de um agente de casos era braçal, de baixa tecnologia, exaustiva e demorada. Para os agentes de casos americanos que operavam em locais como Moscou, grande parte de suas horas de trabalho consistia em tentar se livrar da vigilância. Às vezes o objetivo era executar uma *dead drop*, deixando ou pegando uma mensagem aninhada em uma pedra falsa ou em um tronco de árvore. Às vezes o objetivo era deixar um sinal codificado, como uma marca de giz em uma caixa de correio. Às vezes a missão era executar um *brush pass*, um encontro em que uma mensagem ou pagamento poderia ser entregue sorrateiramente. Ainda mais difícil era o "arremesso de dentro do carro", no qual o policial lançava uma mensagem em uma garrafa ou outro projétil, apontada para um arbusto ou outro local de coleta. Com uma esposa para ajudar, essas coisas se tornavam mais viáveis. Ela poderia fazer o arremesso. Ou poderia dirigir o carro para que o marido pudesse atirar no momento exato em que uma curva na estrada fizesse o veículo de vigilância os perder de vista.

Para se preparar para cargos em áreas como o Bloco soviético, China e Cuba, os agentes de casos faziam um "curso intensivo de operações internas" de seis semanas realizado em uma cidade como Washington ou Baltimore, onde os alunos eram seguidos por agentes do FBI, disfarçados, que faziam vigilância para viver. As esposas também faziam o curso. "Eles nos colocaram como profissionais", disse Mike Sulick, que serviu por duas vezes em Moscou – como subchefe da estação e, mais tarde, como chefe – e cuja esposa, Shirley, também passou pelo treinamento. Os vigias do FBI eram incríveis. Eles conseguiam imitar qualquer pessoa: um sem-teto com um casaco militar, um suburbano bem-vestido fazendo compras na Nordstrom. Durante o treinamento, as mulheres geralmente se mostravam mais eficientes na detecção de vigilância. As mulheres estão sempre, em algum nível, atentas a intrusos, com antenas aguçadas para estranhos em seu espaço pessoal.

Isso acontecia com Shirley Sulick, que pedia a Mike que prestasse atenção aos calçados. Os agentes de vigilância podiam trocar de roupa durante uma perseguição, mas era difícil trocar de calçados. Se duas pessoas aparecessem sequencialmente usando os mesmos sapatos, provavelmente era uma pessoa: a vigilância.

***

Em suma, uma esposa competente e disposta era o ativo mais importante de um agente de casos, e Shirley Sulick, que faleceu em 2021, era uma das melhores. Os Sulick eram um casal inter-racial antigo. Mike era branco, criado em uma família católica do nordeste, e Shirley era negra, com raízes na Carolina do Norte e experiência de trabalho na política de Nova York, onde ele a conhecera. O carisma exuberante e a boa índole de Shirley foram cruciais para o bem-estar de Mike, e também para a trajetória de sua carreira. Em suas primeiras missões no Japão e na América do Sul, ela recebia búlgaros, russos ou qualquer outra pessoa que ele convidasse para sua casa. Para muitas esposas, "se elas nunca estiveram no exterior antes, seja em Tóquio ou no Peru, o que for, pode ser assustador", disse-me Mike. Mas nenhum aspecto do trabalho no exterior era assustador para Shirley. Ainda assim, o entretenimento podia ser exaustivo: muitos convidados não falavam bem o inglês, e as conversas eram bastante hesitantes para cansar até mesmo a anfitriã mais gentil. Shirley ficou muito feliz quando foram para Moscou e ela pôde deixar os jantares de lado e se concentrar em prazeres como dirigir de forma evasiva. "Esse", disse ela, "é o lugar de onde eu piloto o barco".

Shirley, que também trabalhou como secretária do chefe da estação durante sua primeira turnê, era destemida e gostava de mexer com seus colegas soviéticos. "Ela adorava vigilância", lembra Mike, que havia comprado para ela um casaco de vison, para o frio, que aumentava sua elegância. "Vou sair para brincar com os meninos", ela lhe dizia. Com isso, saía para dar uma volta. Muitas vezes Mike a acompanhava; ela se olhava no espelho, avaliava as táticas de seus perseguidores e lhes dava apelidos como "Chapéu Branco". Havia um método em suas incursões malucas. Shirley tentava tirar os soviéticos da toca virando e voltando para trás. "Você age como se estivesse saindo para uma tarefa casual, nada demais, uma ida à loja, você simplesmente vai e volta", como ele descreveu. "Você tem um determinado número de curvas para ver quem está com você; você os direciona para algum lugar onde possa separá-los dos outros carros. Se não os vir depois de um tempo, você começa a dirigir pelas ruas, dando meia-volta." Outro objetivo era garantir que a KBG não aprendesse seus padrões. Eles se revezavam no volante, de modo que a KGB se acostumou a ver Shirley dirigindo.

Trabalhar em uma área proibida tornava a existência conjugal restrita, já que o apartamento estava grampeado e o único lugar em que podiam falar livremente era um cofre no escritório. Mas havia maneiras de explorar a falta de privacidade. Em uma festa de Ano-Novo, Mike Sulick fingiu estar muito bêbado, e Shirley o amparou enquanto cambaleava para casa. Sabendo que os soviéticos estavam ouvindo, ele falou enrolado e exigiu que ela lhe trouxesse café irlandês. Seus vigilantes presumiram que seria seguro dormir até mais tarde na manhã do feriado seguinte. Em vez disso, Mike se levantou cedo e saiu sem ser observado.

Havia uma qualidade ritualística em algumas dessas interações. Se um oficial americano da CIA fosse detido, ele diria que era um diplomata, exigiria falar com um oficial consular e seria expulso do país. Seu disfarce era descoberto, mas ele não se machucava.

Para um ativo soviético, as consequências eram infinitamente mais terríveis. "Eles estão colocando suas vidas em nossas mãos", disse Mike. Chegar perto o suficiente para fazer uma *brush pass* era especialmente arriscado. Os oficiais do caso preferiam operar "na brecha", o que significava se livrar completamente da vigilância. Assim, Shirley dirigia dando voltas até que Mike pudesse fazer o que se chamava de "largar o pé": saltar do carro. Era tão emocionante que certa vez, quando ele se libertou, "estava fazendo 20 graus negativos e eu nem senti. Eu estava simplesmente pensando: 'Estou livre. Finalmente estou livre!'".

As esposas também podiam ajudar com as *dead drops*. Shirley Sulick fazia questão de carregar uma bolsa enorme, da qual deixava cair um lápis ou batom. Ao abaixar a mão para pegá-lo, ela poderia receber uma mensagem. Eles faziam um piquenique ou visitavam uma igreja – "Eles provavelmente pensavam que éramos todos muito religiosos" – e Mike fazia questão de tirar uma foto. Enquanto os agentes da KGB o observavam, Shirley ia até a lateral e pegava o que quer que tivesse sido colocado ali.

***

As esposas eram valiosas e os homens eram incentivados a conseguir uma. E "esposa" era como a agência agora via Lisa Manfull Harper. Ela trabalhou como dona de casa por três anos em Copenhague: sem remuneração, sem promoção, frustrada, mas disposta a aceitar qualquer trabalho que aparecesse.

Então, em 1974, seu marido foi destacado para a África, onde a Guerra Fria estava sendo disputada furiosamente. A agência havia passado grande parte das décadas de 1950 e 1960 concentrando seus esforços na Europa, gastando recursos em ações secretas destinadas a libertar países controlados pelos comunistas e impedir que o comunismo se espalhasse para outros, como a Itália, considerada vulnerável à influência soviética. A agência travou uma guerra de propaganda – imprimindo pôsteres, financiando partidos políticos, comprando jornais e publicando artigos de opinião. A agência também se esforçou para treinar exilados de nações ocupadas pelos soviéticos e enviá-los de volta a seus países de origem com o objetivo de fomentar revoltas. Porém, quando os tanques soviéticos reprimiram a revolução húngara de 1956, perdeu-se a esperança de reverter a presença soviética na Europa Oriental. O campo de jogo mudou para o chamado Terceiro Mundo, onde as potências competiam por influência e recursos.

E na África Lisa Manfull Harper descobriu que o ambiente lhe dava mais espaço de manobra, porque as estações eram pequenas e as necessidades eram grandes. Quando se tratava de espionagem, a agência não se importava muito com os governos locais e regionais. "Os desenvolvimentos políticos africanos deveriam estar em nossa lista de prioridades, mas não estavam", lembrou Lisa. "A única coisa que contava na África era que, se houvesse um golpe de Estado, você queria reportá-lo rapidamente." Os verdadeiros atrativos eram os adversários da Guerra Fria: China, Alemanha Oriental, nações do Leste Europeu, incluindo Hungria, Romênia e Iugoslávia. E, é claro, a União Soviética, que tinha funcionários incorporados a instituições africanas.

Na África, o objetivo era cultivar ativos, por exemplo, no ministério das finanças local, para descobrir quem eram os agentes soviéticos e o que eles estavam fazendo. A CIA também queria vender a democracia e o padrão de vida dos Estados Unidos às nações africanas; persuadir os líderes africanos a votar com o Ocidente nas Nações Unidas; e incentivar o país a ser pró-Ocidente, em vez de pró-Rússia ou até neutros.

A África, onde havia uma "grande necessidade de cobrir a inteligência, e eles estavam dispostos a arriscar com mulheres", proporcionaria uma nova oportunidade para Lisa deixar sua marca.

Em sua primeira missão, no Burundi, Lisa trabalhou como dona de casa, dessa vez por contrato. Ela recebia um salário modesto no nível GS-4 – um grande rebaixamento em relação ao seu nível de contratação

GS-7 –, sem benefícios, sem licença acumulada ou pensão e sem chance de ser promovida. Expulsa da carreira, ela se sentia grata por estar trabalhando. Os alvos eram acessíveis, não eram cercados por enormes burocracias como a que Heidi August havia encontrado na Estação de Bonn. "A primeira vez que saí para encontrar um agente, no topo de uma colina com uma estrada sinuosa, meu agente estava bêbado e conseguiu cair com o carro em uma vala", lembra Lisa. "Eu o tirei daquela situação sem comprometer nossos disfarces e marquei o encontro seguinte em um terreno plano." O grupo local de expatriados era uma fonte rica: os estrangeiros que viviam no exterior ainda tinham laços com seus países de origem. Lisa conheceu um falante de russo de uma família aristocrata exilada, um "homem fabuloso" que não seria recrutado oficialmente, mas que era o tipo de pessoa tagarela com quem ela podia contar para obter dicas sobre alvos, dizendo coisas como: "Você sabe que Yvonne, da embaixada, está bebendo muito no bar local". Ela conheceu a comunidade; as equipes diplomáticas se misturaram. "Todos esses pequenos lugares eram perfeitos para adquirir ativos."

E era divertido. Para o aniversário de 30 anos de Lisa, seu marido a presenteou com uma festa e instalou uma caixa de som estéreo estridente o suficiente para ser ouvido pelos vizinhos. Um cabrito estava assando; centenas de pessoas compareceram. De repente, a casa deles foi cercada por tropas e sombras; os cães começaram a latir. Ninguém menos que Michel Micombero – o ditador de fato do país, que tinha uma casa de fim de semana nas proximidades – entrou, declarou-se um "convidado em todos os lugares deste país" e começou a beber. Ele brindou com Lisa compartilhando um provérbio do Burundi. "Ele colocou todos em um círculo e disse: 'Lembre-se, Madame David, você nunca pode levantar o ombro acima da orelha'". Ela perguntou a alguém o que significava. A resposta: a esposa deve sempre permanecer subserviente ao marido.

O presidente ficou ali a noite toda. Ninguém podia sair até que ele saísse. Às sete da manhã, ele partiu. Depois disso, ele passava por lá com frequência para dizer olá. Na segunda vez que o presidente apareceu, ligaram para o embaixador dos Estados Unidos, David Mark, e o convidaram para vir. Dessa vez o presidente ficou o dia todo. Depois disso, Mark disse a Lisa e David Harper que, a partir de então, eles poderiam se encontrar com ele por conta própria. O embaixador também prestou atenção profissional em Lisa. O Burundi havia sido uma colônia belga, e seu francês era muito útil. O embaixador "começou a me usar extraoficialmente para falar com as pessoas". O marido dela pareceu incomodado. "Eu já sentia algum ressentimento por estar fazendo algo que não estava em meu estatuto", disse Lisa. O embaixador a enviava para conversar com esta ou aquela pessoa; ela escrevia o que tinha a dizer e enviava como uma missiva da embaixada. "Nossas relações como marido e mulher sofreram com o fato de eu ser tão ativa profissionalmente", refletiu. "Havia uma espécie de senso de competição."

Lisa estava agora trabalhando em três empregos. A combinação de ser esposa da CIA, esposa do Departamento de Estado e funcionária contratada da CIA levou a colisões. Em um evento na residência do embaixador alemão, as esposas diplomáticas deveriam colocar biscoitos em sacolas para a festa de Natal. Lisa disse à esposa do embaixador dos Estados Unidos que não tinha tempo para fazer isso. "Ela ficou furiosa comigo e fez uma grande cena." Ela percebeu que seria melhor conseguir seu próprio trabalho de cobertura. Uma diretriz do Departamento de Estado de 1972 havia decretado que as esposas não poderiam mais ser recrutadas como mão de obra gratuita, mas isso não importava. Tradições eram tradições. Ela conseguiu um emprego como professora de inglês e gostou.

O casamento, para sua carreira de espionagem, era tanto um obstáculo quanto uma vantagem. Os tutoriais de seu marido ajudaram a compensar o treinamento que lhe havia sido negado na Fazenda. Mas o casamento significava que a "carreira de Lisa era sempre a número dois". Ainda assim, Lisa valorizava o tempo que passavam juntos. "Seu marido, ela disse, era meu protetor. Se você tiver que fazer uma atividade operacional realmente sofisticada, não há ninguém melhor para fazê-la do que seu cônjuge. Vocês parecem naturais juntos em um carro. Isso lhe dá acesso a lugares. No início, eu não teria conseguido as tarefas que consegui se não fosse casada com ele."

Ela quis dizer "protetor" literalmente. O fato de ser casada a protegia de investidas de colegas homens – pelo menos a protegia na estação local, onde seu marido trabalhava. Era diferente quando ela era enviada em uma viagem curta para outro lugar. O sexo com colegas não precisava ser relatado ao escritório de segurança. Sempre que Lisa viajava, ela tinha que se defender de homens na estação que a viam como uma garota de programa. "Isso acontecia principalmente quando você estava indefesa", disse ela. "Onde eu estava estacionada com meu marido, eles nunca teriam se atrevido."

Em uma missão, Lisa foi a uma reunião em que um colega deveria entregar um ativo a ela. A "entrega" é um momento de tensão em que um agente se despede de um ativo e apresenta o novo responsável. Lisa foi a um hotel e entrou no quarto onde ocorreria a entrega. Para seu horror, o colega estava pronto para atacá-la. "Ele me jogou na cama. Literalmente me perseguiu. Dizendo: "Ah, minha esposa vai entender, blá-blá-blá". O que eles deveriam estar fazendo – o que ela esperava – era conversar sobre a reunião e verificar a vigilância. Em vez disso, "ele queria me levar para a cama e dar uma rapidinha". Ela se esquivou, dizendo o que sempre dizia: "Eu amo meu marido, não o faço de trouxa, desculpe."

***

Quando a turnê no Burundi terminou, em 1977, Lisa foi novamente obrigada a se demitir. Essa era a norma para as esposas contratadas; cada missão terminava com uma demissão formal. Se a esposa recebesse uma oferta de trabalho na estação seguinte, ela voltava no mesmo nível. Uma esposa contratada poderia viajar pelo mundo e permanecer como GS-4. No entanto, Lisa queria mais. Ela estava trabalhando em campo havia seis anos. Estava farta de migalhas. De volta à sede, ela perguntou se a divisão da África poderia lhe oferecer um cargo de agente de casos, mas o único cargo remunerado oferecido era o de tradutora de francês-inglês.

Então, Lisa fez algo incomum: pulou do barco e procurou trabalho em outra divisão. Como falava um pouco de russo, ela se inscreveu na divisão da Europa Soviética e do Leste, que a contratou para informar os desertores. Lisa achava as conversas fascinantes e instrutivas, mas desejava fazer o trabalho de espionagem para o qual havia se inscrito. Conversando com um agente de pessoal, ela recebeu um conselho discreto, de mulher para mulher:

Peça para voltar para a Fazenda. E seguir o caminho mais longo, com a esperança de que a passagem de uma década tivesse aberto a porta para um tratamento mais justo. O nome da mulher era June Sworobuk. Ela ocupava um dos inúmeros cargos femininos na sede que eram considerados sem importância. Lisa gostou do conselho, mas não ficou convencida. Ela não queria voltar atrás e começar devagar. Já havia passado dessa fase. Sworobuk sabia mais. Ela explicou que Lisa nunca seria levada a sério a menos e até que fosse certificada. "Ela disse: 'Olha, você precisa mostrar que é capaz'."

***

E assim, dez anos depois de ter começado, Lisa Harper retornou à Fazenda para obter o que lhe havia sido negado: a certificação completa. Seu marido permaneceu em Washington, então ela se deslocou até lá. Era exaustivo: semanas de cursos intensos seguidos de fins de semana dirigindo por mais de 300 quilômetros na rodovia 1-95, que vivia congestionada. A Fazenda não havia mudado muito. Havia mais mulheres do que em 1968, mas não muitas. Por outro lado, pelo menos ela estava tendo permissão para fazer o curso completo. Mais do que isso: vivendo em um dormitório com alunos dez anos mais jovens do que ela, Lisa concebeu uma meta: formar-se em primeiro lugar. Ela se propôs a dominar o sistema e a burlá-lo. Jogar com as coisas é o que os agentes de casos da CIA fazem. "Agente de casos" de algo ou alguém tem um significado especial em Langley. Significa avaliar e manipular uma situação ou uma pessoa. A Fazenda, ela sabia, era um lugar estruturado. Era importante obedecer às regras. Os instrutores tinham de seguir diretrizes rígidas. Os trainees eram avaliados pela forma como lidavam com os telegramas que redigiam. Eram avaliados quanto às técnicas que usavam para encontrar ativos; quão bem recrutavam; quão mais habilmente coletavam inteligência, quão bem escreviam, quão bem seguiam o formato dos relatórios.

A estratégia de Lisa seria seguir as regras – e conhecer seu público. Muitos instrutores da Fazenda eram agentes medíocres, abusadores de substâncias recém-saídos do tratamento ou ambos, e havia um motivo para que eles estivessem alojados em Williamsburg. O corpo de instrutores não era o melhor ou o mais brilhante. Eles tendiam a ser mais velhos, às vezes de volta ao contrato depois de terem se aposentado, o que significava que provavelmente tinham preconceitos antiquados contra as mulheres. Mas Lisa os respeitava. Ela os ouvia. Ela fazia o que eles diziam. Ela se fazia de desentendida: Quando lhe perguntavam se já havia feito um determinado exercício – se já havia escrito um telegrama –, dizia que não e, por favor, pedia que lhe mostrassem como fazer.

Como esposa e prestadora de serviços, Lisa era o que era conhecido na linguagem da agência como "interna": uma funcionária de nível inferior tentando subir de cargo. Era como ser chamado de "recauchutada". Na hierarquia bem delineada do serviço de espionagem elitista, "os internos e as pessoas que haviam sido contratadas eram cidadãos de segunda classe", e todos sabiam disso. Esse, agora, era seu arquivo de corredor.

Havia um instrutor, grego ortodoxo, com noções da velha guarda, que claramente se ressentia das alunas. Em um exercício de interpretação de papéis, ele a provocou e ela mordeu a isca. "Fiquei muito brava com ele. Então o instrutor me escreveu dizendo que eu nunca poderia fazer isso e nunca poderia fazer aquilo. Ele estava tentando dizer – e fez a mesma coisa com toda uma geração de mulheres – que nós não tínhamos capacidade." Esse instrutor foi cruel com uma recruta que sofria de esclerose múltipla. "Ele realmente estava tentando destruí-la."

Lisa se arrependeu de ter caído na armadilha dele, mas descobriu o sistema e buscou tirar as notas máximas. Ao longo do caminho, ela se defendeu de colegas de classe que também estavam tentando obter as melhores notas. "Havia um rapaz que dizia que eu era alcoólatra – e eu não sou – só para me desacreditar. Havia outro que pedia para fazer dupla comigo nos exercícios e tentava me envergonhar. Eles me consideravam seu concorrente e faziam de tudo para me derrubar. Era um mundo cão."

Lisa passou a construir alianças com as outras mulheres. Ela começou a organizar reuniões na sauna da Fazenda, ou às vezes no quarto de uma pessoa, para traçar estratégias. Para o grupo, as vantagens de trabalhar em conjunto superavam a tentação de competir. E Lisa queria valorizar as outras mulheres. "Eu também estava trabalhando duro com as mulheres que não estavam conseguindo. Isso era muito importante para mim." Alguns homens se juntaram às reuniões, e uma solidariedade de classe começou a se desenvolver. O grupo começou a fazer um estudo de caso com o corpo docente, prevendo quando o exercício surpresa ocorreria.

Na Fazenda, era uma tradição conhecida o fato de que a classe teria de lidar com um *"walk-in"* – um agente estrangeiro que queria desertar para os Estados Unidos. Lisa estudou o calendário e descobriu quando a visita aconteceria. Ela estava certa. A turma foi acusada de grampear a reunião dos instrutores. Na Fazenda, grampear uma reunião de instrutores era visto, a seu modo, como algo impressionante.

Quando a temporada terminou, Lisa Manfull Harper ficou em primeiro lugar. Com base nas notas de cada exercício, ela teve a pontuação mais alta. A notícia se espalhou em Langley. "Quando consegui me formar em primeiro lugar, as pessoas ficaram maravilhadas. Por Deus, eu me tornei contratável! Uma mulher contratável! Eu me tornei uma commodity. Quero dizer, eu me tornei alguém que talvez você quisesse ter em sua divisão."

***

Para o marido, a carreira de Lisa continuava em segundo plano – mas, finalmente, ela tinha alcançado credenciamento operacional completo. Em 1979, seu marido foi designado para uma estação na Etiópia e Lisa pôde expandir seu próprio portfólio clandestino, trabalhando com ativos e aperfeiçoando seus métodos. O trabalho em si – o trabalho de espionagem! – era tão estimulante quanto ela esperava. E ela se destacou nele.

Encorajada, Lisa começou a desenvolver seu próprio estilo de espionagem, um estilo que se baseava em suas qualidades femininas. Como ela havia previsto, o trabalho de agente de casos unia "todos os meus pequenos talentos diferentes. Eu sempre gostei de trabalhar com multidões. Porque você está no meio de uma grande multidão, e quem será a pessoa que produzirá a inteligência? É tudo uma questão de saber quem tem o que é necessário e como posso chegar lá". Sua infância a havia preparado muito bem.

Sendo mulher, Lisa sentia que seus instintos de cuidadora a ajudavam. Ela gostava de relacionamentos e respeitava os ativos com os quais trabalhava. "Você se tornava realmente uma boa amiga dessas pessoas." Lisa sabia que as pessoas de fora muitas vezes pensavam nos ativos da CIA com desdém, "como algo talvez quase impuro". Não é bem assim: "São pessoas que querem que o governo dos Estados Unidos saiba, mas não podem fazer isso abertamente". Ela se esforçava para ser honesta com seus ativos e aprendeu a interromper uma operação se seus instintos lhe dissessem que algo estava errado. "Talvez a produção tenha caído ou talvez a pessoa não seja tão cuidadosa quanto deveria ser."

A compaixão se mostrou uma "ferramenta poderosa" e a ajudou a criar confiança e a proteger a segurança e o bem-estar de um ativo. Ela implantou o que hoje é chamado de inteligência emocional: a capacidade de intuir sentimentos. Ela descobriu que os homens das culturas islâmicas se sentiam surpreendentemente à vontade para compartilhar confidências com uma mulher em particular; os homens se sentiam curiosos sobre ela, uma mulher ocidental trabalhadora, e achavam um alívio baixar a guarda. Uma espiã poderia adotar sutilmente um papel familiar. "Na cultura árabe, a mãe é totalmente reverenciada. O truque para a agente de casos – isso acontece em qualquer tipo de sociedade patriarcal, seja ela islâmica, africana ou qualquer outra – é negociar sua posição. Portanto, você tem de analisar qual relacionamento funcionará." Lisa pode assumir o papel da figura da mãe, da filha ou de um aluno que busca instrução. "Parece frio, mas você está no negócio da manipulação."

Ela também adotou outros papéis: confidente e até mesmo conselheira matrimonial. Em um determinado momento, Lisa foi designada para lidar com um ativo cujo disfarce havia sido descoberto sem que ele tivesse culpa. O ativo havia sido evacuado e reassentado. A esposa não tinha ido com ele. A agência era responsável pela manutenção do homem, independentemente do fato de ele ainda ter valor como ativo ou não. Ele ainda tinha acesso, e o trabalho de Lisa era mantê-lo produzindo. No entanto, com a mudança das circunstâncias, o homem entrou em depressão. "Eu ia para o nosso esconderijo e ele estava deitado na cama, sem vontade de se levantar", lembra Lisa. "Eu tinha que conversar com ele sobre sua depressão. Às vezes eu ia até um telefone público e ligava para a esposa dele" e dizia a ela que ele estava passando por um momento difícil.

Longe de estar em desvantagem, Lisa descobriu que "os preconceitos culturais trabalhavam a meu favor". Ela era menos ameaçadora para um alvo nervoso; menos provável de ser suspeita de espionagem; menos provável de atrair vigilância. Para muitos serviços de inteligência estrangeiros, ainda era inconcebível que as mulheres pudessem ser espiãs de fato. Lisa aprendeu a tirar proveito do que chamava de "fator de falta de astúcia". Ela podia fazer perguntas pessoais e gostava de inventar maneiras criativas de obter informações: cartas de tarô, por exemplo, e leitura das mãos. Descobriu que tinha afinidades com mulheres estrangeiras. Em um evento, uma funcionária se virou para ela inesperadamente e disse: "Olha, Lisa, eu sei quem você é. Não serei recrutada. Não serei recrutada, mas ajudarei como puder".

O papel que ela evitou foi aquele do qual as mulheres são mais frequentemente suspeitas: ela nunca se propôs a seduzir. Evitava se encontrar em "hotéis do amor" ou em qualquer ambiente do tipo *boudoir*. "Você realmente precisa ter cuidado ao fazer qualquer tipo de flerte. É uma faca de dois gumes. Porque você, como agente de casos, precisa manter o controle."

Ela também passou a ser mais avaliada por seus próprios supervisores – era observada mais de perto pela sede. Isso também não era uma coisa ruim. Lisa era extremamente cuidadosa para nunca fazer nada por baixo do pano. Não maquiava relatórios nem trapaceava nas finanças. "É muito fácil inventar coisas. Você não pode fazer isso. Você será pego." Em sua época, os agentes de casos desfrutavam de "uma enorme liberdade para tomar decisões operacionais e controlar os fundos até certo ponto. As pessoas que não eram honestas e não mantinham o controle do dinheiro realmente pagavam por isso".

O prazer do trabalho compensou uma década de frustrações. No entanto, quanto melhor Lisa ficava, mais traiçoeiro se tornava o terreno. Na década de 1980, as mulheres começaram a se dedicar ao trabalho clandestino em maior número, e nem todas eram tão parceiras quanto Lisa. Na África, ela estava trabalhando em um alvo óbvio – uma fruta fácil de ser colhida – quando outra mulher começou a recrutá-lo e acusou Lisa de ter roubado seu ativo. A outra mulher fez seu próprio marido, agente de casos, falar com o chefe da estação para tentar tirar o ativo de Lisa. "Foi muito constrangedor", disse Lisa, "e eu não esperava por isso." Lisa prevaleceu, mas "fez dessa mulher uma inimiga mortal".

A última missão de Lisa e David Harper na África foi no Senegal, onde ela trabalhou como agente de casos em um emprego de fachada no Departamento de Estado. Mais uma vez, o embaixador dos Estados Unidos a destacou por suas habilidades linguísticas, e ela se tornou o "animal de estimação do embaixador", sua intérprete de confiança para as delegações visitantes. Mas ficou surpresa quando ele lhe pediu que preparasse um jantar. Ele iria receber pessoas da China; queria uma boa comida americana e disse que sua cozinheira não poderia prepará-la. Lisa disse honestamente que havia um conflito de atribuições. "Meus interesses vêm em primeiro lugar", afirmou o embaixador. Ela se recusou.

Tirando o incidente do jantar, Lisa e o embaixador tinham "um excelente relacionamento", mas ela sentia que a aptidão natural para a espionagem estava criando um problema em seu casamento. Como disse uma agente de casos, Paula Doyle, Lisa Manfull Harper estava surgindo como uma "estrela", o "pacote completo", uma agente clandestina habilidosa e excepcionalmente talentosa. As pessoas estavam percebendo. Como parte de seu disfarce, ela fazia reportagens sobre o trabalho local. Normalmente eram matérias de pouca visibilidade, mas "aconteceu de ser em uma época em que a mão de obra se tornou um fator importante para a estabilidade do país". Seus contatos eram bons, e os telegramas de Lisa para Washington ganharam grande atenção.

Seu marido, Lisa percebeu, ficou surpreso. "Eu tinha todo aquele tempo livre e ele não imaginava como eu avançaria rapidamente e como me daria bem com outras pessoas. Isso é uma coisa que ser um filho do Serviço Exterior faz por você – se adaptar rapidamente. Você chega a um lugar e sabe o que é preciso para cuidar da saúde, organizar a casa, administrar a equipe e os empregados, você pode dizer o que é preciso para ser uma mulher naquela sociedade e fazer a coisa dar certo."

Agora que tinham empregos semelhantes, a competição entre os cônjuges se tornou explícita. Ela e o marido estavam em um coquetel e "é como um filme, um cara que conhecíamos e pelo qual estávamos interessados, vem até nós e me diz: 'Encontre-me em tal e tal lugar em duas horas. Tenho algo para lhe dizer'". Seu marido fez o recrutamento, pelo qual ele recebeu o crédito; Lisa, por ser menos visível, cuidou do assunto. "Isso pode ser muito complicado", refletiu ela. "As promoções que você recebe são baseadas nas operações que você realiza, na inteligência que produz, no número de pessoas que consegue recrutar. Se o seu marido estiver pegando todos os casos bons, você será prejudicada."

Lisa acreditava em criar suas próprias oportunidades. Sua atitude era: não esperar nada do sistema. Não pedir favores especiais. Jogar limpo. Não reclamar. Cultivar uma reputação de agente versátil. Se o chefe de sua estação enviar mensagens de bastidores dizendo à sede que não quer uma mulher (como um dos dela fez), conquiste-o. Escreva relatórios de contatos extensos. Lembre-o de que você fala cinco idiomas. Não faça política sexual.

No serviço clandestino, ela sabia que precisava tomar cuidado para não ser vista como uma reacionária ou conspiradora raivosa. "Ser vista como feminista era o beijo da morte."

***

Lisa aprendeu a cuidar de si mesma, mas também aprendeu o poder da colaboração e continuou a procurar maneiras de ajudar os outros. Assim, quando Lisa Harper recebeu um telefonema de Heidi August, que estava iniciando seu próprio período na Fazenda na turma de 1978, ficou feliz em ajudar. Anos mais tarde, Heidi se lembrou do motivo pelo qual procurou Lisa quando seu próprio treinamento estava em andamento, com riscos e consequências tão altos para seu futuro. As duas mulheres haviam se cruzado na sede e ficou claro para Heidi que Lisa Manfull Harper, ao contrário de Eloise Page e outras, era o tipo de colega que abraçava a solidariedade e entendia as vantagens de criar uma rede. Lisa, lembra Heidi, "era muito amigável. Ela era o tipo de mulher que ajudava outra mulher. Assim, eu a via às vezes nos fins de semana e descrevia um determinado problema na Fazenda. Ela havia passado pela mesma situação alguns meses antes e me avisava: prepare-se para isso. Ela foi muito prestativa". Na ocasião em que ligou para Lisa em sua casa, Heidi se lembra de que Lisa respondeu da maneira agradável de sempre, mas Heidi ouviu seu marido ao fundo. "Ele ficou bravo porque ela estava ajudando. Ele disse: 'Não aprovo isso'. E tentou arrancar o telefone." Lisa não se importou e continuou falando.

***

E assim, Heidi August, como Lisa, decidiu se formar em primeiro lugar na Fazenda. Na sua situação, ela não tinha uma escolha real; esse era seu único caminho para chegar ao status de agente de casos. Seus colegas eram bem-educados e capazes, mas não tinham o treinamento prático de Heidi. Designados para escrever um telegrama, alguns de seus colegas de classe levaram horas e dias para dominar o formato. Depois de anos em que David Whipple amassava os telegramas e os jogava para ela, Heidi "conseguia fazer isso com os olhos vendados". Mas Heidi não se gabava. Eles ficavam sentados nas salas de aula fazendo as tarefas, às vezes até bem tarde – os recrutas não podiam levar o trabalho para seus quartos –, e, se ela terminava mais cedo, ia até um McDonald's próximo e trazia comida para dividir. Os colegas de classe sabiam vagamente que Heidi estava na agência havia algum tempo, mas ninguém perguntava muito e ela não fornecia detalhes.

Heidi foi excelente nos cenários de recrutamento, na elaboração de relatórios e na interpretação de papéis. Depois de queimar uma estação, evacuar uma zona de guerra em um helicóptero, executar operações contra alvos difíceis, ela, assim como a antecessora Lisa, terminou em primeiro lugar na turma. Heidi tinha conseguido. Ela estava indo para o verso do cartão de salários.

O chefe da divisão europeia a parabenizou. Mas tinha uma palavra de cautela. Em um telefonema, ele a advertiu: "Heidi, não existe a trilha da mamãe para as mulheres da Categoria B." *"Mommy track"* era um termo emergente para as mães que trabalhavam e que eram vistas como tendo mudado de carreira, trabalhando meio período ou não tão concentradas. O que ele estava dizendo era: não é permitido. No trabalho de uma espiã não sobrava tempo para os deveres maternos. Se ela quisesse ter sucesso, deveria renunciar aos filhos. Isso não foi uma surpresa completa; entre as mulheres que trabalhavam em casos que Heidi conhecia, havia menos filhos do que ela poderia contar com as duas mãos. (Quando Lisa Harper fez sua própria contagem na década de 1980, entre duzentas funcionárias, havia dezoito filhos.)

Ainda assim, ouvir isso de maneira tão direta foi um choque. Mas Heidi agora fazia parte da irmandade, e ela tinha que fazer concessões.

Capítulo 8
O roubo

GENEBRA, SUÍÇA
1979

Em sua primeira missão como agente de casos, Heidi August se viu diante do aparato diplomático mais sofisticado do mundo e dos espiões que navegavam dentro dele. A Estação da CIA em Genebra tinha várias missões em uma cidade global onde as Nações Unidas abrigavam muitas agências importantes – a Organização Mundial da Saúde (OMS) e o UNICEF – no esplêndido Palais des Nations, um edifício próximo ao lago Genebra. No fim da década de 1970 e início da década de 1980, uma das tarefas da estação era manter o controle dos agentes soviéticos que ocupavam cargos de alto nível na ONU. Outra era descobrir o que os aliados soviéticos, como a Etiópia e Cuba, planejavam propor nas reuniões, para avisar a delegação americana. Outra ainda era recrutar funcionários estrangeiros que retornariam a seus países de origem para ascender a cargos importantes.

Resumindo: a presença da ONU em Genebra era um feliz campo de caça para espiões de todas as nações, um lugar cheio de alvos. Mais cedo ou mais tarde, muitos acabariam no salão de café do prédio da ONU, um espaço amplo com um bar de café expresso e mesas onde as conversas de bastidores eram animadas. Na primeira vez que entrou, Heidi sentiu o cheiro das oportunidades junto com o café. O cargo de Heidi era "assistente do conselheiro político dos Estados Unidos" na delegação americana na ONU. Isso a tornava uma terceira secretária. Na ONU, secretário não é um cargo, mas uma posição. Existem o primeiro e o terceiro secretários, e são pessoas importantes. Em geral, o terceiro secretário era uma pessoa jovem, alguns degraus acima de um funcionário de escritório. Quando uma delegação desejava ofender outra, o terceiro secretário era destacado para sentar-se ao microfone como o "insulto". Ser o insulto era divertido. O fato de ser mulher a tornava mais insultante. Fazia parte do lado teatral e público da diplomacia, e gostava disso.

Ela gostava ainda mais do lado clandestino. E ela contava com uma vantagem: seu ex-chefe David Whipple havia assumido o cargo de chefe da estação, de modo que Heidi estava reunida com seu chefe amante de pimenta e bebedor, agora com mais de 50 anos, e com a língua áspera e afiada de sempre.

***

Na preparação para o cargo em Genebra, Heidi passou por um treinamento em francês e fez muitas leituras autodidatas. Seu portfólio de trabalho de fachada incluía proliferação nuclear e direitos humanos. Herdando um ativo africano que lhe ensinou sobre desarmamento, ela o recebia para jantares regulares e ele se sentava à mesa da cozinha e a orientava. Ele era um homem baixo, redondo e alegre que usava camisas de seda e calças boca de sino e tinha esposa e filhos em casa. Após as sessões, Heidi lhe entregava um envelope com dinheiro e ele saía para ir a uma boate.

"Não se meta em problemas", ela o provocava.

A leitura de Heidi incluía ensaios da jornalista e feminista italiana Oriana Fallaci. Heidi queria desenvolver sua habilidade de aliciar, e Fallaci lhe pareceu um modelo útil. A escritora italiana conseguia fazer qualquer pessoa dizer qualquer coisa, especialmente homens. Em uma entrevista com o aiatolá Khomeini, do Irã – o clérigo que assumiu o poder após a queda do Xá Mohammad Reza Pahlavi, apoiado pelos Estados Unidos, marcando um dos maiores fracassos de inteligência da CIA no século XX –, Fallaci conseguiu arrancar um suspiro do entrevistado quando criticou as políticas retrógradas do clérigo em relação às mulheres, tirando o lenço que ela usava na entrevista e chamando-o de "trapo medieval". A partir de sua leitura, Heidi desenvolveu um novo apreço pelo papel que as questões femininas estavam assumindo globalmente, inclusive em regiões onde a capacidade ampliada das mulheres de estudar e trabalhar colidia com uma crescente tendência de fundamentalismo religioso que buscava suprimir essas mudanças. E ela intuiu o papel relacionado que as mulheres – com seus impulsos gêmeos de aspiração e insatisfação – poderiam desempenhar como ativos.

Seu momento "ahá" ocorreu em reuniões diplomáticas em que as cadeiras laterais estavam ocupadas – ela percebeu – por mulheres. Elas eram escriturárias, assistentes, secretárias, escreventes. Muitos altos funcionários presentes poderiam considerá-las intercambiáveis, mas aqui, percebeu Heidi, havia alvos escondidos à vista de todos. Em dez anos na agência, ela nunca tinha visto um agente de casos americano tentar recrutar um ativo feminino. E, no entanto, Heidi, tendo ela mesma exercido essa função, conhecia bem os tipos de "arquivos maravilhosos" aos quais os funcionários e assistentes tinham acesso.

Foi aí que nasceu sua ideia.

Heidi se especializaria em recrutar mulheres. Mulheres que não eram valorizadas, que eram mal pagas, desrespeitadas; mulheres com acesso a arquivos. Quaisquer que fossem os ressentimentos que as mulheres guardassem, quaisquer que fossem os maus-tratos que sofressem, Heidi ficaria feliz em oferecer uma retribuição.

Compartilhou essa ideia com Whipple, com quem havia tido muitas discussões sobre o movimento feminista nos Estados Unidos. Whipple orientava Heidi porque gostava dela e via suas habilidades e ética de trabalho, mas deplorava o feminismo organizado e odiava Gloria Steinem.[18] "Ele era totalmente contra o movimento de liberação das mulheres" e, quando ela apresentou seu plano, "achou que eu estava louca". Heidi insistiu em seu argumento. Ninguém estava perseguindo alvos femininos e a estação estava perdendo muito.

---

18 Gloria Steinem foi uma jornalista, escritora e ativista do feminismo, atuante sobretudo nos anos 1960 (N. E.).

"É a sua carreira", disse ele a ela. Se Heidi August quisesse desperdiçar tempo, "o problema é seu."

***

Como parte de seu disfarce, Heidi participava de um comitê de direitos humanos, e um dia se viu sentada ao lado de um membro da China. Ela convidou sua colega de assento para almoçar. As duas mulheres começaram a caminhar, e a chinesa revelou que tinha marido e filho, que não tinham permissão para visitá-la na Suíça. Manter os membros da família em casa, como reféns virtuais, era uma forma de os países comunistas evitarem que os funcionários públicos desertassem. A mulher estava infeliz, e Heidi perguntou mais sobre seu histórico. A mulher confidenciou que, até o momento, os únicos americanos que havia conhecido eram as freiras que a educaram quando menina. Ela se lembrava da escola do convento com carinho, recordando as músicas de alguém chamado Foster. Heidi percebeu que ela estava se referindo a Stephen Foster, compositor de "Camptown Races" e "Oh! Susanna", além de "Old Black Joe" e outras homenagens racistas ao Sul de antes da Guerra Civil. Ela conseguiu obter algumas fitas cassete e as deu para a mulher. Poderia muito bem ter dado a ela um tijolo de ouro; sua nova amiga ficou muito feliz. Esse pequeno gesto confirmou o instinto de Heidi de que havia um filão inexplorado de mulheres oprimidas esperando que alguém ouvisse seus problemas, e talvez não fosse muito difícil conquistá-las.

***

A descoberta de Heidi veio na forma de um telegrama de Paris, alertando a Estação de Genebra sobre uma pessoa com acesso a um artefato que a estação vinha tentando obter havia anos. O agente de Paris havia conhecido a pessoa – uma mulher – em uma festa; ela trabalhava para um governo estrangeiro com escritórios em Genebra. Ele não sabia muito mais, exceto que ela jogava squash. Whipple passou a dica para Heidi.

Parte de ser um bom agente de casos era descobrir maneiras de surpreender alguém, e Heidi começou a pensar: como ela poderia fazer isso? Uma ideia surgiu.

Havia um conhecido clube de squash em Genebra, então Heidi perguntou se poderia se associar. Whipple concordou em pagar a taxa de associação. Heidi comprou uma raquete e começou a ter aulas. Quando as jogadoras se inscreveram para um torneio, ela examinou a lista e, com certeza, viu o nome do alvo. Heidi perguntou à recepção se poderia trocar seu armário para um local mais central. Em pouco tempo ela estava sentada em um banco quando sentiu uma forma se aproximando. Era seu alvo, uma jovem vivaz, alguns anos mais nova que Heidi. Elas se cumprimentaram, o alvo se sentou e começaram a conversar. Heidi confidenciou que era novata e não entendia muito bem a diferença entre um *backhand* no squash e um *backhand* no tênis. A mulher disse que ficaria feliz em mostrar a ela. Heidi disse que estaria livre no dia seguinte.

Seu alvo era de um país africano. Ela era branca e a única mulher em seu escritório. Sua ladainha de reclamações era longa, legítima e centrada no fato de ser tratada como uma empregada. Esperava-se que ela fizesse chá, limpasse e servisse homens que nunca a incluíam em conversas, reuniões ou festas. Eles a faziam trabalhar a qualquer hora e se recusavam a pagar horas extras. "Ela estava muito irritada."

Ela era solteira e não tinha com quem desabafar, então desabafou com Heidi, que conhecia bem os motivos comuns pelos quais as pessoas traem seu país. O dinheiro era – é – o primeiro e mais importante. Outras motivações incluem ajudar os filhos ou os pais com educação, assistência médica ou moradia. Além disso: ideologia, narcisismo, heroísmo e um desejo real de ajudar o mundo. E, muitas vezes, vaidade. Os agentes de casos não hesitam em distorcer a verdade e explicar que o próprio presidente está dependendo de cada relatório do ativo.

Agora, Heidi sentiu outro motivo: vingança.

Logo ela e o alvo estavam passando tempo não apenas na quadra de squash, mas em cafés e calçadas tranquilas, almoçando e fazendo caminhadas. Seis meses se passaram. Sete. Oito. Seu alvo relaxou, evidentemente pensando que, "se alguma coisa fosse acontecer comigo em relação a essa amizade com Heidi, já teria acontecido", refletiu Heidi. "Ela estava se sentindo cada vez mais à vontade nesse papel de confiar em mim e me contar coisas que provavelmente não deveria ter contado. Ela sabia disso. Eu sabia."

Como Lisa Manfull Harper disse, com admiração, os "métodos de Heidi August eram femininos". Heidi era amigável, tinha empatia, era alegre e direta. E era paciente. Ela já tinha visto os responsáveis pelos casos tentarem recrutar ativos em um primeiro encontro. Heidi acreditava que "é preciso ser louco" para tentar uma abordagem fria. Ela sabia que suas primeiras impressões eram boas. "Em cinco minutos após a primeira reunião, eu podia dizer se alguém valia meu tempo." Mas era preciso ir devagar o suficiente para estabelecer uma conexão real.

Depois de quase um ano, Heidi achou que havia chegado a hora. Quando ela confidenciou que trabalhava para a CIA, seu alvo "achou legal". Muitos dos novos agentes de casos desistem nesse ponto, incapazes de fazer a pergunta difícil. Heidi seguiu em frente. Depois de dizer ao ativo quem era, ela lhe disse o que gostaria que ele fizesse.

***

Os sistemas de comunicação são as joias da coroa da segurança nacional. Nenhum país revela o segredo de como protege suas comunicações – as máquinas e os dispositivos para criar códigos e cifras. Os sistemas criptografados são a forma como as conversas ultrassecretas são enviadas. Entregar seu sistema de comunicações é revelar a alma nacional: planos, intenções, negociações, alianças, movimentos de tropas. Durante a Segunda Guerra Mundial, a quebra de códigos foi fundamental para a vitória dos Aliados, que quebraram a Enigma – a máquina pequena, porém complexa, pela qual os militares alemães codificavam suas comunicações – e os sistemas de criptografia militares e navais japoneses. A capacidade de ler as mensagens do Eixo foi fundamental para a vitória na Batalha do Atlântico contra os submarinos alemães; na Batalha de Midway, contra a marinha japonesa; e em outros compromissos importantes, incluindo o desembarque do Dia D para libertar a Europa. Após a guerra, a força de decifração de códigos dos Estados Unidos evoluiu para a Agência Nacional de Segurança, que continuou a espionar adversários – e, às vezes, aliados.

Coube à CIA ajudar roubando livros de códigos e máquinas (e, mais tarde, códigos de computador, hardware e software) que davam acesso aos sistemas. Invadir uma embaixada era parte do negócio da CIA. Podia levar um ano para organizar uma invasão, às vezes com a ajuda de um país anfitrião. Heidi, em seus dias de escritório, havia operado máquinas de criptografia dos Estados Unidos. Outros países tinham dispositivos semelhantes. Mas cada país empregava sua própria chave ou sistemas de "controle": configurações numéricas, fitas e outros dispositivos que continham o método para criptografar e descriptografar mensagens. Independentemente do formato, a chave de criptografia mudava regularmente, tornando impossível – em teoria – que uma nação lesse as mensagens interceptadas de outra.

A menos que eles tivessem a chave de criptografia.

Foi aí que o novo ativo de Heidi entrou em cena. Havia muito tempo a Estação de Genebra vinha tentando obter acesso aos métodos criptográficos usados pelo governo para o qual seu ativo trabalhava. O que a CIA queria era uma peça fina de tecnologia que continha a chave. O ativo de Heidi operava a máquina em seu escritório. Heidi queria que o ativo removesse o dispositivo por tempo suficiente para que os técnicos da CIA fizessem uma cópia. Ela fez sua proposta. Heidi se ofereceu para pagar ao ativo uma quantia regular. Ela sabia que o ativo queria comprar uma casa melhor para seus pais. A mulher concordou.

Heidi viria a pensar no recrutamento e no manuseio como algo semelhante a encher um pneu. Durante um almoço ou um drinque, um ativo concordará em trabalhar para a CIA. Depois disso, o ar sairá do pneu; a confiança do ativo se esvaziará; o agente de casos deverá bombear a determinação do ativo. Alguns dias depois, o novo ativo ligou e Heidi percebeu, pelo tom de voz, que estava reconsiderando. Heidi a convenceu a voltar.

Em seguida, Heidi teve que descobrir como roubar a tecnologia e colocá-la de volta. Primeiro, eles precisariam de um dispositivo de ocultação. O escritório técnico da CIA era especializado em fabricá-los. Bolsas, pastas e carteiras – reconfiguradas para ter um compartimento secreto ou um piso falso – eram meios populares. "E quanto a uma bolsa de tênis?", pensou Heidi, refletindo. O ativo jogava tênis, e uma bolsa de tênis era mais espaçosa do que uma bolsa de squash. Heidi comprou duas bolsas de tênis idênticas e as enviou para Frankfurt, Alemanha, onde a CIA tinha um acordo discreto com uma determinada loja. Os técnicos de Frankfurt desmontaram uma das bolsas e a usaram para fazer um compartimento oculto na outra. "Eles fizeram um belo trabalho, os técnicos."

Agora ela tinha que encontrar um lugar onde a equipe de tecnologia da CIA pudesse copiar o dispositivo. Heidi comecou a circular pelo bairro próximo ao escritório de seu ativo. Ela se concentrou em um hotel: pequeno, discreto e aconchegante. Os hóspedes tinham sua própria chave da porta da frente, o que lhes permitia entrar e sair sem serem observados. O roubo ocorreria em uma manhã de domingo. Logo encontrou um lugar para estacionar no fim de semana; seu carro tinha placas diplomáticas, então ela não podia estacionar muito perto. Ela repassou o plano inúmeras vezes em sua mente. Nos fins de semana, ela fez testes. Quando estavam prontos para a ação real, "eu já havia repassado o plano tantas vezes que poderia recitá-lo enquanto dormia".

Heidi teve que inventar um motivo pelo qual seu ativo estaria no escritório em um domingo, para o caso de um colega de trabalho aparecer inesperadamente. "O que ela estava fazendo lá? Tínhamos que lhe dar uma desculpa. Ou ela estava indo jogar tênis ou voltando. Estávamos saindo para jantar e ela esqueceu que havia deixado a carteira no escritório na sexta-feira. Tudo tinha que ter um bom disfarce."

Heidi instruiu seu ativo a carregar a bolsa de tênis com frequência. "Use-a. Quanto mais pessoas virem você com essa bolsa, melhor." O ativo perguntou se poderia ficar com a bolsa. "Eu disse: 'Bem, sim, porque vamos precisar dela novamente'." A chave era trocada a cada dois meses, assim como o dispositivo.

Ela também precisava ter seu plano aprovado pela sede. Toda operação tinha de ser aprovada pela diretoria de operações e, às vezes, pelo diretor da CIA. "Era o que chamamos de uma chave de fenda de 5 mil quilômetros de Washington", lembrou Heidi. "Sentados lá, tentando ajustar o que quer que alguém quisesse fazer." A sede tinha muitas perguntas. "Eles começaram a fazer críticas: bem, quem mais tem acesso instantâneo a esse prédio específico? Qual é a história de cobertura?"

E Heidi precisou convencer seu chefe, Whipple, que ainda não estava convencido. "Eu disse: 'Se eu não achasse que isso funcionaria, não estaria propondo. Sei que é uma aposta. Tudo o que fazemos é uma aposta'."

Quando uma operação da CIA vai mal e se torna pública, isso é chamado de "bater asas" (*flap*). Os desvios são um grande problema, especialmente em uma estação de alto nível como Genebra. Se a operação fracassasse e o agente fosse pego, seria um inferno não só para Heidi, mas também para seu chefe, que poderia perder a carreira. Whipple não havia conhecido o ativo. Ele tinha que confiar em Heidi. "Vou levar o bacon para casa", ela lhe garantiu. "Não se preocupe."

"Você tem certeza de que ainda se sente firme em relação a isso?" Heidi se lembra dele dizendo. "Eu disse: 'Sim, tenho.'" Na análise de risco e benefício, o potencial positivo era enorme.

Whipple estava planejando uma viagem de volta aos Estados Unidos. Ele disse a Heidi que retornaria mais cedo para conversar com o chefe da divisão envolvida. "Vou defender esse caso", disse a ela. "Se algo der errado, eu me aposento."

Heidi também teve muitas conversas com seu ativo, que estava correndo, de longe, o maior risco. "Se der errado, vou acabar em uma ilha, quebrando pedras pelo resto da vida", disse-lhe o ativo. "E você poderá voltar para McLean, na Virgínia."

"Você tem toda a razão", lembra-se de ter dito Heidi. Ela sabia muito bem o que poderia acontecer com um espião que fosse pego; os governos divulgam as consequências para evitar que a situação se repita. Ela lembrou ao ativo que o outro resultado – o sucesso – seria bom para ela, bom para seus pais, bom para a humanidade. "Você precisa confiar em mim", disse ela. Ao mesmo tempo, "experimentei um enorme senso de responsabilidade".

Um polígrafo veio de avião para se certificar de que o ativo estava no nível – uma parte rotineira da verificação de um ativo. O polígrafo comentou que nunca havia feito a poligrafia em um ativo do sexo feminino.

"Bem", disse Heidi. "Bem-vindo ao mundo."

***

Na noite anterior à primeira tentativa de roubo, Heidi se hospedou na casa do ativo. Ela levou um livro, achando que teria dificuldade para dormir. (Mais tarde, sua amiga Mary Margaret Graham, uma colega agente de casos, a ensinaria a fazer bordados para se distrair durante as operações.) Inquieta no quarto de hóspedes, Heidi começou a se perguntar como estava o nervosismo de seu trunfo. Ela se aproximou da porta do quarto principal para ouvir. Ela ouviu o ronco. Ronco! "Ela estava fria como um pepino."

O plano era que o ativo dirigisse até o escritório dela e entrasse. Heidi a seguiria e estacionaria. As duas se encontrariam na rua e Heidi pegaria dela a sacola de tênis e a entregaria aos técnicos. "Foi exatamente como eu imaginava." O ativo destrancou o prédio de escritórios, desapareceu e saiu. "Ela saiu com sua bolsa de tênis e me encontrou na rua. Caminhamos por algumas quadras até o hotel onde estavam os técnicos e subimos de elevador. Ela não viu os técnicos, e eles não a viram. A porta se abriu. Entrei e deixei a bolsa. Ficamos esperando no quarto. Eles levaram cerca de dez minutos para copiar o que precisavam copiar. Tudo o que vi foi a bolsa quando ela voltou para fora." O ativo retornou ao seu escritório e saiu, ainda carregando a bolsa, sem se preocupar, mas com pressa. Ela tinha um jogo de tênis para ir. Heidi ficou surpresa com seu sangue-frio. "Tem certeza de que não quer ir a algum lugar e tomar um drinque?", perguntou Heidi, que estava com vontade de tomar um. "Não, não. Estou atrasada para o meu jogo", disse o ativo.

Heidi voltou ao seu apartamento e pegou um pouco de bacon na geladeira. Ela colocou o bacon em um saquinho. Whipple morava nos subúrbios de Genebra, nas colinas, em meio a esplêndidos vinhedos. Heidi dirigiu até a casa dele e tocou a campainha. Sua esposa atendeu a porta e Heidi perguntou se ele estava em casa.

"Entrei e deixei um saquinho de bacon na mesa do café da manhã", disse Heidi.

"Eu disse: 'Conseguimos'."

***

A operação durou mais de um ano. Heidi e o ativo desenvolveram uma compreensão e um respeito mútuos que beiravam a amizade genuína. O ativo era muito eficiente, e Heidi gostava dela. Eram duas mulheres solteiras longe de suas casas. E compartilhavam a paixão por carros. Genebra sediou uma exposição internacional de carros. Elas se conheceram um dia, não muito depois da exposição daquele ano. "Você nunca vai adivinhar o que eu vi no salão do automóvel de Genebra", disse-lhe o ativo.

"Um carro?", sugeriu Heidi.

"É um pequeno Alfa Romeo", disse ela. "Eu sei que tenho o dinheiro." Os ativos devem ser escrupulosamente cuidadosos quando se trata de gastos. Nada é mais provável de levantar suspeitas do que gastos abruptos. Nessa situação, Heidi não entregou o dinheiro. Em vez disso, a agência fez um depósito discreto em uma conta secreta. "O problema é o seguinte", disse Heidi. "Você chega para trabalhar na próxima semana com esse carro lindo. A primeira coisa que seu chefe vai dizer é: 'Onde diabos ela conseguiu o dinheiro para esse carro?'. Assim, Heidi construiu uma maneira complexa de seu ativo obter um empréstimo por meio de um banco em Genebra e fazer a compra do carro parecer rotineira.

Mas Heidi queria lhe dar algo mais. Uma maneira de manter um ativo engajado é oferecer algo pelo qual esperar após a próxima operação. Além disso, Heidi realmente queria agradecê-la. O ativo sempre quisera conhecer os Estados Unidos. Ela era uma fervorosa admiradora do Presidente Ronald Reagan e parecia um pouco apaixonada por ele.

"Certo, depois da próxima rodada, o que faremos é ir para os Estados Unidos", disse Heidi a ela. "Não vamos viajar juntas para lá, mas vamos nos encontrar nos Estados Unidos. Quero lhe mostrar minha América."

Isso exigiu outro plano operacional. O ativo tinha amigos no Canadá e voou para visitá-los. Em seguida, pegou um ônibus que atravessou a fronteira para Nova York. "Ninguém poderia rastrear o fato de que ela estava indo para os Estados Unidos", disse Heidi. Elas visitaram a cidade de Nova York e viram o World Trade Center. "Ela queria ver onde Abraham Lincoln foi baleado, então fomos ao Ford's Theatre em Washington". Elas foram até Key West, deram meia-volta e retornaram pela costa. O ativo voou de volta para Genebra sem que ninguém soubesse que suas férias canadenses incluíram um desvio de 3 mil quilômetros.

***

No fim de sua primeira turnê, depois de realizar uma "operação unilateral de aquisição de agentes" – um recrutamento feito sem a ajuda de nenhum governo estrangeiro ou serviço de inteligência –, Heidi August recebeu um elogio especial por um primeiro recrutamento importante e, um ano depois, uma promoção para GS-9 e, logo em seguida, para GS-10.

Ela também recebeu um telegrama.

***

O telegrama veio da sede. Estávamos em 1982, e o diretor da CIA, William Casey, queria oferecer a Heidi algo que ela nunca havia imaginado. Ele queria nomeá-la chefe de estação. Mais do que isso, ele queria que Heidi abrisse uma nova estação, na região do Mediterrâneo. Ela achou que era uma piada. Quando percebeu que era uma oferta séria, sentiu-se tentada. Mas... chefe de estação? Ela estava pronta?

Heidi perguntou a Whipple, que disse que ela não estava pronta. Se ela aceitasse, ele achava que seria um grande fracasso e "eu me arrependeria para o resto da vida".

Não estou pronta, disse Heidi à sede.

Ela recebeu um telegrama de volta em 24 horas. Sua leitura representou um momento de mudança de vida. Aos 35 anos – quase quinze anos depois de Heidi ter sido contratada como escriturária, obrigada a pagar sua passagem para Washington e enviada para a sala de dobragem de mapas –, ela, por meio de sua própria engenhosidade e desempenho de mente fria, havia conseguido algo que nunca esperava. Heidi havia conseguido chegar ao verso do cartão, e mais um pouco. O telegrama declarava, em termos inequívocos, que ela, Heidi August, tinha recebido ordens para assumir o cargo de chefe de estação.

Capítulo 9
Gestão de incidentes

EM ALGUM LUGAR DA REGIÃO DO MEDITERRÂNEO
1982

Na época da promoção de Heidi August – mais de trinta anos após a fundação da CIA –, o número de mulheres chefes de estação podia ser contado nos dedos de uma mão. A primeira mulher enviada para chefiar uma importante estação da CIA no exterior foi Eloise Page, que em 1978 viajou para Atenas para assumir o cargo de chefe da estação. "Você poderia pensar que o mundo ia acabar", lembrou Eileen Martin, uma agente da CIA que trabalhava no escritório do inspetor-geral e que ouviu a conversa nos corredores e fora deles. "A reação foi muito forte; era do tipo: 'Meu Deus, como isso pode acontecer, isso é um desastre, não pode ser!'" Já era ruim o suficiente quando um homem da Diretoria de Inteligência se tornava chefe de estação; os agentes de casos odiavam ser comandados por analistas que, segundo eles, tinham pouca compreensão real do que faziam. Muito mais terrível era a ideia – ou melhor, a realidade – de uma chefe mulher. E, embora possa ter sido, pelo menos em parte, um gesto em prol da igualdade ou um reflexo dos talentos e dos méritos de Page – o agente que a promoveu, John McMahon, era visto como bem-intencionado quando se tratava de mulheres –, na opinião da própria Page sua nomeação representou uma análise astuta de risco e benefício feita por rivais homens que a queriam fora.

Com quase 60 anos, Eloise Page, ex-secretária da OSS, foi enviada para a Fazenda quase quatro décadas depois de ter iniciado sua carreira durante a Segunda Guerra Mundial. "Ela tinha um metro e oitenta e era magrinha", lembrou Mike Kalogeropoulos, que estava começando sua própria carreira operacional na mesma época. Recém-formado pela Universidade de Columbia, ele foi recrutado enquanto trabalhava atrás do balcão de carteiras na Macy's. Kalogeropoulos se viu no campo de tiro atrás de uma mulher com idade suficiente para ser sua mãe. "Ela disparou e a arma voou de sua mão. Ela voou para a lama." Page se levantou e tentou novamente. Kalogeropoulos foi encarregado de "segurar seus ombros enquanto ela atirava, para que não caísse para trás. Tenho cerca de 90 quilos, um metro e oitenta, e estou segurando essa mulher de cabelo amarelo apontando para baixo no campo de tiro".

Em vez de agradecer a ele, Page, ao saber seu nome, comentou que esse sobrenome era muito grego e que ele deveria mudá-lo para Kellogg.

A primeira missão de Kalogeropoulos foi em Atenas, então ele acabou trabalhando para Page. Ela gostava dele, e ele gostava dela; às sextas-feiras, tomando um xerez, ela compartilhava sua compreensão do motivo pelo qual havia sido enviada para o exterior. Os homens "estavam tentando se livrar dela", disse a ele. Em seu antigo cargo de supervisão de políticas, cargos na equipe e financiamento, Page desfrutava, segundo eles, de poder demais. Os barões se ressentiam de sua capacidade de aprovar ou rejeitar suas solicitações de orçamento e não gostavam de ter que ir até ela e se rebaixar.

Os homens do quartel-general vinham pressionando Page havia anos para que ela fosse para o exterior, disse a ele. Ela não tinha nenhum desejo real de servir em um país estrangeiro e conseguiu cozinhá-los, dizendo que precisava cuidar da mãe idosa. Entretanto, quando sua mãe morreu, a pressão se intensificou. "Eles disseram: 'Você tem que ir, ou nós a dispensaremos'", Kalogeropoulos lembra-se dela dizendo – o que significava que eles encontrariam uma maneira de dispensá-la completamente. Os barões lhe ofereceram uma de duas estações: a Estação de Camberra, que consistia principalmente em trabalhar com colegas australianos, ou Atenas, que era mais "operacionalmente vibrante", para dizer o mínimo. A Estação de Atenas era uma tarefa difícil e arriscada. Três anos antes, o chefe dessa estação, Richard Welch, havia sido assassinado por terroristas de esquerda que travavam uma guerra de guerrilha contra o regime grego de direita. Ele foi sucedido por Clair George, outro chefe poderoso que mais tarde seria envolvido no escândalo Irã-Contras e condenado por mentir ao Congresso. "Foi uma época horrível na Grécia", lembrou um agente secreto. O cargo mais alto aqui não era para os fracos de coração. "Page escolheu Atenas apenas para mostrar a eles", disse Kalogeropoulos.

Mas os homens da sede estavam preparando-a para o fracasso. Ou assim eles acreditavam. A Grécia era uma cultura patriarcal, e havia poucas mulheres mais convencionalmente femininas e convencionalmente anglo-americanas do que Eloise Page. Ela odiava azeite de oliva, detestava cordeiro, preferia xerez e coquetéis a retsina (vinho grego) ou ouzo (bebida grega feita de anis). Tão estranha era a perspectiva dessa pequena criatura rígida operando em uma cultura machista que os barões sabiam que ela cairia de cara no chão e estavam ansiosos para assistir. Durante todos esses anos, ela tinha dito a eles com o que podiam ou não gastar seu dinheiro. "Todos eles a odiavam profundamente", observou Kalogeropoulos, que estava a par das invectivas.

Para surpresa de todos, os gregos a abraçaram. Eles a chamavam de Titia e apreciavam seu jeito suave e bem-educado. A feminilidade convencional acabou sendo uma vantagem, não uma desvantagem. Eloise Page tinha um bom histórico de escolas de ensino médio e hospitalidade da Virgínia antiga; ela havia passado a vida entre os homens e sabia como encantá-los e desarmá-los. Eles a viam como alguém para mimar e cuidar. "Eles fizeram o mesmo que fizeram comigo", disse Kalogeropoulos, que se viu lidando com funcionários gregos que respeitavam sua posição e achavam sua juventude cativante. "Eu tinha 22 anos. Eles me aceitaram como 'o garoto'". Eles reagiram da mesma forma em relação a Page. "Gostavam dela porque ela era muito simpática com eles." Em Atenas, disse ele, "ela era extremamente gentil, tínhamos um coquetel toda sexta-feira, no escritório". E ela era fácil de ser escondida.

No entanto, Page era tão peculiar quanto os outros chefes de estação de sua geração, e muitos aspectos de seu comportamento eram tão ou mais flagrantes. Em Atenas, havia uma família negra que ajudava a cuidar de sua residência; uma das crianças, um menino de 8 ou 9 anos, era obrigado por Eloise Page a bater continência para qualquer pessoa que entrasse. Era uma atitude racista e extremamente condenável. O embaixador dos Estados Unidos ficou chocado. Page não se importava. E ela ignorava as diretrizes da sede quando não concordava com elas. Em 1978, a sede ordenou que os agentes de casos no exterior escrevessem "relatórios de contato" para criar o banco de dados mantido pelas mulheres do cofre. Os agentes de casos se recusaram. Eles odiavam escrever. Page disse ao quartel-general que a Estação de Atenas não preencheria esses relatórios. "Isso realmente mostrava a influência que essa mulher tinha: o quartel-general mandava fazer algo e ela dizia não."

Mesmo com os gregos abraçando Page, os homens da Estação de Atenas se irritavam com sua liderança, ou alguns se irritavam. Quando seu assistente – alcoólatra – morreu no trabalho, os homens gostavam de dizer que ele tinha tanto medo de Eloise que isso o matou. Então, os homens fizeram o que é natural para os agentes de casos: realizaram uma operação contra ela, trabalhando com aliados em Langley. Como um estratagema, Page foi convocada à sede para participar de um painel. Durante sua ausência, um emissário de Langley visitou a Estação de Atenas. O emissário chamou os agentes da estação, um a um, e solicitou críticas a ela, garantindo-lhes que ele mesmo a substituiria como chefe.

"Esse palhaço aparece, tentando descobrir algum podre", disse Kalogeropoulos, que foi avisado por um mentor para não se envolver. Mas seus colegas se apressaram em falar mal dela. Eles disseram que "ela era inexperiente, não sabia nada, estavam realmente tentando pregá-la na parede".

Quando Eloise retornou, ela chamou a equipe para a sala do cofre e os dividiu em dois grupos. Um grupo era formado por aqueles que a haviam denunciado; o outro, por aqueles que não a haviam denunciado. Ela se voltou para os delatores e "começou a contar a todos o que eles haviam dito. Era para ser confidencial, e ela simplesmente... foi incrível", lembrou Kalogeropoulos. Depois disso, segundo ele, dois agentes de casos deixaram a estação. "Ela os expulsou".

Nada disso fez dela uma revolucionária. Assim como seus colegas, Page sabia como proteger seu território. Ela vinha da mesma elite que muitos dos homens com quem trabalhava e compartilhava a mesma visão e as mesmas táticas. Anticomunista linha-dura, ela era de direita a ponto de ser cega. Quando o governo conservador grego caiu em 1981 e os socialistas assumiram o poder, Page "não nos deixou noticiar o fato". O silêncio radiofônico da Estação de Atenas foi uma falha de inteligência. Na noite da eleição, ela serviu frango frito em uma bandeja Wedgwood, pendurou faixas e declarou vitória. "Ela estava muito irritada", disse Kalogeropoulos. "Essa era a única falha. Ela estava muito alinhada com os veteranos. Ela odiava os comunistas e socialistas."

Nesse sentido, Eloise Page pertencia à mesma velha guarda que tentou sabotá-la. Em sua fundação e por décadas depois, o pensamento da CIA sustentava que a riqueza era uma qualidade desejável em um agente, pois o tornava imune a interesses mercenários. Mas a riqueza e o status social criam sua própria ideologia. Page (embora a fortuna de sua família tivesse diminuído) aderiu à visão de mundo institucional, e a instituição a desprezou.

Depois de três anos, Page concluiu sua turnê em Atenas. Quando retornou, o sétimo andar a colocou novamente em um trabalho de escritório. Ela foi designada para coordenar a política com a comunidade de inteligência dos Estados Unidos, trabalhando em um escritório bem equipado no centro da cidade, onde às vezes escrevia bilhetes alegres para sua secretária, Joanne Richcreek, usando taquigrafia. Era um emprego confortável que equivalia a ser colocado para pastorear. Ela chegou a trabalhar na Agência de Inteligência da Defesa, mas nunca mais em operações e nunca mais em Langley.

No entanto, ela empregou táticas operacionais em sua vida pessoal. Durante anos, Page chefiou o grupo voluntário que cuidava da Christ Church Episcopal, uma das igrejas mais antigas de Georgetown. Ela morava nas proximidades, na P Street. Quando o Reverendo Stuart Kenworthy assumiu o cargo de reitor da Christ Church na década de 1990, o grupo de acólitos estava reduzido a um punhado de pessoas. A maioria dos membros havia se demitido para fugir de Page, que os tiranizava e monitorava sua conduta, reprovando as mulheres que usavam ternos com calças no serviço dominical. Era dever do grupo cuidar da prata e dos vasos cerimoniais da igreja. Um após o outro, os membros vieram pedir a Kenworthy que a depusesse. Ele tentava convencê-la a se demitir, e "ela passava de uma personalidade formidável para quase uma garotinha", abaixando a cabeça como se ele estivesse tirando seu único prazer na vida. Ela se manteve firme por algum tempo com essa tática astuta. Finalmente, ele criou coragem e disse: "Eloise, é hora de compartilhar a riqueza".

Às vezes, porém, ela prevalecia em suas interações. Quando um de seus amados companheiros caninos morreu, ela implorou que Kenworthy presidisse um funeral em sua casa. "Não fazemos funerais para cães", ele lhe disse gentilmente, explicando que isso depreciaria os funerais para humanos. Mas ele concordou em dizer algumas palavras. Quando ele foi à casa dela, viu uma sepultura de tamanho normal – um "retângulo perfeito" cavado por um proeminente médico de Georgetown – e um pátio cheio de pessoas de luto. Kenworthy agradeceu a Deus pela bondade da criação, mas não chegou a fazer uma pregação completa. Ele teve que admitir que a operação com o cachorro foi bem executada.

***

Quando Heidi August iniciou sua carreira de agente de casos em Genebra, ela trabalhava a poucos países de distância de outra formidável predecessora: Sue McCloud, uma agente clandestina que serviu como chefe de estação na Suíça e em Estocolmo. Assim como Page, McCloud subiu na hierarquia graças ao estoicismo, ao sacrifício pessoal e ao talento para a logística; ao contrário de Page, ela gostava do serviço no exterior e o buscava. Mas McCloud também era vista como alguém que não fazia amizade com mulheres mais jovens; quando Heidi foi enviada para Genebra, ela nunca sentiu nenhum tipo de "sororidade" vinda do norte da Europa.

Assim como Eloise Page, Sue McCloud veio de uma família abastada – no caso dela, imensamente abastada. Seu pai, atleta da Academia Naval, estava servindo como oficial de voo em porta-aviões no Pacífico durante a Segunda Guerra Mundial quando sua mãe, que criava duas filhas na pitoresca Carmelby-the-Sea, na Califórnia, ficou frustrada com a ausência de uma loja para comprar roupas para meninas adolescentes. Com um pouco de seu próprio dinheiro, a Sra. McCloud fundou uma loja que "decolou como uma gangorra", como disse sua filha Sue. Sue McCloud se formou em ciências políticas em Stanford, graduando-se em 1956 e indo para a Graduate School of International Studies em Genebra.

Em 1959, McCloud não conseguia encontrar trabalho, a não ser como secretária na Crown Zellerbach, uma empresa de papel e celulose em São Francisco, onde atuava como "intérprete" de Richard Zellerbach, ouvindo os telefonemas de seu chefe, que era surdo, mas fazia leitura labial, e falando para ele o que era dito. Depois de vários anos, ela recebeu uma ligação tarde da noite em seu apartamento de alguém chamado Jack Winter, que dizia ser um recrutador da CIA. Ele a convidou para fazer um teste. Alguns de seus amigos homens receberam a mesma ligação, então ela foi.

Contratada em 1963, Sue McCloud foi enviada para a Fazenda em uma época em que o foco era o treinamento de agentes para manobrar na Europa da Guerra Fria. O terreno incluía réplicas completas de passagens de fronteira do Leste Europeu, com patrulhas de jipe e cães de guarda. Os estagiários da CIA usavam uniformes militares, para o caso de um serviço de espionagem hostil estar tirando uma foto do alto. De cerca de setenta estagiários, lembra McCloud, apenas seis eram mulheres. Duas desistiram. Outra se tornou agente de relatórios; outra, analista. Única aspirante a agente de casos entre as mulheres, McCloud tinha permissão para saltar de paraquedas de uma torre de salto, mas não de um avião.

Ao concluir seu treinamento, McCloud se viu no meio de uma ação secreta da década de 1960: tendo sido ativa no corpo de estudantes de Stanford – "eu sabia falar sobre coisas de estudantes" –, ela foi designada para participar das operações de propaganda da agência; especificamente, o esforço para penetrar nos festivais internacionais de jovens, que eram um artigo da época, e preencher suas fileiras com jovens anticomunistas. Entre seus ativos estava ninguém menos que Gloria Steinem. Considerando que os soviéticos estavam fazendo a mesma coisa, McCloud achava que o esforço fazia sentido: "Funcionou bem até explodir", ela refletiu de forma amigável durante uma entrevista. Em seguida, ela subiu na diretoria operacional, servindo em Tóquio e em outras estações.

A reputação de McCloud, assim como a de Page, era temível. Depois que Mike Kalogeropoulos terminou sua turnê em Atenas, ele se apresentou em Estocolmo e começou a receber avisos nos bastidores sobre a possibilidade de aceitar mais um emprego com uma chefe de estação, especialmente essa. "Você não vai querer ir lá trabalhar para essa mulher", disseram seus mentores. Mas ele aceitou o emprego, e Sue McCloud gostou dele tanto quanto Eloise Page.

Assim como Eloise Page, Sue McCloud não se casou. Os homens eram duros com ela; nos telegramas, eles lhe davam apelidos pouco lisonjeiros. Sue era dura com eles. As pessoas chegavam às suas mesas e encontravam um papel amarelo com escritos rabiscados por toda parte. Eles chamavam as missivas de McCloud de "chuva amarela" e viviam com medo de sua ira e de suas instruções detalhadas. "Todas as manhãs, você chegava a sua mesa, e encontrava folhas compridas de papel perguntando se fez isso, se fez aquilo", disse Kalogeropoulos. McCloud, segundo ele, era "exigente" e também "operacionalmente brilhante". De muitas maneiras, apesar de toda a sua mística, o que o trabalho de um agente de casos exige são as habilidades de um planejador de eventos moderno: desenvoltura, solução de problemas e capacidade de fazer as coisas acontecerem. Em 1980, ela ajudou a exfiltrar seis americanos que haviam se refugiado na embaixada canadense durante a crise dos reféns iranianos, como parte do golpe imortalizado pelo filme *Argo*.

McCloud tinha iniciativa, talento e seriedade; o que ela não tinha era uma rede de mulheres para ajudá-la a avançar. Daí sua personalidade intimidadora. Obrigada a travar suas próprias batalhas, ela "deixou corpos em seu rastro, alguns dos quais mereciam", disse um admirador que observou que ela foi prejudicada por "alguns homens" que a viam como concorrente. "Sue, se você fosse um homem, estaria sentada nesta cadeira", McCloud se lembra de ter sido informada por Ted Price, chefe do serviço clandestino. Ela preferiu encarar isso como um elogio. Quando a entrevistei em 2020, ela comentou que estava no cargo pelo desafio intelectual, não pelo status, e "eles me deram muito reconhecimento no final".

Mesmo assim, ela reconheceu que, quando estava trilhando seu caminho, "as mulheres eram cidadãs de segunda classe" que tinham de trabalhar "duas vezes mais" para conquistar um lugar.

E, apesar de sua reputação de mulher que não ajudava as mulheres, McCloud fez o que pôde. Entre seus gestos, havia uma série de almoços em que as mulheres mais velhas se reuniam com as mais jovens. Os homens também compareciam: "Eles tinham algumas das mesmas preocupações que as mulheres, sobre família e várias outras coisas, mas sentiam que não poderiam conversar com seus colegas homens sem colocar em risco suas posições". Ela ajudava as mulheres de forma seletiva e, às vezes, em segredo, embora suas ofertas nem sempre fossem bem-vindas. Mike Kalogeropoulos fundou uma rede de mentores e observou que McCloud se oferecia para orientar mulheres mais jovens, mas era rejeitada por agentes subalternos que gravitavam em torno do verdadeiro centro de poder: os homens.

Mas, quando viu uma oportunidade, McCloud aproveitou. "Toda a minha experiência com ela, e todas as minhas conversas, eram sobre o fato de ela querer trazer mulheres para a agência", lembrou Mia McCall, uma ex-agente de casos que ajudou McCloud em uma operação quando ainda era estudante universitária em meados da década de 1980. "É por causa dela que estou aqui."

McCloud, cujas responsabilidades profissionais incluíam a identificação de talentos, preparou todas as partes da candidatura de McCall: o exame médico, o polígrafo e as entrevistas. Tudo correu bem. As duas ficaram "boquiabertas" quando McCall teve sua candidatura negada. Enquanto conversavam sobre o assunto, McCall lembrou-se de uma entrevista em que um homem, um aposentado que trabalhava por contrato, perguntou quando ela planejava ter filhos. "Eu disse algo como: 'Bem, um dia, mas não estou pensando nisso agora'. Ele bufou, sorriu e disse: 'Isso é o que você diz agora, mas você vai nos deixar no meio do caminho, e tudo isso teria sido um desperdício', e ele foi muito condescendente."

Quando McCall repetiu isso, McCloud ficou "furiosa".

"Algumas semanas depois, ela me procurou e disse 'você vai ter uma segunda chance de ser entrevistada'".

McCloud tinha feito o homem ser demitido.

"Ela estava muito orgulhosa de si mesma. Ela disse: 'De todas as minhas realizações operacionais, você agora está por trás de duas. Você me ajudou a me livrar de mais um machista que impedia as mulheres de entrarem na agência'."

"Isso é o que Sue McCloud significa para mim", disse McCall, que se espanta com a dificuldade que as primeiras agentes de operações femininas tiveram para adquirir poder e com a vigilância que precisaram ter para mantê-lo. "Se passássemos metade do tempo que gastávamos agindo uns contra os outros operando contra ameaças estrangeiras", refletiu McCall, "seríamos um serviço de inteligência e tanto."

***

E agora aqui estava Heidi August, com menos de 40 anos, abrindo do zero uma estação na região do Mediterrâneo. Grande parte de seu trabalho envolveria o monitoramento das atividades na Líbia, que, em uma espécie de círculo completo para Heidi, era liderada por Muammar Qaddafi. Nos anos em que ela testemunhara sua ascensão, Kadafi se tornou um dos maiores apoiadores e financiadores do terrorismo global, que estava em ascensão na Europa e no Oriente Médio. Até recentemente, o terrorismo na Europa era exclusividade de intelectuais radicais de esquerda – simpatizantes comunistas e marxistas que usavam bombas, tiroteios e sequestros para protestar contra a influência fascista.

Agora, o terrorismo estava atingindo um novo patamar. Vários grupos do Oriente Médio estavam conduzindo uma série sem precedentes de sequestros e atentados a bomba nos quais os americanos, inclusive agentes da CIA, estavam entre os alvos e as vítimas. Em 18 de abril de 1983, a agência sofreu sua pior perda de vidas, quando oito de seus funcionários na embaixada dos Estados Unidos em Beirute morreram depois que um caminhão-bomba foi detonado pelo Hezbollah, o grupo militante libanês; em outubro do mesmo ano, 220 fuzileiros navais americanos morreram em Beirute em um ataque independente em seu quartel. Em 1984 e 1985, um sequestro de avião sucedeu o outro. A Organização Abu Nidal, uma ala radical da Organização para a Libertação da Palestina, estava emergindo ao lado do Hezbollah como o grupo terrorista mais perigoso do mundo. E Heidi estava estacionada na região onde grande parte dessa violência ocorria.

    Ela também não tinha uma grande equipe de apoio. Em sua nova função de chefe, Heidi presidia uma pequena estação localizada em uma embaixada americana, tão pequena que cabia em um andar de um prédio de banco. A estação era composta por Heidi e uma secretária. (Ela solicitou que a cidade onde estava localizada não fosse mencionada, pois isso exporia o pequeno número de funcionários da embaixada à suspeita de serem agentes da CIA. Nos círculos diplomáticos, esse é um passatempo chamado "adivinhe quem é o espião."). Mas o fato de a estação ser pequena não tirava a satisfação de saber que ela era a chefe, muito parecida com os homens influentes que encontrava nas conferências anuais de chefes de estação, que se assemelhavam a reuniões de chefes de grupos étnicos locais.

    Heidi também gostava de servir como a voz da CIA nas reuniões da "equipe do país". No exterior, uma equipe de país é composta pelo embaixador dos Estados Unidos e pelo chefe-adjunto de missão, pelos chefes das seções políticas e econômicas da embaixada, pelo adido militar, por outros funcionários de alto escalão e pelo chefe da estação da CIA. O grupo se reúne semanalmente para trocar informações e traçar estratégias. Separadamente, o chefe da estação da CIA mantém conversas particulares com o embaixador, para revelar operações que podem explodir na cara de alguém, metafórica e literalmente. Omitindo nomes ou detalhes, o chefe da CIA relata em que a estação está trabalhando, se as autoridades locais estão ajudando e qual poderia ser o enredo plausível para o escritório de assuntos públicos no caso de um incidente.

    "Achei que seria muito divertido fazer esse tipo de coisa", disse Heidi. Sua estação ficava em uma cidade cosmopolita por onde viajavam todos os alvos do mundo – da Europa, África e Oriente Médio. "Era como entrar em uma loja de doces. E a vida social lá era intensa, então você sempre via todo mundo." Quando o ex-diretor da CIA, William Colby, soube que Heidi estava abrindo uma estação, ele a convidou para velejar com ele e Barbara, que ficou encantada com o fato de a CIA ter outra chefe mulher. Heidi jantou com os Colby em seu apartamento, onde outro veterano da OSS, David Blee, a aconselhou a ser exigente e paciente. "Você tem três anos para fazer, não faça tudo em seis meses. Seja muito metódica no que estiver fazendo e priorize suas metas. Não tanto com quem você se dá melhor, mas com quem acha que tem as chaves para o reino que você está procurando."

***

Heidi gostou da orientação. Seu trabalho de fachada era como cônsul dos Estados Unidos, processando vistos. De sua mesa, ela via os nomes de todos os que se candidatavam a entrar nos Estados Unidos. Sua função na CIA não foi declarada ao governo local, que havia sido tão penetrado por agentes líbios que a declarar seria expô-la a eles. Em 1985, ela se propôs a organizar um exercício de treinamento na ilha de Malta, uma ex-colônia britânica, agora independente, que ocupava um local importante no mar Mediterrâneo, com uma história antiga como estação de passagem durante as Cruzadas e uma encruzilhada entre os mundos cristão e islâmico. A ilha tinha sua própria política complexa: embora formalmente não alinhada nem com a União Soviética comunista nem com os democráticos Estados Unidos, tinha uma tendência pró-palestina e anti-Israel. O sentimento antiamericano era forte. Perto da Europa e da África, era um local plausível para um sequestro de avião.

O trabalho de Heidi era preparar o treinamento e fazer contatos com o departamento de polícia de Malta, sem que as pessoas soubessem que a CIA estava por trás do exercício. Ela desenvolveu um curso chamado Gestão de Incidentes, no qual agentes do FBI viajaram para liderar vários dias de treinamento sobre como lidar com um sequestro. A Estação de Roma da agência foi profundamente afetada pelo terrorismo e ajudou a vender a ideia para os anfitriões malteses. Foi feito um acordo: os instrutores do FBI criariam um cenário de sequestro e as autoridades maltesas lidariam com ele em tempo real.

Heidi participou do curso, representando ostensivamente a unidade de processamento de vistos do Departamento de Estado norte-americano, apenas uma funcionária inofensiva que lidava com passaportes e estava lá para se reportar a Roma. Como agente treinada, ela também estava lá para recrutar. Ela examinou uma lista de possíveis participantes malteses e identificou alguns que gostaria de ter como ativos internos – pessoas que poderiam lhe dizer o que não poderiam dizer quando estavam em posição oficial. Um deles era um jovem investigador, inteligente e simpático, com treinamento em ciência forense. O outro era um policial encarregado da seção de trânsito, que poderia lhe passar os números das placas dos carros dos diplomatas. Ela se certificava de que eles fossem incluídos. Heidi tinha sua própria pequena comitiva, que incluía a secretária e um agente que falava árabe, que estava lá para ajudar a identificar um certo líbio. O agente era um ex-aluno de vinte e poucos anos da Universidade da Virgínia. Seu pai havia trabalhado para a CIA e ele havia crescido em Beirute. Ao contrário de Heidi, ele havia sido introduzido no serviço clandestino, uma contratação de legado. Ela e sua equipe levaram os agentes malteses para jantar fora, e os malteses retribuíram o favor. Heidi acabou conhecendo o investigador forense e "planejou um jantar na casa dele para que eu pudesse conhecer sua esposa e seus dois filhos pequenos".

Heidi havia desenvolvido um modus operandi ao trabalhar com ativos masculinos casados. Ela se esforçava para fazer amizade com a esposa, deixando claro que se encontraria frequentemente com o marido, mas que não se preocupasse – não haveria brincadeiras. A tática funcionou bem. Ela gostava de estar perto de famílias, especialmente de crianças. A essa altura de sua vida adulta, Heidi sabia que sua carreira sempre teria prioridade sobre o casamento, um status que ela considerava melhor evitar para qualquer agente mulher que quisesse progredir. Ela sabia que a carreira do marido sempre vinha em primeiro lugar, e que as esposas só tinham a chance de brilhar se o casamento terminasse – em divórcio ou, às vezes, como aconteceu, em morte. E, no caso de divórcio, as ex-mulheres podiam ser – e eram – sabotadas por ex-maridos que haviam subido mais alto e tinham melhores contatos na sede do que elas.

O fato de ser solteira permitiu que Heidi levasse um estilo de vida com dois empregos. Ela nunca teve que se preocupar com filhos esperando o jantar ou com um marido que se sentisse negligenciado. Mas ela sentia falta de crianças e gostava de passar o tempo com elas. Os ativos malteses foram muito gentis com ela. Um mês após o treinamento, todos eram amigos, e "todo mundo meio que se sente em casa".

***

Seu trabalho a levava a Malta com frequência. Heidi alugou um pequeno apartamento em Mdina, uma cidade medieval fortificada no centro da ilha. Em 23 de novembro de 1985 – um sábado antes do Dia de Ação de Graças –, ela foi jantar em um novo restaurante à beira-mar chamado Lanterna. Ela havia dito ao embaixador dos Estados Unidos que estava ansiosa para experimentar o restaurante. Contar a ele o local do jantar acabou sendo uma boa ideia. "Eu estava em mesa adorável com meus amigos malteses e o proprietário do restaurante se aproximou; eu era a única não maltesa na mesa. Ele perguntou: 'Senhorita August?' E eu disse, sim? E ele disse: 'há uma ligação para você'. Ele a conduziu até o telefone na recepção.

Heidi pegou o fone para ouvir a voz do embaixador dos Estados Unidos. Um avião egípcio que ia de Atenas para o Cairo havia sido sequestrado. O avião tinha acabado de aterrissar no aeroporto de Luqa, em Malta. Havia três americanos a bordo. Heidi voltou à mesa, pediu desculpas, deixou dinheiro para pagar a conta e saiu. Do lado de fora, ela tirou os sapatos de salto alto e começou a correr descalça pela rua. De volta ao seu apartamento, tirou o vestido de coquetel, vestiu uma calça Levi's e um moletom da UC Boulder e fez uma pequena mala com uma escova de cabelo e uma escova de dentes. Ela também pegou um maço de Carlton 100's e colocou seu crachá diplomático no pescoço.

No início daquela noite, o voo 648 da Egyptair havia decolado de Atenas. Dez minutos depois, três homens palestinos sequestraram o avião e ordenaram que ele fosse desviado para a Líbia. Os passageiros foram orientados a entregar seus passaportes. Em vez disso, um oficial de segurança de voo disfarçado sacou uma arma, atirou no sequestrador principal e o matou. Seguiu-se um tiroteio; uma bala penetrou na fuselagem e o avião perdeu altitude e começou a ficar sem combustível. O piloto egípcio conseguiu aterrissar em Luqa. Quando Heidi chegou ao aeroporto, o embaixador dos Estados Unidos a esperava. Os sequestradores estavam exigindo combustível. "E ele disse: 'O mundo está dentro deste avião. Tem palestinos, tem americanos, tem israelenses, tem gregos, tem egípcios'". A primeira-ministra de Malta, Karmenu Mifsud Bonnici, correu para o aeroporto para negociar com os sequestradores – exatamente o que não deveria acontecer. Heidi sabia que as negociações, como ela aprendera no treinamento, deveriam ser feitas por profissionais.

Os Estados Unidos não tinham jurisdição sobre o sequestro e sobre como ele foi conduzido. A única responsabilidade de Heidi era o bem-estar dos americanos a bordo, mas ela resolveu influenciar os acontecimentos na medida do possível. Subindo os degraus da torre de controle, encontrou o investigador que havia recrutado, que estava descendo. Eles tinham um relacionamento oficial, mas também se encontravam em sessões clandestinas. Assim como Heidi, ele estava preocupado com o fato de Malta ter se tornado um "porta-aviões fixo" para os agentes líbios e com o fato de seu próprio governo não estar fazendo o suficiente. Em uma pausa, ele perguntou se isso fazia parte do exercício de treinamento. Ela respondeu: "Até onde eu sei, isto é real".

Ele disse: "Terrível".

Não havia ninguém na sede da CIA encarregado de lidar com os eventos de terrorismo à medida que eles se desenrolavam. O único agente que lidava com terrorismo, Charlie Allen, se reportava principalmente à comunidade de segurança nacional. Heidi estava sozinha. Ela precisava de um posto de comando. No andar térreo havia um cômodo vazio com um velho telefone de disco. O embaixador dos Estados Unidos disse que ela e alguns outros poderiam usá-lo. Ela perguntou o que ele queria dizer com "os outros".

"Ele disse: 'Bem, você terá a companhia de outras pessoas da diplomacia que têm cidadãos naquele avião'."

Foram trazidas cadeiras e uma pequena mesa. Seus companheiros de mesa eram o chefe do escritório da OLP em Malta e o chefe da embaixada da Líbia na ilha. Os governos aos quais os dois homens árabes serviam jamais aprovariam o encontro deles com Heidi em seu trabalho de fachada, nem o Departamento de Estado dos Estados Unidos permitiria que ela se encontrasse com eles. E, no entanto, ali estavam todos eles, lado a lado.

    Os três trocaram cartões de visita. Heidi compartilhou os cigarros de seu maço de Carlton. Do ponto de vista operacional, era uma rara oportunidade de fazer contatos. "Eu queria conhecer o cara da OLP da pior maneira possível. Quero dizer, era uma grande vantagem operacional para mim." Mas seria impossível para ela falar ao telefone sem que seus companheiros de mesa ouvissem. A pessoa com quem ela mais queria falar era Dewey Clarridge, agora chefe da divisão europeia, que havia resistido ao surto terrorista durante seu mandato como chefe da estação em Roma. Usando o telefone para ligar para sua secretária, Jackie, ela perguntou calmamente: "Como está sua língua do P?". A secretária, que trabalhava no apartamento de Heidi em Mdina, disse que estava enferrujado, mas que podia ser usado. Ela e Heidi continuaram conversando, usando uma mistura de gírias em inglês e linguagem cifrada. Sob sua orientação, Jackie e o agente júnior da Universidade da Virgínia montaram um rádio scanner Bearcat que Heidi havia comprado nos Estados Unidos, sintonizando-o na frequência da polícia, das ambulâncias e do aeroporto. Eles ouviam o que estava acontecendo e retransmitiam para ela, o que era vital, já que os malteses não estavam lhe contando nada. Eles enviaram telegramas para o quartel-general e transmitiram perguntas a Clarridge, que advertiu que não se deveria permitir que o avião saísse do solo. Ele sugeriu que os pneus fossem furados. Em vez disso, Heidi conversou com o investigador, que conseguiu que as autoridades maltesas colocassem pequenos caminhões na frente e atrás das rodas, usando a cobertura da escuridão para bloquear o avião.

    Ela teve a sensação de que Clarridge estava com ciúme por ela estar lá e ele não.

    Os terroristas queriam combustível para poder voar para a Líbia e negociar a libertação de alguns deles que estavam presos. Os malteses se recusaram a fornecer combustível até que os passageiros fossem libertados. Os terroristas avisaram que começariam a atirar em um passageiro a cada quinze minutos. No escâner, a equipe de Heidi ouviu o piloto avisando que eles estavam falando sério e pedindo combustível.

Um médico maltês foi autorizado a subir a bordo e saiu, abalado, informando que dois comissários de bordo feridos sangrariam até a morte se não fossem tratados. Os comissários de bordo e onze passageiros, todos mulheres, foram liberados. Por um momento, parecia possível que os demais fossem liberados.

No entanto, dentro do avião, os terroristas chamaram os dois passageiros judeus e os três americanos para a frente. Eles atiraram em uma mulher judia, Nitzan Mendelson, e jogaram seu corpo na pista. Os assistentes de Heidi ouviram o tiro no escâner e a avisaram. Heidi subiu as escadas e encontrou um pequeno banheiro masculino com uma janela acionada por manivela e uma porta que se trancava. No caminho de volta, ela encontrou o investigador e disse a ele que não poderiam impedir o desenrolar do pesadelo, mas que, quando terminasse – de qualquer forma que terminasse –, deveriam descobrir quem o havia financiado, quem havia treinado os sequestradores e se mais ataques estavam planejados. Ele lhe garantiu que ajudaria.

A segunda mulher israelense, Tamar Artzi, foi baleada e jogada na pista. Ainda viva, ela se arrastou para baixo do avião e se escondeu. Quinze minutos depois, um americano, Patrick Baker, foi baleado, mas ele era alto e o atirador não conseguiu um bom ângulo. Baker, depois de cair, fingiu-se de morto até sentir que era seguro, depois se levantou e correu para baixo do avião, sem ser visto pelos sequestradores, e foi resgatado.

Então, pensou Heidi, eles estavam atirando nos americanos. De volta ao pequeno posto de comando, o líbio havia desaparecido, e o representante da OLP parecia deprimido e desamparado; havia palestinos a bordo, inclusive mulheres e crianças. Ele falou sobre sua vida e sua família, e perguntou a Heidi sobre a dela. Sua secretária ligou para dizer que os sequestradores estavam negociando comida. Uma segunda americana, Jackie Pflug, foi baleada e seu corpo foi jogado na pista. Ela estava viva, mas ninguém percebeu. Ela ficou deitada no chão por cinco horas.

Um motorista da embaixada dos Estados Unidos havia entregado a Heidi um binóculo, que ela escondeu sob o moletom. Ela voltou ao banheiro, subiu no lavatório e olhou para fora. A porta da cabine do avião se abriu e uma mulher alta apareceu. Um sequestrador ordenou que ela se ajoelhasse e atirou em sua cabeça à queima-roupa. Seu corpo fez a longa queda até a pista e ficou imóvel. Era o terceiro americano, uma mulher.

O primeiro-ministro de Malta estava cuidando das negociações, mas o Egito estava encarregado de qualquer tentativa de resgate de reféns, já que o avião sequestrado era egípcio. O embaixador dos Estados Unidos ligou para Heidi no andar de cima e confidenciou que um grupo de comandos egípcios estava a caminho. A força Delta do Exército norte-americano estava fornecendo treinamento de resgate de reféns ao Egito. Um grupo desses soldados estava a bordo. Heidi perguntou se alguém havia dito aos malteses que haveria soldados americanos chegando em solo maltês. Formalmente não alinhada – neutra em relação às duas grandes potências –, Malta jamais permitiria a entrada de soldados americanos uniformizados na ilha. Ela pediu ao embaixador que informasse ao Egito que os soldados americanos deveriam estar vestidos como civis.

Heidi queria estar no avião quando os C-130 pousassem, para garantir que os soldados americanos pudessem ajudar no treinamento dos socorristas egípcios. Dois aviões, camuflados, aterrissaram quase em silêncio; Heidi imaginou que os motores tinham sido alterados pelas forças especiais para se tornarem menos barulhentos. Os aviões estavam longe o suficiente da aeronave sequestrada para serem invisíveis para os terroristas. Um avião continha equipamentos. O outro abrigava uma equipe de jovens egípcios, que saíram vestindo jeans e tênis. Atrás deles estavam três oficiais americanos de uniforme. Heidi estava ao lado de um oficial de protocolo maltês. E o chefe do protocolo disse: "Espere um pouco, o que é isso?", lembrou Heidi. "Eu disse: 'Bem, não sei, vou perguntar'. Quer dizer, eu sabia, mas tive que me fazer de boba."

Ela encontrou um coronel egípcio e perguntou se alguém os havia instruído a colocar os americanos em roupas civis. Ele disse que não. O chefe de protocolo se recusou a deixar os americanos saírem do avião, exceto um major-general que foi instruído a ir direto para a embaixada dos Estados Unidos. Heidi ficou alarmada ao ver caixas de madeira contendo um poderoso explosivo, o Semtex-H, sendo descarregadas do outro avião. Parecia muito.

Agora era o segundo dia. Ainda se passando pela mulher que liberava os vistos, Heidi acompanhou a equipe egípcia até um hangar. Os membros do comando pareciam cansados e entediados. "Estou vendo um garoto sentado sozinho à mesa, um dos caras do resgate." Ele falava um pouco de inglês, e Heidi perguntou se sua equipe já havia resgatado reféns de um avião. Ele disse que não. A equipe lidava com reféns presos em prédios. Eles trocavam os fins de semana com a equipe que cuidava dos aviões. Estavam no fim de semana de serviço.

Heidi voltou e conversou com um dos consultores americanos. "Quero ter certeza de que estou entendendo", ela se lembra de ter dito. O grupo nunca havia sido mobilizado antes. Seu treinamento havia sido restrito a prédios. Ele disse que era isso mesmo.

Quando ela comunicou a situação à sua secretária e ao agente júnior, o graduado da Universidade da Virgínia comentou que "as coisas poderiam acabar muito mal".

A equipe egípcia elaborou um plano para invadir a aeronave fazendo-se passar por fornecedores de alimentos. Depois, mudaram de ideia e decidiram abrir um buraco no compartimento de bagagens. "Os sequestradores usaram gravatas para amarrar a parte interna das portas, de modo que elas não pudessem ser abertas. Eles estavam pensando em abrir caminho por baixo."

O resgate deu terrivelmente errado. Os explosivos deflagraram na parte traseira do avião, vaporizando um dos terroristas. Dentro do avião, Omar Mohammed Ali Rezaq, o único sequestrador restante, puxou o pino de uma granada com os dentes e a rolou pelo corredor. Em seguida, houve outra explosão. O piloto deixou a cabine e atingiu Rezaq com um machado de incêndio. "Ouvimos toda aquela gritaria e armas disparando", lembrou Heidi. Formas humanas começaram a fugir do avião e os egípcios estavam atirando. Estava escuro e era difícil enxergar.

Após vinte minutos de "puro caos", o tiroteio parou. Cinquenta e oito passageiros estavam mortos, muitos deles alvejados pelos membros do comando. Outros morreram por inalação de fumaça. Entre os mortos estavam todas as sete crianças presentes no avião. Os bombeiros malteses começaram a alinhar os corpos na pista.

O primeiro-ministro maltês convocou uma coletiva de imprensa, anunciou que todos os sequestradores estavam mortos e pediu aos oficiais que voltassem para casa. "Meu pensamento foi: o que eu faço com esses americanos feridos?", lembrou Heidi. "E a mulher morta? Agora eu tinha que colocar meu crachá do Departamento de Estado." Ela saiu para dormir um pouco. O representante da OLP insistiu em acompanhá-la até seu carro. Ela era a primeira americana que ele conhecia. Ele lhe disse que gostaria que ela fosse à sua casa para comer e conhecer sua família. Heidi disse que gostaria de fazer isso.

De volta a Mdina, seus dois assistentes haviam se hospedado em um hotel, e ela tinha o apartamento alugado só para ela. O local não tinha aquecimento.

Heidi recebeu o passaporte da americana morta, Scarlett Rogenkamp. Ela era uma funcionária civil da Força Aérea que trabalhava em uma base aérea em Atenas. No feriado prolongado de Ação de Graças, Rogenkamp havia decidido visitar o Cairo. Quando os sequestradores começaram a verificar passaportes e documentos, ela fez algo que Heidi considerou "bastante inteligente": Colocou sua identificação militar no bolso do assento à sua frente, para que os sequestradores não soubessem que ela trabalhava para o exército americano. Seu passaporte a identificava como turista.

Coube a Heidi a tarefa de ligar para a mãe de Rogenkamp, que morava em Oceanside, na Califórnia. Ela escreveu um roteiro em um bloco de notas. Em seguida, discou o número. "E eu não sabia o que dizer. Não sabia o quanto ela sabia. Não sabia se ela sabia que sua filha ia para o Cairo no Dia de Ação de Graças. Eu não tinha a menor ideia."

Heidi se apresentou como sendo da embaixada americana em Malta. "E eu disse: 'Não sei se alguém do Departamento de Estado já entrou em contato com você'. '"Não.' Eu disse: 'Bem, tenho uma notícia muito triste'. Eu disse: 'Sua filha, Scarlett...'"

O sequestro ainda não estava no noticiário. "Ela disse: 'Bem, eu sei que ela estava indo para o Cairo no fim de semana', ou algo assim. Eu disse: 'Bem, houve um sequestro e infelizmente ela não sobreviveu'. Não dei a ela nenhum detalhe. Eu disse: 'Mas vou me encarregar de levá-la de volta à Califórnia'."

Heidi e o embaixador dos Estados Unidos haviam combinado de se encontrar na manhã seguinte na unidade de terapia intensiva do hospital St. Luke. Quando Heidi chegou à UTI, encontrou o embaixador sentado com o diretor do hospital, que apontou para um paciente conectado a tubos intravenosos. A figura na cama era o sequestrador restante, Omar Mohammed Ali Rezaq. "E a pergunta era: o que faríamos com o sequestrador? Porque os líbios começaram a dizer que o queriam."

Heidi relatou a situação a Dewey Clarridge, que, segundo ela, respondeu: "Não, nós vamos até lá e vamos sequestrá-lo".

"Eu disse: 'Dewey, acho que isso não será possível. Como você pretende fazer isso?' Eu disse: 'Ele está conectado ao suporte de vida. Você teria de invadir o hospital'. Ele disse: 'Não, mas você tem que mantê-lo longe das mãos dos líbios'". Heidi acabou entendendo por que o embaixador da Líbia estava na sala de controle, embora não houvesse passageiros líbios no avião. Ele estava lá para proteger os interesses dos terroristas.

Ela se reuniu com o investigador maltês. Um passageiro relatou que os sequestradores foram vistos sentados juntos na sala de embarque em Atenas, de terno e carregando pastas. Ele propôs procurar as pastas nos compartimentos superiores carbonizados. Heidi achou que essa era uma hipótese remota. Vários dias depois, o investigador a convidou para jantar, e lá estavam as pastas. Eles as examinaram. Havia mapas de Atenas; pequenas marcas sobre os locais de encontro; um banco que estava circulado. "Então, pedimos que as pessoas em Atenas fossem ao banco e contassem a história. O dinheiro havia sido transferido da Iugoslávia." A investigação apontou para Abu Nidal. O investigador forneceu a ela os nomes completos dos sequestradores e fotocópias de seus passaportes, e Heidi rastreou os nomes.

O investigador interrogou Rezaq. Heidi encaminhou as perguntas.

A questão passou a ser: o que o governo maltês faria com Rezaq? Depois de se recuperar dos ferimentos, ele foi julgado em Malta, condenado e sentenciado a 25 anos de prisão. Enquanto isso, Heidi tinha um problema mais imediato: como levar o corpo de Scarlett Rogenkamp para casa. Rogenkamp era funcionária civil do Centro de Gerenciamento de Contratos da Força Aérea dos Estados Unidos na Base Aérea de

Tanagra, nos arredores de Atenas. Tecnicamente, era responsabilidade da Força Aérea garantir que seu corpo fosse devolvido. No entanto, quando Heidi ligou para o comandante da base em Atenas, ele perguntou se havia um "local de fundos" – um fundo financeiro para pagar pelo transporte. Heidi não fazia ideia. "A pergunta é: vocês virão buscá-la, pelo menos levarão o corpo até Heathrow, onde sei que há aviões todos os dias?". Ele não sabia. "Ele disse: 'Não sei. Acho que não temos nenhuma provisão para isso, principalmente por se tratar de uma civil'. Então, eu disse: 'Bem'."

Mais uma vez, Heidi teve que lidar com um problema que não era de sua alçada. Ela ligou para Ernest Flamini, um funcionário da British Airways, que havia jantado com ela. Ela lhe disse que precisava de um favor. Precisava levar um corpo para a Califórnia. O corpo estava no necrotério, e ela cuidaria da papelada. Ele disse que não queria que os passageiros de um voo de saída vissem um caixão sendo carregado e se ofereceu para levar o caixão em uma ambulância até o aeroporto. Seria bom, disse ele, se Heidi o acompanhasse. Ela disse que ficaria feliz em fazê-lo.

Flamini explicou que o caixão deveria ser transportado para um dos hangares do aeroporto. "E o que faremos é puxar o avião para fora e, em seguida, ele vai para outro hangar, onde será parcialmente recuado, de modo que os passageiros não vejam nada, pois estarão todos virados para este lado e tudo estará acontecendo atrás deles." Heidi entrou em contato com o hospital para conseguir um caixão para transporte. No dia seguinte, "tínhamos tudo pronto".

***

Até aquele momento, o corpo da americana parecia abstrato, uma forma distante que Heidi tinha visto cair. Ela não estava preparada para as emoções que sentiria ao ver o cadáver de perto. "Eles puxaram o lençol para trás e lá estava uma garota bonita." Assim como aconteceu com seu intrépido ativo amante de carros em Genebra, ela sentiu uma conexão com essa funcionária pública solteira. O rosto da mulher morta estava inchado e havia sangue em meio a seu cabelo.

Heidi pensou que o caixão de Rogenkamp deveria ser embrulhado em uma bandeira americana. No dia seguinte, ela conseguiu uma, sem uso, no depósito da embaixada. "Cheguei lá, e Ernest estava lá, o cara da British Airways, ele é maltês, um povo adorável. E eu estava carregando a bandeira. Eu perguntei: 'Ernest, você sabe como fazer isso?' Ele disse: 'Não, mas tenho certeza de que podemos dar um jeito'." Eles encontraram uma corda elástica e prenderam a bandeira. "Trouxeram um pequeno veículo de avião, uma coisa minúscula, que tinha uma espécie de esteira rolante, usada para transportar bagagens para o avião. Então, colocamos Scarlett na esteira em seu caixão e deram ré no avião."

Heidi colocou a mão sobre o caixão. Ela se inclinou e mais uma vez assegurou à mulher morta que encontraria o mentor que causara sua morte. O horror das últimas 48 horas a abalara e transformara. Ela decidiu dedicar sua carreira ao combate ao terrorismo. A agência precisava de uma maneira melhor de impedir ataques e proteger a vida humana. "Vou fazer disso uma carreira, porque essa coisa está apenas começando aqui, e não quero passar por isso novamente."

O combate ao comunismo continuou sendo a missão central da agência. O terrorismo não era um campo de carreira. Mas pessoas estavam morrendo. Famílias, funcionários públicos, crianças. "Eu sabia que não tínhamos como combater nada disso, então precisava haver um sistema melhor. Tínhamos sofrido muito com a perda de turistas americanos em aeroportos na Europa por causa de incidentes de terrorismo. E eu imaginei que deveria haver uma maneira melhor de fazer isso."

Ela levantou a mão do caixão. E Scarlett Rogenkamp subiu na esteira rolante.

Capítulo 10
A revolta das mulheres do cofre

MCLEAN, VIRGÍNIA
Décadas de 1980 e 1990

O prédio da sede da CIA recebe os visitantes em um pórtico elevado no andar térreo, encimado por um telhado angular, pontudo e dobrado para baixo como um origami. Acima, mais de quinhentas janelas verticais revestem a fachada leste, que corre paralela ao rio Potomac. Visto do ar, o contorno se assemelha à letra H: as alas leste e oeste formam as hastes do H, conectadas por duas peças transversais mais curtas. No interior, o resultado são muitos corredores longos e cantos nos quais os colegas podem se materializar de forma abrupta.

Caminhando por um corredor, na década de 1990, Jonna Mendez viu um policial se aproximando. Ele era um cara de operações da velha guarda – rude, frequentemente bêbado e famoso entre as mulheres por descrever os atos sexuais que gostaria de praticar com elas. Quando se aproximaram, Mendez se preparou. Jonna Mendez havia começado a trabalhar na CIA no início da década de 1960, como secretária. Recém-saída da faculdade, Mendez era caixa de banco na Alemanha quando fez amizade com um grupo de jovens americanos que vinham descontar os cheques de pagamento toda semana. Eles eram muito sociáveis, a ponto de ela logo ter o mesmo empregador que eles. De volta aos Estados Unidos, ela se viu trabalhando no escritório técnico da CIA, ainda localizado em Washington, em uma colina em Foggy Bottom, o coração histórico da agência. Do outro lado da rua ficava a 2430 E Street, o lendário endereço de Allen Dulles, onde uma placa dizia, discretamente, escritório de medicina naval. O escritório técnico empregava mil magos que desenvolviam equipamentos de espionagem – câmeras minúsculas, microfones ocultos, máquinas de codificação, canetas venenosas.

Os habitantes do escritório técnico não compartilhavam da reverência que muitos outros tinham pelos homens da diretoria de operações. Na opinião deles, os agentes de casos tendiam a ser infelizes no uso de aparelhos. "Costumávamos chamar os agentes de casos de James", disse Mendez. "Nós dizíamos: 'James vai perdê-lo, ele vai quebrá-lo ou ele vai se quebrar sozinho.'" O objetivo era projetar equipamentos de espionagem resistentes o suficiente para suportar os maus-tratos dos "James Bond". Em dois anos, ela se tornou secretária do diretor do escritório. "Foi uma escalada rápida até o topo. Quando cheguei ao topo, descobri que era um beco sem saída." Pela janela, ela podia ver os telhados do museu Smithsonian erguendo-se acima do parque National Mall. Mendez disse ao seu chefe – um homem peculiar, brilhante e de bom coração – que planejava se demitir e ir trabalhar lá.

Para mantê-la, seu chefe ofereceu-se para matriculá-la em um curso de treinamento em fotografia. Logo Mendez se viu em uma pista de pouso ao sul de Washington, entrando em um pequeno avião com as portas abertas. Uma vez no ar, ela usava um arnês e ficava pendurada para fora, aprendendo a segurar uma câmera de 35 milímetros de lente longa enquanto usava um microfone para fazer solicitações ao piloto. "Eu dizia: Veja aquela caminhonete, que está seguindo na estrada de terra, podemos descer o suficiente para que eu possa fotografar a placa? Isso é o que eu realmente considero meu primeiro dia na CIA."

Mendez tornou-se agente de operações fotográficas: tirando fotos e treinando agentes e seus ativos para capturar imagens de documentos, pessoas e instalações militares – como roubar segredos sem ser pega. O trabalho lhe proporcionou grande satisfação, não apenas pelos desafios técnicos, mas por saber que estava protegendo ativos que se colocavam em risco em nome dos Estados Unidos.

Na mesma época em que Heidi August se viu sentada no lavatório do banheiro assistindo a um avião sequestrado queimar na pista, Mendez percebeu que a espionagem estava se tornando mais mortal. Durante as décadas de 1980 e 1990, "os alvos contra os quais estávamos trabalhando estavam mudando de alvos tradicionais de espionagem para terrorismo, narcóticos e contranarcóticos. Estávamos começando a trabalhar contra grupos de pessoas totalmente diferentes, um elemento mais criminoso. Não se tratava mais de coquetéis diplomáticos e de bater papo com pessoas de outra embaixada. Havia muito mais perigo. Os riscos eram maiores."

Mendez participou de muitas sessões de treinamento, que começaram a incluir aulas de defesa pessoal. Ela fez cursos de direção defensiva, fuga e evasão, tiro. Trabalhando contra traficantes de drogas, muitas vezes ela pensou que poderia levar um tiro. Na América Latina, para ir trabalhar em uma embaixada dos Estados Unidos, ela era buscada em um carro blindado, com carros na frente e atrás cheios de homens armados. "O protocolo era: você tem três minutos para entrar neste carro; nós esperamos três minutos e vamos embora."

E os agentes de casos do sexo masculino tornaram-se mais conscientes de que seu próprio gênero os colocava em risco. No início dos anos 1970, disse ela, muitos "James" achavam que disfarces eram bobagem; isso começou a mudar quando se tornou mais arriscado ser "identificado como aquele homem americano". As perucas e os bigodes começaram a servir quase como uma forma de armadura corporal. Os "*walk-ins*" apresentavam um novo nível de perigo. O visitante poderia ter conhecimento válido de uma ameaça ou poderia ser "um terrorista aleatório querendo ver como era o interior de sua embaixada e ver quem viria encontrá-lo".

O protocolo ditava que alguém tinha que atender um visitante, e os homens se tornaram mais dispostos a se disfarçar para fazer isso. Os negócios começaram a crescer em sua seção da Diretoria de Ciência e Tecnologia. "Estávamos fazendo todo tipo de pesquisa e desenvolvimento, desenvolvendo novos materiais, coisas mais confortáveis, mais fáceis e mais rápidas de colocar, coisas que pudessem ser respiradas em um clima quente, úmido e pegajoso, coisas que não derretessem, colas de cabelo que não ficassem moles, cor de cabelo e cor de pele e assim por diante." Para Jonna, sentada na cadeira de diretora, "foi uma época emocionante".

Foi também a época em que uma nova geração de mulheres entrou em serviço, com diplomas e treinamentos especializados. Uma dessas mulheres, uma química chamada Trish, estava caminhando ao lado de Mendez no dia em que ela estava percorrendo o longo corredor do edifício da sede. Quando o agente – seu nome era Bill – se aproximou, Mendez se preparou para ignorar seus comentários.

Era difícil ignorar esse policial. "Ele é o cara típico – como um trabalhador da construção civil em um guindaste. Você passava por ele e ele assobiava e gritava, dizendo: 'É isso que eu quero fazer!'". E, claro, "estávamos caminhando e ele disse: 'vocês, duas lindas damas, sabem o que eu gostaria de fazer', e começou a falar sobre isso. E Trish simplesmente olhou para ele e disse: 'Vá se foder'".

"Ele ficou perplexo", lembrou Mendez. "Ele ficou perplexo. Tenho certeza de que nunca tinha ouvido isso antes, de uma mulher, especialmente de uma mulher jovem e bonita. Eu quase caí para trás. E pensei: 'Ah, tudo bem, é um começo. Ela é novata... não vai tolerar essa porcaria'. E acredito que houve uma pequena mudança radical."

***

Na década de 1980, a Agência Central de Inteligência estava desfrutando de um boom de contratações. Entre os recrutas estavam mulheres com experiências de vida diferentes das de Lisa Harper, Heidi August e Jonna Mendez. Essas mulheres haviam praticado esportes e se beneficiado do Título IX, a lei federal que garantia financiamento igualitário para o atletismo feminino; elas haviam vivido a revolução sexual e estudado em faculdades mistas. Elas entraram no negócio de espionagem esperando ser tratadas como iguais.

Enquanto isso, a própria agência havia sofrido uma série de agressões. A exposição de 1967 na revista *Ramparts* tornou pública a extensão em que a CIA havia cooptado as chamadas entidades independentes, como jornais e grupos de estudantes, e violado a lei ao espionar cidadãos americanos. Em 1961, a desastrosa operação da baía dos Porcos expôs a falta de competência e discernimento em operações secretas e levou à renúncia de Allen Dulles. No início da década de 1970, o Watergate azedou a reputação do público em relação a Washington, apresentando o espetáculo de Howard Hunt, um ex-agente da CIA, que forneceu aos golpistas do Watergate disfarces absurdamente cafonas. Em 1974, o jornalista investigativo Seymour Hersh publicou uma denúncia de grande sucesso no *The New York Times* – "Enorme operação da CIA relatada nos Estados Unidos contra forças antiguerra e outros dissidentes nos anos Nixon", dizia a manchete da matéria principal da edição de 22 de dezembro – revelando a espionagem doméstica da CIA e sua vigilância do movimento antiguerra. Esses fatos representaram um *annus horribilis* para a CIA. Em 1975, as "audiências Church-Pike" se desenrolaram no Congresso, dia após dia, em que a turma pós-Watergate de membros recém-eleitos flexionou os músculos e começou a exercer a supervisão da comunidade de inteligência, realmente pela primeira vez na história do país. Dois comitês do Congresso, presididos por Frank Church (democrata do Idaho) no Senado e Otis Pike (democrata do estado de Nova York) na Câmara dos Deputados, procuraram expor e controlar seriamente os abusos das agências de inteligência, não apenas da CIA, mas também do FBI, do IRS [Serviço de Arrecadação Interna, em inglês Internal Revenue Service] e da NSA [Agência de Segurança Nacional, em inglês National Security Agency]. Os abusos incluíam grampos telefônicos e escutas de cidadãos americanos, incluindo jornalistas e juízes da Suprema Corte; perseguição de cidadãos americanos; e, a pedido do próprio J. Edgar Hoover, escutas telefônicas de Martin Luther King, Jr., pela NSA e pelo FBI. No exterior, a agência derrubou regimes; fomentou um golpe militar contra Salvador Allende, o presidente democraticamente eleito do Chile; permitiu o assassinato do general Rafael Trujillo Molina na República Dominicana. E assim por diante. Um resultado importante foi a criação do Comitê Permanente de Inteligência da Câmara dos Deputados e do Comitê de Inteligência do Senado.

Durante as audiências, o diretor da época, William Colby, cujos óculos eruditos e sincera retidão lhe renderam o apelido de Coroinha (*Choirboy*), entregou os registros das operações secretas da CIA – que ficaram conhecidas como as "joias da família". Colby admitiu a Operação

Caos, a vigilância de grupos antiguerra e dissidentes; "o acúmulo de arquivos substanciais sobre americanos"; a vigilância de jornalistas; experimentos com drogas de controle mental e LSD; e tentativas de assassinato de líderes estrangeiros.

Em 1977, um novo diretor, Stansfield Turner, resolveu arrumar a casa. Tecnocrata que privilegiava a inteligência de sinais e as imagens de satélite, Turner eliminou mais de oitocentos cargos – o famoso "massacre do Halloween" –, tornando-se odiado pela força de trabalho que presidia. A agente de relatórios Amy Tozzi lembra-se de ter explicado ao diretor por que eles estavam tendo problemas para obter informações de Cuba; quando se demitem tantos agentes, disse ela ao ex-comandante naval, é preciso reconstruir suas fontes secretas. O governo do Presidente Jimmy Carter infligiu indignidades grandes e pequenas a toda a força de trabalho federal: os termostatos foram desligados durante a crise de energia, e as pessoas tomavam chocolate quente para se aquecer.

A reconstrução havia começado sob o comando de Ronald Reagan, que se fixou no potencial de combate mortal com a Rússia Soviética, que ele chamava de Império do Mal. O congelamento das contratações federais em 1982 foi seguido por uma onda de contratações. As leis de Oportunidades Iguais de Emprego agora se aplicavam ao governo federal e, na CIA, o ímpeto de contratar mulheres foi estimulado pela sensação incômoda de que as pessoas estavam observando – ou tentando observar. Com o Congresso se esforçando mais para obter estatísticas, as mulheres foram contratadas em grande número. A instituição ainda encontrava maneiras de atrasar as promoções e impedir que elas se sentissem bem-vindas. Homens e mulheres negros foram direcionados para o departamento de relações humanas, aumentando os números sem dar aos funcionários negros oportunidades reais de progredir em suas áreas de atuação.

Enquanto Heidi August e Lisa Harper estavam no exterior, mostrando o que as mulheres podiam realizar no trabalho de espionagem, um conjunto de operações estava se desenvolvendo em Langley, de forma aberta e secreta, para mudar a cultura. Em alguns aspectos, a sede era um ambiente mais difícil do que no exterior. Havia mais competição, menos independência, menos liberdade de manobra, mais facas à mostra. No entanto, à medida que as mulheres da sede pressionavam, a irmandade da CIA, por mais desorganizada que fosse, crescia e, à sua maneira, prosperava.

***

Alguns dos primeiros esforços de mudança vieram de funcionárias insatisfeitas dos bastidores – as frequentemente desprezadas mulheres do cofre. Uma delas foi Lee Coyle, que em 1954 havia feito o teste de datilografia da irmã e também o seu próprio. Coyle chegou a chefiar o escritório de "gestão de informações", que fazia a gestão dos cartões 3 x 5. Esses cartões eram o resultado de anos e anos de recrutamento, coleta e pesquisa, um dos conjuntos de registros de inteligência mais valiosos do mundo. No caso de Coyle, a papelada a atraía, assim como as horas de trabalho. Sua família precisava de duas rendas, como muitas na região da Virgínia do Norte, onde os bairros de Vienna e Reston eram tão cheios de funcionários da CIA que, se o seu carro quebrasse, você poderia pegar carona para Langley com um vizinho. Coyle assumiu o turno da noite para poder passar os dias com os filhos.

Mesmo em um escritório dominado por mulheres, os principais gerentes eram homens. As mulheres eram vulneráveis à importunação sexual: Coyle não se esquece do chefe do setor que, sentado ao lado dela, levantou seu vestido e colocou a mão em sua perna. "Eu fiquei... não conseguia me mexer, simplesmente não conseguia me mexer, não conseguia me mexer. Não fiz nada, exceto que, daquele dia em diante, nunca mais usei um vestido." No Natal, o chefe do setor agarrava suas funcionárias e as puxava para atrás das árvores. "Ele dava beijos de língua nelas, e elas me diziam que estavam enojadas. E até hoje me culpo por não ter ido até a cúpula reclamar disso e colocá-lo em seu devido lugar."

Mas reclamar teria sido inútil. O escritório de Oportunidades Iguais de Emprego estava localizado fora dali e "era considerado ridículo", lembrou Coyle.

Na década de 1980, o escritório de Coyle começou a converter centenas de milhões de fichas de papel em registros digitais. "Fazer as pessoas confiarem no computador" foi um esforço enorme. As mulheres de seu escritório – mães, avós – mostraram-se hábeis. Mas as mulheres não eram promovidas, ou não eram promovidas com tanta frequência. Para Coyle, a gota-d'água foi quando a gerência "trouxe um jovem" da Diretoria de Inteligência, que ela suspeitava ser um funcionário que alguém queria descartar. Ele chegou dois graus abaixo dela e logo foi promovido acima de sua posição. "Levei isso como um caso de igualdade de oportunidades, e ganhei. Consegui minha promoção e ganhei muito dinheiro, então comprei um casaco de pele de vison." Depois de uma carreira em cargos de apoio, ela refletiu que "tínhamos que lutar por tudo".

Um dos primeiros tiros na proa ocorreu em 1977, quando uma agente de operações da equipe chamada Harritte Thompson levou discretamente uma reclamação ao escritório de Oportunidades Iguais de Emprego. Os agentes da equipe constituíam a espinha dorsal robusta da Diretoria de Operações. "Tee" Thompson era a melhor das melhores, e todos a conheciam, lembrou Heidi August: uma agente hipercompetente e bem-humorada que trabalhava na divisão do Oriente Próximo. A função dos agentes de equipe era fazer a interface entre o campo e... bem, todo mundo. Eles eram um subgrupo vital do corpo de mulheres-tênis. Às vezes, circulando entre as diretorias, os agentes de equipe enviavam e recebiam telegramas, trabalhavam com analistas para descobrir quais novas informações de inteligência eram necessárias, consultavam arquivos, faziam rastreamentos, enviavam despachos.

O processo de Thompson mostrou que, mesmo quando homens e mulheres ocupavam o mesmo cargo, as mulheres ganhavam menos e eram promovidas mais lentamente. Seus supervisores diziam que ela era "indispensável" e tinha um "conhecimento enciclopédico das operações". Eles a recomendavam repetidamente para promoção, mas, toda vez que seu processo era submetido ao painel de promoção da agência, composto por funcionários de alto nível de todas as diretorias, ela era negada. Ela permaneceu presa no grau GS-14, fazendo trabalhos destinados a GS-15 ou GS-16. Após dez anos sem promoção, ela apresentou uma queixa. Afirmou que lhe havia sido negado o treinamento para avançar ou ir para o exterior. Foram-lhe negados cursos essenciais, privando-a de uma credencial importante.

A agência contestou a reclamação por três anos. No ambiente de sigilo e necessidade de conhecimento de Langley, quase ninguém sabia que Thompson a havia registrado. Então, Tee Thompson aumentou sua objeção. A pedido de seu supervisor branco, ela entrou com uma ação judicial – a primeira queixa na Comissão de Oportunidades Iguais no Emprego [EEOC, em inglês Equal Employment Opportunity Commission] que se tornou um processo de discriminação completo contra a CIA. Seu processo de 1979 acusava a agência de violar deliberadamente a Lei de Igualdade de Remuneração de 1963 ao pagar a Thompson menos do que pagava aos funcionários do sexo masculino por trabalho igual em condições semelhantes. Ela argumentou que as mulheres recebiam menos treinamento e que o treinamento que recebiam era inferior. O processo apontou que um estudo realizado em 1978 pela Diretoria de Operações constatou que as mulheres estavam muito sub-representadas nos níveis mais altos, que as mulheres esperavam mais tempo pelas promoções e que havia um "preconceito generalizado" contra o uso operacional de mulheres.

Os depoimentos confirmaram o que Lisa Harper e Heidi August bem sabiam: muitos homens acreditavam que "as mulheres não poderiam dirigir agentes", como disse um deles em um depoimento. Os "James" citaram a reputação de segunda classe das mulheres em muitas regiões – América Latina, África, Oriente Próximo e Ásia – para argumentar que as agentes não poderiam trabalhar efetivamente no exterior. Eles achavam que as mulheres tinham pouca utilidade como ativos porque "as mulheres nesses países raramente têm acesso a informações de valor".

A agência fez um acordo com Tee Thompson no mesmo ano em que a ação foi movida, a contragosto, argumentando que o tribunal estava "nos encostando na parede". Thompson recebeu 3.898,23 dólares em salários atrasados, que era tudo o que ela havia pedido. Ela não pediu indenização, não buscou publicidade nem falou com a imprensa. Ela só queria mostrar que acabar com o preconceito tornaria a agência melhor em sua missão. Os colegas que souberam de sua ação judicial a descobriram muito tempo depois. Ela recebeu o status retroativo de GS-16, aposentou-se em 1989 como membro do Serviço de Inteligência Sênior, um SIS-4, e recebeu a Medalha de Distinção da Inteligência.

"Foi absolutamente brilhante", diz Jonna Mendez. "Nenhum de nós, nenhuma das mulheres, nenhum dos outros funcionários sabia que ela os estava processando, e ninguém sabia que ela havia ganhado. Foi ela quem colocou a CIA em alerta." De acordo com os termos do acordo, a Diretoria de Operações foi obrigada a rever seus critérios de promoção, beneficiando enormemente outras mulheres e sua capacidade de progredir.

***

Outras mulheres promoveram mudanças usando suas próprias alavancas de poder. Nas décadas de 1980 e 1990, houve uma série de operações internas lideradas por mulheres que, à sua maneira, se mostraram tão importantes quanto uma ponte que explode ou uma linha telefônica cortada na França ocupada pelos nazistas. Uma das mais impactantes foi planejada pela mais venerada ajudante não remunerada da agência: a alegre, calorosa, graciosa e bem-educada Barbara Colby. A quintessência da esposa da CIA, Barbara Colby passou décadas a serviço da segurança nacional americana, apoiando seu marido, William Colby. Depois de começar na Segunda Guerra Mundial como membro dos Jedburghs – unidades paramilitares britânico-americanas conjuntas –, Bill Colby ascendeu no serviço clandestino do pós-guerra, servindo na Europa e depois no Vietnã antes de se tornar diretor da CIA. Seu filho Carl acha que foi Henry Kissinger – talvez Richard Helms – quem descreveu Barbara Colby como "a esposa mais leal da CIA *de todos os tempos*". Foi Barbara Colby quem colocou e detonou a bomba que explodiu um princípio caro, embora não dito, de que as esposas da CIA deviam tudo ao seu país e o país não devia nada a elas.

Por muitos anos, apesar de toda a contribuição das esposas no exterior, elas não tinham direito a benefícios se seus maridos se divorciassem delas. E, mesmo nos melhores momentos, ser cônjuge significava uma enorme pressão. Os casais tinham pouca privacidade, especialmente em lugares como Cuba e Moscou, onde os apartamentos com escutas significavam que as discussões sobre filhos, dinheiro ou sexo tinham que ser levadas para a embaixada e discutidas em uma sala revestida de cobre. Barbara

Colby, como muitas esposas de agências de sua geração, era bem-sucedida e bem-educada – formada pela Barnard College, era amiga de pessoas poderosas como Eileen Ford, chefe da famosa agência de modelos; competiu em um game show no qual mostrou seu conhecimento sobre os Brooklyn Dodgers; e namorou Jack Warner, um dos irmãos Warner – mas, depois de casada, seu próprio mundo foi substituído por uma vida de "glória refletida", como Carl Colby disse. Ao contrário de algumas esposas que se tornaram insatisfeitas e cuja desilusão afetou as promoções de seus maridos, Barbara "não se tornou ressentida".

E, nos primeiros anos, o trabalho secreto na Europa tinha um certo charme; as esposas eram como Ingrid Bergman em *Interlúdio*, cúmplices glamourosas em jantares brilhantes e conversas secretas. "Quem somos nós hoje?", Barbara Colby sussurrava alegremente ao sair. Com a Guerra do Vietnã, as coisas ficaram mais difíceis e moralmente mais complexas. Já não era mais divertido. No início da década de 1960, na condição de chefe de estação em Saigon, tentando organizar os aldeões para se defenderem, William Colby cultivou um relacionamento próximo com o líder instalado pelos Estados Unidos, Ngo Dinh Diem. Há uma foto de Barbara e William Colby e dois de seus filhos reunidos com Diem, um ano antes de ele levar um tiro na cabeça. "Tivemos alguma participação nessa tragédia", refletiu Barbara Colby em um documentário que Carl Colby fez anos depois. "As coisas deram errado de alguma forma." Bill Colby tornou-se chefe da divisão do Extremo Oriente; retornando ao Vietnã, supervisionou o programa Phoenix, um esforço para combater a insurgência dos vietcongues. O programa se transformou no que "parecia muito mais um programa de assassinato", como disse o Senador Bob Kerrey, que foi ao Vietnã em 1969, embora Colby discordasse. Cartazes em Washington comparavam Colby a Heinrich Himmler.

Naquela época, os homens que dirigiam a agência, muitos deles ainda ex-agentes da OSS e Jedburghs, eram como os "Cavaleiros Templários", como disse Carl. Eles adoravam o que faziam. Mantinham-se unidos. E criaram as normas. Desde os dias da OSS, era aceito que, para os homens, o fato de serem casados não era impedimento para se divertir. Todo tipo de travessura heterossexual era aceito. A expressão "solteiro geográfico" era usada para descrever agentes casados que, em viagens desacompanhadas, tinham casos com mulheres locais, colegas mulheres ou ambos. Era comum que agentes divorciados se casassem novamente enquanto serviam no exterior, às vezes com mulheres asiáticas, que eles acreditavam serem mais subservientes e complacentes. Houve até mesmo situações em que os homens ameaçaram ferir fisicamente as esposas que não aceitavam o divórcio.

Em meados da década de 1970, Barbara Colby decidiu alterar o equilíbrio das coisas. Bem relacionada e sociável, ela tinha sua própria rede de cúmplices. As esposas de homens proeminentes desfrutavam de um considerável *"soft power"* no Capitólio, que passaram mais de um século acumulando. O Senate Wives' Club [Clube das Esposas do Senado] era administrado por mulheres influentes que, muitas vezes, também dirigiam os escritórios de seus maridos e, como a senadora republicana do Maine Margaret Chase Smith, às vezes assumiam cargos políticos depois que o marido morria. O Congressional Club [Clube dos Parlamentares] incluía as esposas dos membros da Câmara e do gabinete; essas mulheres geralmente cuidavam da correspondência de seus maridos, arrecadavam dinheiro e ajudavam a escrever discursos. Elas sabiam como a legislação era aprovada. Como disse o Presidente Lyndon Johnson: "A esposa – sua esposa – é o bem mais importante que você terá". Sabendo disso, Barbara Colby apoiou a legislação federal para garantir que toda ex-esposa de um funcionário público que passasse um tempo significativo no exterior recebesse parte da pensão do ex-marido. Assim como um mestre espião que administra uma rede, Barbara Colby convocou as esposas e ex-esposas da CIA para reunir a inteligência necessária para defender seu caso. Como parte do que poderia ser chamado de Operação Justiça para Ex-Exposas, Barbara Colby convidou Lisa Manfull Harper para seu elegante apartamento à margem do rio para ouvir sobre as experiências de Lisa trabalhando sem remuneração sob o disfarce de dona de casa. Barbara Colby "foi maravilhosa. Ela era uma grande patrícia. Era uma mulher que se importava, inteligente e conhecia as alavancas do poder", relembrou Lisa. Barbara Colby também tinha fortes laços com as esposas do Serviço de Relações Exteriores, que eram aliadas naturais.

E o fato é que os homens poderosos do Capitólio também gostavam dela. Ela entrava nos escritórios do senador democrata do Mississippi John Stennis, por exemplo, ou de Patrick Leahy, de Vermont, usando seu charme e seu status não oficial, mas real. Ela tinha o tipo de ar vencedor que os atraía; e a capacidade, como Carl disse, de "entrar para matar". Ela não aceitava um "não" como resposta. A lei, aprovada em 1980, foi patrocinada por Pat Schroeder, a congressista democrata do Colorado, uma mãe trabalhadora que também seria a principal força por trás da Lei de Licença Médica e Familiar de 1993, a primeira lei norte-americana a garantir a segurança no emprego para os trabalhadores que tirassem férias para cuidar de filhos, pais ou outros parentes. A lei que Barbara Colby ajudou a concretizar foi uma vitória para todos os cônjuges que estavam trabalhando, incluindo, no fim, os homens.

E William Colby a apoiou. "Meu pai e sua turma não tinham nenhum problema com isso", disse Carl, lembrando que o seu pai nunca se esqueceu da bravura das mensageiras na Noruega ocupada durante a guerra, que levavam mensagens e enfrentavam represálias nazistas. Todos sabiam que as esposas da CIA haviam sido maltratadas; como poderiam se opor? Quando, em 1984, William Colby pediu o divórcio e se casou com uma mulher mais jovem, a diplomata Sally Shelton, foi uma surpresa para muitos, inclusive para Barbara. "Meu pai é totalmente a favor dessa legislação e depois se divorcia dela", refletiu Carl Colby. "É uma espécie de ironia."

Porém, mesmo após a aprovação da lei, houve um desafio: garantir que as ex-esposas da CIA soubessem do novo benefício e como obtê-lo. Muitos de seus ex-cônjuges trabalhavam disfarçados, usando pseudônimos. Uma ex-esposa podia ligar para a sede, informar o nome do homem com quem havia se casado e receber a resposta: "Nunca ouvi falar dele". Assim, a ex-Sra. Colby conduzia uma operação de acompanhamento. Para isso, Barbara recrutou Martha Jane "Marti" Peterson, uma esposa da CIA que havia se tornado uma agente de operações das melhores e que estava muito familiarizada com o que as esposas enfrentavam em missões difíceis no exterior. Na década de 1970, o marido de Martha Peterson, John, havia trabalhado como agente paramilitar no Laos. Recém-casada, Martha

Peterson viajou para o Sudeste Asiático sem ter ideia de para quem o marido trabalhava. No Laos, ela foi colocada para trabalhar na estação ao lado de outras esposas que estavam "datilografando, arquivando, triturando, colocando alfinetes em um mapa". As esposas eram pagas no nível GS-4. Martha Peterson tinha mestrado pela Universidade da Carolina do Norte em Chapel Hill e experiência como professora e no setor de viagens. Ela achava "ofensivo" tudo o que dizia respeito à maneira como as esposas eram tratadas.

Em 1972, John Peterson morreu em um acidente de helicóptero. Ele havia deixado seus bens para os pais, e a viúva devastada precisava se sustentar. A CIA lhe ofereceu um emprego como secretária e outro como assistente de um chefe de estação casado, que deixou claro que queria uma parceira sexual. Ela recusou os dois empregos.

Um amigo da agência sugeriu que ela se candidatasse ao serviço clandestino. E assim Marti Peterson entrou no treinamento de carreira alguns anos antes de Heidi August e Lisa Harper. Quando um colega da Fazenda sugeriu que fizesse anotações em uma reunião, ela lhe disse: "Vá à merda". Sua formatura ocorreu em um momento oportuno – para ela –, quando a CIA estava tomando conhecimento de um grande problema na Estação de Moscou. A KGB havia feito um trabalho tão bom ao identificar os agentes da CIA nas estações europeias que, quando esses agentes apareciam em postos em Moscou, seus rostos já eram conhecidos pelos colegas soviéticos. A CIA precisava de um rosto novo. Quem melhor do que uma viúva da CIA? Alguém que tivesse treinamento, mas não tivesse um portfólio de arquivos. Em 1975, a divisão decidiu testar Marti Peterson como a primeira agente de casos feminina em Moscou.

Marti Peterson era exatamente a tábua rasa de que a Moscow Station precisava. Ela chegou em novembro de 1975, trabalhando em um emprego de fachada no escritório consular do Departamento de Estado. Seu verdadeiro trabalho era lidar com Aleksandr Dmitrievich Ogorodnik, um ativo vital da CIA que havia se voluntariado para trabalhar na América do Sul. Seu nome de código era TRIGON, e ele forneceu um tesouro inestimável de material, escondido em pedras falsas, tocos de árvores falsos e outros dispositivos de "*dead drop*".

Primeira espiã americana em Moscou, Peterson cumpriu sua missão melhor do que qualquer um poderia imaginar. Ela criou o disfarce de "Party Marti", apresentando-se como uma funcionária consular descolada, a Marlo Thomas.[19] do serviço no exterior, apenas uma garota solteira e despreocupada que carimbava vistos e adorava socializar e viajar. Esse disfarce lhe deu a desculpa perfeita para viajar livremente, comunicando-se com a TRIGON e visitando lugares. Com apenas trinta anos e solteira, ela declarou: "Segui o padrão feminino. Eu ia a reuniões de queijos e vinhos, tinha amigas, saíamos em meu carro para ver igrejas. E eu namorava fuzileiros navais. Eu me encaixava no perfil de uma jovem solteira que saía para se divertir". Ela tomava coquetéis na Spaso House, a residência do embaixador dos Estados Unidos; tomava cerveja na Marine House; ia a festas nas escadas da embaixada norte-americana, um grande e antigo prédio amarelo em Moscou. Os funcionários da embaixada tinham apartamentos nos andares inferiores e no perímetro. Nas escadarias com grandes patamares, "nós pegávamos a tábua de passar roupa e a armávamos como um bar, e quem tinha um apartamento ali abria a porta e trazia as caixas de som, e assim era a nossa festa".

Seus colegas homens tinham certeza de que ela estava sendo vigiada. Ela tinha certeza de que não estava. Eles verificaram. Ela estava certa.

Martha Peterson cuidou de TRIGON por quase dois anos. No entanto, no verão de 1977, um traidor expôs esse ativo insubstituível, e a KGB o prendeu. Durante o interrogatório, ele cometeu suicídio tomando uma "L-pill"[20], ou seja, um veneno escondido em sua caneta, que a estação da CIA havia fornecido a seu próprio pedido. Em 15 de julho de 1977, quando sua prisão ainda não era conhecida, Martha Peterson foi buscar um cadáver. A KGB a emboscou e a agarrou, depois a prendeu e a interrogou na prisão de Lubyanka, expulsando-a no dia seguinte. Suas fotos foram publicadas nos jornais internacionais.

O disfarce de Peterson foi descoberto e ela foi mandada de volta para casa, mas não antes de provar que as mulheres podiam operar com

---

19 Marlo Thomas é uma atriz nascida nos Estados Unidos em 1937 conhecida pelo ativismo feminista (N. E.).
20 Pílula de cianeto, também conhecida como pílula suicida.

eficiência em áreas negadas, subestimadas, invisíveis e, muitas vezes, sem experiência. Ao retornar aos Estados Unidos, Peterson construiu uma carreira no quartel-general, treinando agentes que trabalhavam em áreas como Cuba, Europa Oriental, China e Moscou. Depois de se casar novamente, ela foi trabalhar em uma unidade que dava apoio às famílias da CIA. Era um trabalho de escritório com horários razoáveis que lhe permitiam ter tempo com os filhos. O escritório de assistência à família tinha um conselho consultivo do qual Barbara Colby fazia parte. Com seus longos anos de serviço comprometido, Barbara continuou sendo parte integrante da cultura da CIA: animada, querida e muito divertida.

Barbara Colby recrutou Peterson para montar a segunda fase da Operação Justiça para Ex-Esposas e informar as ex-cônjuges sobre os benefícios a que tinham direito. "Tivemos a ideia de realizar uma conferência ou uma reunião de um dia na propriedade da sede na bolha" – um auditório seguro no gramado da frente da sede, branco e listrado, como um iglu gigante – "e convidaríamos todas as ex-esposas", diz Peterson, que, em sua função de contato com as famílias da CIA, estava perfeitamente posicionada para acessar os bancos de dados necessários e mexer os pauzinhos. Eles elaboraram uma lista e, como dizem, entraram em contato.

Assim, surgiu uma cena notável nas dependências de Langley: ex-esposa após ex-esposa entrando no campus, passando pelo controle de segurança e indo para o auditório. "Tivemos cerca de sessenta ex-esposas", lembrou Peterson, com alegria. Um agente da CIA tinha quatro esposas, como ela se lembrava, e as duas que elas conseguiram localizar compareceram. Ela e Colby forneceram informações sobre assistência médica, pensões e outras vantagens. "Passamos o dia todo fazendo isso no auditório. Foi maravilhoso. E eu sabia que o departamento pessoal estava se encolhendo."

Na manhã da segunda-feira seguinte, Martha Peterson recebeu uma ligação irritada do sétimo andar. Naquele momento, já era tarde demais. A operação havia sido bem-sucedida.

Capítulo 11
A Miss Marple da Casa da Rússia

MCLEAN, VIRGÍNIA
1995

Durante seu período na sede, Martha Peterson também recebia visitas periódicas de um trio de mulheres com perguntas sobre aspectos do trabalho de espionagem em Moscou. Ninguém sabia no que as mulheres estavam trabalhando, e elas não diziam. As mulheres estavam participando de uma operação de bastidor por excelência, com enorme importância e repercussão. Elas se beneficiavam do anonimato de seu trabalho e do fato de que, para muitos, pareciam mulheres bem comuns, apenas algumas mulheres-tênis imperceptíveis fazendo alguma coisa com papel ou registros em algum lugar. O trio trabalhava na contrainteligência, investigando a única coisa que toda agência de espionagem teme: a penetração de um serviço adversário. Nesse caso, o adversário era a KGB. Assim como a CIA se esforçava para fazer agentes soviéticos espionarem em nome dos Estados Unidos, a União Soviética fazia o mesmo. A duplicação de informações podia se tornar confusa até mesmo para os espiões: em 1985, Vitaly Yurchenko desertou para os Estados Unidos, mas depois se levantou e saiu do Au Pied de Cochon, um restaurante de Georgetown, retornando aos seus mestres soviéticos. A KGB não era o único serviço de espionagem que buscava recrutar agentes da CIA como ativos – outros adversários também o faziam –, e a contrainteligência era fundamental para repelir essas incursões. Mas, como em outros empreendimentos de bastidores, a contrainteligência era meticulosa, de baixa visibilidade e com tendências femininas.

As três mulheres, Jeanne Vertefeuille, Sandy Grimes e Diana Worthen, trabalhavam para Paul Redmond, um rabugento conhecido por seu temperamento, seu hábito de flertar e sua tendência a se cercar de mulheres que trabalhavam duro e eram inteligentes. A equipe de Redmond estava conduzindo "a primeira investigação de contrainteligência apoiada por computador na história da CIA", uma operação que se tornaria um divisor de águas nos anais da agência – e exporia as muitas fraquezas, nesse caso fatais, da cultura masculina da camaradagem.

No verão de 1985, a Estação de Moscou da CIA descobriu, para seu choque e consternação, que os ativos soviéticos estavam desaparecendo, um a um. Esses ativos conquistados a duras penas acabaram sendo vítimas de "detenções, prisões, julgamentos e execuções em massa" pela KGB, como Jeanne Vertefeuille e Sandy Grimes disseram em um livro de memórias, *Circle of Treason* [Círculo de traição, em tradução livre]. Foram perdas devastadoras para a CIA como instituição e pessoalmente para os agentes que lidavam com os ativos. Aqueles que souberam das perdas foram forçados a considerar o impensável. Poderia haver um espião dentro da CIA? Alguém com sangue-frio suficiente para fornecer à KGB os nomes dos agentes soviéticos que trabalhavam para o serviço de espionagem americano? As mulheres, juntamente com um colega, Dan Payne, formaram a espinha dorsal da equipe designada para encontrar o traidor e persistiram durante anos de fracassos, pistas falsas e becos sem saída. Ninguém poderia ter sido mais bem qualificado em termos de poder de persistência para examinar os dados, a inteligência para saber o que eles significavam e um desgosto havia muito tempo latente com o sexismo ao qual elas próprias haviam sido submetidas e com o *status quo* que o perpetuava. A chefe do trio, Jeanne Vertefeuille, era descendente espiritual das mulheres do tempo da guerra da Estação W: astuta, bem-educada e havia muito tempo relegada a cargos muito inferiores a ela. Ela se assemelhava a Jane Marple, de Agatha Christie, no sentido de que, como uma mulher de certa idade, as pessoas subestimavam seu intelecto aguçado e suas avaliações perspicazes. "Ela sempre foi vista como esquisita", lembra

Heidi August. "Ela era muito parecida com uma pessoa do tipo velha guarda. Usava saias compridas, não era casada e era uma dessas pessoas que... podia lhe contar mais sobre os russos e suas famílias do que os russos poderiam lhe contar." Mike Sulick, chefe da estação em Moscou, disse que Vertefeuille, no entanto, fazia "um estrago" em um bar.

A carreira de Jeanne Vertefeuille se desdobrou como uma história clássica de preconceitos relacionados a gênero. Ao se formar na Universidade de Connecticut em 1954, ela estava ansiosa para trabalhar no exterior e, para isso, um recrutador da CIA na feira de empregos de sua faculdade advertiu que ela faria bem em "adquirir habilidades de secretariado". Vertefeuille, fluente em alemão e francês, percebeu que "o único critério" que importava era a datilografia. Assim, ela se matriculou em uma faculdade de administração de empresas, onde aprendeu a datilografar e a taquigrafar. Contratada pela CIA, Vertefeuille começou fazendo trabalho administrativo, consultando diretórios roubados de cientistas norte-coreanos e datilografando pequenas biografias em cartões de 3 x 5. Em uma entrevista para um cargo permanente, ela discutiu com seu examinador sobre os méritos de Chiang Kai-shek[21] e "se era possível caracterizar os comunistas como reformadores agrários". Tendo "estudado história do Extremo Oriente na faculdade", ela "sabia mais sobre o assunto do que meu examinador", mas, apesar disso – ou talvez por causa disso –, foi colocada como faz-tudo em um posto avançado na África Ocidental Francesa.

Verteuille serviu por duas vezes na África e adorou, mas esbarrou no inevitável teto de vidro.[22] Na divisão da África, a "política (expressa livremente naquela época) consistia em não promover mulheres acima do nível GS-7", então ela aceitou um posto em Helsinque, onde as mulheres, sem nenhuma razão clara, podiam alcançar o nível GS-9. Suas tarefas incluíam atualizar o caderno REDCAP da estação, uma espécie de fichário biográfico que continha "uma lista abrangente de todas as

---

21 Chiang Kai-shek foi o presidente ditador da China entre 1928 e 1949, e de Taiwan entre 1950 e 1975 (N. E.).
22 A expressão "teto de vidro" se refere às barreiras invisíveis enfrentadas pelas mulheres para ocupar cargos de liderança no mercado de trabalho (N. E.).

autoridades soviéticas" na região. Um trabalho tedioso, mas pedagógico. Depois de quatro anos na Finlândia, ela notou que agora as mulheres podiam se candidatar ao treinamento profissional e, em 1966, tornou-se uma das sete mulheres da Fazenda em uma turma de quase setenta trainees. Os agentes de casos tinham que ser certificados no curso completo, e, como Lisa Harper depois dela, ela estava limitada ao curso curto. Assim, ela se tornou chefe do humilde "setor de biografia" do que se tornou a divisão soviética e do Leste Europeu (SE), processando "milhares" de registros de nomes.

Lá, fez bom uso do tédio. Vertefeuille começou a estudar russo e trabalhou na tradução e edição de material fornecido por desertores soviéticos e por Dmitri Polyakov, um general da GRU [o escritório de inteligência da União Soviética] que era um recurso vital da CIA. Ela se tornou chefe de produção de contrainteligência, editando todos os documentos e relatórios.

Ao longo do caminho, ela se tornou amiga de Sandra Grimes, formada em 1967 pela Universidade de Washington, que havia se deparado com suposições sexistas semelhantes. Em 1970, ao solicitar ascensão na carreira, perguntaram a Grimes "quando eu planejava engravidar" e disseram que "a maternidade acabaria com minha carreira". Em resposta, Grimes perguntou ao examinador quando ele planejava ter seu próximo filho. Apesar dessa impertinência, ela foi aprovada. Ela também entrou para a divisão da União Soviética e do Leste Europeu, o que a colocou na órbita de Vertefeuille. Em janeiro de 1986, Grimes foi chamada por Burton Gerber, ex-chefe da Estação de Moscou, e "ouviu em silêncio atônito enquanto ele contava perda após perda dos ativos soviéticos da divisão". A redução dos ativos da CIA havia começado. Polyakov desapareceu. Os danos causados por essas perdas "eram inexprimíveis".

Grimes chamou Diana Worthen, formada pela Universidade do Novo México, que entrou para a agência como secretária-estenógrafa e agora era analista. As três mulheres começaram a informatizar mais de trinta anos de dados de contrainteligência e, em 1991, a caça ao traidor começou na sala dos fundos que elas abriram. Elas trouxeram duas outras mulheres experientes, Sue Eckstein e Myrna Fitzgerald. Seu espaço de trabalho era "um cofre dentro de um cofre, que consistia em um labirinto de várias salas pequenas em um canto distante do subsolo do novo prédio da sede".

Considerando uma longa lista de suspeitos, a equipe de bastidores se concentrou em Aldrich "Rick" Ames, um agente de casos indistinto cujo comportamento até então tinha sido padrão para um agente branco heterossexual, medíocre, problemático e isolado pelo revestimento de teflon dos "caras". Ames foi contratado por um legado cujo pai trabalhou para a CIA. Em 1969, ele se casou com uma analista, Nancy Jane Segebarth, cujas habilidades eram superiores às dele. Segebarth, apesar de ter um grau mais alto que o do marido, havia sido designada para "um trabalho de rotina que não combinava com seus talentos" e pediu demissão para aceitar um trabalho mais bem remunerado no setor privado. Ames continuou sua carreira na agência, onde seu comportamento arrogante e o consumo excessivo de álcool não levantaram uma única sobrancelha entre seus colegas homens. Quando ele foi enviado para o México, sua esposa, que não queria deixar o emprego, não foi. Solteirão geográfico, ele começou a aparecer em festas com uma namorada, Rosario.

Apenas um colega operacional achou seu comportamento inadequado: Janine Brookner, colega de Lisa Harper na Fazenda, locada na Estação de Nova York, que tinha como alvo a sede das Nações Unidas. Quando Ames foi designado temporariamente para essa estação, sua falta de cautela chocou Brookner. Ames, um fanfarrão narcisista, falava de forma imprudente sobre as operações e levava Rosario para um esconderijo em Manhattan. Brookner enviou uma advertência à sede, mas ela foi ignorada. "Ele deveria ter sido demitido imediatamente", disse mais tarde um agente de serviços clandestinos. No ano seguinte, Ames começou a espionar para os soviéticos, revelando os nomes de agentes da KGB que eram ativos da CIA. Divorciado, ele se casou com Rosario e foi para Roma em uma missão de três anos. Quando retornaram, Diana Worthen, que conhecia o casal, "notou uma mudança substancial em seu estilo de vida". Eles compraram uma casa grande em uma "área chique do norte de Arlington" e começaram a fazer reformas luxuosas. Ames comprou um Jaguar novo para ele e um Honda Accord para Rosario. Mas foi um pequeno detalhe que fez o detector de besteiras de Worthen tremer: a observação de Rosario de que eles estavam "reformando todas as janelas". Um agente comum da CIA teria encomendado cortinas ao longo do tempo, cômodo por cômodo, conforme o salário permitisse. De onde estava vindo todo aquele dinheiro?

Sandy Grimes começou a construir uma cronologia do paradeiro de Rick Ames. Com a intenção de ser uma linha do tempo curta, sua cronologia "acabou se tornando um documento de processamento de texto pesquisável com mais de quinhentas páginas". A equipe vasculhou os registros em busca do nome verdadeiro de Ames, bem como de nomes de fachada. Eles registraram os horários em que ele entrava e saía da sede, seus intervalos para fumar, os raros dias em que chegava mais cedo. Analisaram suas avaliações, seus contatos relatados, as vezes em que ele se encontrava com contatos mas não os relatava. Examinaram os pagamentos bancários e de cartão de crédito.

"Em agosto de 1992, Sandy acertou em cheio", diz o livro de memórias das mulheres. Grimes viu três correlações entre reuniões com um conhecido agente soviético e depósitos subsequentes na conta corrente de Ames. Os casos ocorreram em maio e julho de 1985, na época em que a CIA começou a perder seus ativos soviéticos. Foi uma epifania: "Rick é um maldito espião russo".

Ames estava de olho nelas e fazia questão de cruzar seu caminho. Observando sua "atitude condescendente em relação às mulheres", Grimes e Vertefeuille escreveram que "tivemos a nítida sensação de que ele ficou satisfeito em saber que eram duas mulheres que estavam liderando a investigação dos compromissos de 1985, porque seria mais fácil nos enganar". No dia em que Sandy Grimes começou a trabalhar no Centro de Contrainteligência, Ames se aproximou e "perguntou a ela sobre sua nova tarefa". Quando ela lhe contou, "Rick imediatamente começou uma palestra sobre os princípios mais básicos de uma operação de contrainteligência". Ele explicou às investigadoras como conduzir uma investigação.

Apesar das evidências, demorou muito tempo para que os avisos de Sandy Grimes fossem atendidos. Os agentes do FBI se juntaram à caçada e passaram a se concentrar em um culpado diferente. Dois anos se passaram enquanto o FBI perseguia uma pista falsa. Mas as evidências foram se acumulando e se revelaram esmagadoras. Em 21 de fevereiro de 1994, Rick Ames foi preso por ter causado uma das mais catastróficas e trágicas violações de segurança da história da CIA. O FBI tentou levar o crédito por sua prisão, escreveram Vertefeuille e Grimes, dando "a impressão de que eles haviam feito todo o trabalho real". A CIA foi criticada pelo Congresso – por ter demorado tanto.

Ninguém menos que Jeanne Vertefeuille foi levada a uma sessão fechada do Comitê Permanente Seleto de Inteligência da Câmara, sentindo-se, como ela disse, um "cordeiro sacrificado". O livro de memórias relata que um parlamentar, Dan Glickman, achou por bem perguntar a ela: "O que a faz pensar que você é capaz de liderar uma investigação de contrainteligência?". Ela saiu "não apenas furiosa, mas desanimada". O chefe delas, Paul Redmond, recebeu uma medalha; Vertefeuille recebeu um prêmio de menor prestígio; Sandy Grimes recebeu um prêmio ainda menor. Tanto Grimes quanto Vertefeuille boicotaram a cerimônia em protesto.

Capítulo 12

O QUE VOCÊ VAI FAZER COM O BARCO?

AMÉRICA LATINA E MCLEAN, VIRGÍNIA
Década de 1990

O caso Ames veio a público no exato momento em que os Estados Unidos estavam passando por um acerto de contas muito mais amplo sobre o comportamento tóxico de malfeitores como Ames, que havia muito tempo gozavam de poder e da proteção dos "caras". A metade da década de 1990 representou um momento nacional em que as mulheres de muitos setores lutaram para aumentar a conscientização de como as coisas podiam ser ruins e de como a oposição ao seu progresso estava arraigada; e para mudar o cenário.

As audiências de confirmação televisionadas em 1991 do indicado para a Suprema Corte Clarence Thomas deram início ao acerto de contas. Uma mulher solitária, Anita Hill, assumiu seu lugar em um microfone acompanhada apenas por um copo d'água, com sua família sentada atrás dela, enquanto descrevia o assédio sexual que supostamente havia sofrido em seu emprego no governo. O Comitê Judiciário do Senado dos Estados Unidos, formado exclusivamente por homens brancos, ouviu com incredulidade Hill relatar sua experiência como jovem advogada na Comissão de Oportunidades Iguais de Emprego – justamente ali –, onde seu chefe, Clarence Thomas, supostamente a submetera a comentários sobre pornografia, sexo com animais, pelos pubianos e sexo oral.

É difícil entender por que os senadores ficaram tão perplexos, uma vez que esse tipo de comportamento era um segredo compartilhado em Washington desde que o país existe. Nos arquivos do Senado dos Estados Unidos há um testemunho arrepiante do que a cultura do Capitólio já permitiu: uma história oral de Bobby Baker, secretário da maioria democrata do Senado e articulador de Lyndon Johnson em seu papel como líder da maioria no Senado. Baker evocou uma cena quase medieval. O Senador Burnet Maybank, segundo ele, bebia "meio copo de bourbon" quando acordava; o Senador Clyde Hoey chamava uma mulher para "tentar brincar com seus seios". Os ajudantes do Senado eram enviados para comprar preservativos; Jacob Javits era um "maníaco sexual" flagrado pelo rapaz da correspondência "em seu sofá em pleno ato sexual com uma mulher".

Mesmo na década de 1990, dois senadores democratas, Chris Dodd e Ted Kennedy, supostamente se envolveram em um jogo de "sanduíche de garçonete" no La Brasserie, um bar em Washington.

Apesar das evidências por toda parte, os senadores na audiência de Clarence Thomas ficaram tão céticos que pediram a Hill que repetisse os detalhes mais picantes. Thomas foi confirmado na indicação ao cargo.

O espetáculo provocou uma reação dos eleitores. Em 1992 – o chamado Ano da Mulher –, quatro novas senadoras americanas se juntaram à democrata de Maryland, Barbara Mikulski, para um recorde histórico de cinco senadoras em um total de cem. Esse pequeno grupo ajudou a provocar outra reviravolta quando as atenções se voltaram para o senador do Oregon Bob Packwood, um republicano moderado pró-escolha. Durante um julgamento histórico, mais de *dezessete* funcionárias e estagiárias se apresentaram para testemunhar que Packwood as havia assediado e agredido sexualmente. Packwood mantinha um diário de alguns desses atos, admitindo que havia "feito amor" com 22 assessoras e tido um "relacionamento apaixonado" com "provavelmente mais 75". Foi um momento crucial em uma das instituições mais sagradas dos Estados Unidos, quando o clube dos "caras" expulsou um de seus membros. Diante da expulsão, Packwood pediu demissão. Naquele mesmo ano, a eleição do Presidente Bill Clinton levou a outro espetáculo relacionado a sexo; assim como Packwood, Clinton era um aliado profundamente falho do movimento feminino, um político pró-escolha que se manifestou muito a favor das mulheres, inclusive de sua própria esposa, a então Primeira-Dama Hillary Clinton, mesmo sendo infiel e supostamente se aproveitando de assessoras e funcionárias públicas.

Em Washington, as regras estavam mudando e as pessoas começaram a se sentir confusas e em pânico. Na sede da CIA, houve conversas sobre como fazer as mulheres serem promovidas mais rapidamente. Foi criado algo chamado "painel 13 a 14", um esforço para colocar as mulheres em posições de base que as tornariam elegíveis para cargos mais altos. Foi compilado um relatório chamado "The Glass Ceiling Study" [Estudo sobre o teto de vidro], que continha estatísticas contundentes mostrando que as mulheres ocupavam 40% dos cargos qualificados, mas apenas 10% dos cargos no Serviço de Inteligência Sênior, e que elas geralmente chegavam ao GS-14, enquanto os homens subiam muito mais. As mulheres, os negros, os asiáticos e outras minorias, segundo o relatório, eram sempre relegadas a níveis inferiores. Mas o estudo, assim como a maioria dos relatórios e comissões, teve pouco resultado além de permitir que a instituição afirmasse que estava estudando o problema e que se preocupava com o modo como ele havia ocorrido.

***

Assim, as mulheres assumiram o problema. Heidi August e sua amiga Mary Margaret Graham começaram a comparar anotações. Naquela época, Heidi já havia consolidado seu compromisso com o contraterrorismo: após o sequestro em Malta, ela abriu uma estação em Dublin, na Irlanda, onde aprendeu a apreciar o Baileys Irish Cream e coletou informações sobre os laços entre o Exército Republicano Irlandês e Muammar Qaddafi, que apoiava o IRA por causa do ódio de ambos contra os britânicos. De lá, Heidi serviu como chefe de base em Jerusalém durante a Primeira Intifada palestina – que foi uma manifestação espontânea da população palestina contra a ocupação israelense, em 1987. Ela morava em um bairro árabe em Jerusalém Oriental, no segundo andar de um complexo de propriedade de um farmacêutico palestino com seis filhos. As crianças gostavam muito de Heidi, e ela gostava muito delas.

Assim como Lisa Harper, Heidi tirava proveito de seu gênero quando trabalhava disfarçada. "Ok, quem quer ir tomar sorvete?", ela perguntava às crianças quando precisava fazer uma pequena manobra segura, como dar um telefonema de uma cabine pública. Ela saía sob o disfarce de babá, uma chefe de estação da CIA que já havia se passado por cuidadora de crianças. Para chegar às reuniões com os ativos, ela pegava carona na van do farmacêutico. Era mais seguro do que dirigir pela Cisjordânia em um carro com placas diplomáticas dos Estados Unidos. Nessa mesma época, Mary Margaret Graham, que iniciou sua carreira como babá na casa de um general americano, tornou-se uma respeitada agente de operações. Seu único contratempo na carreira ocorreu quando ela ficou noiva de um escocês e foi obrigada a sair de licença sem remuneração enquanto aguardava a investigação dos antecedentes dele. Quando ela reclamou com seu chefe sobre o tempo que a investigação estava levando, ele perguntou por que ela não havia acelerado o processo de seu noivo. A agência fazia isso o tempo todo para os homens, disse a ela.

Mary Margaret Graham e Heidi August decidiram mapear as cinquenta principais posições no exterior e perceberam que poucas eram ocupadas por mulheres. "Quando você faz um gráfico como esse... caramba!", disse Heidi. Elas concordaram em "entrar em nossos escritórios específicos" para trazer à tona mulheres talentosas. Heidi se concentrou em uma escriturária que viria a se tornar agente de casos e chefe de estação. Mary Margaret Graham tornou-se defensora de muitas mulheres, inclusive de uma agente promissora chamada Gina Haspel.

E, em 1994 e 1995, quando o caso Ames estava se tornando público, duas ações judiciais de grande repercussão deixaram a agência ainda mais desorganizada, mergulhando a irmandade de agentes femininas no caos e na discórdia, mesmo quando provocaram uma verdadeira mudança.

***

O primeiro envolveu Janine Brookner, uma agente de casos que entrou no treinamento de carreira em 1968, na mesma classe de Lisa Harper. Entrevistei Brookner em dezembro de 2020, quando ela estava com câncer de rim em estágio avançado. Pequena e elegante, vestindo uma jaqueta bufante de couro, ela me recebeu em sua casa arejada e ricamente decorada em Georgetown, com vista para o rio Potomac. Brookner foi gentil, mesmo enquanto aguardava notícias sobre sua elegibilidade para um transplante. Ela tinha dois cães malteses brancos, Tony e Cleo, tão pequenos e mimados que precisavam ser carregados para subir o único degrau da escada que separava a sala de jantar da sala de estar. Faleceu alguns meses depois de conversarmos.

Depois de se formar na Fazenda, Brookner recebeu ofertas de emprego como analista e agente de relatórios; quando recusou esses empregos, foi colocada em um trabalho ilegal na sede, tão "supersensível" que não podia ser informado do que se tratava. Levada para as entranhas da sede, ela descobriu que se tratava da infame operação de espionagem doméstica, "trabalhando com o FBI contra estudantes americanos dentro e fora do país, Panteras Negras[23] e até mesmo freiras". Ela fez isso sob protesto, contou-me, dizendo ao supervisor que espionar concidadãos não era o motivo pelo qual ela havia entrado para a CIA.

Em busca de uma rota de fuga, Brookner conseguiu um cargo de agente de casos nas Filipinas, onde o chefe da estação não gostou de vê-la. Ele a proibiu de fazer o trabalho real de agente de casos e a designou para ler jornais e informá-lo. Assim, Brookner saía por conta própria, pagando seus próprios jantares de encontros estratégicos, participando de festas, conhecendo "todo tipo de gente que era alvo legítimo, desde o palácio presidencial até o Partido Comunista", escrevendo relatórios de contato sobre os alvos. Seu chefe assinava os relatórios e os ignorava.

Depois de nove meses, chegou um novo chefe, George Kalaris. Quando ele soube que Brookner havia sido designada para ficar sentada em uma mesa, ficou incrédulo e perguntou se ela poderia recrutar algumas das pessoas cujos nomes e números havia registrado. Ela se surpreendeu com a rapidez com que conseguiu. "Perguntei a um rapaz se ele gostaria de trabalhar para a agência e trabalhar para mim. Achei que ele diria que

---

[23] Os Panteras Negras eram um movimento político norte-americano que pleiteava direitos civis, a igualdade social e combatia a violência policial (N. E.).

sim. Eu era jovem e ingênua, e era meu primeiro recrutamento. E ele disse: 'Posso pensar sobre isso?'. E, em vez de dizer: 'Sim, fique à vontade', eu disse: 'Você não pode me dizer agora?'. E ele disse: 'Tudo bem'."

Kalaris começou a alardear suas conquistas. "Ele se sentava lá e nós tínhamos reuniões semanais, e ele me elogiava, ok, a estrela dourada desta semana vai para Janine." Quando chegou a hora de Brookner assumir seu cargo seguinte, ela recebeu muitas ofertas. Aceitou uma vaga na Tailândia, uma estação mal administrada onde, segundo ela me contou, o chefe, casado, havia abandonado a família e estava tendo um romance complicado com uma agente de casos que havia ido morar com ele. Brookner também trabalhou no escritório de Nova York, onde denunciou a conduta de Rick Ames – sem sucesso.

Em 1988, Brookner começou a procurar seu posto seguinte. Havia uma vaga para um chefe de estação na Jamaica, que era "conhecida como uma estação muito, muito difícil". A ilha tinha problemas com a criminalidade; não havia boas escolas. Um chefe recente havia saído em uma situação nebulosa, disse ela, quando a esposa dele destruiu o carro do casal ao voltar de um encontro com o amante. Havia rumores de festas de sexo grupal; o moral estava ruim. "Mas foi a única estação que consegui que tivesse um tamanho decente e boas operações, um orçamento razoável, uma chance para eu provar meu valor como chefe de estação."

Foi difícil reunir uma equipe, dadas as dificuldades. Ela encontrou um delegado que recomendou uma colega. A mulher tinha um histórico duvidoso, mas alegou "não ter se saído bem na última tarefa porque trabalhava para um porco machista". Isso parecia plausível, então Brookner a contratou. Ao começar, ela sabia que tinha pelo menos cinco funcionários problemáticos. "Achei que poderia trabalhar com eles. Já havia trabalhado com casos difíceis antes. Achei que era uma boa gerente."

Desde o início, surgiram problemas. A agente de casos ficou bêbada em uma festa e começou a falar mal da CIA. Brookner relatou a falha de segurança. Outro funcionário estava fraudando suas finanças. Ela o obrigou a devolver o dinheiro. Outro apontou uma arma para a cabeça de seu segurança e "ameaçou matá-lo se o pegasse dormindo". Brookner confiscou as armas. Então, certa manhã, quando ela estava sentada à beira da piscina desfrutando de uma xícara de café e de um momento de paz, o telefone tocou; era a esposa de seu subchefe da seção, "soluçando e chorando". Disse a Brookner que o marido estava batendo nela desde que haviam se casado. O subchefe a sufocou até que sua esposa desmaiasse. Ela era de Bangladesh. Houve um processo judicial, e Brookner testemunhou a favor da esposa.

Ao retornar a Langley, ela fez um curso de idiomas em preparação para se tornar chefe da estação em Praga. Mas em novembro de 1992, o cargo em Praga foi retirado. Brookner se viu relegada a um cubículo sem janela ou telefone. Ela foi chamada para falar com o inspetor-geral, onde foi informada de que uma queixa havia sido registrada. Brookner estava sendo acusada de assédio sexual e consumo de álcool. Seus ex-subordinados na Estação da Jamaica a acusaram de usar "shorts curtos e camisetas finas", de não usar "nenhuma roupa íntima perceptível" e de se vestir de modo a fazer "alguns homens acreditarem que ela poderia se aproximar" deles. Eles reclamaram que ela havia preparado um peru de Ação de Graças no horário de expediente.

O inspetor-geral aceitou as acusações e as ampliou, escrevendo em um relatório em dezembro de 1992 segundo o qual Brookner bebia e era uma "provocadora sexual" e que deveria ser impedida de assumir o cargo em Praga. Quando seu ex-chefe, George Kalaris, descobriu, segundo ela, ele e a esposa recomendaram um advogado e a incentivaram a entrar na justiça. "Foi assim que tudo começou", lembrou Brookner. "Eu nunca pensei, pretendi ou poderia imaginar processar a CIA."

Em 14 de julho de 1994, Brookner entrou com um processo federal de discriminação sexual, alegando que havia atingido o "teto de vidro". O processo afirmava que seus ex-funcionários estavam querendo derrubá-la; que a promoção para Praga lhe havia sido negada porque o delegado de lá disse que não trabalharia para uma mulher. Ela estava disfarçada, então o processo a identificou como Fulana Thompson. Uma matéria de primeira página do *The New York Times* deu a notícia sobre o processo e também revelou seu disfarce. A primeira frase dizia: "Segundo todos os relatos, Janine Brookner era uma excelente espiã".

Brookner leu o artigo e começou a chorar. O artigo incluía palavras efusivas de apoio de altos funcionários: Kalaris disse que ela havia feito recrutamentos importantes e que, sozinha, havia mudado suas ideias sobre o valor das mulheres como agentes de casos. "Estou surpreso que essas alegações tenham ganhado qualquer credibilidade ou impulso", disse ao *Times* o embaixador dos Estados Unidos na Jamaica, Glen Holden, na época em que ela trabalhara lá. A equipe do inspetor-geral não se deu ao trabalho de entrevistá-lo. "Eu tinha orgulho dela e acho que nosso país deveria ter também." Houve erros no relatório do inspetor-geral; um funcionário da DEA que, segundo a CIA, a acusou de tê-lo apalpado em uma festa de Natal em 1990, apresentou uma declaração jurando que "a Sra. Brookner não estava bêbada na festa de Natal, que sua conduta era irrepreensível e que ninguém do escritório do inspetor-geral da CIA jamais o contatara para verificar o relatório". Brookner revelou que recebeu "toda essa correspondência e telefonemas de pessoas me apoiando". Sua caixa postal e o banco de mensagens de correio de voz estavam cheios. "As pessoas estavam ligando de todos os lugares."

Os especialistas em controle de danos da CIA reagiram. Uma analista chamada Susan Hasler tinha acabado de começar a trabalhar como redatora de discursos no escritório de assuntos públicos. Hasler ouviu, chocada, os homens da área de assuntos públicos – velhos conhecedores da desinformação – se empenharem em espalhar os piores boatos sobre Brookner. "Eu vi a Diretoria de Operações, aquele grupo de aposentados, em ação", disse Hasler, uma pessoa observadora que escreve romances e presta atenção aos detalhes. "Agentes de casos – uma das coisas que vocês fazem é aprender a manipular a imprensa estrangeira, plantar coisas." Janine Brookner havia entrado em conflito com a rede dos "caras" e "eles decidiram manchar sua reputação na imprensa".

"Todos sabiam que a Diretoria de Operações estava envolvida", disse Hasler. Em um almoço com dois funcionários do setor de assuntos públicos, um deles perguntou: "Por que eles simplesmente não fazem a coisa certa e entram em acordo com ela?". O outro, segundo ela, respondeu: "Os advogados acham que podem ganhar. Eles vão desacreditá-la".

A agência fez isso, segundo ela, difamando Brookner em conversas discretas com jornalistas. O departamento de assuntos públicas "emitia declarações estritas sobre sua incapacidade de comentar um processo judicial em andamento", enquanto os agentes clandestinos "espalhavam fofocas falsas e obscenas".

O diretor da época, James Woolsey, era, como disse Hasler, "talvez um dos diretores mais infelizes da agência". Outros o descrevem como "displicente". Woolsey foi nomeado por Bill Clinton, que era visto como desinteressado em inteligência e certamente não tinha interesse em Woolsey. Durante seu mandato, de 1993 a 1995, Woolsey não conseguiu se reunir com o presidente a quem servia. Quando um homem chamado Frank Corder caiu com um pequeno avião no gramado sul da Casa Branca, os funcionários de Langley brincaram que era Woolsey tentando entrar para ver Bill Clinton.

Com certeza, Woolsey não estava qualificado para lidar com a quantidade de merda que estava acontecendo. *O New York Times* apontou que, desde a criação da agência, apenas dez mulheres tinham ocupado cargos importantes na diretoria de operações. O serviço clandestino "há muito tempo é um domínio masculino", observou, dizendo que as mulheres e os membros de minorias estavam concentrados em níveis salariais mais baixos; e, "nos anos de 1985 a 1990, os homens brancos foram promovidos mais rapidamente e mais longe". As mulheres ocupavam 12% dos cargos seniores em operações, análise e administração, em comparação com 6% alguns anos antes.

A CIA fez um acordo em novembro de 1994, dando a Brookner um pagamento em dinheiro. Três agentes de alto nível foram ao programa *60 Minutes* para deplorar o comportamento de seus colegas em relação às mulheres.

Com o disfarce descoberto, Brookner pediu demissão. Ela se matriculou na faculdade de direito e se especializou em casos de discriminação contra órgãos federais. Sentada em sua sala de estar, ela expressou orgulho de seu serviço na agência, dizendo que havia feito "alguns recrutamentos fantásticos" que foram "muito significativos para o planejamento e as intenções do futuro do governo dos Estados Unidos".

De modo geral, ela acredita que a CIA "tem sido uma força do bem", mas tem usado o sigilo para evitar a responsabilização. "A agência fez coisas muito ruins e pode encobrir porque são 'secretas', e tudo é segredo.

Já processei a agência muitas vezes. Eles podem encobrir todo tipo de coisa, e o fazem. Essa é a primeira coisa – quando você encobre, você põe em dúvida. Eles são muito difíceis. Ao mesmo tempo, fizeram algumas coisas maravilhosas, algumas coisas fantásticas". Mas, disse ela, "para as mulheres, no início era um lugar muito hostil".

***

E agora a irmandade se levantava em massa. Enquanto Brookner estava cuidando de seu próprio caso, um grupo de duzentas agentes mulheres entrou com uma ação coletiva argumentando que todo o serviço clandestino impunha um padrão de discriminação. O processo teve origem em 1986, quando dez mulheres apresentaram queixas ao Escritório de Oportunidades Iguais de Emprego da agência. Questões processuais levaram a ação coletiva a ser ajuizada novamente em dezembro de 1992. O processo envolvia promoções de mulheres na "Categoria B", os agentes de casos secretos. "As reclamantes eram pessoas bastante incomuns, indivíduos fortes, com certeza", disse-me o advogado responsável, Martin Schneiderman.

Processos semelhantes haviam sido decididos ou estavam em andamento em muitos órgãos federais e em outros lugares. Na Agência de Segurança Nacional, uma mulher chamada Renetta Predmore-Lynch entrou com uma ação coletiva na década de 1970 que chamava a atenção para a discriminação em promoções e oportunidades no exterior; ela saiu vitoriosa. No Departamento de Estado, uma ação coletiva movida por uma funcionária chamada Alison Palmer foi resolvida em favor das funcionárias do Departamento de Estado. No Departamento de Estado, as mulheres tinham sido direcionadas para áreas de especialização, como economia ou administração, e mantidas afastadas de outras, como análise política ou militar, que as levavam a se tornar embaixadoras ou chefes adjuntas de missão. As ações coletivas também abalaram os principais veículos jornalísticos, incluindo *The Washington Post*, *The New York Times* e *Newsweek*.

Na CIA, a principal reclamante da ação coletiva, que entrou com a ação sob o pseudônimo de Marjorie Conway, era uma agente de casos que já havia trabalhado com Janine Brookner em Nova York. Conway era uma mulher engraçada, extrovertida e extravagante, propensa a usar saltos altos e casada com um agente sênior de grande prestígio. "Ela usava roupas muito coloridas, chapéus que combinavam – chapéus roxos, roupas roxas – e vestidos com grandes fendas", disse Brookner. "Eu dava uma festa e ela vinha, sentava-se ali, entretinha todo mundo, era muito engraçada e muito simpática." De acordo com Lisa Harper, que a conhecia, Conway era "brilhante".

Na época, a conselheira-geral da CIA também era uma mulher, Elizabeth Rindskopf Parker. As funcionárias do caso se lembram de uma reunião inesquecível que Rindskopf Parker convocou no auditório. "Ela achou que poderia se livrar da ação coletiva convocando uma reunião e dizendo a todas que desistissem", disse Brookner, que ficou impressionada com a visão de tantas mulheres agentes clandestinas, normalmente distantes, sentadas lado a lado. "Elizabeth se levanta para falar e basicamente diz que não há nada de errado nisso, e vocês não vão chegar a lugar nenhum."

Brookner observou os funcionários sentados perto da conselheira-geral. "Você podia ver a linguagem corporal, os homens, o pessoal da gestão de carreira, estavam se afastando dela, enquanto ela falava."

E então a agente que representava a classe se levantou para falar. Conway era "franca e muito engraçada", disse Brookner. Rindskopf Parker disse a ela que se sentasse e ficasse quieta, sem perceber que ela era a agente que representava ação coletiva. Conway começou a falar mais alto; um murmúrio percorreu a plateia; a reunião ganhou vida própria. Rindskopf Parker e Conway começaram a disputar o microfone enquanto o público assistia. O que alguns sabiam era que Marjorie Conway, havia nascido sem um braço – uma deficiência que ela havia superado com tanto sucesso que podia jogar tênis – e usava uma prótese. Eles esperaram horrorizados para ver se o braço se soltaria. Mas o braço se manteve.

A visão apresentada por Conway era sombria, paranoica e plausível. O processo sustentava que a CIA havia aperfeiçoado, ao longo de cinco décadas, uma cultura de discriminação bem ajustada. As mulheres que almejavam ser agentes de casos eram orientadas a se tornarem agentes de relatórios; as que insistiam em se tornar agentes de casos tinham suas promoções negadas. As agentes eram colocadas em concorrência com as esposas, que eram informadas de que elas também eram agentes de casos em tudo exceto no título. As mulheres que atuavam na administração eram recompensadas por preservar o *status quo*. Os homens no poder no sétimo andar alegavam que não tinham ideia de que isso estava acontecendo e ficaram chocados, chocados, ao tomarem conhecimento. Um marido, agindo como informante, relatou que os homens nas reuniões se referiam às mulheres bonitas como "tomates". A estrutura de poder encontrou inúmeras maneiras de colocar as mulheres em conflito: esposas *versus* secretárias *versus* agentes de relatórios *versus* agentes de casos mulheres.

Todo tipo de emoção explodiu. "Parecia um bando de mulheres furiosas", disse Paula Doyle, que recentemente foi recrutada no Departamento de Estado e se lembra de ter sido convocada – "Era algo como, todas as mulheres, venham para a bolha" – e de não querer ir. Ela só queria se estabelecer em seu emprego. Mas ela foi e viu "muitas mulheres no auditório, e a protagonista sem nome estava no palco... e eu não tinha conhecimento suficiente para saber o que era certo ou errado". Doyle era casada com um homem vinte anos mais velho, aposentado e satisfeito por ser o cônjuge que estava na retaguarda, o que lhe permitia trabalhar como assistente social e ter filhos. "Naquela época, eu já tinha os meus filhos, e a dinâmica era muito desgastante, os xingamentos e as histórias." Não é que ela não acreditasse nas histórias – "Eu sei como é trabalhar para um idiota ou para um cara que acha que você é bonita demais" –, mas seu próprio modo de agir tinha sido "trabalhar mais do que a outra pessoa e progredir".

Brookner lembra que esse foi o momento em que as mulheres do serviço clandestino realmente se uniram. "Todas as mulheres começaram a conversar e a falar umas com as outras. No fim da reunião, todas estavam sentadas aqui, em pé, conversando e contando a experiência de cada uma, e um grupo de mulheres se incluiu na ação coletiva." Foi "de repente, que todo esse companheirismo se desenvolveu diante de seus olhos".

O processo Categoria B foi resolvido em 1995. "A Agência Central de Inteligência, em uma clara admissão de que discriminara sistematicamente suas agentes secretas durante anos, disse na quarta-feira que concordou em resolver uma ação coletiva movida por várias centenas de mulheres agentes clandestinas", observou o *Los Angeles Times*. "O acordo exige que a agência forneça 940 mil dólares em salários atrasados e conceda 25 promoções retroativas às vítimas do que os advogados das mulheres chamam de uma cultura generalizada de discriminação sexual." Depois de duas décadas de processos – de Harritte Thompson até a não identificada Marjorie Conway –, a agência havia sido desmascarada.

***

As veteranas sabiam o que aconteceria em seguida. "Isso vai constar no registro de alguém em algum lugar", Heidi August se lembra de ter dito a Mary Margaret Graham. As líderes da ação coletiva seriam punidas. "Eles vão ficar com os nomes."

E ela estava certa. O governo federal deveria supervisionar o caso por quatro anos para evitar retaliações, mas não conseguiu impedir que os arquivos de corredor fossem editados e revisados. "Elas ganharam, mas na verdade não ganharam", refletiu Mike Kalogeropoulos, um agente de casos que testemunhou reuniões nas quais os nomes das mulheres que lideraram o processo foram discutidos. "Nós sabíamos quem elas eram. Quando seus nomes eram citados nas tarefas, eles diziam: 'Ela é uma Categoria B'. Eles promoviam algumas delas, mas elas nunca iam muito longe. Nós realmente não gostávamos nada disso. Não é uma organização que aceita muito bem esse tipo de divergência."

"Elas foram punidas. Ninguém as queria", concordou Lisa Harper. Lisa optou por não participar do processo, não por medo de retaliação, mas por achar que não merecia um acordo em dinheiro. "Sinceramente, quando elas chegaram, eu estava bem. Eu não merecia (indenização) – já tinha lutado minhas batalhas."

O processo teve um impacto positivo de longo prazo, garantindo que as mulheres pudessem receber o treinamento de que precisavam. Termos depreciativos como "recauchutada" desapareceram. A gerência procurou por mulheres que havia muito tempo deveriam ter sido promovidas. Uma delas era uma agente de casos, Ellie Duckett, cujo pai, Carl, havia sido vice-diretor da Diretoria de Ciência e Tecnologia. Ellie Duckett era talentosa, querida e trabalhadora, mas, ao contrário de Aldrich Ames, por exemplo, seu status de legado não a havia levado a lugar algum. Agora as pessoas estavam perguntando por que Duckett não era chefe de estação ou não tinha sido escolhida para um cargo de liderança. Duckett tornou-se chefe da estação em Budapeste, mas o avanço veio tarde demais: ela deixou o cargo após ser diagnosticada com uma forma agressiva de câncer de mama.

***

Lisa Harper também foi promovida, em parte graças a um ato discreto da irmandade vindo de um lugar inesperado. No início da década de 1990, a Diretoria de Operações precisava de um chefe de estação em um país da América Central. (Lisa pediu que o nome do país não fosse mencionado para não comprometer os ativos com os quais ela trabalhava). Basta dizer que uma década de operações secretas, batalhas por procuração na Guerra Fria, corrupção, comércio de armas e violência alimentada por drogas tornaram essa tarefa desafiadora. As coisas estavam "indo muito, muito mal". A missão era facilitar o processo de paz.

Foi o que Lisa ouviu: um painel de promoção discutiu quem poderia cuidar da estação. Sue McCloud estava presente, e apresentou o nome de Lisa. Ela acha que foi assim que conseguiu o emprego. "Mas também porque nenhum dos caras queria mexer naquele vespeiro. Estou convencida de que consegui o cargo porque nenhum homem o queria. Eles sabiam que seria terrível."

Mas ela estava grata pela chance de servir como chefe da estação – e grata à mulher que apresentara seu nome. Lisa Harper admirava Sue McCloud. "Ela não aceitava absolutamente nada de ninguém."

Nessa época, Lisa já estava divorciada. A competição com o marido havia se tornado cada vez mais estressante e, depois que eles voltaram da África, Lisa fez uma turnê solo em Paris, enquanto ele servia em uma estação no Extremo Oriente. Era estimulante fazer seu próprio trabalho, cultivar seus próprios ativos, sem o fardo adicional dos deveres de esposa. Lisa não tinha empregada e precisava começar com o pé direito, então seus pais vieram mobiliar sua casa. As mulheres solteiras não eram convidadas para jantares e festas com a mesma frequência que os homens solteiros; em vez de lamentar essa injustiça, ela fez amizade com colegas homens do Departamento de Estado e pedia para ir como acompanhante a festas diplomáticas. As esposas deles não se importavam; as esposas das embaixadas ficavam felizes por fazer uma pausa nos jantares e recepções que invariavelmente se transformavam em uma longa série de brindes à *liberté, égalité, fraternité* e ao espírito de guerra de Charles de Gaulle. Ela se tornou querida por seus colegas da CIA ao ter esta ideia. Foi uma turnê de grande sucesso. Quando ela retornou, ficou claro que a separação conjugal seria permanente.

Durante seu processo de divórcio, Lisa foi obrigada a permanecer na área de Washington. A gerência garantiu que ela assumisse uma posição fora das instalações – na verdade, exilada – para não cruzar com seu ex-marido. Lisa foi para o Capitólio como contato da CIA com o Congresso. Não era o ideal do ponto de vista da carreira, mas ela conheceu os meandros da Câmara e do Senado, que tinham um relacionamento muitas vezes controverso com a comunidade de inteligência que agora eram responsáveis por supervisionar. Essa experiência foi muito útil. Ela aprendeu a manter um diário em seu próprio código pessoal, de modo que, se um legislador negasse ter sido informado sobre uma operação, ela poderia indicar o dia e a hora em que a reunião havia, de fato, acontecido.

***

A CIA na América Central na década de 1990 estava saindo de um de seus períodos mais notórios, uma época de ação secreta agressiva a mando do governo Reagan, que estava empenhado em derrotar e derrubar o comunismo na América Central. Em El Salvador, por exemplo, o governo dos Estados Unidos apoiou um governo de direita contra rebeldes de esquerda, uma barganha diabólica que envolvia trabalhar com esquadrões de execução e outros violadores dos direitos humanos. Uma galeria de bandidos e infratores da administração vendeu armas para o Irã, e Oliver North, do Conselho de Segurança Nacional, violando a lei norte-americana, usou o dinheiro para financiar os "contras" nicaraguenses, rebeldes de direita que lutavam contra o regime comunista. A CIA treinou e ajudou os contras, bombardeou o aeroporto de Manágua e, em 1984, minou os portos nicaraguenses.

Lisa, em toda a sua carreira, evitou operações ilegais e sabia bem o que havia acontecido com os colegas que gostavam de agir por cobertura. Enquanto estava na Europa, ela foi abordada por um colega "famoso por contornar a lei" que pediu sua ajuda em uma operação duvidosa. Lisa perguntou se ele tinha a aprovação por escrito do diretor da CIA; quando ele disse que não, ela se recusou a ajudá-lo. Em outra ocasião, Lisa era delegada em uma estação onde o chefe pediu a seus agentes que fizessem um favor secreto a um amigo que trabalhava para uma empresa privada de defesa. Lisa os chamou de lado e lhes disse para não obedecerem. Não façam alarde, ela aconselhou. Não desistam. Não pisem em falso. Digam simplesmente que é fim de semana e que vocês vão estar ocupados. Quando o chefe perguntou sobre o favor, ela os encobriu.

Agora ela estava sendo chamada para pôr ordem na casa. Ao chegar à estação que deveria presidir como chefe, Lisa encontrou uma situação pior do que a prevista. Seu antecessor havia preparado armadilhas para ela. Ele cancelou o contrato de aluguel de uma casa para a qual estava planejando se mudar, em um mercado imobiliário apertado. "Ele virou os homens da estação contra mim", disse Lisa, retratando-a "como uma espécie de feminista radical." Ele pediu aos homens da estação que solicitassem a redesignação. Um deles pediu. Ela estava tendo seu tapete puxado por colegas que "queriam provar que uma mulher não poderia dirigir as coisas".

Um de seus primeiros testes de liderança envolveu um barco que a estação possuía para fuga e evacuação. Seu antecessor havia pilotado o barco, houve um acidente e "a estação inteira quase morreu". Quando Lisa chegou, a pergunta que todos queriam ver respondida era: o que ela faria com o barco? "Metade dos homens – os machões que gostavam de sair para pescar e beber – queria ficar com o barco", ela se lembra. "E a outra metade, principalmente os que quase morreram, não queria." O barco se tornou uma fixação do quartel-general. "Eu recebia telegramas altamente confidenciais. E você sabe, você acha que vai ser sobre assuntos de estado. Não." Em vez disso, os telegramas queriam saber: "Você vai ficar com o barco ou não?" Lisa se livrou do barco.

Depois, houve um helicóptero antigo da época do Vietnã que alguns "James" queriam usar extraoficialmente. Ela se recusou a permitir. "As pessoas estavam sempre me testando para ver se eu iria quebrar as regras. E, claro, quando eu não o fazia, alguns ficavam ainda mais irritados." Lisa sabia que estava sendo avaliada, inclusive pelo Congresso. Certa vez, ela estava em uma conferência em Miami e foi chamada de volta quando um senador dos Estados Unidos fez uma visita de última hora; quando ela chegou de helicóptero, o senador "já estava bêbado" e insistiu que um assistente que não tinha autorização de segurança se sentasse. Quando ela impediu a entrada do assistente, o senador ameaçou ligar para "seu chefe" – o diretor da CIA –, e ela disse: "Essa é uma ótima ideia".

A violência endêmica não havia diminuído com o fim da guerra. Como agente americana, ela disse, "todos estavam atrás de você. Um lado estava atrás de você para te matar, e o outro lado também queria te matar. E havia as pessoas que queriam te matar só porque queriam seu carro e seu dinheiro". Ela morava em uma casa fortificada com arame farpado; à sua porta havia um "cara muito sério portando uma arma".

Lisa teve que negociar com a embaixada dos Estados Unidos para obter esse nível de proteção. O embaixador tinha vários guarda-costas, mas se recusou a ceder um a ela "porque a paz estava começando e isso pareceria ruim". Ela lhe disse que seria lamentável se tivesse que começar a andar armada e criasse um incidente diplomático ao atirar em alguém. "Não vou sucumbir neste país", disse a ele. "Não vou morrer aqui." Lisa conseguiu um motorista e um guarda-costas. Mesmo assim, ela nunca conseguia relaxar. Seu trabalho exigia ir a festas com autoridades locais; as pessoas bebiam; tarde da noite, as estradas ficavam ainda mais perigosas. "Você nunca parava seu carro. Nunca se parava em um sinal vermelho depois da meia-noite", disse ela. "Algumas noites, quando eu voltava para casa, não sabia se conseguiria ultrapassar os caras nas caminhonetes atrás de mim. Eu virava a esquina e começava a buzinar, e o cara – meu vigia – abria o portão e eu entrava."

Ser um agente de casos é estressante nas melhores circunstâncias; o simples fato de sair pela porta da frente exige hipervigilância e checagem constante. Ser chefe de estação em um país que estava saindo de uma guerra civil, significava enfrentar uma pressão imensa. A única oportunidade de relaxar era um envolvimento romântico. Lisa tinha um namorado, um "rapaz de boa aparência", parente de um ex-presidente do país. "Ele não era o amor da minha vida", mas ela gostava da companhia dele e da paz do retiro à beira do lago da família dele. Ela teve que se aproximar do embaixador dos Estados Unidos – aquele que não quis lhe ceder um guarda-costas – e informar que eles estavam prestes a ter o que a CIA chamou de "contato próximo e contínuo". Ela também informou do contato à sede, que não se opôs. "Tive muito cuidado para que ele não soubesse de nada que não devesse saber."

Esse relacionamento lhe deu acesso ao ex-presidente, que gostava de passar em sua casa para comer muffins. No trabalho de operações clandestinas, é impossível exagerar o papel desempenhado pela comida. "Ele era um homem que adorava comer", disse Lisa. "Eu fazia muffins para ele, e ele vinha tomar café da manhã. Eu tinha meus muffins, e os guarda-costas dele esperavam do lado de fora, então era uma reunião particular." Ela se infiltrou a tal ponto de "algumas noites, eles diziam: 'Vamos falar de política e vamos dizer algumas coisas'" e a tratavam como se ela fosse um deles. "Depois de um tempo, eles confiam em você".

Com o fim da guerra, foram retiradas as vagas em sua estação. Mesmo assim, "conseguimos alcançar o que tem sido uma paz duradoura, e as avaliações foram boas, e estou muito orgulhosa. É nisso que você se baseia, no fato de que, mesmo tendo que me livrar de todas essas pessoas, nossas avaliações foram positivas. Algumas das pessoas com quem trabalhamos eram perigosas de verdade. Tínhamos de obter permissão sempre que nossos agentes saíam para encontrar uma dessas pessoas más. Tínhamos de obter permissão especial para fazer isso. A propósito, a pessoa que se encontrava com os caras mais perigosos, os caras realmente perigosos era uma mulher. Ela era experiente, impecável em sua técnica de trabalho."

***

Lisa era tão impecável que, na época em que o processo da Categoria B foi resolvido, foi nomeada chefe da divisão da América Latina. Um posto de barão. A primeira mulher barão da agência. De cônjuge não remunerada, trabalhando em tarefas de baixa qualidade sob o disfarce de dona de casa, Lisa Harper havia ascendido para se tornar a primeira baronesa da CIA.

"Acho que é porque, quando eu era chefe de estação, surgiu uma série de coisas horríveis, e eu a resolvi", refletiu ela. "Acho também que o diretor de operações da época estava de olho nas mulheres. Ele pensou: 'Bem, Lisa tem todos esses anos de experiência. Ela merece. Ela está pronta'." Além do cargo de chefe de estação, ela havia atuado como delegada em uma estação sul-americana onde uma bomba explodiu na cidade em que estava trabalhando. O fato de Lisa ter lidado bem com essa emergência melhorou sua ficha, mas despertou os instintos competitivos do chefe da estação, que estava ausente. Em um determinado momento, ela também foi designada para interrogar um agente estrangeiro de alto escalão. Foi uma tarefa importante, bem executada, mas que novamente atraiu ciúme e retaliação; ela descobriu, por meio de um canal secreto, que um colega, ansioso para dar outro uso à fonte, havia relatado que Lisa estava fazendo sexo com o agente. Ela protestou e conseguiu que a falsa acusação fosse removida de seu arquivo. Lisa sabia muito bem que as pessoas em Langley podiam jogar duro e tinha mais do que provado seu mérito.

Agora, como a todo-poderosa baronesa da divisão da América Latina, Lisa se instalou na sede. Ela tinha uma secretária; supervisionava os agentes de casos, os funcionários de secretaria e os chefes de estação. Estava ansiosa para trabalhar com seus colegas barões e com o chefe do serviço clandestino, Ted Price, que a havia apoiado. Era um trabalho difícil, mas glorioso, uma chance de realizar grandes feitos. "Eu esperava que, como chefe de divisão, tivesse um relacionamento realmente igualitário com todos."

Mas ficou de fora. Lisa tinha quinze minutos por semana com Price, que parecia estar se distanciando do descontentamento. Enquanto a agência tentava corrigir os erros e recuperar o tempo perdido, os "James" sentiram que Lisa Harper havia sido promovida injustamente. O que os homens que a promoveram "não entenderam foi a profundidade do sentimento", diz Lisa. "As pessoas me ignoraram. Basicamente, eu fiz meu trabalho e acho que fiz bem, enquanto estive lá. Mas eu não fazia parte daquele grupo de pessoas sênior. Nunca era convidada para ir à casa das pessoas. Quando me tornei chefe de divisão, ninguém me convidava. Era como se eu estivesse em um isolamento inacreditável."

Outras mulheres podiam ver o que estava acontecendo. Os homens estavam fazendo o planejamento da sucessão – ou alguns estavam –, e seus planos não incluíam uma concorrente que viesse do nada. "Muitos homens disseram que [a nomeação de Lisa] foi por causa da Categoria B", disse Paula Doyle, uma agente de casos que sabia o quanto esses homens estavam errados. A irmandade se entusiasmou com a ascensão de Lisa, uma aliada para tantas pessoas, e ficou ansiosa para ver como ela se sairia. "Lisa conseguiu progredir fazendo o trabalho que precisava ser feito, em ambientes onde os homens se saíam bem mas nem sempre", disse Doyle. "Lisa foi uma estrela durante sua carreira. Ninguém na Divisão de Los Angeles questionava as qualificações de Lisa Harper. Ela tinha a última palavra. Mesmo assim, foi condenada ao ostracismo."

"Ela foi tratada como lixo, pelo que sei", disse Mike Sulick, posteriormente chefe do serviço clandestino. Ele ainda achava o fato perturbador. "Se você é um chefe de divisão, sente-se um deus. É terrível ser tratado dessa forma quando se é chefe de divisão."

Lisa se sentia desgastada e doente. Alguns anos antes, ao sofrer uma tontura devido a uma infecção no ouvido interno, ela havia caído de uma escada no Panamá e batido a cabeça. Lisa nunca teve tempo para se recuperar. Em uma estação na África, foi afastada devido à exaustão. Ela sentia que as dores de cabeça estavam voltando. Consultou um médico que lhe disse que, se ela seguisse o regime dele por um ano, se recuperaria. Precisava cuidar de seu próprio bem-estar.

Ela renunciou, abriu mão de seu baronato e se aposentou. "Não fiquei lá tempo suficiente para realmente ter os 'caras' do meu lado", disse ela. "Eu teria conseguido, porque sempre conseguia no final."

***

Os "caras" haviam vencido uma batalha. As vitórias das mulheres, conquistadas a duras penas em meados da década de 1990, atraíram reações contrárias, e Lisa Harper tornou-se uma vítima em uma disputa de longa data. Mas haveria uma segunda baronesa três anos depois: Mary Margaret Graham, amiga de Heidi, com um punhado de mulheres seniores atrás dela, prontas para liderar. O comunismo tinha sido derrubado, em parte graças ao serviço e aos sacrifícios da geração de Lisa. No entanto, depois disso, outra ameaça se materializou no distante Afeganistão, na forma de homens que pregavam a jihad religiosa. Na outra grande diretoria da CIA, um grupo de mulheres começou a rastrear essa ameaça bem antes que outros a percebessem. Outra irmandade estava se formando, uma comunidade de analistas do sexo feminino focada em um inimigo que as mulheres se esforçariam para superar.

Segunda Parte

Senhoras fazendo análises

> Um dos debates mais antigos da história [é] aquele entre o agente de inteligência que, após a ocorrência de um evento, aponta para o único relatório que o previu, enquanto o cliente de inteligência reclama que não foi alertado porque o relatório estava enterrado em meio a tantos relatórios contraditórios.
>
> William Colby,
> *Honorable Man*

Capítulo 13
Coisas disputadas a tapa

WILLIAMSBURG, VIRGÍNIA
1986

Quando menina, na década de 1970, Cindy Storer, de olhar aguçado, gostava de fazer seus próprios mapas. Seus pais lhe compraram um mapa-múndi gigante, que ela colava na parede de seu quarto e marcava com canetas. Uma pensadora visual, Cindy não se limitava à geografia. Ela mapeava tudo o que a intrigava – romances, artigos de jornal, guerras. Ela desenhou a viagem do Capitão Nemo e seu submarino *Nautilus* em *Vinte mil léguas submarinas*. Seu tio pilotou helicópteros no Vietnã, então ela traçou o curso da Guerra do Vietnã para ver o que ele havia passado.

Cindy tinha memória eidética – memória fotográfica – para mapas. Ela gostava de esquematizar movimentos ao longo do tempo. Gostava de alturas, profundidades e contornos. Gostava do espaço sideral. Quando tinha 5 anos, sua família se mudou de Long Beach, na Califórnia, para Hampton, na Virgínia, uma comunidade litorânea que abriga a Base da Força Aérea de Langley e uma instalação de pesquisa da Nasa. Hampton foi um bom lugar para crescer. Cindy colecionava adesivos espaciais, ia à praia e assistia a shows aéreos. Mas a maioria dos adultos trabalhava para as forças armadas, o que significava que as famílias iam e vinham, assim como os amigos. As viagens de acampamento das escoteiras eram uma dádiva de Deus, os meandros das bússolas e da orientação eram um alívio para quem estava sempre se ajustando às amizades que terminavam e tentando fazer novas. Os detalhes do mundo físico, em muitos aspectos, eram mais fáceis de ler do que as mentes e personalidades das pessoas.

Na faculdade, Cindy descobriu que a matemática era tão fácil quanto o mapeamento. Ela se saiu muito bem em cálculo, o que a surpreendeu, e depois foi muito bem em matemática avançada e astronomia. "Não acredito que estou entendendo isso", pensava ela. Cindy adorava quebra-cabeças – de qualquer tipo. Mas seu maior amor era a história e a política dos Estados Unidos, em parte porque muitos homens de sua família serviram nas forças armadas, inclusive seu tio, seu pai e seu avô. Ela se formou em gestão pública e escreveu sua tese de conclusão de curso sobre a entrada do país no Vietnã. Cindy teria se alistado no exército, mas um acidente estranho na infância – sua família estava indo para um acampamento quando um caminhão que transportava gás cloro pegou fogo em uma rodovia – danificou sua capacidade pulmonar e a desqualificou para o serviço militar. Ela foi em busca de outra forma de servir.

Em 1986, em seu último ano na College of William & Mary, Cindy visitou o escritório de serviços de carreira, onde a CIA e a Agência Nacional de Segurança mantinham uma caixa de correio para possíveis recrutas. Ela deixou seu currículo em ambas. A William & Mary, a segunda faculdade mais antiga dos Estados Unidos depois de Harvard, foi fundada em 1693 e começou a admitir mulheres em 1918. Com Washington a pouco mais de 240 quilômetros e as bases navais de Virginia Beach e Norfolk nas proximidades, muitos alunos vinham de lares onde o serviço público fazia parte da cultura familiar. E, embora a maioria dos estudantes não soubesse, a agência tinha uma presença sombria entre eles. As instalações de treinamento clandestino da CIA, a Fazenda, também ficavam nas proximidades, e as ruas de paralelepípedos e as tavernas lotadas do distrito histórico de Colonial Williamsburg ofereciam um cenário prático para os recrutas praticarem passagens e *dead drops*.

Quando a CIA entrou em contato com Cindy para uma entrevista no campus, ela compareceu esperando um homem de terno e se surpreendeu ao conversar com uma mulher amigável, de cabelo comprido, usando um vestido Laura Ashley – o vestido de mangas bufantes que todas as jovens brancas dos Estados Unidos desejavam ter no início dos anos 1980, como se o auge da feminilidade significasse parecer uma ordenhadeira galesa. Cindy tinha um Laura Ashley de linho rosa, mas nunca se atreveria a usá-lo em uma entrevista de emprego. "Que lugar legal deve ser a CIA", pensou ela. A Agência Nacional de Segurança lhe fez uma oferta, mas ela escolheu a CIA com base na recrutadora com o vestido Laura Ashley. Eu a vi e pensei: "Caramba! Eu quero muito trabalhar nesse lugar!".

Mais tarde, ela se lembrou de que nunca mais viu aquela mulher.

***

Ao entrar para o serviço em 1986, Cindy Storer poderia escolher sua atribuição. A Diretoria de Operações queria torná-la uma agente de relatórios, mas Cindy achava que seu conjunto de habilidades não era adequado para trabalhar no serviço clandestino. Ela achava que seu verdadeiro lar era a Diretoria de Inteligência, o grupo de pensadores de elite que levava adiante o legado da análise de visão clara, iniciada por Cora Du Bois e outros durante a Segunda Guerra Mundial. Os analistas eram os agentes que liam a inteligência coletada, consideravam seu conteúdo, colocavam-no em um contexto mais amplo, consultavam muitas outras fontes e escreviam relatórios ultrassecretos que informavam a projeção do poder americano.

Na CIA, as duas diretorias mais conhecidas – a de Operações e a de Inteligência – poderiam muito bem ser duas agências diferentes. Isso certamente era verdade na década de 1980, quando Cindy estava escolhendo seu caminho. O pessoal de operações trabalha disfarçado, coletando informações de inteligência e participando de ações secretas para executar a política presidencial. Os analistas da Diretoria de Inteligência (hoje conhecida como Diretoria de Análise) não executam políticas. Em vez disso, eles buscam ajudar a criar boas políticas. O ideal é que os analistas forneçam percepções claras e imparciais. Seu trabalho é falar a verdade ao poder que reside na capital do país, especialmente, mas não apenas, ao seu público principal, o presidente dos Estados Unidos.

O objetivo central do corpo analítico era, e continua sendo, evitar outro Pearl Harbor – outra surpresa mortal. Supõe-se que os analistas enxerguem os meandros. Eles fazem isso lendo, escrevendo e debatendo ferozmente o que é escrito: um processo conhecido, de forma antisséptica, como "revisão". De certa forma, a diretoria analítica é uma grande editora, produzindo um corpo de trabalho maciço, privado e secreto. A filosofia orientadora é que o presidente não se importa com o que pensa uma analista solitária como Cindy Storer; o presidente quer saber o que a CIA pensa como um corpo coletivo. Cada peça analítica é um "produto corporativo". Nesse sentido, a unidade analítica representa o verdadeiro serviço final que a CIA foi criada para fazer, embora o pessoal de operações não tenda a ver isso dessa forma. Há muita rivalidade entre os dois.

Quando Cindy chegou a bordo, os analistas e os agentes de operações não se misturavam. Eles comiam em refeitórios separados e usavam bancos de dados separados, e cada um se referia ao outro como "o outro lado da casa". Por seleção ou autosseleção, os dois lados atraem tipos distintos para suas fileiras. O pessoal de operações geralmente (embora nem sempre) é aventureiro e assume riscos, é habilidoso em logística e conquista a confiança. Os analistas são cuidadosos e reflexivos, bons em ler dados e debater o que eles significam. Se uma pessoa da área de operações precisar de uma identidade falsa para uma missão de última hora no exterior, pegará os documentos existentes e dirá: "Não se preocupe, eles improvisam". Um analista vai pesar os detalhes com antecedência, conjecturando todos os cenários em que algo pode dar errado e planejando meticulosamente como reagir. Se um analista sentir o cheiro de flores – diz a piada –, ele procurará o funeral ao redor. A outra piada é que você pode reconhecer um analista extrovertido porque, enquanto fala, ele olha para os seus sapatos em vez de olhar para os dele.

O teste de personalidade Myers-Briggs é levado a sério na CIA. Os analistas tendem a ser INTJ, que significa introvertido, intuitivo, pensador e julgador. A cultura incentiva a discussão, muitas vezes de forma brutal. Deus o ajude se você for um pensador que tem sentimentos. E os analistas podem ser difíceis de serem testados por polígrafos. Ao ser perguntado, por exemplo, se já teve vontade de matar alguém, um analista considerará a pergunta sob vários ângulos. Se eu quero matar essa pessoa? Bem, em alguns dias, com certeza. Com certeza. Mas não em outros dias. Ou eu não a mataria, mas a odeio.

"O pessoal de operações está sempre confiante, mas só ocasionalmente está certo", foi o que disse um agente. "Os analistas nunca estão confiantes e quase sempre estão certos."

Cindy havia estudado a agência na faculdade e concluiu que os pensadores do lado da Diretoria de Inteligência tinham um histórico melhor do que os executores do lado das operações. Apesar de toda a mitologia em torno da Segunda Guerra Mundial, os agentes da OSS – segundo ela – muitas vezes se comportavam de forma imprudente e sua inexperiência causava a morte de pessoas. Os analistas, na opinião de Cindy, faziam um trabalho melhor. Cindy achava que o mesmo acontecia no Vietnã: Os pensadores superaram os executores. Ela compreendia que a agência tinha que se envolver em operações secretas; que o presidente precisava de alguém para fazer trabalhos que os militares dos Estados Unidos não podiam ou não queriam fazer. Mas ela queria trabalhar com os pensadores.

E o pensamento carrega uma grande responsabilidade, como Cindy aprenderia. A história pode ser entendida de várias maneiras, mas uma forma de entender a história é olhar para trás e ver os eventos que ocorreram abruptamente, sem aviso, depois dos quais o mundo nunca mais seria o mesmo. No mundo antigo, a travessia dos Alpes e o surgimento de Aníbal nas planícies da Itália em 218 a.C., que surpreendeu o exército romano, foi um deles. No mundo moderno: a Queda da Bolsa de 1929. O ataque japonês a Pearl Harbor. A ofensiva do Tet, no Vietnã. A queda do Xá do Irã. No setor de inteligência, os eventos imprevistos são conhecidos como "descontinuidades" e são o que um analista mais teme. O grande evento acontece – o grande evento que era seu trabalho prever e não conseguiu. Ou você previu, mas não conseguiu persuadir o formulador de políticas a aceitá-lo. Ou você previu, mas ninguém lhe deu crédito; e pelo resto da vida – sério, pelo resto da vida – você se culpa.

Como analista, você precisa conquistar as pessoas. O aviso implica não apenas detectar um problema, mas também convencer os colegas de que sua previsão está correta e é importante. Para ser eficiente, um analista precisa primeiro persuadir seu gerente de área. O gerente da área precisa persuadir o chefe da divisão, que precisa persuadir o chefe do escritório, que precisa persuadir o editor do Resumo Diário para o Presidente. Não basta identificar algo; é preciso vendê-lo a um conjunto impressionante de guardiões. Por definição, alguém será a primeira pessoa a identificar um novo fenômeno, e, nas décadas de 1980 e 1990, na CIA, essa pessoa era cada vez mais provável que fosse uma mulher. O fato de ver algo com antecedência dá ao presidente e à comunidade de segurança nacional – conhecida como "formulador de políticas" ou "cliente" – mais tempo para reagir. Mas isso também é arriscado e frustrante. O formulador de políticas geralmente não quer acreditar no pior até que o pior esteja sobre ele. Ou ela. O formulador de políticas nunca está pronto para fazer as grandes mudanças necessárias para combater uma ameaça crescente, nem para vendê-las a um público americano cético. Em 7 de dezembro de 1941, depois de dois anos de guerra na Europa, os Estados Unidos ainda não tinham os navios e os bombardeiros necessários para prevalecer na Segunda Guerra Mundial. O que se seguiu foram dois anos de recuperação e muitas dezenas de milhares de mortes de aliados.

Para fazer o formulador de políticas reagir, o analista precisa conquistar uma burocracia cética, uma luta durante a qual há infinitas oportunidades de fracasso. É muito parecido com o jogo de "bola e espiral" que a OSS em tempos de guerra usava durante os exercícios de avaliação na Estação W. Quando um grupo de pessoas está trabalhando em conjunto em um desafio difícil e íngreme, a bola pode cair a qualquer momento – e provavelmente cairá. Na década de 1980, mulheres recém-chegadas, como Cindy Storer, se viram concentradas em cargos de nível inferior que as colocavam entre as primeiras a perceber novas ameaças à segurança – mas, enquanto se esforçavam para levar a bola até o topo, lutavam para encontrar aliados que as ajudassem a chegar lá. As mulheres tendiam a ser muito produtivas e autocríticas, propensas a se perguntar: *Por que ninguém está ouvindo? Não estou fazendo um bom trabalho? Será que estou agindo de maneira incorreta? Se eu tivesse sido mais barulhenta, melhor, mais clara, a história teria mudado? As pessoas teriam sobrevivido? Havia algo errado comigo – ou algo errado com as pessoas que não me ouviram? E se eu tivesse escrito uma única palavra de forma diferente?*

***

À primeira vista, pode parecer que, quando Cindy Storer chegou lá, a Diretoria de Inteligência era mais favorável às mulheres do que a Diretoria de Operações. A discriminação entre os analistas não era tão evidente. Mas a Diretoria de Inteligência era um ambiente sutil e, à sua maneira, impiedoso. Havia uma hierarquia, e todos os membros sabiam quais eram as mesas mais elitizadas para se trabalhar. Quanto mais "difícil" o assunto e mais visibilidade tinha o trabalho, mais dificuldade as mulheres tinham para serem contratadas. As que conseguiam muitas vezes descobriam que não havia caminho para os cargos mais altos. Durante anos, a diretoria analítica teve apenas um punhado de mulheres no alto escalão. Cada uma delas chegou lá forjando seu próprio caminho, e cada uma delas era intimidadora e inútil para as mulheres mais jovens. Uma delas, Helene Boatner, irmã e filha de generais militares, começou na área de datilografia e chegou a chefe de análise econômica. "Com Helene, você estava perdida", disse uma analista. "Ela a esmagaria tão logo quanto qualquer outra pessoa."

Na Diretoria de Inteligência, os gêneros viajavam em grupos, como cardumes de peixes. Na Guerra Fria, durante décadas, os analistas do sexo masculino nadaram em direção a unidades de prestígio como o SOVA [Escritório de Análise Soviética, em inglês Office of Soviet Analysis], e subunidades importantes que examinavam tópicos como a política soviética, a economia soviética e as forças armadas soviéticas. As analistas do sexo feminino eram direcionadas para regiões mais obscuras, por exemplo, o Uruguai, e para tópicos mais brandos, por exemplo, bens de consumo. O gênero foi um dos muitos fatores do algoritmo que determinaram a credibilidade. Outras variáveis incluíam a região, o tópico e o que pode ser chamado de procedência histórica da unidade.

Para entender como a procedência era levada em conta, considere o Escritório de Análise de Liderança, uma unidade criada para produzir estudos aprofundados sobre líderes estrangeiros. Historicamente, a diretoria analítica dependia, para obter informações básicas, de uma espécie de "cofre" próprio, uma biblioteca e unidade de pesquisa chamada OCR [Escritório de Referência Central, em inglês Office of Central Reference], que contava com pesquisadores que um analista poderia chamar se, por exemplo, precisasse saber tudo sobre o tanque soviético T-72 ou sobre a pessoa que o projetou. No OCR, os funcionários de nível mais baixo eram "indexadores" que liam materiais – fotografias, telegramas – e acrescentavam palavras-chave e códigos para que o conteúdo, depois de arquivado, pudesse ser recuperado. A unidade de indexação era chamada de "Chefia de Linha". Os indexadores tinham o cuidado de dizer que trabalhavam no H-O-L – soletrando-o –, mas todo mundo gostava de chamá-lo de "o Buraco" [em inglês, "*hole*", palavra cujo som se parece com H-O-L], para que os indexadores soubessem seu lugar. Um degrau abaixo na escala de remuneração, os empregos na referência central eram para as mulheres ou para os homens que tinham se perdido e ido parar lá.

Em meados da década de 1980, mais ou menos na época em que Cindy estava entrando no serviço, o OCR estava sendo eliminado à medida que os registros de pesquisa eram informatizados. Alguns funcionários foram transferidos para um novo escritório de TI. Outros se juntaram ao novo Office of Leadership Analysis [LDA – Escritório de Análise de Liderança], que era único por ter sido criado em torno de uma função – avaliar líderes – em vez de uma região geográfica. Houve muita reclamação sobre a necessidade de um escritório totalmente novo, mas os perfis detalhados que os analistas do LDA produziam rapidamente se tornaram um dos produtos mais lidos no edifício. Os formuladores de políticas os adoravam. Quem não gostaria de ler uma biografia bem escrita de um autocrata emergente, em vez de, digamos, um artigo seco sobre o futuro da economia alemã? Os cargos de LDA pagavam tão bem quanto outros cargos analíticos, mas, como os empregos tinham a marca do antigo OCR, os homens geralmente não os queriam. O resultado foi um vácuo para o qual as mulheres se dirigiram, sabendo que a análise de liderança era um lugar onde elas poderiam fazer um trabalho interessante e poderiam se tornar gerentes, ou mais. As mulheres de outros escritórios que haviam atingido o teto correram para uma nova e grande unidade que oferecia espaço livre.

O sucesso dos documentos da LDA gerou ansiedade e ressentimento. Os analistas de liderança foram desprezados pelos analistas regionais, políticos e militares, da mesma forma que um repórter da *The Economist* pode desprezar um repórter que trabalha para a *People*. A análise de liderança ganhou a reputação de ser uma avaliação menos rigorosa e menos rígida.

E, assim, o quadro analítico geral desenvolveu uma maneira de dispensar a unidade. Eles declararam que a sigla LDA significava "Ladies Doing Analysis" [Senhoras Fazendo Análises].

***

Mas as senhoras provaram seu valor, conquistando respeito e também inimigos. Em 1980, um obscuro secretário de agricultura chamado Mikhail Gorbachev tornou-se o mais jovem membro efetivo do Comitê Central do Partido Comunista da União Soviética e, em 1990, foi eleito presidente executivo da União Soviética. Com a ascensão de Gorbachev, Robert Gates, chefe da diretoria de inteligência, queria um documento definitivo sobre uma figura que até então era desconhecida. Quando Gates pediu à LDA que escrevesse o documento, isso causou uma onda de choque no Escritório de Análise Soviética, cujos analistas achavam que deveriam escrever o documento sobre Gorbachev. A controvérsia foi o início de "uma série de conflitos", lembrou um analista. "Houve muita discórdia, brigas, porque, de repente, pudemos fazer coisas que antes não podíamos fazer."

O conflito introduziu as senhoras da análise de liderança no processo de revisão da CIA em sua forma mais combativa: o que uma analista da LDA chamou de "as coisas disputadas a tapa". Na Diretoria de Inteligência, os produtos escritos devem ser "coordenados". Ou seja, são produtos coletivos que devem passar por um complexo processo de revisão. Uma analista que esteja escrevendo sobre um tópico que cruza o trabalho de outro analista deve fazer esse colega assina ou "cortar" o artigo antes que ele possa ser publicado. Quando as senhoras da análise queriam escrever sobre qualquer líder soviético, precisavam obter a aprovação da Sova, mas a Sova, muitas vezes, estava irritada demais para fazer o corte. A temível Helene Boatner, que foi nomeada diretora da LDA, procurava proteger sua própria posição e não defendia suas funcionárias. "Helene não estava nem um pouco interessada em nos ajudar", disse uma analista que desenvolveu um tremor nos olhos devido ao estresse de tentar organizar seus documentos.

Na Diretoria de Inteligência, lutas pelo poder como essas eram silenciosas, mas realmente implacáveis. Muitos fatores influenciavam o arquivo de um analista. É difícil trabalhar com você? Você escreve rápido? Você consegue ser breve, ou seja, é interessante ouvi-lo? Em que escritório você começou? Você passou, por exemplo, pela LDA? Todas essas qualidades são importantes quando se tenta fazer os colegas aceitarem sua análise. Conquistar a adesão pode significar ser questionado e desafiado de forma ponderada e produtiva, ou ser criticado, frustrado e prejudicado. Um colega mais rigoroso pode não assinar um trabalho e, secretamente, escrever sua própria versão primeiro. Um dia de trabalho coordenado pode, como disse um analista, fazer você querer "arrancar seu olho".

Nas décadas de 1980 e 1990, uma geração de analistas do sexo feminino entrou em serviço bem preparada e desfrutou da autoconfiança que veio com os números. A CIA é conhecida como uma "instituição gananciosa". Ela se propõe a estimular lealdade e, como um cônjuge ou parceiro controlador, procura isolar o indivíduo em um mundo fechado e peculiar. O estranho e prolongado processo de integração – aguardar verificação de antecedentes, receber uma carta superficial de alguém chamado Grace Sullivan, finalmente receber uma oferta de emprego vagamente formulada – tem o objetivo de fazer o recém-chegado se sentir grato, escolhido, confuso e determinado a estar à altura. As mulheres que chegavam se sentiam assim. Elas estavam felizes por terem chegado e ansiosas para provar que pertenciam à organização.

A metade da década de 1980 marcou uma expansão robusta da CIA, pois o congelamento das contratações deu lugar a uma grande demanda durante o mandato do diretor Bill Casey, que dirigiu a agência de 1981 a 1987 e, assim como Ronald Reagan, estava preparado para combater a Guerra Fria por quase todos os meios necessários. As mulheres começaram a se candidatar ao corpo analítico com maior probabilidade do que no passado de se formarem em disciplinas como ciência política e economia. O Congresso estava prestando atenção e solicitando números sobre diversidade. Mas, uma coisa é admitir mulheres, outra é designar carreiras a elas. As analistas que chegavam eram frequentemente marginalizadas e desviadas para canais secundários, entre os quais a LDA era um deles. Outros incluíam unidades ramificadas na área de Washington, em espaços de trabalho em condições ruins remanescentes da Segunda Guerra Mundial.

E, assim, enquanto as mulheres da diretoria de operações trabalhavam para provar que podiam trazer dons e coragem para a espionagem, um grupo de analistas do sexo feminino travava uma batalha paralela – para persuadir os formuladores de políticas de que estava ocorrendo uma virada global. Trabalhando na base, elas geralmente estavam posicionadas para ver coisas que as pessoas no topo não conseguiam, mas não tinham a autoridade e a consideração necessárias para fazer sua perspectiva prevalecer. As mulheres prestavam muita atenção a um inimigo que, à sua maneira, estava prestando muita atenção nelas e às mudanças que representavam. O fato da CIA não ter reagido a esse inimigo marcaria para sempre a vida das mulheres que haviam alertado sobre ele.

Esse inimigo era uma organização terrorista chamada Al-Qaeda.

Capítulo 14
Encontrando o X

WASHINGTON
1986

E foi assim que Cindy Storer, após a orientação, se viu atordoada, pegando carona para seu novo local de trabalho no sudeste de Washington, a cerca de 20 quilômetros da sede em McLean. Graças a um programa para acomodar o contingente de novos funcionários, ela morava com uma família da CIA em Falls Church, Virgínia, enquanto procurava um lugar para viver. Todas as manhãs, Cindy se levantava antes do Sol, vestia um dos três novos ternos – comprados em outlets e na JC Penney – e calçava meias e sapatos de salto. Ela ia com os colegas para uma fábrica de torres de artilharia reformada perto do rio Anacostia.

A estrutura de aparência simples era conhecida como Edifício 213, mas o nome oficial era Centro Nacional de Interpretação Fotográfica [NPIC, em inglês National Photographic Interpretation Center]. Sua localização ao longo de um trecho abandonado da M Street SE, nos arredores do complexo do pátio da Marinha, fornecia uma cobertura despretensiosa para as atividades que ocorriam no interior. Washington estava sob o domínio de uma epidemia de crack, e cacos de vidro frequentemente ficavam espalhados pelas calçadas do lado de fora do prédio, enquanto guardas entediados da Administração de Serviços Gerais vigiavam o estacionamento – mais ou menos. O bairro era tão precário que os funcionários do escritório eram aconselhados a não ir andando até o McDonald's próximo; em vez disso, um ônibus os levava. Um dos colegas de trabalho de Cindy caminhava ocasionalmente; um dia, voltando com seu crachá meio enfiado no bolso da camisa, ele viu um traficante de drogas sair de uma casa, olhar para ele e dizer com conhecimento de causa a um colega: "Não, cara, esse não é do FBI, é da CIA". Cindy optou por comer na cafeteria, que tinha uma comida mais ou menos, mas cookies quentinhos e gostosos.

Dentro do NPIC, os corredores cheiravam a verniz e solvente. O centro foi criado em meados da década de 1950, evoluindo a partir dos esforços de mapeamento da Marinha na Segunda Guerra Mundial para apoiar os desembarques anfíbios. Agora ele existia para interpretar fotos tiradas pela frota pertencente à área de tecnologia de vigilância aérea da agência: satélites e aviões espiões como o SR-71 e o U-2. O projeto floresceu durante o mandato de John McCone, que, ao assumir o cargo de diretor da CIA em 1961, procurou distanciar a agência das ações secretas e se dedicou a vencer a corrida espacial. Ele acreditava que o NPIC desempenharia um papel fundamental nisso. Os primeiros satélites ejetavam um balde de filme, que caía de paraquedas para ser enganchado por um avião espião que passava por baixo dele a 15 mil pés de altitude. Uma enorme quantidade de filme se acumulava – literalmente quilômetros dele –, e o NPIC foi pioneiro no campo da análise de imagens, empregando especialistas para estudar o que aparecia nos baldes. Cindy, assim como seus colegas, começava a trabalhar bem cedo para estudar os filmes da manhã e relatar seu conteúdo até o momento em que os analistas de todas as fontes da sede da CIA chegassem às suas mesas, às oito e meia. Os "analistas de todas as fontes" em Langley eram, para ela, desconhecidos e invisíveis; tudo o que Cindy sabia era que eles tinham autorizações de segurança mais altas, acesso a mais fontes e, portanto, status superior ao dela.

Quando Cindy chegou lá, os analistas do NPIC e seus colegas na sede da CIA estabeleceram uma intensa rivalidade. A principal conquista do NPIC ocorreu durante a Crise dos Mísseis de Cuba, em outubro de 1962, quando uma equipe de defesa aérea de analistas de imagens, que vigiava de perto as instalações militares cubanas, notou "objetos cilíndricos longos, escuros, ao longo da borda de um campo", de acordo com um histórico institucional. Os objetos eram mísseis soviéticos. Infelizmente para os analistas de todas as fontes, essa conclusão foi contrária a um artigo que alguns deles haviam escrito pouco tempo antes, expressando dúvidas se os soviéticos instalariam mísseis estratégicos em Cuba. O pessoal do NPIC acertou, e o pessoal de todas as fontes se ressentiu de ter sido superado. Esse foi o primeiro uso de análise de imagens para verificar um acordo diplomático e rendeu à agência muitos elogios justificados. Mas isso também exacerbou as tensões entre Langley e o Edifício 213, onde os funcionários do NPIC tinham suas próprias disputas. Os analistas de imagens geralmente vinham das forças armadas e traziam consigo as rivalidades entre as áreas. Os "caras do Mike" brigavam com os "caras do Gordy" em disputas tanto cômicas quanto acirradas. As imagens aéreas eram geralmente granuladas e sua análise era passível de interpretação. Quando um grupo criou uma "teoria elaborada" segundo a qual alguns objetos circulares eram motores de foguete, outro grupo insistiu que os itens em questão eram pneus descartados.

Agitado por rivalidades complexas, o NPIC, na década de 1980, havia se tornado um grupo fechado e isolado. Os líderes de nível médio eram "medíocres" e a maioria era formada por homens brancos. Um relatório do inspetor-geral constatou que o escritório era marcado por favoritismo, faccionismo e discriminação; havia apenas cerca de vinte analistas negros, poucas mulheres, e "nenhuma das mulheres do grupo analítico ocupava um cargo de liderança".

Cindy ingressou nessa comunidade marginalizada animada para aprender seu ofício. Em seu primeiro dia, ela foi designada para um setor composto por homens cujas carreiras remontavam ao Vietnã. Os setores da CIA têm cerca de seis a oito pessoas. Um deles, seu mentor, mostrou-lhe o local. Os analistas de imagens trabalhavam em mesas de luz, que eram escrivaninhas com uma superfície plana de vidro na qual uma imagem fotográfica podia ser colocada e iluminada por uma luz vinda de baixo. Os analistas de imagens olhavam através de uma lente de aumento em forma de binóculo, que era quase larga demais para o rosto de Cindy. Seu setor tinha um único computador Wang: uma pequena caixa com letras verdes piscando em uma tela preta e uma caneta luminosa que ela podia apertar na tela para dar um comando.

Durante a visita, seu mentor abriu uma gaveta de sua mesa, revelando seu acervo de pornografia sueca. Cindy estava sendo testada e sabia que não deveria parecer chocada.

Pouco tempo depois, ela recebeu um telefonema de um oficial do Pentágono que pareceu surpreso ao ouvir uma voz feminina. Ele pediu para falar com seu antecessor. "O que quer que precise saber, será comigo agora", disse Cindy a ele, e desligou. O oficial ligou de volta e pediu desculpas.

***

Mas Cindy adorava o trabalho em si. Não havia nada como abrir um pacote de papel pardo com um filme novo – o envelope de 7 x 14 polegadas (que equivaliam a 18 x 36 centímetros aproximadamente) ficava em sua cadeira todas as manhãs, com um pedaço de plástico duro para evitar que o filme fosse danificado – e retirar o precioso conteúdo, uma fotografia mais fina do que uma lâmina de serra e mais significativa do que uma imagem raio X, mostrando a superfície da Terra e o que havia nela. Ela desfrutava de um lugar na primeira fila da história, estudando imagens de países cujas instalações militares estavam sendo vigiadas de perto pelos Estados Unidos. Ela era uma pequena, mas muito importante, engrenagem em uma enorme operação da Guerra Fria. Seu trabalho era ajudar a garantir que a União Soviética e seus aliados cumprissem os acordos, como o Tratado de Forças Nucleares de Alcance Intermediário, para reduzir o estoque mundial de mísseis nucleares. "Confie, mas confira", era como o Presidente Reagan dizia. Cindy era uma das conferentes.

Apesar de suas peculiaridades, os homens com quem Cindy trabalhou no NPIC eram bons professores. Cindy passou a pensar neles, quase com carinho, como "os rabugentos". Eles falavam longamente, e com paixão, sobre a diferença entre um tanque e um veículo blindado de transporte de pessoal. Os olhos dela se tornaram mais experientes. Ela foi designada para analisar os sistemas de mísseis soviéticos, mas não podia compartilhar esse fato com os colegas a menos que eles fossem "consultados". Os analistas do NPIC eram instruídos a não especular sobre os projetos uns dos outros. Ela passou a analisar as forças terrestres da Nicarágua quando os Estados Unidos estavam se opondo aos sandinistas. Ela não era uma agente clandestina e podia dizer aos amigos e vizinhos que trabalhava para a CIA, ou "para o governo", mas não podia compartilhar muitos detalhes além disso. As pessoas geralmente sabiam que não deviam perguntar.

Os rabugentos ensinaram Cindy a pensar estrategicamente – com visão de conjunto –, além de contar tanques e peças de artilharia. A tarefa de seu escritório era descobrir, primeiro, o que *são* essas imagens e, segundo, o que elas pressagiam. "Deveríamos ser capazes de encontrar o X", pensavam os rabugentos, com base no fato de terem visto Y. Eles se voltavam para Cindy e diziam: "Procure o X": *Procure o X*. Ela saía, encontrava o X e voltava. Para ela, encontrar coisas era muito fácil. O NPIC era conhecido por criar "histórias" para descrever um sistema de armas. Os homens a ensinaram a construir uma cronologia para mostrar as mudanças ao longo do tempo. Uma parte importante do trabalho consistia em examinar imagens antigas e compará-las com as mais recentes. Ela aprendeu a reconhecer as sombras projetadas por grandes conjuntos de antenas novas ou pelo solo bruto raspado para a construção. As comunicações geralmente são a primeira coisa estabelecida quando uma base está sendo montada. Depois de aprender sobre comunicações, Cindy percebeu que não é possível ir para as montanhas e apreciar a paisagem. Tudo o que você vê são antenas.

Cindy não apenas lia mapas, mas também os criava. Alguns dias, ela se sentava no chão, desenhava um mapa, sombreava partes, levava-o para a máquina de laminação e preparava uma apresentação. Havia projetos paralelos divertidos. Uma vez por ano, o NPIC examinava um terreno no monte Ararat, na Turquia, a pedido de um membro do Congresso obcecado por encontrar a arca de Noé. Quando o escritório começou a fazer o teste beta de um sistema de computador Windows, Cindy foi designada para tentar sobrecarregá-lo. "Eu pensava: 'Sério? Vocês vão me pagar para quebrar o computador? Que incrível!'"

Ela elaborou seu próprio plano estratégico. Cindy faria análise de imagens por cinco anos e depois iria para a Diretoria de Inteligência como analista de todas as fontes. O NPIC era um lugar atrasado e ela não queria passar toda a sua carreira lá, mas gostava do trabalho e o aproveitava ao máximo, fazendo aulas noturnas para o mestrado e absorvendo informações em um escritório com um grupo de homens mais velhos que não iam a lugar algum e um grupo de mulheres de 22 anos que poderiam ou não ir.

***

Mais mulheres novas chegavam o tempo todo. Elas eram mais ou menos da idade de Cindy e tinham histórico parecido. Um dia, em 1989, um ônibus da sede chegou com quatro novas colaboradoras a bordo. Como lembra uma das integrantes do quarteto, Kristin Wood, o novo grupo, que já tinha feito amizade durante a viagem de ônibus, era um exemplo ambulante e falante do tipo de analista feminina que a CIA procurava na década de 1980: todas caucasianas, todas morenas, todas de olhos castanhos, todas com cabelo comprido e ternos usando blazer, sapatos Aigner e blusas com laços, todas patriotas e ansiosas para servir. Wood cresceu em uma comunidade agrícola na Califórnia; outra, Jennifer Matthews, frequentou uma pequena faculdade cristã em Ohio. As mulheres almoçavam juntas todos os dias, conversando sobre suas vidas como jovens de vinte e poucos anos na cidade grande. Quando Jennifer Matthews fez sua primeira sessão de depilação, chegou no dia seguinte mancando dramaticamente e, rindo, avisou que era doloroso.

Também havia homens chegando, contratados pela CIA e estagiários de outras agências. Em uma aula de treinamento, um contemporâneo da Agência de Inteligência da Defesa desenvolveu o hábito de avaliar as roupas diárias de Kristin Wood. Ela seria mais sexy se usasse sapatos mais altos, ele sussurrou para ela, ou se o cabelo fosse mais comprido. Você nunca vai conseguir um homem, ele avisou. "Que sorte a minha, se você é o que está disponível", retrucou ela.

Os novos recrutas tinham coragem, mas não estavam preparados para a persistente cultura competitiva do local de trabalho, onde as confraternizações no escritório eram levadas a sério e a bebida nas festas começava cedo e ia até tarde. Os chefes, embora admirados, ficavam bêbados e faziam propostas ou tentavam apalpá-las. Wood formou um grupo de desenvolvimento de carreira para ajudar as mulheres a descobrirem como crescer. Para ela, o mais revelador foi ouvir suas colegas negras falarem sobre o fato de terem sido "empurradas para funções administrativas e de apoio" e sobre o fato de terem de lutar para conquistar uma carreira. "Ouvir o que essas mulheres passaram foi chocante", lembrou Cindy. "Se era difícil para nós sermos vistas como confiáveis, era duplamente difícil para elas conseguirem oportunidades."

Com seus olhos frescos e hábitos de estudo bem aprimorados, as mulheres mais jovens às vezes viam coisas que os rabugentos não viam. Quando o setor de Kristin Wood recebeu seu primeiro Idex – uma máquina desajeitada, mas empolgante, que permitia que os analistas manipulassem uma imagem digitalmente –, alguns de seus colegas a monopolizaram. Eles passaram dois dias examinando uma imagem que os deixou perplexos. "Por que não pedimos para a *Kristin* dar uma olhada?", disse um dos analistas sênior, quando Kristin Wood passou por ele. Ele estava sendo sarcástico. Kristin deu uma olhada. "É um estande de testes", disse ela – um estande para testar foguetes e motores, prova da proliferação nuclear de um determinado país em um outro país. Seu gerente levou a peça de alta inteligência para o Capitólio. Wood não recebeu nenhum crédito além do fato de saber que ela tinha visto algo que eles não viram.

Eles também aprenderam que cada analista é importante. Em um domingo, Wood chegou para checar um país africano em meio a uma guerra civil. Ela abriu seu pacote de filmes e viu tropas avançando em uma base rebelde onde a CIA tinha agentes estacionados. A análise de imagens ainda não era vista como uma ferramenta de apoio às operações – o que viria com a guerra do golfo Pérsico –, portanto não havia um protocolo para agir rapidamente. Muito assustada, Kristin telefonou até encontrar alguém no centro de operações de 24 horas da agência que pudesse divulgar a notícia. Na manhã seguinte, a base havia sido destruída. Os agentes – seus colegas – haviam escapado. "Nunca subestime a diferença que um dia faz" foi a mensagem que ela aprendeu. E também:

se um analista deixasse passar alguma coisa, provavelmente não haveria outra pessoa para encontrá-la. E pessoas poderiam morrer.

As mulheres também aprenderam como é ter suas percepções ignoradas. Cindy Storer foi designada para um projeto ultrassecreto e se viu mapeando todo o sistema de mísseis de um alvo muito difícil. Sua capacidade de compreender o programa surpreendeu até mesmo a ela. No entanto, Cindy não tinha permissão para escrever suas descobertas. Somente os analistas de todas as fontes podiam publicar. Ela não tinha ninguém para intervir ou apresentar seu caso. Mais tarde, sua unidade foi criticada por não ter identificado o desenvolvimento que ela havia detectado. Isso foi visto como uma falha de inteligência. Cindy expressou sua angústia e soube que havia começado a desenvolver a reputação de pessoa emotiva.

***

Mesmo assim, seu plano de cinco anos continuava em andamento. Depois de três anos, Cindy foi transferida para a sede da CIA, onde foi designada para uma conta no escritório do Sudeste Asiático e do Oriente Próximo [Nesa – Near East South Asia]. Na Diretoria de Inteligência, os escritórios são as maiores unidades, com centenas de funcionários, um pouco como os setores na área das operações. Os analistas da Nesa se concentravam em uma faixa horizontal de países do norte da África e da Ásia, do Marrocos a Bangladesh e tudo o que havia entre eles: Índia, Líbia, Oriente Médio. O aumento de salário permitiu que Cindy atualizasse seu guarda-roupa com dois ternos de seda e pagasse a hipoteca de uma casa em um bairro arborizado no norte de Arlington, Virgínia. Ela cantava no coral da Andrew's Episcopal Church e se sentia parte de uma comunidade solidária de amigos e vizinhos, adotou um cão resgatado, tornou-se líder de um grupo de escoteiras e comprou um Mercury Sable usado. Não era um carro bonito, mas comportava um monte de escoteiras. Ela ia de carro até McLean em vinte minutos.

Era uma vida gratificante; ela adorava seu trabalho. Na sede, ela estacionava o Sable em uma vaga distante e caminhava alegremente até sua sala. À medida que se adaptava às suas novas responsabilidades, o trajeto de Cindy geralmente a levava ao longo do corredor do andar térreo que exibe a "galeria de retratos dos diretores", uma fileira de pinturas a óleo que mostra a formação histórica dos diretores da CIA. Com seus sapatos de salto alto, Cindy passava por Allen Dulles, que parecia sóbrio e cansado do mundo, com suas feições grisalhas compostas por uma dignidade benigna que desmentia sua vida romântica agitada e o que Mary Bancroft chamava de seu "lado negro". Ela passava por John McCone, cujo foco em tecnologia foi, de certa forma, responsável pela carreira de Cindy, e seus sucessores, incluindo Richard Helms, que, apesar de toda a conversa a respeito de homens honrados, foi condenado por enganar o Congresso sobre as desventuras da agência no Chile; William Colby, respeitado, mas também ressentido por entregar as joias da família ("Um homem rápido para vestir uma camisa por cima", como comentou um analista); e Stansfield Turner, nunca perdoado por ter eliminado o serviço clandestino. E assim por diante: uma fila ininterrupta de homens brancos de diferentes graus de competência e integridade. Em 1987, Bill Casey foi sucedido pelo juiz William Webster, encarregado de restaurar a retidão e a ordem moral após os excessos das desventuras na América Central. Para ele, a ordem moral incluía decretar que as funcionárias deveriam usar sapatos de salto alto até mesmo nos estacionamentos, um decreto que mulheres como Cindy, que tinha que caminhar muito até o carro, não apreciavam. Em 1991, Webster foi sucedido por Robert Gates, um raro diretor que emergiu do corpo analítico e que, segundo os rumores, devolvia amostras de textos insatisfatórios ao infeliz autor, grampeadas em um envelope de papel daqueles que deveriam ser incendiados depois de um tempo por questões de confidencialidade.

A galeria de retratos dava lugar à cafeteria e, em seguida, a uma passagem para o prédio onde a unidade de Cindy estava localizada. O prédio, conhecido como nova sede, foi ocupado em 1988 e formalmente concluído em 1991. Uma construção impressionante de aço e vidro, com um átrio alto de quatro andares, aviões espiões pendurados no alto e uma longa escada rolante branca que cruzava o caminho desde a entrada principal no quarto andar. Havia duas torres de escritórios de seis andares que ficavam de frente para as alas gêmeas da antiga sede, com o átrio, reluzente e cheio de luz, entre as torres. A nova sede havia sido construída em uma encosta, e qualquer pessoa que chegasse pela entrada principal do quarto andar descia a grande escada rolante para os andares inferiores. As pessoas que vinham da sede original podiam atravessar o átrio e entrar por ali. Apesar de todos os seus toques de modernidade, a nova sede parecia feiosa para aqueles que trabalhavam nela. Surgiram vazamentos e descobriu-se que ela sofria da "síndrome do edifício doente", um termo vago para um edifício cuja ventilação problemática causava respiração ofegante e dores de cabeça. O local parecia estar constantemente úmido, e as pessoas preferiam trabalhar no OH, como chamavam a antiga sede.

Mas aqui estava Cindy.

A essa altura, praticamente todas as salas da sede eram um cofre seguro. Todos os dias, Cindy digitava um código para entrar no espaço que abrigava a Nesa, que consistia em um labirinto de analistas ocupados em produzir relatórios sobre os eventos que ocorriam na região do mundo que lhes era designada. Ela passava por escritórios e cubículos, por corredores e subcorredores. As mesas mais importantes ficavam mais próximas da frente. A maioria dos gerentes era formada por homens brancos de meia-idade. Em uma festa de fim de ano, alguns analistas fizeram uma encenação na qual se passavam por seus gerentes, usando pequenos círculos de papel na cabeça para representar todas as carecas. Os gerentes não acharam o esquete muito engraçado.

Cindy percorria o caminho até chegar, nos fundos, ao local que lhe fora designado como analista militar para o Afeganistão, em um espaço que ela e dois colegas chamavam de "o gueto". A conta afegã de três pessoas era o que se poderia chamar de "buraco" da Nesa.

***

O ano em que Cindy chegou, 1989, foi o ano em que sua área, muitas vezes negligenciada, assumiria uma importância global. Dez anos antes, em 1979, o exército soviético havia planejado uma revolução comunista nessa região montanhosa e tribal do sul da Ásia e, em seguida, invadiu e ocupou o país. Seguiu-se uma guerra por procuração, na qual o Presidente Carter ordenou que a CIA ajudasse os combatentes afegãos que resistiam à ocupação soviética. Quando Cindy chegou, a agência já havia passado uma década basicamente comandando a guerra afegã. Durante cinco anos a luta foi, em sua maior parte, um jogo perdido, no qual os combatentes da resistência afegã conseguiram matar soviéticos e comunistas afegãos, mas sofreram enormes baixas, enquanto a população civil sofria abusos de direitos humanos nas mãos dos ocupantes soviéticos.

Em 1986, o governo Reagan decidiu que, em vez de ferir os soviéticos, talvez fosse possível expulsá-los.

"Nós mudamos as regras", disse Milt Bearden, um chefe de estação da CIA. Essa mudança de regras foi possível graças ao míssil Stinger. Bearden estava presente na chegada dos primeiros cem Stingers portáteis e viu pessoalmente o efeito que o equipamento americano causou sobre um voo de helicópteros soviéticos que chegavam de Jalalabad. Como ele descreveu mais tarde, o primeiro Stinger errou o tiro; o segundo atingiu um helicóptero, que explodiu no ar e caiu. Outro caiu, e mais outro. Em 1988, o exército soviético estava cansado e quebrado, assim como, por acaso, a União Soviética.

Os soviéticos assinaram um tratado de retirada em Genebra. A retirada soviética em fevereiro de 1989 – e o enfraquecimento que ela revelou – foi seguida pela ascensão na Tchecoslováquia do dramaturgo Václav Havel; a eleição em 1990 do líder do Solidariedade, Lech Wałesa, na Polônia; a execução do ditador romeno Nicolae Ceauşescu e sua esposa; mudanças revolucionárias na Hungria; e, em 9 de novembro de 1989, a queda do Muro de Berlim. Em dezembro de 1991, a União Soviética entrou em colapso.

As pessoas em Langley não estavam preparadas para a velocidade com que o último evento se desenrolou; o colapso foi uma "descontinuidade", se é que já houve uma. A missão central que animava a agência desde sua fundação havia desaparecido, praticamente da noite para o dia. "Quando a União Soviética se desintegrou, foi a primeira vez em minha carreira, na carreira moderna de qualquer pessoa, que não tínhamos uma única ameaça e não sabíamos o que fazer, e nossos gerentes não sabiam o que fazer", lembrou Mia McCall, a agente de operações que havia sido recrutada por Sue McCloud.

***

Cindy Storer, no entanto, sabia o que fazer. De sua mesa de trabalho, ela procurou dominar o cenário político mutável do Afeganistão pós-guerra, os eventos que ocorriam nele e as novas alianças que estavam se formando. Em 1992, ela foi promovida ao cargo de analista político-militar sênior. Agora, ela tinha uma vaga permanente como analista de todas as fontes, juntando-se à elevada categoria de agentes que irritavam seus antigos colegas do NPIC.

Era uma função de alto status, mas não exatamente em uma mesa importante. As pessoas em Langley estavam ansiosas para deixar a guerra do Afeganistão para trás. "Nós nos afastamos", admitiria mais tarde o diretor da CIA, William Webster, acrescentando que foi um erro ter feito isso. Na grande Washington, "afeganistão" tornou-se um termo para descrever os delírios de nerds da política que insistiam na importância de uma região obscura e inconsequente. Cindy Storer foi uma dessas pessoas que insistiram. Durante a guerra do Afeganistão, sete facções lutaram contra um inimigo comum, os russos, mesmo quando disputavam entre si o final do jogo. Agora, com a ocupação dando lugar à guerra civil, as facções estavam se voltando umas contra as outras de uma forma que, segundo Cindy, poderia ter consequências que se estenderiam além do conflito. Cada facção tinha seus próprios objetivos e financiadores, embora existissem conexões ocultas entre elas. As armas enviadas para uma facção poderiam acabar em outra. Os Estados Unidos tentaram, e não conseguiram, comprar de volta todos os Stingers. Alguns dos colegas de Cindy se referiam as facções como os "sete anões". Isso incomodava Cindy; ela achava que era desdenhoso e racista. Ela estudou as convenções sobre minas terrestres, as negociações de paz e o tratamento dos prisioneiros de guerra soviéticos. Ao seu lado havia analistas do Paquistão e da Índia – eles formavam o "grupo do sul da Ásia" –, e, com eles, ela analisou as relações pós-guerra entre a Índia e o Paquistão, que estavam em lados diferentes da guerra do Afeganistão. Era muita coisa para o pequeno grupo de três analistas afegãos acompanhar, mas eles faziam o melhor que podiam.

Cindy tinha um ótimo chefe: um ex-atirador de elite dos fuzileiros navais que a designou para examinar centenas de arquivos em papel que se encontravam em uma parede do cofre para ver quais deveriam ser informatizados. Para uma analista, esse não era de forma alguma um trabalho de rotina; era mais como um curso de pós-graduação sobre a história oculta de sua região. Navegando satisfeita, Cindy se deparou com um artigo de 1982, escrito por dois de seus antecessores, que descrevia os "combatentes estrangeiros", um termo para homens árabes que viajaram para o Afeganistão vindos do Oriente Médio, da África e da Ásia para ajudar a repelir os ocupantes soviéticos. Os combatentes se autodenominavam *mujahideen:* guerreiros islâmicos que praticavam a jihad, ou guerra santa, contra nações não islâmicas. O jornal previu que eles se tornariam um problema após a guerra.

Cindy sabia que eles estavam certos. Como parte de seu trabalho no mestrado, ela havia feito um curso sobre insurgência, um confronto militar no qual um grupo pequeno e móvel de combatentes, geralmente forasteiros, pretende derrotar uma força entrincheirada maior. Em sua mesa, ela lia relatórios de trabalhadores humanitários que diziam que os combatentes estrangeiros eram violentos, veementemente antiocidentais e estavam aumentando em número. O conflito com os soviéticos havia terminado, mas os combatentes estrangeiros não estavam voltando para casa. Muitos não podiam, pois haviam cometido crimes ou se tornado *persona non grata* em seus países de origem. Em vez disso, eles estavam se espalhando. Com o colapso da União Soviética, muitos Estados da Ásia Central, antes sob controle soviético, tornaram-se instáveis, e os combatentes começaram a aproveitar o caos para cruzar as fronteiras, unir-se a grupos islâmicos e derrubar líderes não islâmicos. Alguns apareceram na Chechênia, onde Cindy começou a ver relatos de combatentes estrangeiros que assaltavam bancos e roubavam carros para arrecadar dinheiro para a jihad. Ela leu reclamações dos soviéticos sobre veteranos afegãos que estavam explodindo bombas na Chechênia e na Bósnia.

Quem, ela se perguntava, estaria por trás do que pareciam ser ações coordenadas? Os relatórios mencionavam vários líderes extremistas islâmicos, entre eles um saudita rico chamado Osama bin Laden.

Cindy e seus colegas do escritório do Afeganistão já sabiam um pouco sobre Osama bin Laden. Décimo oitavo filho de um rico engenheiro – um dos 55 filhos no total –, Osama bin Laden veio de uma imensa fortuna, graças à empresa de construção de seu pai, o Saudi Binladin Group, e ao dinheiro do petróleo que financiava seus contratos. Desde cedo, Bin Laden foi atraído pela religiosidade solitária, e a morte do pai em 1967 em um acidente de avião o levou ainda mais ao islamismo fundamentalista. Assim como muitos jovens árabes, ele foi profundamente afetado pela Guerra dos Seis Dias de Israel contra o Egito, a Jordânia e a Síria, em junho do mesmo ano, que atingiu muitos árabes como uma verdadeira "derrota civilizacional" das potências ocidentalizadas e provou ser, para Bin Laden, um impulso para a radicalização. Ele se juntou à jihad no Afeganistão contra os infiéis soviéticos, onde um projétil de morteiro que não explodiu a seus pés convenceu-o de que Deus queria que ele continuasse a luta mesmo após o fim da guerra. Bin Laden e seus comandantes egípcios decidiram fundar uma organização dedicada a prolongar a jihad.

Mais do que um combatente, Bin Laden era um homem de dinheiro. Durante a guerra do Afeganistão, ele serviu como um canal para países, como a Arábia Saudita, que estavam apoiando secretamente determinadas facções de grupos étnicos afegãos. De certa forma, a rede de combatentes emergente era como uma *startup* do Vale do Silício, e Bin Laden era como um capitalista de risco, aproveitando seu investimento inicial para atrair outros financiadores.

Na época em que Cindy Storer começou a prestar atenção, Bin Laden havia se mudado para o Sudão, onde o governo de Cartum aceitou sua ajuda para resistir aos separatistas cristãos no sul. Seu paradeiro não era secreto, embora muitos de seus contatos fossem. Ele se comunicava com líderes islâmicos extremistas, alguns dos quais dirigiam campos de treinamento para novos combatentes. Mas não havia uma organização central que Cindy pudesse identificar. Não havia nome declarado para a rede, nem diretoria, nem lista de pessoal.

Algo estava se formando – mas o quê? No NPIC, Cindy havia sido treinada para estudar uma maneira indistinta até descobrir o que era. Ela começou a examinar "fragmentos de informação" na forma de telefonemas, relatórios de rádio, despachos do Departamento de Estado e artigos de alguns corajosos repórteres de língua árabe que se aventuraram nos campos de treinamento para fazer entrevistas. Uma revista de língua árabe, *a Al-Jihad*, publicou artigos sobre a jihad. Cindy mandou traduzi-los. Anúncios informavam onde doar dinheiro, fornecendo pistas sobre as identidades dos financiadores da jihad. Algumas eram organizações não governamentais – instituições de caridade que proliferaram durante a guerra do Afeganistão, aproveitando o senso de obrigação dos muçulmanos para com a *umma*, a comunidade muçulmana mundial. Essas organizações beneficentes arrecadavam dinheiro para iniciativas humanitárias, incluindo campos de refugiados para afegãos deslocados. Algumas, no entanto, estavam secretamente desviando as doações que coletavam para pagar armas e viagens para os combatentes. Outros financiadores incluíam pessoas ricas e líderes religiosos radicais. Cindy se propôs a rastrear quais combatentes estavam sendo influenciados por quais países, pessoas e grupos.

E ela procurou manter o Afeganistão – onde o Talibã assumiu o poder após a retirada, impondo sua própria ideologia extremista da lei Shariah no país – como parte da conversa mais ampla em Washington. Todas as manhãs, ela e seus colegas se reuniam para propor tópicos para o Resumo Diário para o Presidente [PDB – President's Daily Brief]. Entre os vários tipos de documentos que a Diretoria de Inteligência publicava, o PDB era a parte mais preciosa do patrimônio intelectual e a mais disputada. Também conhecido como "livro", o PDB consistia em um fichário de couro com artigos curtos de quinhentas palavras ou mais, impressos em papel de gramatura alta, contendo as informações mais urgentes do dia. O livro era apresentado ao presidente todas as manhãs, entregue por um informante que respondia às perguntas e chegava cedo para lê-lo.

Escrever um único item de PDB de quinhentas palavras levava um dia inteiro, gasto não apenas pesquisando e escrevendo mas andando ou correndo por toda a sede. Cada palavra tinha de ser aprovada por todos os analistas interessados no assunto. Cindy mantinha um par de tênis em sua mesa. Ela podia visitar a mesma sala três ou quatro vezes. O item era então enviado para a equipe editorial do PDB, cujos editores podiam devolvê-lo para revisões ou descartá-lo por ter sido *overtaken by events* [OBE – tomado por eventos] ou *below the threshold of risk* [BT – abaixo do limite de risco]. Se um PDB fosse publicado, Cindy ficava esperando que os editores telefonassem com perguntas e, em seguida, recebia mais perguntas dos informantes da Casa Branca.

Cindy começou a experimentar maneiras de descrever o que estava vendo no Afeganistão pós-soviético e além. Graças às mulheres que converteram arquivos de papel em registros de computador, a Diretoria de Inteligência agora tinha um rico banco de dados de todos os itens que antes eram mantidos em microfichas na referência central: telegramas e fotos, inteligência de sinais e material de fonte aberta. Cindy aprendeu sozinha a criar buscas booleanas, criando perfis de busca que encontravam qualquer item com a frase "*foreign fighters*" (combatentes estrangeiros) ou "*Afghan Arabs*" (árabes afegãos). As pesquisas booleanas eram refinadas por aspas, pontos de interrogação, asteriscos e parênteses, portanto o que ela estava fazendo era uma espécie de codificação elementar. O banco de dados da Diretoria de Inteligência examinava regularmente seu acervo, enviando itens novos para sua caixa de entrada à medida que mais conteúdo chegava. De manhã, ela ligava o computador. Enquanto ele inicializava, Cindy pegava o café e voltava para ver o que havia de novo. Em alguns dias, sua caixa de entrada continha dez itens; em outros, cem. Os perfis lhe davam uma visão de uma rede crescente de agentes violentos. Era como tentar entender a Spectre[24] em James Bond.

Então, Cindy fez o que havia feito durante toda a sua vida. Ela fez um mapa. Esse mapa consistia em slides que mostravam onde os combatentes estavam se movendo e usando símbolos para indicar o que eles faziam. As atividades poderiam incluir: Estabelecer um escritório. Montar um campo de treinamento. Fazer um depósito bancário. Explodir algo. Ela datou cada uma delas. Ela terminou com uma animação que

---

[24] Spectre é uma organização criminosa que ameaça a humanidade no filme *007 contra Spectre*, lançado em 2015 (N. E.).

mostrava que "Eu tenho um escritório" levava, inevitavelmente, a "Eu explodi algo". Ela teve que conjecturar quantos combatentes estavam envolvidos, com base em estimativas anteriores e em seu próprio instinto. Na análise de inteligência, isso é conhecido, em tom de brincadeira, como SWAG [sigla em inglês para palpite científico maluco – *"scientific wild-ass guess"*]. Ao navegar rapidamente pelos slides, ela viu a coisa que estava rastreando – o que quer que fosse – se expandindo. Campos de treinamento surgindo. Escritórios sendo montados. Redes se formando. Cindy sentiu que o gráfico era poderoso. Persuasivo. Algo estava acontecendo em todo o mundo, e o mapa de Cindy provava isso. No entanto, por mais que agitasse as mãos e divulgasse o mapa, Cindy não conseguia chamar a atenção no prédio. Para a maioria dos colegas, o Afeganistão estava acabado, assim como os combatentes que emanavam de suas regiões.

"Ninguém queria falar desse assunto."

Capítulo 15

Você não pertence a este lugar

WASHINGTON, VÁRIOS ESCRITÓRIOS
Meados da década de 1990

Ninguém a não ser um pequeno grupo de mulheres que estavam se tornando tão viciadas quanto a própria Cindy, brincando em um campo de que quase ninguém tinha ouvido falar, profundamente intrigadas com o trânsito e as ações dos combatentes da jihad. No labirinto de cubículos que compunham a Nesa, Cindy cruzou com uma delas: uma analista que investigava questões regionais em todo o Oriente Próximo e no sul da Ásia, com um portfólio extenso e uma autoridade que a colocava em uma posição superior à de Cindy. A analista era outra mulher, experiente, primorosamente bem-educada, mais de dez anos mais velha do que Cindy. Seu nome era Barbara Sude. Ela tinha franja, óculos e um corte de cabelo curto imaculadamente aparado. Quando Cindy teve coragem de lhe enviar uma mensagem, Sude se mostrou bem-humorada e realista. Especialista em pensamento islâmico medieval, Barbara Sude também sabia como seguir um rastro de transações financeiras ilícitas. Seu mandato incluía governos e instituições de caridade – ou as chamadas instituições de caridade – e seus hábitos de gastos. A mensagem de Cindy sugeriu a Barbara que acrescentasse extremistas islâmicos ao seu portfólio.

Assim como Cindy, Barbara Sude havia começado sua carreira em uma agência de retaguarda, apesar de ter um conjunto impressionante de credenciais, todas iguais às dos homens que se sentavam na sala de jantar dos executivos usando gravatas de Yale ou Stanford. Barbara havia crescido em Port Washington, Long Island, uma comunidade de funcionários públicos e socorristas onde sua família vivia havia seis gerações. Sua mãe, uma datilógrafa profissional, serviu durante a Segunda Guerra Mundial como uma das primeiras mulheres fuzileiras navais. Quando menina, Barbara era tão fascinada por história quanto Cindy Storer era por mapas; um livro infantil sobre um menestrel viajante, *Adam of the Road* [Adam da estrada, em tradução livre], inspirou uma obsessão pela história inglesa. No ensino médio, ela descobriu sua facilidade para idiomas e estudou latim, francês e espanhol. Um trabalho sobre a influência das palavras árabes na língua espanhola levou a um interesse pela presença muçulmana na Espanha, o que despertou um interesse pelo Islã medieval e pelos conflitos seculares entre o Ocidente cristão e o mundo árabe. Em um curso chamado "Estudos do Terceiro Mundo", seus colegas escreveram sobre a Palestina moderna, enquanto Barbara Sude escreveu sobre a primeira Cruzada.

Barbara ingressou na Universidade de Georgetown em meados da década de 1960, graduando-se em estudos árabes. Na pós-graduação – na Universidade da Pensilvânia e depois na Universidade de Princeton –, ela se especializou em história intelectual do Islã e escreveu sua tese de doutorado sobre Ibn al-Haytham, um matemático islâmico que desenvolveu a compreensão da óptica e da visão. Quando ela concluiu seu doutorado, em 1974, havia poucos acadêmicos de estudos árabes e poucas instituições interessadas em contratá-los. Um colega do sexo masculino com menos credenciais – ela falava persa, ele não – conseguiu um emprego em Yale, mas Barbara, tímida e relutante em se apresentar ou em divulgar suas habilidades linguísticas, foi rejeitada na maioria das vezes. Um amigo sugeriu que ambos se candidatassem à CIA; Barbara leu um pouco sobre a agência e sua história e pensou: *Por que não?*

O escritório de seleção da CIA em Nova York ficava abaixo da Canal Street, em Chinatown, onde o cheiro de óleo, metal e comida frita a fazia lembrar do Cairo. Barbara fez o teste com a capa rosa e respondeu a perguntas como: *Se você aceitasse um cargo no exterior, quanto tempo poderia ficar sem sabão?* Ao ser contratada, Barbara, com um doutorado em uma das melhores universidades do mundo, era uma candidata óbvia para se tornar uma analista de todas as fontes. Em vez disso, ela foi encaminhada para o FBIS [Serviço de Informação de Transmissão Estrangeira, em inglês Foreign Broadcast Information Service], um posto avançado localizado em Rosslyn, na Virgínia, o mesmo subúrbio onde Heidi August havia sido colocada para trabalhar dobrando mapas.

O FBIS era uma unidade de apoio, embora com uma história que antecedia a CIA. Pouco antes de os Estados Unidos entrarem na Segunda Guerra Mundial, durante os primeiros esforços de Roosevelt para criar um serviço de espionagem, uma série de falantes de idiomas estrangeiros – esposas, empresários, pedreiros – foi contratada para ouvir transmissões estrangeiras e escrever relatórios, empregando "análise de propaganda" para discernir as mentiras de líderes estrangeiros e determinar sua intenção e impacto. Três décadas após o fim da guerra, o FBIS ainda era a operação analítica de código aberto da agência – analisando a mídia estrangeira tanto impressa quanto de radiodifusão – e permaneceu pouco alterado, até as máquinas de escrever manuais que seus funcionários usavam para redigir seus relatórios. Quando chegaram algumas IBM Selectrics, a alegria foi grande. O serviço – ironicamente, devido a seus escassos recursos técnicos – pertencia à extravagante Diretoria de Ciência e Tecnologia, cujas festas de Natal eram famosas pelos lasers e shows de luzes deslumbrantes. Foi um arranjo que sobrou da guerra e da necessidade de interceptar transmissões de rádio de longo alcance.

A força de trabalho do FBIS tendia a ser mais diversificada do que na sede, com americanos bilíngues debruçados sobre jornais que chegavam semanas depois de terem sido impressos. É verdade que a diversidade tinha seus limites. Ao substituir seu chefe em uma reunião de gerentes, Barbara contou 27 gerentes homens e duas mulheres. Em outros aspectos, o escritório era uma lufada de ar fresco. As escrivaninhas ficavam encostadas umas nas outras; tendo ficado imersa por anos no estudo solitário de manuscritos medievais, ela gostava da conversa e de "ler as notícias dia após dia". Tabloides obtidos em *displays* transmitiam o que as pessoas estavam comprando nos supermercados. Até mesmo as fontes tipográficas e a tinta eram evocativas.

Barbara leu a opinião do mundo árabe sobre as crises que consumiram o trabalho de agentes de operações como Heidi August. A crise dos reféns iranianos em 1979; o assassinato do presidente egípcio Anwar Sadat em 1981; os tumultos e os protestos com arremesso de pedras, conhecidos como intifada, realizados pelos palestinos contra a ocupação de vinte anos de Israel na Cisjordânia e em Gaza. Para uma estudiosa do Oriente Médio, o terrorismo sempre esteve presente em segundo plano. Em viagem de pós-graduação ao Cairo, Barbara fez uma conexão no aeroporto de Atenas poucos dias antes de terroristas atirarem em pessoas na fila do balcão de reservas. Na volta, ela viu buracos de bala marcando as janelas.

Para tudo o que estava acontecendo, Barbara trouxe seu próprio conhecimento profundo da história do Islã. Ela sabia que, para os muçulmanos, o Alcorão é a palavra infalível de Deus. Ela também sabia que, como em todas as grandes religiões, havia muitas escolas de pensamento. Os sufis eram uma seita não violenta que adotava uma abordagem mística, permitindo que os indivíduos tomassem decisões sobre a vida com base na comunicação direta com Deus. Em contraste com eles estavam os salafistas-jihadistas, construcionistas rigorosos que queriam voltar aos primeiros dias do Islã, emulando o que acreditavam ser o desejo do Profeta Maomé. Os sacerdotes fundamentalistas estavam defendendo a ideia de que aos cinco pilares do Islã – o credo, a oração, o jejum, a doação de esmolas e o *hajj*, a peregrinação sagrada à cidade de Meca – deveria ser acrescentado um sexto: a luta. Uma interpretação de "lutar" significava lutar para melhorar a própria natureza: melhorar a si mesmo para se tornar um muçulmano melhor, uma pessoa melhor, a luta contra o pecado.

Porém, quando uma forma conservadora do Islã ganhou destaque na década de 1980, surgiram líderes que clamavam por um combate literal.

Eram os jihadistas. Os propagandistas – religiosos fundamentalistas – alimentaram essa ideia e a politizaram. Apenas um pequeno número de muçulmanos aceitou essa abordagem, mas o objetivo da propaganda é tornar socialmente aceitável algo que não é socialmente aceitável, por meio da repetição e da amplificação. Barbara sabia que os jihadistas não podiam ser descartados como loucos. Eles acreditavam que, lutando, se salvariam da condenação eterna. Na opinião de Barbara, eles não poderiam deixar de ser persuadidos. No entanto, talvez fosse possível derrotar seus planos.

Barbara também observou a experiência das mulheres árabes com a crescente onda de pensamento fundamentalista. Grupos religiosos radicais, como o Talibã, no Afeganistão, e o do aiatolá Khomeini, no Irã, tinham uma convicção impiedosa de que as mulheres eram subordinadas aos homens e de que a vida, a mente e a sexualidade de meninas e mulheres deveriam ser severamente reprimidas. No Afeganistão, os mulás Talib trabalharam para garantir que as mulheres permanecessem isoladas e sem instrução. No Irã, as mulheres eram obrigadas a usar o hijab – coberturas na cabeça que antes eram voluntárias – e espancadas por mostrarem o tornozelo. Uma "polícia da moralidade" aplicava os decretos.

O gênero era uma questão central, não uma questão secundária. Os combatentes estrangeiros e os líderes que os exortavam estavam preocupados com a sexualidade feminina. Os combatentes eram frequentemente recrutados com a promessa de virgens esperando na vida após a morte, bem como de pornografia pirateada para desfrutar aqui e agora. O movimento da jihad era uma luta contra tudo o que Barbara e Cindy representavam: mulheres que se instruíam, mulheres que contribuíam para a vida pública, mulheres que levavam uma vida igual à dos homens. Barbara também percebeu a oposição às novas restrições. Ela guardou um cartum de uma revista libanesa que mostrava um chador completo: um lenço na cabeça e um manto. No cartum, não havia cabeça sob o lenço; em vez disso, havia lençóis amarrados saindo da abertura, com pegadas andando pelo quarteirão e se afastando, sugerindo que uma mulher havia escapado.

Outro cartum mostrava um executivo pedindo a uma secretária para fazer uma ligação, e ela dizia: "Bem, é um pouco difícil com o véu entre os dentes".

Além disso, Barbara guardava provas de que as restrições não eram historicamente válidas, independentemente do que os fundamentalistas pudessem argumentar. Também estava gravada em sua área de trabalho a cópia da ilustração de um manuscrito do século XIV, que mostrava uma mulher em uma universidade medieval no que hoje é o Iraque, dando palestras a homens sobre a lei islâmica.

***

Barbara Sude era meia geração mais velha do que Cindy, e levou mais de uma década para conseguir uma vaga em Langley. Um incentivo – para ela – era a irritação. Durante seu tempo no FBIS, os analistas de todas as fontes que visitavam a sede adotavam uma atitude tão condescendente que até mesmo uma pessoa de seu temperamento equilibrado achava isso irritante. Um deles lhe disse para "correr pelo corredor" para encontrar alguém; outros insinuaram que o FBIS não fazia parte da CIA. Quando ela começou a procurar emprego, a Diretoria de Operações lhe ofereceu uma vaga que pagava menos do que ela ganhava, então ela disse não, obrigada. Quando se candidatou à diretoria analítica, sugeriram que ela não havia aprendido a sagrada "metodologia da Diretoria de Inteligência" de considerar um problema por vários lados.

"Não há um processo judicial por discriminação contra mulheres?", ela perguntou. A ação da Categoria B estava tramitando na diretoria de operações e não afetava diretamente o corpo de analistas, mas ela achou que não faria mal nenhum tocar no assunto.

Sua persistência valeu a pena. Quando um de seus professores de Georgetown, uma mulher, veio dar uma palestra, viu Barbara e a abraçou, a reputação de Barbara melhorou. Ela foi recrutada para o escritório da Diretoria de Inteligência na África e depois para a Nesa, onde começou a analisar as instituições de caridade e seus gastos. Quando Cindy Storer entrou em contato com ela, as duas começaram a se encontrar e a participar de reuniões informais com colegas de outros órgãos federais.

E foi assim que entre as primeiras pessoas em Washington com profundo conhecimento de uma ameaça crescente – um homem chamado Osama bin Laden e um grupo terrorista chamado Al-Qaeda – estava um trio de mulheres.

***

Eles se reuniam em espaços emprestados pela cidade, em escritórios reservados por uma hora ou mais, em diferentes agências, a cada dois meses, a partir do início da década de 1990. Participavam um punhado de agentes de inteligência e segurança nacional, a maioria deles jovens, muitos deles do sexo feminino, ainda não eminentes, ainda não presos a carreiras, pessoas juniores que não tinham interesse nas antigas alianças e inimizades da Guerra Fria e que se sentiam em sintonia com um novo tipo de ameaça. O grupo incluía pessoas do FBI, da NSA e da Administração Federal de Aviação. A natureza do trabalho era amigável e colaborativa; se um deles não conseguisse publicar um texto, passava-o para alguém que conseguisse. A força organizadora era o terceiro membro do que se tornaria um trio poderoso: uma funcionária do Departamento de Estado de vinte e poucos anos chamada Gina Bennett.

Assim como Cindy Storer, Gina Bennett cresceu no leste da Virgínia – no caso dela, em Virginia Beach. Seu pai era um oficial da Marinha. Ela se formou em 1988 na Universidade da Virgínia, com especialização dupla em economia e política externa e em religião. Durante seus anos de estudante, Gina ia de bicicleta até o Miller Center – o *think tank* de assuntos políticos da UVA, a 800 metros do campus principal – e se sentava, com a bicicleta no cascalho ao seu lado, olhando para o prédio. "Um dia eu vou estar lá", dizia a si mesma. "E vou fazer um discurso sobre a política externa inovadora do Oriente Médio."

Gina se candidatou à CIA, mas não conseguiu uma entrevista. Ansiosa para não voltar para casa após a formatura, ela respondeu ao anúncio de uma vaga de datilógrafa no Departamento de Estado. Ela fez testes de datilografia e alfabetização – para os quais foi obrigada a usar saia – e conseguiu uma vaga temporária de três meses. Como datilografava rapidamente, Gina ficou surpresa quando, depois de lidar com o processamento externo do Secretário de Estado George Shultz, "datilografando enquanto ele respondia às perguntas", foi chamada ao departamento pessoal. "Seu lugar não é aqui", disse-lhe o chefe de recursos humanos.

Ela presumiu que estava sendo demitida e levantou-se para pegar suas coisas. Em vez disso, o funcionário lhe disse que ela não pertencia ao quadro de secretárias; seu lugar era em uma carreira.

Aos 22 anos, com seu talento anunciado, Gina Bennett foi promovida para o Escritório de Inteligência e Pesquisa do Departamento de Estado [Bureau of Intelligence and Research], conhecido como INR. A menor das (agora) dezoito organizações de inteligência de Washington, o INR existe para produzir inteligência sob medida para os diplomatas americanos. Gina tornou-se analista júnior, fazendo turnos de oito horas no "escritório de vigilância do terrorismo", que funcionava 24 horas por dia, recebendo telegramas sobre explosões e ameaças. Era um lugar de retaguarda em Foggy Bottom, mas Gina havia encontrado seu lugar. De sua própria mesa na 22rd Street, ela também observava o fluxo de combatentes estrangeiros. Ela os via indo para a Chechênia, a Caxemira, as Filipinas; surgindo na Argélia, na Tunísia, no Egito, na Birmânia. Ela gostava do trabalho de detetive de adivinhar os movimentos deles, mesmo quando se sentia alarmada com a violência que eles evangelizavam.

Gina Bennett tinha olhos atentos, até mesmo empáticos, ao observar as forças que impulsionavam e uniam esse exército. Com sua base na política do Oriente Médio e nas religiões globais, Gina percebeu que o que estava vendo, em muitos movimentos islâmicos extremistas, eram pessoas lutando contra o legado da colonização, buscando expurgar estruturas políticas elitistas, muito brancas e centradas na Europa, que visavam manter as elites no poder, as mesmas estruturas que produziam acordos confortáveis entre governos ocidentais (e empresas de petróleo) e fantoches como o rei Idris da Líbia. A Revolução Americana, de certa forma, foi a mesma coisa: uma rejeição do poder colonial. Muitos países onde os terroristas atuavam estavam lutando para encontrar uma forma autêntica de autogoverno – nacionalismo árabe, não alinhamento –, mas nenhum novo sistema estava realmente funcionando. Os países estavam passando por uma crise existencial, o que geralmente gera violência.

Gina também achava que o fato de ser mulher lhe dava uma visão extra. Sabia muito bem o que era ser tratado como alguém de segunda classe. Ela se identificou com os países árabes que sofreram com a pobreza, a exploração, a conquista e a reconquista, e que lhes disseram o que fazer. "Conseguimos entender o abismo da mágoa que era completamente legítimo", disse ela. "Pudemos entender como é viver com esse ressentimento, essa raiva, a injustiça, a injustiça, ano após ano. E você pode entender o quanto isso é prejudicial."

Mas, à medida que foi se familiarizando com os movimentos terroristas – os grupos marxista-leninistas europeus estavam entre os primeiros que ela estudou –, Gina percebeu algo mais. Ela percebeu que todos os grupos terroristas cometem o mesmo primeiro crime: o crime de roubo. "Eles roubam uma queixa legítima, apropriam-se dela e dizem que a estão defendendo", refletiu Gina. "A queixa legítima sofre com isso. O povo – a enorme população que está sofrendo com essa queixa legítima – agora tem uma organização terrorista que não quer necessariamente."

E os terroristas não se intimidavam com a morte de civis, inclusive crianças. Seis meses após o início de seu novo trabalho, em 21 de dezembro de 1988, o voo 103 da Pam Am explodiu sobre Lockerbie, na Escócia. Quase trezentas pessoas morreram em um bombardeio financiado pela Líbia. Trinta e cinco dos mortos eram estudantes da Universidade de Syracuse, um ou dois anos mais jovens que Gina. Ela foi chamada para ajudar seus pais enlutados. Lendo a lista de passageiros, ela viu que famílias inteiras haviam morrido, incluindo pelo menos um bebê.

Gina também sabia disto: os novos movimentos estavam sendo alimentados por homens violentos ensinados a construir uma identidade hipermasculina que via as mulheres como tentadoras e alvos legítimos de violência, inclusive estupro e escravidão sexual. Como o especialista em segurança nacional Tom Nichols escreveria mais tarde: para os jihadistas, a radicalização envolvia a adesão a grupos que ofereciam "prazeres ocidentais proibidos, como música, álcool, drogas e pornografia", mesmo quando fulminavam a imoralidade. Esses prazeres ocidentais eram procurados, secretamente distribuídos, usados para recrutamento e, ao mesmo tempo, insultados. "Para esses homens, o terrorismo pode ser, entre outras coisas, uma espécie de autopurificação", escreveu Nichols, "uma maneira de negar seus desejos ilícitos destruindo os lugares e as pessoas que supostamente os induzem à perdição."

Subjugar as mulheres, ao mesmo tempo que as desejava, era uma característica do movimento. Como muitos tiroteios em massa atestam, e estudos comprovam: a violência em massa geralmente começa com a violência doméstica em casa, contra um pai, avô, esposa ou parceiro.

A violência sexual era algo com o qual Gina Bennett estava pessoalmente familiarizada. Quando era uma menina de 5 a 6 anos, ela foi molestada repetidamente por um membro mais velho da família. Isso ocorreu em uma época em que o abuso sexual era generalizado em muitas instituições, nos Estados Unidos e no mundo todo, incluindo escolas e Igreja Católica, mas ainda não havia sido reconhecido, muito menos abordado. As vítimas vulneráveis geralmente não tinham a quem recorrer. Quando Gina Bennett contou à sua mãe o que estava acontecendo, ela não acreditou. Ela disse que Gina havia sonhado com aquilo. Ela parecia incapaz de lidar com a enormidade da transgressão. Gina nunca conseguiu contar para o pai; mais tarde, ela pensou que, "se ele dissesse que não tinha acontecido, eu ficaria arrasada".

O sofrimento de sua infância afetou Gina Bennett em vários níveis. Ela achava que a capacidade de se dissociar – o mecanismo de enfrentamento que desenvolveu enquanto era molestada – a levava a ter um desempenho melhor no trabalho. "Nunca entrei em pânico quando havia uma crise", refletiu. Em vez disso, ela permanecia "calma e estoica". Quando as pessoas em Washington pareciam desinteressadas em suas ideias, a experiência de não ser ouvida parecia familiar. Quando as mulheres se deparavam com obstáculos – e isso acontecia com frequência – ao tentar chamar a atenção para suas descobertas, Cindy Storer, na opinião de Gina, tinha uma "resposta apropriada, visceral e emocional", demonstrando uma frustração e até mesmo raiva que Gina considerava "saudável". Por sua vez, quando Gina não conseguia obter a adesão, ela não ficava brava. Sua resposta era "vá procurar mais pesquisas" – para continuar insistindo.

Essa pressão foi o que levou ao grupo *ad hoc* que se reunia em "sessões de alerta" para discutir os combatentes estrangeiros. Ao fazer anotações, Gina admirava os colegas que participavam de suas reuniões. Barbara Sude "era brilhante" e cuidadosa – "nossa referência", Gina a chamava –, e Cindy Storer, com seu dom de visualização, era um acréscimo vital.

O grupo procurava entender a mentalidade do jihadista: sua infância, sua formação escolar, o modo de pensar pelo qual ele fora guiado. Os membros do grupo eram nerds, como disse Gina, desenvolvendo um tipo de conhecimento obsessivo que o mundo exterior não compartilhava. Havia "tão poucos de nós que éramos os únicos a ler o que estávamos lendo no contexto do que estávamos lendo", disse Gina.

"Nós nos apoiávamos mutuamente", foi o que disse Cindy Storer. "Nós tínhamos que fazer isso. Ninguém mais ligava."

***

Entre as três, o grupo principal tinha Cindy, uma analista de imagens treinada com experiência na rede de combatentes; Gina, uma conectora natural de pessoas e detalhes; e Barbara, uma especialista em pensamento islâmico que sabia como seguir um rastro de dinheiro. Elas formavam um grupo formidável, mas enfrentavam um grande desafio. Em 1992, um ano após o colapso da União Soviética, um sulista gregário chamado Bill Clinton ganhou a presidência dos Estados Unidos com uma plataforma de paz e prosperidade econômica. Ao contrário de seu antecessor, o Presidente George H. W. Bush, ex-diretor da CIA, o novo presidente não era amigo íntimo da comunidade de inteligência. Na linguagem comercial, ele não era um "cliente" ávido. Seu diretor, James Woolsey, começou a fazer um discurso sobre "cobras e dragões", afirmando que os Estados Unidos haviam matado o dragão, mas libertado um ninho de cobras. Embora Woolsey não estivesse errado, ele não era um mensageiro eficaz, e ninguém queria ouvir. Na ausência de uma competição bipolar, as pessoas queriam ter uma trégua. O Congresso procurou recuperar o dinheiro gasto em defesa e segurança nacional.

Washington e o Ocidente receberam com satisfação uma pausa no medo da destruição existencial. A guerra nuclear havia sido evitada. Os Estados Unidos estavam "satisfeitos com os dividendos da paz", como disse Gina.

Mas ficou claro para as mulheres que um novo grupo de bandidos estava ganhando força e impulso, atrás de dinheiro e poder, mesmo com o esgotamento dos recursos no setor de inteligência, onde, como disse Gina, "todo o sentido da vida é avisar". Muitas pessoas presumiram que o trabalho árduo de promover um modo de vida democrático havia sido realizado e que o arco da justiça se inclinaria em direção às liberdades democráticas. "E, de muitas maneiras, paramos de propagandear a democracia como uma solução. Parecia que a democracia estava surgindo em todo o mundo", disse Gina. "Mas, por baixo disso, você podia ver que não era o caso." Os chefes do tráfico de drogas, os traficantes de armas e os terroristas começaram a se aproveitar de uma liberdade de movimento recém-descoberta.

Gina experimentava uma crescente "sensação de pavor sem conseguir articular isso de forma convincente".

***

As mulheres não estavam apenas lidando com uma nova ordem mundial; elas estavam lidando com um novo tipo de fluxo de inteligência. Durante a Guerra Fria, a inteligência chegava, pelo menos em parte, digerida, na forma de fotos, artigos de código aberto, telegramas, documentos científicos, constituições de novos países com os quais a agência poderia querer mexer. Esse tipo de informação não era fácil de obter, nem era fácil de compreender; mas o produto, a coisa em si, chegava em palavras e frases completas. As ideias eram explicitadas, os planos eram traçados.

A coleção de terroristas era um caos. Consistia em fragmentos: transações bancárias, passagens aéreas, documentos de incorporação, trechos de conversas interceptadas. Mesmo traduzidas, as transcrições eram desconcertantes. Em um local como o Escritório de Análise Soviética, com seus alvos convencionais, um analista geralmente sabia o nome real do político, general ou cientista em quem estava interessado. Por outro lado, um analista de terrorismo tinha que descobrir cada codinome e se o mesmo combatente tinha vários codinomes ou se o mesmo codinome tinha vários combatentes que o usavam. Muitos jihadistas escolhiam Abu Mohammed como nome de guerra, e os próprios combatentes ficavam confusos. Gina e seu grupo de trabalho liam transcrições de jihadistas dizendo coisas como "Você é o Abu Mohammed que é primo de fulano de tal?".

Enquanto estava grávida de seu primeiro filho, Gina Bennett começou a trabalhar em um memorando para expor o que ela e seus colegas estavam vendo. No Departamento de Estado, o Escritório e Inteligência e Pesquisa publicava um boletim diário confidencial, muito parecido com o PDB. No início do inverno de 1993, Gina estava dando os últimos retoques em um rascunho quando, sentada à sua mesa, sua bolsa estourou quatro semanas antes do previsto e ela entrou em trabalho de parto. Em seguida começaram as contrações, intensamente dolorosas. Gina ligou para o marido – seu namorado de faculdade; eles se casaram logo após a formatura –, e duas colegas a ajudaram a se levantar da mesa. No elevador, elas apertaram o botão e esperaram; o escritório ficava no sexto andar. Quando a porta se abriu, no elevador estava a embaixadora da ONU, Madeleine Albright, que havia visitado o Secretário de Estado Warren Christopher no sétimo andar e estava, como elas, descendo.

Gina continuou mancando. "Respire", diziam seus amigos, segurando-a na posição vertical. O elevador parava em cada andar, e mais pessoas entravam. Teria sido difícil não notar que um membro da multidão era uma mulher em trabalho de parto ativo. Quando chegaram ao andar térreo, Madeleine Albright a empurrou para fora. "Que falta de educação! Ela está *em trabalho de parto*!", sua amiga repreendeu a embaixadora. Do lado de fora, o marido de Gina estava esperando no carro para buscá-la. Vinte e quatro horas difíceis depois, ela foi submetida a uma cesariana de emergência, dando à luz um filho saudável.

Três dias após o parto de Gina, ocorreu um ataque a menos de 400 quilômetros ao norte do hospital de Arlington, onde ela estava se recuperando. Em 26 de fevereiro de 1993, um terrorista dirigiu uma van carregada de explosivos por uma rampa e entrou no estacionamento subterrâneo do World Trade Center de Nova York, em Lower Manhattan. O carro-bomba explodiu, matando seis pessoas e ferindo mais de mil. O planejador, Ramzi Yousef, era sobrinho de Khalid Sheikh Mohammed, um conhecido terrorista com ligações com os combatentes estrangeiros. O telefone tocou ao lado da cama de Gina. "Seu pessoal fez isso!", gritou a voz do outro lado. Era o supervisor dela – creditando-a, de forma abrupta, por ter colocado os olhos nos suspeitos certos. Sonolenta devido os analgésicos, ela levou alguns minutos para entender o que havia acontecido. Vários colegas do INR foram até o hospital e se reuniram ao lado de sua cama. Gina voltou ao trabalho poucas semanas após o parto.

O memorando finalizado por Gina foi publicado na edição de fim de semana de 21 e 22 de agosto de 1993 do boletim do INR. Em um artigo de cinco páginas, Gina expôs o contexto global no qual a explosão em Nova York havia ocorrido. Sua análise, "The Wandering Mujahidin: Armed and Dangerous" [Os Mujahidin errantes: armados e perigosos, em tradução livre], apontou que, durante a guerra afegã de dez anos contra os soviéticos, "jovens árabes" ávidos haviam se unido a uma jihad contra o que viam como uma nação infiel – a União Soviética. Quatro anos após o fim da guerra, a rede que "canalizou dinheiro, suprimentos e mão de obra para complementar os mujahidin afegãos agora está contribuindo com combatentes experientes para grupos islâmicos militares em todo o mundo".

Como resultado, "novas bases e estações de passagem" estavam abrigando um grupo de mujahidin. Essa rede, financiada por muitos doadores, era "fluida o suficiente para resistir à maioria das repressões governamentais". A vitória sobre os soviéticos havia inspirado os jihadistas a levar a luta para "outros infiéis, incluindo os Estados Unidos, Israel e regimes mais seculares do Oriente Médio". Demonstrando uma excelente antena para relacionamentos, ela observou que grupos militantes – o Gama'at Islâmico no Egito; facções dissidentes da Frente de Salvação Islâmica da Argélia; a Jihad Islâmica do Iêmen – estavam recebendo os combatentes e se beneficiando de sua "experiência em tempos de guerra e zelo religioso". Os combatentes afegãos foram saudados como heróis conquistadores – "combatentes muçulmanos vitoriosos de uma jihad bem-sucedida contra uma superpotência" – e ganharam o respeito de muitas pessoas, árabes e não árabes.

Gina deu o devido valor aos combatentes, enfatizando que eles se destacavam na guerra de guerrilha; eram treinados em armas pequenas, explosivos e outras armas; tinham passaportes, vistos e documentos de identidade falsos; podiam viajar com facilidade; entendiam de comunicações e logística; e tinham uma "ampla gama de conhecimentos tecnológicos" sobre computadores, faxes e outros equipamentos que lhes permitiam compartilhar propaganda e estratégias com grupos islâmicos de oposição em outros países. Eles eram uma força móvel altamente conectada em rede. Não precisavam de infraestrutura como prédios de parlamentos, legislaturas ou máquinas de votação. Eles eram enxutos, confiantes e respeitados. Eles estavam em um ritmo acelerado, e esse ritmo estava indo na direção dos Estados Unidos.

"A percepção de que os Estados Unidos têm uma agenda de política externa anti-islâmica aumenta a probabilidade de que os interesses americanos se tornem cada vez mais alvos da violência dos antigos mujahidin", ela alertou.

O artigo também demonstrou como as alianças são feitas, destacando que os combatentes desfrutavam de uma "estreita relação de trabalho" e de um "círculo de admiração mútua" com grupos no Egito, Iêmen e Sudão. Os laços pessoais eram importantes, inclusive os matrimoniais, como na Europa medieval. "Os laços familiares se intensificam por meio de casamentos", observou ela, relatando uma fofoca relevante. "A irmã do primeiro-ministro afegão Gulbuddin Hekmatyar é casada com o militante argelino Boudjemaa Bounaoa", e laços como esse levaram a "refúgios, bases e apoio logístico".

Entre os principais doadores privados, um se destacou: um saudita rico, Osama bin Laden, "famoso por seu zelo religioso e generosidade financeira". Descrevendo-o como um "empresário saudita que vive em Cartum", Gina observou que as parcerias conjuntas com empresários sudaneses fornecem "empresas de fachada para suas façanhas" e que seu "dinheiro permitiu que centenas de veteranos árabes retornassem a refúgios e bases seguras no Iêmen e no Sudão", onde os combatentes estavam sendo treinados. Os jihadistas estavam criando problemas para as nações do Norte da África, como a Argélia, onde "os mujahidin que retornaram foram responsáveis por alguns dos ataques mais violentos" contra os serviços de segurança. Até mesmo Qaddafi, na Líbia, temia "e os atacou publicamente ". Além do sul da Ásia e do Oriente Médio, eles estavam formando alianças e "assumindo causas da Somália às Filipinas".

O ataque ao World Trade Center, alertou Gina, foi apenas um aquecimento. Os veteranos afegãos poderiam "surpreender os Estados Unidos com violência em locais inesperados". Uma barra lateral apontou que muitos dos suspeitos do atentado ao WTC – e os que foram presos em junho, por um segundo plano para bombardear as Nações Unidas – "estavam envolvidos na arrecadação de fundos e no recrutamento para a guerra do Afeganistão". Os jihadistas também estavam recrutando nos Estados Unidos. O Centro de Refugiados Al Kifah, em Jersey City, estava apoiando os mujahideen. Gina publicou o memorando na esperança de que ele fosse parar na mesa do secretário de Estado, ou até mesmo do presidente, e que fosse parar nas conversas de Washington. Uma semana depois, ela publicou outro memorando. O financista, observou ela, havia "estabelecido uma organização chamada Al-Qaeda no final dos anos 1980", escreveu ela, e estava financiando e treinando combatentes. (O nome era a palavra árabe para "a base", que se referia à base de combatentes que Bin Laden havia estabelecido durante a guerra do Afeganistão, nas montanhas do leste desse país.)

O memorando de Gina descreveu o que estava ocorrendo, e outros membros do grupo fizeram o possível para ajudar a aumentar a conscientização. Uma das colegas de Gina no Departamento de Estado, a analista de inteligência Lyndsay Howard, também estava acompanhando esses acontecimentos. O foco de Howard era a Ásia Central, uma região que faz fronteira com o Afeganistão e foi o ponto de partida para a guerra soviética na década de 1980. Em uma viagem ao Tajiquistão, uma ex-república soviética, Howard viu que os meninos que ficaram órfãos durante a guerra do Afeganistão estavam sendo educados em madraças – escolas religiosas que doutrinavam meninos e jovens com os ensinamentos da jihad. Ela tinha plena consciência de que os habitantes dos campos de refugiados afegãos ao longo da fronteira, desesperados e encurralados, "forneciam buchas de canhão fácil para as causas islâmicas". Howard ficava acordada até tarde, fumando charutos para se manter atenta, escrevendo telegramas para Gina, que estava sentada fumando charutos em outro fuso horário.

Lyndsay Howard também admirava o trabalho de Cindy Storer. "Cindy foi fundamental para rastrear as mudanças, os locais e as personalidades que estavam conduzindo as evoluções dramaticamente mais perigosas na rede de veteranos afegãos", disse ela. Quando se tratava de dados e estatísticas, Cindy "sempre tinha o que era preciso". Howard decidiu reforçar o memorando de Gina convidando Cindy – uma "heroína para muitos de nós" – para fazer uma apresentação sobre o que ela havia descoberto.

Por volta do final de 1993 ou início de 1994, Howard organizou um briefing no Departamento de Estado no qual Cindy e dois colegas, incluindo um funcionário do Pentágono, puderam aumentar a conscientização sobre os combatentes estrangeiros. Howard foi de porta em porta aos principais departamentos – assuntos políticos, economia, Oriente Próximo/Sul da Ásia, o vice-secretário de Estado – e implorou que enviassem alguém sênior. Ela não queria que ninguém pudesse dizer que não havia sido avisado. Elas se reuniram em uma sala de conferências segura no centro de operações do INR, onde Gina havia começado sua carreira na mesa de vigilância de terrorismo. Cindy "era a estrela do show", lembra Howard. "Ela era brilhante." O grupo ouviu, fez perguntas e, quando a sessão terminou, foi para o corredor. Howard o seguiu.

O que ela ouviu a deixou atônita e desanimada. Duas ou três pessoas caminhavam pelo corredor, rindo. Elas pareciam pensar que Cindy estava exagerando, criando um novo inimigo para justificar a continuidade da existência da CIA e, é claro, a continuidade das verbas.

No entanto, em Langley, Cindy dificilmente conseguiu que a ameaça fosse reconhecida. A agência demorou a mudar seu foco ou seus recursos. Na divisão analítica, nenhum chefe de escritório poderoso estava abrindo mão de vagas, não sem gritos e derramamento de sangue. Em fevereiro de 1993, Cindy enviou um artigo sobre os combatentes estrangeiros para os editores do Resumo Diário para o Presidente. Os autores eram dois de seus colegas. Os editores se recusaram a publicar, dizendo que o presidente não havia solicitado o artigo. Depois da explosão da bomba no WTC, o editor-chefe ligou e Cindy atendeu o telefone. O editor perguntou o que seu escritório sabia sobre os "árabes afegãos". Ela sugeriu que ele lesse o artigo do PDB que estava guardado na gaveta havia duas semanas.

"O tempo todo, sempre parece que estamos atrasados", disse ela. "Quando, na verdade, nossa análise está muito à frente, mas não podemos empurrá-la goela abaixo."

Capítulo 16
Uma ruiva exuberante e atraente

WASHINGTON
Janeiro de 1993

O carro mais recente de Heidi August era um Mercedes. Era branco com interior marrom-claro – uma resposta adequada ao dia quase um quarto de século antes, quando, como funcionária se preparando para sua primeira viagem ao exterior, ela foi com Tom Twetten até a loja de móveis preferida da CIA em Georgetown. Na época, ela admirou o carro de Twetten, que, segundo ele confidenciou, havia sido feito sob medida na Alemanha, e sua vaga de estacionamento reservada na sede. Agora, o carro de Heidi era igualmente bonito – talvez mais bonito –, e ela tinha sua própria vaga de estacionamento.

O velho amigo de Heidi, Tom Twetten, tinha se saído bem, subindo em 1991 para se tornar vice-diretor de operações, o título formal para o chefe do serviço clandestino. Em parte, isso se deveu a uma importante vitória no combate ao terrorismo. No final da década de 1980, a CIA conseguiu acabar com a organização Abu Nidal, o grupo terrorista responsável pelo sequestro de Malta. Isso foi feito por meio de uma operação psicológica que explorou a paranoia do líder. Com a ajuda de Israel e da OLP, a agência abordou os membros da Abu Nidal, fingindo um esforço para recrutá-los, não tanto para realmente fazê-lo, mas para convencer o líder de que seus próprios homens o estavam traindo. Funcionou; Abu Nidal mandou executar seus capangas e o grupo implodiu, trazendo um pouco de justiça à memória de Scarlett Rogenkamp, que recebeu um Coração Púrpura[25] póstumo.

Heidi August também tinha se saído bem. Depois de abrir duas estações – no Mediterrâneo e em Dublin – e servir no Oriente Médio, Heidi foi enviada para o exterior durante a primeira Guerra do Golfo, onde mísseis iraquianos sobrevoavam seu telhado e ela organizava festas em sua casa. Mas Heidi não podia ficar em campo para sempre, por mais estimulante que fosse. Para se qualificar para o Serviço de Inteligência Sênior, o corpo de elite de agentes de alto escalão, ela precisava de uma "experiência fora do corpo" – um rodízio fora da agência –, então ela foi para a Faculdade de Guerra Naval dos Estados Unidos em Newport, Rhode Island. Depois disso, foi designada para a sede e ficou encarregada das operações clandestinas do serviço no sul da Ásia. Agora era Heidi quem dava as cartas no jogo, a milhares de quilômetros de distância.

Heidi odiava a sede e não entendia por que alguém queria trabalhar lá. Cada reunião era como empurrar uma pedra morro acima. Alguma iniciativa era apresentada, a reunião começava, passavam-se horas e nada mudava. Na era dos dividendos da paz, a CIA estava encolhendo e as pessoas eram instruídas a fazer mais com menos. A pedra sempre rolava de volta para baixo, e ela tinha que empurrá-la para cima, novamente. Ela estava ansiosa por sua próxima missão, na Índia.

***

Por volta das oito horas do dia 25 de janeiro de 1993 – a primeira hora da manhã de uma segunda-feira –, Heidi estava em seu confortável Mercedes, indo para oeste na Rota 123, um trecho sonolento de subúrbio com campos, colônias holandesas, cercas de trilhos divididos e cavalos pastando ocasionalmente. A direção oeste significava que ela estava no mesmo lado da estrada que a sede da CIA. Ao reduzir a velocidade para virar à direita em direção ao portão de guarda, Heidi notou que um Datsun marrom,

---

25 Purple Heart é uma medalha concedida aos membros das forças armadas dos Estados Unidos que são feridos ou mortos em serviço (N. E.).

que trafegava no lado oposto da rodovia, no sentido leste, parou no acostamento e estacionou. Isso pareceu um pouco estranho, ela refletiu. O que foi mais estranho – surreal, na verdade – foi quando um homem saiu do Datsun segurando um rifle de assalto AK-47. Ele começou a caminhar ao longo dos carros que estavam parados em um sinal vermelho, indo para leste, na faixa oposta do tráfego, de frente para Heidi. Como ela, eram funcionários da CIA, chegando na hora certa para começar o dia de trabalho, esperando para virar à esquerda na sede. Enquanto Heidi observava, o homem abriu fogo, atirando a sangue-frio em um dos carros e depois passando para outro, atingindo os passageiros presos com um fluxo de tiros que estalava no ar frio da manhã.

"Meu Deus!", Heidi exclamou, apertando o pedal do acelerador quando um agente de segurança saiu da área gramada ao redor da entrada e começou a acenar para os carros em sua linha de tráfego para que entrassem no complexo. "Atirador ativo!", gritou o policial para Heidi enquanto ela se dirigia para o portão de guarda. "Eu sei, acabei de ver!", gritou ela de volta. Os agentes de segurança temiam que o atirador conseguisse entrar na propriedade da CIA. Em vez disso, durante a confusão, o atirador entrou novamente em seu carro e dirigiu para leste pela 123, sem ser perseguido.

Quando Heidi entrou na sede, descobriu que dois agentes da CIA estavam mortos. O atirador havia alvejado Frank Darling, um especialista em comunicações de 28 anos, enquanto ele estava com a esposa em seu Volkswagen. O atirador continuou andando, disparando mais de setenta tiros e matando também o analista Lansing Bennett, de 66 anos. Ele feriu outras três pessoas, duas delas funcionários da agência.

O tiroteio logo se tornou notícia; um agente do FBI enviado à cena do crime, Brad Garrett, encontrou-a como um cenário de filme, com vidros quebrados por toda parte. O proprietário de uma loja de armas em Chantilly, na Virgínia, viu um retrato falado do FBI e consultou seus registros. Em poucos dias, o atirador foi identificado como Mir Aimal Kansi, um imigrante paquistanês. Isso fez dele, como disse Heidi, "problema meu". A essa altura, Kansi já havia embarcado em um voo para o aeroporto internacional de Nova York, JFK, e depois para Karachi, no Paquistão. Encontrá-lo tornou-se uma obsessão em Langley. A agência tentou "todos os truques possíveis" para encontrar Kansi. "Fizemos todo tipo de loucura, como jogar caixas de fósforos de aviões com recompensas. Quer dizer, fizemos tudo o que se conhece."

***

O tiroteio na 123 provocou um frisson de ansiedade nos motoristas de toda a região de Washington. Os funcionários da agência, sentindo-se vulneráveis, começaram a deixar, por reflexo, uma distância de três carros entre eles e o próximo carro nos semáforos, para poderem fugir. O que não estava claro era se havia alguma conexão entre o tiroteio do 123 e o atentado ao World Trade Center, que ocorreu um mês depois. Juntamente com seu chefe, a analista Cindy Storer deu um briefing sobre o assunto a um assessor do Congresso. Cindy não viu uma conexão aparente – os motivos e os antecedentes de Kansi eram obscuros –, mas fez uma observação sobre a agitação no Paquistão que levou o funcionário a dizer que a CIA estava fabricando novas ameaças para justificar sua existência. Cindy queria "pular na mesa e esganá-lo". Ela estava se acostumando com a acusação. Mas isso não a tornava mais fácil de suportar.

***

Certo, tinham acabado de ocorrer dois ataques à pátria, realizados por agentes estrangeiros. Cindy Storer queria investigar os padrões e continuar na trilha que havia iniciado. Os funcionários do escritório do Oriente Próximo e do Sul da Ásia eram incentivados a fazer rodízios a cada três anos, para conhecer um novo tópico ou região. Seu supervisor queria mandá-la para uma unidade que lidava com o tráfico de narcóticos, mas Cindy optou por fazer um rodízio para o CTC [Centro de Contraterrorismo, em inglês Counterterrorist Center], uma unidade na qual nenhum funcionário da CIA com ambição queria entrar. Ocupando um espaço na antiga sede, o CTC era, a seu modo, uma espécie de buraco.

Quando Cindy entrou no cofre que abrigava seu novo escritório, pôde ver talvez sessenta, talvez oitenta cabeças curvadas: menos de 1% da força de trabalho de 20 mil funcionários da agência. Era uma unidade pequena com um mandato que abrangia todos os grupos mundiais, antigos e novos, que desejavam matar pessoas em grande número. Os Tigres Tamil do Sri Lanka; o Sendero Luminoso do Peru; a seita japonesa do juízo final Aum Shinrikyo. Resquícios de grupos europeus de esquerda, como a Brigada do Exército Vermelho e a Facção do Exército Vermelho. FARC, na Colômbia. O Grupo Islâmico Armado, na Argélia. A Jihad Islâmica Egípcia e o Grupo Islâmico, no Egito, que juntos haviam acabado de tentar assassinar o Presidente Hosni Mubarak como parte de uma campanha contra o governo egípcio. Anarquistas. Bósnios. Grupos no sul da Ásia, na Índia, no Paquistão, nas Filipinas, na Grécia. Patrocinadores estatais como Irã, Iraque e Sudão. O conflito israelense-palestino e grupos como a OLP, o Hamas e o Hezbollah, o partido político muçulmano xiita e o grupo militante responsável pelo sequestro e morte sob tortura de William Buckley, chefe da estação da CIA em Beirute. O Centro de Contraterrorismo era um setor único para rastrear todos os grupos com intenção de cometer homicídios em massa. Levando suas coisas para a mesa, Cindy sentiu o acúmulo e a competição, o tipo de disputa por status que ocorre em um local de trabalho que sofre com a insegurança e a subestimação. As pessoas arrancavam coisas da impressora ou pegavam documentos do tubo pneumático e ficavam com eles. Cindy descreveu a mentalidade como "informação é poder, eu escondo minhas informações para mim".

Ela também observou que, pela primeira vez em sua carreira, a equipe com a qual trabalharia era composta quase que exclusivamente por mulheres.

***

O CTC foi criado por uma das personalidades mais notórias do serviço clandestino: Duane "Dewey" Clarridge, o "barão" que estava do outro lado da linha em 1985 quando Heidi August estava tentando impedir que um avião da Egyptair pegasse fogo na pista em Malta. Clarridge era um dos membros fundadores da rede dos "caras" da agência – um membro fundador, na verdade. Ex-aluno da Brown University, ele entrou para a CIA em 1955, oito anos após a criação da agência. A antítese do espião ideal – o proverbial "homem grisalho" imaginado por William Colby –, Clarridge fez muito para chamar a atenção para si mesmo, preferindo ternos de linho, lenços de bolso coloridos e nomes de disfarce absurdos, como o do herói de guerra Mr. Maroney. Ele cultivou um ar de autojustificação beligerante em uma época em que as operações secretas e os negócios ilegais de armas da agência na década de 1980 começaram a vir à tona. Durante as incursões da CIA na América Central, foi Clarridge quem propôs a infame tática de implantar minas submarinas nos portos da Nicarágua para prejudicar a economia e desacreditar o regime sandinista. Uma agente de relatório que falava espanhol, Amy Tozzi alertou o diretor Bill Casey para não fazer isso. Casey não deu ouvidos. Convocado para testemunhar perante o Congresso sobre o escândalo Irã-Contras, Clarridge foi acusado de perjúrio e recebeu o perdão presidencial. Ele mandou emoldurar o perdão e pendurá-lo no corredor da frente de sua casa.

Como muitos homens de operações de sua geração, Dewey Clarridge era incapaz de mencionar as mulheres sem observar se a aparência delas o agradava. Em sua autobiografia de 1997, *A Spy for All Seasons* [Um espião para todas as estações, em tradução livre], as mulheres são "atraentes", "bonitas", "lindas", "muito atraentes" e, no caso da advogada da CIA Kathleen McGinn, que tentou guiá-lo pelos meandros de um Congresso hostil, "uma ruiva exuberante e atraente". Mas ele também reconhecia o valor das mulheres no trabalho secreto. Como chefe da divisão da América Latina, Clarridge liderou o papel da CIA na invasão de Granada e elogiou Linda Flohr, uma agente de casos que havia monitorado a pista de pouso sem ser notada.

Clarridge também atuou como chefe de estação em Roma, onde vivenciou o sombrio ritmo de sequestros e atentados a bomba na Europa e no Oriente Médio. Muitos ataques tiveram como alvo os americanos, entre eles o atentado a bomba em Beirute, em 1983, que matou 241 militares americanos, a maioria fuzileiros navais; a explosão de 5 de abril de 1986 na discoteca La Belle, em Berlim Ocidental, que era popular entre os militares americanos; e o sequestro com o qual lidou Heidi August em Malta, no qual passageiros americanos e israelenses foram chamados para a frente e baleados.

Clarridge percebeu que para impedir esses ataques era necessário adotar novas táticas. Os terroristas não trabalhavam em embaixadas nem se misturavam em eventos de gala, onde podiam ser tratados com champanhe ou convidados para um jantar tranquilo para se conhecerem. A maioria não bebia. Eles se comportavam, muitas vezes, como gangues. Negociavam com bancos ilícitos e traficantes de armas; recrutavam membros de confiança da família; mantinham células discretas cujos planos eram desconhecidos por outras células; e, muitas vezes, obrigavam os novos membros a cometer um ato hediondo – um crime ou até mesmo um assassinato – para se vincular ao grupo. Era difícil para a CIA semear um ativo se o assassinato fosse o bilhete de entrada.

Em 1985, Clarridge procurou Casey, que lhe cedeu um escritório no sétimo andar e o convidou a criar uma nova abordagem. Percebendo que as divisões geográficas da agência representavam um problema real – "Um grupo terrorista árabe pode estar sediado na Líbia ou na Síria, mas suas operações provavelmente ocorrerão em Roma, Londres ou Atenas" –, Clarridge também entendeu que rastrear conspiradores é um "negócio de minúcias" que envolve "fragmentos de dados sobre pessoas, eventos e lugares".

Clarridge propôs que as analistas e o pessoal de operações da CIA trabalhassem juntos – lado a lado – de uma forma que nunca havia ocorrido. As duas principais diretorias da agência eram realmente óleo e água. A linha de demarcação era sagrada, uma parede erguida para proteger as fontes e os métodos do lado clandestino e a objetividade do lado analítico. A parede era tão espessa que, no Escritório de Análise de Liderança, uma analista trabalhou durante meses em um artigo biográfico apenas para descobrir, quando estava prestes a publicar, que seu tema era um ativo da Diretoria de Operações e que os artigos que ela havia "escrito" tinham sido compostos do outro lado do prédio. Um colega lhe deu a dica.

O CTC [Centro de Contraterrorismo, em inglês Counterterrorist Center] foi inaugurado em 1986, com Clarridge como seu primeiro diretor. Foi um dos três novos centros de "fusão" – os outros dois se concentravam em contrainteligência e combate ao narcotráfico –, representando a primeira tentativa real de enfrentar as "cobras" de que Woolsey falaria mais tarde. Uma tática importante era a "extração": encontrar terroristas responsáveis por mortes de americanos e trazê-los para os Estados Unidos para serem julgados. Eram operações elaboradas que envolviam o FBI, outras agências de aplicação da lei norte-americana e serviços de inteligência estrangeiros. A prática foi possibilitada por uma lei de 1986 aprovada em resposta aos sequestros e ataques.

Isso ficou conhecido como "rendição".

***

Entretanto, os agentes da CIA não se aglomeravam para participar dos novos empreendimentos. Todos os novos centros eram projetos de baixa visibilidade. Todos os três envolviam o rastreamento de pessoas – chefes do tráfico, traidores, terroristas – em vez da coleta clássica de informações. E, embora a ideia fosse que o pessoal de operações e os analistas cooperassem em operações de caça ao alvo, em cada centro, uma única diretoria recebeu a liderança. No centro de contraterrorismo era a Diretoria de Operações que definia as regras e controlava o orçamento. Os analistas tiveram que aceitar um status secundário, trabalhando como ajudantes das operações em vez de colegas orgulhosos e separados. Essa configuração não agradava aos pensadores, mas os executores também não gostavam dela. O trabalho de capturar terroristas, apesar de criativo e até mesmo escandaloso – um sequestrador, Fawaz Younis, foi entretido com prostitutas pagas pela CIA, atraído para um iate alugado pela CIA, drogado por um médico empregado pela CIA e preso pelo FBI –, parecia trabalho de polícia, não de espionagem.

"O obstrucionismo era desenfreado", reclamou Clarridge em suas memórias. Os "barões" "deixaram claro que não iam apoiar o CTC".

A sede, depois de criar os centros, foi obrigada a montá-los a partir de restos, como uma torta feita com pedaços de massa que sobrou. Não havia dinheiro nem vontade para fazer o trabalho completo. Os funcionários vinham emprestados de outros lugares. Em todo o edifício, esperava-se que os escritórios cedessem um determinado número de pessoas, e os gerentes não queriam ceder seus melhores funcionários. O fato de ser emprestada ao centro poderia prejudicar a carreira de uma pessoa, e provavelmente isso ocorreria, já que as promoções dependiam do fato de suas realizações serem conhecidas por seu chefe real. Assim, o CTC ficou conhecido como o local para onde os gerentes enviavam as pessoas das quais queriam se livrar. Ser transferido para o esforço de contraterrorismo era o mesmo que ser enviado para dar aulas na Fazenda. Nas palavras de uma agente de operações da equipe, Jeanne Newell, você era visto como se tivesse sido empurrado para lá porque "não era inteligente o suficiente para fazer outra coisa".

Foi também um experimento radical. Nunca as analistas da CIA tiveram suas habilidades de coleta de dados aproveitadas para operações. Fazer isso era quase uma afronta considerando a maneira como a CIA havia sido projetada. Normalmente as informações fluíam dos agentes que as coletavam para as analistas que as processavam, e não vice-versa. Pela primeira vez o objetivo do trabalho de uma analista era fornecer ao pessoal de operações as informações que fariam algo *acontecer*. Algo concreto e drástico. Em alguma outra parte do mundo, um homem teria um saco colocado sobre a cabeça ou seria enrolado em um tapete e exfiltrado para um jato americano que o esperava. Isso era assustador e, para muitos dos pensadores, desconcertante.

Para alguns, porém, a empolgação era o atrativo. Conforme constatado em um relatório do inspetor-geral, alguns analistas foram atraídos pelo novo centro porque gostaram da ideia da "análise não tradicional" que envolvia "apoio às operações".

Embora a expressão "lixão" representasse a visão dos funcionários do CTC, ela não era a verdade completa. Havia bons motivos para que um funcionário da CIA quisesse ir para essa fazenda de cubículos esquecida por Deus. Uma analista poderia querer trabalhar com terrorismo porque, como Cindy Storer, ela queria perseguir malfeitores, rastrear conexões e proteger vidas inocentes. Ou ela pode ter se deparado com obstáculos em sua carreira e esperar que esse novo e estranho escritório fosse um lugar onde poderia encontrar o caminho a seguir. A criação do centro abriu fissuras intrigantes na infraestrutura da CIA. Havia algo novo acontecendo em seu núcleo. Ninguém no sétimo andar estava prestando muita atenção. As proteções habituais tinham sido desativadas. As pessoas podiam criar suas próprias regras. Outra grande vantagem, para uma analista, era o acesso total ao banco de dados operacional. Em outros lugares, as analistas nunca viam o banco de dados da Diretoria de Operações e não tinham como saber quais fontes pareciam confiáveis. Aqui, Cindy podia ver tudo, ou quase tudo. Ela podia conversar com o pessoal de operações e se beneficiar de um fluxo livre de informações.

Apesar de toda a sua cacofonia, o centro tinha uma estrutura e uma missão. Ou seja, impedir ataques por meio da interrupção de operações terroristas. O objetivo era fazer uma prisão, de preferência antes que um ataque pudesse ocorrer; ou pressionar aliados estrangeiros para interromper a célula. No entanto, era uma operação minúscula focada em um conjunto extremamente diversificado de bandidos. Não havia um manual de instruções, nem regras para falar. As pessoas estavam construindo o carro enquanto o dirigiam e lutando pelo controle do volante.

Todo o lugar era confuso. As responsabilidades se misturavam. Se ocorresse um ataque, talvez não ficasse claro qual setor deveria lidar com ele, pois as jurisdições se sobrepunham. Era difícil saber o que as pessoas faziam e para quem trabalhavam. Apenas cerca de dez pessoas em todo o local atuavam como analistas convencionais, como Cindy, escrevendo artigos para informar e prever. Todas as outras analistas estavam a serviço das operações.

O destino da própria Cindy era um setor obscuro liderado por um chefe obscuro chamado Michael Scheuer, que, como ela, foi absorvido por Osama bin Laden e pelos combatentes que ele parecia estar comandando.

**

Em uma agência de pessoas voltadas para a missão e com uma ética de trabalho intensa, Mike Scheuer se destacava, chegando ao trabalho às quatro ou cinco horas da manhã. Chegar na escuridão da manhã permitia que ele evitasse o trânsito e respondesse aos telegramas sem a presença de quase ninguém para interferir. Com quarenta e poucos anos, barba, óculos e cabelo grisalho que acentuavam sua aura de estudioso, Scheuer podia ser encontrado com frequência sentado na penumbra, com sua mesa iluminada apenas por uma luminária verde. Na penumbra, ele parecia um detetive vitoriano ou um vilão vitoriano – ou melhor, ambos, metade Sherlock Holmes, metade Professor Moriarty.

Quando Cindy chegou, Scheuer estava reunindo material que, além de informar seu próprio trabalho, mais tarde apareceria em um livro, algo que na época foi considerado incomum e talvez um passo imprudente na carreira. Quando foi publicado – anonimamente, a princípio –, em 2002, o livro, *Through Our Enemies' Eyes* [Pelos olhos de nossos inimigos, em tradução livre], estava repleto de referências eruditas a nomes como Thomas Paine, Gertrude Himmelfarb, Theodore Roosevelt, Bernard Lewis, o historiador árabe Osamah Ibn Munqidh e os grandes combatentes árabes das Cruzadas. Católico conservador, educado em uma escola de ensino médio jesuíta em Nova York, Mike Scheuer tinha doutorado em história da Otan e da Europa. Ele tinha um profundo interesse na Guerra Civil Americana, incluindo a violência do abolicionista John Brown e as táticas de terra arrasada do General William Tecumseh Sherman, que havia devastado Atlanta e cuja disposição de incendiar a infraestrutura e matar civis Scheuer viu ecoar na abordagem jihadista. Scheuer leu tudo o que Osama bin Laden disse ou escreveu e passou a entender Bin Laden como alguém mergulhado no ethos de matança das duas guerras mundiais do século XX. Enquanto as potências ocidentais se afastavam de um conceito de guerra que aceitava mortes em massa de civis, os terroristas, segundo ele, estavam chegando agora a esse conceito.

As pessoas na sede da CIA tinham muitas opiniões sobre Mike Scheuer. Alguns o consideravam brilhante. Bem antes de quase todo mundo, Scheuer compreendeu a magnitude do sucesso de Bin Laden em armar e persuadir outros líderes extremistas – eles próprios bastante influentes e armados – a se unirem em um esforço multiétnico: argelinos trabalhando com tunisianos e egípcios para matar americanos e expulsar os Estados Unidos do Oriente Médio. "Quando estava em seu auge, ele era comprometido, apaixonado e tinha o controle de seu material", disse um informante da CIA. Mas ele também era uma pessoa difícil, sensível e fácil de magoar – mais confortável e imerso nas antigas inimizades das Cruzadas do que na política de escritório do presente.

Ele não era alguém que funcionava bem em uma burocracia nem na estabilidade política pelo qual tinha vivo desprezo. Tinha uma visão acadêmica e o senso de urgência adequado, mas desconfiava de advogados, legisladores, agências de aplicação da lei e de qualquer pessoa que não compartilhasse de seu zelo. Sua ficha criminal não era boa. De acordo com um agente, ele o "atacaria violentamente" se você discordasse dele. Scheuer achava que o sétimo andar era cauteloso e que seus parceiros do FBI eram vazadores e ladrões de crédito. Durante a guerra do Afeganistão, seus colegas ficaram incomodados com a satisfação que ele sentia com a morte dos soldados soviéticos, e ele adotou a mesma abordagem na luta contra Bin Laden e sua rede. "Se eu fosse doce e leve e puxasse meu cabelo toda vez que dissessem: 'Não, não queremos matá-lo hoje', eu teria me tornado um deles", disse, em uma entrevista para este livro. "E isso não é nada do que eu queria ser."

Mas ele trabalhava muito. Se você ligasse para o CTC a qualquer hora do dia ou da noite, Mike Scheuer provavelmente atenderia. As pessoas do sétimo andar gostavam desse tipo de disponibilidade. "Ele era um maluco, mas era o nosso maluco", declarou um agente. Outros notaram que Mike Scheuer dizia três coisas que pareciam normais e, em seguida, uma quarta que era fora do comum. "Mike é um louco convicto", disse Mike Sulick, mais tarde chefe do serviço clandestino, que também tinha doutorado em literatura comparada e uma dissertação sobre *Hamlet* traduzida para o russo e o francês.

"Ele era um pé no saco", foi o que Heidi August afirmou. Barbara Sude ficava impressionada com o desejo de Scheuer de se "projetar" no espaço. "Mike é um cara maravilhoso, mas às vezes ele meio que pula do prédio", disse John Rizzo, advogado da agência.

Não ajudava o fato de Mike Scheuer ser um analista cerebral em um escritório dominado pelos machões das operações, em um escritório pequeno com pouco espaço para respirar entre as mesas. Jeanne Newell, uma agente de operações da equipe, achava-o honesto e direto, mas "ele era um analista do Departamento de Inteligência em um trabalho de operações", com uma personalidade muito diferente dos tipos de caubóis robustos que definiam as normas. Na competição acirrada que estava por trás de tantos relacionamentos da CIA, os analistas homens eram vistos por seus colegas de operações como menos masculinos – como, nas palavras de uma analista, "pessoas femininas". Seus escritos sugerem autoconsciência a esse respeito. "Não sou... um agente de inteligência de campo", admitiu ele em um livro de 2004, *Imperial Hubris* [Arrogância imperial, em tradução livre]. Viajei um pouco, mas sou, por formação e temperamento, um 'agente de quartel-general' de carreira."

Quase todos os outros membros da equipe de Scheuer eram mulheres. Na condição de analista regular, Cindy se reportava a uma cadeia de gerenciamento diferente da dele; ao contrário dos membros da equipe dele, ela trabalhava *com* Scheuer, mas não *para* ele. As mulheres da equipe de Scheuer também eram analistas, mas davam suporte às operações. Eram mulheres jovens, a maioria na casa dos trinta e poucos anos. Seu apelido de arquivo de corredor se tornaria "a Família Manson". Outros os chamavam de "o clã". Mike Scheuer autorizava o pagamento de muitas horas extras, e as mulheres gostavam de fazer compras. Elas eram fãs de *Buffy, a caça-vampiros*, e faziam piadas sobre ser a Buffy. Assim como Cindy, elas eram obcecadas por Osama bin Laden. Também eram obcecadas por Mike Scheuer, para quem forneciam uma espécie de camada isolante.

No ambiente de "fusão" do CTC, havia muito barulho de sabre entre os homens de pensamento e os homens de ação. "A maioria dos meus colegas mais próximos é de indivíduos do tipo A, que não desistem de nada nem de ninguém. Aceitamos o fato de que vivemos em um mundo difícil e lidamos com essa realidade. É um trabalho perigoso", afirmou Gary Berntsen, um agente de casos que serviu no CTC no final dos anos 1990 e, em seu livro *Jawbreaker* [Quebra-mandíbula, em tradução livre], deu voz ao desprezo que os homens de operações tinham pelos homens de análise. "Qual é o problema de vocês mandarem um cara da Diretoria de Inteligência para Nairóbi?", perguntou ele a um agente de operações, quando descobriu que um analista havia sido encarregado de uma estação na África. Durante o mandato de Deutch, reclamou Berntsen, os analistas foram submetidos a um curso de campo mais curto e enviados ao exterior para dirigir estações. Ele achava que isso "prejudicava" a missão.

Para um analista estudioso e combativo como Mike Scheuer, a fusão significava lidar com esse tipo de zombaria e fanfarronice do pessoal de operações. Uma equipe de mulheres proporcionava um amortecedor contra a retórica de jogar a toalha. "Ele não tinha que lidar com a besteira do ego masculino", arriscou DeNeige Watson, uma analista, observando que as mulheres de sua equipe eram "cavalos de batalha sérios com mentes incríveis". Scheuer disse que teria pendurado com prazer uma placa dizendo que os homens não precisam se candidatar. "Eu tinha um enorme respeito pelas mulheres que trabalhavam para mim", disse ele em uma entrevista, descrevendo-as como "competentes" e "capazes de criar padrões a partir de coisas que, na minha opinião, muitos homens ou muitas outras mulheres provavelmente também não perceberiam. Elas eram especialistas em minúcias, juntavam informações ou pensavam: 'ei, há dois meses li algo sobre isso', e voltavam e encontravam. Elas não passavam muito tempo no bebedouro contando histórias de guerra. E eu descobri que com os homens, quando eu os tinha, ou vários deles... às vezes era preciso conseguir um segundo bebedouro, porque um estava sempre ocupado". O grupo que Scheuer reunira era, na verdade, um novo tipo de operação de bastidor, uma unidade de nicho composta por agentes que não eram proeminentes ou que não recebiam atenção, mas que tinham ferocidade, a desconfiança e a memória de aço pela qual as mulheres do cofre eram conhecidas.

Mas o fato de ter uma equipe feminina dificultou a adesão do pessoal de operações. "As pessoas diziam: 'Qual é a equipe dele? Só tem mulheres'. Na época, foi amplamente discutido que se tratava de um bando de garotas", disse o agente de operações Glenn Carle. "A perspectiva era francamente condescendente e desdenhosa."

Isso foi em meados da década de 1990, lembre-se: exatamente quando a ação coletiva da Categoria B estava expondo o legado de discriminação e misoginia na Diretoria de Operações. Essa atitude era evidente no CTC, dominado como era pelo ethos das operações. Os agentes de operações viam a equipe de Scheuer como uma equipe júnior, ou talvez apenas como um grupo de apoio. "Analistas juniores usando tênis" foi uma expressão usada várias vezes. E, no entanto, a equipe era notável, até mesmo revolucionária, pois era uma forma de contornar a maneira como a Agência Central de Inteligência sempre fez as coisas. As mulheres estavam criando empregos e assumindo-os e, com o passar do tempo, conduzindo operações sem treinamento operacional. Não existia nenhum treinamento para o trabalho em que elas estavam envolvidas. Era algo muito novo.

A equipe tinha uma mentalidade de mulher-cofre e táticas de mulher-cofre, guardando seus segredos. A maioria das pessoas não entendia o que elas faziam, e muitos tinham motivos para se ressentir delas. A diretoria de operações não gostava de receber ordens de "um grupo de agentes mulheres", como disse um colega. A diretoria analítica tinha pouca utilidade para elas, porque não estavam escrevendo documentos para o presidente. Mas ninguém mais queria fazer o que elas e Mike faziam. Nenhum agente de casos que se preze queria trabalhar em um escritório sem importância na sede. As mulheres que cercavam Mike Scheuer estavam lá porque queriam estar. Elas adoravam o homem para quem trabalhavam. "A coisa toda era bizarra", disse a agente de operações Mia McCall, observando que elas conseguiram se safar porque os riscos pareciam pequenos. "O restante da Diretoria de Operações achou que (Scheuer) não poderia causar muito dano a Bin Laden."

***

E, como atesta a história das operações de bastidores, não era incomum que um chefe de setor se valesse de mulheres leais. Allen Dulles tinha a poliglota Mary Bancroft. O diretor da CIA John Deutch contratou uma mulher, Nora Slatkin, como sua número dois. Slatkin dirigia a agência de fato, enquanto Deutch, que queria ser secretário de Defesa, optou por se concentrar na função de diretor, supervisionando a comunidade de inteligência mais ampla. E havia outros líderes homens conhecidos por montar equipes femininas. Paul Redmond, o temperamental de Boston que liderou os detetives que rastreavam Aldrich Ames, era um deles.

As vantagens eram óbvias. As equipes femininas se empenhavam, trabalhavam duro e, muitas vezes, eram formadas por mulheres brilhantes e resistentes, como Jeanne Vertefeuille, que, como dizem, persistiu. De certa forma, essas mulheres funcionavam como uma equipe de assistentes de pesquisa fazendo o trabalho de um professor titular. As mulheres geralmente esperavam pouco reconhecimento, eram leais a um homem que as ajudava, adquiriam conhecimentos que seu chefe podia aproveitar e agiam como uma guarda pretoriana.

Em troca, o líder masculino lhes dava sua proteção e sua influência, se a tivesse. "Mulheres que se agarram" é como uma analista descreveu essa configuração, que ela considerava mais útil para o líder masculino do que para seu séquito, cuja credibilidade aumentava ou diminuía junto com a do chefe. Mike Scheuer elevou as mulheres de sua equipe, mas também transmitiu sua mácula.

Quando Cindy chegou em 1995, Scheuer estava montando uma área chamada Ligações Financeiras Terroristas [em inglês, *Terrorist Financial Links*]. O objetivo era seguir o rastro do dinheiro e verificar a real influência de Osama bin Laden. De acordo com Scheuer, eles começaram vasculhando os registros da própria agência: telegramas que mencionavam Bin Laden ou sua família, e logo tinham "algo como dezessete ou dezoito volumes de material". Eles se depararam "com Bin Laden em muitos lugares diferentes", lembra ele. "Não pessoalmente, mas sua influência, seja por meio da retórica, de fitas de áudio, de passaportes, de dinheiro, ele parecia estar em todos os lugares." Scheuer concluiu que ele era "uma ameaça muito maior do que eu pensava".

O que começou como uma área tornou-se algo mais ambicioso. Em 1996, Deutch, que buscava impor mudanças para tornar a agência mais parecida com o setor corporativo, propôs a criação de "estações virtuais". Não estava claro o que significava "virtual". "Ninguém sabia bem", diz Scheuer, "e, no final, era impossível fazer isso. Então, tivemos que administrá-la como uma estação convencional dentro (da sede)." Mas não havia nada de convencional na equipe que desenvolveu. Como a terceira ou quarta escolha para o cargo de chefe – as escolhas anteriores, segundo ele, não queriam "ficar do lado ruim da burocracia" –, ele montou uma equipe composta por um assistente masculino da Diretoria de Operações, um agente de logística e meia dúzia de mulheres que foram transferidas de uma divisão anterior que Scheuer dirigia. A proporção de mulheres cresceria nos dois anos seguintes, chegando a dezenove de um total de duas dúzias de agentes.

Naquela época, a equipe foi renomeada para Estação de Assuntos sobre Bin Laden [Bin Laden Issue Station], a única estação da CIA focada em um único indivíduo. As pessoas se referiam a ela como Estação Alec, em homenagem ao filho pequeno de Scheuer. Ela não fazia parte de uma divisão geográfica, não tinha agentes de casos tradicionais, nem uma presença perceptível, pelo que a maioria das pessoas podia perceber. A equipe se deslocava, ficando a maior parte do tempo na sede, mas por um breve período em um prédio de escritórios no subúrbio de Tysons Corner. Essa realocação permitiu que Scheuer saísse da burocracia, mas contribuiu para a reputação da Estação Alec como isolada e obscura, uma sala dos fundos tão secreta que, para muitos, mesmo no centro de contraterrorismo, mal se poderia dizer que existia.

***

Mas ela existia. Além dos registros da própria agência, a equipe da Alec estudou fontes abertas, incluindo jornais e mídia estrangeira. Essa pesquisa serviria de base para o livro de Scheuer, que apresentou os antecedentes de Bin Laden, suas intenções e o exército díspar que ele estava montando. *Through Our Enemies' Eyes* cita entrevistas e discursos de locais como *Jakarta Post, Republika, Time, Al-Mustaquilla, The Jordan Times*, "Uma carta de 1998 publicada pela AP", "Jornalista paquistanês Hamid Mir em 1997", *Middle East Policy, Frontline, Al-Hayat, Jane's Intelligence Review, Foreign Policy, Jeune Afrique, Al-Sharq Al-Awsat, Al-Arabiya* e *Daily Jang*, o maior jornal do Paquistão, para citar alguns. Isso representou uma grande decepção para os homens de operações, já que todas as fontes eram abertas, não coletadas clandestinamente. Ao expor a ambição de Bin Laden, Scheuer explica que este habilmente alimentou a memória do mundo árabe sobre a violência católica durante as Cruzadas e que promoveu a ideia de que os Estados Unidos estavam determinados a conquistar o mundo árabe, como outras potências haviam feito no passado. O livro mostrou que Bin Laden criou uma "organização única e multiétnica que inclui não apenas árabes, mas muçulmanos de todo o mundo", com o objetivo de atacar o Ocidente.

Scheuer percebeu que, ao contrário do Hezbollah ou de Abu Nidal, não havia evidências de que Bin Laden e sua rede dependessem de um Estado para "apoio material ou logístico essencial". É claro que algumas nações faziam "vista grossa" para "combatentes em trânsito como uma contrapartida para que não ocorressem ataques em seu território", mas esse novo grupo não tinha precedentes, pois era financiado pelo que hoje poderíamos chamar de financiamento coletivo. Bin Laden usou sua própria fortuna; sua família e outras pessoas ricas; mesquitas e ONGs; e obteve "uma parte indefinida dos enormes lucros" do tráfico de heroína no sul da Ásia. Os textos de Scheuer também revelam uma sintonia com a dinâmica de gênero, como quando ele observa "a cultura afegã dominada pelos homens e impregnada da atitude de resolver as diferenças homem a homem".

Assim como seu chefe, as mulheres da equipe de Scheuer acreditavam que a rede de Bin Laden representava uma ameaça crescente; assim como seu chefe, elas investigavam a fundo o paradeiro e os aliados de Bin Laden. A equipe incluía duas agentes de relatórios veteranas que trabalhavam sem problemas com colegas de toda a CIA; as agentes de relatórios tinham sua própria "irmandade" e usavam explicitamente esse termo. As agentes de relatórios da Alec sabiam como trabalhar com esses contatos internos; Scheuer os descreveu como "gênias" que conseguiam extrair informações "sem causar nenhum problema".

Outro membro da equipe, Jennifer Matthews, estava liderando a nascente operação de seleção de alvos da estação, desenvolvendo sua capacidade de rastrear conexões, comunicações e movimentos. Matthews, assim como Cindy Storer, havia começado como analista de imagens; ela era uma das quatro amigas que haviam chegado juntas ao NPIC no ônibus em 1989. "Jen estava falando conosco sobre um cara do Oriente Médio que seria um pesadelo", disse sua amiga Kristin Wood, relembrando o dia em que Matthews disse a elas que iria para o CTC. "Todas nós achamos que ela estava louca." As amigas não perderam o contato; o quarteto que viajara de ônibus se reunia uma vez por ano para um chá da tarde no Willard Hotel. Jennifer Matthews, agora com trinta e poucos anos, tinha um senso de humor astuto, franco, divertido e brincalhão, mas fundamentalmente sério. Assim como seu chefe, ela era dedicada e abordava o combate ao extremismo islâmico sob a perspectiva de uma cristã ativa e crente. "Jen sempre foi determinada, ela era uma verdadeira crente", disse a analista Diana Bolsinger. "Ela veio do movimento religioso, da luta para reinventar o mundo."

Outro membro da equipe, Alfreda Bikowsky, era mais vívida e cinética; volúvel e paqueradora; ansiosa e ambiciosa e não parava quieta, e geralmente estava longe de sua mesa, conversando com alguém ou fazendo algo em algum lugar. Criada em uma cidade muito pequena da Pensilvânia, Freda, como as pessoas a chamavam, foi a primeira de sua família a ir para a faculdade – a Universidade da Pensilvânia, onde participou de um seminário de ciências políticas com David Eisenhower, neto do presidente, que sugeriu que ela considerasse a CIA. "Que se dane", pensou Freda; se ela queria almejar algo alto, poderia muito bem almejar a capital do país.

Assim como Gina Bennett, Freda Bikowsky ficou profundamente perturbada com o atentado a Lockerbie e o aumento do terrorismo na década de 1980. Claramente, o mundo estava mudando: os soldados soviéticos "não iriam atravessar o Fulda Gap tão cedo", lembrou Bikowsky em uma entrevista, enquanto os terroristas estavam falando sério. Ela também ficou impressionada com um comentário feito por um professor israelense visitante. Falando sobre as raras mulheres que se tornaram terroristas ou atiradoras ativas, ele teorizou que, quando o instinto maternal é despertado, "algo muda" e as mulheres terroristas podem ser "muito mais cruéis do que os homens". O fenômeno pareceu a Bikowsky "curioso", e ela viria a ver um corolário na determinação ardente das mulheres que trabalham contra essa mesma ameaça.

Ao fazer pós-graduação na Fletcher School of Diplomacy da Tufts University, Bikowsky se concentrou em "conflitos de baixa intensidade" – terrorismo, insurgência – e na questão do uso adequado da força. O terrorismo deve ser tratado como uma guerra total – uma postura que admite a perspectiva de danos colaterais – ou como uma série de crimes a serem tratados individualmente? Esse foi exatamente o dilema que os Estados Unidos lutariam para responder nas duas décadas seguintes; na verdade, ele se tornaria uma questão definidora do início do século XXI.

Na Tufts, Bikowsky leu sobre o centro antiterrorista da CIA. Um professor a colocou em contato com o próprio Dewey Clarridge. Em uma conversa por telefone, Bikowsky, impressionada, disse ao famoso espião que acreditava em "coisas que acontecem durante a noite" e que o mal poderia prevalecer se as pessoas boas não se empenhassem em impedi-lo. Clarridge a convidou para estagiar no CTC, e ela o fez, trabalhando no Hezbollah nos verões de 1988 e 1989. Em vez de escrever uma dissertação, Bikowsky aproveitou a chance de aceitar um emprego na agência e ficou ofendida, em vez de satisfeita, quando lhe disseram que seus testes e avaliações psicológicas a indicavam para operações. "Vocês não estão contratando pessoas, estão selecionando-as", protestou.

Em Langley, ela sentiu que a rede dos "caras" estava em pleno vigor e até mesmo as mulheres que a orientavam estavam se esforçando demais para serem como os homens. Ao entrar para a diretoria analítica, Bikowsky logo percebeu seu erro – "Eu não fui feita para ser uma analista tradicional", ela reconhece. "Eu realmente não consigo ficar sentada em um canto sozinha" – e sentiu que seu lar natural era o CTC, onde algo intermediário estava sendo gerado. Depois de um período como analista, ela entrou em contato com a diretoria de operações e ofereceu seus serviços para a disciplina emergente de seleção de alvos.

Bikowsky, quando chegou à Estação Alec no final da década de 1990, assumiu o cargo de chefe de operações. Com Matthews e outros, ela começaria a expandir a definição do que "operações" poderia significar. Não significava necessariamente recrutar ativos ou plantar propaganda. No centro, significava "descobrir quem deveríamos estar procurando, a quem eles estão ligados e o que exatamente faremos a respeito". Significava trabalhar com parceiros estrangeiros para localizar terroristas e acabar com eles. "Nunca serei a pessoa que fará uma '*dead drop*' em Moscou", ela reconheceu. "O que eu fazia bem era uma técnica muito nova, que ninguém tinha feito antes daquela época. Era a caça ao homem. Criação de redes de contatos." Bikowsky entendeu que ela era, em muitos aspectos, uma sucessora das mulheres do cofre que mantinham o controle de adversários e ativos.

Parte de seu trabalho era descobrir o que o Congresso e a Casa Branca permitiriam tanto antes quanto depois da localização de um terrorista. A agência não podia simplesmente ir atrás de um grupo de combatentes; ela precisava de permissão, precisava de autoridade. As mulheres estavam entrando no nível do solo em uma época em que ninguém – literalmente ninguém – sabia o que estava certo. Era uma questão assustadora; uma questão empolgante; um espaço que estava aberto.

O pessoal das operações desconfiava do trabalho pioneiro do centro, e Bikowsky entendia isso. Por que agentes treinados deveriam "assumir uma nova disciplina com tanto risco e tão pouca recompensa?". De certa forma, as mulheres da Estação Alec eram como as mulheres do setor de computação, que foram pioneiras em software na década de 1950, em uma época em que escrever códigos era visto como pouco mais do que datilografia com glamour. Aqui, as mulheres podiam participar de uma missão importante sem ter que superar "todas as barreiras do mundo". Além disso, ela argumentou, as mulheres estavam agindo por um senso de justiça, até mesmo por indignação. "Aquelas de nós que se inscreveram para essa missão estavam realmente fixadas na ideia de que isso não está bom para nós", disse ela.

No centro, "operações" significava brigar com o FBI, com o Departamento de Justiça e com os agentes de operações em campo, insistindo com os agentes de casos que ela não iria dizer a eles como fazer uma entrega, mas "vocês podem apostar nisso: se eu disser que este é o cara, esta é a rede e estas são as etapas a serem seguidas, então é isso que faremos".

Isso significava fazer um esforço para descobrir: Quando você localiza um terrorista, o que pode e deve fazer com ele? O que é aceitável? Até que ponto é longe demais? Estamos em guerra? Contra um terrorista? Contra todos os terroristas? Estamos em guerra contra a Al-Qaeda? Queremos destruí-los? Para responder a essas perguntas, as mulheres da Alec frequentemente se mostravam mais agressivas do que os homens que tentavam mandar nelas, inclusive diretores da CIA e presidentes dos Estados Unidos. Elas mantinham um comportamento de lutadora de box, guarda alta e punhos cerrados, além de uma atitude agressiva quando se tratava de treinamento e certificação. Durante sua carreira ativa, quando estava disfarçada, Bikowsky era frequentemente descrita na imprensa como uma "agente ruiva", como se a cor do cabelo fosse sua principal característica definidora. Ela e sua equipe estavam em guerra com o inimigo e, de uma forma diferente, com a agência à qual serviam. Repetidamente, elas eram instruídas a se acalmar, mas se recusavam. Quando se tratava de combater a Al-Qaeda, Bikowsky argumentou: "Todos os outros estavam procurando uma maneira mais fácil de fazer isso".

Cindy Storer, por sua vez, estava em posição distinta e adjacente: como analista convencional, seu trabalho era pegar o material coletado pela equipe e usá-lo, escrevendo artigos e tentando entender o que estava acontecendo. Como tal, Cindy era a única analista de Bin Laden encarregada de tentar obter a adesão e persuadir as pessoas na sede – e em Washington, inclusive a Casa Branca – a prestar atenção. Ela era o escritório de comunicações da unidade, a equipe de relações públicas e a oradora oficial, tudo ao mesmo tempo.

***

Quando Cindy começou a trabalhar no CTC, Mike Scheuer havia providenciado a instalação de um posto de escuta – uma escuta telefônica – em uma casa segura em Peshawar, no Paquistão. A casa, usada para a entrada e saída de combatentes durante a guerra do Afeganistão, agora estava servindo como local de encontro para os líderes da jihad, que se reuniam para discutir como as conspirações eram comandadas e os combatentes isolados. Lendo as transcrições, Cindy observou que os líderes tinham o cuidado de não falar sobre as ações que haviam planejado. Mas eles entravam em detalhes administrativos entorpecentes. Eles estavam "transferindo dinheiro de um item de linha do orçamento para outro", falando sobre salários, custos de viagem e outras despesas. Ela também tomou conhecimento de um processo judicial em Londres sobre quem era o dono do esconderijo. Dois sauditas estavam em uma disputa imobiliária em um tribunal aberto, e Cindy também obteve esses documentos. "Foi incrível."

As mulheres da equipe de Scheuer estavam reunindo esse tipo de dado. Uma grande desvantagem que afligia a Estação Alec era o fato de não ter seus próprios agentes de casos para conduzir operações ou coletar informações. Se as mulheres quisessem fazer perguntas a um ativo no exterior, tinham de pedir às estações regionais dos serviços clandestinos – em Roma, por exemplo, ou em Peshawar – que o fizessem. A equipe estava sempre enviando telegramas para o campo, sugerindo pistas, implorando, exortando, dizendo que a pessoa X estava fazendo Y e Z, e que os agentes de casos da estação poderiam incluir as seguintes perguntas em sua próxima reunião com um ativo.

Se isso seria feito ou não, dependia da vontade da estação no exterior de colocar em risco seus próprios agentes de casos em benefício de uma nova "estação virtual". A divisão do Oriente Próximo tendia a se recusar; a divisão da África tendia a ajudar. As estações, na era da divisão de paz, tinham pouca mão de obra e estavam muito ocupadas. "De vez em quando recebíamos telegramas" de "uma estação chamada Alec", disse Paula Doyle, uma agente de casos no Levante.[26] Para sua própria estação, que estava sobrecarregada de trabalho, Alec parecia pouco mais do que um remetente de telegramas amorfo; ela não conhecia ninguém que trabalhasse lá e "estávamos tão ocupados com o Hezbollah e outros conflitos regionais" que a atitude era "Ah, vamos resolver isso quando quisermos".

"Acho que eu não era a única a não entender realmente a Al-Qaeda ou por que eles criaram uma estação", disse Doyle, que acabou percebendo que "os centros faziam um trabalho excepcionalmente importante".

A estação, assim como seu alvo, permaneceu um mistério nos bastidores para quase todos. Em meados da década de 1990, a agente de operações Mia McCall estava em seu primeiro cargo de gerência no que era agora a divisão Central Eurasin, que havia sido criada para se concentrar

---

26 O Levante é uma área geográfica que fica a leste do mar Mediterrâneo cuja definição não é unânime. Para parte dos especialistas, abrange Síria, Líbano, Jordânia, Israel, Palestina e Chipre; outros consideram que ela inclui também partes da Turquia, do Iraque, da Arábia Saudita e do Egito (N. E.).

nas antigas repúblicas soviéticas. Seu chefe, Robert Baer, pediu a ela que se reunisse com uma ex-linguista soviética da equipe de Scheuer. Ele avisou que ela poderia parecer um pouco estranha, um pouco "mulher de tênis". McCall aceitou a reunião. "Cindy estava de cabeça quente por causa de um cara chamado Osama bin Laden – e eu disse: 'Quem é esse?'"

Capítulo 17
Estresse e um quarto cinza

MCLEAN, VIRGÍNIA
1995

Para Cindy Storer, a questão então se tornou: Se Bin Laden era tão importante quanto parecia ser, qual seria a natureza dessa teia de combatentes em que ele parecia, como uma aranha, estar no centro? O que os mantinha unidos? Como eles eram chamados? Para ajudar a determinar isso, as mulheres da Estação Alec começaram a consultar as agências de espionagem de outros países – o que é conhecido como trabalho de ligação. Embora não seja tão chamativo quanto o recrutamento de espiões, o trabalho de ligação foi e continua sendo fundamental para impedir ataques. Afinal de contas, foram principalmente outros países, na África e no Oriente Médio, que perderam vidas inocentes para a jihad antiocidental quando ocorreram sequestros ou bombas que explodiram em seu meio. Muitos serviços estrangeiros estavam ansiosos para compartilhar o que sabiam e até mesmo realizar operações sob a orientação da CIA. Cindy Storer notou que muitas equipes de ligação incluíam grande contingente de mulheres. Os israelenses, até mesmo os sauditas – todos eles tinham agentes de inteligência do sexo feminino nos bastidores. As mulheres, concluiu Cindy, "fazem o que não é estimulante".

Trabalhando com colegas estrangeiros, as mulheres da Alec reuniram uma grande quantidade de material de fonte aberta: "literatura cinzenta", como registros policiais, arquivos financeiros, o tipo de documento que estava disponível publicamente, mas que era mais facilmente obtido por estrangeiros do que por ocidentais. Cindy tentou uma vez, em uma viagem ao exterior, e teve as portas fechadas na cara. "Eles entraram em contato com todos os serviços de ligação em todo o mundo e disseram: 'Estamos trabalhando nisso, o que você sabe? E trouxeram uma grande quantidade de informações. Toneladas.'"

Cindy começou a perceber que os combatentes não eram uma federação livre. Eles pareciam, de fato, inesperadamente burocráticos. "Na verdade, obtivemos os documentos de incorporação e vimos que se tratava de um grupo jihadista mundial. Estava bem ali", disse Cindy, que se viu lendo declarações de missão, convênios assinados, documentos de integração. "Isto é quem somos, isto é o que fazemos, isto é o que queremos fazer, aqui estão as qualificações para ser um líder, aqui está a maneira como a organização é estruturada. Aqui está nossa filosofia, nossa ideologia." Ela notou que o grupo estava registrando meticulosamente seus gastos. "Eles estão contabilizando cada pequena cadeira de escritório."

Ela começou a criar arquivos de texto no computador usando a função de pesquisa para manter o controle de quem estava falando com quem. No fim, ela tinha mais de cem arquivos. "Não sei nada sobre esse cara. Deixe-me procurar o número de telefone no meu banco de dados. Todas essas outras pessoas aparecem. Vou colocar isso na minha planilha. Certo. Com quem ele está associado? Escreva seus nomes. A que lugares eles estão associados?" Ela estava se aprofundando, fazendo conexões, identificando lacunas e tentando preenchê-las.

No entanto, no próprio centro de contraterrorismo, outros setores continuavam céticos quanto ao fato de que um grupo disperso de Abu Mohammeds itinerantes pudesse representar uma ameaça séria no nível do Hezbollah ou do Hamas. As pessoas consideravam os combatentes "malucos que viviam em uma caverna", disse Cindy, quando, na verdade, muitos deles eram "médicos, advogados e agentes militares que sabiam o que faziam".

Coube a Cindy – a única analista que estava escrevendo o que a Estação Alec coletou – conquistar toda a cidade de Langley. "Foi quando comecei a ficar muito estressada e deprimida" lembra ela.

Mas Cindy mergulhou de cabeça e fez o melhor que pôde. "Tínhamos pilhas e mais pilhas de documentos... e começamos a juntar todo esse material para criar uma imagem." Tendo feito um curso de pós-graduação em ciência organizacional, ela decidiu fazer a pergunta certa sobre os dados. Ela colocou nomes em caixas, desenhou linhas e os vínculos começaram a se formar. "Ah, aquele cara, ele é o cara das finanças. E ele fala com esse cara e aquele cara faz isso aqui. E esse cara tem os passaportes. Comecei a organizar a rede e tudo se encaixou em uma hierarquia." Cindy viu como o dinheiro era movimentado entre os membros do grupo para financiar as compras.

"Quem faz isso?", pensou ela.

Em 1995, ela começou seus trabalhos formais; depois de um ano e meio, Cindy teve um momento de epifania. "Eu pensei: puxa vida, é uma *organização* terrorista."

***

Mais peças se encaixaram em maio de 1996, quando um *"walk-in"* chamado Jamal Ahmed al-Fadl apareceu em uma embaixada dos Estados Unidos na Eritreia. A terceira pessoa na organização de Bin Laden, Al-Fadl, havia servido como agente de negócios de Bin Laden durante a guerra do Afeganistão. Ele passou um tempo nos Estados Unidos e foi recrutado em uma mesquita no Brooklyn. Agora estava com grandes problemas. Al-Fadl havia desviado mais de 100 mil dólares do grupo e precisava de um plano de fuga. O chefe de estação da CIA estava em licença, mas a chefe da administração, uma mulher, se adiantou e o interrogou, ouvindo-o falar sobre essa rede de combatentes que queria entrar em guerra contra os Estados Unidos. Ela rapidamente enviou um telegrama para a sede dizendo que tinha um "cara aqui falando sobre Bin Laden".

Al-Fadl logo se viu realocado em uma agradável suíte de hotel em Nova Jersey, onde, por mais de um ano, recebeu visitas do FBI e das mulheres da Alec. Ele era carismático e paquerador, e as mulheres o chamavam de Junior. Elas transmitiam suas descobertas a Cindy, que permaneceu na sede para preservar sua objetividade, não influenciada pelo contato pessoal com o ativo. Suas descobertas estavam tão sincronizadas com os relatórios dele que era como se "vivêssemos no bolso um do outro".

Junior compartilhou novas informações sobre as operações, bem como sobre o número de associados. "Eu pensei: 'Meu Deus, eu sei exatamente do que ele está falando'", disse Cindy. Ela começou a inserir mais nomes em seu organograma, mapeando alianças, tentando "descobrir o que estava acontecendo em todas essas diferentes linhas de atividade em todo o mundo. E eu estava pensando: 'Ah, esses caras nas Filipinas estão fazendo X e esses caras estão aqui fazendo Y'".

O grupo de Bin Laden era uma burocracia completa com folha de pagamento e franquias. Mas qual era o seu nome? Agora que o nome Al-Qaeda é famoso – ou melhor, infame – é difícil lembrar que houve uma época em que as pessoas, até mesmo os especialistas, literalmente não sabiam seu nome. No Estado, Gina Bennett se referiu à "Al Qai'da" em seu próprio memorando de 1993, mas na agência as pessoas eram cautelosas; os gerentes tinham muito mais poder sobre o que era escrito; os analistas não podiam publicar com seus próprios nomes; e Cindy era obrigada a coordenar cada afirmação – cada palavra, inclusive – antes de publicar. Dizer que Osama bin Laden era um financiador de terroristas era uma coisa; dizer que sua rede não apenas era real, mas tinha um nome real, provocava muita discussão. "Não podíamos chamá-la de nada. Ainda estávamos nos referindo a ele como financiador, tendo debates internos", lembra Cindy. Para ela, o nome parecia perfeitamente claro. Al-Qaeda era "o que eles têm em seu papel timbrado".

Enquanto isso, o próprio chefe do setor de Cindy, a pessoa acima dela responsável por seu produto analítico, demonstrava pouco interesse. Os gerentes estavam sobrecarregados, e um novo grupo era apenas mais uma coisa com que lidar. Mas Cindy era teimosa. Por volta de 1997, ela deixou de lado outras tarefas e se propôs a escrever um longo artigo que nomeasse e descrevesse completamente a Al-Qaeda. Seria um artigo de fundo definitivo com, como ela disse, "tudo o que você queria saber sobre Bin Laden e a Al-Qaeda: este é um grupo terrorista, é organizado, é assim que eles recrutam e treinam, aqui estão seus motivos e intenções, aqui estão todos os ataques em que eles provavelmente já se envolveram, de uma forma ou de outra, até mesmo tentando obter material nuclear". O rascunho ficou com setenta páginas. Mas os tópicos tocavam nos mandatos de tantos outros setores que ele "não consegui fazer com que os outros departamentos concordassem", ela lembrou mais tarde. Ela precisava da adesão de "qualquer pessoa que tivesse alguma participação", os "departamentos regionais, alguns agentes técnicos – falando sobre armas de destruição em massa –, qualquer pessoa que tivesse algo a ver com o tráfico de armas". O chefe de seu setor lhe disse que ninguém leria um documento longo. Ele queria que ela o dividisse em pequenas partes. A versão completa nunca foi publicada. Foi uma longa e agonizante confusão e, de certa forma, lembrou a discussão sobre motores de foguete *versus* pneus descartados, lá no NPIC. O que *era* essa coisa que ela estava vendo? Quão perigosa era, de fato? As pessoas tinham dúvidas. A sabedoria convencional afirmava que o Hezbollah era o grupo terrorista mais perigoso do mundo, tendo matado o maior número de americanos até o momento. Cindy continuou argumentando: "Não, você também deve considerar quantas pessoas um grupo *quer* matar. É preciso considerar sua intenção".

Para Cindy, parecia que outros setores do centro a viam como uma concorrente – para obter financiamento e vagas – em vez de uma aliada. Não havia nenhum mecanismo para difundir uma percepção radicalmente nova – a realidade de um grupo terrorista sem Estado. Os colegas argumentaram que o grupo não poderia ser tão coordenado porque "os árabes não têm boa educação, são desorganizados e não lutam". A resposta dela foi: "Como assim não posso dizer que é tão organizado? Temos documentos, temos interceptações, temos tudo".

Por mais que tentasse, Cindy não conseguia encontrar um mentor que aceitasse suas descobertas e desse a elas credibilidade e peso. "Parte do meu trabalho como analista da Diretoria de Inteligência é convencer as pessoas de que isso é uma coisa. E Mike estava muito frustrado com a minha gerência porque eu não conseguia divulgar as coisas", disse Cindy, que se tornou, em suas próprias palavras, "um pouco mal-humorada".

"Mike era um patrono para seu povo. Eu não tinha isso", refletiu Cindy. "Eu não fazia parte de seu grupo. Quero dizer, ele era bom para mim.

Não havia nada que ele pudesse fazer por mim. Eu precisava de ajuda para navegar, o que não é um talento meu. Não tenho habilidade com pessoas. E simplesmente não conseguia avançar."

***

Enquanto isso, uma nova verdade começou a surgir no centro antiterrorista. O terrorismo não só exigia um tipo diferente de análise como gerava um custo psíquico muito diferente. Em novembro de 1995, um carro-bomba explodiu em um posto militar dos Estados Unidos em Riad, na Arábia Saudita, matando sete pessoas e ferindo mais de sessenta. Sauditas influenciados por Bin Laden foram presos. No ano seguinte, terroristas bombardearam um complexo habitacional em Khobar, na Arábia Saudita – as Torres Khobar – onde dezenove membros da Força Aérea dos Estados Unidos foram mortos e 498 outros, de várias nacionalidades, ficaram feridos. Um analista do CTC começou a dar uma palestra para os recém-chegados sobre a sensação de receber uma carta de uma mãe americana que havia perdido seu único filho nas Torres Khobar. Ele lia a carta em voz alta e chorava todas as vezes, perguntando-se se poderia ter percebido algo que poderia ter impedido o ocorrido.

Além disso, havia a tensão de trabalhar com outras agências americanas, ou tentar fazê-lo. Parte da abordagem de "fusão" envolvia trazer emissários de outras agências e enviar representantes da CIA para lá em troca. As pessoas chamavam isso de "troca de reféns". Fazia sentido: uma entrega no exterior geralmente exigia escutas telefônicas da NSA e prisão pelo FBI. Mas a rivalidade entre as agências, que já durava décadas, e até mesmo o ódio mútuo, persistiam. Um dos motivos pelos quais os agentes das operações ambiciosas não queriam ser enviados para o centro de contraterrorismo era porque ninguém queria "ir para lá para ficar sentado com aqueles caras do FBI", como disse um agente da CIA, Robert Baer.

A luta entre a agência e o escritório foi épica, histórica e bem incorporada. O FBI gosta de fazer prisões; a CIA às vezes prefere deixar os bandidos no lugar, "transformando-os" para usá-los como ativos em operações de espionagem. O FBI é a polícia – como diz o ditado – e a CIA é o ladrão. Quando uma operação conjunta era bem-sucedida, as duas agências competiam pelo crédito: em 1994, depois que Aldrich Ames foi preso, o diretor do FBI, Louis Freeh, concordou com uma coletiva de imprensa conjunta, mas se precipitou, realizando uma coletiva preventiva para roubar o crédito da CIA e de suas detetives femininas. Quando uma operação falhou, ambos se esforçaram para transferir a culpa.

O FBI tinha um enorme prédio em Washington, mas, em muitos aspectos, era na verdade uma rede de escritórios de campo investigativos localizados. Ela foi criada de modo que um agente de campo local que iniciasse uma investigação mantivesse a propriedade dessa investigação. Durante a investigação bem-sucedida do atentado ao World Trade Center em 1993, John O'Neill, do escritório de Nova York, liderou a operação e, assim, tornou-se o principal agente de contraterrorismo do FBI. Um detetive durão saído do elenco de protagonistas, O'Neill era daqueles que usavam paletó tipo jaquetão e tinham o discurso duro. Ele gostava de jantar no restaurante Elaine's em Nova York e tinha uma tendência a proferir proclamações do tipo Luís XIV, como "Eu *sou* o FBI". Além disso, O'Neill estava passando por uma grande crise de meia-idade: separado da esposa, ele estava tendo casos com três mulheres, dizendo a cada uma delas que era sua única namorada. É difícil imaginar uma combinação pior do que a do atormentado John O'Neill e a do maltrapilho mas igualmente combativo Mike Scheuer, que admite que o relacionamento foi "desastroso".

As mulheres foram apanhadas no meio do fogo cruzado e da confusão. As linhas de autoridade eram vagas, os limites legais eram importantes, mas mal definidos. A CIA tinha que tomar cuidado para não se envolver em operações domésticas, como a história e as audiências do comitê da Igreja deixavam claro. O que quer que acontecesse em solo americano era da alçada do FBI. Mesmo em operações no exterior, o FBI era a agência que efetuava as prisões. Mas, durante uma investigação, o FBI geralmente apreendia todo tipo de documento e outras provas que a CIA queria ver. A CIA podia examiná-los em algumas circunstâncias, mas não em outras. Ninguém, até o momento, havia descoberto isso ou descoberto o que era. O programa de rendição era muito novo. Era preciso recorrer a advogados, e às vezes nem eles chegavam a um acordo. Muitas vezes o resultado infeliz era a velha e simples disputa pela caça. "Dane-se. Está comigo. Vou ficar com isso. É meu", teria dito O'Neill aos membros da equipe, recusando-se a entregar um caderno obtido de um agente da Al-Qaeda. De volta a Langley, Mike Scheuer reclamou da falta de vontade do FBI em compartilhar. "Acho que enviamos setecentas ou oitocentas solicitações de informações ao FBI e nunca obtivemos resposta para nenhuma delas", disse ele mais tarde a um repórter. Mas o próprio Scheuer às vezes acumulava informações. "Eles não vão fazer nada com isso", um colega do CTC o ouviu murmurar. Em uma entrevista para este livro, Scheuer disse que muitas vezes relutava em compartilhar porque os funcionários do FBI falavam de forma imprudente sobre informações confidenciais. Ele acrescentou que os funcionários do FBI "roubavam documentos aos montes"; que O'Neill lhe disse que não adiantava ajudar se o FBI não recebesse o crédito; e que grande parte do problema era o fato de o diretor do FBI, Freeh, não atualizar seus equipamentos de comunicação ultrapassados. "Você envia um fax e eles dizem: 'Bem, não conseguimos encontrar a máquina para onde ele foi'".

Após o atentado a Khobar, Cindy foi designada para uma força-tarefa conjunta que cuidava das consequências. Ela se viu em um ônibus para a sede do FBI, sendo enviada "atrás das linhas inimigas", como era chamado. O ônibus a deixou no Edifício J. Edgar Hoover, cujo tamanho se estendia por um quarteirão inteiro da Pennsylvania Avenue. Cindy prendeu um crachá de visitante na camisa e foi até o andar superior, onde os materiais de Khobar estavam guardados em um velho armário de arquivos de madeira em um depósito. John O'Neill não permitiu que ela fizesse anotações ou copiasse sequer um pedaço de papel. Ele parecia pensar que Cindy voltaria para a sede e iniciaria alguma ação que impediria a investigação.

Para Cindy, um ataque dessa magnitude deveria render algo útil que ela e seus colegas pudessem ver. Um único funcionário – felizmente, o agente especial encarregado da investigação – concordou. Quando O'Neill estava ausente, o funcionário convidou Cindy para copiar todos os arquivos. Ela o fez, em pé em uma máquina de Xerox e colocando as cópias em uma bolsa segura que carregou no ônibus de volta para Langley. Era assim que duas das principais agências do mundo estavam se comunicando em meados da década de 1990. "Criamos nosso próprio arquivo na CIA com toda a porcaria que eu copiava e levava de volta."

Em um mundo ideal, dada a monumental pilha de problemas, o Conselho de Segurança Nacional [NSC, em inglês National Security Council] – a principal equipe de consultores de segurança nacional do presidente – poderia ter ajudado a estabelecer um tom mais cooperativo, desembaraçando políticas conflitantes e ajudando personalidades intensas, comprometidas e beligerantes a se entenderem. E o emissário de terrorismo do NSC do governo Clinton, Richard Clarke, levou o terrorismo a sério. Mas o próprio Clarke era irritadiço, inconstante, autoritário, unilateral – "um louco", como disse um analista da CIA, enquanto outro o chamou de "um indivíduo com quem é realmente difícil trabalhar". Ninguém desse grupo jamais seria eleito o Sr. Simpatia. Mike Scheuer via Clarke como "um intrometido de primeiro nível" e um "construtor de impérios" que derrubava as coisas. Clarke acusou Mike Scheuer de "fazer birra".

Scheuer também se ressentia dos funcionários do sétimo andar da sede da CIA, que ele considerava desdenhosos e sexistas. "A grande maioria dos agentes que trabalharam para mim era formada por mulheres", disse ele mais tarde à *Vanity Fair*. "E eles não se importam com isso. Eles não se importam com as mulheres, ponto-final, mas especialmente não se importam com as mulheres bem-sucedidas."

***

Enquanto as mulheres se esquivavam do fogo entre os Mikes, os Johns e os Dicks, vale a pena ressaltar que elas mesmas – como verdadeiras irmãs – nem sempre se davam bem. Havia tensões entre o trabalho de Cindy como analista, que deveria ser objetivo e imparcial, e o papel ativo e motivado das mulheres que trabalhavam para Mike Scheuer. De acordo com o espírito das operações de bastidores, as mulheres da Alec, ou algumas delas, demonstravam ferocidade e desconfiança, e consideravam as pessoas de fora, até mesmo Cindy, como não tendo necessariamente o direito de saber o que elas sabiam. As mulheres estavam conduzindo operações, coletando informações, mas também identificando líderes que queriam ver presos. Cindy achava que essas táticas eram "utilitárias". Ela temia que um líder derrubado pudesse criar um vácuo que seria preenchido por alguém pior. "Mike gostava delas porque elas simplesmente iam lá e faziam as coisas."

Cindy se dava bem com alguns dos membros da equipe, mas percebeu que Jennifer Matthews e Alfreda Bikowsky, em especial, não gostavam de ter seu pensamento desafiado. Com o passar dos anos, a irmandade se dividiu entre aquelas que eram a favor de uma abordagem agressiva para a detenção e prisão e aquelas, como Cindy, que às vezes achavam que um líder, deixado no lugar, era preferível ao caos que poderia se seguir. Quando se tratava de interromper as operações, no início tudo o que a Alec podia realmente fazer era sinalizar um terrorista para o FBI ou para uma força de ligação cooperativa, que poderia ou não agir. Mais tarde, o objetivo era mais provavelmente a prisão e a detenção. As ligações eram difíceis, assim como os debates. Cindy achava que a dupla "exagerava nas conclusões", que "não gostava muito de ouvir outras pessoas e se achava melhor do que todo mundo em termos analíticos". Algumas de suas operações lhe pareciam "imprudentes", e ela disse isso a elas. Cindy sabia que também podia ser teimosa e paranoica. A política do escritório era difícil. Havia momentos em que não ficava claro se as mulheres da Alec estavam trabalhando com ela, a favor dela ou contra ela. Cindy marcava uma viagem a Nova York para falar com o FBI, mas acabava descobrindo que a reunião havia sido cancelada.

Após os atentados de Khobar, o conselheiro de segurança nacional Sandy Berger foi à Estação Alec para se reunir com Scheuer e sua equipe. Scheuer gostava de dar às mulheres de sua equipe um papel de liderança nas instruções.

Berger então veio se encontrar com Cindy e alguns colegas na seção do CTC onde os analistas se sentavam. As mulheres da Alec também apareceram, simplesmente se materializaram e se sentaram. Cindy achou que elas "vieram para chamar a atenção".

***

Enquanto um número impressionante de jihadistas – milhares e milhares – passava por campos de treinamento na África e no sul da Ásia em meados da década de 1990, a irmandade focada em suas intenções permaneceu pequena, crescendo aos poucos. Em maio de 1996, Osama bin Laden foi expulso do Sudão, que pretendia normalizar as relações com os Estados Unidos mostrando que não estava mais dando abrigo a terroristas. No Departamento de Estado, a analista Gina Bennett suspeitava de que a saída de Bin Laden do Sudão o tornaria mais, e não menos, uma ameaça, já que era mais difícil rastrear seu paradeiro. Em um artigo publicado no boletim do INR do Departamento de Estado em 18 de julho de 1996, ela fez uma série de observações prescientes. Gina apontou que Bin Laden havia sido visto no Reino Unido, Iêmen, Somália, Afeganistão, Paquistão e Sudão, e que seus "muitos passaportes – e avião particular – permitem que ele tenha considerável liberdade para viajar com pouco medo de ser interceptado ou rastreado". Ela observou que o interesse dele em apoiar islamistas radicais "vai muito além do Oriente Médio".

Conjecturando sobre o destino provável de Bin Laden, Gina previu que ele "se sentiria à vontade para voltar ao Afeganistão", que havia se tornado "um local ainda mais desejável para os extremistas" e "talvez até um refúgio ideal". Descrevendo-o como um "líder militar cada vez mais confiante", ela ressaltou que ele e seus associados continuavam suspeitos do ataque às Torres Khobar, e que sua disposição de falar com a imprensa "sugere um homem encorajado". Gina previu que a "permanência prolongada de Bin Laden no Afeganistão – onde centenas de 'mujahidin árabes' recebem treinamento terrorista e os principais líderes extremistas se reúnem com frequência – poderia ser mais perigosa para os interesses dos Estados Unidos a longo prazo do que sua ligação de três anos com Cartum".

Muitos colegas do Departamento de Estado achavam que Gina estava indo longe demais com suas previsões. Gina, assim como Cindy Storer, era vista como alguém que estava se arriscando. Em alguns aspectos, ela refletiu mais tarde, isso era verdade. "Eu não fui influenciada por uma crença de que o terrorismo só poderia ser de uma determinada maneira. Eu era muito jovem para isso."

Para conseguir a adesão, Gina Bennett construiu um relacionamento simbiótico com Mike Scheuer. Em sua mesa no Departamento de Estado, ela usava os "pequenos detalhes" que a Estação Alec coletava para informar seus próprios escritos, que incluíam um memorando de trinta páginas recomendando respostas diplomáticas à ameaça da jihad. Scheuer pegava o trabalho publicado por Gina e o utilizava, reforçando seu argumento para os formuladores de políticas de que "essa era uma ameaça que eles realmente precisavam levar a sério". Ele dizia às pessoas que "os analistas em Washington estavam dizendo isso", quando, na verdade – ela ri – os "analistas" eram ela mesma.

Gina Bennett sentiu-se defendida por Scheuer e criou o grupo de trabalho – ao qual Cindy e Barbara Sude haviam se juntado no início da década de 1990 – para lhe dar apoio. "Eu sabia que ele teria mais munição se fosse um grupo de analistas entre agências", disse Gina. "Mesmo que fôssemos a única pessoa em cada uma de nossas organizações a dizer essas coisas, quando nos juntássemos não seria tão fácil ignorá-las." Mas a ideia de que havia uma nova ameaça, tão pouco tempo depois de a antiga ter sido vencida, "era impossível de as pessoas acreditarem".

Em 1997, o analista da CNN Peter Bergen conseguiu uma entrevista para a televisão com Osama bin Laden, indo com uma equipe de filmagem para um local não revelado, onde Bin Laden os surpreendeu, e ao mundo, ao declarar guerra aos Estados Unidos na TV a cabo. No sétimo andar da CIA, o novo diretor, George Tenet, declarou guerra a Osama bin Laden, mas não estava claro como (e se) essa guerra seria travada. Naquele mesmo ano, Gina Bennett tornou-se um membro dedicado da irmandade da CIA quando deixou o Departamento de Estado para se juntar à equipe de Mike Scheuer. Ele estava atrás dela para levar sua experiência para a Estação Alec, que havia saído de seus alojamentos suburbanos e voltado para a sede e o CTC. Enquanto isso, o centro de contraterrorismo foi transferido para uma sala sem janelas no subsolo da nova sede, onde o Sol nunca brilhava e não havia descanso, visual ou não, do fluxo de ameaças. As pessoas que trabalhavam em cubículos não conseguiam escapar do murmúrio dos colegas conversando com babás, marcando consultas médicas, organizando o transporte depois da escola.

O piso era de concreto, coberto por uma plataforma de madeira que escondia os fios elétricos e revestido por um carpete sujo.

Gina Bennett ocupou um lugar no que as pessoas chamavam de "matriz", fazendo um trabalho híbrido que era parte análise e parte operações. Sua função era publicar artigos, mas também auxiliar nas operações, escrevendo "perfis de alvos" para ajudar a localizar terroristas e prever seus movimentos. Com um pé em cada diretoria, Gina era uma pensadora e uma executora.

Quando ela chegou lá, a Estação Alec ainda estava na frustrante posição de ter que implorar às estações no exterior que fizessem perguntas às fontes. A equipe contra-atacou com seus próprios estratagemas. "Todas as pessoas com quem queríamos falar eram caracterizadas como 'tenente sênior de Bin Laden', porque era a única maneira de conseguirmos que alguém em campo dissesse: 'Tudo bem, faremos o conjunto de perguntas'", disse Gina, que achava que a composição de gênero da equipe era um dos motivos pelos quais o sétimo andar não lhes dava agentes de casos. Na opinião dela, a Estação Alec ainda sofria com a reputação de "mulheres-tênis". Os líderes seniores viam o pequeno grupo como um "remanso" com "indivíduos não bem treinados – leia-se mulheres – que haviam sido analistas". Ela imaginou o pensamento deles: "Será que realmente queremos confiar a elas a tarefa de dirigir e dizer às pessoas para fazerem isso?".

Gina, que sempre sentia frio, foi colocada em uma mesa abaixo de um dos problemáticos dutos de ventilação da nova sede, então improvisou uma tenda para desviar o ar gelado. Ela se sentou perto de Cindy, compartilhando ideias com Jennifer Matthews, admirando como as mulheres da Alec se afirmavam e se mantinham firmes. Mães de crianças pequenas, Gina e Jennifer se uniram em desafios como encontrar uma sala para amamentar. Gina gostou de Jennifer Matthews, achando-a calorosa, espirituosa, inteligente, gentil e "assumidamente ela mesma"; Jennifer falava sobre amamentação na frente dos homens da equipe de operações, "e me fez sentir que não havia problema em ser uma mulher neste negócio".

***

Gina Bennett começou a trabalhar com Jennifer Matthews para estudar os oleodutos que transportavam pessoas e suprimentos de Peshawar para o Afeganistão e para os campos de treinamento. Elas procuraram saber: Que método os terroristas usavam para se comunicar uns com os outros? Quando eles usavam rádio? Telefones via satélite? Correios? Como eles conversavam com os membros que estavam mobilizados em outros lugares? Como eles falavam com os grupos extremistas islâmicos que estavam cortejando ou que buscavam orientação de Bin Laden? Eles rastrearam os movimentos de "adesivos com a lua crescente vermelha", que são emblemas, como a cruz vermelha, usados para sinalizar um propósito humanitário. Os terroristas estavam colocando adesivos com a lua crescente vermelha em unidades de armazenamento para transportar armas.

Como a Al-Qaeda não era um governo e não tinha seu próprio ministério de comunicações ou transporte, ela precisava acessar sistemas externos. Como eles obtinham acesso? Eles contratavam pessoas? Subornavam pessoas? Ameaçavam pessoas? Que métodos usavam para desenvolver ativos? Se um tenente de Bin Laden viaja para falar com um grupo afiliado que poderia ajudar a executar uma operação em Mindanao, por exemplo, como ele chega lá? Quem cuida da viagem? Quem o busca no aeroporto? Em quais hotéis ou pousadas ele se hospeda? Onde ele come? Com que frequência ele usa essa rota? Com quem se encontra duas vezes? Três vezes? Reuniões frequentes eram fundamentais. O trabalho exigia esforço e paciência. A meta era trabalhar rápido o suficiente para estar um passo à frente, notificar as autoridades de ligação e ter uma equipe pronta quando um alvo aparecesse.

Às vezes o que eles rastreavam não eram pessoas, mas comportamentos. Procuravam indicadores de atividades. Isso poderia incluir equipamentos em movimento, pessoas convergindo, comunicações que sugerissem atividade paramilitar ou evidências de que um grupo estava fechando o lugar e se dispersando, sugerindo que algo estava acontecendo e que era hora de fechar o cerco.

O que Scheuer reuniu, na opinião de Gina, foi uma equipe com "paciência para entender uma rede" e uma dose de obsessão também: "É como um policial rastreando um serial killer por trinta anos".

O trabalho era incrivelmente difícil. As principais informações raramente chegavam no momento certo. Em um determinado momento, Gina trabalhou com a seção de rendições do centro, cujos membros estavam tentando encontrar Khalid Sheikh Mohammed, um coconspirador indiciado pelo ataque ao World Trade Center em 1993. Seu sobrinho, Ramzi Yousef, havia sido julgado como o mentor da explosão, mas ninguém acreditava que Yousef fosse o verdadeiro mentor. Suspeitando de KSM, eles esperavam levá-lo a um país que tivesse um tratado de extradição com os Estados Unidos. Gina ajudou a procurar conexões em Peshawar, mas não conseguiu encontrar nenhuma. Havia um milhão de outras coisas a serem examinadas e eles não perceberam que ele deveria ter prioridade alta. Isso porque ele ainda era um freelancer, uma espécie de empreiteiro; seu nome não constava nas listas de membros da Al-Qaeda. Mais tarde, seu maior arrependimento foi não ter continuado a tentar encontrar KSM: "Obviamente, não sabíamos quem ele era. Mas eu me pergunto, se tivéssemos sido capazes de entregá-lo, se não teria havido um 11 de Setembro, sabe?"

***

Juntas, as mulheres da Estação Alec também começaram a desafiar a cultura no que se refere à vida familiar. Ainda na década de 1980, uma analista que cometesse a temeridade de se casar era considerada chocante – e muitas vezes deixada de lado. A incompatibilidade entre o trabalho de inteligência e as responsabilidades familiares era considerada um dado adquirido para as mulheres. Em 1975, *a Parade* entrevistou várias mulheres da CIA, inclusive a inquestionável Helene Boatner; Pat Taylor, analista de contrainteligência; Jenonne Walker, assessora de William Colby; e uma chefe de ramo de Assuntos Internos Soviéticos, de 54 anos, não identificada, que conhecia a fundo tudo o que se sabia sobre o chefe do Partido Comunista, Leonid Brezhnev. O autor do artigo, Connecticut Walker, achou por bem descrever a assessora de Colby como "uma mulher atraente" e observou que nenhuma das mulheres era casada.

Ray Cline, analista da Segunda Guerra Mundial, que chegou a vice-diretor de inteligência, explicou o motivo: as mulheres em cargos de responsabilidade precisavam ser flexíveis, por isso "a maioria delas é solteira".

O casamento já era ruim o suficiente; o parto, impensável. Na década de 1980, esperava-se que as mulheres entregassem seus crachás de segurança quando entrassem em trabalho de parto. "A presunção era de que você não voltaria", disse Sue Gordon, uma estrela em ascensão na diretoria de tecnologia que teve o primeiro filho em 1984. Gordon entrou para a história ao se recusar a abrir mão de seu crachá. "Eu simplesmente disse não", lembra ela. "Não queria permitir a possibilidade de que alguém, com meu crachá em mãos, decidisse que eu não voltaria." Gordon teve seu bebê e voltou ao trabalho. Quando Barbara Sude estava grávida, em 1979, e novamente em 1984, era permitido fumar no escritório, então uma amiga colocou uma placa que dizia: crescimento fetal em andamento, proibido fumar. Certa vez, quando Barbara foi ao banheiro, um colega brincou dizendo que ela tinha voltado tão rápido que ele "não conseguiu terminar o cigarro". As novas mães que estavam amamentando sentavam-se em um boxe do banheiro para usar uma bomba manual.

À medida que a cultura mudou, isso levou a choques entre gerações. Quando a analista DeNeige Watson foi contratada, ela notou que acima dela havia "mulheres líderes muito impressionantes" que eram "ótimos modelos", mas que "nenhuma delas tinha família". Quando se casou e foi promovida, ela se lembra que sua gerente a parou no corredor e disse: "Como você ousa achar que deve ser promovida? Você fez uma escolha e se casou".

As mulheres da Estação Alec desafiaram essas restrições. Mas elas também se inclinavam para trabalhos com um cronograma um pouco mais tolerante. Outro motivo pelo qual as mulheres tendiam a se dedicar ao esforço de contraterrorismo era o fato de ele ser (marginalmente) mais favorável à família: todos trabalhavam longas horas, mas escrever relatórios sobre alvos permitia uma parada no final do dia. Outros trabalhos analíticos se estendiam até a noite, esperando a opinião de um editor do PDB. Trabalhar com contraterrorismo era angustiante, mas a maioria dos dias tinha uma conclusão mais previsível.

Ainda assim, o ritmo era implacável e ninguém estava facilitando suas vidas, então as mulheres improvisavam. Quando Gina Bennett deu à luz seu segundo filho em 1996, ela esperava tirar um ano sabático. Mas a organização sem fins lucrativos de seu marido fechou, então ele se tornou o pai que ficou em casa. Seu terceiro filho nasceu em 1998; durante um período de crise, ela amamentava em sua mesa de trabalho e depois colocava o bebê adormecido no chão para poder digitar um telegrama. "Eu estava com ela no colo, balançando as pernas para a frente e para trás e dando tapinhas nela", quando seu supervisor, um homem, apareceu e pegou o bebê para lhe dar um descanso. Ela subiu para uma reunião, depois desceu e procurou até encontrar o bebê e o chefe.

Na ausência de apoio institucional – a força de trabalho federal só teve direito a doze semanas de licença parental remunerada a partir de outubro de 2020 –, não era incomum ver uma criança em uma cadeirinha de carro no escritório. Na mesma época em que Gina estava voltando de sua terceira licença-maternidade – as mulheres podiam tirar seis semanas, usando licença médica, mas geralmente voltavam antes –, Jennifer Matthews estava prestes a dar à luz seu segundo filho. Jennifer pediu a Gina que assumisse suas atribuições enquanto ela estivesse ausente, mas o chefe de Gina não queria perdê-la, então Gina fez as duas coisas. Por mais bagunçada que fosse, Gina via vantagens em uma vida em que o "caos e as exigências" do trabalho davam lugar ao "caos e as exigências" do lar. "Quando eu chegava em casa, tinha que levar alguém para o treino de beisebol, alguém para o balé. Isso era muito importante."

Mesmo assim, a dificuldade de fazer o prédio prestar atenção era angustiante. "De 1993 em diante, foi uma série de coisas, cada vez piores."

***

No entanto, elas receberam ajuda de uma das poucas supervisoras mulheres em seu local de trabalho. Em 1996, Heidi August entrou para o CTC como chefe de operações – o cargo número três, conhecido como "policial". Heidi tinha acabado de chegar de três anos em Nova Délhi, na Índia, para mais uma vez se valer do serviço de babá, morando com uma família e levando as crianças ao telefone público. Todos os sábados ela ligava para um agente da CIA que havia sido libertado após um quarto de século na prisão, para garantir que ele recebesse a recompensa em dinheiro a que tinha direito.

A essa altura, com quase três décadas de carreira na CIA, Heidi August havia conquistado seu lugar no Serviço de Inteligência Sênior de elite – o equivalente a um almirante na Marinha –, onde as mulheres havia muito tempo eram sub-representadas. O cargo de policial era uma posição do Serviço Secreto de Inteligência, e se encaixava na missão à qual ela havia dedicado sua carreira.

Nessa época, Dewey Clarridge havia se aposentado como diretor do CTC; o novo diretor do centro, Geoff O'Connell, era um homem calmo e engraçado que Heidi respeitava e de quem gostava. Mas era impossível ignorar os problemas que afligiam o CTC, entre eles o fato de que as pessoas chegavam emprestadas de suas divisões de origem. Heidi começou a pressionar por um verdadeiro plano de carreira, para que os funcionários pudessem se dedicar ao campo, adquirir experiência e ser promovidos.

Heidi também ajudou as mulheres a alcançar a vida familiar que ela mesma não havia sido incentivada a buscar. Quando uma analista, Diana Bolsinger, a abordou para dizer que estava desistindo de um cargo no exterior porque seu namorado a havia pedido em casamento e não havia emprego no exterior para ele, Heidi – que controlava o cargo e tinha apoiado sua candidatura – conversou duramente com a jovem, alertando-a sobre as repercussões em sua carreira. Depois, após as formalidades, ela começou a sorrir calorosamente e a parabenizá-la. As repercussões acabaram sendo insignificantes. "Ela nunca mais tocou no assunto", disse Bolsinger. "Não consigo pensar em uma maneira pela qual ela poderia ter lidado melhor com a situação." Bolsinger lembra que Heidi "fez seu trabalho muito bem" e se manteve firme em um centro agitado, onde Mike Scheuer não era a única personalidade contenciosa. Scheuer e outro chefe de setor, que se concentrava nos extremistas sunitas, "brigavam como cão e gato". Heidi, segundo ela, proporcionou uma dose bem-vinda de normalidade e humanidade, resolvendo problemas em vez de criá-los.

Heidi também pressionou seus próprios chefes a expandir suas ideias sobre os tipos de pessoas que poderiam ocupar cargos importantes. Em uma conversa com O'Connell, ela ficou sabendo que o centro precisava de alguém para liderar a unidade que conduzia a vigilância durante as operações no exterior. Era um trabalho duro e árduo, essencial para a segurança dos agentes de operações que se encontravam com terroristas. A unidade estava um pouco desorganizada. Heidi sugeriu Ellie Duckett, uma agente de casos muito respeitada que havia sido preterida durante a maior parte de sua carreira e depois promovida apenas para se afastar quando desenvolveu um câncer de mama agressivo. Duckett havia se submetido a um transplante de medula óssea e estava se recuperando em casa. Heidi achou que seria bom para Ellie voltar ao escritório.

O'Connell temia que o tratamento pudesse interferir em sua capacidade de realizar o trabalho. Heidi argumentou que os problemas médicos não deveriam desqualificá-la. O'Connell concordou em se encontrar com Duckett no McLean Family Restaurant, um ponto de encontro da agência em um shopping center próximo. Heidi comeu uma salada grega e ouviu enquanto Duckett impressionava os homens com seu intelecto e seu jeito discreto. Começando em tempo parcial, ela se revelou uma líder natural, colocando ordem na unidade de vigilância e passando a chefiar a divisão de Recursos Nacionais, a rede de estações que a agência mantém nos Estados Unidos para interrogar as pessoas que retornam do exterior. Duckett impôs a regra de que metade dos centros domésticos fosse dirigida por mulheres e a outra metade por homens. Graças a Heidi, Duckett teve uma segunda chance de sucesso.

Na capacidade de Heidi de gerenciar as operações do CTC, ela também supervisionava a Estação Alec. As pessoas que trabalhavam para Mike Scheuer a lembravam muito das mulheres dos bastidores que capturaram Aldrich Ames, exceto pelo fato de serem mais francas e diretas. Heidi as observava com espanto e um pouco de alarme. "Elas tinham personalidade forte", lembrou-se. "Cada uma tentava ser mais especialista do que a outra. Eu percebia que havia muita competição, provavelmente pela atenção de Mike." Scheuer deu tanta liberdade à equipe que quase parecia que as mulheres estavam comandando seu chefe. "Eu era bastante criticado por aquelas senhoras", reconheceu Scheuer, que via isso como "para o bem da missão". Quando a Estação Alec foi transferida para o local fora do campus, o fato de estarem longe da vista e dos outros agentes e diretores da CIA deixou Heidi nervosa: ela suspeitava de que Scheuer estava pressionando o FBI e a NSA mais do que deveria para obter informações. "Mike ficava exposto", disse ela. "Ele fez muitos inimigos."

Capítulo 18
O lóbulo da orelha cortado

MCLEAN, VIRGÍNIA
1997

Na sexta-feira, 30 de maio de 1997, um ano após o início de seu mandato no CTC, Heidi estava no escritório quando seu telefone seguro tocou. Na linha estava Patricia Moynihan, uma agente de operações de 30 anos que servia como chefe da base em Karachi, Paquistão. Moynihan estava ligando para informar sobre uma entrada no consulado em Karachi. Dois visitantes: ambos homens, um deles um funcionário burocrático, que afirmava saber o paradeiro de Mir Aimal Kansi, o atirador da Rota 123.

Heidi ouviu com interesse – e ceticismo. Nos quatro anos desde que ela testemunhou seus colegas serem mortos a sangue-frio durante o trajeto matinal, inúmeros supostos informantes entraram em contato com a agência alegando saber onde Kansi estava. Isso não era surpreendente, já que o governo dos Estados Unidos estava oferecendo uma recompensa de 2 milhões de dólares por meio do programa Recompensas para a Justiça do Departamento de Estado. A caçada continuava sendo a principal preocupação da CIA, que havia montado muitas operações e atraído vários caçadores de recompensas. "Me entreguem o dinheiro que eu conto, esse tipo de coisa."

Mas a situação ficou mais intrigante quando Patricia Moynihan contou a ela. Os visitantes, que vinham da região em torno de Quetta, alegaram que tinham Kansi sob custódia e estavam preparados para entregá-lo. Heidi começou a pensar que isso realmente poderia dar em alguma coisa, mas primeiro eles tinham que ter certeza de que a pessoa em questão era realmente Mir Aimal Kansi.

Na base da CIA em Karachi, uma cidade com cerca de 9 milhões de habitantes na parte sul do país, no mar da Arábia, Patricia Moynihan já estava trabalhando nessa questão. Os visitantes podem ser grandes mentirosos, e uma coisa que um agente de casos deve fazer é separar a ficção do fato. Quando os dois homens apareceram pela primeira vez, eles alegaram que tinham Kansi "acorrentado a uma cabra" para que ele não pudesse fugir. Patricia Moynihan havia escutado – "Eu pensei, como assim, acorrentado a uma *cabra*?" – junto com Scott Jessee, um agente do FBI e ex-jogador de hóquei no gelo da faculdade, baseado em Islamabad, que por acaso estava na cidade. Moynihan, assim como Heidi, trabalhava bem com seus colegas de outras agências. Ela precisava fazê-lo; em um lugar perigoso como Karachi, o complexo era fechado e seus colegas da NSA, do FBI e do Estado eram sua vida social. Era seu aniversário, e ela e Jessee deveriam sair para comemorar em um restaurante chinês.

Mas as pessoas que chegavam tendiam a ter histórias longas e sinuosas. "Você pensava, caramba, você tem que levar todo mundo a sério", lembrou Moynihan. Na CIA, há três coisas fundamentais que podem fazer um agente de operações ser demitido: uso indevido de dinheiro, uso indevido de uma arma e tratamento inadequado de um visitante. Moynihan, que havia se formado oito anos antes na Denison University, estava em sua segunda missão no exterior. A primeira havia sido em Moscou, onde seu trabalho de cobertura era carimbar vistos no consulado, um trabalho que envolvia ser cuspido, literalmente, pelos russos; a saliva saía por pequenos orifícios no vidro. Após o colapso da União Soviética, houve muitas visitas e Moynihan adquiriu muita prática. Depois dessa missão, ela deveria ir para a Índia, e o posto de chefe de base em Karachi tinha sido uma mudança de última hora, com duas semanas de antecedência. Era uma missão difícil, e os agentes não estavam querendo aceitá-la.

Na principal estação da CIA em Islamabad, o chefe Gary Schroen sugeriu que ela informasse aos seus colegas do Departamento de Estado no consulado que estava ansiosa para receber informações sobre as visitas relacionadas a Kansi. Então Moynihan espalhou a notícia. Um funcionário do Departamento de Estado que visitava Quetta foi abordado pelos "*walk-ins*" e entrou em contato com Patricia. E agora aqui estava ela, ouvindo-os falar. A história da cabra parecia estranha – e acabou se revelando um absurdo –, mas eles tinham o que diziam ser as impressões digitais de Kansi, tiradas de seu pedido de carteira de motorista. Scott Jessee subiu as escadas, verificou algumas impressões, desceu e disse que pareciam coincidir. Moynihan não conseguia acreditar. A próxima coisa a fazer era ligar para a Estação de Islamabad; Gary Schroen estava ausente e seu assistente atendeu. Patricia falou e ele ouviu. "Isso pode ser real", ele disse a ela. Foi então que ela ligou para o centro de contraterrorismo e conseguiu falar com Heidi.

Moynihan não saiu para jantar em seu aniversário. O dia se transformou em noite. Ela trabalhou durante horas. Washington estava nove horas para trás. Heidi precisava de uma foto, e os visitantes haviam trazido uma, que Patricia tentou enviar por fax. O problema era que Karachi era uma base pequena e não tinha capacidade de transmissão de dados suficiente para enviar um fax, então ela ligou para Nova Délhi e pediu que a estação fechasse seu canal de comunicação para liberar a conexão. Nova Délhi efetivamente disse a ela que se danasse; eles não iam fechar para Karachi, dirigida por uma mulher GS-12. Então Moynihan ligou para a Estação de Islamabad, que ligou para a Estação de Nova Délhi. Ela observou sua tela enquanto o sistema de Nova Délhi caía. Agora Moynihan podia enviar uma foto por fax. O rosto na foto estava mais carnudo e mais velho.

De volta a Washington, Heidi se lembrou de estar diante de seu próprio aparelho de fax, depois de ter ligado para o agente do FBI Brad Garrett, que havia investigado a cena do crime e trabalhado no caso por quatro anos. Eles ficaram juntos olhando o fax.

Kansi, eles sabiam, tinha um corte em um dos lóbulos da orelha. O fino papel de fax começou a se desenrolar e um rosto começou a surgir: o topo da cabeça, o cabelo, a testa, o nariz. "E a coisa estava descendo e descendo, e finalmente chegamos à orelha. E, com certeza, havia um pequeno entalhe no lóbulo da orelha. E Brad disse: 'Puta que pariu'."

Quando Heidi foi falar com Dave Cohen, o chefe de operações, sua secretária disse que ele estava em reunião. "Acho que você vai querer interrompê-lo", Heidi se lembra de ter dito. Ela e seu chefe entraram no escritório de Cohen, "e eu disse: 'Ok, nós o pegamos. Nós o encontramos. Ou conhecemos alguém que pode pegá-lo'."

Cohen, segundo ela, pulou de sua cadeira e foi buscar George Tenet, que também conversou com Moynihan durante as inevitáveis negociações financeiras; os membros da tribo queriam 3,5 milhões de dólares, quase o dobro da recompensa anunciada. Tenet aceitou. Heidi recrutou seu assistente e alguns outros, que obtiveram a papelada do Departamento de Justiça e títulos ao portador para pagar os informantes. Isso levou alguns dias. Garrett embarcou em um avião acompanhado pelo assistente de Heidi. Eles foram acompanhados por policiais da Estação de Islamabad.

Em 15 de junho, pouco mais de duas semanas depois que Patricia Moynihan ligou para Heidi, Mir Aimal Kansi estava hospedado em um lugar chamado Shalimar Hotel. Às quatro horas da manhã, enquanto ele se preparava para as orações, uma equipe conjunta do FBI e da CIA, auxiliada por agentes da inteligência paquistanesa, aproximou-se silenciosamente do hotel, disfarçada com roupas largas conhecidas como shalwar kameez, com armas por baixo.

***

Enquanto a operação de captura estava em andamento, Heidi dirigiu seu Mercedes até uma mercearia judaica em Maryland da qual o diretor de operações Dave Cohen gostava, escolhendo uma variedade de frios e queijos. Ela atravessou o Potomac de volta a Langley e dirigiu-se ao Global Response Center, um centro de operações de contraterrorismo no sexto andar da sede, onde colocou as compras na mesa. Tenet, Cohen e outros agentes se juntaram a ela, reunindo-se em torno do "café". Eles sabiam que a noite poderia ser longa.

Do outro lado do mundo, a equipe de prisão havia sido informada de que a porta do hotel estaria destrancada, sem nenhum segurança. Em vez disso, ela estava trancada e um segurança os deixou entrar. Seus olhos se arregalaram quando ele os viu. Os homens subiram correndo as escadas, chutaram a porta, lutaram com um Mir Aimal Kansi assustado no chão e o algemaram. O rádio que Heidi e os outros estavam ouvindo atentamente ganhou vida com a frase de código "Red Zulu!". As pessoas começaram a se cumprimentar e a se dar tapas nas costas. Tenet acendeu um "charuto da vitória", deixando cair tantas cinzas que um pedaço emoldurado do carpete queimado foi posteriormente pendurado na sala.

Vários dias depois, Heidi foi ao aeroporto de Dulles, onde ela, Tenet e outras pessoas se reuniram em um prédio no fim da pista de decolagem. O avião que transportava Kansi desceu, deslizou pela pista e parou, perto o suficiente para que eles pudessem ver a porta quando ela se abriu. "Brad desceu com um cara algemado", disse Heidi, "e nós nos cumprimentamos e fizemos uma festa." Ao redor da sede, cartazes de "procurado" com o rosto de Kansi ainda estavam pendurados. Durante a noite, o grupo fez a gráfica imprimir faixas que diziam "Capturado". Eles colaram as faixas nos pôsteres. Quando a força de trabalho chegou na manhã seguinte, a reação foi de êxtase. Tenet convidou o FBI para uma cerimônia comemorativa que terminou com a música *Born in the USA*, de Bruce Springsteen. Heidi achava que a operação não teria sido bem-sucedida sem a habilidade de Patricia Moynihan em lidar com as coisas, trabalhando de forma integrada e produtiva com o FBI e o Estado. Quando Moynihan e Scott Jessee escreviam telegramas para suas respectivas sedes, eles trabalhavam lado a lado para que não houvesse nenhuma luz entre eles.

Mir Aimal Kansi foi executado na prisão de Jarratt, Virgínia, em 14 de novembro de 2002. A pena capital não era a conclusão preferida de Heidi. O FBI viu o tiroteio como um crime; ela o viu como terrorismo. Se ele estava trabalhando com confederados, disse ela, "nunca saberemos".

***

A comemoração durou pouco. Embora um único assassino tivesse sido levado à justiça, milhares de outros estavam se acumulando. Durante todo o ano de 1998, as antenas analíticas de Cindy Storer estavam tremendo com a possibilidade de outro ataque. Na primavera daquele ano, Osama bin Laden publicou uma fatwa[27] em um jornal árabe de Londres, anunciando que "matar americanos e seus aliados – civis e militares – é um dever individual de todo muçulmano". A Estação Alec observou em um relatório interno que essa era "a primeira decisão religiosa que santificava tais ataques" e alertou que, mais cedo ou mais tarde, ele "atacaria os interesses americanos".

Nos dois anos anteriores, Cindy observou a formação de complôs em todo o mundo, alguns fomentados pela Al-Qaeda e outros pelo que eles suspeitavam serem grupos aliados. Uma célula em Manila arquitetou um plano para derrubar doze aviões americanos sobre o oceano Pacífico; outra para atacar o papa; outra para lançar um avião contra a sede da CIA. Esses planos fracassaram, mas foram profundamente perturbadores. Cindy percebia que certas figuras importantes – Bin Laden, Khalid Sheikh Mohammed e Ramzi Yousef – estavam todas ligadas, mas ainda não entendia como. Em 1996, um membro sênior da organização de Bin Laden foi morto em um acidente de balsa na África, então eles sabiam que deveria haver uma célula naquela região.

Agora os terroristas estavam enviando os tipos de sinais que precisavam enviar antes de montar outro ataque, usando uma retórica religiosa específica que Cindy reconheceu.

No final do verão de 1998, Cindy escreveu um memorando argumentando que a organização de Bin Laden havia treinado vários atentados com carros-bomba e tinha um padrão de realizar ataques simultâneos. Mais uma vez, ela não conseguiu obter sucesso. Em sua frustração prolongada, Cindy decidiu mudar para um projeto relacionado que envolvia um país do Oriente Médio. Conversando com Barbara Sude, ela sugeriu que Barbara assumisse seu lugar como analista de Bin Laden. Barbara havia se juntado ao centro de contraterrorismo no ano anterior, trabalhando no Hezbollah.

Barbara disse que iria pensar no assunto.

***

---

27 Fatwa é uma palavra árabe que significa "opinião" e consiste em um pronunciamento ou parecer publicado por um especialista em leis ou em religião (N. E.).

Na sexta-feira, 7 de agosto de 1998, Barbara Sude dirigiu até Charlottesville, para buscar seu filho no acampamento da Universidade da Virgínia. Seu marido estava abastecendo o carro e ouvindo o rádio. Ele ligou para dizer que haviam acabado de ocorrer grandes explosões em duas embaixadas dos Estados Unidos na África Oriental. Em Dar es Salaam, na Tanzânia, uma caminhonete branca dirigiu-se à embaixada e tentou entrar em uma área fechada no momento em que um grande caminhão-tanque estava saindo. Um passageiro saiu para exigir a entrada. A caminhonete explodiu. O caminhão de água absorveu grande parte da explosão, mas um guarda foi morto e os solicitantes de visto que aguardavam foram mortos ou gravemente feridos. Dez minutos depois, uma bomba explodiu perto da embaixada americana em Nairóbi, no Quênia, em uma área urbana congestionada, onde motoristas, pedestres e vendedores ambulantes foram atingidos por concreto, metal e vidro. Dentro da embaixada, a maioria dos funcionários americanos estava em uma reunião do outro lado do edifício, portanto foram os funcionários da embaixada africana que sofreram o impacto das explosões. As bombas mataram 224 pessoas, incluindo uma dúzia de americanos, e feriram mais de 5 mil, a maioria queniana.

"Acho que agora estou trabalhando em Bin Laden", disse Barbara Sude ao seu chefe quando chegou ao trabalho na segunda-feira. Seu chefe olhou para ela como se não entendesse por que ela havia dito aquilo.

***

Sem dúvida, a sabedoria convencional da CIA ainda apontava para outros possíveis autores, ou seja, um grupo estabelecido como o Hezbollah. Essa foi a suposição de Gary Berntsen, um agente de casos da CIA destacado para a unidade focada no braço terrorista do Hezbollah, que viajou para a Tanzânia a fim de rastrear os autores dos atentados à embaixada. Com ele estava uma das mulheres da Estação Alec, a quem ele se refere pelo pseudônimo Donna em seu livro *Jawbreaker*. Ao se reunir com um contato da polícia africana, Berntsen pediu uma lista de suspeitos de terrorismo na região. Presumindo que o Hezbollah estivesse por trás dos atentados gêmeos – quem mais poderia ser capaz de um esforço tão bem planejado e concertado?

Donna abriu os olhos dele para outra possibilidade. "Digamos que não seja o Hezbollah", sugeriu ela. "Digamos que estejamos olhando para extremistas sunitas como Osama bin Laden." Ela explicou que a Al-Qaeda estava usando ONGs – instituições de caridade criadas para construir hospitais e alimentar crianças – para "transferir dinheiro, construir e transportar bombas e movimentar pessoal", e sugeriu que ele pedisse listas de ONGs. Com certeza, quando um secretário pessoal de Bin Laden, Wadih El Hage, foi preso alguns dias depois, descobriu-se que ele havia planejado os atentados sob a cobertura de uma ONG chamada Help Africa People. Mohammed Sadiq Odeh, um dos autores do atentado em Nairóbi, foi imediatamente preso em Karachi por usar um passaporte falso; de volta ao Quênia, ele compartilhou "tudo o que sabia sobre Osama bin Laden e a Al-Qaeda".

Os ataques à embaixada foram conclusivamente ligados à Al-Qaeda. Berntsen percebeu que Donna, da Estação Alec, "estava correta". Para ele, essa foi uma revelação "profunda", pois colocou Bin Laden na companhia do Hezbollah em termos de capacidade de realizar "atentados a bomba em larga escala contra alvos americanos". Em poucas semanas, dois criminosos foram levados aos Estados Unidos e posteriormente condenados, em 2001. Outros se seguiram. Em novembro, Bin Laden e vários membros de sua rede foram citados em uma acusação. Também foi indiciado um terrorista chamado Ayman Al-Zawahiri. Quando Cindy Storer escreveu um artigo para o PDB, ela foi autorizada – pela primeira vez – a usar o termo "Al-Qaeda". Demorou cinco anos para isso acontecer.

"Ninguém estava levando o assunto a sério até os atentados na África e, mesmo assim, era difícil de ser aprovado", disse Barbara Sude. Cindy, ela observou, foi a primeira a tentar juntar as coisas, com seu artigo que nunca foi publicado, e mesmo agora Barbara se deparou com alguns dos mesmos problemas. Em 1999, Barbara foi convidada a contribuir com um item para um compêndio anual não classificado de padrões de terrorismo global, publicado pelo Departamento de Estado para a comunidade governamental em geral. Barbara queria escrever um item que apresentasse

Bin Laden como um "grande líder terrorista dessa grande organização terrorista", mas seu gerente sugeriu que ela estava fazendo de Bin Laden um figurão demais. Na agência, os recursos não haviam sido transferidos, e ela sentiu que seu gerente estava sobrecarregado. "É tudo uma questão de quem fica com o dinheiro", lembrou Barbara, ponderando que isso é especulação, é claro, mas "especulação baseada na história da burocracia".

***

Quando Barbara Sude se estabeleceu como a nova analista de Bin Laden, ela percebeu que o centro de contraterrorismo ainda tinha poucos recursos e pouca prioridade, apesar do crescente escopo e ferocidade dos ataques no exterior. Os agentes de casos ainda o viam como um lugar secundário. Dentro de Washington, os atentados gêmeos na África desencadearam uma nova compreensão da ameaça que os Estados Unidos estavam enfrentando e uma onda de discordância sobre como reagir. Apesar de toda a impressão pública de que a CIA podia fazer o que quisesse, onde quisesse, a verdade era que a agência estava legalmente limitada por uma lei que proibia assassinatos no exterior. Então, o que poderia ser feito com relação a Osama bin Laden a não ser matá-lo deliberadamente?

O gênero foi considerado nesse dilema, de uma forma complexa que refletia a relação problemática do Presidente Bill Clinton com as mulheres. Quando Clinton assumiu o cargo em 1993, uma de suas metas mais divulgadas era nomear a primeira procuradora-geral. Embora bem-vindos para muitos, os esforços de Clinton para promover as mulheres tinham o sabor de um pecador medieval comprando indulgências da Igreja Católica, pois seu chamado feminismo também visava persuadir grupos de mulheres a ignorar infidelidades conjugais em série. A escolha da procuradora-geral acabou sendo mais difícil do que o esperado. Sua primeira indicada, Zoë Baird, foi desqualificada por ter empregado imigrantes ilegais, como babá e motorista, e não ter pago os impostos da Previdência Social. A segunda escolhida, Kimba Wood, também havia empregado uma estrangeira ilegal como babá. Clinton escolheu Janet Reno, uma ex-procuradora-geral do estado da Flórida que tinha a vantagem (nesse caso) de não ser casada e não ter filhos. Reno tinha um metro e oitenta, cabelo curto e era muito objetiva em relação à moda; ela usava vestidos azuis quase idênticos encomendados do mesmo catálogo. Naturalmente, era ridicularizada pelos quadrinhos noturnos, cujas brincadeiras eram tingidas de especulações sobre a possibilidade de ela ser, sabe, lésbica. O ator Will Ferrell interpretou Reno no *Saturday Night Live;* o comediante Jay Leno brincou com o fato de Reno ter de escolher entre "boxers ou cuecas". Quando um membro do Congresso se referiu a ela como "General" Reno, ela o informou afavelmente que "general", no título "attorney general", funcionava como um adjetivo, não como um substantivo.

Um dos primeiros desafios que Reno enfrentou foi uma seita religiosa, os Branch Davidians, escondidos em um bunker em Waco, no Texas, sob a liderança de um louco chamado David Koresh. Koresh se declarava um messias e as crianças nascidas dele eram sagradas. Ele se "casou" com várias mulheres de sua congregação, teve mais de uma dúzia de filhos com diferentes mulheres e acumulou um estoque de armas ilegais. No final de fevereiro de 1993, o mesmo mês do primeiro ataque ao WTC, o Escritório de Álcool, Tabaco e Armas de Fogo cumpriu mandados de prisão no complexo. Seguiu-se um impasse epicamente fracassado de 51 dias, no qual o FBI tentou de tudo, desde música alta até tanques Abrams, para fazer os membros do culto saírem. Quase novecentos agentes da lei se juntaram ao cerco. Em 19 de abril, o FBI invadiu o complexo; houve um incêndio, os membros do culto ficaram presos e 76 pessoas, inclusive crianças, morreram.

Com o incidente de Waco fresco em sua mente, Janet Reno abordava cada operação envolvendo Bin Laden com uma pergunta: quantas mulheres e crianças estão em risco?

A resposta geralmente era: (1) muitos, mas (2) eles não sabiam exatamente quantos. Bin Laden – um polígamo como Koresh – garantiu sua própria segurança cercando-se de uma falange de esposas e dos filhos que elas geraram para ele. O problema surgiu várias vezes, quando a Estação Alec apresentou planos para prender Bin Laden. Na opinião de Scheuer, a mudança de Bin Laden para o Afeganistão foi uma "dádiva divina", pois a CIA pôde despertar velhas redes de seus dias na guerra do Afeganistão.

Eles tinham ativos e conheciam o terreno. No final de 1997 e início de 1998, a Estação Alec elaborou um plano para capturar Bin Laden e levá-lo aos Estados Unidos para ser julgado. O paradeiro de Bin Laden não era mais conhecido, mas não era impossível encontrá-lo. Os ativos de grupos étnicos afegãos forneceram o que Tenet chamou de "alguns dados de rastreamento muito bons", revelando que Bin Laden estava morando em um complexo chamado Tarnak Farms, de onde se deslocava para a cidade de Kandahar, a 30 quilômetros, para fazer negócios.

A Estação Alec elaborou um plano para que os membros da tribo entrassem no complexo e dominassem os guardas. Eles capturariam Bin Laden, o enrolariam em um tapete e o esconderiam até que os Estados Unidos pudessem exfiltrá-lo para ser julgado. A agência realizou quatro ensaios no final de 1997 e início de 1998. "Nenhum plano de captura anterior ao 11 de Setembro atingiu o mesmo nível de detalhes e preparação", como o Relatório da Comissão do 11 de Setembro apontaria mais tarde.

Mas os funcionários da CIA achavam que as chances de sucesso eram baixas. O sétimo andar temia que isso se parecesse demais com os antigos assassinatos da CIA. Sandy Berger temia que Bin Laden pudesse ser absolvido. Janet Reno se preocupava com as esposas e os filhos. Heidi August se sentia assistindo a uma partida de pingue-pongue entre Mike Scheuer e Geoff O'Connell e o FBI e Janet Reno. No final, Tenet aceitou a opinião dos agentes superiores que achavam que "as chances de matar mulheres e crianças inocentes eram muito altas".

A equipe da Alec não conseguiu perdoá-lo. Após o atentado contra a embaixada em 1998, Tenet visitou a Estação Alec, onde uma das integrantes se aproximou dele e, "tremendo de emoção, me confrontou sobre minha decisão em relação à Tarnak Farms. 'Se você tivesse permitido que continuássemos com nossa operação', disse ela, 'aquelas pessoas ainda poderiam estar vivas'". Tenet, em seu livro de memórias, disse que foi um "momento difícil" e que "é claro que tive dúvidas", mas que, "dada a emoção do momento, deixei a analista desabafar e simplesmente me afastei".

Quando o livro de memórias de Tenet foi publicado, muitas funcionárias da CIA notaram a frase "tremendo de emoção" e se ressentiram da implicação de que as mulheres da equipe eram emotivas e fracas. Se alguém era fraco, na opinião das mulheres da Alec, eram as pessoas do alto escalão, que pareciam achar "impossível compreender, avaliar a gravidade disso", disse Alfreda Bikowsky, que achava que as autoridades dos Estados Unidos continuavam esperando que "algum outro país fizesse alguma coisa". Em sua opinião, os altos funcionários persistiam em descartar as declarações de Bin Laden como propaganda; eles pareciam não estar acostumados com um líder que não enganava e nem escondia suas intenções. Ao contrário, ele estava deixando suas intenções muito claras. "Foi estranho", pensa ela, "sermos americanos e ouvirmos um líder dizer o que ele quer dizer e como ele quer dizer", disse ela. "Acho que eles não acreditaram." Em resposta aos ataques à embaixada em 1998, o governo Clinton ordenou ataques com mísseis a um campo de treinamento em Khost, no Afeganistão, e a uma indústria farmacêutica em Cartum, suspeita de produzir gás asfixiante. Pessoas morreram, mas Bin Laden não estava entre elas.

***

As mulheres operacionais da Estação Alec continuaram procurando oportunidades. "Vocês vão ficar sem emprego porque nós vamos pegá-lo", disse uma delas a Barbara Sude. (Barbara considerava as mulheres operacionais da Alec "duras na queda".) No fim de 1998, a Estação Alec propôs um ataque com mísseis a uma casa em Kandahar onde Bin Laden estava hospedado. Mas o governo relutou em realizar ataques aéreos. Os problemas pessoais do presidente continuaram a influenciar os acontecimentos: durante todo o ano de 1998 ocorreu o sórdido escândalo sexual em que o mundo ficou sabendo que Clinton havia iniciado um caso no início de 1995 com a estagiária da Casa Branca Monica Lewinsky. Colunistas de jornais conjecturaram que Clinton poderia recorrer ao cenário descrito em *Mera coincidência*, um filme de 1997 no qual um presidente inicia um ataque militar para desviar o foco de problemas particulares. Essa consideração pode ou não ter sido levada em conta em qualquer decisão, mas, de qualquer forma, as autoridades seniores descartaram o ataque, e Scheuer ficou "tão chateado que não conseguiu dormir".

No início de 1999, a Estação Alec tinha evidências de que Bin Laden estaria em um campo de caça perto de Kandahar em 11 de fevereiro. No entanto, como as autoridades dos Emirados Árabes Unidos estavam por perto, o governo vacilou. Em 12 de fevereiro, ele havia desaparecido. Mais tarde, Scheuer estimou que as mulheres da Alec haviam dado ao governo dos Estados Unidos dez chances de capturar ou matar Bin Laden. Richard Clarke discordou, dizendo que a Estação Alec "nunca penetrou na Al--Qaeda" e não podia fornecer informações precisas. Scheuer e Clarke culparam Tenet, que escreveu que a agência não estava no negócio de assassinatos; outros culparam o Pentágono.

O agente de operações Gary Berntsen encontrou Mike Scheuer e notou seu claro desgosto por não ter conseguido bombardear o campo de caça. Eles comentaram que o Presidente Clinton era avesso a ações militares e que George Tenet tinha a mesma opinião. "Foi um período frustrante", disse Berntsen. No quartel-general, começou-se a conversar sobre a possibilidade de mudar a abordagem – interrupção, prisões e renderização – para algo mais agressivo.

***

Barbara Sude começou a trabalhar com os arquivos que Cindy Storer havia deixado quando saiu do escritório de Bin Laden. Barbara montou um esquema dos principais líderes da Al-Qaeda e tentou preencher as lacunas. Ainda havia muito que os analistas não sabiam: quem era o número dois de Bin Laden? O terrorista Ayman al-Zawahiri dirigia um grupo chamado Jihad Islâmica Egípcia, mas eles não sabiam se, ou como, seu grupo estava ligado à Al-Qaeda. Cada prisão produzia mais documentos, mais transcrições. Fatos nebulosos se tornavam concretos – mas nem sempre os fatos de que eles precisavam, e nem sempre no momento certo. As informações que chegavam também incluíam informações falsas.

O volume era enorme, mas a unidade analítica do centro de contraterrorismo era minúscula. Ela consistia em apenas trinta – sim, trinta – analistas escrevendo sobre todos os terroristas, em todos os lugares. A unidade focada em Bin Laden e na Al-Qaeda tinha dois analistas dedicados que escreviam o PDB e artigos mais longos. Eram Barbara e um colega, com a ajuda de Gina Bennett. Todos os dias, quando Barbara chegava ao trabalho, havia quinhentos novos e-mails, seiscentas novas mensagens e mil mensagens remanescentes do dia anterior. Quando ela estava escrevendo um PDB – e geralmente estava – não tinha chance de ler nada além das mensagens que a ajudavam a atualizar o item. Ao examinar sua caixa de entrada, Barbara poderia notar um novo item – "Nossa, isso parece assustador" – e nunca ter a chance de olhar para ele novamente.

O software do CTC travava rotineiramente e eles não tinham uma boa maneira de arquivar as coisas eletronicamente. Ela colocava os e-mails importantes em uma pasta especial, mas sempre recebia mensagens internas dizendo que o armazenamento era limitado e que as caixas de entrada deveriam ser reduzidas. Barbara começou a imprimir cópias de documentos importantes; ela era motivo de piada no escritório, com grandes pilhas em sua pequena mesa. Barbara trabalhou meticulosamente em organograma para representar a hierarquia da Al-Qaeda, mas o gráfico não se parecia com nada que os gerentes estivessem acostumados a ver, e ela não conseguia despertar interesse. Ela o guardou e, quando novas pessoas chegavam – especialistas, por exemplo, que lidavam com personalidades –, mostrava a eles: *Aqui está uma cópia do meu gráfico e das minhas fontes. Então, vá em frente e use-o.*

O problema era óbvio para Susan Hasler, uma chefe de setor que chegou no verão do ano 2000 para supervisionar a publicação do trabalho de todos os analistas de todo o CTC. Hasler era uma mulher ácida, divertida e irônica que cresceu em uma comunidade conservadora, dominada pelos menonitas, no Vale Shenandoah, na Virgínia, onde, sob a influência de Bella Abzug e Simone de Beauvoir, concebeu ambições fora de sincronia com a cultura. Ela era uma das melhores alunas de uma escola pública onde era evidente que os meninos levariam os melhores prêmios e conseguiriam os melhores empregos. Seus colegas de escola achavam hilário se referir à "liberdade das mulheres" como "lábia feminina".

Assim como Gina Bennett, Susan Hasler foi vítima de abuso sexual. Quando menina, ela foi molestada por um pregador que ia à sua casa quando seus pais não estavam. Na falta de alguém a quem recorrer – sua mãe não a havia alertado nem mesmo sobre a menstruação –, ela decidiu, como disse, não permitir que homens lhe ensinassem nada. Durante grande parte de sua carreira na agência, Hasler trabalhou no Escritório de Análise Soviética, onde o volume de material era menor mesmo durante as crises. Por ocasião do golpe que instalou Boris Yeltsin, ela recebia talvez algumas centenas de itens em sua caixa de entrada por dia.

Com o terrorismo, poderia chegar a alguns milhares.

Hasler também percebeu que os analistas da empresa não só estavam sobrecarregados como também eram desrespeitados. No sétimo andar, eles eram vistos como "uma cultura de pessoas que rastreavam coisas". No entanto, ela percebeu que nada poderia estar mais longe da verdade. Cindy, Gina e Barbara a impressionaram enormemente. Imersos em um tipo totalmente novo de fluxo de dados, os analistas, e não os gerentes, eram as pessoas que estavam inovando um "tipo de análise totalmente diferente". Susan havia trabalhado em todos os cantos do prédio, e o CTC "dependia da colaboração mais do que qualquer outro lugar". Havia uma massa de informações. Todos viam uma parte diferente. "Se o analista A vê uma parte e o analista B vê a outra, isso não tem sentido, a menos que B saiba o que A precisa saber." Ela percebeu que, para o terrorismo, são necessários grandes bancos de dados e informações que possam ser descobertas por outras pessoas.

O sétimo andar não entendia o quanto os analistas do centro eram capazes, muitas vezes com muito mais conhecimento do que os gerentes de nível médio diretamente acima deles. Prevalecia "uma atitude de que os gerentes sabiam o que era melhor", refletiu Susan Hasler mais tarde. No cofre do subsolo, disse ela, o que os analistas encontravam todos os dias era "apenas estresse e uma sala cinza".

Com poucas pessoas no topo para cuidar delas, as mulheres cuidavam umas das outras. Gina Bennett admirava Barbara Sude, vendo sua cautela intelectual como um valioso corretivo. "Ela é muito acadêmica, muito rigorosa, muito objetiva", disse Gina. "Ela sempre foi assim – nunca foi propensa a exageros ou hipérboles. Se alguém diz 'sempre', ela diz: 'Vamos ter cuidado, não é sempre'." Barbara tinha uma memória enciclopédica e uma abordagem hiper-racional. "Quando se trata da técnica do que fazemos, mantendo a objetividade e removendo a emoção e o preconceito, ela era extremamente boa nisso."

A capacidade de Gina de se dissociar, devido ao seu próprio trauma de infância, permitiu que adotasse uma abordagem filosófica em relação à incapacidade dos formuladores de políticas de reagir de forma coerente. Ela entendia que o povo americano ficou aliviado com a retirada da ameaça nuclear e demorou a reconhecer uma nova ameaça. "Essa é a desvantagem de ser um analista decente. Qualquer um pode ser um analista. É difícil ser um analista decente. Se você é um analista decente, é capaz de prever coisas que vão acontecer. E as pessoas não acreditam nelas. É preciso esperar dez anos."

***

Um dia, enquanto os Estados Unidos antecipavam a aproximação de um novo milênio, o conselheiro-geral da CIA, John Rizzo, viu-se em um corredor conversando com o novo chefe do serviço clandestino. Enquanto George Tenet se esforçava para revigorar uma agência que estava um tanto quanto debilitada, ele trouxe da aposentadoria um ex-fuzileiro naval de queixo quadrado e formado em Harvard chamado Jack Downing para dirigir as operações. Conversando com Rizzo, Downing estava fofocando sobre Mike Scheuer. "Não acredito que é esse cara, Scheuer, que acabou de contratar – as únicas pessoas que trabalham para ele são garotas", disse Downing. Foi um momento pequeno, mas significativo o suficiente para que Rizzo nunca esquecesse o termo que o diretor de operações usou sobre as mulheres do Estação Alec. "Lembro-me dele dizendo 'garotas'", lembrou Rizzo em uma entrevista para este livro, antes de sua morte em 2021. "Ele queria, sabe, se livrar de Mike e colocar alguns... colocar alguns caras durões lá dentro."

Agora, muito se falava, nos corredores, sobre quem tinha *coragem* e quem não tinha. "Eu estava pedindo a Tenet que conseguisse alguém para dirigir o CTC que tivesse coragem", disse mais tarde Richard Clarke, do NSC, a um repórter. Em 1999, para mudar a situação, Tenet também nomeou um novo diretor do centro de contraterrorismo: Cofer Black, um agente de operações que havia feito seu nome com a captura do assassino Carlos, o Chacal. "As pessoas diziam que ele tinha 'bolas de bronze' e que passava muito tempo falando sobre 'sacos de cadáveres'", disse Richard Clarke, descrevendo a conversa de corredor em torno de Cofer Black. Tenet disse que não conhecia Black pessoalmente, "mas, segundo todos os relatos, ele tem *cojones*". Sob sua liderança, a abordagem seria mais voltada para o futuro, o que implicaria ir ao Afeganistão e trabalhar com Ahmad Massoud, o chefe da Aliança do Norte – a principal oposição ao Talibã –, para capturar Bin Laden.

Mike Scheuer foi deposto e exilado em um cargo vago, trabalhando na biblioteca da CIA. Em seu lugar, Tenet designou um agente de operações veterano, Rich Blee, para chefiar a Estação Alec. Quando lhe pediram para descrever Blee, uma agente de operações pensou um pouco e disse: "Bem, ele era normal". Scheuer refletiu, com raiva, que ele era vítima do que equivalia à discriminação de gênero: "Vamos nos livrar dessa gente e dessas mulheres da Diretoria de Inteligência".

***

As mulheres da Alec também ficaram furiosas com a defenestração de seu chefe, mas elas mesmas sobreviveram. Elas mantiveram seus empregos e – em um ambiente em que os órgãos genitais agora ocupavam tanto espaço nas conversas – sua conduta. Foi nessa época que Alfreda Bikowsky entrou formalmente para a unidade como chefe de operações, e o resultado, a princípio, foi um pequeno impasse interno; Jennifer Matthews "veio direto para a minha mesa", lembrou Bikowsky mais tarde, e disse que tinha uma pergunta: "Você vai ficar com todos os meus casos?". Feliz por alguém – qualquer pessoa – ter vindo cumprimentá-la, Bikowsky respondeu que não planejava fazê-lo, ao que Matthews, que era conhecida como um buldogue, "riu e disse: 'Tudo bem, tudo bem, só estou dando o tom aqui'". As duas mulheres se tornaram próximas e Bikowsky achava sua amiga "refrescantemente franca". Mas as pessoas de fora, especialmente as mulheres, nem sempre eram bem recebidas: em 1999, uma agente de primeira viagem que permaneceu disfarçada – vou chamá-la de "Mallory" – fez uma visita de cortesia à Estação Alec antes de sua missão no exterior, em Peshawar. Mallory ficou surpresa quando Bikowsky e Matthews se mostraram "extremamente maldosas". Seus modos pareciam contraproducentes, já que Mallory, no exterior, poderia coletar informações em nome delas.

Junto a ela na chamada de cortesia estava outro novato, um agente de casos do sexo masculino a caminho de Islamabad. "Elas foram supersimpáticas com ele e depois extremamente rudes e condescendentes comigo", lembrou Mallory. "Até mesmo o agente de casos, quando saímos, disse: 'O que foi aquilo?'. E eu disse: 'Não sei'."

Pensando nisso mais tarde, ela sentiu que entendia por que elas agiam como agiam. "Ninguém se importava com a Al-Qaeda naquela época. E elas eram mulheres e, sinceramente, as mulheres eram tratadas como lixo." Além disso, Mallory tinha uma credencial – treinamento operacional completo – que as mulheres da Alec não tinham. Sempre havia tensão entre as pessoas que frequentavam a Fazenda e as que não frequentavam. Mesmo assim. "Eu dizia: 'Olha, moça, você nunca fez isso. Por que está sendo uma cretina comigo?'"

A belicosidade delas também se manifestava nas comunicações por escrito. Em Peshawar, Mallory notou que, sempre que um agente de relatórios mudava alguma frase ao transmitir uma solicitação da Estação Alec, as mulheres "ficavam muito bravas com isso". Elas diziam: "Como você se atreve?". Ela achava que a irritação delas se devia, em parte, às antigas guerras territoriais da CIA. "Elas eram ressentidas com o Oriente Próximo, porque nós éramos donos da Terra. Elas eram donas do alvo."

***

Assim como Heidi August e Lisa Harper antes dela, Mallory descobriu que o fato de ser mulher muitas vezes funcionava a seu favor. Muitos homens árabes não tinham passado muito tempo com mulheres fora de casa e sentiam curiosidade em conhecê-la. "Eles nunca acham que você é uma ameaça. Eles olham para nós como olham para suas próprias mulheres, certo? Então, eles olham para nós como se dissessem: o que ela poderia saber? E, se souber, o que vai fazer com isso?" Depois de um primeiro encontro, ela descobriu que "era extremamente fácil para mim conseguir um segundo encontro", ou seja, uma próxima reunião com um ativo em potencial. Ela e suas colegas chamavam isso de "namoro operacional", comportando-se como uma mulher nos estágios iniciais de um namoro cor-de-rosa. "Somos como a namorada perfeita", disse ela. "Fantasia de futebol, que incrível! Nós ouvimos tudo. Nunca deixamos a loucura sair."

Nas viagens de avião, ela se preparava lendo tabloides. Algumas das pessoas com quem ela lidava eram reis; outras eram conselheiros de segurança nacional; todos gostavam de ouvir falar de Jennifer Aniston ou Michael Jackson. Ela tentava adotar uma abordagem leve para o aliciamento. "Quando você trata isso como uma fofoca, as pessoas não acham que estão traindo seu país. Você só está conversando, e todo mundo sabe que fofocar é meio errado, mas é incrível."

Mas a atmosfera era sinistra e, às vezes, aterrorizante. Dirigindo pelo Paquistão em 1999, Mallory via soldados do Talibã nas esquinas, usando as saias curtas que os marcavam como salafistas, como jihadistas. O Talibã era implacável; levava seus inimigos para o deserto, em caixotes, e os deixava para assar vivos. Mallory pressentiu a ameaça crescente de um ataque da Al-Qaeda. "Estávamos coletando informações o tempo todo sobre o desejo e a preparação deles", disse ela. "Sabíamos que eles eram um perigo. Acho que eu não sabia que era iminente, porque você acaba se acostumando com isso. Você está no meio de uma ameaça todos os dias durante dois anos. E não consegue ficar nesse nível elevado o tempo todo". O trabalho era tão árduo que "você não percebe o quanto está estressado até sair de lá. Toda vez que eu saía de folga ou tirava férias, ficava extremamente doente".

Ela também gostaria que o governo Clinton tivesse sido mais agressivo em sua abordagem a Bin Laden. "Tivemos todo tipo de oportunidade para eliminá-lo."

Capítulo 19

"Tenho um alvo em minhas costas"

Rockville, Maryland
Verão do ano 2000

O primeiro pensamento de Lisa Manfull Harper quando Richard Blee ligou e pediu para se encontrar com ela – e depois se materializou na porta de sua casa, com 1,85 metro de altura, enchendo a sala de estar com sua presença – foi que ele havia aparecido para seduzi-la. Mas não, de forma alguma. Blee tinha vindo em busca de sua ajuda. Lisa, intrigada, sentou-se e ficou ouvindo.

Depois de deixar o cargo de primeira chefe de divisão mulher na história da CIA, Lisa Harper passou um ano inteiro seguindo o regime de seu médico para reparar os danos causados pela lesão cerebral que a derrubou. Foi a primeira vez em trinta anos de carreira que Lisa diminuiu o ritmo para cuidar de seu próprio bem-estar. No verão do ano 2000, ela estava recuperada, mas não mais em uma carreira. Agora, com cinquenta e poucos anos, ela morava em Rockville, em Maryland, tentando decidir o que fazer com o resto de sua vida.

O ex-marido de Lisa já havia se casado novamente. Ele tinha tido filhos e às vezes lhe enviava fotos. Folhear as fotos da família dele deixava Lisa um pouco triste – ele não queria ter filhos quando se casaram e, quando começaram a tentar, já era tarde demais –, mas ela ficava feliz em ver crianças tão bonitas. Ele era um homem brilhante e bonito, e ela se perguntava como teria sido sua vida se ele tivesse se casado com uma mulher diferente desde o início. À medida que Lisa crescia em seus próprios dons, ele costumava perguntar: "Onde está a menina doce com quem me casei?".

Lisa lamentou ter sido obrigada a se aposentar da CIA, especialmente em um cargo tão alto. Ela disse a si mesma que havia lutado o bom combate. No entanto, ela ainda tinha alguns anos antes de se qualificar para uma aposentadoria integral, por isso se certificou para dar aulas em uma instalação de treinamento da CIA não muito distante. No entanto, quando fez um tour por lá, sentiu o mesmo "lixo sexista" de sempre. Os homens que tornaram sua vida profissional tão difícil agora estavam se aposentando e, como ela, voltando como anistiados – aposentados por contrato. Muitos empregos de aposentados envolviam tarefas como papelada e divulgação de dados, ao passo que lecionar era divertido e pagava bem. Ela ouviu tantos comentários murmurados que pensou: "Não posso fazer isso. Os "caras" realmente não me querem aqui". Ela foi abordada por uma empresa privada – o tipo de empreiteira lucrativa do governo onde muitos agentes de inteligência aposentados acabam. O CEO a chamou de "oportunista", como se isso fosse elogio. Ele buscava a capacidade de Lisa de identificar alvos e atraí-los. A abordagem dele a desanimou, então ela procurou uma maneira de empregar seus talentos.

Ela ficou surpresa quando o telefone tocou naquele verão. Do outro lado estava Blee, um agente de operações que, como Lisa, havia servido na África francófona. A voz de Rich era urgente e ele perguntou se poderia falar com ela. Lisa disse que sim. Agora ele estava aqui. Um grande ataque terrorista estava chegando e era seu trabalho impedi-lo, disse ele a Lisa. "Tenho um alvo em minhas costas", foi como ele disse. Blee queria que Lisa saísse da aposentadoria e se juntasse à Estação Alec.

Afinal, ela ainda não havia terminado com a sede.

***

Seu novo chefe, Rich Blee, era um veterano em operações – filho de David Blee, ele tinha um pedigree herdado da CIA. Rich era direto e experiente e Lisa, que havia cruzado com ele na África, gostou dele. Rich conhecia Lisa e achava que ela era "genuína".

Rich Blee também entendia as restrições ligadas aos dividendos da paz que o diretor da CIA, George Tenet, estava enfrentando no verão do ano 2000. Antes de assumir o cargo de chefe da Estação Alec, Blee havia experimentado a dinâmica do sétimo andar enquanto trabalhava como assistente executivo de Tenet. Assistente executivo é um cargo de alto nível, mas ingrato, que implica acompanhar o diretor e fazer as coisas acontecerem – organizar reuniões, escrever itens de ação, cuidar da logística. Mas o trabalho no sétimo andar deu a Blee uma noção da situação com a qual ele estaria lidando.

George Tenet, o terceiro diretor da CIA de Clinton, havia sido nomeado em 1997, depois de ter sido vice do muito odiado John Deutch. Ex-funcionário da equipe do Capitólio, Tenet foi visto com desconfiança, a princípio, como um forasteiro e uma criatura do Capitólio que se comportava como um homem amistoso. Todo diretor enfrenta uma curva de aprendizado institucional: Quando Tenet ascendeu ao cargo de diretor, alguém de sua comitiva achou que ele precisava de uma decoração digna da estação. De acordo com um funcionário administrativo, uma porta monumental, com arandelas, foi instalada na entrada do escritório do diretor. A agência gosta de se considerar um lugar igualitário e as pessoas acharam hilária a porta grandiosa de Tenet. Ela se tornou "motivo de chacota em minutos", como disse o funcionário, e as pessoas paravam só para olhar para ela. Tenet teve o bom senso de perguntar às pessoas o que elas achavam da porta. Em pouco tempo ela desapareceu e foi substituída por uma porta normal.

Tenet era simpático e cativante, e mais popular do que Deutch. Mas todos que o conheciam concordavam que ele não gostava de fazer escolhas difíceis sobre dinheiro – decisões em que uma pessoa ganhava e outra perdia. Na época em que Rich Blee estava montando a equipe da Estação Alec, os recursos da agência haviam sido reduzidos em um terço. A força de trabalho estava sendo canibalizada; os gerentes estavam roubando a equipe uns dos outros. Financiar uma nova iniciativa significava retirar fundos de uma iniciativa existente. Tenet não gostava de fazer isso. "Você preparava algo e dizia, ok, George, você quer dar mais para o – preencha o espaço em branco, terrorismo – aqui estão cinco lugares de onde você poderia encontrar 1 milhão de dólares para tirar", disse um funcionário. "E saíamos da reunião sem dinheiro porque, bem, não podemos cortar isso."

Tenet era um homem de homens; seu livro de memórias, *At the Center of the Storm* [No centro da tempestade, em tradução livre], publicado em 2007, é precedido por uma lista dos "Principais Personagens" com quem ele trabalhou. Dos 32 nomes, alguns bem conhecidos, outros nem tanto – o tenente-general John "Soup" Campbell, "Doc" O'Connor, chefe de sua equipe de segurança –, apenas três eram mulheres. Uma era Jami Miscik, chefe da diretoria de análise na época. As outras eram suas duas assistentes. Ele gostava de charutos e mantinha uma política de portas abertas da qual os homens sabiam tirar proveito. Na corrida por fundos, os barões o contatavam por trás, dizendo: *"George, você não vai acreditar no que estou fazendo neste programa!"*. Os barões conheciam todos os jogos: se você recebesse uma verba gratuita em um ano – se o Congresso lhe desse uma verba suplementar – e não a recebesse no ano seguinte, você cercava George e dizia que havia sofrido um corte de 25% no orçamento. Os "caras" faziam isso, e Tenet caía: *Jesus Cristo!* A descrição do próprio diretor da analista da Estação Alec "tremendo de emoção" parece irônica, considerando as atitudes exageradas entre os homens na órbita de Tenet. Havia gritos e batidas de portas, muitos dos quais vinham do diretor e de sua grande personalidade. "Era toda essa baboseira machista da Diretoria de Operações, e importava muito onde você se sentava", disse uma funcionária analítica, querendo dizer que importava onde, na mesa, uma pessoa se sentava durante uma reunião. Tenet "gostava de ter seu grupo de rapazes", era a impressão dela. Havia certa atmosfera de fraternidade. "Eles agiam como homens. Eles podiam jogar basquete na hora do almoço."

Por sua vez, Richard Blee compreendeu a extensão da ameaça terrorista. Como chefe da estação em Argel, ele havia testemunhado em primeira mão as consequências sangrentas do extremismo islâmico, vendo a Argélia passar de um país pacífico para um país envolvido em uma guerra civil em que dezenas de milhares de pessoas morreram. Blee tinha a sensação de que um "grande número" de seus colegas do sétimo andar "achava que a ameaça da Al-Qaeda não era real; que estava sendo exagerada" e que elas trabalhavam para proteger Tenet de ouvir falar demais sobre ela. Blee também fez alguns canais de retorno, alertando Tenet de que, se ele não tomasse cuidado, o terrorismo iria "mordê-lo na bunda". Ao substituir Scheuer como chefe da Estação Alec, Blee começou a conduzir o navio de guerra de forma diferente, melhorando, entre outras coisas, as relações com o FBI.

Naquela época, a Estação Alec era composta por cerca de duas dúzias de pessoas. Cerca de 80% eram mulheres, em sua maioria analistas, algumas comandando operações. Para Blee, a configuração era boa, pois os analistas eram destemidos e criativos; ruim, pois sua orientação operacional nem sempre era baseada no conhecimento do que funcionava. No centro subterrâneo de contraterrorismo, parecia que a nação já estava em guerra e Blee estava tentando formar um exército. Era mais fácil contratar um aposentado do que atrair agentes de outras divisões ou contratar pessoas de fora. Blee sabia que as primeiras mulheres agentes de casos tinham de ser duras e inteligentes. Ele também sabia que Lisa Harper era "uma verdadeira Mata Hari" que era "brilhante e estava em um subemprego".

***

E assim Lisa Manfull Harper também se juntou à irmandade da Estação Alec, voltando à sede apenas alguns anos depois de ter saído. Quando digitou o código do cofre e abriu a porta do centro de contraterrorismo, Lisa gostou do que viu. Durante dez anos, a CIA não sabia ao certo em que se concentrar. Aqui, agora, havia algo parecido com a Guerra Fria. Aqui estava um adversário à altura. O ambiente do escritório era feio, mas ela já havia trabalhado em lugares piores.

Longe de se sentir rebaixada, Lisa Harper se sentiu libertada. Depois de ocupar as fileiras da alta gerência da CIA, não parecia estranho voltar a um nível inferior. Pelo contrário: ela estava de volta à sua área de atuação. Trabalhando em uma operação de base ao lado de companheiros sobrecarregados, Lisa se sentiu novamente uma jovem agente de casos. Não precisava gerenciar pessoas nem se preocupar em ser sabotada pelos colegas.

Tanto quanto havia acreditado na derrota do comunismo, ela acreditava nessa missão. Todos os indicadores apontavam que a Al-Qaeda estava preparando algo grande.

Lisa, com seu francês fluente e experiência regional, foi designada para se concentrar em células terroristas na África. Sua função era encontrar pistas e orientar a coleta. Ela também estava ajudando a definir e a refinar o novo campo de seleção de alvos, que havia começado em meados da década de 1990 como uma forma de combater a proliferação nuclear; os selecionadores de alvos ajudavam na tarefa extremamente difícil de estudar países de alvos difíceis, como o Irã, e de identificar os poucos ativos em potencial que viajavam para lá e para cá, talvez participando de uma conferência anual em outro país, e que poderiam conhecer segredos nucleares. Esse tipo de foco intenso em figuras de interesse era o que as mulheres do cofre faziam no passado, mas o que era diferente agora era que os selecionadores de alvos também diziam aos agentes de operações como fazer uma abordagem. O campo estava ganhando força, principalmente no centro de contraterrorismo. Grande parte do trabalho para frustrar os terroristas se resume a entender – e rastrear – as relações entre as pessoas. Era isso que a Al-Qaeda era. Não era um país ou um governo; eram *pessoas*, dispersas globalmente, em relacionamentos entre si, que precisavam encontrar maneiras de se comunicar ou se encontrar. Para localizar uma pessoa, muitas vezes era necessário encontrar as pessoas que a conheciam.

A segmentação equivale ao rastreamento de contatos de criminosos envolvidos em conspirações clandestinas. Isso requer descobrir quem estava falando com quem – e com que frequência – e com quem essas duas pessoas também estavam falando. Toda vez que Lisa lesse um telegrama ou uma interceptação sugerindo que a pessoa X conversou com a pessoa Y, que, por sua vez, conversou com a pessoa Z, ela e seus colegas poderiam começar a incluir isso no rastreamento de contatos. Se a pessoa X falasse com Y outras vinte vezes, a linha que as conectava ficava mais escura. Se Z, X e Y estivessem conversando muito, e se X fosse um conhecido fabricante de bombas, eles poderiam observar o desenvolvimento de uma trama à medida que as linhas se tornassem mais espessas. Em seguida, a equipe da Alec começaria a tentar descobrir como penetrar na rede.

Por mais empolgante que fosse o trabalho, a atmosfera parecia opressiva. Na maioria das operações, não havia ameaça iminente à vida dos americanos. Lisa sabia muito bem como é difícil penetrar em um grupo terrorista. Os grupos terroristas não são Estados, mas mantêm unidades de contrainteligência; se um membro desaparecesse brevemente – por exemplo, para se encontrar com um agente da CIA –, o braço de contrainteligência da Al-Qaeda tomaria conhecimento.

E, ao contrário, por exemplo, de um ativo russo, a maioria dos terroristas não podia ser recrutada por meio de um estilo de vida ocidental. Eles não queriam um estilo de vida ocidental. Eles queriam um estilo de vida fundamentalista. A Al-Qaeda povoou suas fileiras com homens problemáticos ou marginalizados, homens que seriam verdadeiros crentes. Ela lia o tempo todo, procurando aquela rara pessoa recrutável. Alguém com acesso, que não fosse um membro, mas que tivesse relações com eles. Apesar de ter recuperado sua saúde, Lisa se sentia mal do estômago. Havia tantos alvos. Só se podia vigiar um número limitado de lugares. Lisa nunca tinha visto pessoas trabalhando por tanto tempo, até tão tarde. As pessoas traziam comida. George Tenet veio visitá-la. Lisa gostava de Tenet. Ele estava conversando com os analistas, com os encarregados dos casos.

O centro tinha uma sensação casual e não hierárquica; alguém ligava perguntando quem queria ir para o exterior, e as mãos se levantavam. O local estava sempre precisando de pessoas. Ao examinar uma lista de pensionistas, Lisa viu o nome de sua colega que teve um caso às claras com um supervisor de alto escalão na época da Fazenda, tantos anos atrás, e ligou para ela. "Sou uma excluída", reclamou a mulher. Isso não importava, Lisa lhe garantiu. "Você é uma boa agente."

***

Quando Lisa chegou, o centro antiterrorista tinha acabado de sair de um período agitado e o ritmo estava atingindo um novo patamar. Quando 1999 deu lugar a 2000, os americanos estavam se preparando para o desastre do "Bug do Milênio", quando, segundo se temia, os relógios digitais iriam mudar e os dois últimos zeros de "2000" fariam os computadores pensarem que era 1900. Não estava claro o que aconteceria então – Incêndios? Sinos de alarme? Colapso financeiro? No final, nada de mais aconteceu. O milênio foi inaugurado com uma exibição de fogos de artifício bastante fraca no parque National Mall, e a vida continuou.

No entanto, dentro do centro, a ansiedade relacionada ao milênio era mais aguda e específica. Os extremistas islâmicos sabiam que o ano 2000 tinha significado para o Ocidente, mas o tráfego que a Estação Alec estava lendo sugeria que a Al-Qaeda achava que a importância era espiritual e não digital – que o milênio, 2 mil anos após o nascimento de Cristo, tinha um grande significado religioso para uma nação majoritariamente cristã. Era lógico que o adversário atacaria nessa época.

Como Tenet observou em seu livro de memórias, no final de 1999 a situação da ameaça era "ruim" e estava piorando. A agência reagiu com uma "varredura silenciosa, mas eficaz", do Hezbollah no Leste Asiático e uma campanha de "interrupção" contra o serviço de inteligência iraniano que apoiava o Hezbollah. A interrupção implica assédio, às vezes de forma cômica e básica. John Brennan, chefe da estação na Arábia Saudita, bateu na janela do carro do chefe local da unidade de inteligência iraniana, sabendo que até mesmo esse contato rápido poderia colocar seu adversário sob suspeita de ser um ativo da CIA. Em dezembro, os jordanianos prenderam uma equipe que planejava um ataque no país. Todos esses esforços eram contra outros alvos que não a Al-Qaeda. Mas Tenet escreveu que "dissemos ao Presidente Clinton que Osama Bin Laden estava planejando entre cinco e quinze ataques em todo o mundo durante o milênio e que alguns deles poderiam ser dentro dos Estados Unidos". A agência lançou operações "em 55 países contra 38 alvos".

Diana Bolsinger, analista do centro antiterrorista, lembra-se dos meses anteriores e posteriores a 1.º de janeiro do ano 2000 como angustiantes e impressionantes. Por enquanto, os dias de "pausa" e de equilíbrio familiar não existiam mais. As pessoas estavam dormindo no escritório. "Era um governo inteiro se reunindo e jogando tudo o que tínhamos. Estávamos lá no Natal, no Ano-Novo e em janeiro e fevereiro." Os planos foram frustrados e "estávamos antecipando as operações". Uma que se tornou pública foi a tentativa de bombardeio do Aeroporto Internacional de Los Angeles: quando um terrorista chamado Ahmed Ressam tentou entrar nos Estados Unidos vindo do Canadá, um funcionário alerta da alfândega americana revistou seu carro. Nele havia nitroglicerina e dispositivos de cronometragem. Tenet admitiu que "fazendo uma retrospectiva, muito mais deveria ter sido feito sobre a importância" de sua tentativa de entrada, porque "sinalizava que a Al Qaeda estava vindo para cá". (Ele também poderia ter observado que a tentativa foi frustrada pela alfândega, não pela CIA.) Ele achava que a resposta do governo como um todo foi "gerenciada de forma aleatória": as fronteiras não foram reforçadas, nem as cabines de comando dos aviões.

Mas, no meio do caos, o que se descobriu mais tarde, o que também aconteceu foi que uma parte importante da inteligência foi engarrafada. Dois supostos membros da Al-Qaeda, Nawaf al-Hazmi e Khalid al--Mihdhar, participaram de uma reunião de cúpula da organização na Malásia em 5 de janeiro do ano 2000. A CIA os estava rastreando, mas não os colocou na "lista de observação" do Departamento de Estado. Os dois voaram para Los Angeles em 15 de janeiro, e a CIA também não alertou o FBI. De acordo com um relatório do inspetor-geral, cerca de "cinquenta a sessenta" agentes da CIA leram um telegrama em janeiro, mostrando os dois homens chegando aos Estados Unidos, mas dois agentes da CIA se recusaram a permitir que o representante do FBI o transmitisse. O motivo pelo qual o telegrama nunca foi enviado seria muito debatido. Alguns disseram que ele foi enviado, mas o FBI perdeu o controle. Richard Clarke, do NSC, especulou que a Estação Alec queria recrutar os terroristas em vez de entregá-los. O que as evidências confirmam é que muitas pessoas presumiram que o próximo grande ataque provavelmente ocorreria no exterior.

***

Mas houve outro incidente em que os analistas acertaram – tanto que criaram novos problemas para eles. Em dezembro de 1999 e janeiro de 2000, Gina Bennett e seus colegas rastrearam um plano arquitetado por altos funcionários da Al-Qaeda no Afeganistão. Os analistas sabiam que

Bin Laden havia sido criticado por ter matado outros muçulmanos nos atentados à embaixada em 1998, e seu trabalho de detetive sugeria que ele pretendia compensar isso atingindo um alvo militar americano. Os analistas concluíram que a Al-Qaeda planejava bombardear o USS *The Sullivans*, um destroier naval que recebeu o nome dos cinco irmãos que morreram quando seu navio foi afundado na Batalha de Guadalcanal na Segunda Guerra Mundial. O navio estava atracado no porto de Aden, no Iêmen, o lar ancestral dos Bin Laden.

O ataque estava programado para ocorrer em 3 de janeiro de 2000, e a equipe espalhou a notícia. "Tínhamos um entendimento da cadeia de comando e de como ela funcionava", disse Gina. "Estávamos avisando e avisando. Muitas pessoas achavam que éramos loucos."

O dia 3 de janeiro chegou e passou, e nada aconteceu.

Gina estava feliz que o navio permanecesse seguro, é claro. Mas a reação foi mortificante. "Fomos ridicularizados... ridicularizados por nossos próprios colegas, pelas pessoas que tentamos proteger e, certamente, pelos serviços de ligação estrangeiros. Todos achavam que tínhamos exagerado."

De fato, os analistas estavam corretos. A Al-Qaeda havia tentado bombardear o USS *The Sullivans*. Mas os homens-bomba não conseguiram colocar a carga moldada adequadamente no casco do barco de ataque e afundaram seu próprio navio antes que ele pudesse chegar ao destroier. Somente anos mais tarde, após os ataques de 11 de Setembro, os detalhes da tentativa de ataque se tornaram conhecidos. "Depois de invadir acampamentos e obter materiais, quando começamos a capturar pessoas e materiais, conseguimos descobrir", disse ela. A notícia foi "vingativa", mas chegou "tarde demais". Para Gina, dezembro de 1999 foi "o pior Natal".

Foi pior do que doloroso; o ataque que nunca aconteceu prejudicou a reputação dos analistas, assim como a aparente calma depois de uma grande expectativa ansiosa. "O fato de nenhum ataque ter ocorrido durante a virada do milênio nos prejudicou mais tarde", refletiu Gina. "Fomos a vários governos e serviços de ligação e os pressionamos a fazer o que pudessem para impedir que as pessoas da Al-Qaeda estivessem em seus países e viajassem por eles. E, quando nada acontecia, era quando ficávamos com uma reputação ruim por exagerar e fantasiar a ameaça."

A reputação de um analista tem relação com sua capacidade de obter adesão. Se ele não conseguir a adesão, não poderá publicar. Os analistas que trabalham em um tópico "funcional", como terrorismo, não podiam publicar um item na PDB, a menos que o escritório regional concordasse em cortar o conteúdo. O contrário não funcionava: os analistas regionais não precisavam pedir permissão a Gina e seus colegas. Parece uma distinção burocrática, mas era importante. "Era muito esforço para persuadir muitas pessoas apenas para que as coisas saíssem pela porta."

***

Após o fracasso com o USS *The Sullivans*, a Al-Qaeda levou nove meses para reconstruir e obter mais explosivos plásticos. Em outubro do ano 2000, uma lancha inflável do tipo Zodiac – uma embarcação suicida carregada com 500 libras de explosivos – abriu um buraco na lateral do USS *Cole*, um destroier naval que estava reabastecendo no Iêmen. Dezessete militares americanos foram mortos. O ataque ocorreu semanas antes da eleição presidencial dos Estados Unidos. "O ataque ao *Cole* foi muito perturbador para nós", disse Barbara Sude, que ficou chocada com a falta de reação dos formuladores de políticas a um ataque que, em sua opinião, foi um ato de guerra. "Foi repugnante", disse Alfreda Bikowsky. "Vocês são a Al-Qaeda. O que você acha? O que você acha? Oh, meu Deus, acabamos de massacrar (dezessete) marinheiros e eles não vão fazer nada. Eles não vão fazer absolutamente nada." Em 2000, como aponta o agente de operações Gary Berntsen, "a Al-Qaeda havia estabelecido células terroristas em cerca de sessenta países em todo o mundo e atraído milhares de jovens jihadistas para seus campos de treinamento e bases terroristas no leste do Afeganistão". Contra eles, havia algumas centenas de agentes da CIA.

Para Richard Blee, parecia provável que o governo Clinton estivesse tentando superar a disputa de novembro entre Al Gore e George W. Bush antes de retaliar o incidente do USS *Cole* de alguma forma potencialmente controversa. Mas, então, a eleição do ano 2000 chegou a um impasse, devido, em parte, à confusão dos eleitores com relação às cédulas impressas na Flórida – a nação ficou paralisada com o espetáculo televisionado da contagem manual de votos e dos "chads pendurados", pequenos pedaços de papel que tornavam difícil saber qual buraco os eleitores pretendiam perfurar –, e se arrastou até dezembro. Quando a Suprema Corte decidiu a favor de Bush, o USS *Cole* parecia uma história antiga e a equipe de Clinton não via mais a retaliação como um problema. A mudança na gestão "teve o maior impacto, em minha opinião, sobre a guerra contra o terrorismo", escreveu Tenet. No "nível mais alto, houve uma perda de urgência".

A chegada de George Bush deveria ter sido uma vantagem para a CIA. Como Tenet observa, suas reuniões com Bill Clinton tinham sido "interessantes", mas eram esporádicas. Em contrapartida, o novo presidente era filho de um ex-diretor da CIA e deixou claro que queria Tenet presente nas reuniões do PDB. Mas o governo Bush era dominado por neoconservadores linha-dura, fixados em Estados adversários como o Iraque e o Irã – o Vice-Presidente Dick Cheney, o secretário de Defesa Donald Rumsfeld, o vice-secretário de Defesa Paul Wolfowitz –, e esses homens não podiam aceitar que uma rede de combatentes, comandada por homens que trabalhavam em cavernas e esconderijos obscuros, um grupo sem exército, sem uniformes, sem jatos de combate, sem equipamentos militares avançados, tivesse a capacidade de matar milhares de pessoas ao mesmo tempo. A resistência deles representava mais um nível de oposição, vinda de especialistas em defesas dignos da NFL. Tenet também teve dificuldades para se relacionar com a única mulher da principal equipe de segurança nacional de Bush: a assessora de segurança nacional Condoleezza Rice, especialista em assuntos soviéticos, que, ao contrário de seu antecessor Sandy Berger, não era de dar tapas nas costas. Tenet achava Rice "distante", ressaltando que "ela conhecia bem a mente do presidente, mas tendia a ficar fora das brigas políticas nas quais Sandy teria entrado com força".

Em março de 2001, no entanto, Tenet já havia visitado o CTC com frequência suficiente para ficar preocupado. Ele pediu autorização à equipe do presidente para que a CIA ou seus parceiros "planejassem e executassem operações para matar Bin Laden sem antes tentar capturá-lo". Rice e sua equipe pediram que ele apresentasse o pedido por alguns meses. Em fevereiro de 2001, Tenet disse ao Senado que Bin Laden era "capaz de planejar vários ataques com pouco ou nenhum aviso". Mais tarde, na primavera, ele disse ao Congresso: "Considero provável que no próximo ano haja uma tentativa de ataque terrorista contra os interesses dos Estados Unidos", mas estava frustrado porque a CIA não conseguia descobrir quando, onde ou como.

***

Tenet, que gerenciava o prédio, estava tentando promover mudanças ao trazer um grupo novo para o centro de contraterrorismo. Em 1999, Heidi August partiu, conforme programado, para Stuttgart, na Alemanha, na condição de contato da CIA com o comando europeu dos Estados Unidos, trabalhando como canal de comunicação entre a agência e todas as unidades militares dos Estados Unidos na Europa. Substituindo Heidi estava Hank Crumpton, um agente de operações que assumiu o cargo de "policial". Tenet também procurou substituir o chefe da unidade analítica – o funcionário do CTC que supervisionava o grupo de analistas do centro, que ainda não havia crescido, ou não muito. Ele escolheu Pattie Kindsvater, uma agente veterana que se tornou a única mulher no topo do CTC, ou mesmo perto dele.

***

Antes de assumir o controle da unidade analítica, Pattie Kindsvater havia construído uma carreira bem-sucedida graças a seu talento para a organização, sua disposição para falar com franqueza e sua capacidade de fazer escolhas difíceis que outras pessoas evitavam. Nascida na Flórida – seus bisavós administravam um alambique de terebintina –, ela era a mais velha de quatro filhos, e desde cedo foi colocada no comando. Formou-se em ciências políticas na Universidade de Vanderbilt, com foco em estudos soviéticos, e entrou para a CIA em 1978. Designada para um escritório no lado norte do prédio, ela passou frio durante o inverno do meio do Atlântico; Jimmy Carter não só diminuiu o aquecimento dos prédios federais como também desligou a água quente dos banheiros. Começando como indexadora no OCR [Escritório de Referência Central, em inglês Office of Central Reference], ela ficava fascinada com os materiais que passavam por sua mesa: telegramas do Departamento de Estado, fotos do que poderia ser um silo de mísseis, notícias sobre a falta de alimentos após um inverno rigoroso. Quando um chefe de setor espiou por cima do cubículo para dizer que a cafeteira estava vazia, ela e um colega o ensinaram a fazer o seu próprio café.

O OCR era composto principalmente por homens mais velhos e medíocres quando Pattie começou a trabalhar, mas uma jovem negra gerente do departamento pessoal, formada no ensino médio, chamada Dottie Thorns tomou para si a responsabilidade de atualizar a equipe com graduados universitários como Pattie, o que significava que os homens mais velhos que não sabiam fazer o próprio café eram substituídos, gradualmente, por mulheres jovens, o que significava que Dottie Thorns era uma das pessoas desconhecidas que influenciaram o desenvolvimento da força de trabalho. Thorns incentivou Pattie a se candidatar a um cargo de líder de equipe na biblioteca secreta, onde os documentos eram transformados em microfichas. Pattie conseguiu o cargo, superando candidatos mais experientes, tornando-se supervisora de supervisores, com subordinados que também tinham suas próprias equipes. Em seguida, Pattie passou a ocupar um cargo de liderança na unidade que informatizava os registros, um trabalho que ela não queria, mas no qual foi muito bem-sucedida.

Ao longo do caminho, ela obteve um mestrado em estudos soviéticos e tornou-se chefe de equipe na divisão da unidade na União Soviética – seu verdadeiro amor –, rastreando cientistas e outras figuras de interesse. Quando a análise de liderança foi criada, trabalhou nas questões soviéticas. Pattie se casou com um colega agente em 1989, foi para o exterior com o marido e, ao retornar, com o colapso da União Soviética, subiu para ser chefe-adjunta da divisão da Europa, uma grande oportunidade. Quando essa unidade foi reorganizada, ela se tornou diretora de "planos" da diretoria analítica, um trabalho importante, mas que exigia forçar os barões a se concentrarem em coisas que os aborreciam, como a metragem quadrada do escritório.

Na década de 1990, o estudo sobre o teto de vidro fez todos os painéis de promoção exclusivamente masculinos perceberem que precisavam de um membro feminino. Pattie e outras mulheres do alto escalão se tornaram o que se denominava "saias de aluguel", chamadas para participar de painel após painel. Mais recentemente, ela havia sido assistente executiva sênior do General John Gordon, vice de Tenet, o que também lhe deu um gostinho da vida no sétimo andar. Ela tinha profundo conhecimento sobre a Europa e a União Soviética. O que ela não tinha, com plena consciência disso, era experiência em análise de terrorismo.

Pattie Kindsvater sabia que a opinião dos analistas do CTC era de que a unidade não produzia "análise estratégica", ou seja, produtos escritos de longo prazo. Essa opinião existia, em parte, porque Charlie Allen, o maior especialista em terrorismo, cuja carreira remontava aos sequestros de aviões na década de 1980, disse e continuou dizendo isso. "Você poderia ter feito quinhentos trabalhos de mais de cem páginas, e ele não teria mudado de ideia", ela percebeu mais tarde. Allen era um cara legal que tinha o ouvido de Bill Casey e agora tinha o de George Tenet. Ele gostava de se dirigir ao diretor familiarmente como "George John", seguindo a tradição grega de usar os dois primeiros nomes. Sua opinião era de que a análise do CTC era tática, não de alto nível ou de longo alcance; "uma bomba explodiu ontem, outras estão por vir".

No outono do ano 2000, Pattie foi chamada e informada de que a unidade analítica do CTC precisava ser reformulada. Pareceu-lhe que a estavam nomeando porque ela era forte e porque era uma mulher sênior sem outro lugar óbvio para ir. Suas áreas de especialização estavam lotadas. Pattie entendeu que a mensagem era verdadeira: ela não era um dos "caras", não se encaixava na cultura do sétimo andar e "nós realmente gostaríamos de nos livrar dela". Eles não estavam contratando uma pessoa com conhecimentos de terrorismo; estavam contratando uma pessoa que sabia administrar. O chefe da Estação Alec era novo; os policiais eram novos; Pattie era nova. "Todos nós fomos jogados lá embaixo" com a incumbência de "colocar o lugar em ordem".

Pouco tempo depois, ela se viu em um pequeno escritório no subsolo do novo quartel-general, onde um agente de operações se apoiou em sua mesa e perguntou quais livros sobre terrorismo ele deveria ler. Pattie ainda não tinha tido a chance de ler nenhum. Pode ser que ele realmente quisesse saber, mas o que ela ouviu foi: Bem, senhorita analista espertinha. Seja bem-vinda!

Aqui, como no sétimo andar, as normas eram estabelecidas pelas operações, que tinham uma cultura de escritório mais hierárquica. Certa vez, em uma reunião, um agente sênior de operações estava falando, e Pattie cometeu o erro de... intervir. Ela sugeriu que o assunto fosse analisado por outro ângulo. Para Pattie, era uma conversa rotineira, banal para os padrões da Diretoria de Inteligência. Mas várias mulheres que estavam nos bastidores da reunião – agentes de relatórios, assistentes executivos – arfaram de forma audível.

No entanto, o que ela viu no centro de contraterrorismo a surpreendeu. Além de ter acesso ao banco de dados operacional, os analistas tinham acesso aos agentes de operações e às políticas que estavam sendo definidas. Por outro lado, além das analistas sênior como Barbara, Gina e Cindy, a maioria das pessoas do seu pequeno grupo era composta por recém-chegados com vinte e poucos anos. Os funcionários da Diretoria de Inteligência temiam que, se enviassem analistas experientes para o centro, os perderiam pela porta dos fundos das operações.

Aqui, na zona cinzenta da "fusão", os caras das operações eram caçadores furtivos de primeira classe. Agentes de casos astutos convenciam os analistas a apoiarem as operações, prometendo que eles poderiam fazer um trabalho empolgante com impacto real. Os analistas de alvos não exigiam que os colegas fossem cortados, e se um analista fosse trabalhar com as operações, Pattie não poderia substituí-lo. Ela já não tinha 25% de sua equipe.

A escassez de pessoal experiente era um problema; outro era a "capacidade de descoberta". Após o ataque ao USS *Cole*, o FBI tinha a responsabilidade de investigar e provar quem foi o autor do ataque. O grupo de Pattie escreveu artigos sobre o assunto, como deveria fazer. Ela recebeu ligações irritadas de funcionários do Departamento de Justiça, alertando-a para não escrever nada que pudesse ser descoberto. "Tentávamos escrever coisas e eles diziam: 'Não, isso vai ser levado a um tribunal americano. Vocês não podem comentar porque isso pode ser descoberto'."

Um documento passível de descoberta pode permitir que a defesa diga que, embora o FBI tenha acusado um determinado indivíduo de um crime, o grupo de análise disse que havia duas outras pessoas que poderiam ser as culpadas.

Pattie estava acostumada a dar duro e não se intimidava com conflitos, mas o trabalho com o terrorismo levou isso a um novo patamar. Duas vezes por semana, Pattie ou alguém de sua unidade tinha de participar de uma teleconferência com o escritório de terrorismo do Conselho de Segurança Nacional. Nessas reuniões, toda ameaça era vista como igual. Nas Filipinas, um grupo chamado ASG estava causando problemas locais terríveis, mas claramente não ia para os Estados Unidos. O governo tinha dificuldade em priorizar, e Tenet também.

No centro, os recursos fluíam por meio da Diretoria de Operações. Na diretoria analítica, Pattie teria um orçamento próprio. Aqui, ela tinha que implorar ao pessoal de operações por dinheiro para, por exemplo, enviar um funcionário para uma viagem ao exterior ou trazer um especialista externo. Única mulher no alto escalão, Pattie percebeu que ela também tinha um arquivo de corredor. Quando começou, ela era uma SIS-2. Quando foi promovida a SIS-3, ficou de queixo caído. O pessoal de operações não conseguia acreditar que ela – mulher, analista – fosse uma SIS.

Pattie Kindsvater não se tornou imediatamente parte da irmandade. No início, as analistas não sabiam como considerá-la. Algumas temiam que ela tivesse sido informada de que elas não eram de primeira linha. No entanto, quando assumiu o cargo, Gina Bennett ficou impressionada com o fato de que, quando Pattie se apresentou, disse palavras como *Não sou uma pessoa afetuosa e carinhosa. Isso não significa que eu não me importe.* Para Gina, isso pareceu muito caloroso. Certa noite, alguns anos mais tarde, chegou uma informação que precisava ser registrada imediatamente no livro do PDB. A analista responsável havia saído no dia seguinte, então Gina disse que cuidaria disso. Na manhã seguinte, ela recebeu uma nota de agradecimento escrita à mão por Pattie. Era o primeiro bilhete de agradecimento relacionado ao trabalho que Gina Bennett recebia.

***

Em outubro do ano 2000, Cindy Storer retornou à unidade analítica, depois de passar dois anos em um rodízio. Sua amiga Susan Hasler percebeu que os colegas estavam revirando os olhos. Cindy, como muitos profetas, tinha a reputação de ser irritadiça e difícil de lidar. Por sua vez, Cindy sentiu um novo clima e um novo ritmo. A atmosfera parecia enlouquecida. Ninguém andava. Eles trotavam ou corriam. Cindy fazia parte de um grupo de "análise estratégica" criado em resposta à insistência de Charlie Allen de que não existia nenhum grupo.

Os gerentes encarregaram Cindy de analisar a cúpula da Malásia para entender o que havia dado errado. Ela também estava lendo comunicações terroristas, inclusive interceptações vindas do Afeganistão. Os mujahideen estavam usando termos como "tamanho olímpico" e "Armagedom", falando que as pessoas deveriam ir ao Afeganistão para o grande evento. Eles estavam usando a escatologia islâmica, falando sobre o fim do mundo. Cindy vinha argumentando havia anos que a Al-Qaeda tendia a planejar vários ataques simultâneos e conseguia realizá-los. Todos os outros grupos terroristas do mundo olhavam para a Al-Qaeda e pensavam: Caramba! O verão de 2001 foi ficando cada vez pior. As pessoas achavam que o grande ataque poderia acontecer em junho, e então houve avisos e feriados cancelados; eles trabalharam até o dia 4 de julho. Cindy ficou assustada e experimentou um enorme senso de responsabilidade: este é o seu relógio.

Vai acontecer na sua vez.

***

Em seu livro de memórias, George Tenet cita algumas das ameaças com as quais a CIA foi confrontada durante a segunda metade de 2001. Essas ameaças incluíam: Terroristas do Iêmen planejando um ataque na Jordânia.

Paquistaneses planejando bombardear uma comunidade americana em Jeddah. FARC, na Colômbia, planejando um carro-bomba na embaixada americana em Bogotá. Hezbollah ativo no Sudeste Asiático. Um ataque contra a embaixada americana no Iêmen por "um grupo extremista". Quatro cidadãos sauditas planejando atacar os interesses dos Estados Unidos no Kuwait. Terroristas argelinos planejando atacar o Vaticano ou a embaixada americana em Roma. Os agentes da Al-Qaeda que bombardearam o USS *Cole* planejando "novos ataques contra os Estados Unidos".

E assim foi. Em junho, Osama bin Laden deu uma entrevista ao canal árabe via satélite MBC dizendo que haveria uma "grande surpresa" nas próximas semanas. O falatório era enorme, assim como os sinais de alerta. Os agentes da Al-Qaeda estavam deixando a Arábia Saudita para voltar ao Afeganistão, onde os árabes estavam "prevendo até oito celebrações". Um importante líder islâmico checheno havia prometido "notícias muito importantes" para suas tropas. Os extremistas islâmicos estavam viajando para o Afeganistão "em maior número". Um dos principais tenentes de Bin Laden, Abu Zubaydah, estava planejando ataques; o alvo principal parecia ser Israel, mas "outros ativos dos Estados Unidos em todo o mundo estavam em risco". Ahmed Ressam, o homem-bomba do aeroporto LAX, disse ao FBI que "Zubaydah estava pensando em fazer ataques em várias cidades norte-americanas". Ayman al-Zawahiri, o número dois de Bin Laden, era onipresente nos relatórios de ameaças, preparando operações. "Um dos principais comandantes de um campo afegão estava chorando de alegria porque acreditava que poderia ver seus estagiários no céu." Agentes importantes estavam desaparecendo ou se preparando para o martírio. No final de junho, a CIA havia lançado "esforços de interrupção em quase duas dúzias de países". As equipes de ligação e unilaterais no exterior foram instadas a reforçar a coleta, as embaixadas americanas foram fechadas, os navios da Marinha deixaram os portos do Oriente Médio e foram para o mar. Houve muita obtenção de mandados para vigiar agentes estrangeiros suspeitos nos Estados Unidos.

Em 5 de julho de 2001, os agentes do CTC informaram ao procurador-geral dos Estados Unidos, John Ashcroft, que um ataque significativo era iminente. "No entanto, continuamos a acreditar que era mais provável que um ataque fosse realizado no exterior", escreveu Tenet posteriormente.

E essa era a grande questão. Onde ocorreria o ataque? Até o momento, a maioria havia ocorrido no exterior. Em julho, Cofer Black deu a Tenet um *briefing* que "literalmente me deixou de cabelo em pé". Junto com Black e Blee, Tenet correu para uma reunião com Rice, Richard Clarke e o número dois de Rice, Steve Hadley. "Haverá um ataque terrorista significativo nas próximas semanas ou meses", disse Blee a eles. Os funcionários de Bush queriam saber quando; eles explicaram que Bin Laden não estava "vinculado a ataques em datas específicas".

Blee disse a Rice que o ataque seria "espetacular" e ocorreria com pouco ou nenhum aviso. Tenet implorou por uma abordagem "proativa". Eles queriam "levar a batalha até Bin Laden no Afeganistão", ou seja, aproveitar a oposição armada afegã e o cansaço com o governo do Talibã. "Este país precisa entrar em guerra agora", disse Black. Os homens pediram que ela solicitasse a Bush que concedesse a autoridade que ele havia pedido em março, para permitir que eles matassem ou capturassem Bin Laden, dizendo que o presidente precisava "alinhar sua política com a nova realidade". Tenet escreveu que "ela me garantiu que isso aconteceria". Alguns funcionários de Bush se perguntaram se toda essa conversa não seria "desinformação". Tenet lhes garantiu que não. "O mundo inteiro parecia estar à beira de uma erupção". O drone Predator estava em desenvolvimento, e o NSC autorizou que eles começassem a utilizá-lo em 1.º de setembro, armado ou desarmado, o que ele considerou um sinal positivo. Era necessária uma reunião de diretores para definir a política, mas o NSC "decidiu adiá-la para depois do Dia do Trabalho".

Durante todo esse frenético vaivém, houve um momento no final de julho em que Rich Blee disse: "Eles estão vindo para cá". De acordo com Tenet, seguiu-se um silêncio.

***

Há várias versões de como a equipe analítica do CTC escreveu um documento prevendo que Bin Laden tinha a intenção de atacar dentro dos

Estados Unidos. De acordo com o livro de memórias de Tenet, sempre que um PDB mencionava um possível ataque da Al-Qaeda, o presidente perguntava a Mike Morell, um informante da CIA, quais eram as chances de que isso ocorresse nos Estados Unidos. Em agosto, disse Tenet, Morell pediu aos analistas que "preparassem um artigo que tentasse responder a essa pergunta".

Mas a equipe de Pattie Kindsvater estava analisando a mesma questão-chave, e ela se lembra que a ideia também surgiu quando sua unidade estava fazendo um *brainstorming* de artigos para a publicação de agosto. Às vezes, ela brincava dizendo que, se a Al-Qaeda conhecesse os hábitos dos pais que trabalham nos Estados Unidos, eles atacariam no Dia de Ação de Graças ou durante as duas semanas anteriores ao Dia do Trabalho. As creches estavam fechadas, as pessoas saíam de férias. Sabendo que a equipe ficaria reduzida no final do verão, sua abordagem em julho foi procurar artigos para escrever que pudessem ser publicados em agosto – artigos que não se baseavam em informações urgentes, mas que queriam ser apresentados aos formuladores de políticas. O assistente de Pattie organizou uma sessão de *brainstorming* para os analistas, perguntando: "Qual é a pergunta sobre a qual todos estão fazendo?". A resposta era óbvia. O grande ataque ocorreria na parte continental dos Estados Unidos? Seu assistente apresentou os resultados, e Pattie disse: "Vamos escrever isso".

Barbara Sude foi encarregada de escrever o artigo. Ela se lembra de seu chefe chegando e dizendo algo como: "Eles querem um artigo sobre Bin Laden e os Estados Unidos". Foi a partir dessa instrução vaga que Barbara elaborou o que se tornaria um dos avisos mais famosos da história do país.

Barbara, por acaso, estava sentindo uma "vibração". Uma vibração é semelhante a uma epifania: é o que acontece no cérebro de um analista após meses – anos – de intensa concentração. Em junho do ano 2000, um vídeo mostrou um acordo entre Bin Laden e o líder terrorista Zawahiri para fundir a Al-Qaeda e a Jihad Islâmica Egípcia. Em setembro do ano 2000, Bin Laden apareceu em um vídeo pela primeira vez em mais de um ano. Esse vídeo mostrava uma reunião de Bin Laden e outros parceiros, inclusive o filho de Omar Abdel Rahman, conhecido como Xeque Cego, o líder religioso radical preso após o primeiro atentado a bomba no World

Trade Center. Os homens estavam falando sobre sequestrar um avião para libertar o Xeque Cego. Em junho de 2001, outro vídeo foi lançado, um documentário que começava com um menino palestino se escondendo atrás de um pedaço de concreto das tropas israelenses. O menino foi baleado e morto, ao lado do pai. Em junho, um repórter da *Middle East Broadcasting* entrevistou Bin Laden. Um deputado pôde ser ouvido fora da câmera dizendo que as próximas semanas reservariam certas surpresas que teriam como alvo os interesses americanos e israelenses no mundo.

Todos esses desenvolvimentos foram descritos para os formuladores de políticas. Barbara Sude e alguns colegas escreveram quase quarenta artigos de janeiro a agosto de 2001. Eles escreveram "Bin Laden Planning Multiple Operations" [Bin Laden planejando múltiplas operações] em 20 de abril; "Bin Laden Network's Plans Advancing" [Planos da rede Bin Laden avançando] em 26 de maio; "Bin Laden Threats are Real" [Ameaças de Bin Laden são reais] em 30 de junho; "Threat of Impending Al-Qaeda Plans Delayed but Not Abandoned" [Ameaça de planos iminentes da Al-Qaeda adiados, mas não abandonados] em 13 de julho. Às vezes ela se preocupava com o fato de que eles estavam alertando demais.

Quando Barbara foi designada como autora principal de um memorando sobre um ataque à pátria, ela tinha uma pilha de papéis de 2 metros de altura no canto de sua mesa. Na pilha, havia um documento da FAA [Administração Federal de Aviação, em inglês Federal Aviation Administration] sobre sequestros. Ela tinha outro documento de 1998 falando sobre um possível sequestro para libertar o Xeque Cego. Em 2001, eles haviam recebido um relatório segundo o qual a Al-Qaeda poderia patrocinar pessoas para sequestrar aviões ou invadir embaixadas americanas. Ela procedeu metodicamente para refinar o tópico do artigo. Então, ela se perguntou: e *quanto a* Bin Laden e os Estados Unidos? Bem, Bin Laden odiava os Estados Unidos e queria atingi-los. Portanto: ele tinha a intenção. E quanto à capacidade? Sim. E se ele não tivesse conseguido antes, tentaria novamente. Certo, então o que eles estavam fazendo a respeito? Então, ela resolveu explicar.

No entanto, antes de escrever qualquer coisa, Barbara ressaltou que precisava falar com o FBI. A pátria era responsabilidade deles. Os analistas da CIA eram lembrados desse fato com frequência. "Fomos informados – todos os anos, tínhamos a Ordem Executiva 12333, que era obrigatório reler todos os anos, que a CIA tinha certas restrições, e que só fazíamos trabalho externo."

Assim, com o contato interno do FBI no centro de contraterrorismo, ela conseguiu o nome de um analista do departamento e fez uma ligação. "Pediram-me para escrever algo sobre Bin Laden e os Estados Unidos", ela se lembra de ter dito. "Você está vendo alguma coisa?" O analista escutou, depois, ainda ao telefone, virou-se para um colega e disse: "Você não está olhando para sequestros?". A resposta foi sim. Barbara respondeu: "Estou pensando a mesma coisa".

Quando começou a escrever o que viria a ser conhecido como o memorando de 6 de agosto, Barbara foi escrupulosamente cuidadosa. Ela observou que Bin Laden, desde 1997, havia deixado claro que queria realizar ataques nos Estados Unidos. Ele deu a entender em entrevistas na TV que queria seguir o exemplo do homem-bomba do World Trade Center em 1993 e "trazer a luta para os Estados Unidos", nas palavras de Ramzi Yousef. O jornal destacou que, após os ataques com mísseis em 1998 em sua base no Afeganistão, ele disse que queria retaliar em Washington. O suposto atentado no LAX pode ter sido parte de sua "primeira tentativa séria" de atacar os Estados Unidos. Os atentados a bomba na embaixada em 1998, que ele começou a planejar em 1993, mostraram que a Al-Qaeda "não se intimidava com reveses". Os membros da Al-Qaeda "residem ou viajam para os Estados Unidos há anos", observou ela, e poderiam apoiar uma operação dentro do país. Houve relatos de ameaças de que Bin Laden queria sequestrar um avião americano e de que o FBI havia notado padrões de atividade que sugeriam "preparativos para sequestros ou outros tipos de ataques".

Ela confirmou o memorando com o FBI, enviando uma cópia por fax. Ela o enviou para os editores do PDB, que deram um título de que ela gostou: "Bin Laden Determined to Strike in US" [Bin Laden determinado a fazer um ataque nos Estados Unidos]. Mas os editores também enviaram o artigo de volta para que ela fizesse um acréscimo, pedindo mais estatísticas do FBI. Então, ela ligou novamente para o departamento. Dessa vez ela ficou sabendo que eles estavam conduzindo setenta "investigações de campo" completas em todo o país, procurando atividades "relacionadas a Bin Laden" nos Estados Unidos. Barbara acrescentou isso ao item. Setenta investigações separadas – isso é muita coisa. Ela ligou de volta para o FBI e leu a frase que acrescentou. Mais tarde, disse ela, os funcionários do FBI tentaram negar, aparentemente insatisfeitos com o fato de um funcionário ter revelado a quantidade de atividades que estavam sendo investigadas. "Eles disseram que nunca tinham ouvido falar desse número; de onde diabos tiramos?"

***

O item foi colocado no livro em 6 de agosto, e o presidente foi informado.
Barbara Sude sempre se perguntava: quando George W. Bush foi informado sobre a existência de mais de setenta investigações do FBI sobre as atividades de Bin Laden nos Estados Unidos, o comandante-chefe refletiu sobre isso? O presidente chegou a ligar para o diretor do FBI e perguntar o que estava acontecendo? Ela achava que era algo que um presidente poderia fazer. Mais tarde, o presidente disse aos investigadores do Congresso que, em vez de se sentir alarmado, ele achou "animador" saber de tantas investigações. Ele entendeu que isso significava que as coisas estavam sob controle.
Condoleezza Rice objetou que a CIA não havia informado o dia exato em que o ataque aconteceria. Mas, depois que o PDB de 6 de agosto foi publicado, passariam quatro semanas – 4 de setembro de 2001 – antes que o governo Bush tivesse sua primeira reunião em nível de gabinete sobre a ameaça representada pela Al-Qaeda. Barbara e sua unidade estavam alertando fazia meses. Eles haviam alertado durante todo o ano.

***

Com o passar do verão, Pattie Kindsvater se sentiu cercada por todos os lados. Havia caras de operações caçando seus funcionários; editores do PDB alegando que seus avisos eram repetitivos; Charlie Allen dizendo que nenhuma análise estratégica estava sendo feita. Os militares ligavam para perguntar se ela tinha analistas de contraterrorismo que pudesse emprestar. Então, um dia, ela estava andando no corredor e viu George Tenet. Como ela se lembra, Tenet a parou e começou a dizer que não havia nenhuma análise estratégica vinda de sua unidade. Pattie reagiu. *George, você não tem a menor ideia de qual é a situação,* disse ela. Ele a convidou para informá-lo.

E foi o que ela fez. Voltou à sua mesa e fez as contas. Ela tinha 25% menos funcionários do que o previsto. Os que ela tinha eram dez anos mais jovens, em média, do que a média da Diretoria de Inteligência. Ela mediu os diplomas avançados, a capacidade de falar idiomas, a experiência no exterior e o tempo como analista. Em todos os casos, sua unidade estava consideravelmente abaixo da média da a Diretoria de Inteligência. O que Pattie tinha eram jovens inteligentes que sabiam pouco sobre terrorismo. Para fazer um bom trabalho, ela precisava recorrer a especialistas externos. Precisava de dinheiro para treinamento. Precisava de viagens. Precisava de analistas com conhecimento de idiomas. Você encontra um esconderijo e, de repente, tem uma enorme quantidade de documentos. Eles estavam trabalhando demais.

Na manhã do *briefing*, a impressora quebrou e eles mal conseguiram imprimir os gráficos a tempo. Mas conseguiram. Pattie se lembra de Tenet dizendo palavras como: "Meu Deus, eu não sabia". "E eu disse: 'Bem, George, aqui estamos nós. Agora você sabe. É com isso que eu tenho que trabalhar'". Tenet ouviu. Ele a enviou para informar o diretor executivo, Buzzy Krongard. O diretor financeiro também veio. A notícia foi passada para a Diretoria de Inteligência, e o escritório principal se comprometeu a contratar uma equipe completa para o grupo analítico de Pattie. A maioria dos funcionários era experiente e estava em busca de um novo desafio. Ela não recebeu uma alocação maior. Só conseguiu que seus espaços vazios fossem preenchidos.

Os reforços chegaram em 10 de setembro de 2001.

Capítulo 20

11 de setembro de 2001

Às sete horas da manhã de terça-feira, 11 de setembro de 2001, Pattie Kindsvater, chefe de análise do Centro de Contraterrorismo, e Ben Bonk, chefe-adjunto do CTC, reuniram-se para discutir um caso sexual que estava ocorrendo entre pessoas do escritório e que havia se espalhado, criando problemas. Era uma bagunça rotineira de RH – não era uma ameaça à nação –, mas precisava ser resolvida. Eles trataram do assunto logo no início, antes das atividades normais do dia.

A segunda reunião de Pattie Kindsvater, por volta das oito ou 8h15, ocorreu em seu escritório. Estava presente o chefe de análise do centro antinarcóticos, que queria que Pattie ajudasse a financiar um esforço conjunto sobre o papel da Al-Qaeda no comércio de drogas. A secretária de Pattie chegou pouco depois das 8h46 e disse: *Ligue a TV.*

O escritório de Pattie era pequeno, com espaço suficiente apenas para uma mesa e cadeiras e uma televisão fixada na parede lateral. Ela ligou na CNN. Momentos antes, os âncoras estavam falando sobre as preocupações habituais do final do verão: furacões na Flórida, o início do pregão na Bolsa de Valores de Nova York. Agora, a estação havia mudado para imagens do horizonte da Baixa Manhattan. No centro estava o World Trade Center, as torres gêmeas com suas paredes estreitas que se estendiam para o céu. Uma das torres mostrava um buraco irregular, como uma ferida, a três quartos da altura. Um produtor estava na linha informando que um "grande jato comercial de passageiros" havia voado contra a Torre Norte, que tinha uma nuvem de fumaça cinza escura pairando sobre ela. O produtor, que por acaso estava nas proximidades, disse que, antes de ser atingido, o jato estava "balançando de um lado para o outro, de ponta a ponta".

Os âncoras começaram a fazer perguntas, incrédulos. "Vocês têm a impressão de que o avião ainda está dentro do World Trade Center?", perguntou um deles. Dirigindo-se aos telespectadores, o âncora disse: "Vocês estão vendo uma imagem ao vivo do World Trade Center", onde um jato de passageiros "parece ainda estar embutido dentro do prédio".

Na linha estava uma testemunha ocular que morava em Battery Park City e relatou que sua TV estava desligada, ela ouviu um estrondo sônico e a "lateral do World Trade Center explodiu". Os destroços estavam caindo "como folhetos". Os âncoras observaram que a Torre Norte era a que tinha o observatório e o deque de observação. As pessoas, segundo eles, poderiam estar presas acima do ponto de impacto. Isso era verdade. Às 8h30, o Risk Waters Group havia iniciado uma conferência no 106.º andar da Torre Norte, onde 72 funcionários do restaurante haviam chegado. É claro que o que estava acontecendo no interior do edifício não era visível na tela.

O que se viu, às 9h03, foi um Boeing 767 saindo do lado direito da tela da televisão e mergulhando na Torre Sul, em torno do 80.º andar. As chamas irromperam e, agora, plumas cinzentas gêmeas se fundiram e se retorceram para cima. Momentos depois que a segunda torre foi atingida, a chefe da divisão de combate às drogas se levantou, disse que percebeu que Pattie tinha outras coisas para fazer e saiu. Após o ataque à primeira torre, era possível pensar que estavam vendo um acidente estranho, mas o segundo avião deixou claro que se tratava de um ato de terrorismo.

O primeiro pensamento concreto de Pattie foi processual. Eles teriam que tratar formalmente de quem fez isso. É claro que sim. Mas isso levou a um segundo pensamento: "Será que vou comprometer o relatório jurídico do FBI?".

Não havia nenhuma câmera de televisão para capturar o impacto quando, às 9h37, o voo 77 da American Airlines deu um rasante sobre Crystal City, um aglomerado suburbano de prédios de escritórios em Arlington, na Virgínia. Cerca de vinte minutos antes, Barbara Olson, uma passageira a bordo do voo 77, que havia partido do aeroporto de

Dulles, na Virgínia, ligou para seu marido, o procurador-geral Ted Olson, para dizer que o avião havia sido sequestrado e que os passageiros haviam sido levados para a parte de trás. Dentro do Pentágono, os funcionários estavam ao telefone falando com amigos e familiares sobre o ataque em Nova York. Os telefones caíram quando o avião atravessou três dos cinco anéis concêntricos do Pentágono, matando 53 passageiros, seis tripulantes e 125 militares e civis.

Pattie começou a gerenciar a resposta no centro principal de contraterrorismo.

Em outro lugar, o chefe do CTC, Cofer Black, fez uma videoconferência apressada com Richard Clarke, especialista em terrorismo do Conselho de Segurança Nacional. No sexto andar da sede, o CTC mantinha um centro de crise global, que recebeu um relatório a respeito de outro jato comercial desaparecido. As pessoas começaram a receber outros relatórios: o Departamento de Estado havia sido atingido; a Casa Branca estava pegando fogo. Não eram relatos oficiais – apenas rumores, a maioria falsos, alguém correndo e dizendo: "Meu amigo no Departamento de Estado falou...". A União Soviética não havia tido crises dessa natureza. Até mesmo os golpes de Estado se desenrolavam lentamente em comparação. Que tipo de texto os analistas deveriam produzir? Como organizar uma cobertura de 24 horas?

Os analistas que chegaram no dia anterior ainda não tinham acesso ao computador. Querendo ser útil, uma nova gerente foi até a sala de Pattie Kindsvater e informou que a cafeteria estava fechando e provavelmente permaneceria fechada. Ela se ofereceu para buscar pizzas. As creches começaram a fechar e as pessoas estavam ligando para os cônjuges para buscar as crianças. Pattie reuniu seus analistas e lhes disse que aquele era o momento deles; independentemente do que estivesse acontecendo na CIA, eles ficariam.

George Tenet estava tomando café da manhã no St. Regis Hotel, na 16th Street, a duas quadras da Casa Branca, com o ex-senador de Oklahoma David Boren. Seu agente de segurança, Tim Ward, com cara de "urgente", interrompeu-o para contar sobre o primeiro ataque aéreo. Tenet correu para seu carro, ligando para uma linha segura para instruir sua equipe sênior e alguns funcionários do CTC a se reunirem na sala de conferências ao lado de seu escritório. A capital foi tomada por um impasse: as pessoas no centro de Washington começaram a voltar para casa, nos subúrbios da Virgínia e de Maryland, e um fluxo de trabalhadores passou pelas pontes Key e Memorial, buscando filhos e cônjuges. Enquanto Tenet era conduzido pelo Potomac, o diretor da CIA sofreu um "apagão de comunicações", não conseguindo se comunicar até chegar à sede e se dirigir ao sétimo andar. Seu escritório tinha vista para o Potomac, que era usado pelos pilotos para navegação rumo ao Aeroporto Nacional. Ali estava o cérebro da CIA, reunido em uma sala de conferências adjacente.

O chefe de segurança de Tenet levou o grupo para um escritório no térreo e depois levou Tenet para um bunker improvisado onde as opções de comunicação eram "rudimentares". A Casa Branca e o Capitólio foram evacuados e, pela primeira vez na história dos Estados Unidos, foi implementado um "plano de continuidade do governo". Foi tomada a decisão de evacuar a CIA. Mas Cofer Black, assim como Pattie Kindsvater, achava que o centro de contraterrorismo deveria permanecer, incluindo a meia dúzia de pessoas que trabalhavam no Centro de Reação Global do sexto andar, que havia enviado um alerta às estações para intensificar a coleta. Quando Tenet disse que as pessoas no sexto andar poderiam morrer, Black respondeu: "Bem, senhor, então elas terão que morrer". Às dez horas, uma mensagem foi enviada instruindo a força de trabalho da agência a evacuar, exceto o CTC.

Tenet, sem acesso à maioria dos computadores, estava se esforçando para colocar os telefones em funcionamento. Sua equipe ligou para Pattie pedindo informações atualizadas, e ela enviou um analista para informá-lo. Tenet disse ao analista que ficasse. Logo depois, pediram outra atualização, então ela enviou outro analista. Depois outro. Metade do mundo ligava para Pattie querendo saber o que estava acontecendo. O chefe da equipe da Al-Qaeda estava agora com Tenet. Ela teve que ligar e pedir que seus analistas fossem enviados de volta.

O tráfego de telegramas começou. A equipe de analistas de Pattie tinha que processar tudo isso e manter Tenet informado. Seu quadro de funcionários permaneceu tão reduzido que, alguns dias depois, quando

Winston Wiley, o chefe da diretoria de inteligência, ligou pedindo que ela enviasse alguém para informá-lo, Pattie foi obrigada a enviar um de seus mais novos analistas, um jovem chamado Mark. Ele foi até a sede original e entrou no elevador, embaralhando papéis nervosamente. Um homem no elevador perguntou o que havia de errado. Mark confessou que tinha que informar o DDI e não tinha ideia do que estava fazendo. Ele estava conversando com o DDI, Winston Wiley, um homem gentil que o convidou para entrar em seu escritório. Quando Mark voltou ao centro, ficou batendo a cabeça contra a parede.

Na manhã dos atentados, o Presidente George W. Bush estava lendo para crianças em idade escolar na Flórida quando Andrew Card, seu chefe de gabinete, correu e sussurrou em seu ouvido. O segundo avião havia sido atingido. As imagens de vídeo mostrariam o presidente parecendo congelado. Mais tarde, ele disse que não se levantou imediatamente porque não queria alarmar as crianças. Depois de fazer breves comentários – chamando os ataques de "ato de terror maligno e desprezível" –, o presidente foi levado às pressas para o Air Force One. Às 9h55, o avião se dirigiu para oeste, procurando um local seguro para aterrissar para que o presidente pudesse se dirigir ao povo americano. O Air Force One aterrissou às 11h45 na Força Aérea de Barksdale, na Louisiana, onde o presidente gravou um discurso. Em seguida, decolou novamente para a Base Aérea de Offutt, em Nebraska. O Presidente Bush só retornaria a Washington no final da tarde.

Michael Morell, o assessor do presidente, ligou para Pattie algumas vezes. Ela se preocupou em falar em uma linha aberta, mas depois pensou: Espere um pouco, o mundo está acabando, então ela ligou. Houve momentos em que ela não teve notícias de Morell. Alguém perguntou: Onde está o presidente? Eles não sabiam. Esse foi um momento de extrema tensão. Para ela, essa foi a pior parte do dia.

***

Susan Hasler tinha um escritório ao lado do de Pattie e, por volta das 8h50, viu um analista de meia-idade correndo em direção ao escritório de Pattie.

A secretária o deteve e entrou para chamar Pattie. Susan e outros analistas se aglomeraram ao redor, assistindo à TV através do vidro. Susan não tinha dúvidas sobre quem estava por trás dos ataques. Ela e seus colegas sabiam que um ataque poderia acontecer. Mas ver pessoas morrendo – era real. Aquilo estava realmente acontecendo. Às 9h59, a Torre Sul desabou. A Torre Norte veio em seguida, meia hora depois. Entre os quase 3 mil mortos estava John O'Neill, ex-chefe especialista em contraterrorismo do FBI, que havia começado um novo trabalho como chefe de segurança do centro comercial. As pessoas na parte baixa de Manhattan estavam gravando vídeos. Um homem, fugindo de uma nuvem de destroços, abaixou-se atrás de um carro, dizendo: "Espero que eu sobreviva. Espero que eu sobreviva". Um âncora de telejornal disse: "Meu Deus. Não há palavras".

O marido de Susan Hasler trabalhava como analista na divisão soviética da CIA. Seu escritório ficava no lado leste da sede original, um andar abaixo do de Tenet. Se um avião atingisse Langley, pegaria esse lado.

Seu marido tinha uma consulta médica no final daquela manhã. Antes da ordem de evacuação, Susan ligou e pediu que ele fosse. A nova sede era menos vulnerável – embora mais frágil. Os funcionários da logística começaram a ocupar o andar, instalando a fiação e colocando mais computadores, retirados de armários e corredores, e criando um centro de crise. Susan se perguntava: Se um avião caísse, como eles escapariam com todos esses cabos e buracos? De um porão?

***

Lisa Harper também estava na sede da CIA na manhã de 11 de setembro, também em uma reunião. Uma delegação estrangeira estava fazendo uma ligação. A delegação tinha informações para compartilhar e tinha viajado para os Estados Unidos para conversar com o Departamento de Estado, o FBI e a CIA. A reunião havia acabado de começar. Lisa estava disfarçada, fazendo-se passar por uma tradutora. De repente, um funcionário da segurança entrou e disse: *Você tem que sair daqui*. Houve relatos de que havia outro avião no ar, também sequestrado, provavelmente com destino a Washington. Mais tarde, descobriu-se que se tratava do voo 93 da United, que caiu em Shanksville, na Pensilvânia, às 10h02, depois que os passageiros atacaram os sequestradores. Lisa conduziu a delegação para fora do prédio e para vários carros.

Lisa entrou com eles. A delegação entrou na Rota 123, seguindo para um hotel próximo reservado para o grupo. O hotel estava fechado. Lisa tinha um grupo enorme em suas mãos, incluindo funcionários de alto escalão. Ela não podia deixá-los na calçada, então se esgueirou pela lateral do hotel e usou sua habilidade para entrar pelos fundos. Ela poderia ter estragado um pouco seu disfarce, mas o que poderia fazer? Seus outros compromissos foram cancelados, o que parecia uma pena; eles poderiam saber algo útil. Nada estava voando. O secretário de Defesa, Donald Rumsfeld, determinou que as forças armadas entrassem em DEFCON3, e todas as aeronaves civis que não fossem de emergência foram suspensas. O espaço aéreo civil só foi reaberto em 13 de setembro e, depois disso, o DCI providenciou um avião para levá-los ao seu país de origem.

O primeiro pensamento de Lisa foi: Eles haviam se esforçado tanto – todas as pessoas no porão sem janelas – e não tinham conseguido chegar lá. Eles continuaram esperando que a peça que faltava se encaixasse; aquele relatório que reduzia as possibilidades. O dia em que isso aconteceu foi como o dia em que John F. Kennedy morreu: "É apenas um daqueles dias que mudam sua vida."

***

Cindy Storer e Gina Bennett tinham ido de carro para o trabalho. As duas mulheres, colegas de longa data que conseguiam terminar as frases uma da outra, conversavam sobre um acontecimento sinistro. Em 9 de setembro, homens-bomba haviam assassinado Ahmad Shah Massoud, líder da facção da Aliança do Norte do Afeganistão, que constituía a principal oposição do Talibã. Massoud, um comandante lendário, era conhecido como o Leão do Panjshir. Seu assassinato foi um presente de Bin Laden para seus anfitriões talibãs. A Al-Qaeda enganou Massoud enviando dois supostos jornalistas que, na verdade, eram terroristas usando coletes suicidas. Cindy achava que a agência poderia ter evitado o atentado. Ela havia visto um complô entre alguns egípcios, que estavam recebendo material e passes de imprensa. Um deles queria ser um mártir. Ela estava conversando com os agentes de operações da CIA, tentando enviar o aviso a Massoud. Mas eles tinham menos de um dia e não havia sido tempo suficiente. A morte de Massoud, as mulheres sabiam, era um prelúdio.

Cindy se dirigiu à sua mesa e se acomodou. Ela se sentia desolada e frustrada. *Não vamos conseguir resolver isso,* disse ela a um analista sênior que acabara de entrar no centro. *O que você precisa entender,* disse ela, *é que todos nós vamos morrer, e aqui está o motivo. Por causa da desconexão com o FBI. Por causa do fato de a gerência nunca ouvir. Não vamos conseguir resolver o problema.*

Alguém no mar de cubículos anunciou que um avião havia atingido o World Trade Center. Cindy subiu em sua mesa. O analista do outro lado de sua divisória tinha uma pequena caixa de vídeo no canto da tela, transmitindo a CNN. Observando a filmagem, Cindy pensou que eles poderiam estar falando sobre o World Trade Center em Kuala Lumpur, na Malásia, um prédio baixo e pontudo em um país que a fazia pensar muito. Mas então ela viu que se tratava de Nova York. As pessoas ao seu redor estavam murmurando com cautela analítica: *É um avião pequeno. Não entre em pânico. Você não vai querer ir direto para...* Então, ela viu o segundo avião se chocar. A primeira coisa que Cindy disse foi: *Meu Deus.* A segunda coisa foi: *Usem suas listas de contatos, porque estamos indo para a guerra.* Com isso, ela quis dizer que as pessoas deveriam ligar para as pessoas em suas vidas, que ligariam para todos os outros para fazer o que fosse necessário: Cuidar de seus filhos. Passear com seus cachorros. Eles estavam em uma longa jornada. Não havia dúvidas na mente de Cindy sobre qual seria a reação dos Estados Unidos: dar uma surra nas pessoas que fizeram isso e em todos que as ajudaram.

Cindy sabia que, em 1995, a Al-Qaeda havia desenvolvido o plano de lançar um avião contra a sede da CIA. Ela foi até o escritório principal e sugeriu que deixassem o prédio, salientando: *Se eles colocarem um avião em Langley, será como Pearl Harbor, onde quase toda a frota americana do*

Pacífico estava atracada em um só lugar. Toda a experiência em terrorismo está aqui. Mas a diretriz havia sido emitida para que o centro permanecesse. Ela ligou para seu pastor, que ligou para seus amigos e vizinhos.

Cindy se ofereceu para fazer o turno da noite, sabendo que Barbara Sude teria de fazer o turno do dia, para atender as ligações e escrever. As duas mulheres eram as que mais sabiam sobre a Al-Qaeda. O turno da noite conduzia o PDB ao longo do processo de edição, e Cindy podia conversar com os informantes às quatro da manhã. Ela dormiu em colchonetes durante semanas.

Alguns dias depois, Pattie Kindsvater veio falar com Cindy. Pattie era alta, reservada e tipicamente não emotiva. *Estou surtando. Você também?*, ela confidenciou. Foi um momento de transformação. Cindy sentiu que sua chefe agora era uma delas.

Bem-vinda ao contraterrorismo, disse ela. *Estamos todos enlouquecendo juntos. Sente-se.*

Algumas semanas depois, Cindy foi ao ensaio do coral em sua igreja em Arlington, em busca de consolo e alívio. Um membro do coral começou a contar histórias sobre estar ao lado do Pentágono, onde o avião foi atingido, e rastejar para fora dos escombros. Ele começou a explicar quem era Osama bin Laden. Ninguém olhou para Cindy. Mais uma vez ela teve a sensação de invisibilidade. Ela estava avisando fazia tanto tempo, tinha previsto tudo e agora parecia que ela não existia. "Eu estava sentada no fundo, pensando 'Que merda é essa?'"

***

Barbara Sude estava em sua mesa de trabalho quando alguém ligou informando que um avião havia atingido o World Trade Center. Por um instante, ela também se permitiu esperar que fosse um avião pequeno que tivesse se perdido, mas o segundo impacto lhe disse tudo o que ela precisava saber. Ciente de que estava de costas para a parede, Barbara podia sentir o medo subindo pela espinha. Ela foi designada para escrever pontos de discussão para o diretor. Na tela do computador, passava o telegrama instruindo o pessoal do contraterrorismo a permanecer no local.

Barbara se conformou com o que estava para acontecer. Seus filhos estavam seguros e seu marido trabalhava em casa. Antes de começar a falar sobre os pontos de discussão, ela disse ao chefe que queria ir ao banheiro, para o caso de ficar presa nos escombros. Se o Armagedom estivesse chegando ao prédio da CIA, ela queria enfrentá-lo com a bexiga vazia. No início da tarde, os analistas receberam os manifestos dos passageiros dos aviões sequestrados. Na lista estavam Nawaf al-Hazmi e Khalid al-Mihdhar, os dois membros da Al-Qaeda que moravam na Califórnia. Seus nomes haviam sido redescobertos nos registros da CIA em agosto, e o FBI, informado, estava à caça deles desde então. Antes de agosto, a unidade analítica de Barbara não sabia nada sobre a presença desses dois nos Estados Unidos. Os manifestos foram enviados às pressas para Tenet. Era a Al-Qaeda, com certeza.

Nos dias e noites que se seguiram, Barbara teve que trabalhar até tarde para escrever os PDB. Muitas vezes a única que restava, tarde da noite, ela começava a pensar: "Quero sair daqui". A sensação era assustadora. Se ela fosse ao banheiro, teria que trancar a porta do cofre atrás de si. Muitas vezes, ela simplesmente ficava sentada e segurava a porta. Se ela não tivesse tido a chance de jantar e estivesse faminta, acabava vasculhando as mesas. Doces? Pretzels? Qualquer coisa?

O gerente de Barbara previu que as coisas iriam se acalmar agora que o grande ataque havia acontecido. Barbara pensou consigo mesma: Isso não vai passar. Quando os relatórios de vítimas começaram a chegar, Barbara ficou sabendo que havia muitos carros no estacionamento próximo à sua casa de infância, em Long Island, cujos proprietários não vieram buscá-los no final do dia.

***

"Mallory", a agente infiltrada que havia retornado do Paquistão, depois de ter espantado os salafistas com seu jipe, estava fazendo um curso de francês antes de uma viagem à Argélia. Ela tinha ido à sede para uma reunião no sexto andar. Ao entrar, viu as pessoas olhando para a TV. O primeiro avião tinha acabado de cair. Um homem no escritório, ex-piloto do Corpo de Fuzileiros Navais, declarou que não poderia ter sido um acidente. Os aviões não voam naquela parte de Manhattan. Seu nome era Bob e havia muito tempo ele defendia que o atentado ao World Trade Center em 1993 era um prelúdio de algo pior. Eles falharam na primeira vez; vão tentar novamente. Ele ficou tão obcecado que as pessoas o evitavam. Todos estavam ali, ouvindo Bob, quando viram o segundo avião ser atingido.

O silêncio tomou conta do escritório. As pessoas olhavam umas para as outras. Em seguida, todos se sentaram em suas mesas. "Tipo, o que vocês fazem? É nosso trabalho", Mallory se lembra de ter pensado. "Nós deveríamos parar com isso. Deveríamos fazer alguma coisa. E agora? Então, todo mundo estava meio que sentado ali, esperando por uma direção. Quem devemos rastrear? O que devemos fazer? Onde precisam de nós? Vamos para onde quer que seja". Um agente de segurança entrou e disse às pessoas que o diretor estava mandando todos para casa. Peguem suas coisas, eles foram instruídos. Façam um processo ordenado.

Todos começaram a sair. Todos estavam conversando, pegando suas bolsas. Ninguém parecia estar com pressa. "E ele voltou correndo e eu nunca vou me esquecer disso, porque ele estava cinza, parecia que ia vomitar. E ele disse: 'está chegando um avião, saiam deste prédio agora mesmo. Não sabemos para onde ele está indo, saiam deste prédio. Vocês têm que sair'. Ele disse: 'Deixem suas coisas, saiam'. E ele era como um desses antigos caras de ação, e estava tremendo e assustado."

Todos tentaram sair ao mesmo tempo. As pessoas se dirigiram para as escadas e se depararam com uma multidão. "Então, estávamos lá, e lembro que as escadas estavam silenciosas. Ninguém estava falando. Foi uma coisa assustadora. E demorou cerca de trinta minutos, francamente, para descer seis andares. As pessoas estavam carregando idosos e cadeiras de rodas." Quando a força de trabalho chegou aos estacionamentos, eles ficaram parados no trânsito do complexo da CIA. "E foi simplesmente a coisa mais aterrorizante", lembrou ela. "E eu tinha estado em Peshawar. O que foi a coisa mais estranha. Foi ainda mais aterrorizante."

Mallory não conseguia escapar da sensação de fracasso. O Congresso começaria a investigar por que os ataques ocorreram e por que eles foram uma surpresa. Ela sabia que essa investigação era necessária. Mas o relatório inevitável parecia um ataque pessoal. "Durante dois anos da minha vida, eu tentei fazer a coisa certa, e pessoas morreram, e você sentia que a culpa era sua. E então as pessoas estavam dizendo que a culpa *era* sua. E isso realmente nos afetou muito. Temos de estar certos cem por cento do tempo. Eles só precisam estar certos uma vez... Foi muito difícil."

E ela se sentiu culpada. Então, é claro, tudo o que alguém diz – como: "Por que você não sabia? Você diz: 'Eu não sei. Por que eu não sabia? Será que não fiz a pergunta certa? Eu deveria ter saído naquele fim de semana, quando fiquei em casa?'"

***

Kristin Wood também estava trabalhando no quartel-general em 11 de setembro. Depois de iniciar sua carreira como analista de imagens, ela havia subido na hierarquia para se tornar uma informante de Scooter Libby, chefe de gabinete de Dick Cheney. O *briefing* era um trabalho árduo que exigia chegar ao quartel-general às duas da manhã, ler o PDB, absorver as atualizações e, em seguida, ir ao centro da cidade para entregar as informações do dia. Naquela manhã, ela havia informado Libby, e elas discutiram o assassinato de Massoud e o que isso pressagiava. Kristin voltou para a sede e estava no sétimo andar, digitando suas anotações em uma pequena sala do tamanho de um armário que serve como escritório de um informante. Um colega entrou para dizer a ela que assistisse à TV comunitária e Kristin soube que era ruim "pela expressão dele".

Ela viu o segundo avião bater e sabia quem era. Seu marido trabalhava a 20 metros de sua mesa. Eles sabiam que o prédio poderia ser um alvo. Tinham filhos pequenos e concordaram que, em uma emergência, um deles sairia para garantir que um dos pais sobrevivesse. Como o marido apoiava um diretor, Kristin desligou o computador sem se dar ao trabalho de fazer logoff; ela simplesmente saiu, descendo as escadas ao lado dos colegas. Muitos estavam chorando.

Eles não haviam percebido. "Nós falhamos." Esse foi seu único pensamento. "Não poderíamos ter feito pior." Não havia como contornar isso. Aquelas 3 mil pessoas haviam morrido e, a menos que as trouxessem de volta à vida, não havia como melhorar a situação. Não havia como fazer tudo ficar bem. Foi um grande fracasso da comunidade de inteligência. Mais tarde, Kristin se sentiria grata por pelo menos ter podido servir. A única coisa a fazer era trabalhar mais. "Como podemos garantir que isso nunca mais aconteça?"

***

Em Nova York, a estação clandestina da CIA estava operando no World Trade Center Building 7, uma torre de escritórios menor no complexo do centro comercial. Os agentes da CIA estavam perto o suficiente para ver, através das janelas, os corpos das pessoas que pulavam para escapar das chamas. Uma evacuação ordenada foi supervisionada pela chefe da estação, Mary Margaret Graham, que garantiu que ninguém se ferisse e que nenhum material confidencial fosse comprometido. Graham, amiga íntima de Heidi August, disse mais tarde que seu "primeiro pensamento", ao ver o segundo avião se chocar, foi que ela havia entrado para a agência para proteger o país e que, após 26 anos de carreira, "eu havia falhado". A estação foi destruída quando as torres gêmeas desabaram.

***

Três semanas após os ataques, Heidi August voltou da Europa para os Estados Unidos. Durante uma reunião à tarde em Stuttgart, ela assistiu à queda das torres pela CNN. Uma das primeiras coisas que Heidi fez foi ligar para o pai de Mary Margaret para se certificar de que sua amiga estava bem. Quando ela retornou aos Estados Unidos, todos na sede da CIA estavam falando sobre Bin Laden e de onde poderia vir um próximo ataque. Heidi visitou Nova York; Manhattan cheirava a queimado. No Upper East Side, havia bandeiras americanas afixadas nas janelas. "Percebi que as coisas realmente haviam mudado nos Estados Unidos. Era um país diferente quando voltei."

Terceira Parte

Conquistando seus "caras"

> Vivi 25 anos de minha vida no exterior, e, aonde quer que você vá, o nível de fracasso é diretamente proporcional à falta de envolvimento das mulheres na coisa.
>
> Milt Bearde, chefe da estação da CIA, em entrevista concedida em 2009, Museu e Memorial Nacional do 11 de Setembro

Capítulo 21
A matriz de ameaças

VIRGÍNIA DO NORTE
Setembro de 2001

Quando se preparava para dormir, Gina Bennett percebeu que não sentia o bebê se mexer havia dias. Quando os ataques ocorreram, Gina estava no quarto mês de gravidez e ainda não havia contado aos colegas de trabalho que estava grávida. Trabalhando em turnos de catorze e dezesseis horas no centro antiterrorista nos dias e semanas após o 11 de Setembro, ela se esqueceu de fazer intervalos ou de parar para beber água. Entrando na cozinha, na escuridão da casa silenciosa, ela abriu a geladeira, pegou uma caixa de suco de laranja, serviu-se de um copo, bebeu e esperou vinte minutos para que o açúcar fizesse seu trabalho. Ela não sentiu nenhum movimento.

Gina ligou para o número de emergência de seu médico, que a conectou à unidade de trabalho de parto do Arlington Hospital, que lhe disse para ir até lá para ser examinada. Gina acordou o marido e disse a ele que ia para o hospital. Os médicos determinaram que o líquido amniótico de Gina estava baixo, provavelmente devido à desidratação, e que ela tinha uma infecção do trato urinário. As enfermeiras inseriram um cateter intravenoso, encheram-na de solução salina e a medicaram com antibióticos. Às dez horas, confirmaram que não havia danos de longo prazo ao feto. Gina deixou o hospital e foi para o trabalho.

Era assim a vida nas semanas após o 11 de Setembro. No centro antiterrorista, não havia horas suficientes para fazer o que era necessário. Cada analista recebia até mil e-mails por dia: relatórios de ameaças, documentos, telegramas, matérias jornalísticas, mais relatórios de ameaças. Eles tinham todos os motivos para acreditar que haveria operações de acompanhamento. Eles sentiam o tique-taque do relógio, a pressão para encontrar a próxima conspiração a tempo de destruí-la. No CTC, foi colocada uma placa que permaneceria no local por anos: "Hoje é 12 de setembro de 2001".

***

Pattie Kindsvater, chefe de análise do centro antiterrorista, acordava frequentemente no escuro e fazia anotações. Sua equipe de analistas trabalhava sem parar. Alguns moravam perto o suficiente para ir para casa dormir, enquanto outros dormiam na sede. Pattie chegava todas as manhãs por volta das cinco horas e saía dezenove horas depois, após assinar a matriz de ameaças. Em um domingo, não muito depois dos ataques, um dos policiais começou a balbuciar durante uma conversa. Ele não dormia fazia três dias. Outro, ao entrar em um elevador no Capitólio dos Estados Unidos, começou a pensar que o voo 93 da United estava indo para Washington e teve um ataque de pânico intenso.

"Sempre que eu caminhava pelo corredor e via alguém apressado, distraído e com péssima aparência, eu podia ter certeza de que essa pessoa trabalhava no CTC", escreveu Susan Hasler em um livro de memórias não publicado que ela nunca conseguiu terminar.

As mulheres conversavam sobre seus sonhos recorrentes. O de Barbara Sude consistia em ser a última pessoa a entrar no cofre à noite. O de Susan era assim: ela estava presa em uma versão da sede ao estilo de M. C. Escher.[28] Um avião havia caído, e os funcionários tentavam escapar por escadas que desciam em espiral para o vazio. Susan, que tinha uma tendência familiar à depressão, começou a sentir uma compulsão por verificar o fogão e outros aparelhos antes de sair de casa. Ela estava tão ocupada que tinha dificuldade para comparecer a consultas médicas ou cuidar

---

28 Mauritius Cornelius Escher, morto em 1972, foi um artista gráfico holandês famoso pelos efeitos de ilusão de ótica que criava em suas obras (N. E.).

de uma fazenda de gado leiteiro que ela e o marido possuíam no Vale de Shenandoah. Pressentindo a iminência de um episódio depressivo, Susan começou a se consultar com um psiquiatra aprovado pela agência. O escitalopram ajudou, de certa forma. Ela conseguia fazer *briefings* mais claros e menos emotivos. Mas às vezes observava os visitantes entrando e saindo da sede e fantasiava sobre entregar seu crachá.

O diretor da CIA, George Tenet, pontuou que conversava frequentemente com seu vice John McLaughlin, Jim Pavitt, o diretor de operações, e Cofer Black "sobre o impacto emocional que os ataques estavam causando em nossos funcionários". Eles esperavam "uma resposta emocional" do centro antiterrorista, mas "ela nunca veio".

Pelo menos não de forma audível. As mulheres estavam aflitas e traumatizadas. Elas internalizaram sua angústia e continuaram.

***

Tenet inaugurou uma reunião diária de "matriz de ameaças" para analisar todas as ameaças que chegavam. Pattie Kindsvater e seus analistas foram instruídos a não deixar nada de fora, por mais improvável que fosse. Novas ameaças haviam começado no dia dos ataques, quando o contato francês compartilhou informações de inteligência que sugeriam outro grupo de terroristas dentro das fronteiras dos Estados Unidos, planejando uma segunda onda. Nem todas as ameaças tinham a ver com explosões, e muitas eram reais demais. Em meados de setembro, envelopes contendo esporos de antraz foram enviados para Tom Brokaw, da NBC News, e para o *New York Post*; três semanas depois, cartas semelhantes chegaram aos escritórios dos senadores norte-americanos Tom Daschle e Patrick Leahy. Cinco pessoas morreram de envenenamento por antraz e quase vinte outras ficaram doentes. O Presidente Bush e o Vice-Presidente Cheney lançaram a ideia de que a Al-Qaeda estava por trás dos ataques com antraz. Anos mais tarde, descobriu-se que o autor do ataque era um microbiologista do governo que estava se sentindo prejudicado.

A reunião da matriz de ameaças acontecia todas as tardes, às cinco horas, na sala de conferências da Tenet, em uma grande mesa de madeira.

Pattie Kindsvater ou seu assistente apresentava um gráfico, recém-saído da enorme impressora do centro, mostrando redes de números de telefone, mapas e gráficos. Havia, como disse Tenet, "um medo palpável na sala de que os Estados Unidos estivessem prestes a sofrer um novo ataque". A matriz permanecia como um documento fluido até a uma da manhã, quando era impressa e incluída no *briefing* do presidente. Em seu livro de memórias, Tenet resumiu as ameaças que os confrontaram em um único dia de novembro. Essas ameaças incluíam um relatório do golfo Pérsico de uma fonte que afirmava saber de ataques iminentes e a mesma previsão publicada em um site por um jordaniano que também havia postado em 10 de setembro dizendo que a "hora zero" estava se aproximando. Um associado da Al-Qaeda previu grandes eventos em novembro; um funcionário da embaixada egípcia na Arábia Saudita, com vínculos com a Jihad Islâmica Egípcia, enviou um fax pedindo demissão e desapareceu. Um agente sênior de Bin Laden havia compartilhado o nome de uma pessoa da Al-Qaeda que planejava uma operação suicida. E assim por diante. Na maioria dos dias, a lista se estendia por páginas. O diretor reunia pessoas para imaginar listas de alvos nos Estados Unidos: estúdios de cinema, parques de diversões, estádios esportivos, aeroportos, portos, pontes. O Monumento a Washington, a Estátua da Liberdade, o Monte Rushmore.

O centro antiterrorista era "o centro em torno do qual giravam todos os nossos esforços", observou Tenet. Todos presumiam que os ataques de 11 de Setembro eram "simplesmente a primeira onda". Muitas evidências surgiram para apoiar a probabilidade de uma segunda onda. Em 22 de dezembro de 2001, um passageiro chamado Richard Reid foi subjugado a bordo de um voo da American Airlines de Paris para Miami enquanto tentava detonar um sapato-bomba. Nas semanas, meses e anos seguintes, a Al-Qaeda e grupos afiliados realizariam ataques em todo o mundo. Em 12 de outubro de 2002, um grupo indonésio chamado Jemaah Islamiyah detonou um carro-bomba do lado de fora de uma boate em Bali. Terroristas chechenos invadiram um teatro em Moscou e mantiveram mais de oitocentas pessoas como reféns.

E a previsão de Cindy Storer se tornou realidade: os Estados Unidos pretendiam ir atrás de todo mundo. Às 20h30 do dia 11 de setembro, o

Presidente Bush fez um discurso dizendo que os criminosos seriam levados à justiça e que "não faremos distinção entre os terroristas que cometeram esses atos e aqueles que os abrigam". Dois dias depois, Tenet apresentou ao presidente um plano para a CIA assumir a liderança na guerra que se aproximava. Seu plano exigia uma ação secreta para levar a luta ao Afeganistão e a todo o mundo. Tenet argumentou que a guerra deveria ser conduzida pela inteligência, dizendo que o desafio era "encontrar o inimigo" e, depois disso, "derrotá-lo seria fácil". Cofer Black previu que os Estados Unidos poderiam derrotar o Talibã e a Al-Qaeda em "questão de semanas". Em 15 de setembro, Tenet informou o gabinete de guerra em Camp David, dizendo que a agência isolaria o Afeganistão e precisaria deter agentes em todo o mundo. Tenet, que não queria que a guerra ficasse "sob o controle do Pentágono", argumentou que eles precisavam paralisar os líderes terroristas, facilitadores, planejadores e financiadores. Ele retornou a Washington e, em 16 de setembro, "disparou um memorando" para as principais autoridades, intitulado "Estamos em guerra". Em 17 de setembro, Bush assinou um Memorando de Notificação de ação secreta concedendo à CIA autoridade para capturar e deter secretamente indivíduos "que representem uma ameaça séria e contínua de violência ou morte a pessoas e interesses dos Estados Unidos ou que planejem atividades terroristas".

O centro antiterrorista acrescentou uma seção de operações especiais e enviou agentes para trabalhar com a Aliança do Norte. Em 27 de setembro, a CIA inseriu sua primeira equipe secreta no Afeganistão: noventa agentes paramilitares, além de forças especiais e milícias afegãs. Eles enfrentaram o Talibã e mataram ou capturaram um quarto dos principais tenentes de Bin Laden, inclusive Mohammed Atef, um dos principais responsáveis pelos ataques. Rich Blee deixou a Estação Alec e foi para os campos de conflitos, e Hank Crumpton tornou-se chefe de operações especiais, designado para conquistar a cooperação dos inconstantes líderes das facções afegãs. Ele precisava de selas, ração para cavalos e milhões de dólares. Quando um funcionário da inteligência do Talibã se recusou a ajudar, os caras das operações o enrolaram em um tapete e o levaram para o território controlado pelos Estados Unidos para ser interrogado. Em 7 de outubro, as forças aéreas norte-americanas e do Reino Unido bombardearam bases do Talibã no Afeganistão, dando início à invasão liderada pelos Estados Unidos. A primeira vítima foi um oficial da agência, Mike Spann, assassinado em 25 de novembro por prisioneiros do Talibã, deixando esposa e filho pequeno.

A Al-Qaeda não foi derrotada em poucas semanas. Osama bin Laden fugiu em direção a Tora Bora. Embora trinta de seus guarda-costas tenham sido capturados caminhando pelo Paquistão, Bin Laden não estava com eles, nem seu segundo em comando, Ayman al-Zawahiri. Em janeiro, a agência informou ao presidente que o Alvo de Alto Valor (High Value Target) n.º 1 provavelmente havia lutado em Tora Bora e sobrevivido. Bin Laden havia escapado. O HVT n.º 2 também estava vivo.

Duas décadas de guerra no Afeganistão estavam apenas começando, e os desafios geográficos se estenderiam ainda mais.

"Depois que você desaloja a Al-Qaeda do Afeganistão, eles saem pelo mundo e você tem que encontrá-los novamente", disse Gina Bennett.

***

Dias após o ataque, o chefe da diretoria de inteligência, Winston Wiley, decidiu ampliar o corpo analítico do centro, e, com isso, a irmandade cresceu. Ele criou um Escritório de Análise de Terrorismo [OTA – Office of Terrorism Analysis], aumentando em dez vezes o número de analistas de contraterrorismo. Mesmo enquanto lidava com as ameaças diárias, Pattie Kindsvater – que havia passado mais de um ano implorando por uma única pessoa – foi instruída a elaborar um diagrama de como esse escritório deveria ser: nomes, unidades, descrições. Ela o concluiu em um fim de semana. A sede aprovou e decidiu que Pattie seria a segunda no comando do novo diretor, Bruce Pease. Com a criação da OTA, a agência tinha, finalmente, uma unidade de analistas antiterroristas com equipe completa – centenas deles.

Agora, as pessoas eram atiradas para eles a torto e a direito. O escritório central transferiu unidades inteiras – analistas e chefes, como se estivesse mudando casas inteiras – para o contraterrorismo. Especialistas russos chegaram e se instalaram. Uma equipe de especialistas monetários apareceu, com os lápis afiados. Os analistas militares começaram a ligar: analistas bálticos remanescentes do conflito iugoslavo, entediados, entusiasmados e ansiosos. As pessoas não podiam se candidatar; elas tinham que ser designadas. Alguns gerentes usaram o mandato para dispensar pessoas que lhes pareciam menos importantes. Um escritório decidiu que poderia prescindir de vários setores de analistas de liderança – subgrupos de cerca de quinze pessoas – e, por isso, os descartou em massa no novo escritório.

Muitos recém-chegados aceitaram o desafio. Um braço inteiro de analistas de liderança não fazia nada além de monitorar ameaças. E Barbara Sude logo percebeu o que os analistas de liderança podiam trazer para a mesa. "Eles conseguiam tirar leite de pedra", observou ela. Eles tinham um conjunto de habilidades especiais e "eram muito inteligentes com isso". Se Barbara tivesse uma parte de um nome, eles "descobriam quem era e tinham uma biografia completa. Eram pesquisadores fabulosos. Nunca tínhamos tido isso antes", disse ela, "e foi muito útil".

Em algum momento próximo ao Natal, o Escritório de Análise de Terrorismo fez uma festa de fim de ano – sóbria, com Coca-Cola – durante a qual Pease informou a Kindsvater que ele estava se mudando para o escritório da frente e que ela era a nova diretora do OTA. Feliz Natal! Kindsvater agora tinha pessoas que ela poderia usar em qualquer problema. Sua equipe tinha dinheiro. Ela tinha a atenção do cliente. Ninguém na equipe da PDB diria: *"Não vamos publicar essa matéria porque achamos que não haverá um ataque terrorista amanhã"*.

Agora eles podiam lidar com coisas difíceis e realizá-las.

***

Outra consequência do afluxo de recursos foi que as mulheres, que até então eram marginalizadas, passaram a ocupar cargos de liderança. Cindy Storer estava em toda parte, debruçada sobre as mesas, dando aulas. Em pouco tempo o cofre do subsolo não dava mais conta do contingente que trabalhava no que havia se tornado a missão central da agência. Foi encontrado um espaço para o escritório, e as integrantes da irmandade original lutaram para permanecer juntas. Susan Hasler estava no turno da noite quando foi chamada por Pattie Kindsvater, que estendeu a tabela do tamanho de um lençol. Susan pensou que se tratava de um diagrama de fiação elétrica terrorista, mas depois percebeu que retratava ela e suas colegas. Kindsvater perguntou qual escritório ela gostaria de chefiar. Susan escolheu trabalhar como analista sênior ao lado de Barbara Sude e Cindy Storer.

Entre os que chegavam, havia jovens casais – analistas casados entre si –, e pelo menos um casal tinha um bebê recém-nascido. A vida de todos estava um caos. Em uma reunião da prefeitura, George Tenet disse a eles: "Nos próximos três meses, vocês não terão uma vida fora de Langley". O fato é que as pessoas tinham. Elas tinham filhos pequenos, parentes idosos. A instituição oferecia pouca ajuda. Na prefeitura, Cindy notou que as mãos de Tenet estavam trêmulas. Ele havia perdido amigos nos ataques: Michele Heidenberger, uma comissária de bordo do voo 77, que atingiu o Pentágono; e um amigo de colégio, Bob Speisman, que estava no mesmo avião. O diretor teve que parar de falar e pedir um remédio para dor de cabeça.

O trabalho meticuloso e a jornada longa fizeram muitas outras coisas serem suspensas nos meses seguintes. Casamentos. Sexo. Cuidados com os filhos. Uma analista de contraterrorismo se sentiu mal por ter tirado uma folga quando seu marido, o principal responsável pelo filho do casal, morreu em virtude de uma hérnia rompida.

Por outro lado, o trabalho era viciante. Impedir ataques e fazer os terroristas serem capturados proporcionava gratificação instantânea. Cindy Storer foi indicada para um grupo de trabalho liderado pelo Departamento do Tesouro, representando a CIA como especialista em financiamento do terrorismo. Ter um papel de liderança foi uma experiência nova. Sob o comando de John Deutch, as únicas pessoas que conversavam com os gerentes seniores eram outros gerentes seniores. Ninguém além da gerência sênior falava com o Conselho de Segurança Nacional. Cindy achava que essa abordagem rígida tinha sido a raiz de muitos dos problemas da agência antes do 11 de Setembro; as opiniões dos analistas tinham sido sufocadas. Agora, disseram a Cindy: *Vá para o centro da cidade e resolva o problema*. Outros escritórios começaram a reclamar que os analistas de terrorismo estavam sendo promovidos mais rapidamente. Colegas invejosos diziam: *Nós estamos fazendo um trabalho inovador e vocês estão fazendo um trabalho transacional. E vocês estão sendo recompensados.*

A análise do terrorismo, como começaram a dizer aqueles que a faziam, era uma adrenalina pura.

***

O marido de Susan Hasler foi um dos muitos analistas soviéticos transferidos para a área de contraterrorismo. Ele foi encarregado de encontrar provas de que Mohammed Atta, um dos sequestradores do 11 de Setembro, havia se reunido com a inteligência iraquiana em Praga. Essa era uma teoria que o governo Bush insistia em apresentar, empenhado em encontrar uma ligação entre a Al-Qaeda e o Iraque e totalmente preparado para flanquear, passar por cima, intimidar e ignorar a CIA, em seu zelo para justificar uma guerra contra o Iraque, mesmo quando uma nova guerra contra o terrorismo estava apenas começando. O marido de Hasler escreveu um PDB atrás do outro mostrando que essa reunião nunca ocorreu. Nas noites em que seu marido tinha que ficar até tarde, Susan o esperava em um banco e se entregava à sua fantasia de renúncia.

A ansiedade de Susan Hasler piorou quando ela soube da existência de uma nova entidade chamada "célula vermelha": uma equipe de analistas seniores com poderes para passar por cima dela e de seus colegas. A célula vermelha havia sido concebida por volta da meia-noite de 12 de setembro, quando Tenet, em um momento de delírio, propôs a criação de uma equipe para "ter pensamentos contrários" e ir "pensar fora da caixa" a ponto de "estar em um código postal diferente". Um dos primeiros nomes da lista foi Paul Frandano, que Tenet descreveu como "um analista sênior treinado em Harvard, com cavanhaque e um gosto por gravatas-borboleta coloridas". O objetivo era "liberar alguns de nossos melhores funcionários" para "pensar de forma não convencional". O resultado foram relatórios com nomes do tipo "Como Osama pode tentar afundar a economia dos Estados Unidos" e "A visão da caverna de Osama". Susan Hasler ficou chocada. Relatórios especulativos eram exatamente o que ela e seus colegas não tinham permissão para escrever. As mulheres estavam pensando fora da caixa fazia quase uma década. Para Susan, a célula vermelha estava repleta de homens brancos, em sua maioria ex-especialistas soviéticos, que estavam obtendo "um nível de visibilidade, um nível de respeito e um nível de autonomia que Barbara e Cindy nunca tiveram".

Barbara Sude sentia a mesma coisa. Alguns analistas que chegavam agiam como se fossem a cavalaria, vindo para salvar o dia. "Éramos tratados como se nunca soubéssemos de nada, como se tivéssemos feito besteira", disse Barbara, uma das maiores especialistas do mundo em Al-Qaeda, que se viu "treinando todas essas pessoas novas", muitas das quais a tratavam como uma jogadora de segunda divisão. Os analistas também tinham a tarefa de fornecer material para os investigadores do Congresso. "Sabíamos que estávamos em apuros", disse Barbara, que logo foi chamada e entrevistada por membros da equipe de uma investigação conjunta do Congresso. Os analistas, é claro, sabiam que a responsabilidade era importante. Mas as perguntas da equipe do inquérito conjunto pareceram a Barbara agressivas e desdenhosas, feitas por pessoas com um "conhecimento medíocre" a respeito do que os analistas faziam. A experiência foi "horrível". Em seguida veio a investigação completa da Comissão do 11 de Setembro. Antes da publicação desse relatório, a pequena equipe original de trinta e tantos analistas do CTC foi reunida em uma mesa e informada sobre o que seria dito sobre eles. O FBI seria chamado à responsabilidade por erros como não ter prestado atenção aos relatos de uma escola de aviação de Minnesota de que um aluno adulto, Zacarias Moussaoui, queria aprender a pilotar um Boeing 747, mas não a decolar ou aterrissar. Os analistas da CIA seriam criticados por três falhas percebidas. A primeira foi o fato de não terem sido convincentes. A segunda foi a incapacidade de ligar os pontos. A terceira foi uma falha de imaginação. A última frase nunca os abandonaria. As críticas "realmente magoaram", disse Gina Bennett, que se lembra de Barbara, de temperamento equilibrado, ter ficado muito chateada. "Foi a única vez que a vi desabar em lágrimas." Barbara acha que pode ter suprimido a lembrança dessa reunião. Elas tiveram que lidar com isso de alguma forma.

A comissão também observou que "a comunidade de inteligência só descreveu a organização [Al-Qaeda], pelo menos nos documentos que vimos, em 1999". Cindy Storer, que havia se esforçado tanto para publicar um longo artigo descrevendo a Al-Qaeda em 1997, sentiu que havia sido excluída da história americana. Ela se sentiu invisível.

Em 8 de outubro de 2001, dia de seu aniversário, Cindy Storer chegou ao Pentágono para informar o subsecretário de Defesa Paul Wolfowitz. Com o joelho quebrado – ela estava passeando com o cachorro às pressas –, Cindy subiu cinco lances de escada para convencer Wolfowitz a desistir de sua ideia de que foi o Iraque que orquestrou o ataque ao World Trade Center em 1993. Wolfowitz se mostrou amigável, ouvindo enquanto Cindy tentava mostrar a ele que a teoria era "besteira". Sabendo que não havia conseguido, ela desceu mancando e deu a volta no complexo, passando por guardas da Marinha antipáticos e saídas bloqueadas.

A irmandade analítica sentiu toda a força dos neoconservadores de peso dentro do governo Bush, mesmo quando estavam lidando com ameaças e rastreando membros dispersos da Al-Qaeda. No dia seguinte aos ataques, George Tenet entrou na ala oeste da Casa Branca e viu surgir Richard Perle, um neoconservador da era Reagan que agora assessorava Donald Rumsfeld. "O Iraque tem que pagar um preço pelo que aconteceu ontem", disse Perle a Tenet, que ficou "atônito, mas não disse nada." Para Tenet, a troca de mensagens mostrou a rapidez com que o governo Bush começou a produzir uma justificativa para invadir o Iraque.

Uma semana após o ataque, Cindy e Gina receberam uma lista de perguntas da Casa Branca, questionando a possibilidade de que o Irã, o Iraque ou outra nação tivessem participado dos ataques de 11 de Setembro. As analistas escreveram uma resposta de vinte páginas, ponto a ponto, refutando a ideia. "Pareceu-me que as pessoas não conseguiam acreditar que esse grupo desorganizado no Afeganistão pudesse fazer isso sem o apoio do Estado, apesar de estarmos avisando havia dez anos que eles poderiam", disse Gina. Por volta de 22 de setembro, Gina foi chamada e informada de que se tornaria a analista da agência que estava examinando os vínculos do

Iraque com o terrorismo. Até o momento, não havia nenhum analista. Disseram a Gina que sua função era "restaurar nossa credibilidade junto ao vice-presidente", que achava que os analistas não estavam levando a sério a questão do Iraque.

Gina sabia que estava sendo prejudicada pela equipe. Ela aceitou, para que seus colegas pudessem trabalhar no alvo correto: a Al-Qaeda. Ela se lembra de ter dito que seguiria os fatos até onde eles levassem, "se por 'restaurar a credibilidade' você quer dizer que eu vou olhar debaixo de cada pedra, examinar cada coisa possível à esquerda e à direita, e dar exatamente o que encontrar, nada mais, nada menos". Ela permaneceu como a única analista do Iraque até fevereiro, quando o pai de Gina faleceu e ela entrou em licença de luto, seguida de uma breve licença-maternidade em março. Quando ela voltou, a equipe havia se expandido. Pattie Kindsvater havia sido instruída a designar mais analistas para investigar a conexão com o Iraque. Pattie deixou claro para seu próprio supervisor que, se fosse chamada para testemunhar perante um comitê do Congresso, ela diria que desviar os analistas para o Iraque significava tirar os analistas da Al-Qaeda.

Na primavera de 2002, a pressão para encontrar uma conexão com o Iraque não havia diminuído. Jami Miscik, a analista número dois da agência, reclamou com Tenet sobre uma "batida de perguntas repetitivas sobre o Iraque e a Al-Qaeda" e disse a ele que os formuladores de políticas "nunca pareciam satisfeitos com nossas respostas". A equipe de Bush queria derrubar Saddam Hussein havia anos e "aproveitou o impacto emocional do 11 de Setembro para criar uma conexão psicológica", como disse Tenet. Nunca houve "um debate sério" dentro do governo sobre se o Iraque representava uma ameaça iminente. Na reunião de guerra em Camp David, Wolfowitz estava "com ideia fixa na questão de incluir Saddam em qualquer resposta dos Estados Unidos".

A agência dedicou "esforços extraordinários" à teoria de "Mohammed Atta ter visitado Praga" – a teoria que o marido de Susan Hasler foi designado a investigar –, mas, segundo Tenet, "nunca conseguiu encontrar nenhuma evidência convincente de que a visita tivesse acontecido". É difícil provar uma negativa, então "continuaram nos pedindo para investigar o assunto".

À medida que o governo martelava sobre a guerra, o diretor da CIA, George Tenet, aprendeu da maneira mais difícil que os analistas – e não os gerentes – conheciam os detalhes e, portanto, eram as melhores pessoas para levar às reuniões informativas. Em seu livro de memórias, ele relembra uma reunião em setembro de 2002 em que o Vice-Presidente Dick Cheney, Scooter Libby e Paul Wolfowitz foram até sua sala de conferências. Tenet havia convidado um gerente para responder às perguntas deles ("sempre um erro", comentou Gina Bennett) e o gerente não foi páreo para Libby e Cheney, que tinham um "conhecimento tão detalhado sobre pessoas, fontes e cronogramas que o gerente analítico sênior da CIA, que estava fazendo o *briefing* naquele dia, simplesmente não podia competir". Tenet admitiu que a reunião foi um "desastre". Scooter Libby era um litigante de primeira linha, treinado para fazer perguntas e empilhar uma hipótese em cima da outra. "Foi ruim", disse Kristin Wood, que estava presente como observadora. "Muito ruim."

Assim começou o papel de autoridade da irmandade nas reuniões de alto nível. A partir de então, Tenet insistiu que os analistas de assuntos específicos – "pessoas que sabiam muito sobre uma gama restrita de tópicos" – fossem trazidos para as reuniões informativas. Alguns dos analistas eram novatos e juniores. Para garantir que eles não acabassem como cordeiros levados ao matadouro, Kristin Wood, chefe da equipe designada para procurar uma conexão entre o Iraque e a Al-Qaeda, criou "quadros de assassinato". Eram exercícios de encenação em que ela treinava os novatos na arte da autodefesa e da ofensa, gritando e repreendendo-os na pele de uma neoconservadora que não aceita resposta. Ela preferia que os agentes subalternos fizessem um ensaio geral, para que pudessem lidar com as instruções com calma na hora do jogo. Alguns dos estagiários reclamaram. Kristin os lembrou de que a instituição estava confiando em sua capacidade intelectual e sugeriu que eles considerassem isso uma honra. O que estava em jogo era a guerra. A pressão, disse Kristin Wood, era como estar em "estado de alerta constante – como uma frequência, uma vibração".

Em janeiro de 2003, sua equipe publicou um documento dizendo que a agência não encontrou nenhuma ligação entre Saddam Hussein e os eventos do 11 de Setembro, e nenhuma autoridade, direção ou controle iraquiano sobre a Al-Qaeda.

"Mantivemos nossa posição de que a Al-Qaeda e o Iraque não tinham uma relação operacional. Mantivemos essa posição", disse Gina Bennett. "E então eles partiram para as armas de destruição em massa".

***

A questão, na verdade, não era se os Estados Unidos entrariam em guerra no Iraque, mas quando. Em 26 de agosto de 2002, o vice-presidente fez um discurso na 103.ª Convenção Nacional dos Veteranos de Guerras Estrangeiras, dizendo que "não há dúvida de que Saddam Hussein agora tem armas de destruição em massa" e planejava usá-las contra os Estados Unidos e seus amigos e aliados. Cheney não esclareceu o discurso com a CIA, disse Tenet. Ele foi muito além do que os analistas poderiam apoiar e surpreendeu até mesmo Tenet. Mas a agência acabou cedendo à pressão. No início de 2001, o Iraque foi pego tentando importar 60 mil tubos de alumínio que, se modificados, poderiam ser usados para produzir uma arma nuclear. Uma fonte alemã, conhecido como "Curveball", informou que o país tinha trailers de produção móvel. A agência acreditou nessa informação. A análise falha foi incluída em um discurso do Secretário de Estado Colin Powell nas Nações Unidas em 5 de fevereiro de 2003. A inteligência ruim foi aceita em parte devido ao viés de confirmação – a tendência de ver apenas as evidências que confirmam uma hipótese – e porque os próprios agentes empregados para evitar esse viés foram instruídos a recuar.

"Era óbvio que Rumsfeld e Cheney estavam determinados a entrar em guerra contra o Iraque", disse Jeanne Newell, uma agente de operações da equipe que notou que o agente de relatórios de sua unidade ficou furioso quando lhe disseram para deixar passar a inteligência sem os padrões usuais de verificação. "Disseram a ele que o limite era mais baixo. A Casa Branca queria *tudo*." As agentes de relatórios, a irmandade original da CIA, desde 1947 serviam como a consciência da diretoria de operações, verificando a veracidade da inteligência para garantir que os ativos fossem confiáveis. Mas, segundo Newell, foi dito que "você pode publicar mais relatórios marginais", mesmo quando os visitantes de todo o mundo recebiam a mensagem de que os Estados Unidos estavam pagando em dinheiro pela evidência de uma conexão. "Sabendo que as pessoas estão interessadas – que o Tio Sam está interessado em informações –, as pessoas dizem qualquer coisa."

***

Cindy Storer percebeu logo no início que os formuladores de políticas estavam empenhados na guerra, e nada do que ela, como analista, dizia importava. O governo era composto por homens com ideias. As ideias impulsionam as ações, e a ideia que eles alimentavam era que Saddam Hussein seria deposto, os Estados Unidos seriam recebidos como libertadores e a democracia floresceria no Oriente Médio. Cindy não conseguiu convencê-los do contrário e, por isso, recusou-se a participar da equipe de análise do Iraque. "Eu disse: 'Já vi esse filme muitas vezes. Vocês não fizeram o que dissemos que precisava ser feito, e eu não vou limpar a bagunça'".

Mas Cindy via como sua função moldar o contexto no qual a administração tomaria decisões – iluminar o caminho do formulador de políticas para o mundo que existia, em vez daquele em que ele queria acreditar. Ela se propôs a demonstrar como as pessoas comuns se radicalizam. Trabalhando com Susan Hasler, ela produziu um trabalho convincente, ao qual se referiram como *The Ziggurat of Zealotry* [O zigurate do fanatismo, em tradução livre], usando suas habilidades visuais para descrever a jornada de um terrorista da obscuridade ao homicídio em massa.

O documento apresentava uma ilustração de um zigurate, uma torre escalonada em forma de pirâmide. O andar térreo incluía a *umma*, toda a comunidade muçulmana, com a qual todos têm um senso de obrigação. A maioria dos muçulmanos não tinha interesse na jihad nem simpatia por terroristas, e as pessoas desse nível não eram ativamente recrutadas por grupos como a Al-Qaeda. Entretanto, quando os líderes divulgam a mensagem de que "a *umma* está sendo atacada", os indivíduos suscetíveis podem ser induzidos a fazer doações para caixas de coleta nas mesquitas ou a fornecer moradia a outros muçulmanos, sem fazer perguntas. Alguns poucos poderiam passar para o segundo nível do zigurate, ativados por organizações de "convocação" e fazendo uma "transição crítica" para o serviço ativo. Um número ainda menor poderia passar para o nível três, no qual lhes era dito sobre um "*dever coletivo* de defender a fé por meio da jihad", induzido pela "ocupação percebida das terras muçulmanas" e pela "capacidade das organizações e redes internacionais de transportar e treinar combatentes jihadistas". No nível quatro, a mensagem clara era de que a *umma* estava sendo atacada e cada muçulmano "tem *o dever individual* de defendê-la" por meio da jihad. No nível cinco estava a Al-Qaeda, pregando que os muçulmanos "não estarão seguros até que todo o sistema de estado-nação seja abolido". O inimigo era "nitidamente definido como a aliança judaico-cruzada" – os Estados Unidos e Israel, com os Estados Unidos como a cabeça da serpente. O diagrama mostrava que a retórica usada por uma pessoa pode identificar em que nível do zigurate ela se encontra e que entidades como as ONGs serviam como "elevadores", puxando as pessoas para um compromisso total com a jihad.

***

O modelo de radicalização de Cindy foi considerado brilhante por seus colegas, com percepções sobre as quais outros analistas pensariam durante anos. No entanto, o artigo, concluído em 2004, não dissuadiu os neoconservadores nem informou o desenrolar dos acontecimentos. O governo invadiu o Iraque em 20 de março de 2003, deixando dezenas de milhares de iraquianos sem emprego e tornando o país mais sem lei e instável. Ao criar um vazio para o qual um novo grupo – o ISIS [Estado Islâmico do Iraque e Síria, em inglês Islamic State of Iraq and Syria] – se lançou, o governo fez o oposto do que Cindy sugeriu. A guerra acelerou a jihad em vez de restringi-la.

"Diariamente, eu observava o governo Bush rebocando um espalhador de sementes de alta capacidade pelo mundo, semeando o terrorismo. Havia algum sentido em tudo o que eu estava fazendo?", Susan Hasler escreveu em seu livro de memórias. "Em alguns dias, eu entrava em pânico claustrofóbico e tinha que correr para o subsolo para percorrer o circuito contínuo de corredores sob o antigo e o novo edifício da sede."

As pessoas no escritório de Jeanne Newell assistiram à invasão do Iraque – iniciada pouco mais de um mês após o discurso de Powell – consternadas. "Foi uma decisão estúpida. Não só foi estúpida como foi tomada de forma incorreta, dissolvendo a polícia e o exército." As forças de coalizão demitiram os iraquianos que pertenciam ao Partido Ba'ath. Durante o governo de Saddam Hussein, todos que queriam um emprego tinham que se filiar ao Partido Ba'ath. Assim, "você perdeu todos os seus especialistas em eletricidade, represas e tudo o mais". A guerra do Iraque consumiria os recursos da CIA, analistas, agentes de casos e pessoal de seleção de alvos por anos.

Os tubos de alumínio, segundo ela, acabaram se transformando em brinquedos de mesa em Langley, lembrando a insensatez do governo e a culpa da agência por ter concordado.

E a pressão continuaria mesmo após o início da invasão; em junho de 2003, a equipe de Kristin Wood foi informada de que uma grande quantidade de documentos iraquianos recém-descobertos realmente provava que Mohammed Atta, o sequestrador, havia recebido treinamento em Bagdá. Kristin se sentiu imediatamente cética, e sua equipe fez de tudo para analisar essa suposta descoberta. Examinando o conteúdo de uma carta, a equipe identificou problemas com saudações e hierarquia. As datas não coincidiam, nem os relacionamentos. A equipe fez uma parceria com o departamento de falsificação do Serviço Secreto, cujos especialistas em papel e tinta informaram que o papel era mais recente do que a data alegada. Era uma falsificação – desinformação. Kristin Wood teve que dar a notícia a Dick Cheney e Scooter Libby. Kristin continuou pensando que outra pessoa os informaria, alguém mais velho, um "adulto ". Então ela percebeu que o "alguém mais velho", o adulto, agora era ela.

Capítulo 22
As novas meninas

LAKELAND, FLÓRIDA
Setembro de 2001

Em 1981, um novo computador chamado Commodore VIC-20 chegou ao mercado – o primeiro PC de baixo custo voltado para o público em geral, perfeito para jogos e para aprender a programar. Desajeitado, bege, feio e acessível, o Commodore foi comercializado para meninos adolescentes e ajudou a estabelecer o domínio masculino no setor de computadores à medida que ele se expandia. Rosa Smothers comprou o seu em meados da década de 1980, usado e já ultrapassado. Smothers não era um garoto, mas adorava sistemas e começou a comprar mais quando podia pagar por eles. Ao se formar em uma faculdade comunitária da Flórida, ela encontrou seu caminho na gestão de informações e se acostumou a ser a única mulher em uma festa de aficionados por tecnologia.

Em 11 de setembro de 2001, Rosa, agora com 28 anos, estava instalando um software para um cliente em Lakeland, na Flórida, quando ouviu as pessoas dizendo que um avião havia atingido o World Trade Center. Como não havia uma TV por perto, ela manteve a cabeça baixa e continuou trabalhando, imaginando um pequeno bimotor, como um avião agrícola. Foi somente durante o trajeto para casa, ouvindo o rádio, que ela percebeu que o inferno estava acontecendo em Washington e Nova York. Mas Rosa só compreendeu o escopo quando voltou para seu apartamento e ligou a TV.

Até então, os eventos no Oriente Médio e no sul da Ásia pareciam para Rosa Smothers não sem importância – exatamente – mas sem relevância para sua vida diária. Agora, sua curiosidade despertada parecia ilimitada. Leitora ávida, ela queria entender o passado de Osama bin Laden e tudo mais sobre ele: sua família, filhos, esposas. Por que um homem de grande riqueza abriria mão de tudo para viver em uma caverna e matar milhares de pessoas? Por que ele se arriscaria a sofrer a inevitável retaliação? Ela consultou livros da biblioteca e entrou na internet. Estudou tudo o que Bin Laden disse em público, inclusive sua declaração de guerra contra os Estados Unidos.

Quanto mais lia, mais Rosa Smothers sentia uma emoção: o desejo de vingança. Ela se mudou para Tallahassee e se matriculou na Universidade Estadual da Flórida, formando-se em estudos de informação. Em uma feira de empregos, ela conversou com um recrutador da Agência de Inteligência da Defesa, que pediu suas informações de contato. Logo em seguida, recebeu uma oferta de emprego.

Nessa época, Rosa já havia acumulado cerca de vinte computadores. Ela colocou todos eles em sua caminhonete, deu-os de presente a amigos, despediu-se dos pais, dirigiu para o norte pela I-95 e alugou um apartamento no centro de Washington. Em seu primeiro dia de trabalho, as condições do escritório a deixaram desanimada; levou três meses para conseguir um computador, embora tivesse sido contratada para estudar o uso da internet pelos terroristas. Suas análises logo chegaram à CIA, que a contratou e criou sua conta no dia em que ela chegou. Em questão de poucos anos, Smothers passou de técnica de TI a analista de terrorismo da CIA.

No início dos anos 2000, a internet ainda era um mistério para muitos usuários, e Rosa observou a evolução da usabilidade da Al-Qaeda com a tecnologia digital. Quando ela começou, os terroristas não estavam usando computadores com "com o máximo de senso de paranoia saudável que poderiam ter", como ela disse. Osama bin Laden era engenheiro, e seu número dois, Ayman al-Zawahiri, era cirurgião. Nenhuma das carreiras exigia o conhecimento de computadores em si. Os terroristas geralmente se concentravam mais em levar uma mensagem até o destino do que nas vulnerabilidades ao longo do caminho. Ela teve o prazer de descobrir que havia brechas que podiam ser hackeadas.

Smothers também sabia que os computadores são como qualquer outro produto de consumo; a maneira de usá-los depende de seu gênero, idade, sociedade, educação e localização. O modo como os terroristas usavam a tecnologia no Afeganistão ou no Paquistão era diferente do modo como eles a usavam no Sudeste Asiático. Todos esses aspectos mudaram com o tempo. Anos antes da existência do YouTube e do Dropbox, os terroristas encontraram maneiras de produzir vídeos jihadistas e colocá-los em diretórios ocultos onde os recrutas podiam vê-los. Com o surgimento das mídias sociais, os terroristas melhoraram na produção de vídeos e no uso da internet para a radicalização.

Smothers também aprendeu que a paixão pela tecnologia transcendia barreiras de idioma, cultura e até mesmo de gênero. Ao participar de uma sessão de interrogatório com um ativo do Oriente Médio bem versado no uso da internet por terroristas, ela foi designada para o papel principal quando ficou claro que o ativo gostava mais das perguntas dela do que das de seu supervisor. "Éramos", ela descobriu, "ambos inerentemente nerds."

***

Como milhares de americanos, Rosa Smothers juntou-se ao esforço de contraterrorismo em um momento de agitação e expansão na comunidade de inteligência americana, quando a mão de obra começou a chegar – e com ela uma nova geração de mulheres. Algumas, como ela, abandonaram carreiras existentes em áreas como gestão de desastres, direito e tecnologia. Algumas vieram diretamente da faculdade. Ainda não era possível para as mulheres ocuparem um papel de combate na linha de frente, e o trabalho de espionagem oferecia uma maneira de defender a pátria. "As mulheres queriam estar na luta, e é assim que se faz", observou Cindy Storer. "Você não vai estar na linha de frente com uma arma – não naquela época. Depois, mas não naquele momento. Mas, com certeza, você poderia pegar os filhos da puta."

O contraterrorismo tornou-se um trabalho de alta visibilidade. "Recebemos um grande número de pessoas", disse Mallory, a agente do caso, que mergulhou em uma luta que se espalhava pelo mundo à medida que os grupos terroristas se dividiam e se multiplicavam. Na Argélia, onde os terroristas estavam tentando matar seu chefe de estação, os policiais rastrearam os líderes da "Al-Qaeda no Magreb". Grupos menores abriram franquias da Al-Qaeda. Era como comprar uma franquia do Subway; o grupo pagava o que equivalia a um escritório central da Al-Qaeda para se beneficiar de mídia social, videografia e outros recursos. Entre as conspirações que Mallory trabalhou para impedir estava uma sobre colocar ricina, um veneno, no creme para as mãos da Nivea. A pressão sobre os agentes de operações tornou-se mais intensa. Antes do 11 de Setembro, o recrutamento de ativos era estratégico e de alto nível. No Paquistão, os agentes de casos limitaram seu recrutamento ao círculo interno do Presidente Pervez Musharraf. "Queríamos seus guarda-costas. Queríamos os militares. Queríamos a questão da bomba nuclear. Não nos importávamos com as coisas econômicas de baixo nível." Mas, "quando muitas pessoas chegaram e o 11 de Setembro aconteceu e todas as nossas falhas foram divulgadas, nos disseram: por que vocês não estão cobrando a infraestrutura de petróleo? Por que não estão cobrando todas essas coisas diferentes para as quais vocês francamente não tinham tempo?"

Os ataques serviram como uma injeção de hormônio do crescimento nas fileiras da CIA. A proibição discriminatória de agentes gays e lésbicas havia sido suspensa em 1995, quando o Presidente Bill Clinton assinou uma ordem executiva dizendo que as autorizações de segurança não poderiam ser negadas com base na orientação sexual. Gays e lésbicas se uniram ao esforço contra um adversário retrógrado que se opunha à aceitação que a sociedade ocidental, ainda que lentamente, estava começando a demonstrar em relação a casais do mesmo sexo. Em 11 de setembro, Holly Bond tinha acabado de voltar de uma viagem à Irlanda para visitar uma mulher que havia conhecido. Holly tinha a intenção de encontrar trabalho na Irlanda e ver o que acontecia entre elas. Após os ataques, Bond mudou de ideia. Ex-agente de inteligência militar, ela decidiu terminar seu curso universitário para se qualificar para um emprego na CIA. Depois de se formar na American University, Bond se inscreveu na unidade da CIA encarregada de desarmar dispositivos explosivos improvisados [IED – improvised explosive devices] e treinar parceiros de ligação.

Ela havia trabalhado em um esquadrão antibombas nas forças armadas, fazendo um curso exaustivo que "não se assemelhava a nada que eu já tivesse feito ou tivesse que fazer desde então". Um dia de treinamento poderia consistir em nove horas de aprendizado sobre dez tipos de minas terrestres, absorvendo instruções sobre armas e munições – americanas, russas, italianas, alemãs, japonesas –, seguido de refeição, seguido de sala de estudos das seis às dez. Os instrutores os testavam jogando as munições para serem desarmadas. Ela foi para o Iraque para treinar pessoas e ajudar os agentes de casos da CIA a verificar as fontes. Se um ativo alegasse fazer parte de um grupo de fabricação de bombas, Holly poderia ajudar a avaliar se isso era verdade. Em seguida, Holly entrou para o "grupo de acesso físico" – a equipe de especialistas da agência em arrombamento e invasão. Mesmo lá, ela encontrou divisões por sexo. Quando se juntou ao domínio mais intrigante para ela – fechaduras de máquinas –, achou curioso que as fechaduras fossem um domínio exclusivamente masculino. Afinal de contas, duas mulheres paradas na porta de um quarto de hotel, tarde da noite, fazendo uma entrada clandestina, parecem muito menos suspeitas do que dois homens. Elas poderiam ser prostitutas, acompanhantes, namoradas. Mas, para qualquer pessoa, o acesso físico era um trabalho de alto risco e as consequências de ser pego eram terríveis. As equipes eram primorosamente bem preparadas. Ela achava a logística e a capacidade técnica da CIA extraordinárias. O trabalho de acesso físico era o emprego dos sonhos. Bond se lembra de ter pensado: "Você está me dizendo que eu sou a primeira mulher a fazer isso?".

As funções das mulheres também se expandiram na sede, pois a agência começou a fechar unidades antigas e abrir novas. Trabalhos obscuros tornaram-se de alto perfil. Muitas vezes, esses trabalhos eram em áreas para as quais as mulheres haviam sido orientadas. Caçar terroristas exigia habilidades que agora eram consideradas importantes, de uma forma que não eram antes. Apesar de todas as reuniões, documentos técnicos, estudos, esforços de "aluguel de saias", comissões de teto de vidro, sessões de treinamento externas, desculpas televisionadas, reclamações da EEOC, ações judiciais de discriminação sexual e grupos de foco realizados durante décadas, o que foi necessário para promover as mulheres na CIA acabou sendo um desastre em grande escala.

Um dos motivos para a ascensão das mulheres foi o fato de analistas como Gina Bennett, Barbara Sude, Kristin Wood e Cindy Storer terem atingido um ponto de maturidade em suas carreiras e poderem exercer mais influência. Outro motivo foi o amadurecimento de técnicas como a seleção de alvos, que se tornaram, nessa área, tão importantes quanto o antiquado recrutamento humano em nível de rua. O longo e desconhecido trabalho das mulheres do cofre, que escreviam perfis biográficos e informatizavam cartões 3 x 5, surgiu como o conjunto de habilidades necessárias para "encontrar o inimigo", como Tenet havia dito, onde ele residia. À medida que a seleção de alvos ganhava respeitabilidade e se tornava uma carreira importante, agentes de duas categorias óbvias eram recrutados para ela (alguns diriam lançados nela). A primeira era a de analistas de liderança; a segunda era a de agentes de operações de equipe [SOO – staff operations officers], as chamadas "mulheres-tênis", cujas funções incluíam o controle do tráfego de telegramas e que, portanto, estavam bem posicionadas para rastrear uma única pessoa enquanto ela viajava: um tadjique, por exemplo, a caminho de Kampala. Ambas as disciplinas eram majoritariamente femininas, pois até então eram vistas como secundárias.

A intensidade do trabalho afetou essas mulheres, suas vidas e relacionamentos, assim como a vida de chefe de estação no exterior – estresse, alcoolismo, excesso de trabalho – afetou os homens. "O contraterrorismo em geral simplesmente devorava as pessoas com sua paixão por ele", observou Sue Gordon, ex-funcionária de alto escalão da CIA que, de 2017 a 2019, atuou como diretora adjunta Principal de Inteligência Nacional, um título pomposo para uma função exaltada familiarmente chamada de P-Diddy. "Para entender o contraterrorismo, é preciso entender que a comunidade de inteligência e a CIA, em particular, sentiram que haviam falhado com a nação. A ideia dos ataques de 11 de Setembro foi um ataque à nossa responsabilidade. O contraterrorismo consumiu todos que participaram dele, pois precisávamos fazê-lo porque havíamos falhado."

Mike Sulick, cuja esposa, Shirley, foi um grande trunfo para sua carreira em Moscou e em outros lugares, tornou-se chefe do serviço clandestino em 2007. Ele também ficou impressionado com a elevada presença de analistas de alvos. O combate ao terrorismo exige um conjunto de habilidades diferente do combate ao comunismo. "É fácil para um sujeito dar uma saída no Peru e ir a uma festa, e ele nem precisa ler um livro. Tudo o que ele precisa fazer é dizer: 'Olhe para mim. Quer uma bebida? Vodca? Eu poderia virar várias doses com você, Ivan'". Mas, quando se trata de encontrar Osama bin Laden, "é preciso paciência e trabalho".

Nas reuniões das cinco horas de Tenet, os funcionários de alto escalão levavam suas selecionadoras de alvos para não serem pegos de surpresa. O diretor da CIA "disparava perguntas, e elas se lembravam de tudo o que havia acontecido aqui, e essa era a conexão com tudo isso. Elas estavam tão fundamentadas, imersas".

Sulick acrescentou: "Eu provavelmente deixaria de ser um terrorista se conhecesse essas mulheres e soubesse o que elas sabem sobre mim e minha laia".

***

Mas a crescente proeminência das mulheres também ocorreu em um momento sombrio, quando o trabalho de inteligência passou a incluir operações angustiantes de um tipo em que a agência nunca havia se envolvido. Antes do 11 de Setembro, muitas operações "cinéticas" eram regidas pelo conceito conhecido como "encontrar, consertar e terminar", que significava encontrar um terrorista e persuadir o FBI ou um serviço de ligação cooperativo a interromper sua capacidade de fazer negócios. Depois do 11 de Setembro, "encontrar, consertar e terminar" assumiu um escopo mais claramente letal. Poderia significar localizar um ser humano para prendê-lo ou sequestrá-lo para ser levado a uma prisão secreta. Inicialmente, o objetivo principal, após localizar um terrorista, era detê-lo e descobrir o que ele sabia. Eventualmente, na era dos ataques de drones, isso também significaria matá-lo. Ao ajudar a colocar o X na cabeça de um ser humano, os analistas e os selecionadores de alvos estavam moralmente envolvidos na finalização. "Colocamos ogivas nas testas" tornou-se uma forma de humor ácido entre o corpo analítico.

Entretanto, não foi a primeira vez na história dos Estados Unidos que o trabalho de inteligência nos bastidores levou à morte de combatentes distantes, nem a primeira vez que mulheres estiveram envolvidas. Durante a Segunda Guerra Mundial, milhares de mulheres foram a Washington para decifrar as mensagens codificadas usadas pelos navios de suprimentos japoneses no oceano Pacífico e pelos submarinos alemães no Atlântico. Seu trabalho permitiu que os comandantes de submarinos norte-americanos afundassem os navios inimigos, causando a perda de dezenas de milhares de vidas do Eixo. Essas mulheres entendiam isso. Elas estavam em guerra. Em abril de 1943, houve uma explosão de aplausos – com a participação das mulheres – em um complexo de Washington depois que o exército americano abateu o avião que transportava o Almirante Yamamoto, comandante da Marinha japonesa e mentor dos ataques a Pearl Harbor, usando inteligência de quebra de código. O abate de Yamamoto forneceu parte da justificativa legal para o assassinato autorizado após os ataques de 11 de Setembro.

Para os analistas do século XXI, o trabalho do inimigo era remoto – porém não mais invisível. As mulheres entraram em um período terrível, em que até mesmo o agente mais ocupado era obrigado a presenciar as atrocidades mais indescritíveis. Em 2002, o repórter *do Wall Street Journal* Daniel Pearl foi sequestrado em Karachi e decapitado, seu assassinato foi filmado em uma câmera de vídeo e as fitas foram distribuídas. Em 7 de maio de 2004, Nicholas Berg, um técnico de rádio freelancer americano de 26 anos, foi decapitado no Iraque por combatentes islâmicos que publicaram o vídeo do crime na internet. O executor, Abu Musab al-Zarqawi, deu início a uma onda de assassinatos em massa no Iraque. Os analistas tiveram que não apenas assistir aos vídeos, mas estudá-los. "Nós, que trabalhamos com alvos de contraterrorismo, vimos coisas horríveis", disse Rosa Smothers, a jovem da Flórida que viajou em sua caminhonete para ajudar no reforço. "Decapitar alguém não leva cinco segundos. São necessários vários minutos de cortes." Ao voltar do Iraque, ela se viu andando em círculos pela cozinha de seus pais, sem conseguir falar ou dormir.

A mudança de tom foi sentida em toda a comunidade de inteligência. Os matemáticos e analistas da Agência de Segurança Nacional em Fort Meade, Maryland, tiveram que se conformar em saber que seu trabalho estava sendo usado para fixar coordenadas para ataques de drones contra terroristas e, possivelmente, contra mulheres e crianças que viajavam com eles. Alguns se demitiram. "Muitos analistas da NSA não queriam fazer isso", disse Linda Millis, historiadora da inteligência que leciona na Marymount University, na Virgínia, e que trabalhou na CIA e na NSA durante a Guerra Fria. Como parte de seu próprio trabalho, ela espionou cientistas para ver quais armas nucleares eles estavam desenvolvendo. Isso parecia diferente de dizer "Vou dar as coordenadas para que você possa jogar uma bomba em alguém e matá-lo".

"A diferença entre a CIA antes e depois de 11 de Setembro é drástica", disse Millis. Os ataques daquele dia atraíram agentes com uma abordagem mais militar, mais à direita, mesmo quando a agência estava tentando se diversificar. Isso criou um choque de culturas.

A presença visível de mulheres na CIA, mais de meio século após sua fundação, foi uma das maiores mudanças culturais. "Se você quiser pensar em termos de carma sobre isso, sobre como o universo se alinhou", pense em como teria sido o mundo sem as mulheres desempenhando um papel de liderança após os ataques, sugere Sue Gordon. "Se o 11 de Setembro e a caçada a Osama bin Laden tivessem acontecido, digamos, no início da minha carreira, quando a disciplina [de seleção de alvos] ainda não havia sido realmente implantada, quando não havia tantas mulheres", não está claro que a caçada a Osama bin Laden teria sido bem-sucedida, nem a guerra mais ampla contra o terrorismo. A composição de gênero da equipe que perseguia Bin Laden – não apenas os selecionadores de alvos, mas também os agentes de casos e os pilotos de drones – era tão perceptível que Nicholas Dujmovic, historiador da agência, se perguntou o que Bin Laden teria pensado se soubesse quem estava vindo atrás dele.

Capítulo 23
Colocando ogivas na testa

LOCAIS NO EXTERIOR
2003

Nos meses que se seguiram aos ataques de 11 de Setembro, Cindy Storer se viu consultando uma equipe de operações que se dirigia ao Afeganistão em busca de uma célula terrorista sobre a qual ela sabia muito. Ela estava compartilhando o que sabia quando um agente de operações começou a falar sobre encontrar "um navio em alto-mar" para levar um terrorista condenado. Cindy era suficientemente estudiosa da história para saber o que isso provavelmente significava: eles o estavam levando para um lugar onde a lei internacional não se aplicava, para que medidas coercitivas, possivelmente a tortura, pudessem ser usadas. Sua suspeita estava certa: à medida que a briga aumentava, a agência começou a empregar abuso físico e psicológico para tentar fazer as pessoas divulgarem informações. "Tomei a decisão naquele momento, não queria ter nada a ver com isso", disse ela mais tarde. "Contei à minha gerência. Disse: 'Não quero ter nada a ver com isso e vocês não podem me obrigar'." Em vez disso, ela dedicou seu tempo à análise de ataques no exterior em Madri, Londres e Bali, "um fluxo constante de ataques terroristas nos primeiros três anos".

Os anos de 2002 e 2003 inauguraram um período profundamente complexo, em que a irmandade lidou com o remorso, o sentimento de culpa, o luto e a necessidade de decidir rapidamente até onde estavam dispostas a ir para ter acesso às informações e realizar seu trabalho. As mulheres tiveram que examinar seus próprios motivos não apenas para permanecer na luta, mas para aumentá-la a ponto de se tornarem agressoras. Em graus variados, cada mulher, assim como cada homem, teve de avaliar se estava disposta a fazer parte de um esforço que incluía métodos que muitos consideravam tortura – ou se recusaria, como Cindy, ou até mesmo se demitiria. Os sentimentos das mulheres sobre sua própria cumplicidade evoluiriam com o tempo, e suas respostas a esse inventário moral variavam.

***

O programa de "interrogatório aprimorado" da agência começou, em meio à pressa e ao caos, em março de 2002, quando autoridades paquistanesas invadiram vários esconderijos em Faisalabad e prenderam mais de duas dúzias de membros da Al-Qaeda. Entre eles estava Abu Zubaydah, um especialista em logística que dirigia um campo de treinamento que se acreditava ter ligações com Bin Laden. Abu Zubaydah foi baleado e ferido durante sua captura, e a CIA se viu na posição peculiar de tentar manter um terrorista vivo para descobrir o que ele sabia. Advogados foram contratados, e foi tomada a decisão de manter os "Detentos de Alto Valor" para interrogatório.

Que tipo de técnicas poderiam ser usadas contra ele? A lei dos Estados Unidos proibia a tortura, assim como as Convenções de Genebra. Os advogados do governo Bush apresentaram a justificativa de que (1) certos métodos físicos não eram tortura em si e, (2) mesmo que fossem, não havia problema se o abuso ocorresse em um país que o permitisse. Os chamados memorandos sobre tortura foram elaborados por advogados do Departamento de Justiça em agosto de 2002, sendo o primeiro deles redigido pelo procurador assistente adjunto John Yoo. Eles deram ao presidente o poder de ordenar um interrogatório reforçado de terroristas capturados e protegeram os interrogadores de responsabilidade. Entre outras coisas, o memorando descrevia que táticas como afogamento e confinamento de suspeitos em uma pequena caixa não violavam a lei de tortura. De acordo com Tenet, as técnicas "mais agressivas" eram reservadas para "um punhado dos piores terroristas do planeta". Permitidas ou não, até mesmo muitos funcionários da CIA que sabiam ou tomaram conhecimento dessas técnicas as consideraram, como disse um deles, "moralmente indefensáveis".

Os interrogatórios foram realizados em países cuja cooperação teve que ser garantida primeiro. Com dificuldade para encontrar um local para transportar Abu Zubaydah, a agência o enviou para uma prisão secreta na Tailândia, onde ele se recuperou dos ferimentos e, em agosto de 2002, foi interrogado por duas semanas "quase 24 horas por dia", de acordo com um relatório exaustivo divulgado pelo Comitê de Inteligência do Senado a pedido de sua presidente, a senadora democrata da Califórnia Dianne Feinstein. As técnicas incluíam *waterboarding*, um método no qual um interrogador coloca um pano sobre a boca do detento e outro derrama água sobre ela para simular a sensação de afogamento, com um limite de dez segundos. Zubaydah, de acordo com uma fonte da CIA, foi afogado 83 vezes, submetido a privação de sono e trancado em uma caixa do tamanho de um caixão por onze dias. Os agentes que empregaram esses métodos foram treinados por uma dupla de psicólogos, veteranos da Força Aérea que trabalhavam como prestadores de serviços, James Elmer Mitchell e John Bruce Jessen, que também aplicaram as técnicas.

Assistir ao afogamento de Zubaydah foi tão perturbador que os agentes da CIA presentes ficaram "visual e psicologicamente muito desconfortáveis", de acordo com um relatório do Senado que disse que testemunhar uma sessão inicial "teve um efeito profundo em todos os membros da equipe presentes". Os agentes estavam chocados e ameaçando se transferir. Ao ser submetido ao *waterboard*, Zubaydah ficou "completamente sem reação, com bolhas saindo pela boca aberta e cheia".

O relatório do Senado também concluiu que a importância de Abu Zubaydah havia sido exagerada. Ele havia sido "erroneamente apresentado" como um "tenente sênior da Al-Qaeda", e o campo que ele dirigia não estava ligado a Bin Laden. No entanto, ele identificou Khalid Sheikh Mohammed a partir de uma foto e revelou seu papel central na conspiração dos ataques de 11 de Setembro. Jennifer Matthews, um dos membros fundadores da Estação Alec, conhecia profundamente a região da fronteira entre o Afeganistão e o Paquistão e foi fundamental para a captura de Abu Zubaydah. Matthews viajou para a Tailândia e esteve presente durante seus interrogatórios. Ela transmitiu as informações para o quartel-general, onde Gina Bennett teve que absorver as duras notícias sobre o papel fundamental de KSM, pois o havia rastreado na década de 1990, mas desistiu.

Em 1.º de março de 2003, agentes da CIA e paquistaneses capturaram o próprio Khalid Sheikh Mohammed, com a ajuda de um agente que se escondeu em um banheiro e enviou uma mensagem de texto informando sua localização em um esconderijo em Rawalpindi, no Paquistão. A CIA levou o arquiteto do 11 de Setembro para uma prisão secreta na Polônia, onde, durante semanas, o propagandista da Al-Qaeda foi submetido a tapas, a um muro – ser batido contra uma parede – e a afogamento, enquanto os agentes da CIA procuravam descobrir quais novas operações poderiam estar sendo planejadas. "Quero saber o que ele sabe, e quero saber rápido", disse o diretor de operações Jim Pavitt. KSM, de acordo com Tenet, confessaria seu envolvimento nos ataques de 11 de Setembro; na tentativa de atentado no sapato-bomba de Richard Reid; nos ataques ao WTC em 1993; e na decapitação de Daniel Pearl.

Entre os que participaram do interrogatório reforçado de KSM estava Alfreda Bikowsky, a volúvel ex-estudante de graduação que havia dito a Dewey Clarridge que queria combater o mal, e que agora servia como subchefe da Estação Alec. Entre os fatores que contribuíram para sua ascensão estavam seu amplo conhecimento e seu jeito despachado e esperto nas reuniões informativas. Tenet era conhecido por gostar de informantes dramáticos que traziam clareza e paixão para a mesa de conferência, e Bikowsky estava entre os mais articulados e vívidos. Em uma reunião, Tenet ficou tão desapontado com um relator – sério, cuidadoso e monótono – que pediu um intervalo e convocou Bikowsky para substituí-lo.

Freda – como as pessoas a chamavam – desempenhou um papel não apenas nas sessões de afogamento, mas também na formação da estratégia usada para defendê-las. Em 2004, dois anos após o início do programa, o escritório do inspetor-geral da CIA começou a investigar possíveis abusos.

"Vamos nos inclinar para a frente [sic]" na defesa do programa, ela pediu aos colegas. Técnicas como afogamento, privação de sono e posições de estresse – ela argumentou em telegramas – eram "fundamentais para desbloquear" a inteligência para salvar vidas americanas. Ela escreveu um e-mail em 2004 dizendo que as informações de KSM e de outros haviam salvado "várias centenas, talvez milhares, de vidas". Outros funcionários de alto nível da CIA apresentaram o mesmo argumento ao Congresso, muitas vezes usando os memorandos de Bikowsky como apoio. Entre eles estavam Jose Rodriguez, que sucedeu Cofer Black como chefe do CTC, e o sucessor de Tenet, o diretor da CIA Michael Hayden.

O relatório do Senado, divulgado em 2014, com mais de quinhentas páginas apenas em sua versão pública e editada, desmascarou essas alegações de eficácia. O relatório concluiu que as técnicas coercitivas eram inúteis ou contraproducentes. As notas de rodapé sugerem que alguns dos telegramas de Bikowsky provocaram revirar de olhos entre os colegas. Um deles descrevia Abu Zubaydah como sendo desafiador e declarando que os Estados Unidos eram fracos. "Tudo o que li indicava que ele usava uma estratégia de resistência não desafiadora [sic]", escreveu um colega. Outro respondeu que a história era "provavelmente uma combinação" de Alfreda Bikowsky e outro agente, e "vou deixar por isso mesmo".

A linguagem nos telegramas às vezes se aproxima de uma espécie de euforia. Em 2003, Bikowsky sugeriu que estava ansiosa para perguntar a KSM sobre a afirmação de um detento de que um grupo de muçulmanos afro-americanos convertidos estava matriculado em campos de treinamento da Al-Qaeda. Ela escreveu que estava "adorando" a história dos muçulmanos negros e que "Mukie", como ela chamava KSM, "vai odiar a vida por causa disso". Mas, de acordo com o relatório, ela havia cometido um erro; interpretando erroneamente o relatório do primeiro detento, ela pensou que os trainees já estivessem nos Estados Unidos. KSM, que regularmente fornecia informações falsas a seus interrogadores, afirmou isso e depois se retratou. Os supostos convertidos eram uma ficção, e o erro levou a uma perseguição aos muçulmanos negros em Montana, entre tantos outros lugares.

O relatório concluiu que Bikowsky também fez parte de uma operação que resultou no sequestro de pelo menos uma pessoa inocente. Um cidadão alemão, Khalid El-Masri, foi preso enquanto viajava em um ônibus na Macedônia e entregue à CIA. Levado de avião para o Afeganistão, ele foi interrogado e liberado quase cinco meses depois, após a agência perceber que ele não era membro da Al-Qaeda; seu nome se assemelhava ao de um homem associado a um sequestrador do 11 de Setembro. Um ex-agente da inteligência disse à NBC que os erros e as ofuscações de Bikowsky eram tão grandes que "ela deveria ser levada a julgamento e presa pelo que fez".

O relatório do Senado argumentou que uma técnica chamada "construção de relacionamento" produzia uma inteligência melhor, apontando que KSM e outros responderam a "confortos de criaturas e senso de importância". Uma parte importante da inteligência – de que Bin Laden era visto com frequência com um mensageiro chamado Abu Ahmed al-Kuwaiti – foi compartilhada por um detento em um ambiente descontraído. O detento, Hassan Ghul, estava em uma casa segura, "literalmente tomando chá", de acordo com Nada Bakos, uma selecionadora de alvos no Iraque. "Ele não estava algemado a nada. Estava tendo uma conversa livre", durante a qual falou sobre líderes, suas localizações, movimentação, segurança operacional e treinamento.

***

À medida que o programa de coerção continuava e se tornava público, surgiam protestos e desconforto. O acúmulo de detentos e o tratamento que receberam surgiram como um dos momentos mais baixos da América pós-11 de Setembro. A repulsa pública foi exacerbada pelas revelações de tortura e outras atrocidades cometidas na prisão militar dos Estados Unidos em Abu Ghraib, cujos relatos surgiram em 2004. Em novembro de 2007, a agência realizou seu último interrogatório reforçado e, em 2009, as prisões secretas foram fechadas. Mas alguns prisioneiros enviados para a baía de Guantánamo permaneceram lá por dezessete anos, segundo a contagem atual. A identidade de Bikowsky foi protegida no relatório do Senado e, à medida que o terrorismo se espalhou e mudou de forma, a

Estação Alec foi rebatizada como Global Jihad e ela se tornou sua chefe. Alguns colegas ficaram chocados por ter sido "encarregada de tanto poder", de acordo com uma investigação da NBC. Mas um ex-agente da CIA, John Maguire, disse à NBC que, embora o relatório do Senado fosse, em sua maior parte, preciso – afirmando, por exemplo, que a tortura não funcionava –, Alfreda Bikowsky, cuja identidade ainda estava protegida, era uma "analista extraordinariamente capaz".

"Ela tem uma personalidade cáustica, mas é assustadoramente inteligente e sabe mais sobre a Al-Qaeda do que praticamente qualquer outra pessoa na CIA. Bikowsky é difícil de lidar, mas traz muito para a mesa", disse ele. "Ela não tinha medo de cometer erros". Outro alto funcionário do CTC, entrevistado para este livro, disse que ela tinha um grande número de grupos para rastrear; seu jeito hiperativo lhe permitia fazer isso habilmente; não era simpática, mas seu "conhecimento era enciclopédico".

Bikowsky quebrou seu próprio disfarce depois de se aposentar da agência em 2021. Em uma entrevista para este livro, ela não expressou nenhum arrependimento sobre o papel que desempenhou no programa de interrogatório avançado. Bikowsky descreveu o programa como "um trabalho que acho que ninguém queria que acontecesse", enfatizando que atuou como "especialista no assunto" e não como interrogadora. Ela se entusiasmou com a possibilidade de obter informações "direto da fonte" e sentiu que isso era "absolutamente necessário" e que informações importantes foram obtidas. Reconhecendo que "pessoas razoáveis podem discordar" quanto à moralidade do programa, Bikowsky afirmou que a ação da CIA "tinha 100% de autoridade legal" e que "posso dizer, sem qualquer equívoco, que nunca me pediram para fazer algo que eu acreditasse ser imoral ou ilegal, nem nunca testemunhei isso".

Ela achava que os autores do relatório do Senado tinham o benefício da retrospectiva, enquanto "nós estávamos juntando as peças em tempo real". Bikowsky recordou a urgência que sentiu nos dias após o 11 de Setembro, lembrando-se de estar sentada no escritório de Rich Blee poucos dias após os ataques e de ouvir falar de uma arma nuclear tática na cidade de Nova York. "Foi um pandemônio. Foi uma loucura". Ela se opôs às matérias escritas a seu respeito enquanto estava sob disfarce, muitas vezes mencionando seu cabelo e a cor do batom – "como se estivessem pintando um quadro da Cruella de Vil".

Na época de sua aposentadoria, Bikowsky havia se casado com Mike Scheuer, ex-diretor da Estação Alec, e se reinventou como coach de vida. Em um determinado momento, de acordo com a Reuters, ela tinha um site de beleza, o YBeU Beauty, voltado para ajudar as mulheres a "ter uma boa aparência, sentir-se bem e fazer o bem". No site, ela disse que sua carreira exigia que saísse de sua "zona de conforto", liderando equipes de mulheres em missões que não podiam falhar, e "eu adorava cada minuto disso". Em minha conversa com Bikowsky, ela declarou que dedicou toda a sua carreira à luta global contra o terrorismo e se sentiu "abençoada" por poder viver seu propósito. "Recebi ofertas de emprego para me afastar um pouco, me reconstituir, e eu simplesmente não queria. Assumi o compromisso de terminar e sinto que consegui."

Darrell Blocker, um agente clandestino que atuou como vice-diretor do CTC de 2012 a 2013, disse que "ela e sua equipe são heróis" pelo que contribuíram para um esforço de contraterrorismo que durou décadas, muito depois de o programa EIT [Técnicas de Interrogatório Avançadas, em inglês Enhanced Interrogation Techniques] ter sido encerrado. Sobre o interrogatório avançado, no entanto, ele diz: "Como acabamos nisso ainda é um pouco chocante para mim".

***

E uma participante se arrependeu publicamente. Essa pessoa foi a futura diretora da CIA, Gina Haspel, que supervisionou uma prisão secreta na Tailândia em 2002, inclusive quando um suspeito estava sendo submetido a afogamento. Na condição de assistente do diretor do CTC, Jose Rodriguez, ela também ajudou a destruir as fitas das sessões de interrogatório de Abu Zubaydah. Mais de uma década depois, nomeada para ser a primeira diretora da CIA, Haspel prometeu ao Comitê Seleto de Inteligência do Senado que o programa nunca seria restabelecido e disse que lamentava o ocorrido. "Não ficar sentada aqui com o benefício da retrospectiva, e julgar as pessoas muito boas que tomaram decisões difíceis, que estavam dirigindo a agência em circunstâncias muito extraordinárias", disse ela. Haspel ofereceu outra justificativa para que o caso não se repita: o custo foi muito alto para os agentes que a administraram. O republicano do Arizona John McCain, ex-prisioneiro de guerra que presidiu o Comitê de Serviços Armados, disse que "a recusa dela em reconhecer a imoralidade da tortura é desqualificante" e pediu que seus colegas votassem contra ela. Haspel foi confirmada por uma votação de 54 a 45.

***

Durante o período em que o programa de interrogatório aprimorado estava em andamento, muitos analistas não faziam ideia do que estava acontecendo. Outros se viram obrigados a examinar afirmações e sugerir perguntas. Outros se valeram da inteligência, mesmo que não tivessem participado. Afinal de contas, disseram a si mesmos, os advogados disseram que estava tudo bem. Alguns agora gostariam de ter se demitido ou trocado de emprego, mas outros ainda defendem as técnicas às quais a agência recorreu, em uma época de medo extremo e perigo prolongado. "Não tenho problemas com o lado sujo das técnicas clandestinas", disse Gina Bennett, em uma entrevista para este livro. "Não tenho nenhum problema em atormentar ou torturar Khalid Sheikh Mohammed. Não me importo se eles sofreram com alguma coisa."

As mulheres tinham que ler as comunicações, inclusive o diário de Abu Zubaydah e "o que ele queria fazer com as mulheres", como Tenet disse em seu livro de memórias (ele não revelou detalhes). A leitura das palavras do terrorista causou impacto. "Depois de ler as comunicações pessoais entre eles e entender a quantidade de dor, agonia, morte e destruição que eles queriam causar e causaram", refletiu Gina, "não sinto que qualquer tipo de técnica de interrogatório avançada que usamos tenha sido desproporcional ao crime, nem perto disso". Ela admite que os estudos mostram que a tortura não fornece boas informações. Mas argumenta que os analistas passaram anos temendo que um ataque acontecesse novamente, e cada fragmento de informação era levado em conta.

"Uma coisa que eu realmente acho que as pessoas não entendem ou não conseguem apreciar é quão pouco sabíamos sobre a organização da Al-Qaeda", disse ela. "Quão pouco sabíamos sobre quem era quem, como eles operavam, onde operavam no mundo, para onde estavam enviando tudo. Vocês não têm ideia de como é difícil penetrar em uma organização clandestina de inteligência em um país onde não temos presença, que há anos vem desenvolvendo sua capacidade." Em sua opinião, todas as revelações ajudaram a dar mais destaque ao quadro. "Pode não ter apontado para uma bomba prestes a explodir em Nova York, mas as informações que obtivemos eram coisas que não tínhamos. E, se você é um selecionador de alvos, precisa juntar essas pequenas coisas para obter coisas que de outra forma não teria. Como todas essas informações são importantes, em um momento em que você não tem anos para penetrar em uma organização."

Gina Bennett concorda que vale a pena buscar um mundo em que a maior democracia do planeta não se envolva em tortura ou métodos próximos a ela. Ela lembra uma frase de Cícero segundo a qual há coisas tão desprezíveis ou perversas que não se deve pedir a um homem que as faça em nome de seu país, nem que seu país as peça a ele. "Você pode proteger tudo, mas, se você se virar e olhar para trás e o que você vê não é mais a América, então para que serviu?"

"Não conheço um único dia de trabalho em que a Constituição não tenha sido mencionada", refletiu ela. "Bem, talvez um pouco, provavelmente no período pós-11 de Setembro."

***

Mas o programa teve outro impacto: à medida que os excessos da guerra contra o terrorismo se tornaram conhecidos e os papéis das mulheres foram destacados em filmes como *A hora mais escura* (2012), desenvolveu-se uma vertente do feminismo que argumentava que, embora o contraterrorismo tenha colocado as mulheres na frente e no centro da inteligência, ele se resumia a uma exibição racista de mulheres brancas tentando imitar os homens brancos abusando de homens negros. Esse argumento reflete uma visão influenciada por Hollywood do envolvimento das mulheres no esforço de contraterrorismo, que era um pouco mais diversificado, em termos de raça e gênero, do que o filme sugeria, mas levanta um ponto importante.

Porque é verdade, a dinâmica do EIT criou mais problemas para uma agência que sempre teve dificuldades em atrair policiais negros e de outras comunidades. Em parte, isso remonta aos programas de ação secreta das décadas de 1960 e 1970 e aos esforços para se infiltrar em grupos de direitos civis e estudantes.

As revelações das audiências dos comitês Church e Pike criaram um estigma persistente que afetou a capacidade da agência de recrutar pessoas de comunidades minoritárias durante décadas. "A CIA não matou Martin Luther King?", uma agente negra, Nicole Ash, lembra-se de ter pensado quando era uma estudante universitária de 20 anos, em 1991, quando um professor branco a incentivou a se candidatar à CIA. Quando ela hesitou, ele deixou o formulário de inscrição na sua frente na mesa do almoço, então ela se inscreveu para agradá-lo. A agência não matou King; essa foi a impressão que ela teve na época, e era compreensível. Foi o FBI que perseguiu o Dr. King e até lhe escreveu uma carta pedindo que cometesse suicídio; a agência, no entanto, espionou grupos de direitos civis. Durante as denúncias em série da década de 1970, os atos de ambas as agências foram misturados e confundidos. Além disso, havia os esforços da agência para matar e destituir líderes democraticamente eleitos na África e na América Latina. Essas duas linhas – envolvimento interno com a comunidade de direitos civis; negócios ruins em países cujos cidadãos eram, em sua maioria, negros – se incorporaram à mente do público de uma forma que tem sido difícil de dissipar. Nicole Ash se candidatou, como aconteceu; ao escolher entre quatro cargos, ela trabalhou para um chefe branco que se tornou um poderoso apoiador dela e ficou orgulhoso quando ela subiu mais alto do que ele. Ash superou mais de um supervisor racista, trabalhou para melhorar o diálogo sobre essas questões e teve uma carreira brilhante no campo da inteligência de código aberto.

No entanto, o espetáculo pós-11 de Setembro de atacar homens árabes seria um problema duradouro para a agência.

Capítulo 24
Espionagem é espionagem

LOCAIS NO EXTERIOR
2001-2004

Lisa Harper, com quase 60 anos, era outra integrante da Estação Alec que se recusava a participar do programa de interrogatórios forçados. Para Lisa, qualquer técnica que se assemelhasse a tortura violava seu código de conduta pessoal. É possível fazer tantas coisas sujas trabalhando disfarçado que todo policial precisa encontrar um limite, e Lisa conhecia o dela. Sendo da escola de aliciamento "pegue mais moscas com mel do que com vinagre", Lisa achava que a tortura era errada e imoral e que se tratava de uma técnica ruim. Mas ela percebia que alguns agentes mais jovens achavam que o interrogatório coagido era fantástico. "Ah, sim", disse ela; alguns estavam ansiosos para "sair correndo pelo mundo com um jato particular, capturando essas pessoas e interrogando-as".

Lisa entendia seus motivos. Bin Laden havia desaparecido, e os selecionadores de alvos, que acompanharam cada movimento que ele fez durante anos, não conseguiram encontrá-lo nem obter as informações de que precisavam. "Eles achavam que os fins justificavam os meios. Estavam frustrados por não conseguirem progredir de outra forma." Mas Lisa "disse a todos os meus jovens amigos que estavam ansiosamente" levantando a mão, especialmente os que falavam árabe e que estavam sendo solicitados a traduzir os depoimentos dos detentos, que "tivessem muito, muito cuidado. Isso vai afetar você". A agência, ela os advertiu, será o bode expiatório.

Com suas longas décadas de experiência, Lisa também não se sentia tão culpada por não ter evitado os ataques quanto alguns de seus colegas mais jovens. Para Lisa, parecia que o inimigo não estava recebendo crédito suficiente. Ela achava que a CIA havia feito um bom trabalho, mas, naquele único dia de setembro, os terroristas haviam feito um trabalho ainda melhor. "A Al-Qaeda era uma excelente organização", refletiu Lisa. "Era uma organização bem administrada que mudou suas táticas. Quando descobriam que as comunicações por telefone estavam sendo interceptadas, voltavam a usar os mensageiros. Eles eram flexíveis e bem financiados porque tinham todos os seus amigos no Oriente Médio que os financiavam secretamente."

Criada com a crença no excepcionalismo americano, Lisa Harper continuou convencida de que seu país poderia oferecer um exemplo moral. O contraterrorismo a atraiu por esse motivo. "Eu era uma garota da Guerra Fria e agora tinha uma nova missão." Os Estados Unidos haviam derrubado o Muro de Berlim e derrotado a União Soviética. Ela acreditava que o mesmo tipo de vitória poderia ser alcançado agora.

Nos meses e anos após o 11 de Setembro, Lisa viajou com frequência – partindo para uma missão, voltando para registrar um relatório, levantando a mão para outro. Ela era uma batedora de carteira operacional, uma consultora de elite. Esse era o tipo de trabalho para o qual ela havia entrado na agência em 1968. Suas habilidades, ela ficou satisfeita em descobrir, não haviam diminuído; sabia confiar em seus instintos e validá-los. À medida que surgiam teorias sobre novos cenários de ataque, Lisa estava entre as pessoas enviadas para testá-las. Por volta de 2004, George Tenet observou que uma série de reportagens "nos informava sobre os planos da Al-Qaeda de contrabandear agentes através do México para realizar operações suicidas dentro dos Estados Unidos". Lisa fazia parte de um grupo de quatro aposentados – todos da Guerra Fria – enviados para verificar a possibilidade de outro ataque à pátria, através da fronteira sul do país.

Os aposentados viajaram de avião, encontraram-se em um aeroporto mexicano e foram até a estação local da CIA. Seu maior desafio, a princípio, parecia ser seus próprios colegas: agentes mais jovens ameaçados por sua experiência e desconfiados de seus motivos. Os mais jovens viam os anistiados que chegavam como velhos e ultrapassados, talvez até mesmo espiões enviados para informar a sede. Lisa ressaltou que sua própria carreira na ativa havia terminado; ela não estava tentando ser promovida e só queria ajudá-los. Depois de fazer cursos de atualização em informática, Lisa mergulhou no banco de dados da estação para identificar alvos e sugerir maneiras de obter acesso. Juntos, eles provaram que a teoria de passar furtivamente pela fronteira sul era uma pista falsa. A estação fez um bom trabalho, disse ela, mas "acho que fomos um multiplicador de forças".

Lisa também trabalhou para reforçar a segurança das embaixadas dos Estados Unidos na África, sempre tão vulneráveis, como ficou evidente em Nairóbi e Dar es Salaam – e, mais tarde, em Benghazi. Era um trabalho essencial, mas também tendia a inflamar a rivalidade entre as agências, já que as embaixadas eram do Departamento de Estado por definição. Enviada a uma cidade africana, Lisa viu que as autoridades locais haviam bloqueado uma determinada estrada, mas ainda assim estavam admitindo ambulâncias. Um terrorista poderia usar uma ambulância para se aproximar da embaixada e bombardeá-la. Quando ela apresentou sua análise, o agente de segurança da embaixada se irritou, e o chefe-adjunto da missão relutou em incomodar com uma diligência pedindo às autoridades locais que fechassem a estrada para o tráfego de ambulâncias. O chefe da missão diplomática tentou persuadir sua própria chefe, a embaixadora, de que Lisa era uma mulher de meia-idade inconstante – uma "Minnie na menopausa", como Lisa disse.

O fato de a embaixadora ser uma mulher de meia-idade pode ou não ter ajudado. Ela acreditou na guerra da propaganda até que, em uma recepção diplomática, ouviu Lisa conversando em um francês impecável. Ela começou a pensar: "Bem, talvez haja alguma coisa aí", lembrou Lisa, que sabia disso porque as duas mulheres de meia-idade se tornaram amigas. A diligência foi feita e cumprida. A Estação Alec parou de ouvir conversas sobre um golpe. Eles nunca souberam se o fracasso de um plano fez os criminosos mudarem para um alvo mais fácil. Mas depois de cada ataque, bem-sucedido ou frustrado, eles aprendiam algo novo sobre a metodologia do adversário.

Lisa sentiu que era capaz de usar seu conjunto de habilidades da Guerra Fria e aplicá-lo à Al-Qaeda em uma transferência de métodos um a um. Seu objetivo era desmantelar um sistema e também uma ideologia – não o comunismo dessa vez, mas a ideia de um califado ou estado religioso. Mais uma vez, ela estava lutando contra um corpo organizado, um grupo cuja filosofia e táticas se opunham aos valores americanos.

E não há muitas maneiras de combater um corpo organizado. Isso incluía trabalhar com a embaixada dos Estados Unidos e com autoridades estrangeiras, cuja disposição em ajudar a CIA nunca deixou de surpreendê-la. "Não se faz nada sem a permissão do governo local. Você realmente precisa deles, porque são eles que saberão quais mesquitas abrigam pessoas em trânsito. Eles saberão como o dinheiro circula." Em uma operação, um agente de inteligência local se encontrou com um membro da Al-Qaeda que estava furioso depois que Bin Laden deixou sua irmã para trás em Tora Bora, e ela morreu. O agente pertencia à mesma minoria étnica do terrorista descontente, que lhe entregou o número de telefone de uma central de atendimento da Al-Qaeda. O contato passou o número para Estação Alec. "É para isso que você trabalha, quando recebe uma pequena dica e bum!"

Lisa também fez treinamento de desradicalização, ensinando a população local a dissuadir seus amigos, parentes e vizinhos de se juntarem à jihad. Os cidadãos africanos não queriam que bombas explodissem em suas ruas e shopping centers. O francês de Lisa provou ser um trunfo importante, e seu instinto de cuidadora lhe foi muito útil. Ao treinar alunos adultos que chegavam depois de uma longa viagem de ônibus e que, ao contrário dela, não recebiam uma diária luxuosa, ela percebeu que eles estavam com fome – literalmente – e usou seus fundos para comprar comida para eles.

Ela os treinou no recrutamento de terroristas e de seus aliados como ativos; como oferecer incentivos como dinheiro ou reassentamento; como destruir um sistema de crenças; como identificar alguém fazendo reconhecimento; como, depois de um ataque, encontrar as maneiras pelas quais os criminosos se expuseram. Lisa não podia divulgar a técnica de alto nível, mas os métodos básicos eram suficientes.

"Você ficaria surpreso; não é ciência de foguetes. Você pode ensinar as pessoas muito rapidamente como fazer isso."

E ela ensinou os estagiários a combater a falsa propaganda sobre o Islã. Lisa, por acaso, agora estava casada novamente e feliz. Seu marido, Charlie, era um muçulmano sunita que morava nos Estados Unidos havia anos. Eles se conheceram quando Lisa estava trabalhando como intérprete freelancer, um trabalho bem remunerado e agradável. Charlie, assim como ela, era cosmopolita e viajado. Sua família vinha de uma cidade no norte do Marrocos – Auazzane – com grande significado espiritual. A cidade abrigava uma antiga irmandade sufi, da qual seu pai, descendente do fundador, era o chefe titular. Os sufis são uma seita contemplativa e não violenta do Islã. Charlie sabia muito sobre o sufismo e Lisa era uma aprendiz ávida. Ela releu o Alcorão, o estudou, aprendendo a falar sobre a natureza misericordiosa e pacífica da fé islâmica. Ela teve que estudar o que o Alcorão dizia que as mulheres podiam e não podiam fazer. Ela se vestia com recato, pois trabalhava no exterior, mas não usava o hijab. Se alguém ficasse insultado por ela não usar o hijab, Lisa explicava que o hijab não está no Alcorão; faz parte do Hadith, as interpretações que vieram depois. Se alguém quisesse saber por que ela, uma mulher casada, não estava em casa com o marido, ela diria que uma das esposas do Profeta era uma mulher de negócios e poderosa.

Ela também precisava se validar como alguém a quem valesse a pena prestar atenção. Lisa sabia que estava enfrentando um adversário "movido a testosterona", cujos líderes viam as mulheres como portadoras de filhos e bens móveis. Na visão deles, as mulheres podiam ser espancadas, silenciadas e usadas como escudos humanos. A liderança desses grupos apresentava a noção de que não havia justificativa no Alcorão para a igualdade feminina – que as mulheres existem apenas para serem companheiras dos homens e que, se uma mulher é estuprada, a culpa é dela, porque o ônus de não incitar pensamentos lascivos nos homens recai sobre a mulher.

Assim, Lisa dizia aos ativos que havia sido especialmente selecionada. Justamente por ser uma mulher – dizia –, as pessoas nunca pensariam que ela estava espionando. Ao conversar com um ativo masculino, ela lhe assegurava que o fato de ser enviada por uma mulher era uma proteção adicional para ele.

Certa vez, Lisa foi ao Líbano para substituir um agente de casos, cuidando dos ativos enquanto ele estava fora. Um ativo reclamou que ela estava fazendo muitas perguntas. Na vez seguinte em que se encontraram, Lisa retrucou: "Sabe quantos relatórios você recebe com menos perguntas? Um". Ela havia enviado três, disse a ele, e Washington ficou encantado. "De repente eu não era apenas uma mulherzinha que havia sido imposta a eles porque o agente homem havia ido embora. Eu era alguém que valia a pena conhecer", disse ela. Depois disso, ele sempre pedia a moça das perguntas.

Quando um ativo tentou colocar a mão em seu joelho, Lisa o advertiu amigavelmente. "Eu disse: 'Sabe o que fazemos com nossos ativos que assediam mulheres? Os rapazes vêm e os matam'". Lisa nunca denunciou avanços. Ela lidava com eles. Parecia o mesmo trabalho que vinha fazendo durante toda a sua vida: virar o jogo, enfrentar a situação com inteligência. "Você realmente tem que conhecer o Alcorão e tem que ser capaz de argumentar e entrar na questão do 'Não matarás' e o que realmente significa 'jihad'. Você está desafiando um sistema de crenças. O que é praticamente o mesmo que o comunismo."

"No fim das contas", concluiu ela, "espionagem é espionagem".

Capítulo 25
Eu fazia pessoas ruins terem dias ruins

STUTTGART, ALEMANHA
Início de 2002

A fábrica da Porsche era luxuosa, e o vendedor, simpático. Depois que Heidi August desfrutou de uma refeição na elegante sala de jantar da fábrica, ele insistiu que ela visitasse as costureiras que faziam o estofamento do carro para escolher uma cor para a costura de contraste nos assentos azul-marinho de seu Porsche personalizado. O Porsche seria prateado, então Heidi escolheu linha prateada. A costureira pegou três tonalidades em um armário de carretéis e elas saíram para ver qual delas brilhava mais à luz do sol.

Heidi adorou o novo Porsche – o melhor tipo de carro europeu, ela decidiu – e mandou enviá-lo de volta depois que sua turnê na Alemanha terminou, em 2002. Mas Heidi não pôde aproveitá-lo por muito tempo. No início de 2003, foi enviada ao Iraque. Ela se ofereceu como voluntária para a missão. Nesse meio-tempo, ela havia sido destacada para a NSA e achava que tinha habilidades que poderiam ser úteis. Heidi trabalhava bem com os militares e sempre achou as zonas de guerra empolgantes. Seus pais já haviam partido e não podiam se preocupar com ela. Ela tinha que apresentar um testamento atualizado para provar que seus assuntos estavam em ordem, para o caso de não voltar. Então, guardou o Porsche na garagem e arrumou suas coisas.

Quando a invasão da coalizão ao Iraque começou, em março de 2003, Heidi aguardava no Kuwait Hilton, com outros funcionários civis. Pouco tempo depois que os fuzileiros navais dos Estados Unidos derrubaram a gigantesca estátua de Saddam Hussein em Bagdá, ela se juntou a um grupo de funcionários que fazia a longa viagem até a capital iraquiana: cem pessoas viajando em quatro por carro, em 25 utilitários esportivos novinhos em folha. Seu SUV parou no que havia sido o palácio principal de Hussein. A infraestrutura havia sido destruída em sua maior parte e as coisas ainda não estavam funcionando. Os soldados americanos ainda estavam comendo ração militar e fazendo churrasco de cachorro-quente em grelhas. Ela dormiu em um saco de dormir nas duas primeiras noites.

Explorando o palácio, Heidi encontrou uma cozinha lateral em um andar superior. O cômodo tinha uma geladeira e uma pia com água corrente. Ela se aproximou dos funcionários de um pequeno centro de comunicações e os convenceu a instalar uma conexão de internet na cozinha, que ela transformou em centro de comando e em quarto. Um gerador fornecia eletricidade para conectar seu laptop. Dirigindo, ela notou um vendedor ambulante vendendo aparelhos de ar-condicionado. Ela comprou um e pediu a um carpinteiro que o instalasse em sua janela. Para desencorajar os visitantes, ela pendurou uma placa que dizia: "Somente mulheres". O ar-condicionado mascarou os sons e ela dormiu bem. Em pouco tempo, ela e outros funcionários foram transferidos para o Al Rasheed Hotel, onde não havia eletricidade nem água corrente. Heidi sentia falta de seu aconchegante palácio.

O trabalho de Heidi era restaurar o serviço de telefonia celular da cidade, uma tarefa que lhe rendeu o apelido de "Ma Bell de Bagdá". Os bombardeios da coalizão haviam destruído as estações de comutação e não havia um manual de como colocar o sistema telefônico em funcionamento. Era exatamente o tipo de desafio de que Heidi gostava. Ela não sabia nada sobre telecomunicações, mas sabia como encontrar pessoas que sabiam. Heidi mandou colocar uma placa do lado de fora de um prédio vazio: procura-se engenheiros de telecomunicações. Os candidatos apareceram: homens iraquianos de gravata, mulheres iraquianas de salto alto e aparência elegante. As mulheres eram engenheiras com doutorado em comunicações. Elas tinham bons empregos durante o regime de Hussein e os perderam com a invasão.

O projeto exigia muitas antenas novas, o que significava que ela precisava ter acesso a muitos telhados. Ela adotou a estratégia de dar celulares não apenas aos funcionários de alto escalão, mas também aos trabalhadores de nível inferior, como os faxineiros. Aqui: Ligue para seu primo no Canadá. Ligue para quem você quiser. Os faxineiros forneciam acesso e cuidavam do hardware. Ela conseguiu que Bagdá voltasse a funcionar, o que foi divertido, mais ou menos. Ela também podia fazer ligações. Heidi estava dirigindo e ligava para Mary Margaret Graham. "Adivinhe onde estou", ela dizia.

Após cerca de duas semanas, o Iraque deixou de ser divertido. As pessoas começaram a ser sequestradas e baleadas. Rapidamente ficou claro para ela que a invasão e a subsequente ocupação não estavam indo bem. "Isso vai se transformar em outra Beirute", ela previu para sua amiga Barbara McNamara, uma das principais autoridades da NSA. McNamara perguntou se ela poderia citar Heidi. "Depende de para quem você está me citando", respondeu ela. Pouco tempo depois, Heidi dirigiu até o aeroporto, onde, na sala VIP, encontrou George Tenet. *Isso não vai ser outra Beirute*, disse o diretor da CIA. Heidi lhe disse francamente que essa poderia ser a opinião dele, mas que ela tinha uma visão diferente.

Um especialista em telecomunicações local ofereceu a ela um tour pela cidade e, durante o trajeto, Heidi abriu um envelope de ração militar e apresentou a ele manteiga de amendoim e salgadinhos. Ele gostou, então ela lhe deu manteiga de amendoim para levar para seus filhos. Ele retribuiu convidando-a para jantar. A noite foi agradável, exceto pelo fato de sua esposa continuar culpando Heidi pela guerra. Ela perguntava: "Por que vocês estão ocupando nosso país? Por que está arruinando nosso país?"

O problema é que Heidi não gostava da missão. Ela a odiava. Todo mundo odiava.

***

Gina Bennett tinha acabado de dar à luz seu quarto bebê quando as forças de coalizão invadiram o Iraque. Quando ela retornou de uma breve licença-maternidade, George Tenet pediu a Gina que compilasse um estudo biográfico completo sobre Abu Musab al-Zarqawi, o líder terrorista que estava se associando à Al-Qaeda. Gina conhecia muito bem Zarqawi. Ela o havia rastreado em meados da década de 1990, quando ele foi responsabilizado por uma série de ataques contra cinemas jordanianos que exibiam filmes ocidentais. Zarqawi retornou à região do Afeganistão/Paquistão, onde suas raízes palestinas o tornaram querido pelos extremistas locais, que admiravam os palestinos por, como disse Gina, "sua determinação e por nunca desistirem de criar seu próprio país". Naquela época, Bin Laden era um problema muito maior, e ela havia perdido o controle de Zarqawi. Agora, Gina escreveu um extenso perfil de alvos para ajudar o governo a entender com quem estava lidando. De onde ele veio? O que ele almeja ser? Qual a diferença entre ele e Bin Laden, se é que existe alguma diferença?

Gina chegou a Bagdá no outono de 2003, em um momento em que estava claro que a Operação Liberdade do Iraque estava se transformando em um desastre. Em maio, o Presidente Bush havia aterrissado em um porta-aviões para proclamar "missão cumprida", afirmando que as principais operações de combate haviam terminado. Mas a insurgência estava se acelerando, não terminando; a invasão se transformaria em uma guerra sectária de oito anos, com muito mais americanos mortos do que no 11 de Setembro. O serviço civil e as forças de segurança iraquianas haviam sido desmantelados; os depósitos de armas foram deixados sem proteção, a fronteira era insegura. Para ter uma noção do que estavam enfrentando, Gina e seus colegas de agência fizeram um tour fora da Zona Verde, viajando de helicóptero e caminhão para explorar as áreas além de onde os funcionários americanos estavam vivendo e trabalhando. Depois disso, um de seus companheiros disse que ficou surpreso com a aparência normal das coisas; havia pessoas nas ruas e nos mercados.

Gina, a única mulher do grupo, ficou atônita. O que *ela* notou foi que não havia uma única mulher ou uma única criança. "Não sei o que vocês estão vendo", disse ela. "Mas eu não estou vendo nada normal." Em um elevador com um agente sênior dos Estados Unidos, ela o incentivou a não pensar que a Al-Qaeda havia acabado. Nada disso havia acabado; nem a Al-Qaeda, nem a jihad. Pensar que a Al-Qaeda estava nas últimas era uma ilusão da mais alta ordem.

Para Gina, parecia claro que um novo capítulo da jihad estava apenas começando. Durante anos, Osama bin Laden propagandeou que os Estados Unidos estavam tentando conquistar e controlar o mundo muçulmano, como tantos outros colonizadores antes dele. "E foi isso que fizemos. Pusemos os pés em alguns dos lugares mais sagrados do Islã, o centro de um dos califados mais importantes. Eu pensei: Vocês não fazem ideia do que fizemos, transformamos a propaganda e a profecia dele em realidade. Não sei, mas achei que eles eram loucos". A guerra do Iraque levou algumas mulheres, como a colega de Gina, Susan Hasler, a deixar a agência definitivamente. Susan concretizou o sonho de entregar seu crachá e pediu demissão em 2003, aposentando-se e embarcando em uma nova carreira como romancista.

***

Outros, no entanto, foram atraídos para um trabalho que se tornou cada vez mais importante para a missão da agência. À medida que os Estados Unidos embarcavam em uma guerra global contra o terrorismo [GWOT – global war on terrorism], a disciplina de seleção de alvos passou a se destacar como uma forma de seguir os terroristas, seus financiadores e fornecedores. Os analistas de liderança se tornaram selecionadores de alvos; os analistas regulares se tornaram selecionadores de alvos; os agentes de operações da equipe se tornaram selecionadores de alvos. Agora, mais do que nunca, no Iraque e em todo o mundo, uma parte importante da missão consistia em encontrar pessoas, pura e simplesmente. A Agência de Inteligência da Defesa produziu um conjunto de cartas de baralho "mais procurados" para representar Saddam Hussein, seus filhos e capangas. Os elementos do antigo regime [FRE – former regime elements] precisavam ser localizados antes que pudessem ser tratados. O mesmo aconteceu com os jihadistas. Assim como as pessoas que os conheciam ou trabalhavam com eles. Até mesmo analistas veteranos foram atraídos para o trabalho de seleção de alvos; durante uma viagem ao Oriente Médio, Cindy Storer descobriu que a melhor maneira de aprender sobre a seleção de alvos era com outros selecionadores de alvos.

Os consultores eram inúteis. O campo era muito novo. Os analistas mais jovens se referiam às analistas veteranas – Cindy, Gina, Barbara – como "as deusas".

Alguns selecionadores de alvos escreveram perfis de líderes terroristas. Outros saíram às ruas, andando quarteirão por quarteirão, acompanhando equipes paramilitares para garantir que derrubassem as portas certas. O número de alvos se multiplicou quando Abu Musab al-Zarqawi uniu sua rede à da Al-Qaeda e criou a Al-Qaeda no Iraque, que depois se tornou o ISIS – mais tarde conhecido como Estado Islâmico ou Daesh. Os selecionadores de alvos tiveram de contar com a fúria que Zarqawi desencadeou ao transformar uma insurgência contra os Estados Unidos em uma guerra contra toda a população xiita do país, recorrendo a decapitações, atentados suicidas, execução de reféns e massacres em massa.

Para algumas mulheres, esse não era o trabalho que esperavam quando entraram para a CIA. Nada Bakos, natural de Montana, havia respondido a um anúncio de emprego na área de recursos humanos e agora se encontrava nas ruas de Bagdá, onde não pôde deixar de notar que as mulheres iraquianas estavam ficando mais temerosas e menos amigáveis. Com o aumento dos sequestros e das agressões sexuais, a falta de lei e o perigo eram – segundo ela – um dos principais motivos pelos quais as tropas norte-americanas não eram recebidas com o entusiasmo que os planejadores esperavam. Como respostas à ocupação das tropas americanas, os terroristas começaram a usar o estupro como ferramenta de recrutamento, atraindo um quadro ainda mais violento de recrutas e fornecendo "um indicador real de quem, exatamente, a coalizão estava enfrentando". A cada mês, centenas de ataques contra as forças da coalizão eram registrados; em um período de dez dias, Zarqawi supervisionou a morte de 125 pessoas. A visão de crianças em campos de detenção era traumatizante e inescapável.

A escalada da guerra fez as mulheres, assim como os homens, serem empurradas para funções de liderança antes de se sentirem preparadas. Nada Bakos se viu gerenciando um grupo de ciberdefensores que mantinham um mapa de parede de 1,5 por 2 metros do Iraque e fotos da equipe de operações de Zarqawi. Ao interrogar os detidos, ela descobriu que muitos ficavam desconcertados com uma entrevistadora. Alguns se assustavam com as respostas padronizadas, enquanto outros achavam que ela "recorreria a algum instinto maternal inato e teria pena deles". Bakos não teve problemas em colocar um X nas cabeças das fotos. Alguns terroristas "simplesmente precisam ser mortos", e ela "estava ansiosa" para conceder a Zarqawi "essa honra".

***

Com o prolongamento das guerras em ambos os países, a seleção de alvos continuou sendo fundamental para as prisões e detenções e, eventualmente, para os assassinatos e ataques de drones. Mas também continuou a servir como um meio de aumentar a chance de sucesso de um agente de casos no recrutamento de ativos. Em um país como o Sudão, por exemplo, um agente de casos da CIA poderia procurar um ativo no Partido do Congresso Nacional com vínculos com o presidente, o vice-presidente e seu círculo íntimo. Um selecionador de alvos poderia fazer isso considerando os candidatos, escolhendo um que parecesse plausível e estudando os amigos, contatos, interesses e presença na mídia social dessa pessoa. O pacote de segmentação resultante – ele adora Celine Dion; a esposa dele faz isso; os filhos estudam aqui; ele foi embaixador do Sudão em Washington; estudou na Califórnia; frequenta cassinos quando viaja – ajudou o executivo do caso a se preparar bem.

Os selecionadores de alvos também vieram do setor privado, atraídos por um trabalho que parecia operacional e ativo. Uma delas, Lisa Rager, ingressou em 2005 depois de prosperar no setor de tecnologia e obter um mestrado em segurança nacional em Georgetown. Ela se sentiu desencorajada pela "competitividade insana" do trabalho como agente de casos e não gostou da cultura analítica da argumentação recreativa. Solteira na época, sem filhos, Lisa se ofereceu como voluntária para ir ao Iraque, onde foi alvo da clássica coleta de informações.

A seleção de alvos acabou sendo a "maior diversão" que ela já teve. Gostava de escrever telegramas que eram lidos rapidamente; gostava de produzir inteligência que era posta em prática; gostava de ajudar os agentes de casos a serem bem-sucedidos. Ela tinha "um acesso incrível às informações de celulares iraquianos", milhões de linhas de metadados. Os dados podiam localizar pessoas – se o telefone de alguém começasse a tocar, os selecionadores de alvos poderiam alertar as forças de operações, que poderiam encontrá-lo instantaneamente – ou ajudar os agentes de casos a marcar encontros. Se os relatórios de GPS mostrassem que um determinado celular entrava e saía da Zona Verde regularmente, isso sugeria que seu proprietário tinha um passe para a Zona Verde e "poderíamos encontrá-lo com muita facilidade".

Lisa usou modelos matemáticos concêntricos para identificar as pessoas que estavam nos nós centrais. No que diz respeito ao contraterrorismo, essa técnica poderia revelar qual detenção ou prisão "causaria o maior impacto nessa rede" ou, para a coleta de informações, sugeria quem sabia mais sobre um determinado conjunto de pessoas. Ela também indicava quem eram as pessoas mais perigosas em um determinado lugar.

Durante o aumento em janeiro de 2007, o governo Bush enviou mais 20 mil forças de combate para o Iraque. Para derrotar o sunismo radical, os militares dos Estados Unidos pretendiam aproveitar a maioria xiita, recrutando líderes de grupos étnicos locais para apoiar as forças americanas. O sul do Iraque era basicamente todo xiita, mas também era rural, e os Estados Unidos não haviam se envolvido com populações não urbanas. Como vários líderes do sul do Iraque disputavam para serem considerados os mais influentes, Rager decidiu criar "uma medida objetiva de influência e proeminência". Ela coletou endereços de e-mail, inseriu-os em seu modelador, analisou os contatos em um e dois níveis e, a partir disso, pôde saber quem era superconectado e quem não era. Criou uma maneira engenhosa de avaliar o poder.

Os agentes de casos não tinham nem as ferramentas nem o tempo de que ela dispunha; eles estavam sempre na rua, identificando e recrutando. Lisa Rager também podia ajudá-los a descobrir como usar a inteligência que coletavam. Em um país, um agente trouxe uma lista de famílias com filhos em uma escola americana. Os selecionadores de alvos inseriram os nomes em bancos de dados para descobrir quem valia a pena abordar. Uma lista da associação de pais e mestres tornou-se uma lista de alvos.

"Sempre senti que tinha magia", disse Rager, que, quando a entrevistei, estava aposentada da CIA – uma mãe suburbana de dois filhos, morando na área da baía de São Francisco e trabalhando para a Tesla.

Rager fez três viagens ao Iraque entre novembro de 2005 e fevereiro de 2009. Ela estava lá em 7 de junho de 2006, quando uma bomba foi lançada em um esconderijo que abrigava Abu Musab al-Zarqawi. Foi difícil não notar que a equipe de alvos que o tirou do mapa era totalmente feminina.

***

Da mesma forma que envolvia um meio-termo entre operações e análise, o direcionamento às vezes ocupava um território ético indefinido entre ações letais e não letais. "Vocês os rastreiam", os caras das operações gostavam de dizer, "nós os matamos." Os selecionadores de alvos precisavam refletir sobre como se sentiam em fazer parte de uma cadeia de comando que levava algo ruim a acontecer com uma pessoa ruim em algum lugar.

Angie Lewis aprendeu a viver com relativo conforto nessa zona cinzenta. Ao ingressar na agência em 2002, ela, assim como Lisa Rager, sentiu-se atraída pelo trabalho que tinha um resultado concreto. Gostava de mergulhar fundo nos dados, gostava de jogar pistas no colo das pessoas. Trabalhando em um país do Oriente Médio, ela identificou um terrorista que achava que deveria ser preso. Um agente de casos a levou a uma reunião com agentes de ligação seniores do serviço de inteligência do país; lá, como em muitos lugares, a CIA desempenhava um papel de "consultoria" – piscando, piscando – envolvendo suas próprias operações nas forças locais. Angie informou o nome e a localização do homem, mas não tinha autoridade para ordenar a prisão. "O que você quer que façamos?", perguntou a equipe de ligação. "Acho que vocês devem fazer o que acharem apropriado, dada a ameaça que ele pode representar", sugeriu ela cuidadosamente. Vinte e quatro horas depois, eles o prenderam, o que foi emocionante – saber que ela havia fornecido a inteligência para tirar um adversário de ação.

De volta a Washington, Angie estava passando pela sede da CIA e viu manifestantes vestindo macacões laranja e parados no canteiro gramado da

Rota 123. Um deles carregava um pequeno modelo de um drone predador. A filha de Angie, que tinha cerca de 7 ou 8 anos, perguntou o que um avião como aquele fazia. "Ele faz os bandidos irem embora", respondeu Angie.

A maternidade levou a conversas difíceis, mas a maternidade também foi o motivo pelo qual ela fazia o trabalho. Durante o treinamento, um instrutor perguntou se ela se importaria de aprender a atirar. Seu primeiro pensamento foi: sim. Depois, refletiu que, se sua filha estivesse em perigo, a resposta seria não. Quando sua filha era bebê, ela teve que fazer uma viagem de sete meses sozinha. Para superar o período em que ficaram separadas, Angie se lembrou de que estava ajudando a melhorar o mundo em que sua filha cresceria. Queria mostrar que é possível assumir tarefas difíceis e realizá-las. Como selecionadora de alvos, ela "definitivamente ajudou a tirar alguns bandidos de cena" e se sentiu orgulhosa por isso.

Quando conversamos, Lewis estava trabalhando como chefe de segurança global da Disney. Conversamos na ensolarada Burbank enquanto sua filha de 14 anos jogava tênis nas proximidades, preparando-se para fazer um teste para a equipe do ensino médio, e ela refletiu sobre em que seu trabalho de direcionamento se resumia. "Eu fazia pessoas ruins terem dias ruins. Esse era o meu trabalho. Zero por cento do tempo era como o filme *A hora mais escura*."

Capítulo 26
Qualquer coisa para se encaixar

LANGLEY, VIRGÍNIA
Dezembro de 2009

Molly Chambers, de 22 anos, estava trabalhando como estagiária na mesa da Jordânia, na sede, em 30 de dezembro de 2009, quando seu chefe de filial pediu que ela encontrasse o telefone da esposa de Darren LaBonte, um agente de casos baseado em Amã. Ele não disse o motivo.

Molly pertencia à geração de mulheres agentes de inteligência que entraram em serviço não apenas após o 11 de Setembro, mas bem depois. Ela tinha 14 anos quando, segundo ela, "dezenove homens mudaram o curso da história e mudaram a trajetória do rumo dos Estados Unidos". Quando atingiu a maioridade no sul da Califórnia, Molly se autodenominava uma "criança gorda e irritada" que, quando estava no ensino médio, era "obcecada por história e história militar e um pouco pela agência". Em seu primeiro ano na Universidade da Califórnia em Davis, Molly descobriu que tinha "uma habilidade interessante de manipular as pessoas sem que elas soubessem que isso estava acontecendo, o que é algo estranho de se perceber aos 18 anos". Ela achava que poderia ser boa em vendas. Sendo uma "aluna comum", começou a estudar economia comparada e estava sendo reprovada quando seu pai lhe disse que ela tinha um trimestre para melhorar suas notas. Ela começou a estudar árabe e, em seu primeiro ano, "falava árabe como uma criança de 3 anos". A essa altura, ela também já era uma jovem adulta extrovertida, atenta, divertida e brincalhona.

Trabalhando meio período no escritório de serviços de carreira, Molly Chambers acabou conhecendo um recrutador do FBI que conhecia um recrutador da CIA. Um dia, quando estava na casa da irmandade Kappa Alpha Theta, ela recebeu uma ligação. *Sei que você está interessada em nós,* disse a pessoa que ligou, dizendo ser da CIA. Molly achou que era uma pegadinha. "Com certeza", respondeu ela, entrando na brincadeira. O que se seguiu foi a entrevista com o "chapéu de papel alumínio" – um teste de normalidade, para garantir que "eu não estava em um porão em algum lugar falando com alienígenas". Ela continuou a receber ligações e a se sair bem. O fato de alguém achar que ela poderia ser uma espiã a surpreendeu. No fim de seu primeiro ano, a agência levou Molly de avião para Washington, onde lhe foi oferecido um estágio no Serviço Clandestino Nacional, como a diretoria de operações havia sido renomeada. Ela teria que tirar o trimestre do outono. Um estagiário era obrigado a trabalhar por seis meses consecutivos.

Molly aceitou. Aos 21 anos, ela alugou um quarto em Centreville, na Virgínia, e começou a estagiar no Grupo de Operações do Iraque da Divisão do Oriente Próximo, fazendo a triagem da inteligência da unidade no exterior focada no Jaysh al-Madhi, um grupo terrorista que atacava o pessoal e as instalações norte-americanas na Zona Verde de Bagdá. Molly descobriu que, se você estivesse vivo e andando, a CIA era boa em encontrar trabalho que você pudesse fazer. Ela cuidava das comunicações, atendia a solicitações de rastreamento de nomes e criptografia. Aparecia todos os dias usando mocassins da JC Penney e roupas casuais da Old Navy – intimidada, com medo de cometer um erro, admirando os agentes de operações que haviam começado em Bagdá em 2003 ou 2004 e que agora eram lendas.

Ao final de seis meses, o diretor do estágio lhe disse que, assim que se formasse, Molly poderia se juntar a uma turma que iria para a Fazenda. A ideia de que a CIA a queria era um impulso no ego que a sustentaria durante muitos dias difíceis. Ela voltou para a Universidade da Califórnia em Davis, onde as irmãs de sua república se perguntavam onde havia estado durante todo o outono. Algumas presumiram que Molly havia desaparecido para ter um bebê. Ela cursou o dobro dos créditos habituais, formou-se em maio de 2009 e entrou para a CIA duas semanas depois.

À espera de seu trabalho na Fazenda, Molly Chambers estava fazendo o que era conhecido como "interims" naquele dia de dezembro quando o agente da filial a chamou de lado. Primeiro, ele pediu que ela encontrasse o número de telefone da mãe do chefe da estação em Amã. Acontece que o agente de casos estava em uma viagem com a mãe, e eles não conseguiam entrar em contato com ele usando seu próprio número. Molly era a pessoa do banco de dados e sabia como encontrar as informações de contato da mãe. Em seguida, ele instruiu Molly a encontrar um contato para a esposa de Darren LaBonte, que estava em Roma para descansar com o bebê e os sogros. Em seguida, ele precisava que ela fosse ao Staybridge Suites em McLean, Virgínia, reservasse três quartos de hotel, pegasse o telefone e reservasse um carro. Dessa vez, o agente usou um substantivo diferente para a mulher casada com LaBonte. A palavra que ele usou foi "viúva". Algo como: "Vamos buscar a viúva dele hoje à noite".

Foi assim que Molly Chambers se tornou uma das primeiras pessoas a saber que algo terrível havia acontecido em uma base em Khost, no Afeganistão. Sete pessoas que trabalhavam para a CIA estavam mortas – cinco agentes e dois contratados. Uma delas era Jennifer Lynne Matthews.

***

Jennifer Matthews foi um dos membros fundadores da irmandade da Estação Alec. Na década de 1990, ela foi uma das primeiras pessoas a perceber e enfrentar o perigo representado por Bin Laden e pela Al-Qaeda. Em 2009, Matthews estava servindo como chefe da base da CIA estabelecida no terreno da Base Avançada de Operações Camp Chapman [Forward Operating Base Camp Chapman], uma base do Exército em Khost onde os agentes de inteligência forneciam informações sobre alvos para ataques de drones no Paquistão. Matthews ajudou a aumentar e desenvolver o campo de seleção de alvos. Uma colega de seleção de alvos, Sandy Tveit, a descreveu como "uma das melhores selecionadoras de alvos que já conheci, a melhor das melhores, tão cheia de vida e personalidade". Ela dedicou quinze anos de sua vida ao rastreamento de Bin Laden – antes e depois do 11 de Setembro. Antes de ir para o Afeganistão, ela passou quatro anos em Londres, trabalhando com agentes de ligação britânicos. Seu marido e filhos a acompanharam na missão em Londres. Ela viajou sem sua família para Khost.

Em dezembro daquele ano, um médico radicalizado, Humam Khalil Abu-Mulal al-Balawi, havia sido interrogado por agentes de inteligência jordanianos, que mantinham um relacionamento próximo com seus colegas americanos. Entre eles, a equipe jordaniana e os colegas da CIA acreditavam que poderiam convencer o médico a trabalhar como agente duplo, penetrando na Al-Qaeda, informando e levando-os até Bin Laden.

Quase oito anos haviam se passado desde a fuga de Bin Laden em Tora Bora. Mesmo com a guerra do Iraque consumindo recursos, a determinação de encontrá-lo continuava urgente; havia partes da CIA que ainda se sentiam tão intensas quanto o país inteiro se sentiu logo após o 11 de Setembro. Matthews providenciou para que Balawi cruzasse a fronteira do Paquistão e visitasse a base da CIA. Dizia-se que o médico estava nervoso e Matthews queria deixá-lo à vontade, portanto, quando chegou em um carro com um motorista afegão, ele passou por três postos de controle de segurança sem ser inspecionado. Ao sair do veículo, ele foi recebido por catorze pessoas, incluindo Matthews, que estava segurando um bolo em homenagem ao seu aniversário recente. Antes de sair, ela havia enviado uma mensagem a um de seus amigos e colegas mais antigos, dos tempos da análise de imagens, dizendo que tinha que se encontrar com alguém.

Pouco depois de sair, o médico acionou uma bomba costurada em seu colete. Ele morreu na hora. Jennifer Matthews, mortalmente ferida, correu vários passos antes de desmaiar e foi levada ao hospital, onde morreu. Também morreram Elizabeth Hanson, de 30 anos, selecionadora de alvos, formada em economia pela Colby College, que havia entrado para a agência aos 26 anos; os agentes da CIA Scott Roberson, Harold Brown Jr. e Darren LaBonte; dois contratados, Dane Clark Paresi e Jeremy Wise; o motorista afegão, Arghawan; e o agente de ligação jordaniano, Capitão Sharif Ali bin Zeid. Seis outros agentes da CIA ficaram gravemente feridos.

Foi o dia mais mortal na agência desde o bombardeio da embaixada americana em Beirute, em 1983. Os corpos foram levados de volta para os Estados Unidos, e as principais autoridades foram ao encontro deles. Para Mike Sulick, chefe do serviço clandestino, foi o dia mais difícil de sua carreira, pior do que o 11 de Setembro.

A morte de sete funcionários da CIA chocou o mundo e a força de trabalho da agência. Ela teve um efeito profundo sobre as funcionárias da CIA, muitas das quais reagiram não apenas à morte de Matthews, mas à maneira como ela foi tratada na morte. Em fevereiro de 2010, com neve espessa caindo, um serviço memorial para os agentes mortos foi realizado no prédio da agência. O Presidente Barack Obama discursou, assim como o novo diretor da CIA, Leon Panetta. Para uma novata como Molly Chambers, o evento parecia surreal a ponto de ser inacreditável. "Eu realmente estou um funeral no trabalho?" A situação era tão ruim que ela ainda não tinha percebido o quanto ruim era. Os sete agentes, todos trabalhando à paisana, tornaram-se sete estrelas esculpidas na parede.

Tantos agentes da CIA queriam participar que nem todos cabiam no auditório da sede. Gina Bennett assistiu por vídeo. Gina ligou para Cindy Storer a fim de informá-la sobre a morte de Jennifer. Cindy havia se aposentado precocemente em 2007, desgastada pelo arrependimento, culpa, tristeza e exaustão. Ela estava desempregada há um ano e morava com os pais em Myrtle Beach, na Carolina do Sul. Cindy ficou surpresa com o quanto se sentiu afetada pela morte de Jennifer Matthews. Quando eram jovens analistas, as duas mulheres haviam trabalhado juntas sem se dar bem. Mas dez anos se passaram e "tenho certeza de que ela aprendeu muito em todos esses anos, assim como todos nós, todos nós aprendemos". Cindy sentiu-se ofendida pelo fato de ninguém mais ter entrado em contato com ela. "Sempre lhe disseram que esta é uma família, que cuidamos uns dos outros, e essa não foi a minha experiência."

Após a explosão em Khost, muitas mulheres tiveram a impressão de que a máquina de relações públicas dos "caras" estava fazendo seus velhos truques, plantando notícias para manipular a mídia e transferir a culpa. As notícias se concentraram no papel de Matthews e sugeriram que ela era inexperiente – falando sobre a decisão de admitir o médico sem uma revista de segurança e encobrindo o fato de que seus superiores, ainda disfarçados, estavam envolvidos no planejamento da operação. O bolo de aniversário foi mencionado, com a insinuação de que tinha sido uma coisa boba e feminina de se oferecer. O tio de Jennifer Matthews, um agente aposentado, disse aos repórteres que tentou dissuadi-la de ir para Khost; ele achava que ela, uma analista, não fosse qualificada, mas ela estava determinada.

Única mulher na cadeia de tomada de decisões que planejou a operação, Jennifer Matthews foi "esmagada pela culpa", na opinião de Kristin Wood, sua amiga e colega, que se sentiu enojada com a "falta de responsabilidade da liderança" e, como muitos, achava que as pessoas nunca teriam depreciado um companheiro morto. Quando recebeu a notícia por telefone, Kristin caiu no chão. "Ele a pegou", disse ela. Referindo-se a Bin Laden. "Ela estava atrás dele desde 1994, e ele a pegou."

As pessoas culparam Matthews por ter deixado seus filhos para ir a Khost, de uma forma que não haviam culpado Mike Spann, que morreu no Afeganistão, por ter deixado para trás esposa e filhos. A realidade do trabalho de contraterrorismo era que muitas pessoas tinham que deixar suas famílias para seguir a luta. Jennifer Matthews era uma veterana de vinte anos que estava sendo tratada como uma analista júnior usando tênis. Quando Kristin e os outros ex-analistas de imagens se encontraram para um chá da tarde – dessa vez no Ritz-Carlton, em Pentagon City –, o agora trio de amigas pediu uma mesa para quatro pessoas e deixou uma cadeira vazia.

***

Mas algumas mulheres se perguntaram se Khost era o lugar certo para uma analista de alvos ser colocada no comando. Quando o marido de Diana Bolsinger perguntou se ela tinha ouvido falar de Jennifer Matthews, a primeira onda de surpresa de Diana, juntamente com a tristeza, foi o fato de Jennifer ter sido chefe de base em Khost. Essa não parecia ser uma carreira comum.

E não foi, ou não exatamente. Os agentes de operações sabem que é uma regra fundamental reunir-se com os ativos individualmente, nunca em um grupo. Apesar de toda a sua experiência com alvos, Matthews – várias fontes concordam – havia recebido um "curso breve" de treinamento operacional, nem de longe tão extenso quanto o curso completo de 22 semanas da Fazenda. As autoridades, no entanto, consideraram seu treinamento suficiente; se não foi suficiente, a culpa foi das pessoas que a enviaram. "Todos nós levamos isso muito a sério", disse a selecionadora de alvos Sandy Tveit. "Esse grupo de selecionadora de alvos, que lutou por muito tempo, depois do 11 de Setembro, todas nós fizemos coisas que achávamos que nunca nos pediriam para fazer, assumimos riscos que nunca esperávamos ter de assumir. Todos nós fizemos isso. Todos nós nos sentíamos um pouco invencíveis, até Khost, e acho que isso nos deixou na mão." A perda de sua amiga, e de tantos outros, foi inimaginável. "Não sei se algum de nós já se recuperou disso."

***

Heidi August também havia se aposentado. No início de sua turnê no Iraque, ela recebeu uma oferta da MCI, a empresa de telecomunicações, que estava fazendo parte do trabalho de restauração no Iraque. O salário era o dobro do que estava ganhando. Como mulher solteira, um aumento salarial como esse era importante. Ela voltou para Langley e preencheu os papéis para a aposentadoria. Naquela época, Heidi era uma SIS-2 e recebeu a Medalha de Inteligência de Carreira. "Você serviu ao seu país por mais de 35 anos e o fez com grande distinção", dizia uma nota escrita à mão por Jim Pavitt. Em seu último dia, 3 de dezembro de 2003, ela recebeu uma bandeira que havia sobrevoado a sede, em uma caixa de vidro. Ela se sentia orgulhosa de seu serviço, embora não gostasse do que via no Iraque e achasse um erro a agência criar seu próprio exército particular, com enormes despesas para o contribuinte, e assumir um papel paramilitar tão importante. Em sua opinião, é preciso saber onde termina o dever de sua agência e começa o de outra.

Ao tomar conhecimento da tragédia de Khost por meio da estreita rede de agentes aposentados, Heidi, chocada e triste, se viu refletindo sobre como teria lidado com a operação. Primeiro, ela teria se certificado de que o médico fosse submetido a um polígrafo. As pessoas que estão presas, como ele estava inicialmente, dizem qualquer coisa para sair. Em vez de se encontrar em uma base, Heidi teria inventado uma desculpa para colocá-lo em um avião para um local neutro. Talvez dissesse que ele precisava visitar a família que estava doente. Ela o encontraria, sozinha, em um saguão de aeroporto onde as armas eram verificadas pela segurança do lugar.

Lisa Harper reagiu da mesma forma que Heidi, refletindo que, em um lugar como Khost, o treinamento operacional completo e a experiência eram necessários. Porque não é apenas o instinto que entra em ação; é a sintonia nascida de anos nas ruas. Ela supôs que dirigir uma base em uma zona de guerra teria sido uma forma de uma analista se destacar. Se você quiser ser promovido, chefe da base em uma zona de guerra é onde você quer estar.

***

No funeral de Jennifer Matthews, havia um grupo de analistas mais jovens, resistentes, obstinados, experientes e eficazes. Uma delas era uma mulher marcante que usava sapatos caros e se vestia bem, mas não de forma sensual; evitando o *trench coat* padrão ou a clássica saia lápis e blusa de seda, ela tinha sua própria apresentação feminina. Não havia necessidade de fazer os homens do escritório se sentirem à vontade com ela. Jennifer Matthews a havia orientado e treinado. Ela era motivada, concentrada, combativa, não tinha medo de conflitos e estava disposta a se tornar uma prioridade. Não era o tipo de pessoa que "fica na fila e diz por favor e obrigada", como disse outra mentora, Kristin Wood. Enquanto as mulheres ao seu redor soluçavam, a selecionadora de alvos de salto alto disse: *Eu vou encontrá-lo. Não se preocupem, eu vou fazer isso, vocês me ensinaram, eu vou fazer isso.*

Essa selecionadora de alvos foi a inspiração para Maya, a rastreadora de Bin Laden em *A hora mais escura*.

Nesse filme, Maya é assombrada pela morte de sua mentora, Matthews, cuja personagem é fofoqueira e um pouco preguiçosa. A representação irritou alguns colegas. Entre eles estava o conselheiro-geral John Rizzo, que disse a um repórter que Jennifer Matthews era muito mais competente e experiente do que sua personagem no filme. Ele acrescentou que ela era "muito mais bonita" do que a atriz que a interpretou. Mesmo na morte, mesmo em 2014, as agentes eram julgadas por sua aparência. Em 2015, um agente anônimo da CIA, um homem de operações, foi citado no *U.S. News & World Report* dizendo, sobre as mulheres de Estação Alec: "Elas só trabalhavam no escritório de tênis".

***

O massacre de Khost também afetou as agentes – especialmente selecionadoras de alvos – que não conheciam pessoalmente nenhum de seus colegas mortos. Ellen Dickey, uma selecionadora que trabalhou na Arábia Saudita, no Paquistão e na Síria, lembrou que, quando foi contratada em 2004, as mulheres da Estação Alec haviam se tornado lendas. "As pessoas falavam delas com muito respeito, pois eram selecionadoras que podiam fazer coisas incríveis." Para ela, parecia que Jennifer Matthews tinha sido injustamente culpada. "Muitas dessas decisões são tomadas fora do controle da base."

Outra pessoa afetada foi Molly Chambers, que se viu motivada pela tragédia, pelo ódio do homem-bomba contra os Estados Unidos e pelo sexismo dirigido a Jennifer Matthews. Veja a crítica absurda sobre o bolo de aniversário. Molly, em seu próprio trabalho operacional, sempre dava alimentos de presente aos ativos. Todos os agentes de casos o faziam. Ela voou de Washington com uma caixa de cupcakes no colo porque um funcionário africano viu os doces sendo elogiados em um programa da Food Network. "Esse tipo de coisa acontece o tempo todo. Você dá pequenos presentes a eles. Você demonstra que está pensando neles." Um de seus ativos nigerianos adorava pizza no estilo americano; havia uma Domino's na cidade em que ela estava estacionada, mas os preços eram altos para os moradores locais. "Então, adivinhe quem ganhava uma pizza da Domino's toda vez que nos encontrávamos. Isso é normal. Isso faz parte do nosso treinamento. Isso se chama construção de relacionamento."

Para Molly, a perda de tantos agentes da CIA e a ideia de que alguém poderia odiar os Estados Unidos a ponto de explodir a si mesmo, esclareceu seu desejo de fazer sua parte. Ela foi de carro até Baltimore para assistir ao funeral de Darren LaBonte. Ela não se considerava uma superestrela. Molly se via como parte de um grupo de agentes "que não eram necessariamente os melhores, mas que foram os que apareceram para participar dessa luta". Foi isso que lhes foi dito durante a orientação na sede: Não tenham ideias arrogantes; vocês estão aqui porque foram os que apareceram. A segurança nacional dos Estados Unidos dependia de pessoas como ela: pessoas que apareceram.

Com o desenvolvimento de sua própria carreira, Molly também se tornou uma caçadora, mas esse era um tipo diferente de caça. Não se tratava de uma caçada para matar terroristas ou detê-los, mas sim de uma caçada para reunir famílias, salvar vidas e resgatar algumas das vítimas mais vulneráveis do terrorismo no planeta: crianças roubadas.

***

Em julho de 2011, Molly Chambers se viu na Fazenda para seis meses de treinamento de imersão. Havia mais recrutas do que na época de Heidi August e Lisa Harper, mas certos aspectos comportamentais persistiam. O sexo continuava desenfreado. Os trainees masculinos e femininos faziam sexo, e faziam uns com os outros. Planejar encontros era uma forma de praticar a técnica. Molly e um colega de classe colocaram marcas secretas na porta de um dormitório. Havia um hotel não muito longe dali, o Hospitality House, que as pessoas apelidaram de Ho House. "Também fazíamos muito sexo em carros", disse Molly. "Cada um recebe um veículo e, para garantir que o local de encontro no carro seja seguro, é preciso conseguir ficar lá por alguns minutos sem que ninguém entre ou saia e veja vocês. Então, qual a melhor maneira de testar isso?" A estranha e antiga intimidade do trabalho não havia diminuído. Trabalhar com um colega do sexo masculino significava estudar suas características, esperar por aquele gesto, aquele olhar, uma virada de cabeça para sinalizar o próximo passo em uma operação.

O uso de pseudônimos dava uma estranha qualidade anônima às interações; a comunicação com os colegas era como encontrar um estranho na internet, como encontrar um avatar. Você conhecia as pessoas por seus pseudônimos; não sabia nem mesmo os nomes verdadeiros. Em estações remotas, as pessoas ficavam entediadas e inquietas; em suas horas de folga, havia pouco a fazer além de jogar Jenga. Os colegas que estavam visitando em viagens de um dia, ou turnês curtas, proporcionavam diversão. Na África, uma nova chefe de estação estava muito interessada, como ela disse, nas "ratas da cidade".

"Eu era tão jovem que não sabia mais nada", refletiu Molly, que tinha 22 anos quando trabalhou como funcionária de secretaria. Durante seu trabalho na recepção, ela abriu uma gaveta e encontrou uma lista de sete páginas com as "Regras para ser um agente de casos", um documento informal que algum antecessor havia elaborado. A lista, impressa na fonte courier, marca registrada da agência, incluía: Sempre ter pelo menos duas reuniões por dia. Manter-se atualizado com os problemas e as notícias. Afiar a espada. Tenha um ou dois ternos bonitos para recepções. Alguns drinques são esperados. Não durma com os ativos ou com a equipe da cidade. Nunca perca a chance de usar óculos escuros. Seja estrategicamente agressivo, mas taticamente paciente. Algumas dessas instruções – os ternos e o decreto sobre não fazer sexo com a equipe – pareciam mais voltadas para os homens, mas, de modo geral, ela levou os conselhos a sério. Ao sair em sua primeira turnê aos 25 anos, "eu era como uma noiva adolescente. Não tinha outro contexto e estava desesperada para ser boa nisso. E eu era boa, mas teria feito qualquer coisa para me manter legal e no meio da multidão".

A lista estava correta: os agentes usavam óculos escuros e não faziam sexo com os ativos. Mas o sexo com colegas e civis, na opinião dela, reforça a sensação geral de viver à margem da lei. "Acho que essa sensação faz parte da mentalidade dos agentes, tanto homens quanto mulheres, de que as regras não se aplicam de forma alguma. Porque toda a nossa missão é quebrar regras. Um colega meu disse que, no momento em que ele entra em um novo país, ele pensa: Grande erro, pessoal, vou estragar este lugar".

***

Molly não. Sua carreira se desenvolveu na esteira de Khost, quando o terrorismo se espalhou pelo mundo, definindo o clima em que ela iria atuar. Na Fazenda, em resposta à tragédia de Khost, o treinamento de agentes de casos foi ampliado para incluir um curso de uma semana sobre como se preparar para uma "reunião de alta ameaça", usando ferramentas como vigilância, possivelmente armas ou sistemas de comunicação. Na época em que Molly estava escolhendo a divisão com a qual gostaria de trabalhar, a África, e não a Europa, era a mais legal e mais procurada. Para sua surpresa, ela conseguiu uma vaga e "se apaixonou completamente" pela missão.

A primeira missão de Molly, em 2012, foi em Uganda. Nove meses antes, houve um ataque terrorista em um bairro, Kabalagala, enquanto os cidadãos africanos assistiam pacificamente a um jogo da Copa do Mundo. A área não ficava longe da embaixada dos Estados Unidos, e o autor do ataque, al-Shabaab, já havia ultrapassado a Al-Qaeda como a organização terrorista mais brutal do mundo. A ameaça podia ser sentida em toda parte. Ao visitar um colega em Nairóbi no ano seguinte, ela almoçou no Westgate Mall apenas algumas semanas antes de quatro homens armados e mascarados abrirem fogo em um ataque do al-Shabaab que deixou 67 mortos e 200 feridos. Em Uganda, ela trabalhou com um pequeno grupo de ugandenses conhecido como Plataforma Operacional de Contraterrorismo (CTOP), treinando-os para praticar o "contraterrorismo indígena" e combater o terrorismo em seu meio. Ela trabalhou com "alvos internos": recrutando agentes de inteligência de Uganda para que compartilhassem o que sabiam sobre o al-Shabaab e que não estavam compartilhando abertamente.

O trabalho era árduo, solitário e estimulante. Ela tinha meia dúzia de celulares de reserva, alguns para missões de contraterrorismo, outros para missões operacionais. Os melhores telefones para gravação eram os Nokia; eram baratos e confiáveis, e você podia retirar o cartão SIM com um movimento rápido. Ela tinha placas de carro falsas e uma lista de números de telefone em seu sutiã; ela os mantinha lá pensando que um serviço adversário não a despiria se ela fosse presa. Ao chegar a qualquer nova estação, sua primeira tarefa era passar semanas dirigindo, memorizando o layout da cidade. Ela tinha um mapa de papel anotado com quadrados e X que significavam coisas como bares e restaurantes e zonas proibidas. Devia ser capaz de recriar o mapa em sua cabeça, em tempo real, para o caso de estar sendo seguida. Em qualquer reunião com um ativo, ela ficava "com tela escura", sem aparelhos eletrônicos, e precisava saber o caminho.

Molly tinha um punhado de passaportes e carteiras de identidade. "Podemos fazer algumas poses", disse-lhe a simpática mulher do escritório de crachás na sede. Dentre elas, escolheu sua favorita, de modo que, se fosse expulsa do país como persona non grata e sua foto se tornasse viral, pelo menos seria uma boa foto. Ela recebeu mil libras de "consumíveis", comprados na Costco em Pentagon City, em Arlington. Coisas como cereais, balas, feijão-preto, absorventes. Em uma primeira postagem, aprende-se que, se abrir um frasco enorme de maionese, não poderá levá-lo com você quando se deslocar. Para condimentos, é melhor comprar potes menores na Target ou na Safeway. As pessoas fazem "brindes de consumíveis" quando saem de uma estação para outra.

Na África, Molly participou de vários eventos de gala, o que poderia ter sido divertido, exceto pelo fato de que ela só pôde participar depois de trabalhar em seu emprego de fachada das sete e meia às cinco e fazer uma operação das cinco às nove. O epítome da vida no exterior para ela foi usar um vestido de coquetel no meio do nada para ir a um casamento na véspera de Natal. Para combinar com seu vestido de lantejoulas brilhantes, ela carregava uma bolsa com uma "barbatana de tubarão", um dispositivo que aspirava números de telefone próximos. Alguns alvos eram esperados no casamento e ela queria obter suas informações de contato e saber com quem eles estavam falando.

Em Uganda, uma de suas missões era ajudar a encontrar meninos sequestrados pelo Lord's Resistance Army (Exército de Resistência do Senhor), um grupo terrorista liderado por um autodenominado profeta, Joseph Kony, que traficava crianças escravas sexuais e recrutava crianças-soldados para travar uma guerra contra o governo de Uganda. Sonhando com uma operação que esperava que fosse eficaz e criativa, Molly escreveu uma música, "Come Home", pedindo que os "desertores" – como os meninos eram chamados – se apresentassem em pontos de coleta na República Centro-Africana e no Sudão do Sul. A mensagem era que seus pais estavam esperando e que eles não seriam estigmatizados. Em uma boate, ela se aproximou de Jose Chameleone, a sensação do rap de Uganda, e pediu que ele gravasse a música. Ele concordou, e a música se tornou um grande sucesso. Alguns meninos voltaram para casa, sozinhos ou em duplas. Encontrar garotos perdidos não era a missão central da agência, mas "valeu totalmente a pena", uma campanha de ação perfeita para o futuro.

Cartum, seu segundo posto, foi mais difícil; o prédio do Serviço Nacional de Inteligência e Segurança da cidade tinha uma placa que dizia, traduzida, "Se você não estiver do lado de Alá e Maomé, estará no covil do inferno com os perdedores". Era um lema enervante, e, quando uma equipe de carros de vigilância começou a segui-la, ela os afastou, mas ficou com medo. Molly não temia por si mesma, fisicamente, mas por sua reputação. Desenvolveu um medo incapacitante de ser pega e teve síndrome do pânico. "Fico esperando que o outro sapato caia", escreveu em um diário, comunicando de forma enigmática o quanto se sentia apavorada. A terapia estava fora de questão; você não quer ser vista como perturbada ou incapaz. Se um russo aparecer, você quer ser a pessoa escolhida para lidar com ele e fazer o relatório.

Sua terceira missão foi na Nigéria, onde, em abril de 2014, 276 estudantes do sexo feminino foram sequestradas de um internato cristão em Chibok pelo grupo terrorista islâmico Boko Haram. Naquela época, o Boko Haram era um clube de garotos *ad hoc* e estridente, um grupo de extremistas religiosos que se opunha à alfabetização e à escolarização. O nome Boko Haram é traduzido aproximadamente como "a educação ocidental é proibida". É por isso que as meninas foram roubadas. Em primeiro lugar, elas eram meninas; e em segundo lugar, elas estavam, por definição, sendo escolarizadas. No final de 2016, o Boko Haram fez uma franquia com o ISIS, ou uma facção o fez, pelo que foi possível saber. Essa facção deixou de ser o Boko Haram e se tornou o Estado Islâmico / África Ocidental, tornando-se um alvo legítimo para uma missão de contraterrorismo. O grupo estava em uma seção esquecida por Deus no norte da Nigéria; havia um único agente de casos da CIA na região, mas ele precisava de uma equipe, e foi aí que Molly entrou.

Molly foi enviada para uma região muito pobre perto do lago Chade, onde os moradores viviam da agricultura e da pesca. A mudança climática estava afetando a pesca; o lago estava encolhendo e os empregos eram escassos, o que tornava os jovens de 15 anos ociosos um alvo fácil para o recrutamento do Boko Haram. O sequestro de Chibok havia dado publicidade ao grupo, o que o agradava, e os financiadores do terrorismo enviavam doações, o que também o agradava. Maiduguri, seu destino, era uma cidade minúscula – em sua maioria favelas – próxima à Floresta Sambisa. A área não estava mapeada, e ela desenvolveu um disfarce como uma empresa que estava mapeando a área para vender a ONGs. Em caso de emergência, ninguém viria ajudá-la. Molly tinha uma Glock 19 e trinta cartuchos de munição: 29 para o inimigo e um para ela.

Seu trabalho era montar uma casa segura, o que significava encontrar um complexo e equipá-lo para torná-lo habitável. O agente de casos fez uma visita de um dia, deu a ela 100 mil dólares e disse: "Ligue se precisar de mim". Ela encontrou um complexo com uma casa principal e uma casa de hóspedes, assinou o contrato de aluguel e o equipou. Não havia eletricidade, nem água encanada, nem sistema de computador, nem comunicações seguras. Molly conseguiu um agente de apoio, uma mulher, que a ajudou a organizar as coisas. Ninguém aceitava dólares americanos, então Molly teve que encontrar um cambista que não a enganasse. Ela comprou um gerador e providenciou a entrega de combustível. Tornou a casa habitável. Comprou um carro, pintou os vidros por conta própria, alisando o plástico da pintura com um cartão-presente da Starbucks.

Depois de montar o esconderijo para a equipe de apoio que participaria da operação, Molly teve que penetrar no Boko Haram. Ela cultivou um ativo que lhe disse que Abubakar Shekau – o chefe do Boko Haram – frequentava uma mesquita que "parecia uma escada". Um membro da equipe da Agência Nacional de Inteligência Geoespacial encontrou um prédio com uma pegada em forma de degrau, usando imagens aéreas. O Boko Haram usava sistemas de mensageiros como o de Bin Laden, em que um mensageiro leva uma mensagem a um de vários outros mensageiros, que partem em direções diferentes. Ela tinha seu selecionador de alvos – um homem, agora que a seleção de alvos era uma carreira – e um

"SIGINT": um homem da inteligência de sinais que ouvia as interceptações do Boko e do ISIS na África Ocidental. Trabalhando com os britânicos e franceses, eles esperavam conseguir todas as meninas de uma só vez, mas algumas haviam se casado com combatentes e relutavam ou não podiam deixar seus bebês, pelo menos não imediatamente. Mas eles conseguiram trinta de uma só vez, e outras, em uma e duas, saíram aterrorizadas da floresta densa, segurando os filhos dos homens a quem foram dadas.

***

Ao longo de suas viagens à África, Molly descobriu que o gênero ajudava de maneiras que a surpreenderam. Nos países islâmicos, ela descobriu a existência de um "terceiro gênero", uma categoria cultural que não era nem masculina nem feminina. Como uma mulher branca ocidental americana que trabalhava em um ambiente profissional, ela não era uma mulher como as mulheres eram entendidas localmente; nem era exatamente um homem. Em vez disso, ela ocupava uma categoria intermediária, quase não binária, o que significava que podia se socializar com mulheres, mas também com homens. Nos jantares, as mulheres iam para uma sala e os homens para outra. Molly podia flutuar para lá e para cá. Ela podia conversar com os homens sobre política e depois ir para a cozinha e ser recebida pelas secretárias e esposas. Ela conseguia desenvolver os ativos masculinos e os femininos, algo que seus colegas homens geralmente não conseguiam fazer. Em uma festa, as pessoas não sabiam se ela estava presente em uma função oficial ou como acompanhante de alguém. Podia entrar em qualquer lugar. Era como se ela não contasse – e não contar era uma grande vantagem.

Molly encontrou pouco ou nenhum sexismo por parte dos funcionários. De seus colegas, sim: um agente de segurança da embaixada a chamou de "Peitinhos" e perguntou, sarcástico, se ela ia reclamar de estar com medo na sala de interrogatório. Mas o que realmente a irritava era o fato de a agência se recusar a contar seu serviço na Nigéria como "crédito de zona de guerra", embora os homens que vinham atrás dela o recebessem – depois que Molly havia montado seus alojamentos. Ela também foi escolhida para ser a "babá" da esposa do diretor Mike Pompeo durante sua visita oficial – uma tarefa que não cabia aos homens. As oportunidades exclusivas e as ofensas persistentes levaram a uma grande camaradagem entre Molly e suas colegas. Elas se autodenominavam "agentes de casos femininos".

Na África, o trabalho de contraterrorismo cruzava com o trabalho com alvos difíceis, como Rússia, China, Coreia do Norte e Irã. Trabalhar com alvos difíceis era o objetivo de Molly ao entrar na agência. Agora, como na Guerra Fria, as grandes potências queriam colher os recursos naturais da África e criar laços e aliados. O Partido Comunista Chinês estava desenvolvendo ativamente aeroportos, e havia muitos comunistas chineses no continente, o que, para Molly, parecia "o último posto real da CIA". Na África, exatamente como Lisa Harper havia descoberto, as autoridades de alvos difíceis eram menos supervisionadas e mais acessíveis.

Em Kampala, os colegas de Molly suspeitavam que uma clínica médica administrada por norte-coreanos era, na verdade, uma operação de lavagem de dinheiro para financiar o regime. A estação convocou Molly para ir à clínica duas vezes por semana para fazer massagens em todo o corpo – com direito a ventosas. Sob o pretexto de ter sofrido um acidente de carro, Molly ficava nua enquanto copos quentes eram pressionados contra sua pele, conversando com o massagista e pensando em maneiras de obter resultados que não o deixassem desconfiado. Isso continuou por seis meses. Quando ele revelou que era fã de Keanu Reeves, ela apareceu com um pen drive de filmes de Keanu Reeves. Sua natureza gregária lhe foi útil. "Qualquer coisa em que você esteja interessado, eu estou interessada. E tipo, 'Meu Deus, há nove temporadas de *Lost*! Vamos assistir a todas elas!'. É um pouco como tornar sua personalidade maleável para quem quer que você precise ser. E você se perde um pouco nisso". (Na verdade, seis temporadas.) Um ativo a "acionou" – ou seja, convocou uma reunião – em seu aniversário. Havia surgido um assunto urgente. Ele se desculpou por incomodá-la, deu-lhe um cartão de aniversário endereçado "Para meu querido amor" e confidenciou: "Eu não assinei, por motivos operacionais".

O recrutamento de Molly para fazer carreira era de um alvo difícil. Ela e seu ativo tinham reuniões regulares, até que um dia ele não apareceu:

o que é conhecido como "quebra de contato". Eles tinham um plano de recontato, um local alternativo que ela visitava em dias e horários predeterminados. Ela foi e voltou por meses – preocupando-se que ele tivesse sido pego, imaginando sua família sendo torturada – até que um dia ela o viu se aproximar. A expressão de alívio no rosto dele combinava com a dela. "Ele tinha recebido uma visita e não era seguro nos encontrarmos." Ela lhe garantiu que ele havia feito a coisa certa. "Ele olhou para mim e disse: 'Eu sabia que você estaria aqui'". Ela sabia que também estaria. Molly nunca o deixaria na mão, algo que não poderia dizer em nenhum outro aspecto de sua vida.

Ser uma agente de casos da CIA foi a melhor coisa que ela fez. Foi também a mais difícil: viver em países sob condições tão perigosas que ela não podia sair do complexo, não podia caminhar, só podia conversar a longa distância com um coach de bem-estar on-line. Era 95% de miséria – sentir-se "alimentada por nicotina, cafeína e aversão a si mesma"; ser rejeitada, rejeitada, rejeitada; encontrar alguém que queria ser uma fonte, mas não tinha nada a oferecer – e 5% de satisfação selvagem. Molly sofreu nove acidentes de carro em seis anos. Ela tinha que fazer uma ação operacional por dia – uma ligação, uma reunião, uma função diplomática, emitir um sinal –, o que era exaustivo. Em nenhum momento ela estava fora do horário de trabalho; nunca entrava em um supermercado sem antes dar a volta no estacionamento, procurando placas de carros diplomáticas para ver quem poderia encontrar no corredor de iogurtes.

Quando deixou aquela última missão, ela teve que se despedir de sua fonte, que havia sido crucial para sua carreira. Ele havia aprendido inglês sozinho assistindo a programas de entrevistas diurnos americanos. Ele retornaria ao seu país de origem, voltaria para o interior, sofreria sob um regime autoritário. Mas pelo menos poderia ser uma voz. Quando se despediram, sentaram-se em um carro e analisaram o que significavam um para o outro. Molly disse que provavelmente nunca mais se veriam, e ele disse que sabia disso. Ela disse que alguém estaria sempre ao lado dele. "Mas não será você", respondeu ele. Estava chovendo, então ela disse que, dali em diante, sempre que chovesse à noite, os dois estariam se comunicando. Parecia piegas, mas ela estava falando sério. Mais tarde, um funcionário de secretaria lhe disse que eles liam muitos telegramas e que aquela troca de mensagens os tocava. Quando a chuva está caindo, ela pensa em seu ativo.

    Molly queria que seu arquivo de corredor dissesse que ela era uma boa colega. Uma pessoa que aceitava as tarefas difíceis e sem glamour. Na agência, o filme favorito das pessoas não é *A hora mais escura*; é *Falcão Negro em perigo*. A essência desse filme é destilada em uma cena na qual o líder da equipe da Delta Force, Hoot, diz que não fez o que fez por paixão pela guerra. "O que importa são os homens ao seu lado." Molly nunca quis decepcionar seus colegas ou seus ativos. "Muitos dos meus ativos eram sem-teto. Muitos deles estavam vendendo porque podiam: Eles tinham informações e, sim, queriam que o governo dos Estados Unidos as tivesse, ótimo", refletiu ela. "Mas alguns deles realmente acreditavam nos Estados Unidos e realmente acreditavam que estavam ajudando. Porque estavam."

Capítulo 27
Roupa no varal

WASHINGTON
2 de maio de 2011

Fran Moore tinha acabado de chegar ao trabalho no início de uma manhã no final do verão de 2010 quando um relatório chegou à sua mesa e a deixou atônita. Fran Moore era vice-diretora de análise – chefe da diretoria de análise – e o relatório havia sido compilado pela pequena equipe de analistas que caçava Osama bin Laden. O relatório descrevia o trajeto de um jipe Suzuki branco pertencente a um mensageiro conhecido por levar mensagens a Bin Laden. O jipe foi rastreado até um grande complexo em Abbottabad, no Paquistão. O relatório indicava que o complexo tinha paredes excepcionalmente altas. Fran leu o relatório com "grande interesse", mas percebeu que o título – na linha de "a melhor pista de todos os tempos para Bin Laden" – transmitia mais certeza do que o relatório. O título sugeria que havia provas de que era Osama bin Laden que estava morando no complexo, mas os detalhes não sustentavam esse nível de certeza.

Fran ligou para o gerente da equipe e advertiu que rascunhos como esse "têm um jeito de chegar ao centro da cidade". Pessoas de alto nível certamente veriam o documento. Eles poderiam estar descobrindo algo que nunca tinham visto e não poderiam se dar ao luxo de exagerar em suas descobertas. Ela o devolveu para revisão e disse que analisaria todos os documentos antes de serem enviados, para garantir que "não tivéssemos tanta distância entre um resumo e o conteúdo novamente". Ela insistiu que a técnica tinha que ser impecável.

Depois de fazer essa advertência, Fran Moore tirou um momento para si mesma. "E então eu pensei: 'Ah, mas isso é tão emocionante. Não consigo acreditar'."

***

O fato de Fran Moore estar sentada na primeira mesa de análise em 2010 se deveu não apenas à sua excelência, mas também à sua persistência durante uma carreira na qual ela encontrou "barreiras" devido à sua decisão de ter filhos. Isso também se deveu a uma longa cadeia de gestos discretos de apoio. Em um momento importante de sua carreira, Fran foi incentivada por Mary Margaret Graham, que a encorajou a aceitar um trabalho de alta visibilidade que a assustava. Graham era conhecida por ser mentora de mulheres mais jovens, criando uma rede de veteranas e convocando reuniões para dizer: "Se você está aqui, considere que foi grampeada". Ela era uma grande amiga de Heidi August, que devia sua carreira, em parte, a Lisa Harper, que havia sido ajudada em um momento crítico por Sue McCloud, que havia planejado a contratação de Mia McCall e tentado, a sua própria maneira clandestina, eliminar os homens que sabotavam as mulheres.

Em suma, Fran Moore pertencia a uma irmandade que, de certa forma, não tinha plena consciência de si mesma, uma cadeia de solidariedade e conquistas conhecidas e desconhecidas. E, por acaso, ela estava no local em um momento importante, quando a caça a Bin Laden deu uma guinada, fruto de anos de trabalho em que muitas mulheres participaram. Algumas, selecionadoras de alvos como "Maya", estavam em campo. Algumas, como Jennifer Matthews, morreram no cumprimento do dever. Outras, como Fran e sua equipe, trabalhavam em mesas e reuniões, voltando a pistas antigas, bancos de dados antigos, usando novas tecnologias para revelar padrões não visíveis ao cérebro humano, criando novas estratégias de caça. O diretor Michael Hayden as chamou de "grupo de irmãs".

Muitos homens, com certeza, estavam envolvidos na caçada a Osama bin Laden. Quanto mais você se aproximava do alto escalão, mais homens havia. O diretor da CIA Leon Panetta, que deu início à caçada quando assumiu o cargo em 2009; o almirante William McRaven, que comandou uma equipe de SEALs da Marinha que atacaria o complexo; o Presidente Barack Obama, que deu o aval para o ataque. Mas as mulheres tinham um ponto de vista e uma motivação especiais. Eram mães, muitas delas, e filhas. Elas haviam lutado por carreiras no serviço público. Estavam enfrentando um psicopata para quem mulheres e crianças eram pouco mais do que projeções de seu próprio ego narcisista. Algumas permaneceram no local por uma década ou mais para pegá-lo.

***

A carreira de Fran Moore na CIA começou com o aumento de pessoal durante a era Bill Casey na década de 1980. Ela foi criada no norte de Nova Jersey, em uma família de novos imigrantes de meados do século. Seu pai, nascido na Itália, era um aluno promissor – orador da turma do último ano –, mas sua educação formal teria terminado ali se não fosse pelo exército dos Estados Unidos, que o matriculou em um programa de engenharia durante seu serviço na Segunda Guerra Mundial. Seu diploma universitário o levou a uma carreira na construção de pontes e arranha-céus, estruturas que significavam o poder, a riqueza e a promessa dos Estados Unidos – exatamente o que Bin Laden visava destruir.

Enquanto Fran crescia, ela sabia que seus pais e avós tinham vindo para os Estados Unidos em busca de oportunidades e as tinham encontrado. Entendia-se que era preciso retribuir por meio do serviço público. A legenda da foto do anuário do ensino médio de Fran dizia que ela planejava uma carreira no governo.

Sua família era católica, com seis filhos – três meninos e três meninas – e noções antiquadas de gênero. Na hierarquia de quem importava, sua mãe "achava que os meninos eram intrinsecamente mais valiosos", um preconceito do qual ela mesma parecia não ter consciência. O dinheiro era escasso e o irmão mais velho de Fran tentou convencer os pais a não pagarem a mensalidade da faculdade de Fran, argumentando que ela simplesmente se casaria após a formatura. Seu pai ressaltou que Fran tinha as melhores notas entre os irmãos e que, "se alguém merece ir para a faculdade, é a sua irmã".

Na Faculdade de Elmira, em Nova York, Fran dava aulas particulares a jogadores de hóquei para ganhar dinheiro. Ela se formou em relações internacionais e ciências políticas e concluiu o curso *Phi Beta Kappa summa cum laude*, como uma das melhores alunas de sua turma. Fran se formou em 1982, diretamente na pior recessão que os Estados Unidos já haviam visto. Ela aceitou um emprego como secretária em Wall Street. Então, um dia, recebeu uma ligação. Um formulário que ela havia enviado ao Departamento de Estado havia chegado à CIA. Então se submeteu a um polígrafo em junho e, algumas semanas depois, dirigiu até Washington, com um cesto de roupas no banco de trás.

A agência em geral era composta por cerca de 75% de homens e 25% de mulheres, e a divisão analítica não era muito melhor. Havia muito mais homens do que mulheres e, quanto mais se subia na hierarquia, mais distorcida ficava a proporção. Acontece que o chefe de Fran estava procurando um generalista inteligente – alguém que pudesse pesquisar, escrever e montar uma história. Em um ano, Fran era a analista sênior das Filipinas, uma região de alta visibilidade em uma era de alta visibilidade, no mandato de Ferdinand Marcos.

Mas, ao olhar ao redor, uma coisa ficou clara. "Havia pouquíssimos modelos de mulheres na gerência e as que existiam não tinham filhos", percebeu Fran. Essa verdade foi "muito explicitamente percebida" quando ela foi para o escritório da Coreia do Norte. Em seu último dia como analista nas Filipinas, Fran foi chamada pelo diretor do escritório, que lhe disse que "queria conversar com você antes de sair e se casar". O diretor lhe deu um conselho. "Tenho certeza de que você não acha que sou um especialista nisso, mas acredite em mim, quando você já se casou três vezes, você tem muita experiência." Enquanto Fran ouvia, "ele começou a falar que eu não deveria ter pressa em ter filhos, pois isso atrapalharia minha trajetória promissora". De certa forma, ele estava lhe fazendo um favor. "Ele estava tentando deixar claro para mim quais eram minhas escolhas naquele momento."

A mensagem veio alto e bom som, mas Fran preferiu não dar ouvidos a ela. Extremamente ligada à própria família, ela conheceu o marido, um funcionário da agência, jogando vôlei, e queria uma existência em que pudesse ter uma vida familiar própria, trabalhando duro, mas fazendo coisas divertidas, passando o tempo livre com o marido e os filhos. Ignorando o conselho de seu antigo chefe, Fran começou a formar uma família e teve "muitos problemas". Gravidez após gravidez não conseguia ter o bebê.

Ao mesmo tempo, Fran estava recebendo todos os sinais da gerência de que tinha um alto desempenho: Quando seu marido foi enviado para o exterior, eles encontraram um cargo para ela e continuaram a investir em seu treinamento, um gesto incomum na época. Enquanto estavam no exterior, Fran e o marido decidiram adotar. Depois, ela engravidou pela oitava vez e deu à luz um bebê. Eles passaram de zero para dois filhos rapidamente. Quando voltaram, foi colocada em uma força-tarefa na Coreia do Norte que era "literalmente exaustiva". Chegando ao trabalho às cinco da manhã, ela se via em sua mesa muito depois do anoitecer, falando com o filho ao telefone "e dizendo ao meu marido para não colocar o bebê na cama, para que eu pudesse pelo menos segurá-lo".

Apesar de seus dons e de seu comprometimento, Fran Moore bateu em um muro materno. Um novo conjunto de unidades foi criado, e uma colega júnior foi convidada a liderá-lo. A colega apontou para seus supervisores que Fran era a pessoa a quem todos recorriam para pedir ajuda. Por que não estavam pedindo que Fran dirigisse a unidade? A resposta: *Ela tem dois filhos. Tinha muita coisa para fazer.*

Não importava que Fran estivesse trabalhando rotineiramente até as dez da noite, enquanto os gerentes iam para casa por volta das seis. Os supervisores, quando ela os abordava, "eram educados: Nós realmente valorizamos você. Mas veja, você é mãe". Eles continuaram a tirar proveito de sua ética de trabalho e ela continuou a produzir análises. "Mas nunca recebi o toque no ombro que os homens com dois filhos estavam recebendo."

E assim foi: Fran trabalhou no escritório da Ásia Oriental por doze anos, chegando cedo e ficando até tarde. "Como eu era capaz, não importava o que eu fizesse, era sempre a primeira pessoa a quem eles recorriam para escrever para o dia seguinte." Ela reescrevia os PDB para um analista militar três anos mais velho que ela. Confiavam nela para fazer as coisas, mas não a recompensavam por fazê-las.

Ao longo do caminho, Fran recebeu sinais para suavizar aspectos de sua personalidade no local de trabalho. Um supervisor imediato tentou rebaixar suas classificações de desempenho; olhando para sua pontuação estelar em habilidades de apresentação, ele especulou que Fran não poderia ser tão boa assim e a classificou como inferior, apesar de nunca ter visto uma apresentação dela. Ele apontou como problemática uma discussão que ela teve com um colega homem, dizendo que ela não estava sendo suficientemente flexível. Fran recorreu a gerente acima deles e disse que não poderia concordar com a avaliação. A gerente – solteira, inteligente, justa, empática – fez algo incomum: anulou a decisão do supervisor. As notas altas de Fran foram mantidas. Mesmo assim, a gerente chamou sua atenção. "Seu intelecto intimida os homens, e você realmente precisa tomar cuidado com isso", disse a gerente a Fran. Caso contrário, "isso vai acontecer com você o tempo todo. E talvez eu não esteja lá para corrigir o erro".

Para Fran, isso pareceu mais uma advertência para que ela se questionasse. Ela havia se deparado com os limites do que a diretoria analítica permitiria que fizesse e, por isso, aceitou um emprego na área de recursos humanos. Lá, Fran ficou realmente ciente de como as mulheres da agência haviam sido isoladas historicamente; como, na década de 1980, algumas das melhores e mais brilhantes analistas haviam sido direcionadas para a análise de liderança quando os escritórios regionais não as aceitavam; como as mulheres do serviço clandestino haviam sido relegadas à condição de agentes de relatórios, o que significa que "havia algumas mulheres incrivelmente capazes que deveriam estar na busca de ativos e que simplesmente não foram contratadas para isso". Foi um trabalho interessante, mas, quando George Tenet assumiu o cargo, muitos dos dados que seu antecessor, Deutch, queria foram abandonados.

Fran imaginou que ainda tinha mais vinte anos de carreira pela frente. Ela poderia permanecer na área de recursos humanos e cuidar da folha de pagamento ou dos contratos, ou poderia voltar ao seu verdadeiro amor – escrever análises para o presidente – e ver se a instituição permitiria que ela liderasse. Foi difícil encontrar o caminho de volta. Fran passou por vários empregos e, então, como recém-formada em SIS, recebeu a oferta do cargo de planejadora estratégica para a PDB. Esse foi o grande e difícil trabalho que Mary Margaret Graham a incentivou a aceitar. Em 2005, ela assumiu o cargo de chefe do Escritório de Análise de Terrorismo, em inglês Office of Terrorism Analysis], que Pattie Kindsvater havia construído do zero, criando um programa para treinar os jovens analistas contratados após o 11 de Setembro. Fran chegou ao OTA exatamente no momento em que a caça a Osama bin Laden havia dado um passo importante, graças a uma mulher que havia alcançado uma meta difícil de ser alcançada: encontrar uma maneira de equilibrar as obrigações do trabalho e da maternidade.

***

Naquela época, 2005, a busca pelo HVT (Alvo de Alto Valor) n.º 1 já estava em andamento havia quatro anos, e muitos membros da irmandade inicial continuavam fazendo parte dela. Depois que Bin Laden desapareceu em Tora Bora, Barbara Sude se juntou a uma força-tarefa para pensar em novas abordagens. O trabalho principal de Barbara era escrever análises para prevenir e prever mais ataques, portanto a caça era uma espécie de segundo trabalho para ela. A equipe analisou as pessoas com as quais Bin Laden estava conectado. Aprendendo com a experiência de Israel na caça aos nazistas, eles sabiam que os laços familiares poderiam ser importantes. Adolf Eichmann estava morando na Argentina quando seu filho se gabou para o pai de sua namorada sobre o passado nazista do pai. O pai entrou em contato com um juiz na Alemanha, e o Mossad prendeu Eichmann. Outras caçadas se concentraram em pessoas próximas ao alvo, como guarda-costas.

Especialistas externos conversaram com o grupo de Barbara sobre os padrões de vida que fugitivos como Eric Rudolph – um terrorista doméstico que bombardeou os Jogos Olímpicos de Verão de 1996 em Atlanta – haviam seguido. Segundo eles, os fugitivos não mudam necessariamente de residência com frequência. Você poderia pensar que eles permaneceriam fugindo, mas nem sempre isso acontece. Certo – a equipe discutiu –, digamos que ele ficasse no local. Como um homem tão alto, magro e reconhecível poderia se disfarçar? Rasparia a barba? Usaria um terno de risca de giz? Khalid Sheikh Mohammed havia sido capturado em uma cidade; talvez

Bin Laden tivesse se estabelecido em um local urbano denso. Havia muitos desses lugares no sul da Ásia.

Muitas vezes, coube a Barbara analisar as fitas em que Bin Laden aparecia. Em setembro de 2003, a Al-Qaeda divulgou uma declaração comemorando os ataques de 11 de Setembro, com imagens mostrando Bin Laden caminhando por uma região montanhosa. Em outubro de 2004, Bin Laden divulgou uma "Mensagem ao Povo Americano" gravada em vídeo. Isso causou sensação. A equipe vasculhou o cenário em busca de pistas, convidando especialistas externos para examinar rochas e sons de pássaros. Mas não conseguiram localizar seu paradeiro.

Em 2005, a equipe percebeu que não haveria um único relatório de detento, uma peça de inteligência de sinais ou qualquer outro item mágico que levasse a ele. A guerra do Iraque distraiu a todos e, enquanto isso, a Al-Qaeda estava ressurgindo e a visão de um califado estava se espalhando.

Os caçadores tinham uma vantagem: a tecnologia havia avançado. Surgiram ferramentas online que permitiam que os analistas criassem – em minutos – redes que levariam dias para serem construídas à mão. Os memorandos de seis páginas das mulheres do cofre e os primeiros esforços em PowerPoint de pessoas como Cindy Storer agora podiam ser realizados usando a "análise de links". A capacidade de examinar informações antigas, compará-las com novas informações e organizá-las foi revolucionada. Eles tinham muito mais informações disponíveis por meio de dados do que tinham cinco anos antes, e mais softwares para implantar. A coleta técnica havia explodido, produzindo imagens de satélite de alta qualidade e inteligência de sinais, além da capacidade de comparar fitas de voz antigas com novas.

Pouco depois de chegar à OTA, Fran Moore foi informada sobre uma nova metodologia na qual uma analista líder – ainda disfarçada, vamos chamá-la de Jill – havia proposto uma reformulação importante, sugerindo um foco sistemático nas pessoas com as quais ele provavelmente estava em contato, um grupo que não passava de duas dúzias. A analista sugeriu quatro vetores. Um deles era a família, com quem, segundo eles, Bin Laden viajava. Talvez alguém se descuidasse e dissesse alguma coisa. Outro vetor era quem quer que estivesse servindo como mensageiro de

Bin Laden. Ele tinha de ter algum ponto de contato com o mundo exterior, por mais bem escondido que estivesse. O terceiro era a liderança da Al-Qaeda; talvez um desses caras falasse em uma linha aberta. A quarta era a comunicação dele com a mídia: fitas de vídeo e áudio e as pistas que eles ainda esperavam encontrar escondidas nelas.

Jill era uma mãe que trabalhava em meio período havia anos. Na década de 1970, o simples fato de ter filhos teria sido suficiente para expulsá-la do corpo de analistas. Fran, com sua experiência em RH, sabia o quanto era importante o fato de uma funcionária de meio período ter sido autorizada a permanecer em uma equipe de alto nível. Devido à urgência da missão, o centro de contraterrorismo tinha uma noção ampla de quem poderia fazer um bom trabalho. "Quanto mais altas as chamas da plataforma, mais criativo você é para conseguir pessoas para fazer o trabalho", supôs Fran. "Se você fosse realmente inteligente e quisesse trabalhar com coisas interessantes e só quisesse trabalhar vinte horas por semana", o contraterrorismo tinha "um lugar para usar você."

Quatro anos trouxeram outras mudanças. As mulheres estavam mais experientes e falantes. Na agência, mesmo que não explicitamente, era sabido que as mulheres haviam conduzido algumas das caçadas mais bem-sucedidas: terroristas, traidores, chefes do tráfico de drogas. Em parte isso se deveu ao fato de as mulheres terem sido direcionadas para a seleção de alvos em uma época, como disse Fran, "em que outros caminhos para o progresso eram mais difíceis". Não se tratava tanto do fato de haver mais mulheres do que homens no esforço, mas sim do fato de que as mulheres que estavam lá eram as mais destacadas.

Fran tinha outros desafios, como manter seu pessoal. Para tentar solucionar o faccionismo que prejudicava o esforço antes do 11 de Setembro, o Congresso havia criado um Centro Nacional de Contraterrorismo, com uma equipe composta por várias agências, e um Diretor de Inteligência Nacional, que agora era responsável pelo Resumo Diário para o Presidente. A caçada permaneceu no domínio da CIA, onde o "apoio às operações" tornou-se uma prioridade. Fran tinha que se certificar de que seus melhores analistas não fossem pegos pelo NCTC [Centro Nacional de Contraterrorismo, em inglês National Counterterrorism Center]. "Isso foi extremamente importante", disse ela, "porque muitas das pessoas que contribuíram para encontrar Osama bin Laden provavelmente teriam sido as primeiras escolhas do pessoal do NCTC. Honestamente, as pessoas que são os melhores escritores para o presidente tendem a ser os melhores pensadores para selecionar alvos também. É tudo a mesma experiência e conjunto de habilidades".

Assim, graças à capacidade de Fran Moore de se manter firme em uma burocracia, um grupo de analistas permaneceu no local, aprimorando suas habilidades e explorando o reservatório de material à medida que novos softwares permitiam que eles voltassem aos dados antigos. As pessoas permaneciam nas ruas, imersas em um conjunto de dados que crescia a cada entrevista, a cada prisão, a cada pen-drive colocado em uma rede por um agente de operações especiais que fazia uma varredura em um esconderijo. Os analistas trabalhavam em estreita colaboração com os selecionadores de alvos em campo, gerando a estratégia que o pessoal de operações usaria. Certa dose de firmeza de espírito havia se instalado. Os analistas sabiam como era suportar as críticas públicas de que haviam falhado e ainda estavam falhando. Eles sabiam o que era se preocupar com a morte de pessoas se você não viesse em um sábado; saber que, daqui a cinco anos, seu trabalho poderá ser investigado. Você terá que explicar por que tomou determinadas decisões, por que forneceu as informações que forneceu. Eles sabiam que a única solução para a ansiedade que isso criava era a habilidade para os negócios.

Foi a tragédia de Khost que revalorizou a caçada. Ao assumir o cargo em 2009, o Presidente Obama ordenou que a agência redobrasse os esforços para "destruir, derrotar e desmantelar" a Al-Qaeda, e instruiu o diretor da CIA Leon Panetta a fazer da busca por Bin Laden sua meta número um.

***

Em 2007, a equipe que caçava Bin Laden teve outro avanço graças a uma analista que, como muitos, havia sido lançada no contraterrorismo após os ataques de 11 de Setembro. A analista ainda está sob disfarce, por isso vamos chamá-la de Rachel. Ela começou a rastrear vários líderes da Al-Qaeda, mas, depois de alguns anos, percebeu que a hierarquia poderia se reconstituir incessantemente e que nada mudaria até que encontrassem o próprio Bin Laden. A cada ano, eles tinham uma inteligência técnica melhor, mas um problema fundamental permanecia. Equipados com um conjunto deslumbrante de tecnologia avançada, eles precisavam usá-la para encontrar um homem que não usava tecnologia. Bin Laden não usava telefones celulares nem comunicação online. Ele não se encontrava pessoalmente com outros membros da Al-Qaeda desde 2003. Em vez disso, segundo os selecionadores de alvos, ele se comunicava por meio de mensageiros que recebiam mensagens e vídeos gravados para outros líderes da Al-Qaeda, na forma de cartas e memorandos, salvos em discos e pen-drives.

Os detidos relataram que seu alvo provavelmente estava no norte do Paquistão. "Tivemos que pensar de forma criativa", lembrou Rachel. A chave, ela percebeu, era encontrar a pessoa ou as pessoas próximas a ele que usavam a tecnologia. Olhando dessa forma, "algo mudou em meu cérebro", e ela propôs que eles se concentrassem no mensageiro ou mensageiros. Ela e sua equipe compilaram um conjunto de atributos prováveis. O mensageiro – certamente "ele" – deve ter sido confiável antes do 11 de Setembro; deve falar árabe; deve ser capaz de viajar pelo Paquistão sem ser notado.

Rachel trabalhou com o campo para gerar mais coletas. Eles encontraram um pseudônimo parcial para um mensageiro cuja importância estava se tornando mais evidente. Em 2004, no norte do Iraque, as forças curdas prenderam um membro da Al-Qaeda, Hassan Ghul, que viajava com um caderno cheio de nomes e números. Ele disse aos curdos que Bin Laden era sempre visto com um guarda-costas que também transmitia mensagens. Khalid Sheikh Mohammed, capturado em 2003, havia falado de um mensageiro conhecido como Abu Ahmed Al-Kuwaiti, que havia ajudado Bin Laden a fugir depois de Tora Bora. Isso coincidiu com as informações fornecidas por um suposto vigésimo sequestrador, Mohammad Ahman al-Qahtani, que falou de um mensageiro, "o kuwaitiano", um dos dois irmãos que guardavam Bin Laden. Outros detentos haviam mencionado esse mensageiro, que usava outros pseudônimos, inclusive nomes comuns como Mohammed Khan, Bara Khan e Tariq Khan.

Rachel se propôs a descobrir seu verdadeiro nome. Ela vasculhou os arquivos, voltando a informações antigas que poderiam ser consideradas sob uma nova perspectiva. Ela calculou que a busca pelo nome poderia levar um ano. Em apenas alguns meses eles o localizaram, contido em informações coletadas em uma época em que os analistas ainda não conseguiam entender sua importância. Em 2002, a CIA havia recebido uma dica de um governo estrangeiro de que o nome verdadeiro do mensageiro era Habib Al-Rahman. Esse, como se viu, era o nome de seu irmão morto. Em 2007, outro serviço de ligação informou que a pessoa que eles estavam caçando – o mensageiro – na verdade se chamava Ibrahim Saeed Ahmed.

Em 2009, Obama exigiu um plano detalhado de Panetta, que lhe disse que o kuwaitiano era uma possibilidade. A NSA havia coletado "cortes de voz" do kuwaitiano em 2002 e os comparou com amostras de voz mais recentes. A geolocalização permitiu que a NSA localizasse o celular dele. Os analistas ouviram o kuwaitiano conversando com um colega em outro lugar do mundo, falando de forma muito ambígua sobre trabalhar com alguns "antigos amigos". No entanto, sua própria técnica de negociação era afiada; ele não ligou o telefone, nem mesmo colocou a bateria, até estar longe de onde estava morando.

A descoberta seguinte ocorreu em agosto de 2010, quando o mensageiro usou seu telefone e um agente paquistanês no local encontrou seu jipe Suzuki branco. A agência conseguiu rastreá-lo de Peshawar até um bairro de luxo em Abbottabad, uma pequena cidade no norte do Paquistão. Os analistas escreveram vários memorandos de alta visibilidade, argumentando que o kuwaitiano era a chave para encontrar Bin Laden. Os documentos – *Closing in on Osama bin Laden's Courier* [Fechando o cerco sobre o mensageiro de Osama Bin Laden] e *Anatomy of a Lead* [Anatomia de uma liderança] – prometiam a melhor pista sobre o paradeiro de Bin Laden em uma década.

Uma vigilância mais detalhada indicou que o kuwaitiano estava vivendo em um grande complexo fortificado com poucas janelas, muros altos cobertos com arame farpado e um terraço no terceiro andar com uma parede de privacidade. Não havia telefone fixo nem conexão com a internet.

Imagens de satélite mostravam que as casas vizinhas tinham coleta regular de lixo, mas os ocupantes da estrutura isolada queimavam todo o lixo. A CIA montou uma casa segura para fazer uma análise do padrão de vida. Eles determinaram que havia duas famílias no complexo: dois mensageiros-guarda-costas, além de esposas e filhos. A casa estava registrada no nome dos guarda-costas. Parecia haver uma terceira família no último andar. A quantidade de itens pendurados nos varais parecia significativa. A contagem cuidadosa e a anotação dos tamanhos e dos itens sugeriram que a terceira família era composta por vários adultos e pelo menos nove crianças. A vigilância aérea revelou um homem alto que andava em círculos no jardim, mas nunca saía do complexo. Os analistas o chamavam de *o Pacer* [o Caminhador].

Foi quando Fran Moore recebeu o empolgante relatório. Ela sabia que não poderia exagerar na descoberta, nem desencadear uma ação prematura. A principal preocupação de todos era com o fato de George Tenet ter descrito a inteligência sobre armas de destruição em massa que abriu caminho para a invasão do Iraque como uma "bomba". No *briefing* de Fran, os analistas foram explícitos sobre o que sabiam e o que não sabiam. Diferentemente da situação com Mir Aimal Kansi, não havia nenhuma evidência fotográfica, nenhuma correspondência de DNA para provar que o *Pacer* era Bin Laden. Era um caso circunstancial. Eles não podiam ver o interior do complexo; uma cortina bloqueava a espionagem por satélite. Um atributo fundamental da técnica analítica é estabelecer o que é normal, para entender quando algo é anormal. Os ocupantes do complexo se certificaram de que não havia nenhuma atividade anormal. Mas a equipe tinha imagens de satélite. Eles tinham os telefonemas dos kuwaitianos. Eles haviam trabalhado com terrorismo por tempo suficiente para saber como era a sensação de puxar e puxar e puxar e ver tudo se desfazer. Mas isso não estava acontecendo agora. Os fios estavam se mantendo.

Os analistas sabiam que deveriam tomar cuidado com o "viés de confirmação" – o erro clássico que ocorreu na preparação para o Iraque. Enquanto elaboravam seu caso circunstancial, Fran chamou um grupo separado de analistas para avaliarem as evidências e chegar à sua própria conclusão – um processo conhecido como *red-teaming* [mudança da equipe para vermelho]. Eles se preocuparam com a reação do Paquistão, a reação da Al-Qaeda, a reação do mundo a uma missão para capturar ou matar Bin Laden, o que significava violar a soberania de outro país.

O que se seguiu foram muitas reuniões de alto nível. A que mais se destacou para Fran Moore ocorreu no escritório do diretor Leon Panetta no fim do ano. Como ela recordou mais tarde, foi solicitado aos funcionários que declarassem seu nível de confiança de que se tratava de Bin Laden. Fran estava com 70%. Normalmente ela não chegaria a esse nível a menos que visse uma Estimativa de Inteligência Nacional que se baseasse em inteligência de sinais e inteligência humana de alta qualidade. Ela sabia que eles não poderiam fornecer ao formulador de políticas o reconhecimento facial, o DNA ou uma fonte humana confiável. Posteriormente, ela refletiu que, mesmo com um nível de confiança de 70%, havia muitas decisões na vida em que ela optaria por se retirar. Algumas pessoas tinham um nível de confiança menor do que o dela; as estimativas variavam de 55 a 95%. Porém, quanto mais próximo dos analistas que estavam fazendo o trabalho, mais alto era o nível de confiança.

E dessa vez – dessa vez – os analistas foram ouvidos. Ao participar de uma reunião, o agente de operações da CIA Michael Vickers pensou consigo mesmo: "Puxa vida, pegamos o desgraçado". Panetta admitiu: "Acho que eu mesmo posso ter pensado isso".

***

Osama bin Laden havia se estabelecido em um lugar que impunha às suas esposas e aos seus muitos filhos um isolamento quase total. Como David Koresh, ele não passava, em muitos aspectos, de um líder de culto comum, um homem fanático e desinteressante que acreditava que as mulheres e as crianças de sua família existiam para servi-lo. Seu próprio pai, Mohammed, tivera vinte esposas e 55 filhos. As mulheres, para seu pai, eram descartáveis; ele estava constantemente se divorciando de suas esposas e arranjando outras. Osama bin Laden seguiu um caminho semelhante, com cinco esposas e 24 filhos. Sua última esposa tinha dezesseis anos quando ele se casou com ela. Duas esposas o deixaram devido às condições em que ele as forçou a viver. Quando ele levou quatro esposas e catorze filhos para o Sudão, no início da década de 1990, obrigou a família a viver no deserto, com pouca água e comida. Ele obrigou seus filhos a cavar um buraco na terra para dormir. Quando partiu para o Afeganistão em 1996, levou o grupo para Tora Bora e os obrigou a viver em uma caverna. A família sobrevivia com uma dieta de subsistência; as crianças estavam sempre com fome. Ele casou sua filha de 12 anos com um combatente da Al-Qaeda no Afeganistão; ela morreu em 2007 após dar à luz durante a fuga. Seus anfitriões afegãos, o Talibã, impediram as mulheres de frequentar escolas e empregos, obrigaram-nas a usar burcas longas e proibiram-nas de sair de casa, a menos que estivessem acompanhadas por um parente do sexo masculino.

Em sua própria casa, as mulheres não tinham nenhum papel nos assuntos públicos. Meninas eram separadas dos meninos a partir dos 3 anos de idade. As mulheres tinham que sair da sala se um homem aparecesse na TV. Bin Laden não olhava para o rosto de uma mulher âncora de telejornal. Ele queria que as mulheres vivessem como viviam quinhentos anos antes, cobertas com roupas que mostravam apenas os olhos. Ele restringiu a existência delas a um domínio tão estreito que seria insondável para a maioria das mulheres do planeta e que as colocava em perigo constante. Ele era o oposto de um protetor. Era a ideia mais pervertida de família – e masculinidade – e a ideia mais desdenhosa de mulheres e seu valor que se poderia imaginar.

Por outro lado, entre as pessoas que rastreavam Bin Laden estavam Maya, Fran, Rachel, a Secretária de Estado Hillary Clinton, Letitia Long, diretora da Agência Nacional de Inteligência Geoespacial, que mais tarde observou que foi a presença de mulheres que lhes permitiu usar a roupa no varal como uma medida dos ocupantes da casa e seus números. Sem dúvida, os homens lavam roupa. Mas, se você quiser defender a diversidade, esse é um bom argumento. Não é que as mulheres sejam melhores. É que as mulheres trazem algo diferente para a mesa. Não é exagero dizer que a decisão de ser o que hoje chamaríamos de "inclusivo" é um dos motivos do sucesso da missão.

***

Em janeiro de 2011, a inteligência havia chegado a um ponto crítico. O Almirante William H. McRaven, do Comando de Operações Especiais Conjuntas [JSOC – Joint Special Operations Command], usou-a para trabalhar em um plano de invasão do complexo, do qual foi construído um modelo detalhado, um diorama completo com prédios, paredes, árvores e figuras humanas. Outros agentes do JSOC se reuniram em Langley e participaram do desenvolvimento do plano. Em 14 de março de 2011, o Presidente Barack Obama realizou uma reunião com seus assessores de segurança nacional para falar sobre as opções. Um ataque era uma delas, um ataque de drone era outra. Em várias reuniões importantes, foi solicitado às pessoas que fizessem uma avaliação de confiança. Em nenhum momento alguém estava 100% confiante. Na primavera de 2011, era amplamente aceito que mais de vinte pessoas viviam no complexo de Abbottabad: membros da família, guarda-costas, equipe de apoio. O grupo restrito de tomadores de decisão temia que a pista vazasse, que Bin Laden percebesse que estava sendo vigiado ou decidisse se mudar para outro lugar. Não fazer nada era outra opção. Esperar era outra. Em uma reunião de quinta-feira à noite com as principais autoridades na última semana de abril, o Presidente Obama perguntou a todos na sala se recomendavam não ir, esperar ou agir. "Informarei a todos vocês pela manhã", disse ele.

O presidente decidiu invadir o complexo, entregando a missão a McRaven e a uma equipe de SEALs da Marinha, que haviam recebido uma misteriosa convocação para a Carolina do Norte e começaram a treinar por três semanas. Os SEALs voaram para a Base Aérea de Bagram; um dos membros da equipe, que mais tarde escreveria um livro sobre o ataque sob o pseudônimo de "Mark Owen", sentou-se no avião ao lado da selecionadora de alvos na qual Maya, a personagem do filme *A hora mais escura* se baseia. Em seu livro, ele a chama pelo pseudônimo de "Jen".

Quando ele perguntou a Jen quais eram as chances de ser Bin Laden, ela respondeu: "Cem por cento". Ele disse que ela parecia "quase desafiadora". Ela estava trabalhando nesse alvo havia anos, disse a ele, enquanto ele e seu "clube de meninos" só "apareceram para o grande jogo". Ele concordou.

De Bagram, os SEALs seguiram para o campo de pouso de Jalalabad. O que se seguiu foi um momento de "segurar o fôlego" para a CIA, já que a propriedade da operação estava fora de seu alcance imediato. Para o presidente, o Jantar da Associação de Correspondentes da Casa Branca, na noite anterior, havia proporcionado uma distração útil. E agora – em uma noite sem luar – dois helicópteros desceram no complexo em Abbottabad, enquanto as pessoas na Sala de Crise da Casa Branca aguardavam com tensão. O primeiro Black Hawk, depois de partir de Jalalabad, deveria lançar uma equipe de SEALs no telhado do complexo. Mas as altas temperaturas afetaram a densidade do ar; o helicóptero desceu rapidamente; os SEALs podiam ver o chão correndo em direção a eles e esperavam morrer em um acidente. O helicóptero caiu em um curral de animais, prendendo-se em uma parede e ficando suspenso no ar. Os SEALs, adaptando-se à surpresa, jogaram as escadas e saíram. O segundo helicóptero aterrissou fora do complexo.

Enquanto os helicópteros desciam, Rachel – a analista que havia descoberto o verdadeiro nome do mensageiro, a principal descoberta – aguardava em Washington. Assim como Jen, ela tinha 95% de certeza de que Bin Laden estava morando no complexo. A única vez em que teve um "momento de dúvida" foi quando os helicópteros estavam pousando e ela teve "um momento e se ele não estivesse lá". Mas ela sabia que havia se esforçado muito para montar uma narrativa convincente, conversando com a NSA, com a Agência Nacional de Informação Geoespacial [NGA – National Geospatial-Intelligence Agency], com todo mundo. Eles tinham sido tão cuidadosos, tão cientes da tendência de confirmação, tão conscientes sobre a equipe vermelha. Ao perceberem que tinham um mensageiro com uma linha para Bin Laden, usaram métodos técnicos sensíveis para confirmar e manter o controle. Eles se debateram com tantas perguntas: "Esse indivíduo trabalha para Bin Laden? Como localizá-lo geograficamente? Como descobrir onde ele está?" – e muito fracasso. Houve muita luta, muitas decepções.

Rachel havia trabalhado na operação em Khost envolvendo o homem-bomba. Em 2009, ela achava que o médico poderia não ser confiável, mas não achava que ele fosse um agente duplo. Ela não achava que ele faria algo para causar a morte de agentes da CIA. Mas estava errada. "Portanto, havia um pouco de humildade ali. Estávamos muito rigorosos depois da morte de tantos analistas."

***

Bin Laden ouviu os Black Hawks. Suas esposas e filhos, acordados pelos sons, se reuniram. No andar térreo, os SEALs atiraram nos dois guarda-costas, entraram, explodiram uma carga em uma porta de metal e subiram as escadas. Maya havia lhes dito que um filho de 23 anos, Khalid, provavelmente estava no segundo andar. Ele apareceu e os SEALs atiraram nele. Maya também avisou que as esposas poderiam estar usando coletes suicidas. Um SEAL viu duas mulheres, pegou-as nos braços e as empurrou contra a parede dos fundos para absorver qualquer explosão. Em seu livro de memórias, *Não há dia fácil*, o SEAL "Mark Owen" ficaria maravilhado com o fato de os analistas terem obtido a localização correta de todos no complexo. "Os dois mensageiros estavam exatamente onde a CIA disse que estariam", assim como as esposas e os filhos. "Quando Jen disse 100%, eu deveria ter acreditado nela." No topo, Bin Laden apareceu, recuou e foi alvejado várias vezes. As pessoas na Sala de Crise da Casa Branca ouviram a senha – "Gerônimo" – confirmando que era Bin Laden. A palavra seguinte foi "KIA" [Morto em ação, em inglês *Killed in Action*].

O cadáver foi transportado para Jalalabad, onde o Almirante McRaven o aguardava. Para confirmar sua identidade, eles tiveram que medir o cadáver. McRaven, que não havia trazido uma fita métrica, pediu a um SEAL alto que se deitasse ao seu lado. Eles transportaram o corpo de Bin Laden de helicóptero para um porta-aviões, o USS *Carl Vinson*, que aguardava no mar da Arábia. Os ritos muçulmanos foram administrados, o corpo foi pesado e jogado no mar. Mark Owens viu Jen parecer "pálida e estressada sob as luzes brilhantes do hangar" e, mais tarde, soluçar com a liberação de anos de pressão. "Foi 100%", disse ele a ela. Mais tarde, Jen o abraçou antes de partir em um C-17 para os Estados Unidos. Os analistas tinham muito material eletrônico novo, retirado do complexo, para analisar. "Essa caçada", refletiu ele, "tinha sido a vida dela."

***

O Campus da CIA – o oásis acadêmico idealizado por Allen Dulles – é arborizado e relaxante no verão. A sede original é um sólido retangular simples com janelas altas e estreitas, a verticalidade das janelas contrastando com o aspecto horizontal em blocos do edifício. Os visitantes passam por baixo do pórtico e sobem um lance de escadas. Em seu interior, à esquerda, está a estátua de William Donovan; à direita, a parede de estrelas. Há colunas de mármore e, ao passar pela porta, o selo no chão em preto, branco e cinza.

No verão de 2022, fiz uma visita à sede da CIA para entrevistar Rachel, que descobriu o verdadeiro nome do mensageiro, e duas outras analistas que trabalharam na caçada. Mais de dez anos haviam se passado desde a conclusão da caçada. O HVT n.º 2, Zawahiri, continuava foragido. Mas os assassinatos seletivos não haviam diminuído; pelo contrário, haviam alcançado um nível de normalidade. Em 2020, os militares dos Estados Unidos lançaram um ataque de drone que eliminou Qasem Soleimani, um major-general iraniano, uma das centenas de líderes inimigos mortos no mundo pós-11 de Setembro.

As pessoas dizem que é mais fácil trabalhar com Rachel do que com Jen, sua contraparte operacional. Rachel estava bem-vestida, com o cabelo loiro comprido iluminado, olhos cansados e um pouco inchados. Ela disse que não gosta de falar sobre seu papel na captura de Osama bin Laden e prefere enfatizar a colaboração: "Não se trata de uma mulher incrível; há muitas outras que ajudaram". Nesse aspecto, ela contrasta com Jen, que, ao ver um e-mail de congratulações enviado à força de trabalho da agência, supostamente enviou um "responder a todos" dizendo que merecia o crédito. Jen deixou a agência depois de não ter sido promovida; a explicação foi que "ela não apresentava a gama de habilidades de que um analista GS-15 precisa", disse Kristin Wood, que ficou incrédula quando isso aconteceu. "Eu perdi a cabeça. Simplesmente perdi a cabeça." Muitas pessoas simpatizam com a decisão de Jen de sair. Essa era a pessoa que havia levado os EUA até Bin Laden. Talvez algumas regras tenham sido quebradas. Os homens já foram descritos como muito competitivos; o adjetivo comumente aplicado a ela? Há rumores de que ela aceitou um emprego bem remunerado no setor privado.

Também estavam presentes durante minha visita de 2022 à CIA Linda Weissgold, chefe da diretoria analítica, e um funcionário da Diretoria de Ciência e Tecnologia, que trabalhou com Rachel nos principais aspectos técnicos da caçada. A agente técnica – vamos chamá-la de Tracy – começou como estagiária. Ela estava na faculdade, estudando para ser engenheira mecânica, no dia 11 de setembro de 2001. Quando estava indo para a aula, percebeu que não havia mais ninguém e viu pessoas reunidas em volta da televisão. Até então, ela achava que "trabalharia no setor aeroespacial e moraria perto da praia". Em vez disso, o contraterrorismo e o serviço público – ela faz coleta técnica tática, com experiência no Iraque e no Afeganistão – definiram sua carreira.

Enquanto conversávamos, Rachel refletiu que a análise é mais necessária do que nunca. Tantos dados significam ainda mais desinformação a ser considerada. Os avanços tecnológicos ainda exigem habilidades de pensamento crítico humano à moda antiga. Quando ela estava se concentrando em Bin Laden, procurava constantemente repensar e reformular. Eles sabiam que Bin Laden não usava tecnologia. Eles estavam sempre perguntando: quem ao redor dele usa? Isso remete aos relacionamentos; pessoas conversando com outras pessoas e a necessidade humana de se comunicar.

A grande irmandade de analistas aprendeu muito em dez anos. Por exemplo: cuidar umas das outras. Enquanto a caçada estava em andamento, as pessoas traziam refeições. Sempre era possível saber se a carga de trabalho estava ruim pelo fato de as pessoas trazerem café da manhã, almoço e jantar. As pessoas faziam questão de perguntar umas às outras como estavam se saindo. Quando se aproximava a data da invasão, Tracy tinha acabado de se casar. Seu marido não sabia por que ela estava tão intensamente ocupada, tão ansiosa para se levantar e ir trabalhar. Ele sabia que não deveria perguntar.

***

No dia em que a morte de Osama bin Laden foi anunciada, Barbara Sude estava aposentada e morava na Carolina do Norte. Ela permaneceu na caçada até 2009, esperando que pudessem pegá-lo enquanto ela ainda estava lá. Ela estava em casa e recebeu um telefonema de um antigo colega. "Ligue a TV", sugeriu o colega. "Está sendo um bom dia no escritório." Ela viu uma coletiva de imprensa em andamento. Quando o Presidente Obama apareceu e anunciou que Bin Laden estava morto, ela teve sentimentos contraditórios. Ela estava lendo sobre Bin Laden fazia muito tempo, suas palavras, seus discursos, seus escritos. Ela sabia os nomes de seus filhos e esposas. Ela sabia que ele era o núcleo, o controlador. Era correto tirá-lo de circulação. Mas isso não a fez se sentir feliz.

Em sua mente, Barbara ainda reescreve aquele Resumo Diário para o Presidente de 6 de agosto. Será que ela poderia ter escrito uma única palavra de forma diferente? Mudado uma frase? Isso teria feito alguma diferença? Como os eventos poderiam ter se desenrolado?

***

Gina Bennett estava no trabalho quando receberam o Alvo de Alto Valor n.º 1. Uma selecionadora de alvos mais jovem enviou uma mensagem com palavras do tipo "Ei, dia muito ruim para a Al-Qaeda". Gina: "Sim, acho que é um dia muito ruim". O colega respondeu: "Do que você está falando? Ele está morto".

"Bem, não é o pior dia", respondeu Gina. Como ela poderia querer dizer isso?

Gina perguntou se a selecionadora de alvos já tinha ouvido falar da gangue Baader-Meinhof, um grupo alemão de extrema esquerda de guerrilheiros urbanos comunistas que, em nome da luta contra o fascismo, foi responsável por tiroteios, atentados a bomba e ataques na década de 1970. Seu colega, de 26 anos, nunca tinha ouvido falar de Baader-Meinhof.

"Certo, bem, um dia, quando um selecionador de alvos do CTC perguntar a outro: 'Você já ouviu falar de Osama bin Laden ou da Al-Qaeda?' e ele disser que não, esse será o pior dia para a Al-Qaeda", disse Gina, que defende que todos os líderes terroristas são narcisistas, e o que os narcisistas mais querem é ser conhecidos. Como Barbara, ela não se sentiu nem feliz nem triste.

Após a caçada, coube a Gina examinar o extraordinário acervo de pen-drives e discos de computador recuperados do complexo de Abbottabad: cerca de 470 mil arquivos, incluindo cartas, diários e um cache de pornografia. Um modelo do complexo agora é uma das principais exposições do museu da CIA no andar térreo de Langley, substituindo as antigas exposições da Guerra Fria que mostravam pessoas escondidas nos porta-malas de carros fugindo de Berlim e Moscou.

A caçada, e tudo o que levou a ela, tornou-se parte da história.

**

Molly Chambers também estava em sua mesa na manhã seguinte à batida. A agência usa uma tela verde para exibir mensagens para todos, que geralmente dizem coisas como "O estacionamento será fechado", "Não use a água no terceiro andar" ou "Estamos fazendo manutenção". Dessa vez a mensagem pedia à equipe que esvaziasse as garrafas de champanhe no estacionamento. A mensagem foi enviada para escritórios e estações em todo o mundo.

Molly se sentiu extremamente orgulhosa. Para ela, o que o ataque disse foi: *Esta é a CIA em sua melhor forma. Isso é o que podemos fazer.* O fato de o ataque ao complexo de Bin Laden ter sido bem-sucedido, de ter sido uma surpresa total, de ter sido um segredo tão bem guardado que ninguém sabia, mesmo dentro do prédio. Naquela manhã, alguém colocou uma pequena vela votiva em frente ao retrato de Tenet na galeria de retratos dos diretores. As pessoas passavam e sabiam.

Epílogo

CAPE FEAR, CAROLINA DO NORTE
Outono de 2016

Ellie Duckett queria mergulhar os pés no mar uma última vez. Levada por voluntários e profissionais de cuidados paliativos para Carolina Beach, a mulher de 67 anos – uma das primeiras agentes de casos da CIA – estava morrendo de câncer de mama metastático. Ajudando-a na doença estava sua amiga íntima Martha Jane "Marti" Peterson Peterson Shogi, a primeira espiã da CIA destacada em Moscou. As duas agentes de operações trabalharam juntas na sede, ficaram próximas e acabaram na mesma área. Marti se casou novamente, duas vezes, depois que seu primeiro marido foi morto no Sudeste Asiático. Ellie Duckett morreria depois de acumular vários anéis de noivado sem passar por um casamento de fato. Houve um boato de um vestido de noiva que nunca foi usado. Ela amava demais sua carreira operacional para permitir que o casamento comprometesse sua capacidade de seguir seu caminho.

Para as mulheres da irmandade de espionagem da Guerra Fria, uma cultura que as desencorajava a ter famílias significava que muitas não tinham marido, filhos ou netos para cuidar delas após o término de suas carreiras no serviço público. Portanto, elas cuidavam umas das outras. Jeanne Vertefeuille, a caçadora de olhos frios que derrubou Aldrich Ames, também nunca se casou, e sua colega Sandy Grimes cuidou dela até o fim.

Quando entrevistei Heidi August, ela estava com setenta e poucos anos e morava sozinha em uma casa na ensolarada Santa Barbara, Califórnia.

***

Seu último carro era um Mini Cooper vermelho, e ela estava pensando em fazer um upgrade para um carro elétrico. Às vezes, quando está dirigindo na 101 Freeway, ela se pega repassando em sua mente os pseudônimos de todos os homens para quem trabalhou. Como balconista, há muito tempo, ela prometeu a si mesma que um dia teria um cachorro. Viajando pelo mundo, ela achou que seria injusto ter um animal de estimação. Quando se aposentou, ganhou um pequeno Norfolk terrier, Button; quando ele morreu, ela ganhou outro Norfolk vermelho, chamado Cardigan.

Durante os longos anos da pandemia de Covid-19, Heidi passou muito tempo sozinha com Cardi. Normalmente ela recebe muitas visitas. Os espiões aposentados mantêm contato. Pessoas de passagem, compartilhando opiniões sobre eventos como a retirada do Afeganistão. Durante a pandemia, ela sobreviveu a uma queda na calçada e a duas cirurgias. Ao se mudar para um lugar onde não conhecia as pessoas, Heidi se adaptou com sua desenvoltura habitual, entrando em clubes e arrecadando fundos. Os estranhos a acham gente boa. Um dia, quando estava vendendo uma mesa no pátio, os rapazes da fraternidade que a compraram ficaram fascinados ao saber que ela era uma agente de casos da CIA e se ofereceram para levá-la para tomar uma cerveja. Depois de se aposentar, ela foi a um jantar para a associação que dá apoio às famílias de agentes da CIA mortos. Lá, notou George Tenet, que havia ficado tão irritado quando ela previu que o Iraque se tornaria outra Beirute. Ela imaginou que ele não se lembraria dela, então se apresentou. O que ele disse foi: "Você estava certa".

No corredor superior de sua casa, há uma peça emoldurada de bordado, que sua amiga Mary Margaret lhe ensinou para aliviar a pressão de uma grande operação. Em um pequeno cômodo estão seus vários prêmios e a foto de Kansi, com aquele estranho corte no lóbulo da orelha.

Certa vez, durante uma visita ao MI6, o serviço de espionagem britânico, em Londres, Heidi estava andando por uma sala e uma luz foi acesa para sinalizar a presença de alguém de fora. Ela se deparou com um homem que lhe parecia familiar. "Heidi?", disse ele. Era o namorado que morava em frente a ela na Líbia – aquele que ela suspeitava ser um agente da inteligência britânica. Ela disse o nome dele, eles se olharam e seguiram em frente.

***

EPÍLOGO

Quando a entrevistei, Sue McCloud estava morando em uma linda casa perto da praia em Carmel, Califórnia. Após sua aposentadoria, ela se candidatou a prefeita de Carmel. Em um determinado momento, uma carreira na CIA teria sido vista como uma mancha para um político, especialmente para alguém que, como Sue McCloud, tivesse servido como agente de casos durante os notórios velhos tempos de infiltração em grupos de estudantes. Após o 11 de Setembro, o sentimento público era tamanho que o fato de ser uma agente aposentada da CIA a ajudou. Ela cumpriu cinco mandatos no total, deixando o cargo em 2012.

***

Um dia, em 2016, Susan Hasler, Cindy Storer e Barbara Sude se reuniram para ficar juntas em uma cabana em Wildacres, um retiro para escritores nas montanhas dos Apalaches, na Carolina do Norte, munidas de vários modeladores de cachos, trabalhos de pesquisa, alguns antidepressivos, muito vinho e uma pilha grossa de livros recém-publicados. Os livros eram de autoria de George Tenet, Michael Morell e muitos outros homens, defendendo e explicando suas funções no período que antecedeu o 11 de Setembro e a guerra contra o terrorismo. Os títulos eram graves e épicos, como *The Great War of Our Time* [A grande guerra do nosso tempo], de Morell, e *At the Center of the Storm* [No centro da tempestade], de Tenet. As mulheres haviam se reunido com o objetivo de fazer anotações para um projeto em grupo. Com a intenção de discutir suas carreiras, elas se distraíram novamente, como Susan Hasler escreveu mais tarde, com "o mar de rostos masculinos, em sua maioria brancos; os apertos de mão poderosos; e as fotos do Salão Oval" nas páginas dos livros, que se esforçavam para controlar a narrativa da guerra contra o terror, ignorando que, "no nível de trabalho, a maior parte dos analistas que acompanharam Bin Laden e o movimento Mujahideen era formada por mulheres", juntamente com "muitas mulheres que trabalhavam com o assunto em outras agências e em outros países também". As mulheres viveram a guerra, mas, pelos livros, quase ninguém saberia que elas existiram. Trocando anotações sobre suas próprias carreiras, elas não puderam deixar de refletir sobre os insultos que sofreram, as redes de trabalho às quais não tiveram acesso.

Em vez de redigir seu próprio livro, o trio acabou bebendo e lendo trechos em voz alta com vozes pomposas e estentóricas. Elas ficaram tão irritadas com a autoapresentação hipócrita dos homens que começaram a gritar. Até mesmo Barbara, a reservada e autodisciplinada Barbara, gritou. Alguém de uma cabana próxima as ouviu. A vizinha veio e elas lhe mostraram um dos parágrafos de um dos livros. "Bem, ele com certeza tirou para fora e balançou, não foi?", comentou a vizinha. O fim de semana foi catártico. O trio de ex-analistas ainda achava que poderia escrever seu próprio livro, mas simplesmente não conseguia.

Das três, Cindy Storer foi a que passou por momentos mais difíceis. Desde que se aposentou, ela se mudou de Myrtle Beach para Atlanta e para a Flórida. Em 2019, ela começou a trabalhar com segurança cibernética para um banco de Atlanta e se sentiu otimista. Mas os colegas a incomodavam. Eles se recusaram a acreditar que ela tinha algo a ver com Osama bin Laden. Eles agiram como se ela estivesse se gabando. Ela pediu demissão e vendeu sua casa. Agora vive na Flórida, ensinando história da inteligência, escrevendo análises de segurança como freelancer e mantendo contato com algumas de suas irmãs analistas. Cindy sente inveja dos veteranos com seus benefícios militares. A CIA formou um exército clandestino, no qual ela serviu como consultora civil. Ela carrega todas as cicatrizes psíquicas de uma guerra de vinte anos. Estudos mostram que o trabalho de inteligência de contraterrorismo durante a guerra contra o terrorismo provocou transtorno de estresse pós-traumático em muitos analistas e agentes. Conte a Cindy sobre isso.

***

Gina Bennett permaneceu no cargo por mais de vinte anos após o 11 de Setembro. Durante esse período, a agência obteve o HVT n.º 2, Ayman Al-Zawahiri, que foi rastreado, visado, encontrado e eliminado em 2022, quando saiu na varanda de seu esconderijo e foi, basicamente, vaporizado. Gina, quando a entrevistei pela primeira vez, estava em um lugar sombrio. Em 1993, no mesmo ano em que alertou sobre Bin Laden, ela o comparou a um carismático e narcisista magnata do setor imobiliário e astro da televisão chamado Donald Trump. Agora, esse mesmo homem havia sido eleito presidente. Após a eleição de um homem que, entre muitas outras qualidades problemáticas, se gabava de ter agredido sexualmente mulheres, ela passou a sentir que a verdadeira ameaça aos Estados Unidos não vinha de fora, mas de dentro.

"Há 1,6 bilhão de muçulmanos no mundo", ressaltou ela. "Estatisticamente, zero por cento, menos de zero por cento, aderiram à Al-Qaeda. Estatisticamente, menos de zero por cento querem um califado como sua forma de governo." Em 2020, a radicalização e o terrorismo doméstico haviam aumentado nos Estados Unidos a ponto de, não muito longe de onde estávamos sentados, um homem armado que assinava as teorias da conspiração QAnon ter entrado em uma pizzaria do bairro, acreditando que no porão havia traficantes sexuais comedores de bebês, operando sob a liderança satânica de Hillary Clinton. Em 2021, em protesto contra a derrota de Donald Trump na eleição presidencial de 2020 para Joe Biden, os cidadãos americanos invadiram o Capitólio, destruíram propriedades do governo, agrediram policiais e mataram outros americanos. Se alguém vai destruir o país nos próximos anos, Gina previu, não serão sequestradores em aviões.

Na visão de Gina, os terroristas estrangeiros podiam matar americanos, e o fizeram, mas não podiam matar os Estados Unidos ou o que eles representavam. A verdadeira ameaça à segurança nacional são as pessoas dispostas – não, ansiosas – a derrubar o sistema democrático. Até mesmo Mike Scheuer, fundador da Estação Alec, expressou admiração pelo QAnon; ele mantinha um blog no qual apoiava a violência da multidão contra os manifestantes do Black Lives Matter, descreveu Kyle Rittenhouse, o vigilante que atirou e matou duas pessoas durante os distúrbios em Wisconsin. Como um "jovem herói", pediu a morte de vários jornalistas, acadêmicos e políticos democratas – Barack Obama, Hillary Clinton – e apoiou teorias conspiratórias de fraude eleitoral. Quando o entrevistei, seu desprezo pelo governo havia chegado a um ponto em que ele achava que a "guerra civil" era a solução provável. Ele disse que esperava que eu dissesse coisas boas sobre as mulheres que trabalharam para ele, um quarto de século antes, e que "não me importo com o que você diz sobre mim".

"Ele não se parece em nada com o homem que eu conheci", disse Gina. Ela não o via desde o funeral de Jennifer Matthews. Ela acha que talvez ele nunca tenha superado isso.

Para ela, os ataques de 11 de Setembro não afetaram nossa segurança nacional da mesma forma que a eleição de Donald Trump. Ela também foi abalada pelo movimento #MeToo e por suas próprias décadas de exposição à misoginia em sua pior forma.

A essa altura, Gina já estava divorciada. As exigências profissionais, as horas e a carga de trabalho colocavam uma pressão insustentável em seu casamento. Isso acontecia com muitas mulheres que entrevistei. O trabalho era árduo e deixava as pessoas doentes. Outras se demitiram mais cedo porque queriam criar os filhos. O trabalho em operações no exterior ainda é um desafio.

É possível que as mulheres agentes de inteligência tenham trajetórias diferentes das da geração que serviu na Guerra Fria e que algumas não permaneçam no trabalho durante toda a carreira. Uma das legisladoras no Capitólio durante a revolta de 6 de janeiro, Abigail Spanberger, uma democrata da Virgínia, serviu como agente de casos da CIA por oito anos. Ela gostava do trabalho. Seu marido a acompanhava nas missões. Mesmo com o apoio do cônjuge, ela deixou o cargo porque ser uma agente de casos é muito difícil para a família e para os filhos. Considerada por muitos uma legisladora eficiente, Spanberger se manteve em uma cadeira vulnerável nas eleições de 2022.

***

Holly Bond, que gostava tanto de seu trabalho de arrombamento e invasão, também se aposentou; agora casada, com esposa e filhos, ela acha que o setor privado é mais propício, mas sente falta da excelência da equipe que trabalhava na CIA. Os selecionadores de alvos que saíram foram absorvidos pelo setor privado: Palantir, Disney, Tesla.

As mulheres que ficaram tiveram de enfrentar o governo Trump, que desconfiava do que ele chamava de "o estado profundo". Sue Gordon, que se recusou a entregar seu crachá quando teve filhos, subiu para se tornar

EPÍLOGO

vice-diretora principal de inteligência nacional no Escritório do Diretor de Inteligência Nacional de agosto de 2017 a agosto de 2019 – e era amplamente esperado que se tornasse a primeira mulher diretora de inteligência nacional, apoiada por senadores republicanos e democratas. Trump se recusou a promovê-la, então ela pediu demissão. A comunidade de inteligência se uniu a ela, dando-lhe todos os prêmios possíveis. Enquanto isso, Gina Haspel, nomeada diretora da CIA por Trump em 2018, garantiu o voto da equipe da CIA de renunciar se o Presidente Trump a demitisse. "Basicamente, toda a [comunidade de inteligência] iria embora com ela se isso acontecesse", disse um ex-assessor de Trump a um comitê do Congresso. Haspel foi manchada pela guerra contra o terrorismo, mas o fato de realizar uma operação de "pacto suicida" contra o governo Trump sugeriu até que ponto ela continuava sendo respeitada por seus colegas.

Mallory, a agente de casos em Peshawar, também ficou perturbada com a era Trump. Depois de voltar do exterior, ela trabalhou em estações no próprio país, tarefas que a levaram a campos de fronteira onde bebês eram mantidos em gaiolas. O tratamento dado aos migrantes abalou sua ideia dos Estados Unidos e do que eles representavam. Ela odiava palavras como "ilegal". Ou acrônimos como FRE [Entidade Estrangeira Radicalizada, em inglês Foreign Radicalized Entity] e HVT. Ela viu muito disso nas guerras – desumanização linguística. "Quando você encontra os sudaneses, os paquistaneses, eles são apenas pessoas." No Texas, ela fez uma operação em que um agente negro, um homem brilhante que falava mandarim, precisava fazer o check-in em um quarto de hotel usando dinheiro – a sede havia errado sua reserva – e o funcionário não o admitiu. Mallory teve que aparecer, uma mulher branca, e pagar. "Eles alugaram para mim, sem fazer perguntas."

Atualmente, há uma estátua de Harriet Tubman do lado de fora da sede da CIA.

***

Lisa Harper mantém a fé de que os Estados Unidos e os valores que eles defendem prevalecerão. Durante nossa série de entrevistas, Lisa Harper estava viajando pelo mundo com seu marido, conforme a pandemia permitia. Durante uma pausa no contágio, eles fizeram uma longa viagem ao Marrocos e visitaram regiões selvagens para observar pássaros. Entre suas viagens, nós nos encontramos em meu quintal na área urbana de Washington, que ela considerou um bom local de encontro: murado, isolado, silencioso. Vários meios de saída. Muitas ruas laterais nas quais uma pessoa poderia estacionar, a quarteirões de distância, para evitar a vigilância. Eu me senti estranhamente lisonjeada.

Lisa permaneceu na agência até 2016, ensinando novos agentes. Ela observou que essa geração de agentes de inteligência do sexo feminino é mais alta e mais forte. Elas são mais atléticas. Têm músculos de verdade. Conseguem segurar rifles pesados, como o M-4, que eram difíceis para ela. Elas cuidam do corpo. Conhecem o autocuidado. Elas têm "relacionamentos com homens com os quais só podíamos sonhar". E "elas são lindas".

"É claro que também éramos bonitas", ela refletiu. Agora, Lisa acha que pode se passar por uma professora, e isso também é um bom disfarce. Ela estava otimista com relação ao futuro. Achava que muitas questões estavam sendo abordadas e que a radicalização não prevaleceria. E que a democracia se manteria.

Lisa pertence a uma irmandade de agentes de inteligência aposentadas. Elas têm uma comunidade on-line, trocando e-mails sobre isso e aquilo. Há alguns anos, ela também foi convidada a participar de um grupo de agentes de casos do sexo masculino que se reúnem semanalmente para tomar vinho tinto. O grupo agora é misto. O que a impressionou: em 2018, quando Gina Haspel estava sendo considerada para ser diretora da CIA, os homens do grupo do vinho tinto apoiaram ativamente a indicação de Haspel. Eles escreveram cartas em seu nome. Eles a consideravam uma deles. Lisa viu isso como um progresso.

Ela achava que sua carreira tinha valido a pena. "Se meu país precisasse de mim, eu ficaria feliz em sair da aposentadoria", disse Lisa, que agora está com setenta e poucos anos. Ela contribuiu com inteligência crítica que chegou à mesa do presidente dos Estados Unidos – muitas vezes – e obteve segredos que ninguém mais poderia obter. Lisa influenciou a história americana.

EPÍLOGO

    Assim que terminamos de conversar, Lisa desceu uma escada lateral que saía do jardim e desapareceu. Quando desci para fechar o portão, não consegui ver onde ela havia estacionado na rua. Era quase como se nunca tivesse estado lá.

Agradecimentos

É um prazer agradecer às muitas pessoas que ajudaram a concretizar este livro. Sou grata todos os agentes de inteligência que deram entrevistas com essa finalidade – aqueles que estão citados nestas páginas, bem como aqueles que falaram mas não quiseram que seus nomes aparecessem, e aqueles que se esforçaram muito para recomendar e contatar outras pessoas. Gostaria de agradecer especialmente a Heidi August e Lisa Harper, que superaram anos de treinamento clandestino para, como dizem, se expor. Agradeço a Darrell Blocker, que se esforçou muito para me conectar com várias mulheres cujas histórias ele considerava importantes; ele disse que fez isso porque queria que os leitores soubessem como as coisas realmente são. Entre as pessoas que Darrell recomendou estava a falecida Shirley Sulick, com quem eu estava trocando e-mails pouco antes de sua morte. Antes de entrar em tratamento contra o câncer de pulmão, ela me mandou uma mensagem dizendo que não tinha medo do que estava por vir. Lamento muito não ter podido conhecê-la. Seu marido, Mike Sulick, gentilmente me colocou em contato com outras pessoas importantes. O mesmo aconteceu com Alison Fields e com os funcionários da Association for Former Intelligence Officers. Há uma irmandade, com certeza.

A pessoa que me iniciou nesse caminho, Peter Bergen, dispensa apresentações; ele é um jornalista e colega cujo trabalho é um modelo e uma inspiração. Agradeço a Steve Coll e Glenn Frankel, cujo trabalho estabelece um padrão alto e que me deram conselhos em momentos importantes. Outros agradecimentos vão para os amigos e colegas Jack Shafer, Kate Julian, Ann Hulbert, Mary Kostel, Kate Moore, Susan

Coll, Carl Hoffman, Todd Purdum, Debbie Stokes, Jim Semivan e Abbott Kahler. Agradeço a Kristie Miller, que ajudou mais do que imagina. Para Nell Minow e Margaret Talbot, tudo o que posso dizer é que eu nunca teria conseguido fazer nada disso sem a conversa, o discernimento e a amizade de vocês. Agradeço a Vince Houghton, ex-funcionário do International Spy Museum em Washington, agora curador do National Cryptologic Museum, pelo bate-papo. Na biblioteca do museu criptológico, o insubstituível Rob Simpson, como sempre, encontrou tudo o que eu pedi sobre máquinas criptológicas. Em 2020, fui bolsista de pesquisa do Center for Cryptologic History e, embora a pesquisa não tenha sido diretamente relacionada a este livro, gostei muito das conversas com esses historiadores. Na CIA, Sara Lichterman e Stacey Suyat facilitaram as entrevistas. Os historiadores Nicholas Reynolds, Toni Hiley, Nicholas Dujmovic, Linda McCarthy e Christopher Andrew responderam a perguntas em momentos importantes. Nenhuma agência de inteligência revisou este livro.

No 9/11 Memorial & Museum, Amy Weinstein se esforçou ao máximo para fornecer as histórias orais perspicazes que ela e outros conduziram. E eu gostei muito de um almoço abrangente e instigante com três historiadoras e curadoras do Spy Museum, Amanda Ohlke, Jacqueline Eyl e Alexis Albion, que acabou sendo meu último almoço em restaurante por um longo tempo, já que a pandemia se seguiu rapidamente.

Eu não teria conseguido dormir à noite sem o apoio de Julie Tate, pesquisadora, detetive e verificadora de fatos extraordinária. A pesquisa fotográfica de Jenny Pouech foi brilhante e incansável. Tara Olivero encontrou material valioso em muitos lugares. Sou grato pelas leituras especializadas do manuscrito feitas por Linda Millis, historiadora de inteligência cujos alunos têm sorte de tê-la; e pela historiadora de política externa Elizabeth Cobbs, cujas palestras espirituosas e afiadas sobre o livro são algo que merece ser ouvido. Todos os erros são de minha responsabilidade.

Este é o segundo livro que tive a sorte de escrever sob a orientação do editor Paul Whitlatch, cujas habilidades de escuta, paciência, lápis ágil e pensamento claro ajudaram a ampliar e focar minha abordagem.

Ele fortaleceu as ideias, aprimorou a linguagem e arregaçou as mangas. Katie Berry, editora-assistente, foi a facilitadora, muito ágil e receptiva. Emily DeHuff fez a revisão de texto que sempre melhorou a palavra escrita. Barbara Bachman, diretora associada de arte e design, projetou as maravilhosas páginas internas; o diretor de criação Chris Brand, a capa deslumbrante. O processo continuou funcionando sem problemas graças ao gerente de produção sênior Erich Schoeneweiss, à editora de produção executiva Nancy Delia e à editora-gerente executiva Sally Franklin Asta, fundamental para manter um cronograma de produção viável. Agradecemos também à editora-chefe associada Allie Fox e à vice-presidente e conselheira-geral associada Amelia Zalcman. Para garantir que o livro chegasse aos leitores, Melissa Esner, diretora adjunta de marketing; Julie Cepler, vice-presidente e diretora de marketing; Gwyneth Stansfield, diretora associada de publicidade; Dyana Messina, vice-presidente e diretora de marketing; e o diretor de vendas Todd Berman. Sou muito grato pelo grande apoio da vice-presidente sênior e editora adjunta Annsley Rosner e da gerente sênior de publicação Michelle Guiseffi. Os campeões do início ao fim na Crown foram a publisher e editora-chefe Gillian Blake e o Presidente David Drake. Meu agente, Todd Shuster, tem sido meu amigo e guia há mais de vinte anos, e agradeço a ele e à sua equipe na Aevitas, incluindo Jack Haug e Lauren Liebow.

Muitos membros da família me apoiaram durante as visitas, férias e feriados, quando eu era frequentemente uma pessoa antissocial. Agradeço à minha mãe, Jean Arrington, e ao meu falecido pai, Marshall Mundy. Meus filhos, Anna e Robin Bradley, a quem este livro é dedicado, são a estrela principal e me dão muito prazer, orgulho e esperança para o futuro. Outros membros da família que forneceram o apoio moral necessário são Stephens e Leigh Mundy, Alex Mundy, Robert Mundy, Mars Mundy, Natalie Mundy, Monika Mundy, Savannah Barker, Ryhan Plaisance, Breck Arrington e Dan Branch. Como alguém que estava na área de Washington em 11 de setembro de 2001, agradeço aos muitos amigos, vizinhos e familiares que trabalham com inteligência, segurança nacional, forças armadas e outros serviços públicos.

Para Bill, tudo o que posso dizer é que você tem minha gratidão por toda a sua bondade em todos os sentidos. Você me ouviu, me aconselhou, melhorou meu espaço de trabalho, ponderou, tolerou noites em claro e ausências, motivou e tranquilizou. E trouxe luz e alegria. Muito obrigado.

Notas da autora

IX **Em 1971, quando o diretor da CIA, Richard Helms:** Trechos do discurso de Helms à Society of Newspaper Editors, *New York Times*, 15 de abril de 1971, p. 30.

IX **Um diretor posterior, William Colby:** William Colby e Peter Forbath, *Honorable Men: My Life in the CIA* (Nova York: Simon and Schuster, 1978).

IX **A biografia do próprio Helms:** Thomas Powers, *The Man Who Kept the Secrets: Richard Helms and the CIA* (Nova York: Alfred A. Knopf, 1979).

IX **Ray Cline, que fundou o setor de análise de inteligência dos Estados Unidos:** Ray S. Cline, *Secrets, Spies and Scholars* (Washington: Acropolis Books, 1976).

IX **William Stephenson, o emissário britânico:** William Stevenson, *A Man Called Intrepid: The Incredible True Story of the Master Spy Who Helped Win World War II* (Nova York: Skyhorse, 2014).

X **Um advogado de longa data da agência:** John Rizzo, *Company Man* (Nova York: Scribner, 2014).

X **O jornalista Evan Thomas:** Evan Thomas, *The Very Best Men: The Daring Early Years of the CIA* (Nova York: Simon and Schuster, 2006).

XI **Um fato a respeito da CIA, conforme se desenvolvia:** Dewey Clarridge dá uma ideia do significado de "planejamento de carreira" quando diz que, na década de 1970, "eu estava programado para substituir Clair George como chefe-adjunto da divisão do Sul da Ásia quando ele saiu para se tornar chefe em Beirute na primavera de 1975", e explica que "George era o protegido de Dave Blee" e "de John Waller", o chefe da divisão do Oriente Próximo. Ele descreve Alan Wolfe como "um nova-iorquino mordaz, com uma inteligência fora do comum", que estava "constantemente" medindo "a cadeira de Waller", e conta que, na primavera de 1975, "o carrossel do Serviço Clandestino começou novamente". Alan Wolfe, como esperado, tornou-se chefe da divisão do Oriente Próximo. Clair George conseguiu um cargo de destaque como chefe em Beirute. Eu estava programado para ser chefe-adjunto do Sul da Ásia, mas no último minuto Dave Blee decidiu, provavelmente com o conselho de Alan Wolfe, me nomear chefe-adjunto de Operações Árabes". Duane R. Clarridge com Digby Diehl, *A Spy for All Seasons: My Life in the CIA* (Nova York: Scribner, 1997), p. 152-153, 167.

XIII **Um lembrete pungente:** Pasta de registro de pessoal para arquivo de funcionário civil do Departamento de Guerra (War Department) (201): "Weston, Carolyn Cable", National Personnel Records Center, National Archives, St. Louis, Missouri.

PRÓLOGO

A descrição dos eventos em Malta foi extraída de entrevistas pessoais com Heidi August em 5 de agosto de 2020, 17 de setembro de 2020, 6 de outubro de 2020, 17 de novembro de 2020, 12 de março de 2021, 16 de julho de 2021 e 18 de novembro de 2023. Heidi também compartilhou comigo, fotografias e escritos que fez sobre sua carreira. Os leitores também podem se interessar pelo documentário da CNN *Terror in the Sky,* no qual ela falou sobre o sequestro e a subsequente investigação e caça ao homem.

CAPÍTULO 1: ESTAÇÃO W

3 **No inverno instável do final de 1944:** A descrição do processo de avaliação pode ser encontrada em OSS Assessment Staff, *Assessment of Men: Selection of Personnel for the Office of Strategic Services* (Nova York: Rinehart, 1948). O prédio é descrito na p. 23. Os momentos iniciais, as expectativas, os testes, o almoço e as observações podem ser encontrados nas p. 316-332. A criação das "estações" de avaliação também é bem descrita em Kermit Roosevelt, *War Report of the OSS* (Nova York: Walker, 1976), p. 238-343.

7 **O presidente Franklin Roosevelt precisava saber duas coisas:** Há muitos relatos sobre a decisão de Roosevelt de enviar William J. Donovan para a Inglaterra e sobre os esforços do Reino Unido para persuadir os americanos a criar um serviço de espionagem. Ray S. Cline, em *Secrets, Spies and Scholars*, ressalta que Churchill e um grupo de autoridades britânicas "queriam desesperadamente ajudar os Estados Unidos a criar um sistema de inteligência eficaz" melhor do que "a colcha de retalhos de pedaços burocráticos que eles observaram com consternação em 1939 e 1940, enquanto procuravam educar as autoridades americanas sobre a necessidade crucial de combater a ameaça alemã na Europa". Eles queriam evitar o "manuseio descuidado" e garantir que a inteligência fosse apresentada de forma objetiva. Cline, *Secrets, Spies*, 21-26.

7 **Quanto à primeira pergunta:** Joseph Kennedy, o embaixador americano, previu "o colapso ou a rendição britânica em breve". Ibid., 27.

7 **Roosevelt queria uma segunda opinião:** Cline ressalta que Donovan foi à Inglaterra como observador do presidente no verão de 1940. Ao voltar, no início de agosto de 1940, Donovan relatou a Roosevelt que "o moral da Grã-Bretanha sob o comando de Churchill estava elevado" e que ela tinha enormes recursos em sua força aérea, rede de defesa por radar, quebra de códigos e SOE. Ibid., 27-28.

8 **Até então, a inteligência norte-americana:** "A espionagem nunca havia sido conduzida seriamente nos Estados Unidos, exceto em tempos de guerra". Ibid., 13.

8 **O Reino Unido "deflagrou uma operação":** William Stephenson, também conhecido como "Intrepid", canadense, era o chefe da estação britânica do MI6 nos Estados Unidos. Ele se estabeleceu como "o agente de controle de passaportes britânico" no International Building, no Rockefeller Center. Vendo que o esforço americano até então era, nas palavras de Cline, "inadequado e caótico", ele propôs um "sistema de inteligência central e coordenado", que sobreviveu à guerra. Ibid., 29-30. A campanha clandestina de Stephenson também é bem capturada em Nicholas Reynolds, *Need to Know: World War II and the Rise of American Intelligence* (Nova York: Mariner, 2022), 41-57.

8 **O modelo britânico foi construído:** Criada em 1942, a OSS representou "um novo conceito revolucionário no que ainda era tempo de paz – um sistema de inteligência civil e de coordenação central". Cline, *Secrets, Spies*, 21.

9 **Donovan personificava o tipo de homem:** A "generosidade" de William Donovan tem sido frequentemente observada. Cline diz que ele "permitiu que se desenvolvesse o tipo mais 'selvagem' e solto de caos administrativo e processual enquanto se concentrava em recrutar talentos onde quer que pudesse encontrá-los – em universidades, empresas, escritórios de advocacia, nas forças armadas, em coquetéis em Georgetown" (39). Cline descreve o "culto ao romantismo" de Donovan e diz que ele deixava os "negócios monótonos" para seus subordinados (40). Uma excelente descrição de seu histórico, personalidades e ligações pode ser encontrada em Reynolds, *Need to Know*, que diz que ele e a esposa, Ruth, começaram a "se distanciar" após o casamento em 1914, em parte porque ela era uma pessoa caseira, enquanto Donovan era incorrigivelmente inquieto e se envolvia em "encontros" e "relacionamentos mais longos" com outras mulheres. Reynolds o descreve como um "namorador quase compulsivo" (16-27, 59).

9 **"Assim como a natureza, ele era pródigo":** *Assessment of Men*, 10.

10 **No fim de 1943, a OSS estava "recrutando pessoal de maneira frenética e um tanto aleatória":** Ibid., 40.

10 **Em uma época em que o governo norte-americano e o setor privado:** a montagem é descrita em ibid., 26.

11 **O grupo teve de chegar a um acordo:** Ibid., 9, 457.

12 **Os candidatos eram reunidos:** Ibid., 3.

12 **A OSS empregava:** Ibid., 60.

12 **"A conexão com Harvard":** Cline observa que "a busca por mão de obra já era tão intensa que a Marinha prometeu à minha esposa um emprego como criptoanalista também se eu viesse" para trabalhar como decifrador de códigos em agosto de 1942 e, em junho de 1943, ela se apresentou na 2430 E Street. Cline, *Secrets, Spies*, 54, 55.

12 **Durante três dias, os recrutas encenavam:** *Assessment of Men*, 94-99.

12   **Em outra situação, cada recruta:** Ibid., 102-103.
13   **"Para a estação W foram enviados":** Ibid., 4.

CAPÍTULO 2: TRAGA A COMIDA, MARY

15   **Em seu auge, o Escritório de Serviços Estratégicos:** Cline e outros estimam que o OSS atingiu uma "força total de cerca de 13 mil", embora seja provável que mais pessoas tenham servido durante os anos; há 24 mil arquivos pessoais nos Arquivos Nacionais (National Archives). Os números referentes às mulheres foram extraídos de um artigo sobre o OSS do historiador Michael Warner e da equipe de história da CIA no Center for the Study of Intelligence, "The Office of Strategic Services: America's First Intelligence Agency". Disponível em: cia.gov/static/7851e16f9e100b6f9cc4ef002028ce2f/Office-of-Strategic-Services.pdf.

15   **Algumas se tornaram gestoras de alto nível:** Vera Atkins foi mencionada em William Stevenson, *Spymistress: The True Story of the Greatest Female Secret Agent of World War II* (Nova York: Arcade, 2011), e Sarah Helm, *A Life in Secrets: Vera Atkins and the Missing Agents of World War II* (Nova York: Anchor Books, 2007). Entre a crescente literatura sobre as mulheres do SOE e da OSS estão Kathryn J. Atwood, *Women Heroes of World War II: 26 Stories of Espionage, Sabotage, Resistance, and Rescue* (Chicago: Chicago Review Press, 2011); Gordon Thomas e Greg Lewis, *Shadow Warriors of World War II: The Daring Women of the SOE* (Chicago: Chicago Review Press, 2017); e Sarah Rose, *D-Day Girls: The Spies Who Armed the Resistance, Sabotaged the Nazis, and Helped Win World War II* (Nova York: Crown, 2020).

16   **Um agente da época da guerra:** Christopher Andrew, *Defend the Realm* (Nova York: Vintage Books, 2010), 220-221. As observações de Knight também são bem contadas em Owen Bowcott, "Women Make Better Spies: As Long as They Forget Sex", *The Guardian*, 20 de maio de 2004. Disponível em: https://www.theguardian.com/uk/2004/may/21/artsandhumanities.highereducatio.

17   **Essas mulheres eram excepcionalmente vulneráveis:** Rose, 22 anos.

17 **A primeira espiã conhecida da Inglaterra:** Christopher Andrew, *The Secret World: A History of Intelligence* (New Haven: Yale University Press, 2017), 235.

17 **Seguindo mais ou menos o mesmo princípio:** Kelly B. Gormly, "How Kate Warne, America's First Woman Detective, Foiled a Plot to Assassinate Abraham Lincoln", *Smithsonian*, 29 de março de 2022. Disponível em: smithsonianmag.com/history/how-kate-warne-americas-first-woman-detective-foiled-a-plot-to-assassinate-abraham-lincoln 180979829/.

18 **Durante a Guerra Civil, as mulheres da sociedade da área de Washington:** A história de quatro espiãs da Guerra Civil é contada no maravilhoso livro de Karen Abbott, *Liar, Temptress, Soldier, Spy: Four Women Undercover in the Civil War* (Nova York: HarperCollins, 2014).

18 **Em Richmond, uma herdeira sulista:** Abbott discute o passado, os serviços de espionagem e a vida pós-guerra de Van Lew (38-48, 75-83, 124-130, 227-233). Ela ressalta que, apesar de ter sido recompensada por Ulysses S. Grant com o cargo de chefe dos correios, Van Lew foi desprezada e vilanizada pelos cidadãos de Richmond, que, após sua morte em 1900, acreditavam que ela assombrava sua casa. Enquanto isso, em Boston, um grupo de abolicionistas ergueu uma lápide comemorativa, dizendo que "ela arriscou tudo o que é caro ao homem" para que "a escravidão pudesse ser abolida e a União preservada" (428). Outra excelente fonte é Michael J. Sulick, *Spying in America: Espionage from the Revolutionary War to the Dawn of the Cold War* (Washington, DC: Georgetown University Press, 2014), 99-105.

18 **Após uma de suas reuniões em Londres:** Thomas e Lewis, *Shadow Warriors*, 27.

19 **"As rendas mais altas antes de 1940":** *Assessment of Men*, 501.

19 **Para participar, os candidatos se reuniam:** Ibid., 322.

20 **Então eles elaboraram um teste "expressamente para mulheres":** Ibid., 326-327.

22 **As duas se conheceram muito depois da guerra:** A história de como as duas ex-espiãs se encontraram e o trabalho que realizaram é contada por Ian Shapira, "Decades After Duty in the OSS and CIA,

'Spy Girls' Find Each Other in Retirement", *Washington Post*, 26 de junho de 2011. Disponível em: washingtonpost.com/local/decades-after-duty-in-the-oss-and-cia-spy-girls-find-each-each-other-in-retirement/2011/05/28/AG2xvZmH_story.html.

22 **Mais tarde, ela escreveu dois livros:** Elizabeth P. MacDonald, *Undercover Girl* (Nova York: Time Life Books, 1993); Elizabeth P. McIntosh, *Sisterhood of Spies: Women of the OSS* (Annapolis: Naval Institute Press, 1998), p. 11, 96. A história de McIntosh também é contada em Ann Todd, *OSS Operation Blackmail: One Woman's Covert War Against the Imperial Japanese Army* (Annapolis: Naval Institute Press, 2017).

23 **Um grupo de mulheres altamente instruídas:** A história das Six Triple Eight é contada em artigos impressos e online, mas também vale a pena ir à fonte e ler o livro de memórias de sua comandante: Tenente-Coronel Charity Adams Earley, *One Woman's Army: A Black Officer Remembers the WAC* (Texas A&M University Military History Series, n.º 12, 1.º de outubro de 1995).

23 **Em Washington, um grupo de "donzelas do mapeamento militar":** O escritório de história da NASA me apresentou a essas mulheres em uma visita ao museu da instalação em 21 de outubro de 2021. Disponível em: https://www.nga.mil/innovators-leaders/Military_Mapping_Maidens_of_WWII.html.

23 **Na Universidade da Pensilvânia:** A história das mulheres do Eniac é contada em vários livros e artigos, incluindo Kathy Kleiman, *Proving Ground: The Untold Story of the Six Women Who Programmed the World's First Modern Computer* (Nova York: Grand Central, 2022).

23 **A artista americana Josephine Baker:** As contribuições de Baker como espiã são relatadas em *Destination Casablanca: Exile, Espionage, and the Battle for North Africa in World War II* (Nova York: Public Affairs, 2017), de Meredith H. Hindley.

24 **Em Paris, uma jovem francesa:** David Ignatius, "After Five Decades, a Spy Tells Her Tale", *Washington Post*, 28 de dezembro de 1998. Disponível em: washingtonpost.com/archive/politics/1998/12/28/after-five-decades-a-spy-tells-her-tale/8bfa5aae-5527-4eb5-8e-

45-878f1ec823fb/; e Liza Mundy, "Jeannie Rousseau de Clarens: The Glass-Ceiling Breaking Spy", *Politico*, 28 de dezembro de 2017. Disponível em: washingtonpost.com/archive/politics/1998/12/28/after-five-decades-a-spy-tells-her-tale/8bfa5aae-5527-4eb5-8e45-878f1ec823fb/.

24 **Outra francesa, Marie-Madeleine Fourcade:** Lynne Olson, *Madame Fourcade's Secret War: The Daring Young Woman Who Led France's Largest Spy Network Against Hitler* (Nova York: Random House, 2019).

24 **Poucas eram melhores nisso do que Virginia Hall:** A notável história de Hall é contada em Sonia Purnell, *A Woman of No Importance: The Untold Story of the American Spy Who Helped Win World War II* (Nova York: Viking, 2019), e Judith L. Pearson, *The Wolves at the Door: The True Story of America's Greatest Female Spy* (Guilford, Conn.: Lyons Press, 2005).

25 **"A estrela do show foi, sem dúvida,":** Cline, *Secrets, Spies*, 61.

25 **(Cline dirigia o escritório de análise):** Ibid., 59.

25 **Dulles enviou um fluxo de informações:** Cline diz que os relatórios de Dulles sobre Gisevius mostravam o que estava acontecendo dentro da Alemanha nazista e das agências de inteligência alemãs "com uma profundidade notável" e que era "um material magnífico que trouxe grande crédito para Donovan e seus homens". Ibid., 61-62.

26 **"Esses dois homens discutiam comigo":** Bancroft conta a história de sua vida em Mary Bancroft, *Autobiography of a Spy* (Nova York: William Morrow, 1983), p. 112.

26 **"Havia muita experimentação":** Ibid., 54.

26 **Alguns anos depois, eles se divorciaram:** Rufenacht também a agrediu. "Em nossa segunda noite em casa, eu disse a Jean que achava melhor não nos casarmos", observa Bancroft. "Jean se levantou e me deu um golpe tão forte com o punho que me deixou inconsciente." Ibid., 68.

26 **Sua irmã, Eleanor, calculou:** Stephen Kinzer, "When a CIA Director Had Scores of Affairs", *New York Times*, 10 de novembro de 2012.

Disponível em: nytimes.com/2012/11/10/opinion/when-a-cia-director-had-scores-of-affairs.html.

27 **Em seu primeiro encontro, planejado por um contato dos dois:** Bancroft descreve seus primeiros encontros e diz que, no segundo, "fiquei chocado com o fato de Allen estar pensando em algo mais do que apenas me fazer trabalhar para ele" e "fingi não notar a expressão de Allen". Bancroft, *Autobiography of a Spy*, 126-137.

27 **Ele também esperava que Bancroft:** Ibid., 200.

28 **Quando ele reclamou que Hitler estava errando em muitos fatos:** Ibid., 109, 144.

28 **"O que essas pessoas fazem, afinal?":** Ibid., 132, 191.

28 **Sua governanta, Maria:** Ibid., 177-180.

29 **Como Dulles esperava, Bancroft já havia concordado:** Ibid., 152.

29 **"Por acaso, a empregada tinha ido ao mercado":** Ibid., 161.

30 **Ela se referiu a isso como:** Ibid., 174.

30 **Dulles fazia confidências a Mary Bancroft:** Ibid., 134 e 243-244.

30 **Seu papel como agente duplo:** Ibid., 140 e 165-166.

30 **Suas confidências eram tão volúveis:** Ibid., 162, e 192-195.

31 **Ele viria a se tornar:** Cline, em *Secrets, Spies*, descreve Dulles como "o primeiro agente de inteligência profissional" a se tornar chefe da CIA, dizendo: "Nenhum outro homem deixou uma marca tão grande na Agência". Conhecido como o "grande Agente do Caso Branco [great White Case Officer]", diz Cline, Dulles dedicou três quartos de seu tempo e energia à coleta clandestina e à ação secreta. Ele adorava "o exotismo, a sugestão de perigo e a complexidade intelectual das operações no exterior" e, na análise, "artigos breves, coloridos e rápidos com qualidade dramática" (152). Ele apreciava "operações clandestinas por si só", o que Cline via como uma falha, e "colocou a CIA no mapa em Washington e no exterior – talvez até demais". Dulles, diz ele, era "um pouco vaidoso em relação à sua aparência, especialmente quando as mulheres ficavam na fila de recepção ao pé dos degraus de aterrissagem da aeronave" (112, 151-54 e 167).

31 **Entre elas estava Cora Du Bois:** Susan Seymour, *Cora Du Bois, Anthropologist, Diplomat, Agent* (Lincoln: University of Nebraska

Press, 2015), descreve seu recrutamento e trabalho inicial em 168-178.
31   **Em 1944, Du Bois viajou de São Francisco:** Ibid., 178-188.
32   **Conhecida pelos telegramas claros e mordazes:** Ibid., 187-204.
32   **Durante a luta pelo poder:** Ibid., 224-240.
33   **Na década de 1950:** Embora o tamanho da CIA seja secreto, muitas fontes o estimam em 20 mil pessoas. Cline diz que, durante a Guerra da Coreia, com muitas demandas, a CIA "cresceu aos trancos e barrancos" e "disparou para cerca de 10 mil". A diretoria de inteligência tinha cerca de 3 mil pessoas, e os serviços clandestinos eram "de longe o maior componente". Ele diz que o pico foi de 18 mil e que metade da equipe era "de escritório, secretariado e rotina". Cline, *Secrets, Spies*, 115-119.
33   **Durante uma década a agência continuou a funcionar:** Nicholas Reynolds descreve a casa da OSS em "alguns acres de terra conhecidos como Navy Hill" em um Foggy Bottom bastante decrépito (na época), ocupando "os prédios de escritórios de tijolos e calcário de três andares" agrupados em torno de um bucólico quadrilátero ajardinado. Durante a guerra, Donovan ocupou a sala 109 do prédio central, o que provavelmente explica por que, nos telegramas, ele era chamado de "109". Reynolds, *Need to Know*, 74. O crescimento aleatório dos edifícios é descrito em Clifton Berry, *Inside the CIA: The Architecture, Art & Atmosphere of America's Premier Intelligence Agency* (Montgomery, Md.: Community Communications, 1997). Dewey Clarridge, que entrou para a CIA em meados da década de 1950, lembra que, antes da mudança para McLean, "as funções da CIA estavam espalhadas por toda Washington. Eu me reportava a um conjunto de prédios de madeira na Ohio Drive, ao longo do Potomac, não muito longe do espelho d'água do Lincoln Memorial. Pouco mais do que barracos, eles eram completamente anônimos, cada um designado por uma letra do alfabeto. Os prédios haviam sido usados anteriormente como quartéis pela OSS durante a Segunda Guerra Mundial; eles aparentavam sua idade". Ele observa que, mais tarde, esses edifícios se tornaram os campos de polo do Lincoln Memorial.

Duane R. Clarridge, *A Spy for All Seasons: My Life in the CIA* (Nova York: Scribner, 1997), 41. O local onde ficava a cervejaria Heurich é hoje ocupado pelo Kennedy Center for the Performing Arts.

33 **"Parecia não haver nenhuma maneira de fazer as solteironas":** O predomínio de mulheres na CIA é observado em um panfleto supostamente autopublicado por Thomas Bell Smith, um ex-agente de casos recrutado em 1952, que observa: "Quase nenhum texto que eu tenha visto fez qualquer menção real às mulheres na CIA" e ressalta que "elas estão lá, e em grande número". Embora a maioria fosse de secretárias, "há todo um exército silencioso de outras mulheres que realizam mil e uma tarefas", incluindo agentes de relatórios e "garotas" que "mantinham as fotos de identificação e outros dados sobre o pessoal conhecido da inteligência russa que estava servindo no exterior". Ele diz que havia "algumas poucas agentes de casos do sexo feminino, mas com raras exceções elas trabalhavam na sede". Thomas Bell Smith, *The Essential CIA: A Realistic Look Inside America's Clandestine Service by a Former CIA Staffer*, 13-26. Smith também fornece uma boa noção do leiaute inicial, lembrando que, quando ele se reportou ao Edifício L, ele ficava com "suas irmãs interconectadas I, J e K" ao lado do espelho d'água do Lincoln Memorial, "uma caixa de dois andares com laterais de amianto, arquitetura de campo de neoconcentração, atrás de uma cerca alta de arame". Antes de 1961, ele diz que as pessoas trabalhavam em lugares com "muito mais atmosfera" do que se podia encontrar em McLean, com o "pessoal da inteligência de alvos" em um velho rinque de patinação sem janelas ou ar-condicionado. A biblioteca de mapas ficava em um "teatro antigo e pitoresco na Virginia Avenue". Sua ofensa contra as mulheres continua quando ele descreve o Processamento Central como "várias senhoras sulistas de meia-idade de um tipo que se pode encontrar em muitas agências federais". Smith, *Essential CIA*, 5-6, 19. Ele também observou que o MI6 "tinha mais mulheres em cargos relativamente responsáveis do que qualquer outro serviço de inteligência que eu conheça. Esse foi um legado da Segunda Guerra Mundial, quando, por exemplo, o esforço de documentação de agentes foi quase inteiramente realizado por mulheres" (164).

34 **Os recrutadores para os cargos de escriturárias e datilógrafas:** Patsy McCollough, que começou em 1977 como guarda de segurança armada e, na década de 1980, estava trabalhando no departamento pessoal dos serviços clandestinos, me disse: "Quando entrei na empresa, a maioria das mulheres, mesmo as formadas, entrava como datilógrafa". Ela observou que "a Pensilvânia era um dos melhores lugares para contratar funcionários administrativos, lá e na Virgínia Ocidental", e que era "mais fácil fazer mulheres jovens e solteiras se afastarem de suas famílias" se elas estivessem razoavelmente próximas. Ela observou que, "na verdade, eles tinham hotéis na área de Washington e Virgínia do Norte, onde as mulheres ficavam hospedadas, durante a década de 1960 e início dos anos 1970". Patsy McCollough, entrevista por telefone, 28 de outubro de 2020.

35 **Independentemente de seu nome verdadeiro:** Susan Hasler compartilha os detalhes sobre as Grace Sullivans em um livro de memórias não publicado. Quando respondeu a um anúncio no início da década de 1980, ela escreveu: "Primeiro veio uma carta de alguém chamado Grace Sullivan. Anos mais tarde, eu conheceria Grace, ou talvez eu devesse dizer as Graces. Elas eram senhoras idosas que trabalhavam no Escritório de Assuntos Públicos (Public Affairs Office). Na verdade, nenhuma delas se chamava Grace, mas elas cuidavam da correspondência de rotina com o público e assinavam tudo como Grace Sullivan. Elas também atendiam ligações de pessoas que estavam convencidas de que a CIA estava grampeando seu trabalho odontológico. Essa era uma reclamação surpreendentemente comum. As senhoras ouviam com simpatia e diziam algo do tipo: "Coitadinho. Isso deve ser irritante. Vou dar alguns telefonemas e cuidar disso para você".

35 **"Paciência, meticulosidade, ceticismo e revisão incansável":** Cline, *Secrets, Spies*, 63.

36 **Um dos primeiros arquitetos do serviço clandestino da CIA:** Evan Thomas, *The Very Best Men: The Daring Early Years of the CIA* (Nova York: Simon and Schuster, 2006), 336.

36 **De acordo com William Colby:** William Colby e Peter Forbath, *Honorable Men: My Life in the CIA* (Nova York: Simon and Schuster, 1978). O comentário sobre FitzGerald está em 147; sua reclamação sobre o teor "machista" das operações em 214; sua avaliação de Luce em 123; suas observações sobre as mulheres do Vietnã em 142.

37 **"Quer o arquivo de contraespionagem fosse um simples arquivo de cartões":** Cline, *Secrets, Spies*, 62.

CAPÍTULO 3: O FUNCIONÁRIO

Este capítulo se baseia em entrevistas pessoais com Heidi August, por telefone e presencialmente, em 5 de agosto de 2020, 17 de setembro de 2020, 6 de outubro de 2020, 17 de novembro de 2020, 12 de março de 2020, 16 de julho de 2021 e 18 de novembro de 2023, além de várias conversas com ela.

43 **"A necessidade de ações secretas clandestinas para combater a Guerra Fria":** Colby, *Honorable Men*, 107. Ele se refere ao "crescimento explosivo" da década de 1950 e ao "apoio incondicional" do público americano (103-105).

44 **Uma reportagem de capa da revista *Time* de 1953 sobre Allen Dulles:** "The Man with the Innocent Air", *Time*, 3 de agosto de 1953, p. 12-15.

45 **Uma exposição na revista *Ramparts*:** Sol Stern, "A Short Account of International Student Politics and the Cold War with Particular Reference to the NSA, CIA etc.", *Ramparts*, março de 1967, 29-38.

50 **O golpe foi um choque:** Em M. Cherif Bassiouni, ed., *Libya: From Repression to Revolution* (Leiden: Martinus Nijhoff, 2013), há uma discussão sobre o advento do petróleo", a "corrupção do rei Idris e seus conselheiros" e a conversão da Líbia em "uma economia baseada puramente no petróleo" nas p. 46 e 47. O livro observa que o governo de Idris havia se tornado "uma plutocracia corrupta sustentada por esquemas de patrocínio em que o poder era controlado por uma pequena camarilha", que "não estava disposto a se afastar de seu apoio ao Ocidente" ou a "reconhecer a mudança em direção ao nacionalismo árabe". O rei Idris "se recusava a liderar como chefe de

Estado", seu governo "reprimia a dissidência" e havia "rumores de um golpe que circulavam havia muito tempo". Uma discussão sobre os primeiros dias de Kadafi está na p. 48: suas "ambições revolucionárias se desenvolveram em um clima político e ideológico internacional definido por revoltas populares, anti-imperialismo, nacionalismo e pan-arabismo". Na p. 49, o livro observa que, "em 1º de setembro de 1969, um grupo de cerca de setenta agentes militares juniores líbios, liderados pelo jovem Mu'ammar Qadhafi, lançou um golpe sem derramamento de sangue que rapidamente derrubou o governo existente".

54 **Entre os chefes de estação mais conhecidos da Guerra Fria:** O poder do chefe de estação de meados do século passado é bem descrito em Evan Thomas, *Very Best Men:* "A década de 1950 foi a melhor época do chefe de estação da CIA. Em países de toda a Ásia, o chefe de Estado era próximo do chefe da estação da CIA, se não estivesse de fato em sua folha de pagamento. O mesmo acontecia em toda a América Latina e no Oriente Médio". Thomas observa que "os homens da CIA distribuíam o ouro e muitas vezes tinham uma linha de comunicação mais direta com a Casa Branca do que o embaixador" (184). O curioso caso da troca conjugal é elaborado em um perfil sugestivo de Louis e Nancy Dupree por James Verini, "Love and Ruin", *The Atavist*, no. 34. Disponível em: magazine.atavist.com/loveandruin/.

55 **A Estação de Helsinque era importante:** A função da Estação de Helsinque é descrita por Jeanne Vertefeuille, que serviu lá no início da década de 1960: "Como o país fazia fronteira com a URSS, a CIA em Helsinque concentrou todos os seus esforços no alvo soviético". Em 1961, ela ajudou a exfiltrar um agente de contrainteligência da KGB, Anatoliy Mikhaylovich, e sua esposa e filha, o que envolveu retirar "maços de dinheiro" do cofre da estação, encontrar a família no aeroporto e levá-los para Estocolmo, Frankfurt e Estados Unidos. Sandra Grimes e Jeanne Vertefeuille, *Circle of Treason: A CIA Account of Traitor Aldrich Ames and the Men He Betrayed* (Annapolis: Naval Institute Press, 2012), 3-5.

CAPÍTULO 4: A FILHA DO DIPLOMATA

62 **Correndo para a sala de aula:** Uma descrição da atmosfera na Brown e em Pembroke pode ser encontrada no *Brun Mael* de 1966, o anuário de Pembroke.

65 **Os pais de Lisa contrataram uma ex-atriz:** As lembranças de Lisa Manfull Harper sobre sua vida e carreira foram compartilhadas em uma série de entrevistas presenciais em 26 de fevereiro de 2020, 17 de maio de 2020, 23 de outubro de 2020, 26 de março de 2021 e 6 de março de 2023, com troca de e-mails. Essas informações são complementadas por um discurso que ela fez em 1987 para estagiários de carreira e uma entrevista gravada entregue a uma colega de Brown, Kristie Miller, como parte de uma série oficial de histórias orais de esposas do Serviço Exterior: "Kristie Miller interview of Lisa Manfull Harper", Association for Diplomatic Studies and Training, Foreign Affairs Oral History Project, Foreign Service Spouse Series, 19 de abril de 1990.

70 **A imagem por excelência do agente da CIA:** Tim Weiner, *Legacy of Ashes: The History of the CIA* (Nova York: Anchor, 2008), observa que, "ao longo de 1969 e 1970, Nixon e Kissinger concentraram a CIA na expansão secreta da guerra no Sudeste Asiático" e que a agência teve de fazer pagamentos ao Presidente Thieu do Vietnã do Sul, "manipular a mídia em Saigon, consertar uma eleição na Tailândia e intensificar ataques secretos de comandos no Vietnã do Norte, Camboja e Laos" (348). William Colby alertou sobre a força do Vietnã do Norte, mas seu "aviso não foi registrado em nenhum lugar de Washington, nem na Casa Branca, nem no Congresso, nem no Pentágono, nem na mente do embaixador americano em Saigon" (496). Cline diz que "a CIA foi a portadora de más notícias durante toda a Guerra do Vietnã e não foi recebida com muita satisfação por nenhum dos formuladores de políticas que tentaram fazer a intervenção no Vietnã funcionar" (Cline, *Secrets, Spies*, 199). Ele considerou as estimativas da CIA "mais sóbrias e menos otimistas" do que as de McNamara, "que estava sempre prevendo a vitória até o final do ano" (Cline, Secrets, Spies, 199).

CAPÍTULO 5: ABAS E SELOS

73 **De acordo com muitos relatos sobre a Fazenda:** Uma das melhores descrições pode ser encontrada em Ted Gup, "Down on 'the Farm': Learning How to Spy for the CIA", *The Washington Post*, 19 de fevereiro de 1980. Disponível em: https://www.washingtonpost.com/archive/local/1980/02/19/down-on-the-farm-learning-how-to-spy-for-the-cia/fbe2f23c-ab8d-4fba-aab2-1c1da55f1c53/.

74 **Quando Lisa começou, em 1968:** Quando Dewey Clarridge participou do treinamento da Fazenda em meados da década de 1950, ele observou que "quase todas as poucas mulheres" estavam indo para a Diretoria de Inteligência. Clarridge, *Spy for All Seasons*, 41.

75 **"Não são muitas as mulheres que se adaptam ao estilo de vida":** Smith, *Essential CIA*, 13.

75 **"Eles simplesmente achavam que uma mulher não podia comandar uma operação":** Jonna Mendez, entrevista por telefone, 4 de junho de 2020.

78 **O trabalho das mulheres era garantir:** Amy Tozzi, entrevistas por telefone e FaceTime, 22 e 25 de maio de 2020.

79 **"Ninguém queria uma mulher":** Janine Brookner, entrevista presencial, Washington, 9 de dezembro de 2020.

82 **"Elas meio que arrancavam o formulário de você":** Mia McCall, entrevista por telefone, 5 de abril de 2021.

83 **"Digamos que eu tenha conhecido um cara":** Mike Sulick, entrevista presencial, Winston-Salem, Carolina do Norte, 21 de março de 2022.

83 **Em 1954, Lee Coyle se formou na Rosemont College:** Lee Coyle, entrevista por telefone, 9 de setembro de 2020.

84 **Um de seus contemporâneos:** Mike Kalogeropoulos, entrevista por telefone, 14 de abril de 2020, e entrevista presencial, Vienna, Virgínia, 3 de junho de 2020.

CAPÍTULO 6: VOCÊ TINHA QUE USAR SAIA

87 **Nascida em 1920, Page ostentava:** A carreira acadêmica de Eloise Page é citada em sua indicação para o Federal Woman's Award, em

2 de abril de 1976, um dos muitos documentos tornados públicos e aprovados para divulgação em 30 de outubro de 2013, AR 70-14. Sua carreira em tempos de guerra foi discutida durante uma entrevista com Randy Burkett, historiador da CIA, em 21 de junho de 2021, e seu trabalho no programa Sputnik em Amy Ryan e Gary Keeley, "Sputnik and US Intelligence: The Warning Record", *Studies in Intelligence*, v. 61, n. 3, 1-16.

88 **Em uma reunião na prefeitura em 1953:** Um estudo para o Centro para o Estudo da Inteligência (Center for the Study of Intelligence), por [Last Name Redacted], Jacqueline, "The Petticoat Panel: A 1953 Study of the Role of Women in the CIA Career Service, an Intelligence Monograph", Center for the Study of Intelligence, março de 2003, aprovado para divulgação em 30 de outubro de 2013, AR 70-14.

89 **Uma ex-secretária lembrou que pagava todas as contas do chefe:** Essa anedota é relatada em uma história oral tornada pública em 2013, "Secrets of the RYBAT Sisterhood: Four Senior Women in the Directorate of Operations Discuss their Careers", CIA FOIA Reading Room, aprovado para divulgação em 30 de outubro de 2013.

89 **E havia muito o que saber:** Nicholas Reynolds ressalta que Douglas Waller, *Wild Bill Donovan: The Spymaster Who Created the OSS and Modern American Espionage* (Nova York: Free Press, 2011), "cita a afirmação do agente da OSS Rolfe Kingsley" na p. 200. Reynolds, *Need to Know*, 365.

90 **"Algumas mulheres eram tão duronas":** Jeanne Newell, entrevista por telefone, 19 de novembro de 2020.

91 **"Quando você está tentando recrutar alguém na África Subsaariana":** Clarridge, *Spy for All Seasons*, 304-305.

91 **Nos anos 1980, quando uma jovem californiana:** Pamela McMaster, entrevista presencial, Santa Barbara, Califórnia, 30 de setembro de 2020.

92 **Entre as muitas histórias publicadas:** Evan Thomas relata esta anedota contada sobre William Harvey, chefe da base de operações de Berlim em meados da década de 1950, que "afirmava nunca passar um

dia sem 'ter' uma mulher". Reconhecendo que era "provavelmente apócrifo", Thomas diz que a história contava que um colega de "guerra psíquica", "olhando pela janela um dia, viu Harvey transando com sua secretária em uma mesa. O brincalhão pegou o telefone e discou o número de Harvey. Ainda transando, Harvey pegou o fone. "Aqui é Deus", disse o agente. "'Você não tem vergonha?'". Thomas, *Very Best Men*, p. 131. Clifton Berry cita o livro de memórias de Archie Roosevelt, *For Lust of Knowing*, que diz: "Um de meus amigos, trabalhando em seu escritório no segundo andar em um fim de semana, olhou para baixo e viu um colega em um escritório abaixo no processo de despir uma bela secretária, com a intenção óbvia de cometer um pouco de ação secreta não autorizada. Cedendo a um impulso irresistível, meu amigo pegou o telefone, discou para o colega e viu-o se afastar da moça para atender. 'Aqui é Deus falando', disse uma voz profunda e imponente. Estou vendo o que você está fazendo. É um pecado grave". Ele desligou e viu as partes se separando." Berry, *Inside the CIA*, 22.

93 **Na sede da CIA, uma jovem agente:** Bonnie Hershberg, entrevista por telefone, 7 de maio de 2020.

94 **Alguma delas havia sofrido assédio sexual:** "Secrets of the RYBAT Sisterhood", 17.

95 **Essa dinâmica foi confirmada:** Patsy McCollough, entrevista por telefone, 28 de outubro de 2020.

97 **Por volta dessa mesma época, outra estagiária promissora:** Jeanne Newell, entrevista por telefone, 19 de novembro de 2020.

97 **Em julho de 1974, uma economista chamada:** R. Jennine Anderson, carta ao editor, revista *Ms.*, julho de 1974. O relatório do "painel da anágua" diz que, na década de 1950, "presumia-se automaticamente que a mulher não era mais do que uma coadjuvante de seu marido" e que "esperava-se que as mulheres ficassem sem trabalhar ou pedissem demissão quando seus cônjuges eram transferidos para o exterior".

CAPÍTULO 7: DISFARCE DE DONA DE CASA
102 **Ray Close, chefe de estação:** John Weir Close, "Raymond Close: CIA Veteran and Antiwar Activist", *Winchester Star*, 3 de março de

2021. Disponível em: winchesterstar.com/obituaries/raymond-hooper-close-cia-veteran-and-anti-war-activist/article_6ba5c7d4-af9f-5685-8bb5-f8aa99f6a84b.html.

102 **O livro de memórias de 1978 do diretor William Colby:** Colby, *Honorable Men*, 79, 87, 89, 90 e 146.

104 **"Eles nos colocaram como profissionais":** Mike Sulick compartilhou as lembranças das contribuições de sua falecida esposa, Shirley, bem como descrições do trabalho em Moscou, em uma entrevista em Wake Forest, Carolina do Norte, em 21 de março de 2022. Muitos outros entrevistados para este livro discutiram a importância das esposas, especialmente em áreas negadas, incluindo Mike Kalogeropolous, em uma entrevista presencial de 3 de junho de 2020.

106 **A agência havia passado grande parte das décadas de 1950 e 1960:** Descrições dos esforços da agência para combater a influência comunista na Europa podem ser encontradas em muitas fontes, incluindo Cline, que fala sobre o apoio da CIA a grupos anticomunistas no exterior, especialmente na França, Itália e Alemanha, usando esforços secretos e psicológicos para combater a influência soviética, ajudar governos moderados e "estabilizar a Europa ocidental contra a ameaça de ataques soviéticos à Itália, França e Alemanha" (Cline, *Secrets, Spies*, 99). Ele escreve sobre a Radio Free Europe e outras guerras psicológicas das décadas de 1950 e 1960 com o objetivo de exercer "pressões psicológicas sobre governos ditatoriais" e "ajudar membros não comunistas" de movimentos trabalhistas e juvenis "a se oporem aos grandes esforços comunitários para assumir o controle de todos os órgãos de opinião de massa" (129). Evan Thomas descreve o impacto da esmagada revolução húngara (Thomas, *Very Best Men*, 144) e observa que Frank Wisner descreveu a guerra de propaganda da agência na Europa como uma música que ele tocava em seu "poderoso Wurlitzer" (137).

CAPÍTULO 8: O ROUBO

120 **Em sua primeira missão como agente de casos:** A descrição dos eventos em Genebra foi extraída de entrevistas pessoais com Heidi August,

em 5 de agosto de 2020, 17 de setembro de 2020, 6 de outubro de 2020, 17 de novembro de 2020, 12 de março de 2021, 16 de julho de 2021 e 18 de novembro de 2023, além de fotografias.

121 **A leitura de Heidi incluiu ensaios da jornalista e feminista italiana:** Ian Fisher, "Oriana Fallaci, Incisive Italian Journalist, Is Dead at 77", *New York Times*, 3 de março de 2021. Disponível em: nytimes.com/2006/09/16/books/16fallaci.html?scp=1&sq=Oriana%20Fallaci%20obituary&st=cse.

125 **Durante a Segunda Guerra Mundial, a quebra de códigos foi fundamental para a vitória dos Aliados:** A importância da quebra de códigos na Segunda Guerra Mundial é contada em vários relatos, incluindo Liza Mundy, *Code Girls: The Untold Story of the Women Code Breakers of World War II* (Nova York: Hachette, 2017).

CAPÍTULO 9: GESTÃO DE INCIDENTES

133 **"Você poderia pensar que o mundo":** Eileen Martin, entrevista por telefone, 27 de abril de 2020.

134 **Com quase 60 anos, Eloise Page:** Mike Kalogeropoulos, entrevista por telefone, 14 de abril de 2020, e entrevista presencial, 3 de junho de 2020. Outros que compartilharam memórias de Page foram Lee Coyle e a ex-secretária de Page, Joanne Richcreek, que lembrou que Page costumava deixar pequenas anotações em taquigrafia para ela quando saía para almoçar. Joanne Richcreek, entrevista por telefone, 1º de fevereiro de 2021, e Lee Coyle, entrevista por telefone, 9 de setembro de 2020.

137 **Quando o Reverendo Stuart Kenworthy assumiu a Christ Church:** Reverendo Stuart Kenworthy, entrevista presencial, Washington, 17 de novembro de 2021.

138 **Seu pai, atleta da Academia Naval:** Sue McCloud compartilhou lembranças de sua vida e carreira em uma entrevista presencial em sua casa em Carmel, na Califórnia, em 16 de agosto de 2020.

120 **"Você não vai querer ir lá":** Mike Kalogeropoulos, entrevista por telefone, 14 de abril de 2020, e entrevista presencial, 3 de junho de 2020.

141 **"Toda a minha experiência com ela":** Mia McCall, entrevista por telefone, 5 de abril de 2021.

146 **Um avião egípcio que ia de Atenas para o Cairo havia sido sequestrado:** O sequestro do voo 648 da Egyptair é narrado no documentário *Terror in the Sky: To Catch a Hijacker, de* 5 de agosto de 2017, como parte da série da CNN "Declassified: Untold Stories of American Spies", que inclui transcrições das comunicações do piloto na cabine de comando, coletadas no rádio scanner Bearcat, e uma entrevista com Heidi August. Disponível em: imdb.com/title/tt7134324/.

Uma descrição contemporânea dos eventos pode ser encontrada em Judith Miller, "From Takeoff to Raid: The 24 Hours of Flight 648", *New York Times*, 27 de novembro de 1985, A10. Disponível em: nytimes.com/1985/11/27/world/from-takeoff-to-raid-the-24-hours-of-flight-648.html.

Uma das muitas homenagens a Scarlett Rogenkamp pode ser encontrada em Patrick McDonnell, "Lone American Killed: Hijacking Victim Buried, Awarded the Purple Heart", *Los Angeles Times*, 1.º de dezembro de 1985. Disponível em: latimes.com/archives/la-xpm-1985-12-01-me-5580-story.html. Esse relato também foi extraído de muitas entrevistas com Heidi August, bem como de alguns de seus escritos pessoais.

CAPÍTULO 10: A REVOLTA DAS MULHERES DO COFRE

156 **Caminhando por um corredor, na década de 1990:** Jonna Mendez compartilhou suas memórias de carreira em uma conversa por telefone em 4 de junho de 2020.

160 **Em 1974, o jornalista investigativo Seymour Hersh:** Seymour M. Hersh, "Huge CIA Operation Reported in US Against Antiwar Forces, Other Dissidents in Nixon Years", *New York Times*, 22 de dezembro de 1974, A1, Disponível em: https://www.nytimes.com/1974/12/22/archives/huge-cia-operation-reported-in-u-s-against-antiwar-forces-other.html. Evan Thomas, *Very Best Men*, revela que a CIA tentou realizar uma campanha de difamação contra a publicação (330). Thomas descreve as audiências de Church-Pike e observa que, "durante toda a década de 1950,

a CIA testou secretamente o LSD em indivíduos involuntários, geralmente viciados em drogas e prostitutas", observando-os por meio de espelhos unidirecionais. No Addiction Research Center, em Lexington, na Califórnia, a maioria das cobaias era formada por homens negros (212). Tim Weiner discute a pressão do governo Nixon para fomentar um golpe contra o líder chileno e as revelações subsequentes durante a década de 1970 sobre tentativas de assassinato, espionagem de organizações domésticas e experimentos com drogas. Tim Weiner, *Legacy of Ashes: The History of the CIA* (Nova York: Anchor, 2008), 354-400.

161 **A agente de relatórios Amy Tozzi:** Amy Tozzi, entrevista por telefone, 22 e 25 de maio de 2020.

162 **Uma delas foi Lee Coyle, que em 1954:** Lee Coyle, entrevista por telefone, 9 de setembro de 2020.

163 **Um dos primeiros tiros na proa:** Dawn Ellison, "One Woman's Contributions to Social Change", *Studies in Intelligence,* v. 46, n. 3 (2002), 45-53.

165 **A quintessência da esposa da CIA, Barbara Colby:** Carl Colby compartilhou lembranças sobre as contribuições de sua mãe como esposa da CIA e seu trabalho para garantir benefícios para as esposas, em uma entrevista por telefone em 30 de março de 2023. Barbara Colby também aparece no documentário de Carl Colby sobre seu pai, *The Man Nobody Knew: In Search of My Father, CIA Spymaster William Colby.* Disponível em: https://www.imdb.com/title/tt1931549/. Outros detalhes sobre a vida de Barbara Colby estão em Emily Langer, "Barbara Colby, Wife of CIA Spymaster, Dies", *Washington Post,* 17 de julho de 2015. Disponível em: washingtonpost.com/national/barbara-h-colby-wife-of-controversial-cia-spymaster-dies-at-94/2015/07/17/e8db-91d0-2bf8-11e5-a250-42bd812efc09_story.html. A legislação é descrita em Mike Causey, "Some Splitting Up After the Split-ups", *Washington Post,* 9 de outubro de 1980. Disponível em: washingtonpost.com/archive/local/1980/10/09/some-splitting-up-after-the-split-ups/10abaeb6-a47f-499a-8425-21264d60c872/.

168 **Barbara recrutou Martha Jane "Marti" Peterson:** Martha Peterson Shogi compartilhou esse movimento e reminiscências de sua

carreira em uma entrevista presencial em Wilmington, na Carolina do Norte, em 22 de março de 2022, e em seu livro, Martha D. Peterson, *The Widow Spy: My CIA Journey from the Jungles of Laos to Prison in Moscow* (Wilmington, N.C.: Red Canary Press, 2012).

CAPÍTULO 11: A MISS MARPLE DA CASA DA RÚSSIA

173 **No verão de 1985, a Estação de Moscou da CIA:** A maioria dos detalhes deste capítulo foi extraída de Sandra Grimes e Jeanne Vertefeuille, *Circle of Treason: A CIA Account of Traitor Aldrich Ames and the Men He Betrayed* (Annapolis: Naval Institute Press, 2012).

176 **"Ele deveria ter sido demitido imediatamente":** Tim Weiner, "C.I.A. Colleagues Call Fallen Star a Bias Victim", *New York Times*, 14 de setembro de 1994, A1.

CAPÍTULO 12: O QUE VOCÊ VAI FAZER COM O BARCO?

180 **É difícil entender por que os senadores:** Liza Mundy, "The Secret History of Women in the Senate", *Politico Magazine,* janeiro/fevereiro de 2015. Disponível em: https://www.politico.com/magazine/story/2015/01/senate-women-secret-history-113908/.

181 **Foi compilado um relatório chamado "The Glass Ceiling Study":** CIA, "Glass Ceiling Study Summary", FOIA reading room, aprovado para divulgação em abril de 2006; e Walter Pincus, "CIA and the Glass Ceiling Secret", *The Washington Post*, 9 de setembro de 1994. Disponível em: washingtonpost.com/archive/politics/1994/09/09/cia-and-the-glass-ceiling-secret/cea75ce0-0ed2-4914-8600-1536004c9f77/.

182 **O primeiro envolveu Janine Brookner:** Tim Weiner, "Spy Sues C.I.A., Saying She Was Target of Sexual Discrimination", *New York Times*, 15 de julho de 1994, B7; Tim Weiner, "C.I.A. to Pay $410,000 to Spy Who Says She Was Smeared", *New York Times*, 9 de dezembro de 1994, A1; Abigail Jones, "She Was a CIA Spy. Now She's a Lawyer Battling Her Old Agency. This Is Her Story", *Washington Post*, 18 de junho de 2018; Walter Pincus, "Ex-CIA Officer Settles Sex Discrimination Suit", *Washington Post*, 24 de dezembro de 1994.

182 **Entrevistei Brookner em dezembro de 2020:** Essas citações e descrições, bem como as subsequentes, são de Janine Brookner, entrevista presencial em Washington, 9 de dezembro de 2020.

186 **Os especialistas em controle de danos da CIA reagiram:** Susan Hasler, entrevistas por telefone em 18 e 20 de março de 2020, e anotações pessoais.

188 **Enquanto Brookner estava cuidando de seu próprio caso:** Tim Weiner, "Women, Citing Bias, May Sue the CIA", *New York Times*, 28 de março de 1994, A10; Robert Pear, "CIA Settles Suit on Sex Bias" *New York Times*, 30 de março de 1995, A21, Steven A. Holmes, "Judge Approves $1 Million Agreement in Sex Bias Case at CIA", *New York Times*, 10 de junho de 1995, A7.

189 **Rindskopf Parker e Conway começaram a disputar o microfone:** *Divine Secrets of the Rybat Sisterhood*, 20.

190 **"Parecia um bando de mulheres furiosas":** Paula Doyle, entrevista, Vienna, Virgínia, 8 de junho de 2021.

190 **"A Agência Central de Inteligência, em uma clara admissão":** John M. Broder, "CIA Will Settle Women Agents' Bias Lawsuit", *Los Angeles Times*, 30 de março de 1995. Disponível em: https://www.latimes.com/archives/la-xpm-1995-03-30-mn-48854-story.html.

191 **"Elas ganharam, mas na verdade não ganharam":** Mike Kalogeropoulos, entrevista, Vienna, Virgínia, 3 de junho de 2020.

198 **"Muitos homens disseram que [a nomeação de Lisa] foi por causa da Categoria B":** Paula Doyle, entrevista, Vienna, Virgínia, 8 de junho de 2021.

198 **"Ela foi tratada como lixo, pelo que sei":** Mike Sulick, entrevista, Wake Forest, Carolina do Norte, 21 de março de 2022.

CAPÍTULO 13: COISAS DISPUTADAS A TAPA

203 **Quando menina, na década de 1970:** Meu relato das lembranças de Cindy Storer baseia-se em uma série de entrevistas presenciais e por telefone, em 24 de agosto de 2019, 5 de abril de 2020, 19 de janeiro de 2021, 19 de março de 2022, 9 de fevereiro de 2023 e outras conversas, e em uma entrevista gravada conduzida com Cindy Storer em

4 de abril de 2017, por Amy Weinstein do 9/11 Museum em Nova York, generosamente compartilhada por Amy Weinstein com a permissão de Cindy Storer.

212 **Um dia de trabalho coordenado pode:** O processo de coordenação, incluindo o comentário sobre o olhar fixo, e a noção da agência como uma instituição gananciosa, são bem evocados em Bridget Rose Nolan, "Information Sharing and Collaboration in the United States Intelligence Community: An Ethnographic Study of the National Counterterrorism Center", dissertação de 2013. Disponível em: cryptome.org/2013/09/nolan-nctc.pdf.

CAPÍTULO 14: ENCONTRANDO O X

215 **O centro foi criado:** Além das observações da própria Cindy, as seguintes citações e descrições sobre a cultura e a história do NPIC estão relacionadas em uma excelente história cultural do centro. Jack O'Connor, *NPIC: Seeing the Secrets and Growing the Leaders: A Cultural History of the National Photographic Interpretation Center* (Alexandria, Va.: Acumensa Solutions, 2015), 49-56 e 120-121.

219 **Como lembra uma das integrantes do quarteto, Kristin Wood:** Kristin Wood, entrevista presencial, 4 de junho de 2021, Reston, Virgínia.

224 **"Nós mudamos as regras", disse Milt Bearden, um chefe de estação da CIA:** Entrevista de história oral de Milt Bearden com Amy Weinstein e Katie Edgerton, do National September 11 Memorial & Museum, 13 de novembro de 2009, compartilhada por Amy Weinstein.

224 **"Quando a União Soviética se desintegrou":** Mia McCall, entrevista por telefone, 5 de abril de 2021.

225 **"Nós nos afastamos":** Tim Weiner, *Legacy of Ashes: The History of the CIA* (Nova York: Anchor, 2008), 488.

227 **Décimo oitavo filho de um rico engenheiro:** Peter Bergen, *The Rise and Fall of Osama bin Laden* (Nova York: Simon and Schuster, 2021), 3-53. Lawrence Wright, *The Looming Tower: Al Qaeda and the Road to 9-11* (Nova York: Vintage, 2007), 75-99. Steve Coll, *Ghost Wars:*

The Secret History of the CIA, Afghanistan, and Bin Laden, from the Soviet Invasion to September 10, 2001, 84-88, e vários.

CAPÍTULO 15: VOCÊ NÃO PERTENCE A ESTE LUGAR

231 **Assim como Cindy, Barbara Sude havia começado sua carreira:** As informações sobre a carreira de Barbara Sude foram extraídas de entrevistas por telefone realizadas em 17 de julho de 2020 e 23 de abril de 2023; uma entrevista de 4 de abril de 2017 com Amy Weinstein e Madeleine Rosenberg para o National September 11 Memorial & Museum; e uma entrevista do Spycast com Vince Houghton, do International Spy Museum. Disponível em: thecyberwire.com/podcasts/spycast/225/notes.

237 **Assim como Cindy Storer, Gina Bennett:** As informações sobre a carreira de Gina Bennett foram extraídas de entrevistas presenciais e por telefone, em Washington e em outros lugares, em 22 de julho de 2020, 17 de outubro de 2020, 16 de janeiro de 2023 e 13 de fevereiro de 2023, e de seus dois livros, Gina M. Bennett, *National Security Mom: Why "Going Soft" Will Make America Strong* (Deadwood, Ore.: Wyatt-MacKenzie Publishing, 2008), e Gina M. Bennett, *National Security Mom 2: America Needs a Time-Out* (Deadwood, Ore.: Wyatt-MacKenzie Publishing, 2019).

239 **Como o especialista em segurança nacional Tom Nichols escreveria mais tarde:** Tom Nichols, "The Narcissism of the Angry Young Men" *The Atlantic*, 29 de janeiro de 2023. Disponível em: theatlantic.com/ideas/archive/2023/01/lost-boys-violent-narcissism-angry-oung-men/672886/?silverid=%25%25RECIPIENT_ID%25%25&utm_source=pocket_saves.

244 **Em um artigo de cinco páginas, Gina expôs:** United States Department of State Bureau of Intelligence and Research, Weekend Edition, "The Wandering Mujahidin: Armed and Dangerous", 21-22 de agosto de 1993, aprovado para divulgação em 23 de novembro de 2007, 200605437.

246 **Uma semana depois, ela publicou:** Bennett, *National Security Mom*, 19.

246 **Uma das colegas de Gina no Departamento de Estado:** Lyndsay Howard, entrevista por telefone, 30 de maio de 2021.

CAPÍTULO 16: UMA RUIVA EXUBERANTE E ATRAENTE
249 **O velho amigo de Heidi, Tom Twetten, tinha se saído bem:** Tim Weiner descreve uma "trama brilhante" que surgiu do centro antiterrorista quando, em março de 1987, o ex-Presidente Jimmy Carter "entregou um pacote de informações sobre Abu Nidal" ao presidente sírio Hafiz Al-Assad, que expulsou Abu Nidal. "Nos dois anos seguintes, com a ajuda da OLP e dos serviços de inteligência jordanianos e israelenses, a agência travou uma guerra psicológica contra Abu Nidal. Um fluxo forte e constante de desinformação o convenceu de que seus principais tenentes eram traidores. Ele matou sete deles e dezenas de seus subordinados no ano seguinte, paralisando sua organização." A organização foi "destruída", em uma "vitória emocionante" para o centro antiterrorista e "a divisão do Oriente Próximo sob o comando de Tom Twetten", que seria promovido a chefe do serviço clandestino. Tim Weiner, *Legacy of Ashes: The History of the CIA* (Nova York: Anchor, 2008), 485-86. Dewey Clarridge também descreve a operação contra Abu Nidal. Duane R. Clarridge com Digby Diehl, *A Spy for All Seasons: My Life in the CIA* (Nova York: Scribner, 1997), 331-37.
252 **O CTC [Centro de Contraterrorismo, em inglês Counterterrorist Center], uma unidade na qual nenhum funcionário da CIA :** Clarridge, *Spy for All Seasons*, 319-46.
254 **Em sua autobiografia de 1997:** "Ao chegar a Atenas, fui confrontado por um grupo de mulheres atraentes de trinta e poucos anos". Ibid., p. 156. Clarridge observa que um tenente de Yasser Arafat "havia se casado com uma libanesa extremamente atraente" que era "uma ex-Miss Universo" (162) e que o residente soviético da KGB em Roma tinha uma esposa, Vera, que era "atraente" e "vivaz". Levado perante o Congresso, "eu estava acompanhado por uma advogada do Escritório do Conselho Geral da Agência, chamada Kathleen McGinn. Uma ruiva exuberante e atraente, com olhos e tom de voz encantadores" (375).

259 **Quando foi publicado – anonimamente, a princípio –, em 2002:** Michael Scheuer, *Through Our Enemies' Eyes: Osama bin Laden, Radical Islam, and the Future of America* (Washington, D.C.: Brassey's, 2002).

261 **"Não sou… um agente de inteligência de campo":** Michael Scheuer, *Imperial Hubris: Why the West Is Losing the War on Terror* (Washington: Potomac Books, 2004), ix.

261 **Elas eram fãs de *Buffy, a caça-vampiros*:** Peter Bergen, *The Rise and Fall of Osama Bin Laden* (Nova York: Simon and Schuster, 2021), 106.

261 **"A maioria de meus colegas mais próximos é de indivíduos do tipo A":** Gary Berntsen e Ralph Pezzulo, *Jawbreaker: The Attack on Bin Laden and Al-Qaeda; a Personal Account by the CIA's Key Field Commander* (Nova York: Three Rivers Press, 2005), 5.

261 **"Qual é o problema de vocês mandarem":** Ibid., 8.

262 **Scheuer disse que teria pendurado com prazer uma placa dizendo:** Peter Bergen, *Manhunt: The Ten-Year Search for Bin Laden from 9/11 to Abbottabad* (Nova York: Random House / Crown, 1994), 77.

262 **"Eu tinha um enorme respeito pelas mulheres":** Michael Scheuer, entrevista por telefone, 18 de maio de 2023.

262 **"As pessoas diziam: 'Qual é a equipe dele?'":** Ibid., 78-79.

264 **"Não pessoalmente, mas sua influência":** Ned Zaman, David Wise, David Rose e Bryan Burrough, "The Path to 9/11: Lost Warnings and Fatal Errors", *Vanity Fair*, novembro de 2004, p. 326-338, 390-400.

264 **"Ninguém sabia bem":** Michael Scheuer, entrevista com o autor, 18 de maio de 2023.

266 **"Jen estava falando conosco sobre um cara do Oriente Médio":** Kristin Wood, entrevista com o autor, 14 de junho de 2021.

267 **Outro membro da equipe, Alfreda Bikowsky, era mais vívida:** Essas citações e detalhes de vida foram extraídos de uma entrevista realizada por este autor com Alfreda Bikowsky Scheuer em 11 de maio de 2023.

271 **Paula Doyle, uma agente de casos no Levante:** Paula Doyle, entrevista presencial, Vienna, Virgínia, 8 de junho de 2021.

272 **"Cindy estava de cabeça quente":** Mia McCall, entrevista por telefone, 5 de abril de 2021.

CAPÍTULO 17: ESTRESSE E UM QUARTO CINZA

273 **Para Cindy Storer, a questão então se tornou:** As descrições e citações de Cindy Storer ao longo deste capítulo foram extraídas das várias entrevistas pessoais que fiz com ela.

275 **O chefe de estação da CIA estava em licença:** Peter Bergen, *The Rise and Fall of Osama bin Laden* (Nova York: Simon and Schuster, 2021), 71.

275 **Al-Fadl logo se viu realocado:** Jane Mayer, "Junior: The Clandestine Life of America's Top Al Qaeda Source", *New Yorker*, 8 de junho de 2021. Disponível em: newyorker.com/magazine/2006/09/11/junior.

278 **Um analista do CTC começou a dar uma palestra para os recém-chegados:** Susan Hasler, entrevistas por telefone, 18 e 20 de março de 2020.

278 **As pessoas chamavam isso de "troca de reféns":** Ned Zaman, David Wise, David Rose e Bryan Burrough, "The Path to 9/11: Lost Warnings and Fatal Errors", *Vanity Fair*, novembro de 2004, p. 326-338, 390-400.

278 **Um dos motivos pelos quais os agentes das operações ambiciosas:** Ibid.

279 **Em 1994, depois que Aldrich Ames foi preso:** Ibid.

279 **Um detetive durão saído do elenco de protagonistas:** Ibid.

280 **"Dane-se. Está comigo. Vou ficar com isso":** Ibid.

281 **Mas o próprio Clarke era irritadiço, inconstante, autoritário:** Ibid.

283 **Em um artigo publicado no boletim do INR do Departamento de Estado em 18 de julho de 1996:** "Terrorism / Osama bin Laden: Who's Chasing Whom?", *Intelligence and Research Bulletin*, 18 de julho de 1996, aprovado para divulgação em 21 de julho de 2005.

284 **Em sua mesa no Departamento de Estado:** Essas observações foram compartilhadas por Gina Bennett em entrevistas presenciais e por telefone, em Washington e em outros lugares, em 22 de julho de 2020, 17 de outubro de 2020, 16 de janeiro de 2023 e 13 de fevereiro de 2023.

284 **Em 1997, o analista da CNN Peter Bergen conseguiu:** Peter L. Bergen, *The Osama bin Laden I Know: An Oral History of Al Qaeda's Leader* (Nova York: Simon and Schuster, 2006), xx.

287 **Em 1975, a *Parade* entrevistou várias mulheres da CIA:** Connecticut Walker, "Women of the CIA", *Parade*, 13 de julho de 1975, p. 4-5.

288 **"A presunção era de que você não voltaria":** Sue Gordon, entrevista por telefone, 3 de novembro de 2021.

288 **Quando a analista DeNeige Watson foi contratada:** DeNeige Watson, entrevista por telefone, 18 de fevereiro de 2021.

290 **Quando uma analista, Diana Bolsinger:** Diana Bolsinger, entrevista por telefone, 27 de abril de 2021.

CAPÍTULO 18: O LÓBULO DA ORELHA CORTADO

293 **Na sexta-feira, 30 de maio de 1997, um ano após o início de seu mandato:** Esse relato da captura de Kansi foi descrito por Heidi August em várias entrevistas e por Patricia Moynihan em uma entrevista presencial em McLean, Virgínia, em 30 de abril de 2023. O relato também se baseia em George Tenet e Bill Harlow, *At the Center of the Storm* (Nova York: HarperCollins, 2007), 41-43, e em uma entrevista que Brad Garrett deu a Michael Morell no podcast Intelligence Matters DECLASSIFIED: Former FBI Agent Bradley Garrett on the Global Manhunt for Mir Aimal Kansi, *Intelligence Matters*, em 5 de agosto de 2020.

298 **A Estação Alec observou em um relatório interno:** Coll, *Ghost Wars*, 382.

299 **Na sexta-feira, 7 de agosto de 1998:** Entrevista com Barbara Sude.

299 **Essa foi a suposição de Gary Berntsen:** Gary Berntsen e Ralph Pezzulo, *Jawbreaker: The Attack on Bin Laden and Al-Qaeda; a Personal Account by the CIA's Key Field Commander* (Nova York: Three Rivers Press, 2005), 14-25.

302 **O ator Will Ferrell interpretou Reno:** Liza Mundy, "Why Janet Reno Fascinates, Confounds and Even Terrifies America?", *Washington Post Magazine*, 25 de janeiro de 1998. Disponível em: https://www.washingtonpost.com/wp-srv/politics/govt/admin/stories/reno012598.htm.

303 **Os ativos de grupos étnicos afegãos forneceram:** George Tenet e Bill Harlow, 113-15.

303 **"Nenhum plano de captura anterior ao 11 de Setembro atingiu o mesmo nível":** *The 9/11 Commission Report: Final Report of the National*

Commission on Terrorist Attacks Upon the United States (Nova York: W. W. Norton, 2004), 114.

303 **No final, Tenet aceitou a opinião:** Ibid.

303 **Após o atentado contra a embaixada em 1998:** Ibid., 115.

303 **Se alguém era fraco, na opinião das mulheres da Alec:** Alfreda Bikowsky Scheuer, entrevista com o autor.

304 **Essa consideração pode ou não ter sido levada em conta:** *The 9/11 Commission Report*, 117.

305 **"Foi um período frustrante":** Berntsen e Pezzulo, *Jawbreaker*, 33.

306 **O problema era óbvio para Susan Hasler:** Esses detalhes foram extraídos de entrevistas por telefone com Susan Hasler em 18 e 20 de março de 2020 e de escritos pessoais que ela compartilhou para uso neste livro.

308 **"'Não acredito que esse cara que Scheuer acabou de contratar'":** John Rizzo, entrevista por telefone, 29 de maio de 2020.

308 **"Eu estava pedindo a Tenet que conseguisse alguém para dirigir o CTC que tivesse coragem":** Ned Zaman, David Wise, David Rose e Bryan Burrough, "The Path to 9/11: Lost Warnings and Fatal Errors", *Vanity Fair*, novembro de 2004, p. 326-338 e 390-400.

309 **Scheuer refletiu, com raiva, que ele era a vítima:** Ibid.

CAPÍTULO 19: "TENHO UM ALVO EM MINHAS COSTAS"

314 **Rich Blee também entendeu as restrições ligadas aos dividendos da paz:** Rich Blee, entrevista por telefone, 12 de novembro de 2020.

319 **Como Tenet observou em seu livro de memórias, no final de 1999:** Tenet, *At the Center of the Storm*, 124-26.

320 **Dois supostos membros da Al-Qaeda:** OIG Report on CIA Accountability with Respect to the 9/11 Attacks, junho de 2005, aprovado para divulgação em agosto de 2007, xiv-xvii.

322 **Em 2000, como aponta o diretor de operações Gary Berntsen:** Gary Berntsen, *Jawbreaker*, 67.

323 **A mudança na gestão "teve o maior impacto":** Tenet, *At the Center of the Storm*, 139.

323 **Tenet achava Rice "distante":** Ibid., 138.
324 **Antes de assumir o controle da unidade analítica:** Pattie Kindsvater compartilhou suas experiências em entrevistas por telefone e presenciais entre 27 de outubro de 2020 e 22 de outubro de 2021.
329 **Em seu livro de memórias, George Tenet cita:** Tenet, *At the Center of the Storm*, 147.
331 **"No entanto, continuamos a acreditar":** Ibid., 150.
333 **Todos esses desenvolvimentos foram descritos:** *The 9/11 Commission Report*, 272, 276, 550.
334 **Ela observou que Bin Laden, desde 1997:** "Bin Laden Determined to Strike in US", 6 de agosto de 2001, For the President Only, aprovado para divulgação em 10 de abril de 2004. Disponível em: irp.fas.org/cia/product/pdb080601.pdf.
335 **Mais tarde, o presidente disse:** *The 9/11 Commission Report*, 260.

CAPÍTULO 20: 11 DE SETEMBRO DE 2001

339 **George Tenet estava tomando café da manhã:** Tenet, *At the Center of the Storm*, 161.
349 **Uma evacuação ordenada foi supervisionada pela chefe da estação:** Sarah Finkel, "BU Hosts Chief of CIA, Former CIA Officer to Describe Experiences on 9-11", *The Daily Free Press*, 25 de abril de 2017. Disponível em: https://dailyfreepress.com/2017/04/25/bu-hosts-chief-of-cia-former-cia-officer-to-describe-experiences-on-911/.

CAPÍTULO 21: A MATRIZ DE AMEAÇAS

354 **Susan, que tinha uma tendência familiar:** Susan Hasler compartilhou esses detalhes em um livro de memórias não publicado.
355 **O diretor da CIA, George Tenet, pontuou:** Tenet, *At the Center of the Storm*, 172.
355 **Tenet inaugurou uma reunião diária de "matriz de ameaças":** Ibid., 234-257. Pattie Kindsvater também descreveu as reuniões da matriz de ameaças.
357 **Em 27 de setembro, a CIA inseriu:** Tenet descreve as operações paramilitares em *At the Center of the Storm*, 186-88 e 207-277.

361 **A célula vermelha havia sido concebida:** Ibid., 185.
363 **A comissão também observou:** *The 9/11 Commission Report*, 341.
363 **No dia seguinte aos ataques:** Tenet, xix.
364 **Jami Miscik, a analista número dois da agência:** Ibid., 302.
365 **Em seu livro de memórias, ele relembra uma reunião em setembro de 2002:** Tenet, *Center of the Storm*, 343.
365 **"Foi ruim":** Kristin Wood, entrevista com o autor.
366 **Em 26 de agosto de 2002:** Tenet, *Center of the Storm*, 315.
366 **"Era óbvio que Rumsfeld e Cheney estavam determinados":** Jeanne Newell, entrevista por telefone, 19 de novembro de 2020.
367 **Trabalhando com Susan Hasler, ela produziu um trabalho convincente:** CIA Directorate of Intelligence, "The Appeal of the Islamic Extremist Movement: Obligation to the Umma", 7 de abril de 2004, aprovado para divulgação em 10 de outubro de 2018.
369 **E a pressão continuaria:** Kristin Wood, entrevista com o autor. Esse episódio também é relatado em Bakos, *The Targeter*, 147-149.

CAPÍTULO 22: AS NOVAS MENINAS

370 **Em 11 de setembro de 2001, Rosa, agora com 28 anos:** Rosa Smothers, entrevista por telefone, 5 de maio de 2020.
373 **Em 11 de setembro, Holly Bond tinha acabado de voltar:** Holly Bond, entrevista ao Google Meet, 11 de maio de 2020.
378 **"Muitos analistas da NSA não queriam fazer isso":** Linda Millis, entrevista por telefone, 25 de setembro de 2021.
378 **"Se você quiser pensar em termos de carma sobre isso":** Sue Gordon, entrevista por telefone, 3 de novembro de 2021.

CAPÍTULO 23: COLOCANDO OGIVAS NA TESTA

380 **O programa de "interrogatório aprimorado" da agência começou:** Senate Select Committee on Intelligence, *The Senate Intelligence Committee Report on Torture: Committee Study of the Central Intelligence Agency's Detention and Interrogation Program* (Brooklyn, Nova York: Melville House, 2014).

381 **Assistir ao afogamento de Zubaydah:** Ibid., 32-55. O fato de Jennifer Matthews ter testemunhado o afogamento de Abu Zubaydah é relatado em Nada Bakos com Davin Coburn, *The Targeter: My Life in the CIA Hunting Terrorists and Challenging the White House* (Nova York: Little, Brown, 2019), 208.

382 **Em 1.º de março de 2003, agentes da CIA e paquistaneses:** Ibid., 83-97.

383 **"Vamos nos inclinar para a frente":** Senate Select Committee on Intelligence, *The Senate Intelligence Committee Report on Torture* (Brooklyn: Melville House, 2014), 164. Bikowsky não é citada no relatório, mas sua identidade surgiu em notícias posteriores, e ela reconheceu seu trabalho no interrogatório forçado em entrevistas com este autor e com a Reuters.

384 **O detento, Hassan Ghul, estava em uma casa segura, "literalmente tomando chá":** *The Senate Intelligence Committee Report on Torture*, 403-404, nota de rodapé 767.

385 **"Ela tem uma personalidade cáustica, mas é assustadoramente inteligente":** Matthew Cole, "Bin Laden Expert Accused of Shaping CIA Deception on 'Torture' Program", *NBC News*, 18 de dezembro de 2014. Disponível em: nbcnews.com/news/investigations/bin-laden-expert-accused-shaping-cia-deception-torture-program-n269551.

385 **Bikowsky quebrou seu próprio disfarce:** Alfreda Bikowsky Scheuer, entrevista por telefone com este autor em 11 de maio de 2023, e em Aram Roston, "Ex-CIA Analyst Says She 'Got Bloodied' in Tangled U.S. War on Al Qaeda", Reuters, 20 de abril de 2022. Disponível em: reuters.com/world/exclusive-ex-cia-analyst-says-she-got-bloodied-tangled-us-war-al-qaeda-2022-04-20/.

386 **Darrell Blocker, um agente clandestino:** Darrell Blocker, entrevista por telefone, 24 de maio de 2023.

386 **"Não vou ficar sentada aqui com o benefício da retrospectiva":** Pat Milton, "Gina Haspel Says She Knows 'the CIA like the Back of My Hand'", CBS News, 9 de maio de 2018. Disponível em: cbsnews.com/news/gina-haspel-says-she-knows-the-cia-like-the-back-of-my-hand/.

388 **À medida que os excessos da guerra contra o terrorismo:** Rafia Zakaria, "How the War on Terror Became America's First 'Feminist War'", *Literary Hub*, extraído de Rafia Zakaria, *Against White Feminism: Notes on Disruption* (Nova York: W. W. Norton, 2021).
389 **"A CIA não matou Martin Luther King?":** Nicole Ash, entrevista presencial, 23 de maio de 2023.

CAPÍTULO 24: ESPIONAGEM É ESPIONAGEM
390 **Lisa Harper, com quase 60 anos, era outra integrante:** Este capítulo é baseado em entrevistas da autora com Lisa Harper.
391 **Por volta de 2004, George Tenet observou que uma série:** Tenet, *Center of the Storm*, 246.

CAPÍTULO 25: EU FAZIA PESSOAS RUINS TEREM DIAS RUINS
401 **Como respostas à ocupação das tropas americanas, os terroristas começaram a usar o estupro como ferramenta de recrutamento:** Bakos, *Targeter*, 131-132.
402 **Alguns terroristas "simplesmente precisam ser mortos":** Ibid., 214.
402 **Uma delas, Lisa Rager, ingressou em 2005:** Lisa Rager, entrevista por Zoom, 11 de julho de 2021.
404 **Angie Lewis aprendeu a viver com relativo conforto nessa zona cinzenta:** Angie Lewis, entrevista presencial, Burbank, Califórnia, 5 de julho de 2021.

CAPÍTULO 26: QUALQUER COISA PARA SE ENCAIXAR
406 **Molly Chambers, de 22 anos, estava trabalhando:** Molly Chambers compartilhou suas experiências em duas entrevistas presenciais em Washington, em 22 de julho de 2021 e 20 de fevereiro de 2023.
412 **"Todos nós levamos isso muito a sério":** Sandy Tveit, entrevista por telefone, 22 de maio de 2023.
414 **Entre eles estava o conselheiro-geral John Rizzo:** Elizabeth Flock, "Former CIA Officials Who Oversaw Torture Pick Apart Inaccuracies in *Zero Dark Thirty*". *U.S. News & World Report*, 29

de janeiro de 2013. Disponível em: https://www.usnews.com/news/blogs/washington-whispers/2013/01/29/former-cia-officials-who-oversaw-torture-pick-apart-inaccuracies-in-zero-dark-thirty.

414 **Em 2015, um agente anônimo da CIA:** Jeff Stein, "The Inside Information That Could Have Stopped 9-11", *Newsweek*, 14 de janeiro de 2015. Disponível em: https://www.newsweek.com/2015/01/23/information-could-have-stopped-911-299148.html.

414 **Ellen Dickey, uma selecionadora:** Ellen Dickey, entrevista presencial, Washington, 17 de junho de 2021.

CAPÍTULO 27: ROUPA NO VARAL

425 **Fran Moore tinha acabado de chegar ao trabalho:** Fran Moore descreveu sua vida e carreira em uma entrevista por telefone, em 20 de setembro de 2021. E ela descreveu esse momento em uma entrevista pública ao 9/11 Memorial & Museum, em 26 de outubro de 2020.

431 **Aprendendo com a experiência de Israel:** Peter Bergen, *Manhunt: The Ten-Year Search for Bin Laden from 9/11 to Abbottabad* (Nova York: Random House / Crown, 2012), 84.

432 **Sugerindo um foco sistemático nas pessoas:** Ibid., 90, e entrevista com Fran Moore.

434 **A analista ainda está sob disfarce, por isso vamos chamá-la de Rachel:** "Rachel", entrevista presencial, sede da CIA, McLean, Virgínia, 15 de julho de 2022.

436 **Os analistas escreveram vários memorandos de alta visibilidade, argumentando:** Bergen, *Manhunt*, 127.

437 **Foi quando Fran Moore recebeu o empolgante relatório:** Fran Moore descreveu os eventos da caçada em nossa entrevista por telefone em 20 de setembro de 2021 e em uma apresentação pública em 26 de outubro de 2021 para a National September 11 Memorial & Museum Foundation. Disponível em: 911memorial.org/learn/past-public-programs/pursuit-justice-integrating-intelligence. Esse relato da caçada também se baseia em outra apresentação do 9/11 Museum, "Finding Bin Laden", com Robert Cardillo, e em uma apresentação de maio de 2021 para a OSS Society, com o Almirante

Bill McRaven, o ex-Diretor da CIA Leon Panetta e o agente da CIA Michael Vickers.

440 **O Almirante William H. McRaven, do Comando de Operações Especiais Conjuntas:** Walter W. Napier III, historiador do 514 AMW, "Operation Neptune Spear: 10 year anniversary", 30 de abril de 2021, *USAFWC & Nellis News*. Disponível em: https://www.nellis.af.mil/News/Article/2591901/operation-neptune-spear-10-year-anniversary/.

440 **Os SEALs voaram para a Base Aérea de Bagram:** Mark Owen e Kevin Mauer, *No Easy Day: The Navy Seal Mission That Killed Osama bin Laden* (Nova York: Penguin, 2013). Sua conversa com Jen ocorre na p. 204. As citações subsequentes estão nas p. 270, 278, 298, 301, 302 e 306.

EPÍLOGO

447 **Ellie Duckett queria mergulhar os pés no mar:** Ruth Eleanor "Ellie" Duckett, 22 de outubro de 1948 a 21 de junho de 2016, obituário. Disponível em: wilmingtoncares.com/obituary/ruth-eleanor-ellie-duckett/.

Bibliografia

ENTREVISTAS SELECIONADAS

Ash, Nicole, em Arlington, Virgínia, em 24 de maio de 2023.

August, Heidi, em Santa Barbara, Califórnia, e por telefone, 5 de agosto de 2020, 17 de setembro de 2020, 6 de outubro de 2020, 17 de novembro de 2020, 12 de março de 2021, 16 de julho de 2021 e 18 de novembro de 2023, vários.

Bakos, Nada, por telefone, 21 de maio de 2021.

Bennett, Gina, por telefone e em Washington, 22 de julho de 2020, 17 de outubro de 2020, 16 de janeiro de 2023 e 13 de fevereiro de 2023.

Blee, Richard, por telefone, 12 de novembro de 2020.

Blocker, Darrell, por Zoom, 14 de junho de 2021 e, posteriormente, por telefone.

Bolsinger, Diana, por telefone, 27 de abril de 2021.

Bond, Holly, pelo Google Meet, 11 de maio de 2020.

Brookner, Janine, em Washington, 9 de dezembro de 2020.

Burkett, Randy, em McLean, Virgínia, 21 de junho de 2021.

Carlson, Sarah, por telefone, 17 de abril de 2020.

Chambers, Molly, em Washington, 22 de julho de 2021 e 20 de fevereiro de 2023.

Coyle, Lee, por telefone, 9 de setembro de 2020.

Dickey, Ellen, em Washington, 17 de junho de 2021.

Doyle, Paula, em Vienna, Virgínia, 8 de junho de 2021.

Gordon, Sue, por telefone, 3 de novembro de 2021.

Graham, Mary Margaret, por telefone, 21 de agosto de 2020.

Greenstein, Ilana, 19 de maio de 2020.

Harper, Lisa Manfull, em Washington, e por telefone, 26 de fevereiro de 2020, 17 de maio de 2020, 23 de outubro de 2020, 26 de março de 2021 e 6 de março de 2023.

Hasler, Susan, por telefone, 18 e 20 de março de 2020.

Hershberg, Bonnie, por telefone, 7 de maio de 2020.

Howard, Lyndsay, por telefone, 30 de maio de 2021.

Kalogeropoulos, Mike e Pat, por telefone, 14 de abril de 2020, e em Vienna, Virgínia, 3 de junho de 2020.

Kenworthy, Reverendo Stuart, em Washington, 7 de novembro de 2021.

Kindsvater, Pattie, por telefone, e em Washington, várias vezes entre 27 de outubro de 2020 e 22 de outubro de 2021.

Layton, Katherine, por telefone, 7 de agosto de 2020.

Lewis, Angie, em Burbank, Califórnia, 5 de julho de 2021.

Martin, Eileen, por Zoom, 4 de junho de 2021.

McCall, Mia, por telefone, 5 de abril de 2021.

McCloud, Sue, em Carmel, Califórnia, 16 de agosto de 2020.

McCollough, Patsy, por telefone, 28 de outubro de 2020.

McMaster, Pamela, em Santa Barbara, Califórnia, 30 de setembro de 2020.

Mendez, Jonna, por telefone, 4 de junho de 2020.

Millis, Linda, por telefone, 25 de setembro de 2020.

Moore, Fran, por telefone, 20 de setembro de 2021.

Moran, Lindsay, por telefone, 22 de junho de 2020.

Moynihan, Patricia, em McLean, Virgínia, 30 de abril de 2023.

Newell, Jeanne, por telefone, 19 de novembro de 2020.

Pedrick, Arlin, em Burbank, Califórnia, 18 de julho de 2021.

Rager, Lisa, por Zoom, 11 de julho de 2021.

Richcreek, Joanne, por telefone, 1º de fevereiro de 2021.

Rizzo, John, por telefone, 29 de maio de 2020.

Shogi Peterson, Martha, por FaceTime e em Wilmington, Carolina do Norte, 28 de maio de 2020 e 22 de março de 2022.

Smith, Eileen, por telefone, 27 de abril de 2020 e 8 de junho de 2020.

Smothers, Rosa, por telefone, 5 de maio de 2020.

Storer, Cindy, por telefone e em Atlanta, Geórgia, 24 de agosto de 2019, 5 de abril de 2020, 19 de janeiro de 2021, 19 de março de 2022, 9 de fevereiro de 2023, 19 de abril de 2023, entre outras datas.

Sude, Barbara, por telefone, 17 de julho de 2020 e 23 de abril de 2023.

Sulick, Mike, Wake Forest, Carolina do Norte, 21 de março de 2022.

Scheuer, Alfreda Bikowsky, por telefone, 11 de maio de 2023.

Scheuer, Michael, por telefone, 18 de maio de 2023.

Taylor, Pat, por telefone, 18 de junho de 2020.

Tozzi, Amy, por telefone e FaceTime, 22 e 25 de maio de 2020.

Tveit, Sandy, por telefone, 22 de maio de 2023.

Walder, Tracy, por telefone, 17 de abril de 2020.

Watson, DeNeige, por telefone, 18 de fevereiro de 2021.

Wood, Kristin, por telefone e em Reston, Virgínia, em 14 de junho de 2021 e 30 de março de 2023.

PUBLICAÇÕES GOVERNAMENTAIS

"The Appeal of the Islamic Extremist Movement; Obligation to the Umma." Central Intelligence Agency, Directorate of Intelligence, aprovado para divulgação em 10 de outubro de 2018.

"Bin Laden Determined to Strike in US", 6 de agosto de 2001, For the President Only, aprovado para divulgação em 10 de abril de 2004. Disponível em: irp.fas.org/cia/product/pdb080601.pdf.

[Last Name Redacted], Jacqueline, "The Petticoat Panel: A 1953 Study of the Role of Women in the CIA Career Service, an Intelligence Monograph", Center for the Study of Intelligence, março de 2003, aprovado para divulgação em 30 de outubro de 2013, AR 70-14.

Michael Warner e the CIA History Staff in the Center for the Study of Intelligence, "The Office of Strategic Services: America's First Intelligence Agency". Disponível em: cia.gov/static/7851e16f9e100b-6f9cc4ef002028ce2f/Office-of-Strategic-Services.pdf.

OIG Report on CIA Accountability with Respect to the 9/11 Attacks, junho de 2005, aprovado para divulgação em agosto de 2007, xiv-xvii.

OSS Assessment Staff. *Assessment of Men: Selection of Personnel for the Office of Strategic Services*. Nova York: Rinehart, 1948.

"Secrets of the RYBAT Sisterhood: Four Senior Women in the Directorate of Operations Discuss their Careers", CIA FOIA Reading Room, aprovado para divulgação em 30 de outubro de 2013.

Senate Select Committee on Intelligence, *The Senate Intelligence Committee Report on Torture: Committee Study of the Central Intelligence Agency's Detention and Interrogation Program*. Brooklyn: Melville House, 2014.

"Terrorism / Osama bin Laden: Who's Chasing Whom?" *Intelligence and Research Bulletin*, 18 de julho de 1996, aprovado para divulgação em 21 de julho de 2005.

The 9/11Commission Report: Final Report of the National Commission on Terrorist Attacks upon the United States. Nova York: W. W. Norton, 2004.

United States Department of State Bureau of Intelligence and Research, Weekend Edition, "The Wandering Mujahidin: Armed and Dangerous", 21-22 de agosto de 1993, aprovado para divulgação em 23 de novembro de 2007, 200605437 nationalsecuritymom.com/3/Wandering Mujahidin.pdf.

LIVROS

Abbott, Karen. *Liar, Temptress, Soldier, Spy: Four Women Undercover in the Civil War*. Nova York: HarperCollins, 2014.

Andrew, Christopher. *Defend the Realm*. Nova York: Vintage Books, 2010.

Andrew, Christopher. *The Secret World: A History of Intelligence*. New Haven: Yale University Press, 2017.

Atwood, Kathryn J. *Women Heroes of World War II: 26 Stories of Espionage, Sabotage, Resistance, and Rescue*. Chicago: Chicago Review Press, 2011.

Bakos, Nada, e Davin Coburn. *The Targeter: My Life in the CIA Hunting Terrorists and Challenging the White House*. Nova York: Little, Brown, 2019.

Bancroft, Mary. *Autobiography of a Spy*. Nova York: William Morrow, 1983.

Bassiouni, M. Cherif, ed. *Libya: From Repression to Revolution*. Leiden: Martinus Nijhoff, 2013.

Bennett, Gina M. *National Security Mom: Why "Going Soft" Will Make America Strong*. Deadwood, Oregon: Wyatt-MacKenzie Publishing, 2008.

Bennett, Gina M. *National Security Mom 2: America Needs a Time-Out*. Deadwood, Oregon: WyattMacKenzie Publishing, 2019.

Bergen, Peter. *Procurado*: do 11 de setembro ao ataque a Abbottabad, os dez anos de caça a Osama Bin Laden. Tradução de Ana Lim, Lana Lim e Otávio Albuquerque. Barueri: Amarilys Editora, 2012.

Bergen, Peter. *The Rise and Fall of Osama bin* Laden. Nova York: Simon and Schuster, 2021.

Berntsen, Gary, e Ralph Pezzulo. *Jawbreaker: The Attack on Bin Laden and Al-Qaeda; a Personal Account by the CIA's Key Field Commander*. Nova York: Three Rivers Press, 2005.

Berry, F. Clifton. *Inside the CIA: The Architecture, Art and Atmosphere of America's Premier Intelligence Agency*. Montgomery, Maryland: Community Communications, 1997.

Carlson, Sarah. *In the Dark of War: A CIA Officer's Inside Account of the US Evacuation from Libya*. Nova York: Fidelis, 2020.

Clarridge, Duane R., com Digby Diehl. *A Spy for All Seasons: My Life in the CIA*. Nova York: Scribner, 1997.

Cline, Ray S. *Secrets, Spies and Scholars: The Essential CIA*. Washington, D.C.: Acropolis Books, 1976.

Colby, William e Peter Forbath. *Honorable Men: My Life in the CIA*. Nova York: Simon and Schuster, 1978.

Coll, Steve. *Ghost Wars: The Secret History of the CIA, Afghanistan, and Bin Laden, from the Soviet Invasion to September 10, 2001*. Nova York: Penguin, 2004.

Crumpton, Henry. *A arte da inteligência:* os bastidores da CIA e do FBI. Tradução Henrique Guerra. Barueri: Novo Século, 2013.

Earley, tenente-coronel Charity Adams. *One Woman's Army: A Black Officer Remembers the WAC*. Texas A&M University Military History Series, n. 12, 1º de outubro de 1995.

Grimes, Sandra e Jeanne Vertefeuille. *Circle of Treason: A CIA Account of Traitor Aldrich Ames and the Men He Betrayed*. Annapolis: Naval Institute Press, 2012.

Hasler, Susan. *Intelligence: A Tale of Terror and Uncivil Service*. Asheville, N.C.: Bear Page Press, 2010.

Hasler, Susan. *The Flat Bureaucrat: A CIA Satire*. Asheville, N.C.: Bear Page Press. 2015.

Helm, Sarah. *A Life in Secrets: Vera Atkins and the Missing Agents of World War II*. Nova York: Anchor Books, 2007.

Hindley, Meredith H. *Destination Casablanca: Exile, Espionage, and the Battle for North Africa in World War II*. Nova York: Public Affairs, 2017.

Holt, Nathalia. *Wise Gals: The Spies Who Built the CIA and Changed the Future of Espionage*. Nova York: Putnam, 2022.

Kleiman, Kathy. *Proving Ground: The Untold Story of the Six Women Who Programmed the World's First Modern Computer*. Nova York: Grand Central, 2022.

MacDonald, Elizabeth P. *Undercover Girl*. Nova York: Time Life Books, 1º de janeiro de 1993.

Mayer, Jane. *The Dark Side: The Inside Story of How the War on Terror Turned into a War on American Ideals*. Nova York: Anchor Books, 2009.

McIntosh, Elizabeth P. *Sisterhood of Spies: Women of the OSS*. Annapolis: Naval Institute Press, 1998.

Mundy, Liza. *Code Girls: The Untold Story of the Women Code Breakers of World War II*. Nova York: Hachette, 2017.

Nolan, Bridget Rose. "Information Sharing and Collaboration in the United States Intelligence Community: An Ethnographic Study of the National Counterterrorism Center", dissertação de 2013. Disponível em ProQuest, AAI3565195, cryptome.org/2013/09/nolan-nctc.pdf e repository.upenn.edu/dissertations/AAI3565195.

O'Connor, Jack. *NPIC: Seeing the Secrets and Growing the Leaders: A Cultural History of the National Photographic Interpretation Center*. Alexandria, Virgínia: Acumensa Solutions, 2015.

Olson, Lynne. *Madame Fourcade's Secret War: The Daring Young Woman Who Led France's Largest Spy Network Against Hitler*. Nova York: Random House, 2019.

Owen, Mark, com Kevin Maurier. *Não há dia fácil:* um líder da tropa de elite americana conta como mataram Osama bin Laden. Tradução Donaldson M. Garschagen e Berilo Vargas. São Paulo: Paralela, 2012.

Pearson, Judith L. *The Wolves at the Door: The True Story of America's Greatest Female Spy*. Guilford, Connecticut: Lyons Press, 2005.

Peterson, Martha D. *The Widow Spy: My CIA Journey from the Jungles of Laos to Prison in Moscow*. Wilmington, Del: Red Canary Press, 2012.

Powers, Thomas. *The Man Who Kept the Secrets: Richard Helms and the CIA*. Nova York: Alfred A. Knopf, 1979.

Purnell, Sonia. *Uma mulher sem importância*: a história secreta da espiã americana mais perigosa da Segunda Guerra Mundial. Tradução Petê Rissatti. São Paulo: Planeta, 2021.

Reynolds, Nicholas. *Need to Know: World War II and the Rise of American Intelligence*. Nova York: Mariner, 2022.

Rizzo, John. *Company Man*. Nova York: Scribner, 2014.

Roosevelt, Kermit. *War Report of the OSS*. Nova York: Walker, 1976.

Rose, Sarah. *As mulheres do Dia D*: a história real das espiãs que sabotaram os nazistas e ajudaram os Aliados a vencer a guerra. Tradução de Bruno Fiúza e Roberta Clapp. Rio de Janeiro: Sextante, 2022.

Seymour, Susan. *Cora Du Bois: Anthropologist, Diplomat, Agent*. Lincoln: Editora da Universidade de Nebraska, 2015.

Smith, Thomas Bell. *The Essential CIA: A Realistic Look Inside America's Clandestine Service by a Former CIA Staffer*, folheto autopublicado, sem data.

Stevenson, William. *A Man Called Intrepid: The Incredible True Story of the Master Spy Who Helped Win World War II*. Nova York: Skyhorse, 2014.

Stevenson, William. *Spymistress: The True Story of the Greatest Female Secret Agent of World War II*. Nova York: Arcade, 2011.

Sulick, Michael J. *American Spies: Espionage Against the United States from the Cold War to the Present*. Washington, D.C.: Georgetown University Press, 2020.

Sulick, Michael J. *Spying in America: Espionage from the Revolutionary War to the Dawn of the Cold War*. Washington, D.C.: Georgetown University Press, 2012.

Tenet, George, com Bill Harlow. *At the Center of the Storm: My Years at the CIA*. Nova York: HarperCollins, 2007.

Thomas, Evan. *The Very Best Men: The Daring Early Years of the CIA*. Nova York: Simon and Schuster, 2006.

Thomas, Gordon e Greg Lewis. *Shadow Warriors of World War II: The Daring Women of the SOE*. Chicago: Chicago Review Press, 2017.

Todd, Ann. *OSS Operation Blackmail: One Woman's Covert War Against the Imperial Japanese Army*. Annapolis: Naval Institute Press, 2017.

Walder, Tracy, com Jessica Anya Blau. *The Unexpected Spy: From the CIA to the FBI, My Secret Life Taking Down Some of the World's Most Notorious Terrorists*. Nova York: St. Martin's Press, 2020.

Waller, Douglas. *Wild Bill Donovan: The Spymaster Who Created the OSS and Modern American Espionage*. Nova York: Free Press, 2011.

Weiner, Tim. *Legado de cinzas:* uma história da CIA. Rio de Janeiro: Record, 2008

Whipple, Chris. *The Spy Masters: How the CIA Directors Shape History and the Future*. Nova York: Scribner, 2020.

Wright, Lawrence. *O vulto das torres*: a Al-Qaeda e o caminho até o 11/9. Tradução Ivo Korytowski. São Paulo: Companhia das Letras, 2007.

RELATOS ORAIS, DOCUMENTÁRIOS E PODCASTS

Cardillo, Robert. "Finding Bin Laden"". Apresentação do National September 11 Memorial & Museum.

Chanin, Cliff. Entrevista pública com Fran Moore para o National September 11 Memorial & Museum, 26 de outubro de 2020. Disponível em: 911memorial.org/learn/past-public-programs/pursuit-justice-integrating-intelligence.

CNN. *Terror in the Sky: To Catch a Hijacker*, 5 de agosto de 2017, parte da série "Declassified: Untold Stories of American Spies".

Colby, Carl. "The Man Nobody Knew: In Search of My Father, CIA Spymaster William Colby. Disponível em: https://www.imdb.com/title/tt1931549/.

Garrett, Brad. Entrevista em podcast com Michael Morell em "Intelligence Matters DECLASSIFIED: Former FBI Agent Bradley Garrett on the Global Manhunt for Mir Aimal Kansi", 5 de agosto de 2020.

Houghton, Vince. Podcast com Barbara Sude para o International Spy Museum. Disponível em:thecyberwire.com/podcasts/spycast/225/notes.

Miller, Kristie. " Kristie Miller Interview of Lisa Manfull Harper". Association for Diplomatic Studies and Training, Foreign Affairs Oral History Project, Foreign Service Spouse Series, 19 de abril de 1990.

Weinstein, Amy. Entrevista de relato oral conduzida com Cindy Storer para o National September 11 Memorial & Museum, 4 de abril de 2017.

Weinstein, Amy e Katie Edgerton. Entrevista de relato oral conduzida com Milt Bearden para o National September 11 Memorial & Museum, 13 de novembro de 2009.

Weinstein, Amy e Madeleine Rosenberg. Entrevista de relato oral conduzida com Barbara Sude para o National September 11 Memorial & Museum, 4 de abril de 2017.

ARTIGOS

Bowcott, Owen. "Women Make Better Spies – as Long as They Forget Sex". The *Guardian*, 20 de maio de 2004. Disponível em: theguardian.com/uk/2004/may/21/artsandhumanities.highereducation.

Causey, Mike. "Some Splitting Up After the Split-ups". *Washington Post*, October 9, 1980. Disponível em: washingtonpost.com/archive/local/1980/10/09/some-splitting-up-after-the-split-ups/10abaeb6-a47f--499a-8425-21264d60c872/.

Cole, Matthew. "Bin Laden Expert Accused of Shaping CIA Deception on 'Torture' Program". NBC News. Disponível em: 18 de dezembro de 2014, nbcnews.com/news/investigations/bin-laden-expert-accused-shaping-cia-deception-torture-program-n269551.

Ellison, Dawn. "One Woman's Contributions to Social Change". *Studies in Intelligence*, v. 46, n. 3 (2002), 45-53.

Fisher, Ian. "Oriana Fallaci, Incisive Italian Journalist, Is Dead at 77", *New York Times,* 3 de março de 2021. Disponível em: nytimes.com/2006/09/16/books/16fallaci.html?scp=1&sq=Oriana%20Fallaci%20obituary&st=cse.

Flock, Elizabeth. "Former CIA Officials Who Oversaw Torture Pick Apart Inaccuracies in 'Zero Dark Thirty'", *U.S. News & World Report,* 29 de janeiro de 2013, usnews.com/news/blogs/washington-whispers/2013/01/29/former-cia-officials-who-oversaw-torture-pick-apart-inaccuracies-in-zero-dark-thirty.

Gormly, Kelly B. "How Kate Warne, America's First Woman Detective, Foiled a Plot to Assassinate Abraham Lincoln". *Smithsonian,* 29 de março de 2022. Disponível em: smithsonianmag.com/history/how-kate-warne-americas-first-woman-detective-foiled-a-plot-to-assassinate-abraham-lincoln-180979829/.

Hersh, Seymour. "Huge C.I.A. Operation Reported in U.S. Against Antiwar Forces, Other Dissidents in Nixon Years". *New York Times,* 22 de dezembro de 1974, A1. Disponível em: nytimes.com/1974/12/22/archives/huge-cia-operation-reported-in-u-s-against-antiwar-forces-other.html.

Holmes, Steven A. "Judge Approves $1 Million Agreement in Sex Bias Case at CIA". *New York Times,* 10 de junho de 1995, A7.

Ignatius, David. "After Five Decades, a Spy Tells Her Tale". *Washington Post,* 28 de dezembro de 1998. Disponível em: washingtonpost.com/archive/politics/1998/12/28/after-five-decades-a-spy-tells-her-tale/8bfa5aae-5527-4eb5-8e45-878f1ec823fb/.

Jones, Abigail. "She Was a CIA Spy. Now She's a Lawyer Battling Her Old Agency. This Is Her Story". *Washington Post,* 18 de junho de 2018.

Kinzer, Stephen. "When a CIA Director Had Scores of Affairs". *New York Times,* 10 de novembro de 2012. Disponível em: nytimes.com/2012/11/10/opinion/when-a-cia-director-had-scores-of-affairs.html.

Langer, Emily. "Barbara Colby, Wife of CIA Spymaster, Dies". *Washington Post*, 17 de julho de 2015. Disponível em: washingtonpost.com/national/barbara-h-colby-wife-of-controversial-cia-spymaster-dies-at-94/2015/07/17/e8db91d0-2bf8-11e5-a250-42bd812efc09_story.html.

Mayer, Jane. "Junior: The Clandestine Life of America's Top Al Qaeda Source". *New Yorker*, 8 de junho de 2021, newyorker.com/magazine/2006/09/11/junior.

McDonnell, Patrick. "Lone American Killed: Hijacking Victim Buried, Awarded the Purple Heart". *Los Angeles Times*, 1º de dezembro de 1985. Disponível em: latimes.com/archives/la-xpm-1985-12-01-me-5580-story.html.

Miller, Judith. "From Takeoff to Raid: The 24 Hours of Flight 648". *New York Times*, 27 de novembro de 1985, A10. Disponível em: nytimes.com/1985/11/27/world/from-takeoff-to-raid-the-24-hours-of-flight-648.html.

Milton, Pat. "Gina Haspel Says She Knows 'the CIA like the Back of My Hand'". CBS News, 9 de maio de 2018. Disponível em: cbsnews.com/news/gina-haspel-says-she-knows-the-cia-like-the-back-of-my-hand/.

Mundy, Liza. "Jeannie Rousseau de Clarens: The Glass-Ceiling-Breaking Spy". *Politico Magazine*, 28 de dezembro de 2017. Disponível em: https://www.politico.com/magazine/story/2017/12/28/jeannie-rousseau-de-clarens-obituary-216181/.

Mundy, Liza. "The Secret History of Women in the Senate". *Revista Politico*, janeiro/fevereiro de 2015. Disponível em: politico.com/magazine/story/2015/01/senate-women-secret-history-113908/.

Mundy, Liza. "Why Janet Reno Fascinates, Confounds and Even Terrifies America". *The Washington Post Magazine*, 25 de janeiro de 1998. washingtonpost.com/wp-srv/politics/govt/admin/stories/reno012598.htm.

Não assinado. "Excerpts from Speech by Helms to Society of Newspaper Editors". *New York Times,* 15 de abril de 1971, 30.

Não assinado. "The Man with the Innocent Air". *Time,* 3 de agosto de 1953, 12-15.

Napier, Walter W., III. 514 AMW Historian, "Operation Neptune Spear: 10 year Anniversary". 30 de abril de 2021, USAFWC % Nellis News, https://www.nellis.af.mil/News/Article/2591901/operation-neptune--spear-10-year-anniversary/.

Nichols, Tom. "The Narcissism of the Angry Young Men". *The Atlantic,* 29 de janeiro de 2023. Disponível em: theatlantic.com/ideas/archive/2023/01/lost-boys-violent-narcissism-angry-young-men/672886/?silverid=%25%25RECIPIENT_ID%25%25&utm_source=pocket_saves.

Pear, Robert. "CIA Settles Suit on Sex Bias". *New York Times,* 30 de março de 1995, A21.

Pincus, Walter. CIA and the Glass Ceiling Secret". *Washington Post,* 9 de setembro de 1994. Disponível em: washingtonpost.com/archive/politics/1994/09/09/cia-and-the-glass-ceiling-secret/cea75ce0-0ed2-4914-8600-1536004c9f77/.

Pear, Robert. "Ex-CIA Officer Settles Sex Discrimination Suit". *Washington Post,* 24 de dezembro de 1994.

Roston, Aram. "Ex-CIA Analyst Says She 'Got Bloodied' in Tangled U.S. War on Al Qaeda". Reuters, 20 de abril de 2022. Disponível em: reuters.com/world/exclusive-ex-cia-analyst-says-she-got-bloodied-tangled-us-war-al-qaeda-2022-04-20/.

Ryan, Amy e Gary Keeley. "Sputnik and US Intelligence: The Warning Record". *Studies in Intelligence,* v. 61, n. 3, 1-16.

Shapira, Ian. "Decades After Duty in the OSS and CIA, 'Spy Girls' Find Each Other in Retirement". *Washington Post,* 26 de junho de 2011.

Disponível em: washingtonpost.com/local/decades-after-duty-in-the-
-oss-and-cia-spy-girls-find-each-other-other-in-retirement/2011/05/28/
AG2xvZmH_story.html.

Stein, Jeff. "The Inside Information That Could Have Stopped 9/1". *Newsweek*, 14 de janeiro de 2015. Disponível em: newsweek.com/2015/01/23/information-could-have-stopped-911-299148.html.

Stern, Sol. "A Short Account of International Student Politics and the Cold War with Particular Reference to the NSA, CIA, etc.". *Ramparts*, março de 1967, 29-38.

Verini, James. "Love and Ruin". *The Atavist*, n. 34. Disponível em: magazine.atavist.com/loveandruin/.

Walker, Connecticut. "Women of the CIA". *Parade*, 13 de julho de 1975, p. 4-5.

Weiner, Tim. "C.I.A. Colleagues Call Fallen Star a Bias Victim". *New York Times*, 14 de setembro de 1994, A1.

Weiner, Tim. "C.I.A. to Pay $410,000 to Spy Who Says She Was Smeared". *New York Times*, 9 de dezembro de 1994, A1.

Weiner, Tim. "Spy Sues C.I.A., Saying She Was Target of Sexual Discrimination". *New York Times*, 15 de julho de 1994, B7.

Weiner, Tim. "Women, Citing Bias, May Sue the CIA". *New York Times*, 28 de março de 1994, A10.

Zakaria, Rafia. "How the War on Terror Became America's First 'Feminist' War". Literary Hub, extraído de Rafia Zakaria, *Against White Feminism: Notes on Disruption*. Nova York: W. W. Norton, 2021. Disponível em: lithub.com/how-the-war-on-terror-became-americas-first-feminist-war/.

Zaman, Ned, David Wise, David Rose e Bryan Burrough. "The Path to 9/11: Lost Warnings and Fatal Errors". *Vanity Fair*, novembro de 2004, p. 326-338 e 390-400.

Índice remissivo

11 DE SETEMBRO: 303, 321, 337, 339, 341, 343, 345, 347, 349, 356, 363, 377, 370, 373, 378, 432, 434, 382, 444, 452, 490, 492, 504

A

ABIGAIL SPANBERGER: 433
ABU MOHAMMED: 243
ABU NIDAL: 142, 153, 249, 266, 487
ACADEMIA NAVAL: 480
AÇÃO SECRETA: 357, 389, 469, 478
AÇÕES JUDICIAIS: 374
AÇÕES SECRETAS: 9, 45, 70, 107
AD HOC: 17, 240, 419
ADMINISTRAÇÃO NACIONAL DA AERONÁUTICA E ESPAÇO: 23
AFEGANISTÃO: 54, 199, 223, 225, 226, 227, 228, 229, 230, 235, 246, 260, 270, 275, 283, 286, 302, 304, 320, 329, 330, 357, 358, 363, 372, 379, 382, 384, 399, 408, 409, 411, 439, 444, 448
ÁFRICA: 24, 40, 41, 42, 48, 52, 74, 80, 91, 106, 107, 110, 143, 144, 164, 174, 198, 226, 236, 262, 271, 273, 283, 298, 299, 313, 389, 392, 416, 418, 419, 421, 422, 477
ÁFRICA SUBSAARIANA: 91
AGÊNCIA CENTRAL DE INTELIGÊNCIA: XXII, 45, 159, 484
AGÊNCIA DE INTELIGÊNCIA DA DEFESA: 219
AGÊNCIA NACIONAL DE INTELIGÊNCIA GEOESPACIAL: 23, 420, 439, 467
AGENT: 465, 469, 490, 507
AGENTE DE OPERAÇÕES: 71, 90, 91, 97, 157, 257, 262, 263, 294, 313, 324, 327, 366, 434
AGENTE DE OPERAÇÕES FOTOGRÁFICAS: 157
AGENTE DE RELATÓRIOS: 77, 78, 103, 183, 366
AGENTE SECRETO: 135
AGENTES DE INTELIGÊNCIA: IX, XI, XX, 452, 457
AGENTES DE OPERAÇÕES: 47, 81, 375, 400, 411
AL-QAEDA: 213, 236, 246, 270, 271, 276, 280, 286, 287, 298, 300, 305, 306, 311, 317, 318, 319, 320, 321, 322, 329, 330, 332, 333, 334, 340, 344, 346, 355, 356, 357, 362, 363, 364, 366, 367, 371, 373, 382, 383, 384, 391, 393, 399, 401, 433, 434, 435, 439, 446, 488, 491, 494, 504, 508, 512
ALAN WOLFE: IV, IX, XII, XV, XVII, 54, 461, 462
ALCORÃO: 66, 234, 394, 395

ALDEN PYLE: 70
ALDRICH AMES: 192, 263, 447, 474, 483, 489
ALEKSANDR DMITRIEVICH OGORODNIK: 169
ALEMANHA: 7, 22, 28, 51, 52, 107, 127, 249, 396
ALEMANHA OCIDENTAL: XI, XIV, XX, 51
ALEMANHA ORIENTAL: 51
ALFREDA BIKOWSKY: 267, 382, 383, 385, 501
ALIADOS: 8, 9, 10, 24, 32, 39, 57, 86, 94, 120, 125, 126, 136, 208, 217, 258, 266, 298, 366, 393, 422, 480, 507, 536
ALLAN PINKERTON: 17
ALLEN DULLES: 26, 31, 157
AMY TOZZI: XII, 78, 161, 476, 482
ANÁLISE: 13, 31, 32, 128, 133, 188, 209, 210, 211, 216, 218, 244, 255, 261, 278, 285, 328, 337, 354, 358, 359, 361, 366, 367, 379, 404, 409, 430, 437, 468, 469
ANÁLISE DE ALVOS: 16
ANALISTA MILITAR: 423, 223
ANALISTAS AFEGÃOS: 226
ANALISTAS DA NESA: 221
ANALISTAS DE INTELIGÊNCIA: 81
ANARQUISTAS: 253
ANIQUILAÇÃO NUCLEAR: 38
ANITA HILL: 179
ANTICOMUNISTAS: 139
APHRA BEHN: 17
ÁRABES AFEGÃOS: 229, 248
ARÁBIA SAUDITA: 102, 227, 278, 319, 330, 356
ARMAS: 24, 151, 225, 242, 244, 245, 254, 255, 302, 378, 399, 413, 437
ARQUIVO DE CORREDOR: 89, 328, 424
ARQUIVOS ULTRASSECRETOS: XVII, 81
ART CLOSE: 42
ARTHUR SCHLESINGER JR: 13
ASSASSINADO: 67, 135, 343, 358
ASSEDIADOR SEXUAL: 93
ASSÉDIO SEXUAL: 478
ASSISTENTES: 13, 122, 152, 315
ATAQUES TERRORISTAS: 50
ATENTADOS: 142, 254, 299, 300, 301, 401, 446
ATIVO: 30, 50, 58, 59, 76, 78, 83, 100, 102, 104, 106, 110, 114, 116, 121, 122, 124, 125, 126, 127, 128, 129, 130, 131, 154, 169, 170, 243, 251, 255, 271, 276, 281, 311, 318, 319, 330, 368, 372, 394, 395, 402, 418, 422, 424

AUM SHINRIKYO: 253
AUTORIDADES SOVIÉTICAS: 175
AVALIAÇÃO PSICOLÓGICA: XVII, 79
AVALIADORES: 11, 12, 13, 20, 21
AVERELL HARRIMAN: 64
AVIÃO: 11, 39, 47, 64, 129, 139, 142, 144, 146, 147, 148, 149, 150, 151, 153, 154, 155, 157, 187, 215, 227, 253, 283, 297, 298, 311, 334, 338, 339, 341, 342, 343, 344, 345, 346, 347, 348, 349, 360, 370, 377, 384, 391, 405, 407, 440, 481

B

BARA KHAN: 435
BARACK OBAMA: 427, 440
BARBARA COLBY: 165, 166, 167, 168, 171, 482
BARBARA MIKULSKI: 180
BARBARA SUDE: 231, 236, 288, 299, 304, 305, 307, 322, 332, 333, 345, 362, 431, 486, 508
BARNARD COLLEGE: 166
BARÕES: 74, 80, 134, 197, 315, 325
BASE MILITAR: 73
BATALHA DO ATLÂNTICO: 125
BETTY MCINTOSH: 22
BILL CLINTON: 187, 323, 373
BLOCO SIVIÉTICO: 74, 104
BOB PACKWOOD: 180
BOKO HARAM: 419, 420
BONNIE HERSHBERG: 93, 478
BRITÂNICA: 17, 49, 144, 448, 463
BROOKLYN DODGERS: 166
BRUSH PASS: 103
BURNET MAYBANK: 180
BURTON GERBER: 54, 175

C

CAMINHÃO-BOMBA: 142
CAMP PEARY: 73
CANDIDATAS: 19, 21, 46, 232
CAO DAI: 68
CAPITÓLIO: 180, 314, 340, 354, 451, 452
CARGOS FEMININOS: 77, 111
CARREIRA: 19, 56, 61, 64, 65, 69, 74, 83, 89, 94, 96, 97, 98, 99, 105, 108, 109, 113, 119, 128, 134, 138, 145, 155, 169, 171, 176, 182, 193, 219, 222, 231, 257, 290, 291, 312, 326, 349, 375, 376, 386, 389, 407, 417, 420, 423, 426, 430, 447, 452, 454, 462, 475, 476, 480
CARTÕES PERFURADOS: 63
CASA BRANCA: 70, 229, 269, 304, 339, 340, 363, 441, 474, 475
CATEGORIA B: 118, 190, 191, 197, 236, 262, 484
CENTRO DE CONTRATERRORISMO: 252, 255, 274, 316, 324, 340
CENTRO NACIONAL DE CONTRATERRORISMO: 433
CENTRO NACIONAL DE INTERPRETAÇÃO FOTOGRÁFICA: 214
CHARLIE ALLEN: 335
CHEFE: 9, 17, 18, 22, 25, 26, 28, 29, 32, 39, 40, 41, 50, 52, 53, 54, 55, 56, 59, 61, 72, 78, 80, 82, 85, 87, 88, 89, 93, 94, 96, 98, 99, 102, 104, 116, 117, 118, 121, 128, 130, 131, 132, 133, 135, 136, 138, 139, 140, 143, 147, 148, 150, 157, 162, 166, 169, 173, 174, 175, 179, 181, 182, 183, 184, 192, 194, 196, 197, 198, 208, 209, 211, 224, 226, 247, 253, 254, 257, 258, 260, 263, 264, 266, 267, 268, 272, 275, 276, 277, 287, 289, 290, 293, 294, 296, 299, 308, 309, 312, 313, 314, 315, 316, 319, 324, 325, 326, 332, 335, 337, 338, 339, 340, 341, 342, 345, 346, 348, 349, 351, 354, 357, 358, 373, 375, 376, 383, 385, 389, 392, 405, 406, 408, 410, 411, 413, 416, 420, 425, 429, 444, 459, 461, 462, 469, 474, 477, 478, 485, 487, 489
CHEFE DA ESTAÇÃO: 50, 116, 133, 143, 148, 174, 183, 192, 197, 314, 315, 319, 351, 408, 474
CHEFE DE DIVISÃO: 80, 197, 198, 312
CHEFE MULHER: 143
CHEFES DAS DIVISÕES: 74
CHINA: 11, 22, 71, 104, 123, 174, 422
CHRIS DODD: 180
CIA LINDA WEISSGOLD: 444
CINDY STORER: 203, 206, 208, 209, 214, 221, 225, 227, 232, 236, 237, 240, 241, 252, 257, 266, 270, 273, 297, 300, 305, 329, 343, 356, 360, 363, 367, 372, 375, 379, 400, 432, 449, 484, 485, 489
CLAIR GEORGE: 461
CLANDESTINA: 116, 138, 218, 349
CLANDESTINAS: 43, 84, 473
CLARE BOOTH LUCE: 37
CLARENCE BARRON: 26
CLARENCE THOMAS: 179, 180
CÓDIGO MORSE: 53
COFRES: 48, 81, 103
COMBATENTES: 24, 224, 226, 227, 228, 230, 231, 235, 240, 241, 242, 243, 244, 245, 246, 247, 258, 259, 269, 270, 273, 274, 275, 323, 368, 377, 421
COMISSÃO DE OPORTUNIDADES IGUAIS NO EMPREGO: 164
COMUNICAÇÕES CODIFICADAS: 16, 53
COMUNISMO: 35, 193, 199, 393
COMUNISTAS: XX, 51, 103, 123, 137, 142, 422
COMUNISTAS AFEGÃOS: 224
CONFIDENCIAL: 37, 48, 80, 136, 222, 243, 349
CONFLITO: 8, 68, 69, 116, 186, 190, 211, 225, 226, 253, 359
CONGRESSO: 87, 93, 135, 160, 178, 193, 195, 218, 222, 241, 252, 254, 315, 324, 347, 362, 383, 453
CONSULTORES AMERICANOS: 151
CONTRAESPIONAGEM: 30, 473
CONTRAINTELIGÊNCIA: 22, 82, 86, 172, 173, 175, 177, 256, 318
CORA DU BOIS: 31, 32, 205, 469, 507
CORPO DIPLOMÁTICO: 3
CRIPTOGRAFIA: 53, 125, 126, 407
CRIPTOGRAFIA MILITARES: 125
CRISE DOS MÍSSEIS DE CUBA: 215
CTC: 252, 255, 257, 261, 262, 266, 268, 270, 278, 280, 282, 290, 291, 293, 306, 307, 308, 324, 326, 330, 331, 337, 339, 340, 354, 383, 386, 446, 487, 491
CULTURA ÁRABE: 114
CULTURAS ISLÂMICAS: 114

ÍNDICE REMISSIVO

D

DAN GLICKMAN: 178
DAN PAYNE: 173
DATILÓGRAFAS: X, XI, XII, XIII, XIV, XV, XVI, XVII, XVIII, XXII, 34
DATILOGRAFIA: 53, 71, 83, 162, 174, 209, 237, 269
DAVID BLEE: 144
DAVID EISENHOWER: 267
DAVID HALBERSTAM: 68
DAVID MARK: 108
DAVID WHIPPLE: 53, 121
DEA: 106, 186
DEAD DROP: 102, 103, 169, 268
DEPARTAMENTO DE ESTADO: 109, 152, 284, 300, 339, 392
DETECTOR DE MENTIRAS: 75
DEWEY CLARRIDGE: XIV, 268, 290, 476
DIA D: 21, 126
DIANA BOLSINGER: XIV, XIV, 319, 490
DIANA WORTHEN: 175
DICK STOLZ: 94
DIPLOMATA: 36, 37, 102, 145
DIPLOMÁTICAS: 108, 109, 182
DIREITOS HUMANOS: 121, 193, 224
DIRETOR DA CIA: 128, 143, 165, 194, 195, 215, 241, 263, 314, 340, 355, 376, 383, 496
DIRETOR DO CENTRO, GEOFF O'CONNELL: 290
DIRETORIA DE INTELIGÊNCIA: 211, 228, 229, 236, 336, 341
DIRETORIA DE OPERAÇÕES: 213, 263, 268, 407
DISCRIMINAÇÃO: 98, 191
DISFARCE: 81, 99, 101, 123, 170, 182, 185, 197, 343, 385, 420, 434, 454
DIVISÃO DA ÁFRICA: 174
DMITRI POLYAKOV: 175
DONA DE CASA: 101, 102, 106, 197
DONOVAN: 7, 9, 10, 12, 18, 19, 23, 26, 31, 36, 85, 86, 89, 443, 463, 464, 468, 470, 508
DORIS BOHRER: 22
DROIT DU SEIGNEUR: 93
DUANE DEWEY" CLARRIDGE: 54, 253
DUNKIRK: 7

E

EEOC: 164, 374
EIXO: 11, 86, 125
ELIZABETH RINDSKOPF PARKER: 189
ELIZABETH SCOTT-MONTAGU: 30
ELLIE DUCKETT: 191, 447
ELOISE PAGE: XX, XIV, 85, 87, 89, 91, 133, 134, 136, 137, 140, 480
EMBAIXADA: 41, 52, 53, 57, 58, 59, 67, 69, 72, 99, 102, 108, 143, 149, 150, 155, 158, 165, 195, 275, 299, 300, 304, 330, 356, 392, 417, 491
EMBAIXADOR: XXII, 58, 72, 99, 109, 116, 136, 146, 147, 150, 170, 186, 196, 402, 463, 475
ENIGMA: 125

ENTREVISTAS: 141, 265, 423, 479, 484, 486, 491, 494, 495, 499
EQUIPE: 5, 6, 12, 15, 23, 87, 93, 108, 116, 134, 143, 145, 148, 150, 151, 163, 177, 184, 186, 229, 253, 261, 262, 263, 264, 265, 266, 270, 271, 272, 280, 282, 285, 286, 296, 303, 314, 315, 319, 321, 323, 325, 336, 340, 357, 358, 359, 361, 362, 364, 366, 367, 369, 374, 378, 381, 400, 404, 409, 416, 419, 420, 424, 425, 427, 431, 432, 434, 435, 438, 440, 441, 446, 459, 488
EQUIPE DE OPERAÇÕES CIENTÍFICAS E TÉCNICAS: 87
EQUIPES FEMININAS: 263, 264
ERNEST FLAMINI: 154
ESCREVENTES: 122
ESCRITÓRIO DE INTELIGÊNCIA CIENTÍFICA: 87
ESCRITÓRIO DE INTELIGÊNCIA NAVAL DA MARINHA: 31
ESCRITÓRIO DE OPORTUNIDADES IGUAIS DE EMPREGO: 163
ESCRITÓRIO DE SERVIÇOS ESTRATÉGICOS: XII, 4, 9, 15, 465
ESCRITURÁRIAS: 34, 92, 122, 472
ESCUTAS TELEFÔNICAS: 160, 278
ESPIÃO: 4, 17, 29, 47, 71, 143, 167, 173, 177, 215, 254, 268
ESPIÃO RUSSO: 177
ESPIÃS: XX, XX, 18, 21, 23, 35, 36, 76, 115, 466
ESPIONAGEM: 3, 8, 11, 13, 16, 21, 24, 33, 35, 51, 74, 100, 103, 112, 157, 158, 160, 172, 273, 447, 466
ESPOSA: 29, 30, 52, 55, 58, 65, 72, 77, 89, 96, 98, 99, 101, 102, 103, 104, 109, 110, 145, 165, 181, 185, 193, 251, 376, 398, 402, 406, 422, 438, 474, 479, 482
ESTAÇÃO ALEC: 273, 303, 305, 316, 319, 385, 414, 490
ESTAÇÃO DA CIA: 53, 133, 143, 265, 275, 294, 474
ESTAÇÃO DA CIA EM GENEBRA: 120
ESTAÇÃO DA JAMAICA: 185
ESTAÇÃO DE ASSUNTOS SOBRE BIN LADEN: 265
ESTAÇÃO DE ATENAS: 136, 137
ESTAÇÃO DE CAMBERRA: 134
ESTAÇÃO DE COPENHAGUE: 99
ESTAÇÃO DE HELSINQUE: 59, 474
ESTAÇÃO DE ISLAMABAD: 295
ESTAÇÃO DE MOSCOU: XI, 54, 175
ESTAÇÃO DE PHNOM PENH: 56
ESTAÇÃO DE ROMA: 144
ESTAÇÃO DE TUNES: 39
ESTAÇÃO S: 12, 13
ESTAÇÃO W: XXI, 3, 13, 14, 19, 20, 21, 173, 208, 465
ESTAÇÕES ESTRANGEIRAS: 47
ESTADOS UNIDOS: 6, 7, 8, 10, 12, 19, 21, 24, 27, 35, 37, 44, 51, 65, 67, 69, 70, 76, 86, 143, 147, 149, 153, 193, 195, 204, 205, 218, 225, 240, 241, 245, 250, 259, 268, 275, 278, 283, 284, 291, 293, 299, 300, 301, 303, 330, 334, 342, 356, 366, 367, 377, 380, 391, 392, 394, 397, 403, 414, 415, 424, 427, 428, 451, 453, 454, 463
ESTENOGRAFIA: 21, 71
ESTUDOS ÁRABES: 232

EUROPA: 23, 25, 28, 31, 39, 44, 45, 51, 52, 64, 65, 69, 74, 106, 139, 142, 143, 144, 155, 165, 171, 194, 238, 245, 259, 324, 326, 349, 479
EUROPA SOVIÉTICA: 74, 110
EVAN THOMAS: X, 461, 472, 474, 477, 479, 481
EVIDÊNCIAS: 177, 180, 266, 320, 366
EXECUTIVA DE OPERAÇÕES ESPECIAIS: 10, 463
EXÉRCITO: IV, XIII, 4, 12, 23, 68, 150, 207, 223, 224, 238, 253, 265, 316, 323, 369, 377, 408, 412, 418, 427, 471
EXPATRIADOS: 54
EXTREMO ORIENTE: 166

F

FACÇÃO DO EXÉRCITO VERMELHO: 253
FARC: 253
FAWAZ YOUNIS: 256
FAZENDA: 12, 36, 60, 61, 74, 76, 79, 92, 100, 109, 111, 112, 113, 117, 118, 134, 139, 169, 175, 176, 183, 257, 310, 318, 407, 412, 415, 417, 476
FBI: 32, 104, 144, 160, 177, 215, 237, 251, 260, 275, 278, 279, 280, 282, 292, 294, 295, 296, 297, 302, 303, 316, 320, 327, 328, 330, 333, 334, 335, 338, 342, 344, 346, 362, 376, 389, 490, 504, 507, 508
FBIS: 233, 236
FEMINILIDADE: 95
FEMININO: XX, XXI, 23, 76, 80, 122, 129, 159, 170, 199, 209, 213, 326, 419, 454, 471
FIDEL CASTRO: 36
FOGGY BOTTOM: 3, 13, 156, 238, 470
FONTES TIPOGRÁFICAS: 234
FORÇA ÁEREA: 22, 27, 40, 43, 49, 50, 152, 153, 154, 203, 278, 341, 381, 463
FORÇA AÉREA REAL BRITÂNICA: 27
FORÇA-TAREFA: XXI, 429, 431
FOREIGN FIGHTERS: 229
FORMULADORES DE POLÍTICAS: 78
FOURNEZ-GARUFOR: 65
FRAN MOORE: 426, 432, 438, 496
FRANKFURT: 127, 474
FRANKLIN ROOSEVELT: 7, 463
FULDA GAP: 52
FUNCIONÁRIOS DA SECRETARIA: 92
FUNDAMETALISMO RELIGIOSO: 122
FUZILEIROS NAVAIS: 59, 142, 170, 226, 254, 347, 397

G

GAY: 28, 34, 75
GAZA: 234
GENEBRA: 120, 121, 123, 124, 126, 128, 129, 130, 131, 138, 139, 154, 224, 380, 479
GÊNERO: 19, 63, 97, 158, 174, 182, 209, 235, 266, 285, 301, 309, 372, 378, 389, 421, 427
GEORGE H. W. BUSH: 241
GEORGE KALARIS: 183, 185
GEORGE SHULTZ: 237
GESTAPO: 11, 24, 25, 27
GESTORAS: 15, 465

GINA BENNETT: XIV, XIX, XX, 237, 238, 240, 276, 283, 284, 285, 286, 289, 320, 328, 329, 343, 353, 358, 366, 375, 388, 398, 410, 445, 450, 486, 489
GINA HASPEL: 182, 386, 454, 511
GLEN HOLDEN: 186
GLORIA STEINEM: 122
GOLFO PÉRSICO: 356
GOLPE: 40, 42, 43, 48, 49, 50, 68, 107, 140, 307, 392, 468, 473, 474, 482
GOVERNO: 3, 10, 21, 34, 42, 44, 57, 66, 70, 103, 123, 131, 147, 153, 161, 179, 187, 191, 193, 227, 281, 304, 305, 311, 313, 317, 319, 323, 328, 331, 361, 363, 364, 365, 367, 368, 369, 403, 418, 424, 427, 436, 451, 453, 464, 473, 474, 482
GRACE HOPPER: 23
GRACE SULLIVAN: 212
GRANDE MESQUITA DE PARIS: 66
GRUPO CENTRAL DE INTELIGÊNCIA: 33
GRUPO ISLÂMICO: 253
GUERRA: XVI, XVI, 6, 7, 8, 9, 12, 15, 17, 18, 23, 24, 25, 27, 33, 34, 35, 40, 42, 45, 49, 52, 54, 63, 64, 67, 72, 73, 87, 92, 103, 107, 125, 135, 139, 165, 173, 192, 193, 203, 208, 209, 212, 213, 217, 220, 224, 225, 226, 227, 228, 232, 233, 237, 241, 242, 244, 246, 250, 254, 259, 260, 267, 269, 270, 275, 284, 288, 302, 316, 321, 331, 357, 358, 361, 364, 366, 368, 369, 371, 377, 378, 391, 392, 393, 396, 400, 401, 409, 413, 418, 422, 427, 432, 446, 447, 449, 450, 452, 453, 466, 471, 473, 475, 479, 480, 487, 494, 506
GUERRA CIVIL: XII, 8, 18, 259, 466
GUERRA FRIA: X, 33, 35, 40, 54, 64, 67, 87, 103, 107, 139, 192, 209, 212, 217, 237, 242, 316, 378, 391, 393, 422, 446, 447, 452
GULBUDDIN HEKMATYAR: 245

H

HABIB AL-RAHMAN: 436
HAMAS: 253
HANS BERND GISEVIUS: 245
HANS JENSEN: 53
HARRITTE THOMPSON: 163, 191
HEIDI AUGUST: XIV, XIX, XX, 38, 43, 80, 85, 108, 117, 118, 123, 132, 133, 138, 142, 157, 163, 169, 174, 182, 191, 233, 234, 249, 250, 253, 289, 310, 396, 473, 481
HEINRICH HIMMLER: 166
HELENE BOATNER: 209, 212
HELSINQUE: XIV, 54, 55, 59, 174, 474
HENRY KISSINGER: 70
HENRY STIMSON: 8
HETEROSSEXUAL: 166
HEZBOLLAH: 266, 271, 277, 319
HILLARY CLINTON: 439
HITLER: 28, 30, 468, 469, 506
HOLLY BOND: 373, 452, 493
HOMOSSEXUAL: 75
HOMOSSEXUALIDADE: 28
HOSNI MUBARAK: 253

I

IBN AL-HAYTHAM: 232

ÍNDICE REMISSIVO

IDEOLOGIA: 137, 274
IDEX: 220
IDRIS: 39, 473
IMPORTUNAÇÕES SEXUAIS: 91
INFORMAÇÕES: 8, 21, 25, 31, 43, 54, 71, 76, 77, 78, 81, 83, 85, 87, 102, 115, 164, 205, 210, 219, 228, 253, 257, 258, 262, 266, 274, 280, 305, 307, 310, 311, 332, 340, 342, 348, 355, 367, 370, 379, 380, 383, 385, 388, 390, 402, 403, 408, 418, 424, 432, 436, 468, 475, 486, 487
INGLATERRA: XXII, 7, 8, 463
INTELIGÊNCIA: 8, 13, 15, 16, 18, 24, 25, 26, 31, 33, 34, 37, 41, 45, 50, 51, 76, 78, 81, 87, 95, 121, 131, 137, 159, 160, 163, 173, 181, 201, 205, 209, 211, 219, 220, 228, 229, 236, 237, 238, 241, 242, 243, 250, 256, 261, 263, 277, 288, 290, 336, 341, 349, 355, 357, 361, 366, 372, 373, 375, 376, 377, 381, 383, 384, 388, 402, 404, 407, 412, 432, 438, 448, 450, 452, 453, 454, 457, 459, 462, 463, 464, 467, 471, 484, 487, 488, 504
INTELIGÊNCIA BRITÂNICA: 8, 24, 448
INVESTIGADOR: 145, 147, 153
IRA: 19, 21, 28, 52, 59, 140, 147, 181, 234, 347, 356, 402, 432, 442, 448
IRÃ: 121, 135, 193, 207, 235, 253, 254, 317, 323
IRÃ-CONTRAS: 135, 254
IRANIANOS: 140, 234
IRAQUE: 253, 271, 323, 361, 363, 364, 366, 367, 368, 369, 374, 377, 384, 396, 398, 399, 400, 401, 403, 404, 409, 412, 432, 435, 437, 444, 448
IRMANDADE: VII, 22, 23, 37, 80, 119, 182, 188, 192, 199, 283, 316, 328, 358, 359, 363, 365, 394, 407, 408, 444, 447, 457
ISLÃ: XIV, XIV, 232, 234, 394, 400
ISRAEL: 227, 234, 244, 271, 330, 368, 496
ISRAELENSES: 147, 255, 273, 333, 487
IVY LEAGUE: 63
IVY LEAGUERS: 74

J

J. EDGAR HOOVER: 90, 160, 280
JACK WINTER: 139
JALALABAD: 224, 441, 442
JAMES BOND: 75
JAMES WOOLSEY: 187
JANINE BROOKNER: 79, 80, 182, 185, 186, 476
JEANNE TAYLOR: 32
JEANNE VERTEFEUILLE: 173, 174, 178
JEN: 266, 267, 411, 414, 441, 442, 443, 444, 493, 497
JERUSALÉM ORIENTAL: 181
JIHAD: 199, 235, 244, 253, 305, 332, 367, 368, 385
JIHADISTAS: 246, 322, 372
JOANIE: 39, 40, 42, 43, 48, 49
JOANNE RICHCREEK: 137, 480
JOE BIDEN: 451
JOHN FOSTER DULLES: 25
JOHN GUNTHER DEAN: 58
JOHN MCMAHON: XX, 133
JOHN PETERSON: 169
JONNA MENDEZ: 83, 156, 165, 476, 481
JOSEPH KENNEDY: 463
JUDEUS: 149
JULIA CHILD: XII, XIV, XV, 32
JULIA MCWILLIAMS: XI, XIV, XX, 31
JUNE SWOROBUK: 111

K

KARMENU MIFSUD BONNICI: 147
KATE WARNE: 466, 510
KGB: 83, 103, 105, 106, 169, 170, 172, 173, 176, 474, 487
KHALID SHEIKH MOHAMMED: 243, 287, 298, 381, 382, 387, 431, 435
KHMER VERMELHO: 57
KHOMEINI: 235

L

LANGLEY: 64, 72, 73, 74, 89, 91, 113, 136, 137, 161, 203, 216, 224, 247, 252, 268, 280, 281, 296, 342, 369, 406, 412
LECH WAŁĘSA: 224
LEE COYLE: 90, 162, 476, 480, 482
LEI DE LICENÇA MÉDICA E FAMILIAR: 168
LEON KLINGHOFFER: XXII
LEONID BREZHNEV: 287
LÉSBICA: 31, 75, 302
LESTE EUROPEU: 107, 175
LÍDERES ESTRANGEIROS: 13
LISA HARPER: 119, 159, 161, 164, 169, 182, 192, 197, 316, 342, 413, 453
LISA MANFULL: 78, 92, 106, 107, 117, 312, 475, 508
LYMAN KIRKPATRICK: 88
LYNDON JOHNSON: 180
LYNDSAY HOWARD: 247

M

MACHISTA: 70, 135, 142
MADAME DAVID: 108
MÃE: 33, 43, 57, 58, 64, 65, 66, 69, 71, 79, 89, 90, 93, 98, 101, 114, 134, 139, 152, 168, 232, 240, 278, 307, 404, 408, 427, 433, 459, 482
MAINE MARGARET CHASE SMITH: 167
MAPAS: 9, 10, 11, 13, 21, 22, 23, 32, 47, 132, 153, 203, 218, 232, 233, 356
MARIE-MADELEINE FOURCADE: 468
MARTHA PETERSON: 170, 171
MARTI PETERSON: 169
MARTIN LUTHER KING JR.: 160
MARY BANCROFT: 27, 469
MARY MARGARET GRAHAM: 182
MASCULINO: IV, X, XII, XVII, 17, 74, 95, 149, 158, 164, 264, 265, 374, 394
MATERIAL NUCLEAR: 277
MATERNIDADE: 175, 289, 364, 398, 405
MAXWELL KNIGHT: 16, 95
MECA: 234
MEDALHA: 59, 178, 250, 412
MEDITERRÂNEO: 39, 131
MERIDIAN HILL HOTEL: 34
MI5: 16
MI6: XVI, 8, 15, 24, 448, 471

MIA MCCALL: 141, 225, 271, 426, 476, 481, 488
MIKE KALOGEROPOULOS: 84, 141
MIKE SCHEUER, CHEFE DE SETOR: 261, 262, 279, 386, 451
MIKE SULICK: 83, 105, 198, 260, 376, 410, 457, 476, 479, 484
MILT BEARDEN: XIV, 224, 485, 509
MIR AIMAL KANSI: 251, 294, 296, 297, 437, 490
MISOGINIA: 262
MOHAMMAD REZA PAHLAVI: 121
MOHAMMED KHAN: 435
MOLLY CHAMBERS: 408, 415, 495
MOSCOU: 54, 74, 103, 104, 105, 169, 170, 171, 172, 173, 174, 175, 294, 376, 447, 479, 483
MUAMMAR QADDAFI: 49, 142, 181
MUJAHIDIN: 244, 283, 486
MULHERES: 1, 2, 3, 4, 5, 6, 7, 8, 9, 10, 11, 12, 13, 14, 15, 16, 17, 18, 19, 20, 21, 22, 23, 24, 25, 26, 27, 28, 29, 30, 31, 32, 33, 34, 35, 36, 37, 38, 39, 40, 41, 42, 43, 44, 45, 46, 47, 48, 49, 50, 51, 52, 53, 54, 55, 56, 57, 58, 59, 60, 61, 62, 63, 64, 65, 66, 67, 68, 69, 70, 71, 72, 73, 74, 75, 76, 77, 78, 79, 80, 81, 82, 83, 84, 85, 86, 87, 88, 89, 90, 91, 92, 93, 94, 95, 96, 97, 98, 99, 100, 101, 102, 103, 104, 105, 106, 107, 108, 109, 110, 111, 112, 113, 114, 115, 116, 117, 118, 119, 120, 121, 122, 123, 124, 125, 126, 127, 128, 129, 130, 131, 132, 133, 134, 135, 136, 137, 138, 139, 140, 141, 142, 143, 144, 145, 146, 147, 148, 149, 150, 151, 152, 153, 154, 155, 156, 157, 158, 159, 160, 161, 162, 163, 164, 165, 166, 167, 168, 169, 170, 171, 172, 173, 174, 175, 176, 177, 178, 179, 180, 181, 182, 183, 184, 185, 186, 187, 188, 189, 190, 191, 192, 193, 194, 195, 196, 197, 198, 199, 200, 201, 202, 203, 204, 205, 206, 207, 208, 209, 210, 211, 212, 213, 214, 215, 216, 217, 218, 219, 220, 221, 222, 223, 224, 225, 226, 227, 228, 229, 230, 231, 232, 233, 234, 235, 236, 237, 238, 239, 240, 241, 242, 243, 244, 245, 246, 247, 248, 249, 250, 251, 252, 253, 254, 255, 256, 257, 258, 259, 260, 261, 262, 263, 264, 265, 266, 267, 268, 269, 270, 271, 272, 273, 274, 275, 276, 277, 278, 279, 280, 281, 282, 283, 284, 285, 286, 287, 288, 289, 290, 291, 292, 293, 294, 295, 296, 297, 298, 299, 300, 301, 302, 303, 304, 305, 306, 307, 308, 309, 310, 311, 312, 313, 314, 315, 316, 317, 318, 319, 320, 321, 322, 323, 324, 325, 326, 327, 328, 329, 330, 331, 332, 333, 334, 335, 336, 337, 338, 339, 340, 341, 342, 343, 344, 345, 346, 347, 348, 349, 350, 351, 352, 353, 354, 355, 356, 357, 358, 359, 360, 361, 362, 363, 364, 365, 366, 367, 368, 369, 370, 371, 372, 373, 374, 375, 376, 377, 378, 379, 380, 381, 382, 383, 384, 385, 386, 387, 388, 389, 390, 391, 392, 393, 394, 395, 396, 397, 398, 399, 400, 401, 402, 403, 404, 405, 406, 407, 408, 409, 410, 411, 412, 413, 414, 415, 416, 417, 418, 419, 420, 421, 422, 423, 424, 425, 426, 427, 428, 429, 430, 431, 432, 433, 434, 435, 436, 437, 438, 439, 440, 441, 442, 443, 444, 445, 446, 447, 448, 449, 450, 451, 452, 453, 454, 455, 456, 457, 458, 459, 460, 461, 462, 463, 464, 465, 466, 467, 468, 469, 470, 471, 472, 473, 474, 475, 476, 477, 478, 479, 480, 481, 482, 483, 484, 485, 486, 487, 488, 489, 490, 491, 492, 493, 494, 495, 496, 497, 498, 499, 500, 501, 502, 503, 504, 505, 506, 507, 508, 509, 510, 511, 512, 513, 514
MULHERES DO COFRE: 82, 83, 136, 156, 157, 159, 161, 163, 165, 167, 169, 171, 375, 432, 481

MYERS-BRIGGS: 206
MYRNA FITZGERALD: 175

N

NACIONALISMO ÁRABE: 50, 238, 473
NANCY JANE SEGEBARTH: 176
NARCISISMO: 124
NASA: 23, 203
NATHAN HALE: 47
NAZISTAS: 16, 24, 86, 165, 431, 507
NCTC: XII, 433, 434, 485, 506
NEGOCIAÇÕES: 147, 150
NEIL SHEEHAN: 68
NGO DINH DIEM: 67, 166
NITZAN MENDELSON: 149
NIXON: 50, 70, 475, 481, 510
NORA SLATKIN: 263
NORTE DA ÁFRICA: 24
NOVA YORK: 7, 8, 79, 244, 279, 282
NSA: 160, 237, 278, 292, 294, 378, 396, 398, 436, 441, 473, 493, 513

O

OCIDENTE CRISTÃO: 232
OLIVER NORTH: 193
OLP: 147, 148, 149, 152, 249, 487
OMAR MOHAMMED ALI REZAQ: 151, 153
ONU: 120, 121, 243
OPERAÇÃO: 8, 45, 51, 76, 81, 82, 90, 95, 114, 128, 130, 136, 138, 141, 159, 160, 171, 172, 173, 183, 193, 194, 217, 233, 249, 258, 262, 266, 279, 296, 297, 302, 316, 356, 384, 393, 399, 411, 415, 418, 420, 422, 441, 448, 453, 487
OPERAÇÕES SECRETAS: 159, 160, 192, 207
ORGANIZAÇÃO ABU NIDAL: 142
ORGANIZAÇÃO PARA A LIBERTAÇÃO DA PALESTINA: XX, 142
ORGANIZAÇÃO TERRORISTA: 213, 239, 417
ORIENTAÇÃO SEXUAL: 75, 373
ORIENTE MÉDIO: 102, 142, 143, 221, 237, 238, 246, 250, 254, 266, 298, 371, 391, 404
ORIENTE PRÓXIMO: XIV, 74, 163, 164, 271
OSAMA BIN LADEN (BIN LADEN): 227, 245, 258, 259, 260, 261, 263, 264, 265, 266, 270, 272, 275, 276, 278, 283, 284, 285, 286, 297, 298, 300, 301, 302, 303, 304, 305, 309, 311, 319, 321, 324, 330, 331, 332, 333, 334, 345, 349, 356, 357, 371, 376, 378, 381, 384, 390, 393, 399, 400, 408, 409, 411, 413, 420, 426, 427, 431, 432, 433, 434, 435, 438, 439, 440, 441, 442, 444, 445, 446, 450, 488, 489, 496, 497, 506.
OSI: 87
OSS: XI, 9, 10, 11, 12, 13, 19, 20, 21, 22, 23, 25, 27, 28, 31, 32, 33, 63, 73, 81, 85, 86, 89, 134, 144, 166, 207, 208, 462, 464, 465, 466, 467, 470, 477, 496, 502, 505, 506, 507, 508, 512

P

PADRÃO FEMININO: 170
PAMELA HARRIMAN: 101
PAMELA MCMASTER: 91, 477

SOVIÉTICOS: 55, 87, 103, 105, 107, 120, 139, 169, 172, 173, 175, 177, 216, 217, 224, 226, 227, 244, 287, 323, 324, 325, 361, 362, 479
STANSFIELD TURNER: 161, 22
SUDESTE ASIÁTICO: IX, XIII, 32, 63, 70, 221, 372, 447
SUE ECKSTEIN: 175
SUE MCCLOUD: 138, 139, 140, 142, 192, 225, 426, 449, 480
SUPREMA CORTE: 179, 323
SUSAN HASLER: 307, 361, 491, 492
SUZANNE MANFULL: 65

T

TALIBÃ: XII, 357, 358
TAMAR ARTZI: 149
TAQUIGRAFIA: 47, 71, 137, 48
TARIQ KHAN: 435
TAY NINH: 68
TED KENNEDY: 180
TED PRICE: 140, 197
TELEGRAMA DE INTELIGÊNCIA: 55
TELEGRAMAS: XXI, XXII, 10, 27, 32, 36, 39, 41, 55, 71, 77, 118, 140, 194, 195, 242, 258, 264, 271, 340, 375, 383, 470
TERRORISMO: 142, 144, 147, 239, 257, 267, 281, 283, 299, 314, 316, 327, 328, 339, 361, 371, 376, 384, 386, 415, 417, 420, 437, 450
TERRORISTA: 143, 158, 213, 236, 239, 243, 255, 277, 282, 283, 299, 305, 313, 320, 332, 355, 357, 359, 367, 373, 376, 378, 379, 380, 387, 392, 393, 399, 407, 417, 418, 431
TESTES DE APTIDÃO: 97
TESTES DE LIDERANÇA: VII, 194
THE WALL STREET JOURNAL: 26
TIGRES TAMIL DO SRI LANKA: 253
TOM TWETTEN: 39, 249, 487
TRABALHOS CONFIDENCIAIS: 5
TRACY BARNES: 36
TRAFICANTES DE ARMAS: 242, 255
TRÁFICO DE DROGAS: 242, 433
TRÁFICO DE NARCÓTICOS: 252
TREINAMENTO: 36, 73, 76, 79, 80, 96, 97, 100, 104, 109, 117, 118, 144, 150, 157, 158, 163, 164, 169, 175, 191, 228, 263, 283, 304, 310, 322, 336, 369, 374, 380, 393, 414, 417, 429, 457
TREINAMENTO DE CARREIRA: 169
TREINAMENTO DE ESPIONAGEM: 73
TRILHA NÃO PROFISSIONAL: 60, 61
TRÍPOLI: 38, 39, 40, 41, 42, 50

U

UM BACKHAND: 124
UNIÃO: 18, 40, 45, 87, 103, 144, 172, 175, 211, 217, 224, 226, 241, 244, 294, 325, 326, 339, 391, 466, 477
UNIÃO SOVIÉTICA: 40, 103, 144, 172, 175, 211, 217, 224, 226, 241, 244, 294, 339

V

VANTAGEM OPERACIONAL: 148
VERA ATKINS: 465, 505
VETERANAS: 62, 401, 426
VETERANOS AFEGÃOS: 246
VIETNÃ: 32, 67, 70, 102, 166, 195, 203, 204, 207, 475
VIETNÃ DO SUL: 475
VIGILÂNCIA: 36, 103, 104, 160, 161, 437
VIOLÊNCIA SEXUAL: 240
VIRGINIA HALL: 24, 468

W

WASHINGTON: 3, 8, 18, 23, 34, 36, 38, 39, 45, 46, 54, 66, 70, 72, 73, 78, 83, 93, 104, 111, 116, 132, 156, 166, 175, 180, 181, 188, 193, 214, 228, 231, 232, 236, 238, 240, 252, 270, 279, 284, 295, 334, 340, 341, 343, 354, 357, 370, 377, 395, 404, 428, 441, 454, 459, 461, 469, 470, 472, 476, 482, 483, 484, 486, 488, 490, 495, 496, 499, 500, 504, 507, 510, 511, 512
WILD BILL DONOVAN. 18, 508
WILLIAM BUCKLEY: 253
WILLIAM CASEY: 131
WILLIAM COLBY: 43, 102, 143, 160, 165, 254, 473, 508
WILLIAM DONOVAN: X, XII, XIII, XVII, 7
WILLIAM WEBSTER: XIV, 222, 225
WINSTON CHURCHILL: 7
WORLD TRADE CENTER: 131, 246, 287, 338, 344, 347

X

XÁ: 121

ÍNDICE REMISSIVO

PANTERAS NEGRAS: 183
PARTIDO COMUNISTA: 211, 287
PASSAPORTE: 152, 300
PAT SCHROEDER: 168
PAT TAYLOR: 287
PATRICIA MOYNIHAN: 297, 490
PATSY MCCOLLOUGH: 472, 478
PAULA DOYLE: 190, 198, 484, 488
PEARL HARBOR: 206, 207, 344, 377
PENTÁGONO: 50, 217, 247, 305, 339, 345, 360, 363, 475
PERFIS DE ALVOS: 285
PINKERTON AGENCY: 17
PIRÂMIDE DE CARGOS: 79
PLANO DE AÇÃO: 6
POLÍGRAFO: 94, 141, 428
POLÍTICA: 43, 68, 104, 137, 144, 174, 213, 225, 237, 238, 284, 315, 331
POLÔNIA: 382
PORNOGRAFIA: 91, 179, 217, 235, 239, 446
PÓS-GUERRA: 27, 32, 88, 165, 225
PRECONCEITOS: XX, XXI, XXII, 79, 112, 115, 174
PRESIDENTE: XXII, 43, 44, 65, 67, 68, 77, 108, 130, 160, 161, 174, 180, 187, 196, 205, 206, 207, 208, 211, 224, 228, 234, 241, 246, 247, 248, 253, 263, 267, 281, 301, 304, 305, 319, 323, 331, 332, 335, 341, 355, 357, 358, 365, 366, 373, 380, 381, 399, 402, 410, 430, 433, 434, 440, 445, 451, 454, 459, 463, 475, 487, 492
PRIMEIRA GUERRA MUNDIAL: 8, 9
PRIMEIRA INTIFADA PALESTINA: 181
PRIMEIRO AVIÃO: 57, 346
PRIMEIRO-MINISTRO: 150
PROMOVIDAS: 84, 90, 163, 191
PROPAGANDA: 21, 139, 234, 268, 304, 392, 394, 479
PROPAGANDA DA AGÊNCIA: 139
PROTOCOLO: 150, 158, 220

Q

QUARTEL-GENERAL: 27, 39, 80, 134, 136, 171, 194, 305, 382
QUASI-PERSONNEL: 103
QUEDA DA BOLSA: 207

R

RADICAIS DE ESQUERDA: 142
RAF: 27
RAMZI YOUSEF: 243, 287, 298
RAY CLINE: 9, 35, 86
REALIZAÇÕES OPERACIONAIS: 142
RECRUTAMENTO: 37, 72, 86, 101, 117, 126, 131, 162, 184, 273, 375, 393, 402, 470, 495
REDE DE ESPIONAGEM: 8, 24
REFÉNS: 123, 140, 150, 151, 234, 356, 401
REINO UNIDO: 8, 358, 463
RELATÓRIO: 10, 13, 19, 20, 21, 66, 77, 88, 99, 124, 181, 185, 186, 201, 257, 303, 320, 339, 343, 348, 362, 383, 384, 385, 391, 419, 425, 432, 437, 478, 483, 490, 494, 496
RENETTA PREDMORE-LYNCH: 188
RICHARD HELMS: 88, 222, 461, 506

RICHARD WELCH: 135
RICHARD ZELLERBACH: 139
RICHMOND: 18, 466
RIVALIDADE: 215, 278
ROLFE KINGSLEY: 89, 477
ROMA: 144, 145, 148, 176, 254, 255, 271, 330, 408, 487
ROOSEVELT: 463
RÚSSIA: 107, 161, 172, 483
RUTH S. TOLMAN: 20
RUTH WESTON CABLE: XIII

S

SALA DO COFRE: 136
SALAFISTAS-JIHADISTAS: 234
SANDY GRIMES: 173, 177, 178
SAUDI BINLADIN GROUP: 227
SCARLETT MARIE ROGENKAMP: XXII
SCARLETT ROGENKAMP: 152, 153, 155
SCOTT JESSEE: 294, 297, 297
SDR: 73
SEAL: 442, 497
SECRETÁRIA: 46, 51, 58, 89, 92, 96, 99, 121, 134, 137, 139, 143, 148, 149, 169, 175, 197, 235, 337
SECRETARIADO: 21, 83, 174, 470
SEGREDOS: 16, 22, 37, 71, 89, 263, 317, 454
SEGUNDA GUERRA MUNDIAL: 7, 40, 42, 165, 213, 232, 288, 321, 377, 427, 480, 506
SEGUNDO AVIÃO: 338, 344, 347, 349
SEGURANÇA NACIONAL: 147, 239, 281, 282, 339, 459
SENDERO LUMINOSO DO PERU: 253
SEQUESTRADORES: 149, 152, 153, 343
SEQUESTRO: IX, XIV, 144, 152, 181, 249, 253, 255, 384, 420
SERVIÇO CIVIL: 22, 399
SERVIÇO CLANDESTINO: 84, 85, 117, 140, 165, 190, 198, 260, 410, 462, 472
SERVIÇO DE ARRECADAÇÃO INTERNA: 160
SERVIÇO DE INFORMAÇÃO DE TRANSMISSÃO ESTRANGEIRA: 233
SERVIÇO DE RELAÇÕES EXTERIORES: 67, 167
SERVIÇO EXTERIOR: 116, 475
SERVIÇO SECRETO DE INTELIGÊNCIA: 15, 290
SESSÕES CLANDESTINAS: 147
SÉTIMO ANDAR: 258, 260, 307, 326
SEXISTAS: 97, 281
SEXO: 4, 17, 28, 34, 60, 61, 80, 89, 92, 95, 110, 158, 164, 165, 179, 180, 197, 209, 212, 232, 237, 273, 310, 373, 374, 415, 416, 419, 454, 471
SHIRLEY CHISHOLM: XV
SHIRLEY SULICK: XIV, XIV, 104, 106, 457
SIMONSEN: 59, 60
SIS: 15, 120, 164, 210, 328, 412, 430
SNEAKER LADIES: 81
SOCIALISMO: 50
SOE: 10, 16, 17, 18, 25, 463, 465, 507
SOLDADOS: 3, 7, 18, 23, 31, 44, 51, 68, 150, 260, 267, 311, 397, 418